上海高校一流学科（监狱学方向）建设项目资助

Introduction to Corrections
To Develop the Science of Penology and to Reconstruct the Correctional Systems

矫正学导论
监狱学的发展与矫正制度的重构

姚建龙 等著

北京大学出版社
PEKING UNIVERSITY PRESS

图书在版编目(CIP)数据

矫正学导论:监狱学的发展与矫正制度的重构/姚建龙等著.—北京:北京大学出版社,2016.7

ISBN 978-7-301-27266-4

Ⅰ.①矫… Ⅱ.①姚… Ⅲ.①犯罪分子—监督改造—研究—中国 Ⅳ.①D926.7

中国版本图书馆CIP数据核字(2016)第150365号

书　　　名	矫正学导论:监狱学的发展与矫正制度的重构 Jiaozhengxue Daolun: Jianyuxue de Fazhan yu Jiaozheng Zhidu de Chonggou
著作责任者	姚建龙　等著
责 任 编 辑	朱梅全　朱彦
标 准 书 号	ISBN 978-7-301-27266-4
出 版 发 行	北京大学出版社
地　　　址	北京市海淀区成府路205号　100871
网　　　址	http://www.pup.cn
电 子 信 箱	sdyy_2005@126.com
新 浪 微 博	@北京大学出版社
电　　　话	邮购部 62752015　发行部 62750672　编辑部 021-62071998
印 刷 者	三河市博文印刷有限公司
经 销 者	新华书店
	787毫米×1092毫米　16开本　33.5印张　695千字 2016年7月第1版　2016年7月第1次印刷
定　　　价	69.00元

未经许可,不得以任何方式复制或抄袭本书之部分或全部内容。
版权所有,侵权必究
举报电话:010-62752024　电子信箱:fd@pup.pku.edu.cn
图书如有印装质量问题,请与出版部联系,电话:010-62756370

主著者简介

姚建龙，全国青联委员、上海青联委员，现为上海政法学院刑事司法学院院长、教授、博导，受聘为复旦大学、华东政法大学、中国政法大学、南京大学、北京师范大学、鲁东大学等十余所高校兼职教授、博导、硕导、特邀研究员等。曾为重庆市劳教戒毒所管教民警、上海市长宁区人民检察院副检察长、华东政法大学教授、《青少年犯罪问题》杂志主编、北京师范大学刑事法律科学研究院博士后等。主要研究领域为：刑法学、犯罪学、矫正学、禁毒学、反恐学、未成年人法学等。

在矫正学领域的主要学术兼职有：中国行为法学会越轨预防与矫治研究会副会长、中国监狱协会理事、上海市监狱学会常务理事，受聘为上海市监狱局矫治师评审委员会委员、上海市南汇监狱执法监督员、上海市周浦监狱科研理论工作顾问等，主张以大矫正观重构我国矫正制度并建立统一的矫正学学科。

已出版个人著作九部，主编、合著著作二十余部，发表论文百余篇，主持国家社科基金项目、司法部项目、中国博士后科研基金项目、上海市哲学社会科学规划项目、上海市曙光项目等多项国家级、省部级课题。

在矫正学领域的代表作有：个人专著《禁毒法与戒毒制度改革研究》，主编《保护与惩罚：预防未成年人犯罪实证研究——海口市未成年人法制教育中心调研报告》，联合主编《上海市青少年社区服刑人员教育矫正的理论与实践》，合著《中国刑罚改革研究》等。

曾获上海市十大杰出青年（第十八届）、上海市十大优秀中青年法学家（第五届）、上海市杰出青年岗位能手（第十二届）、上海市禁毒先进工作者、上海市曙光学者、上海市级教学成果一等奖等荣誉。

撰写分工与作者简介

导　言　姚建龙

第一章　管亚茹（女，2016年获复旦大学社会工作硕士学位，曾发表《失衡的"天平"——试论社会工作在医患关系中的介入途径》《把"狼"赶出校园——校园性侵之社会工作处遇模式》等文章，并参与《戒毒学》等著作的撰写，现供职于中国平安人寿保险股份有限公司宁波分公司。）

第二章　葛宇翔（男，2016年获上海政法学院刑法学硕士学位、美国印第安纳大学法学院法学硕士学位，发表论文多篇，并参与多项课题研究。）

第三章　温雅璐（女，2015年获华东政法大学刑法学硕士学位，曾发表《未成年人涉酒吧犯罪的动向与对策》《台湾地区少年观护制度简析与借鉴》《浅谈我国未成年人监护制度的完善》等多篇学术论文，参与多项课题研究，现供职于上海铁路运输检察院。）

第四章　邵宗林（男，2015年获上海政法学院刑法学硕士学位，发表学术论文若干篇，现供职于易车公司法务部。）

第五章　周洁（女，2015年获上海政法学院刑法学硕士学位，独立发表论文四篇，合作发表论文两篇，参与两本专著的写作，现供职于上海民航职业技术学院。）

第六章　姚建龙　王江淮（男，2016年获上海政法学院刑法学硕士学位，为上海市法学会禁毒法研究会会员、上海市法学会未成年人法研究会会员、上海市家庭教育研究会会员，在《犯罪研究》《预防青少年犯罪研究》《江汉学术》等刊物发表学术论文近二十篇，参与多项省部级课题研究，现供职于拱北海关。）

第七章　王江淮

第八章　陆诚晨（男，2015年获上海政法学院刑法学硕士学位，现供职于上海秋菊律师事务所。）

第九章　周颖（女，法学博士，上海政法学院刑事司法学院讲师，主要研究方向为刑事法学、中国法制史、青少年法学。）

第十章　戴超（女，2016年获上海政法学院刑法学硕士学位，发表《试论困境儿童的国家救助——以儿童福利理论为视角》《浅析社区矫正制度下未成年犯的失权》等多篇学术论文，参与多项重大课题研究，现供职于上海市儿童医院党委办公室。）

目 录 | Contents

导言　从监狱学到矫正学：一个初步的探索　/ 001

　　001　│　一、监狱学的式微与局限

　　002　│　二、矫正学的提出

　　004　│　三、大矫正观的提倡

上篇　犯罪矫正制度

第一章　犯罪矫正制度概述　/ 009

犯罪矫正制度主要包括犯罪、犯罪人与犯罪矫正三部分。只有首先明确犯罪的本质及定义、犯罪人观以及不同阶段的身份转换等基本概念，才能够综合把握犯罪矫正制度。鉴于目前我国立法中对于犯罪矫正制度的规定有待完善，本章从大矫正观以及矫正一体化的设想出发，提出了以审前矫正、监狱矫正、社区矫正和亚犯罪人矫正为内容，构建矫正管理机构一体化、矫正立法一体化、矫正手段一体化以及矫正人员一体化的犯罪矫正体系的完善建议。

　　009　│　第一节　犯罪

　　010　│　　一、犯罪的本质

　　012　│　　二、犯罪的定义权

　　013　│　　三、犯罪的形态

　　016　│　　四、我国犯罪定义的狭隘性及其弊端

017	第二节　犯罪人
018	一、犯罪人观
023	二、犯罪人的身份转换
026	第三节　犯罪矫正
026	一、犯罪矫正的历史
026	二、犯罪矫正的模式
027	三、我国犯罪矫正体系的现状
030	四、我国犯罪矫正体系的重构：矫正一体化

第二章　审前矫正制度 / 037

审前矫正可以分为审前机构矫正、审前非机构矫正，是我国矫正体系的重要组成部分。审前机构矫正主要是看守所矫正，而审前非机构矫正则是审前社区矫正。但是，目前我国的审前矫正制度存在很多问题。例如，审前矫正未被纳入我国矫正体系；审前矫正的管理缺乏体系性；审前矫正机构管理体制不当。针对上述问题，需建立健全机构矫正与非机构矫正的法律规范，协调法律体系以保证其统一性，同时还要完善审前矫正的管理体制，健全完善针对审前矫正的监督。

038	第一节　审前矫正概述
038	一、审前矫正的界定
040	二、审前矫正措施的类型、分类及其性质
043	三、我国审前矫正的困境与破解
047	第二节　审前机构矫正场所：看守所
048	一、审前羁押概述
051	二、我国审前羁押矫正机构——看守所的历史沿革
058	三、我国看守所制度现状
071	四、我国看守所存在的现实问题
079	五、相关问题的完善建议
084	六、留看守所服刑罪犯的矫正：被忽视的议题
088	第三节　审前社区矫正：司法分流与监督考察
089	一、审前社区矫正概述
091	二、司法分流

| 102 | 三、对分流对象的考察监督:观护制度 |

第三章　监狱矫正制度 / 116

　　监狱现象,早在公元前就已出现,并与政治、教育、文化现象一样,历经了几千年人类文明的洗礼。监狱矫正,在国外也被称为"机构矫正",是指在监狱内通过运用狱政管理、教育矫正、劳动矫正、心理矫治四大矫正方式,采用各项新兴矫正技术,纠正、改善罪犯不良行为、心理习惯,使其早日改过迁善、复归社会的一种矫正制度。作为大矫正体系下最主要、最关键的一环,监狱矫正工作的顺利进行,有助于提高罪犯矫正效果,预防、控制甚至减少社会犯罪,维护社会公平正义,平衡、修复社会各项关系,保证整个社会的和谐稳定。

116	第一节　监狱矫正概述
117	一、监狱矫正的概念及定义
120	二、监狱矫正的刑罚哲学和理念
122	第二节　监狱矫正制度的产生与发展
123	一、世界监狱矫正理念和制度的发展及变迁
128	二、我国监狱矫正史
138	第三节　我国监狱矫正制度基本体系
139	一、我国监狱矫正制度概述
143	二、矫正机构
150	三、矫正人员
157	第四节　监狱行刑制度
158	一、行刑管理
170	二、狱政管理
179	第五节　矫正方式和技术
179	一、教育矫正
190	二、劳动矫正
199	三、心理矫治
205	第六节　特别监狱模式
205	一、未成年犯管教所
212	二、女子监狱
220	三、发展中的功能型监狱

231	第七节　出狱人保护
232	一、出狱人保护制度概述
234	二、境外视角
236	三、我国的出狱人保护机制

第四章　社区矫正制度 / 241

社区矫正作为一种非监禁刑罚执行活动,在教育矫正罪犯方面,发挥了不可替代的作用。在国际范围内,社区矫正诞生于19世纪30年代;而在我国,社区矫正最早可追溯至2002年。目前,我国社区矫正如雨后春笋般在全国各地迅速发展。但是,这项制度也还存在着相关规定之间存在矛盾、不统一以及重理论轻实践等诸多现实问题。在我国目前行刑工作日益法制化的今天,将社区矫正置于大矫正观的视域下进行深入研究,无疑具有重要的现实意义和深远的历史意义。

242	第一节　社区矫正概述
242	一、社区矫正的概念分歧
245	二、社区矫正的基本要素
250	三、社区矫正的性质
252	第二节　社区矫正的演变
252	一、西方国家社区矫正制度的发展历史
258	二、我国社区矫正的历史与现状
261	第三节　社区矫正的理论根基
261	一、刑罚人道精神与社区矫正
262	二、行刑社会化思想与社区矫正
263	三、行刑经济化观念与社区矫正
263	四、再社会化理念与社区矫正
264	第四节　社区矫正的对象
264	一、管制
265	二、缓刑
266	三、假释
266	四、暂予监外执行

267	第五节　社区矫正的基本管理体制
267	一、境外社区矫正管理体制概况
274	二、我国社区矫正管理体制
277	第六节　社区矫正工作者与服刑人员
277	一、社区矫正工作者
278	二、社区服刑人员
283	第七节　社区矫正的工作流程
283	一、社区矫正对象的接收
286	二、社区矫正对象的矫正教育
291	三、社区矫正的终止
292	第八节　未成年犯的社区矫正
292	一、未成年犯的社区矫正概述
293	二、未成年犯社区矫正的基本方针
294	三、未成年犯社区矫正的原则
295	四、构建我国未成年犯社区矫正法律体系的思考
298	第九节　老年犯的社区矫正
298	一、概述
299	二、对老年犯罪人实行社区矫正的重要意义
300	三、对老年犯罪人实行社区矫正的前提
302	四、老年犯罪人社区矫正的主要内容
305	第十节　社区矫正的监督与效果评估
305	一、社区矫正的监督
307	二、社区矫正的效果评估
309	第十一节　我国社区矫正制度的完善
309	一、我国社区矫正法律体系存在的问题
311	二、我国社区矫正法律体系的完善

第五章　亚犯罪人矫正制度 / 315

根据我国《刑法》第17条和第18条的规定以及《刑事诉讼法》第284—289条的规定，本书提出将亚犯罪人定义为：因为不满16周岁而不予刑事处罚的未成年人和肇事肇祸的精神病人。在我国，对这两类人的矫正方式分别是收容教养和强制医疗。但是，这两种矫正方式无论在实体方面还是程序方面都存在一定的问题,有必要对其进行改革。具体而言,应通过相关的司法解释和相应的法律规定予以补充和完善,以增强其实践操作性。

315	第一节　亚犯罪人的界定及其分类
315	一、亚犯罪人的概念及其特点
316	二、亚犯罪人的分类
317	第二节　收容教养制度
317	一、我国收容教养制度的历史沿革
321	二、我国收容教养制度的现状
324	三、我国收容教养场所的运作
325	四、对我国收容教养制度的检视
334	第三节　强制医疗制度
334	一、强制医疗的概念、特点
335	二、强制医疗的理论依据与原则
337	三、强制医疗制度的历史演进
338	四、强制医疗执行机构——安康医院的运作
339	五、对强制医疗制度的检视

下篇　违法矫正制度

第六章　违法矫正制度概述 / 349

违法矫正活动包含多种要素,如矫正机构、矫正者、矫正对象、矫正时间、矫正手段、矫正依据等。我国违法矫正措施体系存在的问题主要有五个:一是结构的不合理,二是功能的缺陷,三是缺乏合法性,四是缺乏评估机制,五是缺乏必要的监督机制。因此,我国应当从结构上、功能上以及具体的监督和评估机制上加以完善,同时也应当遵循法治原则和谦抑原则。当然,最重要的应当是促进违法矫治措施的法典化——尽快制定《违法行为矫治法》。

350	第一节　违法矫正的基本问题
350	一、违法矫正的概念
352	二、违法矫正相关概念辨析

356	第二节　违法矫正的基础理论
356	一、违法矫正的功能和目的
357	二、违法矫正的原则
358	第三节　我国现行违法矫正措施体系
358	一、违法矫正措施的分类
360	二、司法领域的违法矫正措施
362	三、治安领域的违法矫正措施
364	第四节　非正式违法矫正措施
364	一、非正式违法矫正措施概述
366	二、个案考察：海南省海口市未成年人法制教育中心
376	第五节　被废除的违法矫正措施：劳动教养
376	一、劳动教养概述
377	二、劳动教养的性质
380	三、劳动教养的适用与执行
384	四、劳动教养制度被废除的原因
386	五、劳动教养制度被废除后的影响与应对
389	第六节　我国违法矫正措施体系存在的问题及其对策
389	一、我国违法矫正措施体系存在的问题
390	二、我国违法矫正措施体系的完善
392	三、违法矫治措施的法典化：《违法行为矫治法》
395	四、对《违法行为矫治法》的建议

第七章　拘留制度 / 396

我国拘留所主要存在如下几个问题：首先，拘留所的"看守所化"；其次，拘留所中"拘而不矫"现象严重；再次，部分拘留所的管理人员资质存在瑕疵；最后，拘留所作为矫正机构缺乏中立性。因此，应当在将拘留所与看守所、戒毒所进行严格的物理分离的基础之上，更新违法矫正观念；引入科学的评估机制，不但要对违法者个人进行评估，也要对拘留所的矫正工作进行评估；建立统一的违法矫正官制度；对拘留所的改革也应按照矫正一体化的观念，将其交给统一的司法行政部门进行管理，做到拘留决定和执行的分开。

| 397 | 第一节　拘留概述 |

397	一、拘留的概念
398	二、拘留的种类
399	第二节 司法拘留
399	一、司法拘留概述
399	二、司法拘留的适用
403	第三节 行政拘留
403	一、行政拘留概述
404	二、行政拘留的功能
408	三、我国行政拘留制度的嬗变
408	四、境外行政拘留制度考察
409	五、行政拘留的适用
412	第四节 拘留所
412	一、拘留所的设置
414	二、拘留所的收拘工作
415	三、拘留所的管理
417	四、拘留所的生活、卫生
418	五、通信、会见、询问制度
420	六、请假出所制度
420	七、拘留所内的教育
421	八、拘留的解除
422	第五节 拘留所内矫正技术的应用
423	一、拘留所内矫正技术概述
424	二、拘留所内矫正方法的种类
426	第六节 我国拘留制度的不足与完善
426	一、我国司法拘留制度存在的问题及其对策
429	二、我国行政拘留制度存在的问题及其对策
431	三、拘留所存在的问题与改革建议

第八章 收容教育制度 / 434

本章介绍了我国收容教育制度的发展历史,同时整理出了实践中对卖淫嫖娼活动的三种不同观点,并通过考察境外如何治理卖淫嫖娼现象,提出了要理性对待卖淫嫖娼的观点。随后,介绍了我国收容教育制度的基本结构以及收容教育所的运作机制,在此基础上,提出了相应的完善建议。

434	第一节 关于卖淫嫖娼的争议与对策比较
434	一、关于卖淫嫖娼的争议
437	二、境外治理卖淫嫖娼的政策
438	三、理性对待卖淫嫖娼
439	第二节 收容教育的界定与历史沿革
439	一、收容教育的含义
440	二、清朝时期类似收容教育的制度与机构
444	三、民国时期类似收容教育的制度与机构
444	四、新中国收容教育制度的创立与发展
447	第三节 收容教育的基本问题
447	一、收容教育的性质
451	二、收容教育的作用
451	三、收容教育的对象
451	四、收容教育的程序
452	五、收容教育的期限
453	六、收容教育的矫治方式
455	第四节 收容教育所
455	一、收容教育所的设置与管理体制
457	二、收容教育所的基本运作
459	三、收容教育所的矫正活动
462	第五节 收容教育制度的缺陷及完善建议
462	一、收容教育性质的现实定位问题
463	二、收容教育程序存在的问题
467	三、收容教育制度的完善建议

第九章 工读教育制度 / 470

工读教育制度与古代的恤幼观念、近代的五四工读主义和少年感化教育思想息息相关。经历了初创、发展和改革三个阶段后,我国工读教育制度仍然显得落后和封闭。劳动教养制度的废止,为工读教育制度带来了新的改革契机。考察工读教育的各种改革方案,都绕不开存在价值、改革目标、入学强制与否三个基本问题。工读教育的改革应该尊重我国的历史,只有在理解工读教育制度的滥觞和嬗变、明晰其困境、进行比较研究的前提下,才能开启新一轮的改革。

471	第一节 工读教育的滥觞与嬗变
472	一、近代工读教育考析
474	二、工读教育思想的滥觞
475	三、现代工读教育的嬗变
480	第二节 工读教育的现状考察
480	一、发展现状
484	二、现状分析
486	三、困境考察
488	四、背景分析
490	第三节 工读教育的境外借鉴
490	一、我国台湾地区:从少年辅育院到少年矫正学校
492	二、日本:儿童自立支援设施
493	三、美国:替代学校
494	第四节 工读教育的制度重构
494	一、需不需要工读学校?
495	二、需要怎样的工读学校?
496	三、工读学校招生该强制还是自愿?
497	四、重构的原则界定

第十章 戒毒制度 / 500

2007年12月公布的《禁毒法》重构了我国戒毒体系。2011年6月国务院正式公布的《戒毒条例》进一步对戒毒体系予以明确和规范。2014年7月,司法部对司法行政戒毒工作进行了全面部署,明确提出:司法行政戒毒工作要坚持把戒毒人员的教育戒治作为中心任务,切实转变工作职能、工作理念、工作方式方法和管理方式,构建新的组织机构体系、新的工作标准、新的管理规范、新的政策保障体系,建设一支高素质的专业化干警队伍。

500	第一节 自愿戒毒制度

500	一、自愿戒毒制度概述
501	二、自愿戒毒制度的运作模式
503	第二节　社区戒毒制度
503	一、社区戒毒的概念、特征和意义
505	二、我国社区戒毒的现状
506	三、社区戒毒的运作模式
509	第三节　强制隔离戒毒
509	一、强制隔离戒毒概述
510	二、强制隔离戒毒的法律依据
511	三、强制隔离戒毒的运作
514	第四节　其他戒毒措施
514	一、社区康复
516	二、药物维持治疗

后记 / 519

导言　从监狱学到矫正学：一个初步的探索

一般认为,监狱学是研究刑罚执行机关执行监禁刑罚与改造罪犯这一特殊现象及其规律的科学。① 自近代法制变革以来,监狱学一度成为显学,然而其目前的发展状况似乎有些尴尬。监狱学的未来发展不仅仅关系到这门学科的命运,更关系到我国矫正制度的改革与完善。

一、监狱学的式微与局限

监狱在法治建设中的重要性,曾在近代中国被提到了前所未有的高度。某种程度上可以说,近代中国的法制变革始于监狱改良。正如清末京师法律学堂笔记《监狱学》一书所言,刑事制度分为立法、裁判、行刑三种机关,其中"监狱较立法、裁判为重,而改良亦以监狱为先"②。这样一种将监狱(行刑)与立法、司法并重,甚至认为监狱较立法、司法机关更重要的观点,为近代学者所秉持和反复强调。例如,孙雄在其1936年出版的《监狱学》一书(此书已于2011年重新校勘出版)中即明确指出:"行刑机关,较立法、司法二机关,尤为重要已。"③

也正因为如此,监狱学曾经是一门自清末法制变革与近代法学教育建立以来,就受到高度重视的学科。无论在清末初创的法学教育体系中,还是在民国时期相对成形的法学教育体系中,监狱学都被视为法学的基础性学科。

新中国成立以后,尤其是20世纪70年代末恢复法制建设与法学教育以来,监狱学经"劳改法学"的过渡而逐步得以恢复和发展,并经历了一个依附于法学刑法学科到逐步独立的发展过程。其中的标志性事件是教育部在2003年所颁布的《高等学校本科专业目录》中将监狱学列为独立于法学之外的专业与学科,2012年修订的《高等学校本科专业目录》继续将监狱学列为法学门类中的特设专业。目前,中央司法警官学院、上海政法学院、山东政法学院等大学正式设置了独立的监狱学专业。

在20世纪八九十年代,主要以"劳改法学"为名的监狱学研究与教学曾经一度非常活跃,各大政法类院校均将劳改法学作为重要的学科,甚至设置了专门的劳改法学系部。这种活跃的状况还引起了国外学者的关注。例如,《美国法律杂志》于1988年3月发表评论认为:"近十年是中国大陆犯罪学和矫正学领域最有生气、最为活跃的十

---

① 参见金鉴主编:《监狱学总论》,法律出版社1997年版,第1页。
② 〔日〕小河滋次郎口述,熊元翰编:《监狱学》,上海人民出版社2013年版,第4页。
③ 孙雄编著:《监狱学》,商务印书馆2011年版,第9页。

年。"① 遗憾的是,进入 21 世纪后,监狱学的学科地位显著下降,逐步成为一门被边缘化的学科。这具体表现在两个方面:一是由于监狱学被列在法学本科专业之外,导致监狱学研究与监狱学教育不入法学和法学教育的主流,日渐被边缘化,监狱学学者也纷纷流失;二是由于司法考试不包括监狱学知识内容,从事行刑工作并不需要通过司法考试,这也导致监狱职业不入司法职业的主流。②

监狱学的独立设置并没有改变监狱学日渐式微的局面,随着我国矫正制度的改革与发展,反而加剧了其困境状态,出现了诸多不适应的地方。例如,随着社区矫正改革的推进,社区矫正制度呈现获得与监狱矫正制度同等地位的趋向。司法部下设与监狱管理局并列的社区矫正管理局,专门的《社区矫正法》也在抓紧制定。上海政法学院率先在全国于监狱学下设社区矫正方向,招收并培养专门的社区矫正本科人才。但是,显然,研究社区矫正的学问——社区矫正学很难为名为"监狱学"的学科所容纳,而要在《高等学校本科专业目录》中再增设社区矫正学是不现实的。

我国的矫正制度具有多元化与多样化的特点,具有不同于国外矫正制度的特殊性。但是,这一特殊性一直缺乏系统的理论关注。监狱学虽是研究矫正制度的领头学科与核心学科之一,但显然并不能替代对矫正制度的研究。根据我国矫正制度的现有状况,它实际包括违法矫正体系与犯罪矫正体系两大体系,在犯罪矫正体系下还包括审前矫正与判后矫正、监禁矫正与社区矫正等基本单元。但是,监狱学的视角仅仅及于有罪判决后在监狱服刑罪犯的矫正与管理。大量的矫正机构与矫正措施无法被监狱学关注。从我国依托大学的矫正人才培养现状来看,主要是培养监狱学人才(本科)与刑事执行法学(高职)人才,这样的人才培养模式无法适应我国对矫正制度人才的实际需求,也是导致矫正工作人员的整体专业性与素质明显低于法官、检察官、律师的重要原因。

2011 年 3 月国务院学位委员会颁布的《学位授予和人才培养学科目录》正式将公安学抽离法学,单列为一级学科。获得独立学科地位的公安学可以涵盖公安工作的各个领域,并为公安工作的发展奠定扎实的学科基础。与之形成鲜明对比的是,监狱学学科建设长期没有获得应有的关注,学科发展已经明显滞后。

监狱学的恢复与独立化发展定型于 2003 年,并且在矫正制度研究中一枝独秀,几乎成为我国矫正制度研究的代名词。然而,这一学科名称与体系一方面已经无法适应我国矫正制度发展的趋势,存在诸多视野盲点;另一方面也缺乏对我国矫正制度特殊性与实际状况的应有关怀,因而无法为我国矫正制度的完善提供应有的理论支持。监狱学的这一弊端,应当引起足够的重视。

二、矫正学的提出

从比较研究的视角看,国外通常并不使用"监狱学"的概念,较为常用的概念是

---

① 转引自邵名正主编:《中国劳改法学理论研究综述》,中国政法大学出版社 1992 年版,第 1 页。
② 参见姚建龙:《关于监狱学教育与监狱学人才培养机制的几点思考》,载严励主编:《监狱学专业建设回顾与瞻望——监狱学专业课程建设研究》,中国法制出版社 2013 年版。

"corrections"（矫正），其研究对象即国外的矫正制度。①国外对矫正制度的研究视野远远宽于我国的监狱学研究对象，这种"宽"视野是与国外矫正制度的现状相对应的。例如，与我国相比，加拿大矫正制度具有"大矫正"模式的特色，具体表现在以下三个方面：一是机构矫正与社区矫正一体化；二是审前矫正与判后矫正一体化；三是违法矫正与犯罪矫正一体化。②

"矫正"一词的内涵与外延要远比"监狱"一词丰富，这也许正是国外通常使用"correction"一词的原因之一。笔者主张使用"矫正"一词，除了因为其内涵更为准确与丰富外，更因为它可以打破我国违法与犯罪的二元体系，有利于超越公安、司法、教育等职能部门的界限，从矫正制度本身内涵的角度对矫正制度进行整合研究。

在古代汉语中，"矫正"一词早有使用。例如，《汉书·李寻传》载："先帝大圣，深见天意昭然，使陛下奉承天统，欲矫正之也。"古代汉语中的"矫正"一词，已确定了"纠正""改正"的基本内涵。今天，"矫正"一词已经成为在医学、社会工作、法学等领域使用的名词，如"牙齿矫正""矫正社会工作""犯罪矫正"等。在法学领域，"矫正"一词有着特定的含义，并被视为司法领域的专门用语。一般认为，矫正是指国家司法机关和工作人员通过各种措施和手段，使犯罪者或具有犯罪倾向的违法人员得到思想上、心理上和行为上的矫正治疗，从而重新融入社会，成为其中的正常成员的过程。简单来说，矫正是指将有反社会行为（越轨、悖德、违法以及犯罪）或者反社会倾向的人转化为社会正常成员的过程。这一内涵较为符合我国矫正制度目前的实际状况。

"矫正"一词还包含着"劝善"的观念。从矫正制度发展的历史来看，它脱胎于并且超越惩罚，但是始终包含着惩罚，正如英文"correction"一词同时也有着惩罚的含义。不过，很多矫正学家常常试图将矫正解释为一种治疗，而不是惩罚。从矫正制度的实践来看，惩罚与治疗之间剪不断理还乱的纠葛，恰恰是矫正制度演变的缩影。矫正蕴含着"规训"（discipline）的意图。"规训"是福柯（Foucault）在《规训与惩罚》一书中创造性使用的一个关键性术语。在法文、英文和拉丁文中，该词都不仅具有"纪律""教育""训练""校正""惩戒"等多种意蕴，而且还有作为知识领域的"学科"之意味。它被用来指称一种特殊的权力形式，既是权力干预肉体的训练和监视手段，又是不断制造知识的手段，其本身还是"权力"与"知识"相结合的产物。"矫正"一词所蕴含的"劝善""规训"内涵，符合现代矫正制度的矫正观念，相对"监狱""刑罚"等词而言更加准确和适合。

结合我国矫正制度的实际状况，并基于比较研究的视角，可以将矫正制度的构成要素概括如下：

一是有明确的矫正对象。由于我国违法与犯罪的二元结构，就矫正对象而论，不仅包括轻微违法行为人，也包括因为年龄和精神状况而不予刑事责任的"亚犯罪人"以及严重侵害社会的罪犯等。

---

① 参见吴宗宪：《当代西方监狱学》，法律出版社 2005 年版，第 1—9 页。
② 详见姚建龙：《加拿大矫正制度的特色与借鉴》，载《法学杂志》2013 年第 2 期。

二是配备专门的矫正工作人员。在国外,这些工作人员被称为"矫正官",他们经过严格的选拔,具备一定的矫正工作素质和能力。在我国,虽然违法矫正与犯罪矫正相分离,但是矫正工作人员均属于人民警察序列,如监狱人民警察、戒毒人民警察等,他们的任职参照我国《公务员法》和《人民警察法》的相关规定。

三是有特定的矫正场所。矫正场所的传统形式是特设的机构,即矫正机构。我国的矫正机构较为多元,包括违法矫正机构(如拘留所、强制隔离戒毒所、工读学校)、犯罪矫正机构(如监狱)、审前矫正机构(如看守所)等。随着社区矫正改革的兴起,社区也被视为矫正的特定场所。

四是有专门的矫正依据。矫正依据通常是指矫正法规,例如我国的《监狱法》《看守所条例》以及正在制定中的《社区矫正法》等。

五是具备规范的矫正流程与专业方法。矫正的目的是改恶为善,使矫正对象重新回归社会,因此矫正也需要时间和过程。正因为如此,死刑制度一般并不能被视为矫正制度的组成部分。矫正流程包括矫正的启动程序、执行程序以及后续的跟进程序。就矫正的启动程序而言,西方大部分国家和我国都是由法院启动,即启动主体为法院。矫正的执行程序,是指对矫正对象执行的一系列步骤和方法的总和。矫正的跟进程序,是指为了保障矫正的效果达到最大化,在矫正对象回归社会后的延伸工作。例如,我国香港地区惩教署所设立的过渡期宿舍、善导会志愿性机构等。矫正的专业方法包括心理矫治技术、分类处遇技术以及个案评估技术等。

研究矫正制度的学问,即矫正学。上述矫正制度的构成要素也正是矫正学的主要研究对象。显然,无论是监狱学、社区矫正学、劳教学(随着劳教制度被宣布废止,劳教学这一学科也已消亡),还是刑事执行法学等其他形式的与矫正有关的学科,都无法涵盖我国矫正制度的实际状况,也无法包容矫正制度的主要构成部分。在某种程度上可以说,这也正是我国目前矫正制度还存在较为明显的问题的重要原因。[①] 基于我国矫正制度发展与完善的需要,急需超越传统监狱学思维,探索建立新的学科——矫正学。

三、大矫正观的提倡

我国传统的矫正理论与矫正制度建设所依据的矫正观较为狭隘,存在过于突出和强调监狱的核心地位,而忽略了监狱罪犯之外的其他对象和矫正制度其他组成部分的弊端。随着社区矫正改革的兴起,在社区服刑罪犯的矫正开始受到重视,社区矫正制度和社区矫正学有了长足的发展。但是,同为矫正制度重要组成部分的违法矫正制度,以及看守所、拘役所等其他形式的罪犯矫正机构与制度,并未受到应有的重视。

针对我国目前矫正制度与矫正观念的不足,本书提倡以大矫正观为指导,建立矫正学学科,并重构我国的矫正制度,以改变目前矫正制度多头管理、分割、交叉、混乱的状况。具体而言,即主张打破目前矫正制度管理部门界限、违法矫正与犯罪矫正界限、

---

① 这些问题包括矫正对象多元、矫正管理机构多元、矫正人员多、矫正场所多元、矫正专业性差、矫正目的异化等。

审前矫正与判后矫正界限,主张矫正管理的一体化、矫正人员的一体化、违法矫正与犯罪矫正的一体化、审前矫正与判后矫正的一体化。

第一,矫正管理的一体化。我国的矫正管理部门包括司法行政机关、公安机关和教育部门。司法行政机关主要负责监狱矫正与社区矫正管理,以及部分强制隔离戒毒所、戒毒康复场所的管理。公安机关负责部分罪犯(留看守所服刑短期犯、秦城监狱服刑罪犯、拘役所服刑罪犯等),以及收容教育、拘留所等违法矫正的管理。教育部门主要负责工读学校这一特殊类型矫正机构的管理。这种矫正管理多头的状况,不利于我国矫正制度的发展与完善。矫正管理的一体化,即主张通过渐进改革的方式,改变我国目前矫正管理机构多元的状况,统一矫正制度的管理机构。

第二,矫正人员的一体化。目前,我国对于从事矫正工作的人员并无特别的资质要求,也未建立类似司法考试的职业准入门槛。对于在各类矫正机构中从事矫正工作的人员,我国也无统一管理机构,而是与矫正管理机构的多元化一样,分属司法行政、公安、教育等部门。基于建立现代矫正制度的需要,应当对矫正工作人员实行统一的资质标准,进行统一的资格考试、培训、考核,实行区别于警务系列的矫正官管理制度,并归属统一的矫正管理机构。

第三,违法矫正与犯罪矫正的一体化。在民国时期的《违警罚法》的基础上,我国目前对于危害社会行为的处罚形成了违法(《治安管理处罚法》)与犯罪(《刑法》)两个体系,矫正制度也相应地形成了违法矫正体系与犯罪矫正体系两大组成部分,这鲜明地区别于国外犯罪一元体系的矫正制度。从实践角度看,以罪犯矫正为主体的现行矫正体系显然无法涵盖违法矫正体系。从理论角度看,监狱学更无法包容违法矫正的内容。借鉴国外矫正制度建设的经验,我国急需将违法矫正体系与犯罪矫正体系一样纳入矫正制度的范畴,给予同等的重视,并统一管理机构,建立科学的衔接机制。

第四,审前矫正与判后矫正的一体化。我国现行矫正制度的一大弊端是,未决犯羁押于隶属于公安机关的看守所中,审前矫正并未被纳入矫正制度的范畴,这是导致看守所存在羁押条件相对较差、牢头狱霸、超期羁押等问题且长期无法得到有效解决的重要原因。审前矫正与判后矫正的一体化,即主张将审前矫正机构即看守所纳入矫正制度的范畴,由统一的矫正管理部门进行管理。

参考境外经验与通常做法,可以考虑在司法部下设矫正总局作为我国矫正制度的统一管理机构,实现上述四个"一体化"。同时,可以考虑逐步推进矫正立法工作,在条件成熟时制定统一的《矫正法》。

当然,以上对于我国矫正制度改革的建议的被接受必定是一个长期的过程。但是,作为一种理论先行的进路,可以在大矫正观的指导下,探索建立统一的矫正学,将监狱学、社区矫正学视野之外的矫正制度的其他构成部分纳入矫正学的研究范畴,以为我国矫正制度的完善提供理论支持。

就矫正学的学科体系而言,其下位学科主要包括两大部类:一是违法矫正学,二是犯罪矫正学。违法矫正学可以再分为治安违法矫正学、工读教育学、戒毒学等学科,犯罪矫正学可以再分为监狱学、社区矫正学、感化教育学(收容教养学)等学科。

与建立矫正学学科相一致,建议教育部与国务院学位委员会参考公安学的设置,将矫正学列为一级学科,并将目前已经相对成熟并具有人才培养需求的监狱学、社区矫正学、戒毒学等列为二级学科,完善高等院校矫正人才培养模式。同时,建议参考国家司法考试的做法,在全国实行统一的矫正官资格考试,提高矫正职业的门槛与专业性要求。

实际上,监狱学界早已意识到了监狱学学科所存在的弊端,曾经试图通过发展依附于教育学的"矫正教育学"以克服其不足,并且成功使矫正教育学跻身司法部重点学科之列。然而,无论是基于传统还是现实,矫正制度与法学的关联性要远大于教育学,因而矫正教育学同样无法肩负为我国矫正制度的改革与完善提供必要的理论空间的重任。值得庆幸的是,监狱学界有学者提出:"应当在原有的监狱学、矫正教育学基础上,整合资源,集中力量构建有中国特色的矫正学学科",并认为"在监狱学和矫正教育学基础上建设矫正学,是以功能之学替代了场所之学,也是将封闭的部门之学扩展为开放的特色之学,其学科特点更鲜明,其学科立意更深远。从未来的发展看,不但社区矫正工作可以从矫正视角来研究,看守所、工读学校等特殊教育都可以在矫正学的框架内得到发展"。① 但是,总的来看,矫正学学科建设当前远未受到应有的重视。由于感情与思维的定式,在"惨淡经营"的监狱学界坚守的学者们要接受矫正学这一新的学科,似乎也将是一个艰难的过程。

本书对矫正学的探索仍然是十分初步的,期待更多的学者能够关注矫正学学科建设与我国矫正制度的重构这一重大议题。

(本章作者:姚建龙)

---

① 参见章恩友、王雪峰:《中国特色矫正学学科及其构建》,载《中国司法》2013年第4期。

上 篇

犯罪矫正制度

第一章 犯罪矫正制度概述

谈到犯罪矫正,首先必须明确什么是犯罪、犯罪的本质是什么、犯罪人观、犯罪在不同阶段的形态以及犯罪人的身份转换等基本问题,只有在综合把握以上问题的基础上,才能够奠定构建犯罪矫正制度的基石。目前,我国采用的是刑法意义上的犯罪概念,犯罪必须满足社会危害性、刑事违法性和刑罚当罚性三个基本特征并以法院有罪判决为依据。我国直接将犯罪人囚禁在监狱或在社区内进行犯罪矫正,排除了审前矫正、亚犯罪人矫正、违法矫正,这不利于犯罪的预防与矫正。本书建议将审前矫正、亚犯罪人矫正、违法矫正一并纳入矫正体系之中,改变单一的矫正手法和方式,将个案疗法、心理与社会模式、行为治疗模式等引入传统矫正手段中,使犯罪人在不同的身份阶段都能够得到具有针对性、有效性的矫正,构建立体化、多层次的犯罪矫正体系。同时,以"行刑—矫正—回归"为中心,以开放处遇、回归社区和社会为目的,以审前矫正、监狱矫正、社区矫正和亚犯罪人矫正为内容,构建矫正管理机构一体化、矫正立法一体化、矫正手段一体化以及矫正人员一体化的犯罪矫正体系,最大限度地保护犯罪人的权利。

第一节 犯 罪

犯罪的概念是一个较为复杂的问题,从各国的现行立法情况来看,对于犯罪的定义可以归纳为:形式定义说、实质定义说以及形式与实质的统一定义说。形式定义说,是指仅从犯罪的法律特征上给犯罪下定义,而没有涉及犯罪的本质特征。例如,1810年《法国刑法典》规定:"法律以违警刑所惩罚指犯罪,称为违警罪。"《西班牙法典》第10条规定:"蓄意或过失的作为或不作为为法律所处罚的,构成犯罪或过失罪。"[①]实质定义说,是指从犯罪的本质特征上给犯罪下定义,而没有涉及犯罪的法律特征。例如,1922年《苏俄刑法典》第6条规定:"威胁苏维埃制度的基础及工农政权向共产主义制度过渡时期所建立的法律秩序的一切危害社会的作为或不作为,都认为是犯罪。"[②]形式与实质的统一定义说,是指从犯罪的本质特征和法律特征两个方面对犯罪进行定义。

---

① 转引自郑高健主编:《刑法学》,科学出版社2009年版,第28—29页。
② 转引自〔苏联〕皮昂特科夫斯基等:《苏联刑法科学史》,曹子丹等译,法律出版社1984年版,第19—20页。

我国《刑法》第 13 条规定了犯罪的定义:"一切危害国家主权、领土完整和安全,分裂国家、颠覆人民民主专政的政权和推翻社会主义制度,破坏社会秩序和经济秩序,侵犯国有财产或者劳动群众集体所有的财产,侵犯公民私人所有的财产,侵犯公民的人身权利、民主权利和其他权利,以及其他危害社会的行为,依照法律应当受刑罚处罚的,都是犯罪,但是情节显著轻微危害不大的,不认为是犯罪。"该定义不仅揭示了现阶段犯罪的本质特征和法律特征,同时也将犯罪和普通的违法行为、轻微的刑事违法行为进行了区分,是对我国各种类型犯罪科学完备的概括,也是我们认定犯罪、划分罪与非罪的基本依据和标准。因此,在适用刑法条文认定具体犯罪时,不仅要考察该行为是否具有犯罪的法律要素,还要考察它是否具有犯罪的实质内容。

一、犯罪的本质

对于犯罪本质的科学理解应当始于意大利刑法学家贝卡里亚(Beccaria),他在《论犯罪与刑罚》一书中指出,"犯罪使社会遭受到的危害是衡量犯罪的真正标准"[①]。这里的"社会"是指契约之上的公民社会,可谓对犯罪的本质"一针见血"。

(一)社会危害性

我国刑法学界一直将社会危害性作为犯罪的本质特征,并认为社会危害性是犯罪最本质的和首要的特征,其他的犯罪特征都是由社会危害性衍生或派生的。社会危害性是指犯罪行为对于社会的整体或局部的危害,没有社会危害性的行为不会构成犯罪。张明楷将犯罪的本质特征描述为"应受刑罚处罚程度的社会危害性",主要是指行为对法益的侵犯性(包括侵害与侵害的危险或威胁),即《刑法》第 13 条所列举的对国家法益、公共法益、集体法益以及公民法益的侵害性。[②]

同时,关于犯罪的社会危害性,不同的学者持有不同的观点。例如,高铭暄认为,社会危害性是对国家和人民造成或可能造成一定的危害;[③]何秉松认为,社会危害性是指对我国刑法所保护的利益的危害;[④]马克昌认为,社会危害性是行为对我国的社会主义社会关系实际造成的损害或有可能造成的损害。[⑤]

笔者认为,社会危害性实质上是一个犯罪学或社会学的概念或范畴,其概念的抽象性给刑事司法实务造成了操作的弹性,尤其容易受到国家意志的影响,国家意志能够容忍的不为犯罪,国家意志不能容忍的即为犯罪。也就是说,某行为与国家意志相违背时,才具有社会危害性;反之,则不具有社会危害性。国家意志又与特定社会的政治、经济、文化、历史传统等因素有着密切的联系,同时也受到价值观念、主观感受、公众容忍度、社会舆论等因素的影响,这就造成了在一些国家可以成为抗辩理由的事实

---

① 〔意〕贝卡里亚:《论犯罪与刑罚》,黄风译,中国大百科全书出版社 1993 年版,第 67 页。
② 参见张明楷:《刑法学》(第二版),法律出版社 2003 年版,第 96 页。
③ 参见高铭暄主编:《新编中国刑法学》(上册),中国人民大学出版社 1998 年版,第 66 页。
④ 参见何秉松主编:《刑法教科书》(修订版),中国法制出版社 1994 年版,第 67 页。
⑤ 参见马克昌主编:《犯罪通论》,武汉大学出版社 2003 年版,第 20 页。

在另外一些国家则被排除。因此,"社会危害性"这一概念的表述不利于犯罪标准化的界定与操作,而应当直接表述为"法益侵害性"。

（二）法益侵害性

法益侵害说是由毕伦鲍姆（Birnbaum）提出的,他在1834年发表的《犯罪概念中法益保护的必要性》一文中首先引入了类似"法益"的概念,认为犯罪的本质是对法益的侵害,任何犯罪都是侵害一定的法益,没有对法益的侵害也就没有犯罪的存在。在他看来,法益不仅揭示了权利的实体内容,能够涵盖权利,且法益的范围大于权利。因此,可以说任何犯罪都侵害了法益,但不能说任何犯罪都侵犯了权利。此外,德国刑法学者宾丁（Karl Binding）和李斯特（Franz Liszt）对法益学说进行了进一步的阐发。宾丁认为,法益是刑法规范的客体,行为人以侵害法益为中介,达到了违反规范的结果,犯罪在实质上侵害了法益,在形式上违反了规范。尽管如此,规范本身的权威并未受到削弱,因为规范先于法益存在,受制于立法者的主观意志。因此,宾丁是从立法者的角度全面展开对法益概念的评价,使法益概念在规范中取得实体性存在。李斯特强调,犯罪是一种行为,将侵害行为与行为人的责任性格结合起来进行考察,并更加明确地将法益界定为法律所保护的利益。至此,一种以利益为基本线索,解释犯罪本质的法益侵害说正式确立,并成为刑法理论中的一种通说。①

我国《刑法》第2条和第13条以及其他总则和分则的规定,均体现着保护法益的内容。本书认为,所谓法益,是法律所保护的利益或权益,具体是指宪法及法律所保护的可能被违法犯罪人的行为侵害或面临威胁的国家及公民个人的直接权益和间接权益,它体现了侵害刑法法益与侵害普通法法益的统一、实际侵害与威胁性侵害的统一、客观行为侵害与主观恶性侵害的统一。具体而言：

第一,法益侵害实际上是侵害刑法法益与侵害普通法法益的有机统一。通常认为,法益是指"由法所保护的、客观上可能受到侵害或者威胁的人的生活利益"②。因此,法益不仅仅是指由刑法所保护的,而是由所有法律所保护的。刑法作为最后一道防线,它所保护的是其他违法与犯罪防控无法"拦截"的利益。

第二,法益侵害实际上是实际侵害与威胁性侵害的统一。也就是说,行为人的行为已经造成了刑法法益的实际损害并具有侵害刑法法益的可能性或威胁性。当然,这种情况下,刑法只将那些重大的、故意对重大法益造成侵害危险的行为规定为犯罪。

第三,法益侵害实际上是客观行为侵害与主观恶性侵害的统一。一方面,行为人具有主观的故意或过失。另一方面,行为人在主观罪过心理的支配下实施了侵害刑法法益的行为。若只有侵害刑法法益的主观罪过,而无侵害刑法法益的客观行为,或者相反,都不是完整意义上的刑法法益的侵害性。

综上所述,笔者认为,犯罪的本质虽然与社会危害性有着密切的联系,但是不能将

---

① 参见李晓明主编：《中国刑法基本原理》（第二版）,法律出版社2007年版,第202—204页。
② 张明楷：《法益初论》,中国政法大学出版社2000年版,第167页。

本质简单地等同于社会危害性。如果认定社会危害性过于模糊或宽泛,不利于刑事司法实务中的操作。因此,犯罪的本质应当是一个比社会危害性更加科学、明确的法律概念,即上文提到的"法益"。

二、犯罪的定义权

从历史来看,关于犯罪的定义大致经历了由神权向世俗权的演变过程。所谓神权的犯罪概念,将"渎神"的行为视为犯罪,主要受到封建思想和宗教的影响。所谓世俗权的犯罪概念,是指大多数人直观地理解的犯罪或世俗所认为的犯罪——一种非常恶劣、引起社会强烈谴责且被世俗认为应当处罚的行为。

(一)神权

在中世纪以前的欧洲,对犯罪的解释充满了唯心论色彩。人们将人世间的很多事件看成另一世界的力量运行的结果,用违背上天的力量、违反上帝的意志甚至邪魔的诱惑来解释犯罪,把惩治犯罪的希望寄托于另一世界,相信上天、神明或上帝会帮助无罪一方,用宗教仪式、决斗或神明裁判来判别和惩罚犯罪人,甚至认为皈依宗教是防治犯罪的唯一方法。此时对犯罪的定义权具有明显的宗教色彩:把犯罪视为对上帝意志的违反,把犯罪原因归结为人与生俱来的、源于人类祖先的、被称为原罪的恶的意志,上帝给予人类法律的目的就是惩罚犯罪者,而残酷、恐怖的刑法一方面能够彰显法律惩罚的手段,另一方面也是实现犯罪预防的前提。[①]

(二)世俗权

西方社会的历史中,也存在有关犯罪的唯物论解释。西方学者将唯物论思想追溯到了古希腊学者希伯克拉底(Hippocrates)、德谟克利特(Democritus)、柏拉图(Plato)和亚里士多德(Aristotle)等人,他们认为世间事物源于本身之属性。在朴素唯物主义思潮的影响下,16、17世纪,以霍布斯(Hobbes)、斯宾诺莎(Spinoza)等为代表的文艺复兴先驱,将犯罪看成源于人的本性的行为。这种思想经贝卡里亚、边沁(Bentham)等人发展,成为刑事古典学派的思想基础。[②] 18世纪,以贝卡里亚、边沁为代表的古典犯罪学派高举理性的大旗,针对当时欧洲国家的宗教神学思想和封建专制统治,进行了无情的批评和揭露,提出了刑罚的合理性、刑罚的轻重与罪恶大小相一致,反对刑讯、死刑等。例如,贝卡里亚在《论犯罪与刑罚》中说道:"每个公民都应当有权威做一切不违背法律的事情,除了其本身可能造成的后果外,不用担心遇到其他麻烦……"[③]这是他对罪刑法定原则的解说。无论是贝卡里亚的三大刑法原则还是边沁的法律控制论,都使得刑罚逐渐标准化,严刑拷打大为减少。随着19世纪末实证犯罪学派及矫正理论的兴起,古典犯罪学派的影响逐渐衰弱,实证犯罪学派注重从犯罪人身上总结

---

① 参见李明琪主编:《西方犯罪学概论》,中国人民公安大学出版社2010年版,第15页。
② 同上书,第2页。
③ 〔意〕贝卡里亚:《论犯罪与刑罚》,黄风译,中国大百科全书出版社1993年版,第69页。

犯罪特征,认为犯罪人实施犯罪行为并非受其"自由意志"决定,而是受其自身或其所在环境等因素左右。在犯罪预防方面,刑罚只是对策之一,只有科学的预防和矫正措施才有利于降低犯罪。

知识链接 1-1

在刑事古典学派产生之前,整个欧洲长达数千年的人类思想发展史上出现过形形色色的犯罪学思想,归纳起来有三点:一是宗教势力控制下的"原罪说",以维护统治阶级利益为目的,宣扬"天生罪恶"与"赎罪"思想。二是强调"人体特征"的分析,重视刑罚的威慑原理。犯罪从"神灵论"转向实体论,对于后来的犯罪骨相学说和犯罪人类学理论产生过重要的影响。三是关注社会现象与犯罪之间的相关关系的论述,例如物质欲望和金钱财富导致犯罪的思想。[1]

在中世纪的欧洲,宗教统治者和世俗统治者都借助于所谓的"神的意志",规范人们的行为乃至思维方式,犯法被理解为违抗上帝意志的过错和着魔,刑罚思想也具有浓厚的神学色彩。从 18 世纪开始,人们不再用超自然的力量而是用其本身的因素来解释人的行为,犯罪从"神灵论"转向实体论。最后,定义犯罪的标准逐步发展为以国家制定的"法律"为准。犯罪是一种世俗定义,但是有些国家的法律对于犯罪的定义是以宗教圣典为依据的,甚至有些国家直接承认宗教圣典对于犯罪的定义。

三、犯罪的形态

(一)前犯罪(不良、违法)行为

本书所称"前犯罪行为",是指社会危害程度尚未达到触犯刑事犯罪标准的一般不良行为及违法行为。"不良行为"是在道德层面的用词,不良行为只有达到法律规定的程度才是违法。不良行为主要是由于违反了人类的公序良俗以及道德伦理而被谴责的行为,由于它尚未达到触犯法律的层面,因此只能靠内心的善及道德来约束。一般来说,法律不会对不良行为进行介入和干预。但是,各国基于预防犯罪的考虑,通常会在少年法中以"身份罪错"(status offense)的形式对未成年人的不良行为进行提前干预。

我国虽然还没有独立的少年法,但是在《预防未成年人犯罪法》中也有对不良行为的界定,并规定了相应的干预措施。不过,《预防未成年人犯罪法》所使用的"不良行为"概念,与国外少年法规定的"身份罪错"行为存在差别。未成年人的不良行为,是指违德、违纪、违法等越轨行为,即轻微违法或违背社会公德的行为。根据我国《预防未成年人犯罪法》第 14 条的规定,未成年人的下列行为属于不良行为:(1)旷课、夜不归宿;(2)携带管制刀具;(3)打架斗殴、辱骂他人;(4)强行向他人索要财物;(5)偷窃、

---

[1] 参见莫洪宪主编:《犯罪学概论》,中国检察出版社 1999 年版,第 27 页。

故意毁坏财物;(6)参与赌博或者变相赌博;(7)观看、收听色情、淫秽的音像制品、读物等;(8)进入法律法规规定未成年人不适宜进入的营业性歌舞厅等场所;(9)其他严重违背社会公德的不良行为。未成年人的严重不良行为,是指具有严重社会危害性,尚不够刑事处罚的一般违法行为。根据我国《预防未成年人犯罪法》第34条的规定,未成年人的严重不良行为主要包括:(1)纠集他人结伙滋事,扰乱治安;(2)携带管制刀具,屡教不改;(3)多次拦截殴打他人或者强行索要他人财物;(4)传播淫秽的读物或者音像制品等;(5)进行淫乱或者色情、卖淫活动;(6)多次偷窃;(7)参与赌博,屡教不改;(8)吸食、注射毒品;(9)其他严重危害社会的行为。

如果不包括最严重的犯罪行为,违法行为通常是指民事违法行为与行政违法行为。民事违法行为主要是指违反民事法律规定,损害他人民事权利的行为。其构成要件主要有两个:(1)侵犯他人受到民事法律保护的权利和利益;(2)行为具有违法性。民事违法行为分为违反合同行为和侵权行为两大类,前者是指合同当事人没有合法事由不履行或不完全履行合同义务的行为;后者是指合同以外的非法侵犯他人民事权利的行为。民事违法行为在表现形式上可分为作为和不作为。违法的作为是指实施法律所禁止的行为;违法的不作为是指不实施法律所要求的行为。

行政违法行为是指公民、法人或其他组织故意或过失实施的违反行政法律规范,侵犯国家、社会公益或个人、组织的合法权益,危害国家安全或社会秩序,但不构成犯罪的行为。[①] 其特征主要有三个:(1)行政违法是行政主体的违法。与民事违法和刑事违法不同,行政违法是行政主体在行政法上的违法行为。任何组织和个人只有在以行政主体身份或名义出现时,其违法行为才能构成行政违法。(2)行政违法是违反行政法律规范,尚未构成犯罪的行为。首先,行政违法具有违法性,它违反了行政法律法规,侵害了受行政法保护的行政关系,因而具有一定的社会危害性。其次,行政违法在性质上属于一般违法,其社会危害性较小,尚未达到犯罪的程度。(3)行政违法是依法必须承担行政责任的行为。

(二)亚犯罪行为

本书所称"亚犯罪行为",是指虽然符合犯罪的本质特征即法益侵害性,但是由于不符合犯罪的形式特征而不被作为犯罪对待的行为。所谓形式特征,主要是指年龄和精神状况不符合刑法规定的犯罪构成特征的要求。在年龄方面,刑法规定了刑事责任年龄制度,未达到刑事责任年龄者若实施了有害于社会的行为,不追究其刑事责任。在我国,这主要包括两种情形:(1)已满14周岁不满16周岁,实施了《刑法》第17条第2款所列犯罪以外的其他危害社会行为的人;(2)不满14周岁,实施了刑法所禁止的严重危害社会行为的人。

另一方面,如果实施严重危害社会行为的行为人属于不具有辨认和控制能力的精神病人,也不追究其刑事责任。我国《刑法》第18条第1款规定:"精神病人在不能辨

---

① 参见姜明安:《行政违法行为与行政处罚》,载《中国法学》1992年第6期。

认或者不能控制自己行为的时候造成危害结果,经法定程序鉴定确认的,不负刑事责任,但是应当责令他的家属或者监护人严加看管和医疗;在必要的时候,由政府强制医疗。"由此可知,精神病人在实施某一具体罪行时不能辨认或者不能控制自己的行为,属于无刑事责任能力,对于自己所实施的罪行没有罪责,不负刑事责任。

"法律面前人人平等,人只有达到一定年龄且精神正常,才能讨论平等问题,因为只有这样的人才能够对自己的行为负责。任何人达到法定年龄(刑事责任年龄)、精神正常(没有受到心理或生理疾患的影响),就具备了辨认和控制自己行为的能力,也就具有了对自己所实施的客观罪行承担刑事责任的能力。"[①]因此,辨认和控制能力是刑事责任能力的基础。一般而言,自然人对自己行为的辨认和控制能力与年龄成正比,与某种疾病或生理缺陷成反比。尽管有些行为对社会造成了危害,具有法益侵害性,但是由于缺乏年龄、精神状态等形式性要件而免于刑事处罚,被认为是亚犯罪。

未成年人与精神病人严重危害社会的行为被规定于刑法之中,这也是本书将之统称为"亚犯罪行为",并主张收容教养制度以及精神病人强制医疗制度属于犯罪矫正制度组成部分的重要原因。

(三) 犯罪行为(具有严重社会危害性、刑事违法性、刑罚当罚性的行为)

根据刑法的规定,犯罪有三个基本特征:首先,犯罪具有严重的社会危害性,这是犯罪最基本的特征;其次,犯罪是触犯刑法的行为,具有刑事违法性,这是犯罪的法律特征;最后,犯罪是应受刑罚处罚的行为,应具有刑罚当罚性,这是犯罪的法律后果。一个行为只有同时具备了以上三个要件,才能被认定为犯罪。我国《刑法》第13条关于犯罪的定义是:"……危害社会的行为,依照法律应当受刑罚处罚的,都是犯罪",实质上依次揭示了上述三个基本特征。从程序法的角度看,犯罪还可细分为未确定的犯罪和确定的犯罪。

1. 未确定的犯罪

未确定的犯罪主要指犯罪事实未确定以及犯罪人未确定。我国《刑事诉讼法》第2条规定:"中华人民共和国刑事诉讼法的任务,是保证准确、及时地查明犯罪事实,正确应用法律,惩罚犯罪分子,保障无罪的人不受刑事追究……"因此,公安机关、检察院、法院在侦查、审查案件、审判时,都要做到犯罪事实确定、犯罪人确定,符合罪刑法定的原则,否则容易造成权力的肆意扩张,甚至对犯罪嫌疑人、被告人、罪犯等造成权利的侵害。

首先,从犯罪事实未确定与犯罪人未确定来看。犯罪事实确定是司法机关进行刑事诉讼的根本条件。我国《刑事诉讼法》也对各司法主体在犯罪事实方面进行了明确的规定:(1) 公安机关经过侦查,对有证据证明有犯罪事实的案件,应当进行预审,对收集、调取的证据材料予以核实。公安机关侦查终结的案件,应当做到犯罪事实清楚,证据确实、充分。(2) 人民检察院审查案件的时候,必须查明:犯罪事实、情节是否清

---

① 曲新久:《刑法学原理》,高等教育出版社2009年版,第109页。

楚,证据是否确实、充分,犯罪性质和罪名的认定是否正确。人民检察院认为犯罪嫌疑人的犯罪事实已经查清,证据确实、充分,依法应当追究刑事责任的,应当作出起诉决定,按照审判管辖的规定,向人民法院提起公诉。(3)人民法院对提起公诉的案件进行审查后,对于起诉书中有明确的指控犯罪事实的,应当决定开庭审判。人民法院只有在犯罪事实清楚,证据确实、充分的前提下,才能作出有罪或无罪的判决。犯罪人确定是司法机关追究刑事责任的基础。犯罪主体是犯罪构成必备的条件之一。任何犯罪都有主体,即都有犯罪行为的实施者和刑事责任的承担者。没有犯罪主体,就无责任承担。

其次,从绝对未确定与相对未确定来看。绝对未确定是指犯罪事实与犯罪人均不明,即侦查终结前的犯罪。我国《刑事诉讼法》第173条第1款规定:"犯罪嫌疑人没有犯罪事实,或者有本法第十五条规定的情形之一的,人民检察院应当作出不起诉决定。"相对未确定是指犯罪事实与犯罪嫌疑人相对确定,但尚处于刑事司法程序之中,未经法院认定,即"审前犯罪"。

2. 确定的犯罪

确定的犯罪以法律判决的生效为标志。根据我国《刑事诉讼法》第248条的规定,判决和裁定在发生法律效力后执行。

下列判决和裁定是发生法律效力的判决和裁定:(1)已过法定期限没有上诉、抗诉的判决和裁定;(2)终审的判决和裁定;(3)最高人民法院核准的死刑的判决和高级人民法院核准的死刑缓期二年执行的判决。

四、我国犯罪定义的狭隘性及其弊端

本书对犯罪形态的研究也许并不符合主流刑事法学理论,但却是从有利于理解我国矫正制度的角度作出的必要分析。

目前,我国采用的是刑法意义上的犯罪概念,并以法院有罪判决为依据。这一犯罪定义尽管在形式上符合所谓"法治精神",但是不利于犯罪的预防与矫正。在现行的刑法理论下,犯罪必须具有社会危害性、刑事违法性和刑罚当罚性三个基本特征。它更多的是侧重于从行为个体以及国家治理的角度定义犯罪,为国家治理提供了判断罪和非罪的标准,为公民行为提供了一定的框架和尺度。学术界对犯罪概念的批评早已有之,且多从犯罪学角度批评刑法学上的犯罪概念过于狭隘。

矫正学视角下的犯罪概念也应当是广义的,不宜采用刑法学上的犯罪概念。我国现行的侧重形式主义的犯罪定义导致矫正制度具有狭隘性——排除了审前矫正、亚犯罪人矫正、违法矫正,以法院有效判决为依据,直接将犯罪人囚禁在监狱或在社区内进行犯罪矫正,这将不利于犯罪的预防并导致矫正链条的断裂。

针对我国矫正制度所存在的弊端,并借鉴国外矫正制度的经验,本书建议将审前矫正、亚犯罪人矫正以及违法矫正一并纳入矫正体系中,改变单一的矫正手法和方式,将个案疗法、心理和行为治疗模式等引入传统矫正手段中,构建立体化、多层次的犯罪

矫正体系,这将使犯罪人在不同的身份阶段都能够得到具有针对性、有效性的矫正。通过事前的矫正减少和预防重新犯罪的概率,不仅能够大大节约我国的司法资源和成本,更是对犯罪人权利的保护的全新探索。从国外来看,加拿大目前采取的就是矫正一体化的做法,基本实现了机构矫正与社区矫正一体化、审前矫正与判后矫正一体化以及违法矫正与犯罪矫正一体化。

矫正学视角的犯罪概念与犯罪学上的犯罪概念基本一致,同时兼采程序法上的犯罪概念,这样能够将违法行为、亚犯罪行为、审前未确定的犯罪行为等囊括在矫正体系中,有利于构建一种具有开放性、包容性,以犯罪预防和犯罪人重新回归为目的的矫正体系。

第二节 犯 罪 人

关于犯罪人的概念,虽然众说纷纭,但是基本上可以分为三类:"一是法规范角度的犯罪人概念,这是从法规范的角度定位,将犯罪人定义为实施法律规定为犯罪行为的人;二是超越法规角度的犯罪人,是违反行为规范,危害社会的人;三是新犯罪人说,该说运用危险性人格的理论成果,提出犯罪人是实施了刑法规定的犯罪行为,而且具有犯罪危险性人格的人。"[1]曲新久认为,基于法治原则,犯罪人绝对不能定义为可能实施犯罪行为的人,更不是那些被某些人"科学"地认定为注定要实施犯罪行为的人——"天生犯罪人",而只能定义为实施过犯罪行为的人。他对社会危害性是客观损害与人身危险性统一的观点持否定和批评态度,认为犯罪是已经发生过的现象,犯罪人是现实存在的现象。司法人员所关注的对象是活生生的犯罪人,而非对这个犯罪人进行自然科学意义上的试验和无限解构。[2]许章润认为,犯罪学中的犯罪人不仅包括触犯刑律,应受刑罚处罚的刑事法律意义上的犯罪人,而且包括一定范围内严重违法或者越轨,应受到法律和道德谴责的人;不仅包括具备刑事责任能力和达到刑事责任年龄的犯罪人,而且包括不具有上述特征但实施了违法犯罪或者越轨行为的未成年人、变态人格者以及精神病人;不仅包括经正当审判或者行政程序而受到一定处罚的"已决犯",而且包括尚未受到追究的"未决犯"。[3]

本书所指的"犯罪人",是犯罪学与矫正学意义上的犯罪人,与刑法意义上的犯罪人有着一定的区别。刑法意义上的犯罪人一般是指具备刑事责任能力,实施了犯罪行为,并且依法受到刑罚处罚的人。由于年龄、精神状况等因素而不具备刑事责任能力的人不能成为刑法意义上的犯罪人。犯罪学意义上的犯罪人却可以不完全受刑法规定的限制,既包括应受刑罚处罚的犯罪人,也包括应接受教育改造以及其他矫治措施

---

[1] 张文、刘艳红、甘怡群:《人格刑法导论》,法律出版社2005年版,第4页。
[2] 参见曲新久:《刑法学原理》,高等教育出版社2009年版,第14页。
[3] 参见许章润主编:《犯罪学》(第三版),法律出版社2007年版,第109页。

的人。也就是说,犯罪学上的犯罪人的内涵和外延要广于刑法意义上的犯罪人。

一、犯罪人观

(一)犯罪人发生犯罪行为的原因:犯罪原因观

关于犯罪人发生犯罪行为的原因,学术界观点不一。柏拉图认为:"一个人的品行具有较善和较恶两个部分,如果一个人对其恶性放松控制,其兽性就会活跃。"①康德(Kant)和黑格尔(Hegel)从先验的角度陈述了犯罪人行为的意志选择自由:"一个人能够按照自己的表达去行为的能力本身包含着人的理性选择,这种理性选择能力便构成了表达。"②"人是理性的动物,犯人也是意志自由而实施的犯罪行为。"③贝卡里亚和费尔巴哈(Feuerbach)则从感觉功利角度阐明了犯罪人的人性基础:"人类具有趋利避害的本能,刑法不可能改变这种本能,而只能利用这种本性,因势利导阻止犯罪发生。"④"罪犯是受了潜在于违法行为的快乐的诱惑与不能得到快乐时所潜在的痛苦的压迫。"⑤19世纪末以前,关于犯罪原因的理论主要是受到绝对自由意志论与相对自由意志论的影响。

20世纪初,实证主义方法论、进化论的自然观和社会本位的价值观相互交融的历史背景,促进了行为决定论的犯罪原因观的勃兴。菲利(Ferri)将犯罪原因分为三类:一是人类学因素,包括年龄、性别、器官以及心理状况等;二是自然环境因素,包括种族、气候、地理环境、季节、温度等;三是社会因素,包括人口密度、风俗、宗教、政府组织、经济以及工业状况等。任何一种犯罪行为都是这三种因素综合作用的结果,⑥此即后人所称的"犯罪三元论"。李斯特(Liszt)将犯罪的个人因素与社会因素相融合,其中社会因素最终起决定性作用,这成为目前犯罪原因的主流观点。现在的犯罪学原理将犯罪的个体因素归结为生物因素。生物因素包括生理因素和病理因素。生理因素是人类正常的生命机能活动,例如遗传因素在犯罪行为的产生过程中起一定作用;而病理因素是人类异常的生命机能活动,例如"染色体变异论""性荷尔蒙分泌失调"等是导致犯罪原因出现的重要病理因素。犯罪的社会原因比较复杂,既包括宏观的政治、经济、文化、教育、环境等因素,又有学校、家庭、社区、组织、团体等微观因素。⑦这个观点被后人称为"犯罪二元论",它将犯罪归结为个人原因和社会原因共同造成的,且后者是影响犯罪的最主要的原因。

(二)犯罪人与普通人的差异:犯罪人特性观

关于犯罪人的特性观,大致可以分为两派观点:一派以龙勃罗梭(Lombroso)、克

---

① 转引自陈兴良:《刑法的人性基础》,中国方正出版社1996年版,第177页。
② 〔德〕康德:《法的形而上学原理权利的科学》,沈叔平译,商务印书馆1991年版,第5页。
③ 〔德〕黑格尔:《法哲学原理》,范扬、张企泰译,商务印书馆1961年版,第103页。
④ 〔意〕贝卡里亚:《论犯罪与刑罚》,黄风译,中国大百科全书出版社1993年版,第68页。
⑤ 转引自邱兴隆、许章润:《刑罚学》,群众出版社1988年版,第40页。
⑥ 参见李明琪主编:《西方犯罪学概论》,中国人民公安大学出版社2010年版,第82页。
⑦ 参见耿光明:《罪犯处遇论》,中国市场出版社2009年版,第71—73页。

雷奇曼(Kretschmann)为代表,主要观点分别是天生犯罪人学说、体型说,认为犯罪人天生地与普通人有重点甚至本质差异;另一派以赫希(Hirschi)为代表,主要观点分别是社会控制理论,认为犯罪人与普通人之间没有差异。这两派对矫正制度的看法也不一样。

龙勃罗梭是意大利著名的精神病学家、犯罪学家、实证主义犯罪学派的创始人。他在对几千名犯罪人作了人类学调查并进行了大量的尸体解剖的基础上,在《犯罪人论》一书中提出了"天生犯罪人"理论。该理论主要包括四个方面:(1) 体格心理异常:犯罪人通过许多体格和心理的异常区别于非犯罪人。(2) 人种变种:犯罪人是人种的变种,属于一种人类学类型,是一种退化现象。(3) 返祖蜕变:犯罪人是一种返祖现象,是蜕变到低级的原始人类型。犯罪人是现代社会的"野人",在体格和心理上倒退到人类历史的早期阶段,即犯罪人的种系发生的过去时代。这使得具有返祖现象的犯罪人的形态学特征与类人猿、低等灵长目动物的形态学特征有着相似之处。(4) 犯罪遗传:犯罪行为具有遗传性,它从犯罪天赋中产生。① 此外,龙勃罗梭将犯罪人分为激情犯罪人、精神病犯罪人和偶然犯罪人三种,并提出了相应的犯罪控制理论。他指出,处罚犯罪要与犯罪人的主观恶性程度一致,要与不同类型的犯罪相适应。

知识链接 1-2

龙勃罗梭在继承人相术和颅相学的基础上,将犯罪人的人体解剖学推向高潮,他从头部形状、面部、眼睛、耳部、鼻部、嘴部、腭部、牙齿、下巴、皱纹等 19 处对犯罪人的人体特征进行了总结。龙勃罗梭对犯罪人的身体测量和描述非常细致。以天生犯罪人的头部研究为例,他指出,天生犯罪人的头部外形及各组成部分与正常人有很大不同。天生犯罪人的颅骨体积在 73 至 100 立方英寸之间,而正常人的平均数为 92 立方英寸。15% 的天生犯罪人有畸形圆头,有畸形小头的犯罪人几乎是正常人的一倍。天生犯罪人中,颅骨不对称的占 10.9%,头部有疙瘩的占 11.9%,具有像野蛮人一样异常厚大的颅骨的占 36.6%,颅骨异常瘦小的占 8.1%,颅骨骨缝中有缝间骨的占 21.22%,前额显著外突的占 25%,前额像猿猴一样后缩的占 19%,前额低面窄的占 10%。②

图 1-1

克雷奇曼是体型说的代表人物,他认为体型是人性格、气质的反映,从而与犯罪发

---

① 参见〔德〕汉斯·约阿希姆·施奈德:《犯罪学》,吴鑫涛、马君玉译,中国人民公安大学出版社 1990 年版,第 114—115 页。
② 参见吴宗宪:《西方犯罪学史》,警察教育出版社 1997 年版,第 192 页。

生联系。他通过对4414个案例的比较分析,对体型与犯罪的关系得出以下结论:(1)犯罪人的体型分布。犯罪人40—50%是瘦长型和健壮型,20%是肥胖型,30%左右是混合型。(2)不同体型的犯罪人的犯罪曲线。肥胖型的人的犯罪行为开始得较晚,累犯倾向小,一般在40—50岁时达到犯罪生涯的顶点;瘦长型的人很早就达到犯罪生涯的顶点,在40—50岁时早已大大下降;健壮型的人在55岁之前一直保持着比较稳定的犯罪数量。(3)犯罪人体型与犯罪类型的相关性。瘦长型的人较多实施盗窃和欺诈犯罪;健壮型的人主要实施侵犯人身犯罪和性犯罪;肥胖型的人容易实施诈骗犯罪;发育异常型的人容易实施性犯罪。克雷奇曼还指出,不同体型的人即使实施同一种犯罪,由于身体和气质上的差异,其犯罪特征或犯罪意义也是不同的。[①] 在克雷奇曼的基础上,谢尔登(Shelton)、格卢克(Glueck)夫妇等人对体型与犯罪的关系进行了深入研究与推进。例如,谢尔登提出了胚层—体型说,格卢克夫妇将体型与人格特征、社会文化因素结合起来分析少年犯罪。

赫希是美国的社会学家、犯罪学家,他在1969年出版的《少年犯罪原因》一书中提出一种综合性的控制理论,即社会控制理论。他认为,所有的人都是潜在的犯罪人,但是他们受到了控制。这种控制就是社会联系,即个人与诸如父母、朋友、邻里、同事、雇主、老师等的关系,这种社会联系是社会化的结果。由于人们害怕因为犯罪而使上述社会联系受到无法挽回的损害,因此会尽量避免实施犯罪行为。青少年若与社会建立起强有力的社会联系,便不会轻易犯罪;反之,青少年与社会的联系若很微弱,即便有微弱的犯罪动机,也可能导致犯罪的发生。[②] 简而言之,当个人更多地依赖对他人或群体的情感联系,投入更多的精力去追求较高的理想和事业,积极参与社会活动,并且拥有一种赞同、承认和相信习俗及道德规范的信念时,陷入犯罪的危机就会大大减少。因此,在犯罪预防方面,可以采取实施宵禁、增加课外活动、为有需求者提供就业机会以及开展道德教育等措施,有效控制犯罪。

(三)犯罪人的惩罚:犯罪人惩罚观

犯罪人惩罚观最早出现在报应的理念之中。根据报应刑的历史发展沿革,学术界主要将报应刑分为三种:神意报应主义、道义报应主义和法律报应主义,后来逐步发展为目的刑论。报应刑论是以康德、黑格尔为代表的刑事古典学派在刑罚论中的主张,将刑罚理解为对犯罪的报应,是针对恶行的恶报,恶报的内容必须是恶害,恶报必须与恶行相均衡。"恶有恶报,善有善报"是古老的正义观念,对恶害的犯罪以痛苦的刑罚进行报应,就体现了正义,这便是刑罚的正当化根据。

早期的报应形态是"同态复仇",即犯罪造成损害,被害方就要复仇。复仇来自于人类社会原始的意识和习俗,它主要强调严格对等的所谓"同态"的复仇方式。[③] 例

[①] 参见吴宗宪:《西方犯罪学史》,警察教育出版社1997年版,第424页。
[②] 参见李明琪主编:《西方犯罪学概论》,中国人民公安大学出版社2010年版,第198页。
[③] 参见樊凤林主编:《刑罚通论》,中国政法大学出版社1994年版,第59页。

如,《汉谟拉比法典》第20条规定:"倘若自由民击落与其相同之自由民之齿,则应击落其齿。"这也就是俗话所说的"以眼还眼,以牙还牙"。同态复仇比较侧重对受害人一方的同情和心理满足,它要求严格对等的损害赔偿。这往往会造成纵容受害者一方报复或复仇的后果,造成"恩恩怨怨何时了"的反复复仇局面,是人类社会处理刑罚的初步和低级形态。后来,随着宗教的出现,因果报应也就产生了,强调罪是因,刑是果,有因必有果。也就是说,刑罚对于犯罪在伦理上是不可避免的。"善有善报,恶有恶报"衍生出威吓主义刑罚,当时的刑罚极其残酷。后来,受资产阶级启蒙运动的影响,罪刑法定主义、罪行均衡等思想使得刑罚的报应走向理性阶段,对于报应与报复进行了严格界定,并提出报应的理论基础是"社会正义"的必然而非"因果"的必然,刑罚不是为了单纯满足受害方的复仇心理,更重要的是满足国家和社会的需要。

道义报应刑主要以康德为代表,他认为:"犯罪人侵害了他人的权利,违背了道德律,因此,为了恢复他人作为目的的价值,恢复被犯罪所侵害的道德秩序,犯罪人应当受到惩罚,刑罚是正义的主张,代表伦理的力量,刑罚的根据是道义的报应。"[①]他从因果决定论立场出发,把犯罪看成因,把刑罚看成果,强调绝对报应、等害(等量)报应,主张刑罚以与犯罪在损害形态上相等同为必要。

法律报应刑主要以黑格尔为代表,他认为:"犯罪是对社会和法律的否定,刑罚是对犯罪的否定,即否定之否定。"[②]他主张根据犯罪危害性大小确定刑罚的分量,排斥神意报应和等量报应引发的罪行擅断主义和同态复仇思想。他对刑罚本质的理解是法律报应。

与报应刑相对应的是目的刑论,又称"教育刑论"或者"矫正论"。目的刑论是以龙勃罗梭、菲利和李斯特为代表的刑事实证学派的主张,认为刑罚只有在实现一定目的即预防犯罪的意义上才具有价值。因此,在预防犯罪必要且有效的限度内,刑罚才是正当的。目的刑论因其内容的不同,又分为一般预防论与特殊预防论。根据目的刑论的观点,刑罚的正当化的根据在于刑罚目的的正当性与有效性,刑罚的目的不是惩罚而是矫正。例如,龙勃罗梭以"天生犯罪人"说对以前抽象地理解人的行为的做法进行了方法论上的批判,主张应该研究和治理的是具体的犯罪人,而不是抽象的犯罪,应当根据刑罚个别化原则,注重刑罚的特殊预防。菲利对"天生犯罪人"说进行了修正,明确提出了犯罪原因的三因论,即人类学原因、社会原因、地理原因,认为以意思自由为前提的报应刑是无意义的,要以犯罪人的危险性为基础采取预防措施,应以制裁代替刑罚。李斯特主张,刑罚不是对犯罪行为的事后报复,而是防止具有社会危险的人实施危害社会的行为;刑罚的最终目的在于改造和教育犯人,消除其危险性,使之重返一般市民生活之中。[③]

总体来说,犯罪人的刑罚观逐步由报应刑走向目的刑,从低级的满足人们复仇的

[①] 转引自邱兴隆、许章润:《刑法学》,群众出版社1988年版,第32—34页。
[②] 转引自樊凤林主编:《刑罚通论》,中国政法大学出版社1994年版,第85页。
[③] 参见马克昌主编:《近代西方刑法学说史略》,中国检察出版社1996年版,第99、124—129、196页。

心理到因果报应的恐吓,再到罪刑均衡并受到道德和法律的约束,最终到犯罪的预防与矫正,这标志着报应刑逐步走向理性和成熟。

(四)犯罪人的权利:犯罪人权利观

犯罪人的权利不是人类社会一开始就有的,经历了漫长的产生和发展过程,是人类文明不断进步的体现。犯罪人权利观主要是从最初的不尊重罪犯人权,到逐步尊重罪犯人权。尤其是随着《囚犯待遇最低限度标准规则》的颁布,我国以法律的形式确定了犯罪人的基本人权。从关于罪犯法律地位的历史演变来看,在早期,罪犯几乎没有任何权利可言。在英国早期的普通法中,甚至专门用"民事死亡"(civil death)来形容罪犯的地位,即因为严重犯罪而被判处刑罚的罪犯丧失了所有民事权利而被没收财产,他们在民事法律关系中就是一个死人。[①] 后来,随着人类文明的进步和人道主义思想的传播,一些启蒙思想家、改革家,如英国监狱改革家约翰·霍德华(John Howard)和意大利犯罪学家贝卡里亚,推动了赋予罪犯人权的进程。随着天赋人权和自然权利学说的推进,犯罪人的权利也逐步被重视。1948年《世界人权宣言》第1条规定:"人人生而自由,在尊严和权利上一律平等。他们赋有理性和良心,并应以兄弟关系的精神相对待。"第2条规定:"人人有资格享有本宣言所载的一切权利和自由,不分种族、肤色、性别、语言、宗教、政治或其他见解、国籍或社会出身、财产、出生或其他身份等任何区别。……"它以联合宣言的方式承认了作为罪犯的人也必然拥有作为人类存在的人所共有的天赋的自然权利,不能因为其罪犯身份而有不同。我国1957年7月31日通过的《囚犯待遇最低限度标准规则》,进一步以法律的形式确定了犯罪人的基本人权。

在我国,罪犯权利以前是一个敏感的话题,后来得到不断的发展。尤其是为了适应国际人权斗争的需要,我国先后在1991年11月、1992年8月发布了《中国的人权状况》《中国改造罪犯的状况》两个白皮书,全面、详尽地向全世界介绍了我国罪犯享有的权利及保障措施。1994年12月颁布实施的《监狱法》,充分体现出具有中国特色的保障罪犯人权的体系已日趋完备。

我国监狱工作历来坚持"惩罚与改造相结合,以改造人为宗旨"的方针,将把罪犯改造成为自食其力的守法公民作为罪犯人权政策的出发点,关注罪犯的发展权,并重视保护罪犯刑满释放后的权利。结合刑事立法及司法情况,可将我国罪犯的法律权利分为特殊权利和一般权利。其中,罪犯的特殊权利是指由于罪犯在监狱服刑期间的特殊身份而产生和享有的法律权利,如人格不受侮辱权、人身安全不受侵犯权、合法财产的获得和处置权等。《监狱法》第7条第1款规定:"罪犯的人格不受侮辱,其人身安全、合法财产和辩护、申诉、控告、检举以及其他未被依法剥夺或者限制的权利不受侵犯。"这是罪犯的基本权利。同时,罪犯因触犯刑法而受到刑事处罚,不可能像非犯罪

[①] See Leanne F. Alarid & Philip Reichel, Corrections: A Contemporary Introduction, Boston, MA: Pearson Education, 2008, p.375.

人那样完全享有宪法赋予公民的基本权利,必须对某些权利(如选举权、通信权、受教育权)加以限制,以达到惩罚和改造罪犯的目的。此外,还有一些在狱政管理过程中派生的普通公民没有而罪犯享有的权利,如《监狱法》第48条规定的会见亲属、监护人的权利,《监狱法》第29—34条对罪犯减刑、假释的权利,以及对未成年犯、少女犯、少数民族犯的一些特殊处遇,以充分保障他们的权利。①

二、犯罪人的身份转换

涉嫌犯罪而受到刑事追诉的人随着刑事司法的程序及阶段进行不同的身份转换。公诉案件中,受到刑事追诉的人在检察机关向人民法院提起公诉之前称为"犯罪嫌疑人";之后称为"被告人";在经过人民法院判决后依法应当承担刑事责任的人,称为"罪犯";正处于刑罚执行阶段的人,称为"服刑人员";服刑期满或者因服刑期间表现较好而提前出狱的人,称为"刑满释放人员"。当然,上述称呼也有其他不同的表述方式。

(一)犯罪嫌疑人

犯罪嫌疑人是在侦查起诉阶段被怀疑犯有某种罪行,并被依法追究刑事责任的当事人。"犯罪嫌疑人"是公诉案件在侦查、审查起诉阶段,对被追诉对象的称谓。犯罪嫌疑人有权拒绝回答与本案件无关的提问;有权了解讯问笔录记载的内容;有权在被侦查机关第一次讯问后或采取强制措施之日起,聘请律师为其提供法律帮助;有权申请补充鉴定和重新鉴定;有权对自己是否犯有被指控的罪行以及罪行轻重进行申辩和解释;有权自案件移送审查起诉之日起,委托辩护人;有权申请回避以及使用本民族语言进行诉讼;有权对于检察人员侵犯公民诉讼权利和人身侮辱的行为提出控告及获得赔偿等。

(二)被告人

本书所称的"被告人",是指刑事被告人,即被有起诉权的公民个人或机关指控犯有某种罪行,并被起诉到人民法院的当事人。被告人在刑事诉讼中处于被追诉的地位,有权获得辩护,也有权依法拒绝辩护人继续为其辩护和另行委托辩护人为其辩护;有权参加法庭调查、辩论;有权拒绝回答与本案无关的讯问;有权申请重新鉴定或勘验;有权在法庭辩论结束后作最后陈述;有权了解法庭笔录记载的内容,并有权请求补充或改正;有权对一审裁判提出上诉;有权对一审已生效的裁判提出申诉;自诉案件的被告人有权对自诉人提起反诉;有权对司法工作人员侵犯自己的诉讼权利和进行人身侮辱的行为提出控告等。

(三)罪犯

夏宗素认为,"罪犯是实施了犯罪行为,并被人民法院依法判决的受刑人"②。王

---

① 参见吴宗宪:《罪犯改造论——罪犯改造的犯因性差异理论初探》,中国人民公安大学出版社2007年版,第43—45页。
② 夏宗素主编:《监狱学基础理论》,法律出版社1998年版,第134页。

泰认为,"罪犯是实行了犯罪行为的犯罪分子"①。吴宗宪认为,如果个人进行了违反刑法的犯罪行为,被审判机关定罪判刑且判决生效后,就可以称为"罪犯"。广义上的罪犯既包括在监狱内服刑的罪犯,也包括在监狱外服刑的罪犯(社区服刑人员),还包括被执行死刑的罪犯。从狭义上讲,罪犯就是被判刑后在监狱中服刑的人员。② 这种实体优于程序的思维模式,将实施了犯罪行为作为罪犯的基本特征,突出了人民法院定罪的权威,并服务于程序工具正义的价值追求。

夏宗素从罪犯矫正与康复的目的出发,将罪犯的特征概括如下:(1) 必须是达到刑事责任年龄,具有刑事责任能力,实施了法律明文规定的犯罪行为的自然人;(2) 被判处剥夺自由刑,在我国是指被判处有期徒刑、无期徒刑、死缓两年执行的罪犯;(3) 是指收押在监狱、未成年犯管教所等矫正机构内服刑,被剥夺和限制了人身自由的人;(4) 是指监狱行刑法律关系的主体,具有特殊的法律地位的受刑人。③

我国《监狱法》第7条对罪犯的权利和义务作了明确规定:"罪犯的人格不受侮辱,其人身安全、合法财产和辩护、申诉、控告、检举以及其他未被依法剥夺或者限制的权利不受侵犯。罪犯必须严格遵守法律、法规和监规纪律,服从管理,接受教育,参加劳动。"此外,在"刑罚的执行""狱政管理""对罪犯的教育改造"以及"对未成年犯的教育改造"等章节中,还对罪犯的人身权、生命健康权、受教育权、获得劳动报酬权、节假日休息权,具备一定条件的罪犯有获得减刑、假释的权利等作了具体规定,这些都有利于保证罪犯的合法权益不受侵犯。

(四)服刑人员

服刑人员又称"犯人",是指触犯了我国刑法,被人民法院判处死刑缓期两年执行、无期徒刑、有期徒刑,在监狱及社区内接受惩罚和改造的受刑人。④ 其主要含义包括:(1) 服刑人员是实施了一定犯罪行为的自然人,尽管构成了犯罪,受到了应有的处罚,但是仍应当保留其做人的资格,仍具有人的尊严、权利和一般需要;(2) 服刑人员是被人民法院判处一定刑罚的人,其身份的确定必须经过人民法院判处、监狱收监、社区收纳;(3) 服刑人员是在监狱或社区服刑的人,其法律地位不同于社会上自由公民的法律地位,也不同于刑事诉讼过程中犯罪嫌疑人、被告人的法律地位;(4) 服刑人员是某些公民权利和义务依法被剥夺或限制的人,这主要是由其特定的法律地位和特殊的人身状态所决定的;(5) 服刑人员既要承担相应的刑事责任,也要努力承担服从管理、维护社会安定的社会责任。

(五)刑满释放人员(归正人员)

刑满释放人员即归正人员,是指刑罚执行终止,解除监禁生活,重返社会,恢复自

---

① 王泰主编:《监狱学概论》,中国政法大学出版社1996年版,第78页。
② 参见吴宗宪:《监狱学导论》,法律出版社2012年版,第243页。
③ 参见夏宗素:《罪犯矫正与康复》,中国人民公安大学出版社2005年版,第4页。
④ 参见王利杰、曹化霞主编:《监狱学基础理论》,中国民主法制出版社2009年版,第144—145页。

由的人。我国《监狱法》第 3 条规定:"监狱对罪犯实行惩罚和改造相结合、教育和劳动相结合的原则,将罪犯改造成为守法公民。"这种由罪犯到守法公民的状态变化被称为"回归"。归正人员有狭义和广义之分,狭义的仅指刑满释放人员,广义的包括刑满释放人员、缓刑者、假释犯、保外就医者、监外执行犯、解除劳动教养人员以及其他需要保护者。本书所指的"归正人员"是从广义的层面着手的。

归正人员的主要特点可以从以下三个方面进行理解:首先,归正人员是重新获得公民权且生活在自由社会中的人,其法律身份已经实现了从罪犯、服刑人员到公民的变化;其次,归正人员服刑期满后被监狱释放,服刑期满既包括未经任何减刑而服完所有原判刑期的,也包括多次减刑后服完原判刑期的,还包括被赦免剩余刑期的等情况;最后,归正人员必须是经过合法手续和流程被执行机关释放的人,执行机关包括各类成年人监狱、未成年人管教所、看守所及社区等。

我国《监狱法》第 35—38 条体现了对归正人员的法律保护:"罪犯服刑期满,监狱应当按期释放并发给释放证明书。""罪犯释放后,公安机关凭释放证明书办理户籍登记。""对刑满释放人员,当地人民政府帮助其安置生活。刑满释放人员丧失劳动能力又无法定赡养人、扶养人和基本生活来源的,由当地人民政府予以救济。""刑满释放人员依法享有与其他公民平等的权利。"我国以立法的形式对归正人员后续的落实户口、安置就业、安排就学、管理教育及帮助救济进行了规定,有利于归正人员再社会化的顺利实现。

王利杰等人认为,归正人员必须在满足司法要件、主观要件和客观要件的基础上才能真性回归,而非假性回归。具体而言,司法要件是指建立有利于服刑人员重返社会的司法行政制度与政策,使服刑人员回归社会有法律和制度上的保障。目前,归正人员的保护工作已经被纳入社会治安综合管理的范畴,同时还要建立比较完备的服刑人员回归后管理与约束管理的相关法律法规,使社会化帮教工作从依靠政策和行政管理向依靠法律法规方向转变。主观要件是从归正人员的心理和行为特征角度而言的。从服刑人员自身角度看,只有当具备悔过自新、守法的意识,具备适应社会生活的知识和能力条件,以及具有克服回归过程中各类困难的心理准备时,才能消除其严重的抵触和报复心理,逐步适应社会角色和地位的变化。客观要件主要是指要有社会对于归正人员的接纳态度、良好的社会治安环境和经济环境,以及动员全社会,创造良好的社会管理帮教环境等。只有不断地完善司法要件和提升客观要件,强化服刑人员的主观要件,从法律法规的完善、社会歧视的消除、自身的个人自助等多方面着手,利用国家、社会和个人的多重力量,才能将服刑人员改造为合法公民。[①]

---

① 参见王利杰、曹化霞主编:《监狱学基础理论》,中国民主法制出版社 2009 年版,第 135 页。

第三节 犯罪矫正

与国外的矫正制度不同,我国的矫正制度具有过于狭义的特点:审前矫正制度并不被认为属于矫正制度的组成部分,现行矫正制度是以监狱矫正为主的,矫正管理机构不统一,亚犯罪人矫正制度也被边缘化。完善我国的矫正制度,构建以审前矫正、监狱矫正、社区矫正和亚犯罪人矫正为内容的一体化矫正体系势在必行。

一、犯罪矫正的历史

根据有关学者对于狱制改良的研究,可将犯罪矫正的历史大致分为慈善主义、监禁改善主义、处遇矫正主义和大矫正回归主义四个阶段,[①]本书将其总结如下:

表 1-1

阶段	标志性事件	特点
慈善主义	1703年建立的圣·米歇尔少年监是近代狱制改良的发端 荷兰、比利时的狱制改革	指导思想受宗教感化影响,出发点是基于慈善,并非预防和矫正犯罪
监禁改善主义	1786—1790年的美国费城监狱改革实行分房制,真正意义上的狱制改良开始	分房制是对羁押方式和监禁方式的改进(恶习交叉感染以及秩序问题)
处遇矫正主义	积极行刑主义	有效地利用罪犯的时间(在监狱内服刑的刑期)与空间(有效地控制在监狱里)以矫正犯罪
大矫正回归主义	将设施内矫正与设施外矫正有机结合	以多元化处遇手段为中心,以回归社会为目的,将行刑、矫正与回归社会有机结合

当刑罚的目的不仅仅是报复、恐吓、报应,而是一种以预防为目的实施的活动时,立法者也开始关注对罪犯的矫正及预防,更加关注从多元化的视角对犯罪人矫正进行一体化的处遇,这为矫正一体化奠定了基础。

二、犯罪矫正的模式

犯罪矫正模式是指矫正犯罪人应如何达成以及朝什么方向努力。根据美国犯罪学家巴特勒斯(Bartollas)的看法,惩罚模式(punishment model)、矫治模式(rehabilitation model)以及正义模式(justice model)是犯罪矫正的三大主流模式。[②]

惩罚模式是社会控制的一种形式以及为维持社会秩序所采取的手段。英国犯罪学家威尔金斯(Wilkins)认为,对某些异常行为之预防和限制,非常有助于维持与强化

---

① 参见王泰:《现代监狱制度》,法律出版社2003年版,第55—59页。
② See Clemens Bartollas, Correctional Treatment: Theory and Practice, Prentice Hall Books, 1985, pp.21—76.

该社会所认可之正常行为。① 这种模式下的惩罚类型主要包括五种：死刑、自由刑、罚金及易服劳役、剥夺公权及没收、保安处分。其中，保安处分主要包括感化教育、禁戒、强制工作、强制医疗、保护管束以及驱逐出境。

矫治模式可以追溯至古希腊哲学家柏拉图，他认为罪犯必须静待其犯罪病况痊愈后，始取得获取释放的机会。② 这种模式在实际运作中主要包括：以博爱主义为基础的少年法庭运作、不定期刑及假释委员会之运作、诊疗性的研究与调查分类、社会调查、个人和家庭及团体治疗、医疗服务、求生训练、"中途之家"、监狱及辅育院内置教育、职业和自我成长的服务方案等。

正义模式强调以公平实现正义，主要扬弃不定期刑及假释，倡议定期刑及监理自愿式矫正参与等。③ 林茂荣等人认为，正义模式主要强调以自由意志为犯罪之决定因素，犯罪人必须对其行为负责；倡议因果报应的哲学思想；主张限制自由裁量权以防止权力滥用；认为犯罪矫正处遇不合实际，正义模式才是犯罪人自由抉择的结果；坚持以公平、理性、人道化的原则对待罪犯，避免对罪犯的过度惩罚。④

三、我国犯罪矫正体系的现状

目前，我国的犯罪矫正体系主要归属于司法行政体系，在中央，由司法部监狱管理局负责全国监狱工作的管理和领导，由司法部社区矫正管理局具体负责全国的管制、缓刑、假释和暂予监外执行等非监禁刑罚执行的指导管理工作；在地方，省级司法行政机关也相应设置监狱管理局、社区矫正局两个二级局，具体负责本辖区内的监狱管理、社区矫正指导管理工作。

（一）犯罪矫正体系的归属：司法行政体系

矫正体系的归属，也就是矫正工作隶属于哪一个政府部门，由谁来领导的问题。在我国，矫正体系的归属有一个变化过程。1949 年新中国成立初期，根据《中央人民政府司法部试行组织条例》第 2 条第 6 项的规定，司法部负责"关于犯人改造监督机关之设置、废止、合并、指导、监督事项"。根据该条例第 8 条的规定，司法部第三司具体负责全国劳改工作。1950 年 11 月 30 日，司法部、公安部遵照政务院的指示，联合发出《关于监狱、看守所和劳动改造队伍转移归公安部门领导的指示》，这标志着监狱和看守所的行政管理从司法行政部门转移到公安部门。从此，公安部管理全国各监狱工作长达三十余年。

1983 年 5 月 9 日，党中央、国务院决定，把监狱、劳改队、劳教所的管理工作移交

---

① See Leslie Wilkins, Social Deviance, Englewood Cliffs, NJ: Prentice-Hall, 1965.
② See Todd R. Clear and George F. Cole, American Corrections, Brooks/Code Publishing Company, 1986, p. 102.
③ See David Fogel, "…We are the Living Proof…": The Justice Model for Corrections, 2nd ed., Cincinnati: Anderson Publishing Co., 1979.
④ 参见林茂荣、杨士隆：《监狱学——犯罪矫正原理与实务》，台北五南图书出版公司 2008 年版，第 54 页。

司法部。这是进一步解决公安工作战线过长、任务过重问题的又一举措,有利于加强和改进劳改、劳教工作。8月15日,全国的劳改、劳教工作正式由公安部门移交司法行政部门领导和管理。① 这样一种矫正体系的归属一直延续至今。

(二) 犯罪矫正工作的管理体系

1. 中央级

司法部监狱管理局的主要职责有:(1) 负责全国监狱工作的管理和领导;(2) 贯彻执行党和国家监狱工作与改造罪犯的方针、政策和法律;(3) 批准监狱的设置、撤销、迁移;(4) 安排各个时期监狱工作的任务;(5) 解决各地监狱工作中有关法律性、政策性的问题;(6) 统一制定狱政管理、教育改造、刑满释放等方面的计划、规章制度和实施细则等。司法部监狱管理局直接管理的监狱仅有司法部燕城监狱一所,关押三类罪犯:有研究价值的普通刑事罪犯、外国籍罪犯、犯罪前担任厅级职务的职务罪犯。

司法部社区矫正管理局的主要职责有:(1) 指导管理全国社区矫正工作;(2) 根据有关法律法规,制定社区矫正的部门规章;(3) 协调在社区矫正执行过程中与其他部门的关系;(4) 组织社区矫正执行工作的调查研究,提出完善执行工作的指导性意见;(5) 建立社区矫正执行工作数据库;(6) 定期监督、检查社区矫正执行机构的执法情况等。

2. 省级

省、自治区、直辖市司法厅(局)监狱局在省、自治区、直辖市司法厅(局)的领导下,管理和领导本地区的监狱工作,其主要职责有:根据监狱工作方针、政策,国家制定、颁布的《监狱法》及有关法律法规,司法部制定、发布的有关监狱工作的法规、法令和各时期的工作部署,结合当地实际情况,规划、部署和落实对罪犯的教育改造工作。此外,在少数省份和直辖市,根据监狱相对集中或监狱规模过大的情况,可设立监狱管理分局,属于省、自治区监狱工作的排除机构,行使省、自治区监狱管理局的工作职权,负责领导本区域的监狱管理工作。我国少数省辖市和地区也建立了少量的监狱,经费由地方政府承担,但业务工作仍由省级监狱管理局指导。②

省、自治区、直辖市司法厅(局)社区矫正管理局负责本辖区内的社区矫正指导管理工作,其主要职责有:(1) 主管本辖区内社区矫正工作;(2) 根据法律法规和司法部的规章,结合本辖区内的实际情况,制定社区矫正执行细则;(3) 协调本辖区在社区矫正过程中与其他部门的关系;(4) 解决本省在社区矫正过程中遇到的各种问题;(5) 定期进行社区矫正工作的执法检查;(6) 组织力量深入基层,调查研究社区矫正工作中遇到的各种问题,提出解决的具体措施;(7) 建立本省社区矫正工作数据库等。

---

① 参见吴宗宪:《监狱学导论》,法律出版社2012年版,第116页。
② 同上书,第117页。

(三) 我国犯罪矫正体系的特点

1. 审前矫正的排除

与国外不同,我国目前对未决犯的矫正并不被认为属于矫正制度的组成部分,例如犯罪嫌疑人、被告人(统称"未决犯")羁押场所——看守所的管理。

从程序法角度看,这种做法有一定的道理。因为"在法官判决之前,一个人是不能被称为罪犯的"[①]。但是,从矫正学的角度看,对于看守所的管理没有被纳入矫正体系之中,则是值得商榷的,也与发达国家存在重大区别。大量研究表明,公安机关在审前阶段既负责"抓人"又负责"关人",是导致看守所管理不理想的重要原因。

此外,我国《刑事诉讼法》第253条第2款规定:"对被判处有期徒刑的罪犯,在被交付执行刑罚前,剩余刑期在三个月以下的,由看守所代为执行。对被判处拘役的罪犯,由公安机关执行。"也就是说,看守所不是单纯的审前羁押机构,实际上还具有短期犯矫正场所的功能。从这个角度看,看守所管理没有被纳入矫正制度,也是值得商榷的。

2. 以监狱矫正为主,社区矫正处于发展之中,两者的管理体系分立

监狱矫正与社区矫正在最终目的和功能上是一致的,都致力于使服刑人员改过自新,顺利回归社会。葛炳瑶等认为,两者的相似点主要体现在:(1) 性质上,都是以国家强制力作为保障,以权力机关作出的生效的判决、裁定或决定为依据;(2) 目的上,都是为了预防和减少犯罪,维护社会稳定;(3) 功能上,都具有执行刑罚、改造罪犯的功能;(4) 手段上,主要采取管理、教育、劳动和心理矫治相结合的方式。[②]不过,基于行刑社会化的刑罚制度发展趋势,在当代发达国家的矫正制度中,在社区服刑的罪犯普遍多于在矫正机构服刑的罪犯。

我国社区矫正试点工作自2003年启动以来,充分展现其活力,逐步走向成熟。但是,从矫正制度的现状来看,仍是以监狱矫正为主,社区矫正远未获得与监狱矫正同等的地位,更遑论超过监狱矫正的地位。从管理体制来看,我国也还没有统一的矫正管理机构,监狱矫正与社区矫正的管理分属于不同的部门。这些都与国外发展较为成熟的矫正制度有较大的差距。

3. 亚犯罪人矫正的边缘化

边缘化是指文化、事物在其发展过程中,组成要素逐渐分异,其自身的重要地位和作用不断下滑,与周围其他文化、事物的联系不断减弱,逐渐为主流文化、事物所排斥,从而失去其中心或主流地位,甚至向反方向发展的过程;也指处于弱势地位、外围非核心区,不被重视的群体、文化、事物的发展方式和过程。罪犯由于其人身危险性和社会危害性,往往被置于刑事司法的顶端,与其相配套的矫正措施也相对完善。相比之下,亚犯罪人的矫正就处于边缘化地带。无论是收容教养还是强制医疗的机制,都存在诸

---

① 〔意〕贝卡里亚:《论犯罪与刑罚》,黄风译,中国法制出版社1993年版,第31页。
② 参见葛炳瑶主编:《社区矫正导论》,浙江大学出版社2009年版,第289页。

多不完善,这也体现了对亚犯罪人的态度和重视程度。

例如,我国收容教养制度自1960年正式创立以来,特别是改革开放以来,对教育和挽救违法犯罪少年、预防少年违法犯罪、维护社会治安都发挥了重要作用。但是,现行的有关收容教养的法律规定过于原则,对收容教养的性质、期限、适用对象、适用条件、决定机关、决定程序、执行机关等重大问题均未作出明确、具体的规定。① 例如,收容教养到底是一种刑事处罚、行政处罚、刑事强制还是行政强制措施?收容教养究竟是应当由人民政府决定,还是应当由公安机关决定,抑或应当由人民法院在判决不予刑事处罚的同时一并决定收容教养,然后交政府管理的收容教养场所收容起来进行教养?对此,理论上有不少争议。法律上,收容教养的适用对象规定得过于笼统。若不满14周岁的人实施了八种严重犯罪行为,是否也应当适用收容教养?这种立法及程序上的不完善恰恰从侧面反映了亚犯罪人的边缘化。

四、我国犯罪矫正体系的重构:矫正一体化

犯罪矫正是将犯罪视作一种反社会的病态行为,为了彻底消除犯罪人的这种病态行为,使其尽快"康复"和回归社会而进行的思想的、心理的、生理的行为等一系列矫正、治疗的综合工作过程。从犯罪矫正的内涵可以看出,其对象是犯罪者个体,即已经实施了犯罪或具有潜在犯罪危险的自然人。

针对我国矫正制度存在的弊端,矫正制度的改革应以矫正一体化为目标。就犯罪矫正体系而言,也应实行犯罪矫正一体化,即以"行刑—矫正—回归"为中心,以开放处遇、回归社区和社会为目的,以审前矫正、监狱矫正、社区矫正和亚犯罪人矫正为内容,构建一体化的犯罪矫正体系。

(一)犯罪矫正制度的基本构成

1. 审前矫正

审前羁押是刑事诉讼中的必要程序,其目的是保证未决犯到庭接受审判,防止其逃匿、再犯或毁灭、伪造证据,干扰、威胁证人作证或串供,对被害人、举报人、控告人实施打击报复,以及预防犯罪嫌疑人、被告人实施新的犯罪等。

审前羁押必须建立在法定的程序和原则基础上,否则就可能侵害公民的人权。我国《刑事诉讼法》第93条规定:"犯罪嫌疑人、被告人被逮捕后,人民检察院仍应当对羁押的必要性进行审查。对于不需要继续羁押的,应当建议予以释放或者变更强制措施。有关机关应当在十日以内将处理情况通知人民检察院。"这一规定强调了羁押的适用必须遵循必要性原则、比例性原则等基本原则,避免对公民的合法权利造成不必要的损害或威胁。

从刑事诉讼法的角度看,审前羁押阶段未决犯的处遇与罪犯处遇之间有着本质性的差异。但是,从矫正制度的角度看,两者之间有着紧密的相关性与相似性,这也是很

---

① 参见薛畅宇、刘国祥:《论改革和完善收容教养制度》,载《中国人民公安大学学报》2004年第4期。

多国家将审前矫正纳入矫正制度范畴的重要原因。

2. 监狱矫正

监狱是国家的刑罚执行机关。根据我国《刑法》《刑事诉讼法》的规定,对于判处死刑缓期二年执行、无期徒刑、有期徒刑的罪犯,在监狱内执行刑罚。监狱对罪犯实行惩罚与教育相结合、教育与劳动相结合的原则,将罪犯改造为守法公民。监狱矫正是指在监狱内对服刑罪犯实施矫正,主要是对罪行比较严重、社会危害性比较大的罪犯进行教育和改造。① 从环境来看,监狱矫正主要是在封闭的监狱中进行的,它以剥夺罪犯的人身自由为前提。从主体来看,监狱矫正的主体是监狱人民警察。从对象来看,监狱矫正的对象主要是依法被判处有期徒刑、无期徒刑、死刑缓期二年执行的罪犯。从具体的方式和手段来看,监狱矫正主要是通过狱内教育、三课教育、辅助教育、心理治疗、生产劳动等方式实施矫正。

3. 社区矫正

社区矫正尽管已经成为西方发达国家矫治罪犯的首选手段,但是关于社区矫正的概念却没有形成定论。我国有学者对社区矫正的概念进行了研究,分国外与国内两个视角进行了阐述,②这一研究视角有助于对社区矫正概念的理解。

国外关于社区矫正概念的定义可以从三个维度进行梳理:(1) 以地点为定义标准,强调社区矫正的基础在社区。例如,美国学者桑度(Sandhu)将社区矫正定义为发生于社区之内的所有犯罪矫正措施。③ (2) 以非监禁性为定义标准。例如,美国学者克利尔(Todd R. Clear)等人认为,社区矫正就是对犯罪人的非监禁性(矫正)计划。④ (3) 以功能为定义标准。例如,美国学者韩(Hahn)认为,凡具有减少犯罪与社区疏离功能的矫正措施都可以被纳入社区矫正的范畴。⑤

国内关于社区矫正的概念散见于相关的法律法规及学者的研究文献中。例如,我国《社区矫正法》的立法提案人陈旭认为,社区矫正是对罪行较轻或狱内服刑表现较好的罪犯,在执行一定的刑期后,运用社区力量在社区环境中继续执行刑罚的一种开放型改造方式。⑥ 王顺安认为,"社区矫正"是相对于"监狱矫正"而言的一个专门性术语,是指由社区矫正组织依法对法院和其他矫正机关裁判为非监禁刑及监禁刑替代措施的罪犯予以在社区中行刑与矫正活动的总称。⑦ 2003年7月"两高"联合公安部、司法部印发的《关于开展社区矫正试点工作的通知》中规定:社区矫正是与监禁矫正相对的行刑方式,是指将符合社区矫正条件的罪犯于社区内,由专门的国家机关在相关社

---

① 参见葛炳瑶主编:《社区矫正导论》,浙江大学出版社2009年版,第290页。
② 参见周国强:《社区矫正制度研究》,中国检察出版社2006版,第7页。
③ 参见林茂荣、杨士隆主编:《监狱学——犯罪矫正原理与实务》,台湾五南图书出版公司1998年版,第224页。
④ 参见郭建安、郑霞泽主编:《监狱学——社区矫正通论》,法律出版社2004年版,第93页。
⑤ 参见林茂荣、杨士隆主编:《监狱学——犯罪矫正原理与实务》,台湾五南图书出版公司1998年版,第224页。
⑥ 参见汤啸天:《社区矫正试点与矫正质量的提高》,载《当代法学》2004年第4期。
⑦ 参见王顺安:《社区矫正的法律问题》,载《政法论坛》2004年第3期。

会团体和民间组织以及社会志愿者的协助下,在判决、裁定或决定确定的期限内,矫正其犯罪心理和行为恶习,并促使其顺利回归社会的非监禁刑罚执行活动。

综上,可以从以下几个方面辨析社区矫正的概念:第一,社区矫正是一种非监禁性的刑事惩罚手段。虽然社区矫正不是在固定的场所内执行的,但是并没有丧失刑事惩罚性。第二,社区矫正相对于监禁矫正所体现的优势正在于其吸收社会力量的参与,能够更好地帮助罪犯再社会化,并且能够合理平衡刑事司法资源。第三,社区矫正的对象是特定的,一般都是罪行轻微、社会危害性不大、主观恶性不大的罪犯。在我国,矫正对象主要包括被判处管制的、被宣告缓刑的、被暂予监外执行的、被裁定假释的、被剥夺政治权利的这五类犯罪行为人。第四,社区矫正非监禁的方式也反映了其目的更多地侧重于教育,矫正人员更多地采取比较温和的手段对矫正对象进行教育。第五,社区矫正机构通过与矫正对象一起解决其所面临的问题,恢复受损的社会功能,使其自我发展、顺利融入社会,一定程度上也体现了社区矫正的福利性特征。

4. 亚犯罪人的矫正

(1) 收容教养

我国《刑法》第17条第4款规定:"因不满十六周岁不予刑事处罚的,责令他的家长或监护人加以管教;在必要的时候,可以由政府收容教养。"《预防未成年人犯罪法》第38条也规定:"未成年人因不满十六周岁不予刑事处罚的,责令他的父母或者其他监护人严加管教;在必要的时候,也可以由政府依法收容教养。"

关于收容教养的概念,孙红日认为,收容和教养,分别意味着将对象集中到一个特定的场所进行管理,并且对其进行矫正和教育。[①] 胡学相认为,收容教养属于治安行政处罚措施,具有教育挽救、维护社会治安的属性,目的是矫治有不良习气和劣根性的处罚少年。[②]

收容教养的对象要满足以下条件:首先,在年龄方面,1993年公安部下发的《公安部关于对不满十四岁的少年犯罪人员收容教养问题的通知》明确规定,《刑法》中"不满十六周岁"的人既包括已满16周岁犯罪,应负刑事责任,但不予刑事处罚的人,也包括未满14周岁犯罪,不负刑事责任的人。其次,应是实施了危害社会的行为,但未构成犯罪的少年。如果少年的行为没有危害性或者危害性轻微,那么不能进行收容教养。最后,必须是精神正常的少年,即在实施危害行为时精神正常,以及在实施危害行为后决定交付收容教养时精神正常。

此外,根据《刑法》的规定,收容教养措施只有在"必要的时候"才能够适用。那么,如何界定"必要的时候"呢?结合司法经验,以下情形下可以视为有必要进行收容教养:① 父母双亡,无家可归、无亲可依、无业可就,浪迹社会,具有潜在危险性的;② 虽有家庭,但父母或监护人无力管教或拒绝管教的;③ 影响较坏,民愤较大,群众和受害人强烈要求收容教养的;④ 屡教不改,劣迹较多,不宜在社会上进行管教的等。

---

① 参见孙红日:《未成年人收容教养制度若干法律问题研究》,载《法制与社会》2013年第24期。
② 参见胡学相:《论收容教养制度》,载《中南政法学院学报》1992年第4期。

收容教养一般是由公安派出所或公安机关的治安部门负责立案调查,然后提出收容教养意见,根据区公安局或省辖市公安局审判,遇有特殊情况,须报省、自治区、直辖市的公安厅(局)审判。因此,在决定收容教养时,要严格依照法定的条件和程序进行,避免滥用收容教养措施而侵犯未成年人的人身自由权利。

(2) 强制医疗

强制医疗,是指当事人在刑事责任能力欠缺状态下实施了刑法规定的危害社会的行为,或者在实施危害行为后刑事责任能力丧失,而有继续实施危害行为的可能性,由特定机关依据法律程序对其宣告进行强制医疗的方法。[①] 从性质上讲,强制医疗主要具有保安性以及剥夺人身自由性。一方面,通过强制医疗,保护精神病人自身免受伤害;另一方面,强制医疗具有剥夺当事人人身自由的属性。

根据我国《刑法》第 18 条的规定,精神病人在不能辨认或者不能控制自己行为的时候造成危害结果,经法定程序鉴定确认的,不负刑事责任,但是应当责令他的家属或者监护人严加看管和医疗;在必要的时候,由政府强制医疗。根据我国《刑事诉讼法》第 284 条的规定,实施暴力行为,危害公共安全或者严重危害公民人身安全,经法定程序鉴定依法不负刑事责任的精神病人,有继续危害社会可能的,可以予以强制医疗。强制医疗制度的基本内容如下:

一是强制医疗的实体要件:当事人实施了暴力行为,危害公共安全或者严重危害公民人身安全,经法定程序鉴定依法不负刑事责任的精神病人,有继续危害社会可能的。

二是提出强制医疗的主体:公安机关、人民检察院、人民法院都可以成为强制医疗程序的建议者。根据我国《刑事诉讼法》第 285 条第 2 款的规定,公安机关发现精神病人符合强制医疗条件的,应当写出强制医疗意见书,移送人民检察院;对于公安机关移送的或者在审查起诉过程中发现的精神病人符合强制医疗条件的,人民检察院应当向人民法院提出申请;人民法院在审理案件过程中发现被告人符合条件的,也可以作出强制医疗的决定。

三是强制医疗的适用主体:人民法院。人民法院受理强制医疗申请后,应当组成合议庭进行审理。人民法院必须通知被申请人或者被告人的法定代理人到场。在当事人没有委托诉讼代理人的情况下,人民法院应当为其提供法律援助。

四是强制医疗的审理期限:对于符合强制医疗条件的,人民法院应当在一个月以内作出决定。

五是强制医疗的救济程序:被决定强制医疗的人、被害人及其法定代理人、近亲属对强制医疗决定不服的,可以向上一级人民法院申请复议。

六是强制医疗的解除:强制医疗机构应当定期对当事人进行诊断评估,对于符合解除条件的,报决定强制医疗的人民法院批准。当事人及其近亲属有权申请解除强制

---

① 参见张奇:《新〈刑事诉讼法〉有关精神病人强制医疗程序的不足与完善》,载《经营与管理》2013 年第 12 期。

医疗。

（二）犯罪矫正一体化的构建

随着预防犯罪越来越受到重视，国家刑罚活动也逐步由"犯罪本位"向"犯罪人本位"过渡，为了完成刑罚的任务，产生了一个以消除服刑罪犯主观恶性为核心的新的刑事科学概念——矫正，这一概念也随着时代的变迁而不断发展。例如：(1) 监狱矫正，即在监狱内对服刑人员实施矫正；(2) 非监狱矫正，即由除监狱外的其他国家机构或设施对服刑人员实施矫正；(3) 设施矫正，前两种都可以称为"设施矫正"，即在专门设置的或经法律授权的设施中对服刑人员实施矫正；(4) 非设施矫正，即在设施外对服刑人员实施矫正，如监狱执行的变通措施（假释、暂予监外执行等），以及当代比较流行的社区矫正等；(5) 矫正处遇一体化，即不仅包括在监狱设施内的行刑矫正，也包括在监狱设施外的康复矫正（更生保护），试图建立一体化的矫正过程。[①]

王泰指出，"矫正处遇一体化"是一种张力比较大的主张，要扩大矫正的内涵和外延，将矫正向后延伸，向社会延伸，更重要的是将康复阶段与设施内矫正紧密结合，形成"矫正共同体"，将设施内矫正与社区矫正有机结合，以弥补设施内矫正的不足。[②]

目前，我国没有形成系统化的犯罪矫正体系。首先，矫正管理机构较为分散。监狱负责对罪行较重、社会危害性较大的罪犯的矫正，社区矫正机构负责对被判处管制、被宣告缓刑、被暂予监外执行、被裁定假释以及被剥夺政治权利的犯罪人的矫正，未成年犯管教所和安康医院（强制医疗机构）负责对实施了危害社会的行为但是不构成犯罪的少年及精神病人进行矫正。我国的矫正体系中并不包括审前矫正。其次，目前的矫正没有形成统一的立法，仅散见于《刑法》《刑事诉讼法》《监狱法》的具体条文之中。现阶段的矫正手段单一，矫正效果也略显一般。此外，目前矫正人员的管理水平参差不齐，队伍建设标准不一，缺乏统一的考核标准和依据，这些都是我国在构建犯罪矫正一体化时的突破口。

笔者认为，所谓的犯罪矫正一体化，是指既包括在监狱设施内的行刑矫正，也包括在监狱设施外的社区矫正，是对罪犯的一体化处遇过程，主要体现为矫正管理机构一体化、矫正立法一体化以及矫正人员一体化。

1. 矫正管理机构一体化

建立犯罪矫正一体化体系，首先必须建立统一的矫正管理机构，改变监狱矫正与社区矫正分属于不同部门管理的状况。建议在司法部下设矫正总局，统管全国矫正工作；地方在省级司法厅（局）下设矫正局。矫正总局的具体设置参见图1-2。

2. 矫正立法一体化

根据我国《立法法》的相关规定，涉及犯罪与刑罚的事项必须由国家立法机关制定法律加以规定。犯罪矫正当然涉及犯罪与刑罚的执行，因此必须在法律中进行明文规

---

① 参见《日本矫正保护》（第2卷），日本有斐阁1980年版，第298页。
② 参见王泰：《现代监狱制度》，法律出版社2003年版，第59页。

第一章 犯罪矫正制度概述

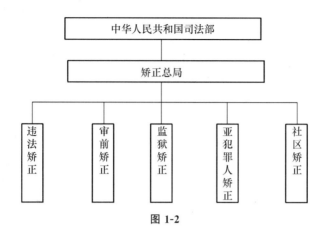

图 1-2

定。尽管在目前的立法形势下,一些矫正规定散见于《刑法》《刑事诉讼法》《监狱法》之中,但是缺乏对于国家矫正制度的统一立法,这是我国矫正制度的发展尚存在较多问题的重要原因。

从犯罪矫正制度的立法模式来看,可以有两种路径:一是尽快出台与《监狱法》并列的《社区矫正法》。尽管我国现在通过刑法修正案、刑事诉讼法修正案对社区矫正进行了补充和完善,但是这不能解决社区矫正所存在的各种问题,只有以单独立法的形式予以公布,才能保证社区矫正的权威性。二是对《监狱法》进行大幅度修订,将社区矫正制度等均纳入其中。在立法过程中,建议扩大社区矫正对象的范围。根据我国的国情,可以考虑采取大社区矫正的体制,即在进一步提高缓刑、假释、监外执行等的适用比率的同时,将违法矫正与审前矫正等均纳入矫正制度的范围。

3. 矫正人员一体化

大矫正体系下的矫正官既包括监狱矫正官,也包括社区矫正官。监狱矫正官即人民警察。所谓社区矫正官,是指以有执法主体资格的国家工作人员为主由其领导其他社会工作者、志愿者、团体进行具体的社区矫正工作的主体。为适应犯罪矫正一体化的构建,要全面提高矫正人员的素质及管理能力,主要可从统一矫正官队伍的管理、统一考试、统一资质要求等方面着手。

(1) 建立统一的矫正官"进""出"标准

矫正官选拔的硬性资质条件可以参照我国《公务员法》第 11 条的相关规定,包括:具有中华人民共和国国籍、年满 18 周岁、拥护中华人民共和国宪法、具有良好的品行、具有正常履行职责的身体条件以及符合职位要求的文化程度和工作能力等。同时,矫正官应当具备一定的任职资格,包括:学历在大学及以上,法学、社会学、心理学、医学等相关专业,具备基本的心理学、教育学、社会学、管理学等方面的常识,一定的社会实践经验以及良好的沟通能力等。当然,由于不同地域具有一定的差异性,部分地区也可结合自身情况作出科学的选择。此外,在社区矫正官的招录中,要采取公开考试、严格考察、平等竞争、择优录取的办法,确保录取合格的人员担任矫正官。

矫正官的辞退也可以参照我国《公务员法》第53条的相关规定。例如,矫正官存在散布有损国家声誉的言论;玩忽职守,贻误工作;弄虚作假,误导、欺骗领导和公众;贪污、行贿、受贿,利用职务之便为自己或者他人谋取私利;滥用职权,侵害公民、法人或者其他组织的合法权益等情形,情节严重的,可进行辞退。

(2) 完善矫正官队伍的奖惩体制

建章立制,完善矫正官队伍的"竞争、激励、淘汰"机制,通过考核矫正官的德、能、勤、绩、廉,重点考核其工作绩效;通过自我绩效评价、上级领导评价以及服务对象满意度评价三个维度量化考核指标;通过绩效的评估与反馈,在考核肯定矫正官工作成效的同时,也帮其发现不足并有针对性地进行改善。绩效考核可按照前10%、后10%的原则进行奖惩。针对排名前10%的矫正官,可以在半年度终结时给予相应的加薪激励;针对连续3次排名后10%的矫正官,应当对其进行减薪,若经过培训仍没有改进,情节严重者,可以视情况予以辞退。另外,可建立初级矫正官、中级矫正官以及高级矫正官的晋升体系,在晋升时应当以绩效为参照标准。

(3) 加强矫正官的专业化建设

犯罪矫正是一项复杂而艰巨的工程,由于其改造对象的特殊性和个别化,只有强化专业化的标准建设才能出色地完成矫正的任务。首先,可以通过制度化或常规化的课程演练及网络课程,不断提升矫正官的专业理论知识,尤其在犯罪学、法学、心理学、伦理学、教育学、管理学等方面要强化专业知识,关于心理疾病的预防与治疗、网络信息技术的运用以及突发事件的处理常识都要具备。其次,通过将专业技能与晋升相挂钩的方式,提升矫正官不断充实专业技能的积极性;通过定期考试与不定期模拟相结合的方式,对相关的理论知识予以回顾和检测,作为专业化测评的量化依据。最后,矫正官必须具备专业的价值理念和较高的专业素养,能够以犯罪人的需求为出发点,将专业的理论和方法有效地运用到矫正犯罪人的实践中去,只有这样,才能够提高行刑效率和社会效益。

(本章作者:管亚茹)

第二章 审前矫正制度

　　本章主要介绍的是我国审前阶段具有矫正性质的刑事程序制度。审前矫正制度按照羁押和非羁押的性质,可以分为审前机构矫正和审前社区矫正,本章的叙述逻辑便是以这个分类为主要思路的。在分述这两类矫正制度时,本章首先对审前矫正制度作了总体性的介绍,主要包括:审前矫正的概念;审前机构矫正和审前社区矫正概念的区别,其本质主要是对人身限制程度的区别;审前机构矫正和审前社区矫正的类型、分类和性质等;我国审前矫正制度存在的问题。前一部分主要是学理上的分类,目的在于使读者对该制度有多维度的理解,并为后续研究提供便利。后一部分主要是对我国目前审前矫正制度所存在的问题的描述,以及问题的解决方法。我国审前矫正制度相对于矫正制度具有存在孤立性、管理缺乏系统性以及体制不当等问题,应当从制度设计入手进行调整,主要是将审前矫正纳入矫正体系,并由统一的部门进行管理。

　　审前机构矫正的场所是看守所。审前机构矫正的设立主要是为了满足审前羁押制度的目的及功能,因而必然要涉及对审前羁押相关内容的概述。然而,仅仅对看守所的现状进行描述是无法实现对相关问题的深入理解的,所以必须通过历史性追溯了解看守所的演变历程。对看守所现状的描述主要是为了使读者能对当下我国的看守所制度有一个直观的理解,同时也为问题的发现提供线索。通过对现状的研究,我们可以发现,我国的看守所制度在演变过程中,并未跟随监狱一起划归司法部监管,而仍旧是由公安部监管。然而,制度上的弊端会直接导致很多现实热点问题,如牢头狱霸、刑讯逼供、超期羁押以及监所检察制度的困境等问题。针对这些问题,应当从法律法规以及法律体系的完善、看守所的检察监督、看守所制度调整三个方面入手,这样才能从根本上解决目前审前机构矫正场所存在的问题。

　　审前社区矫正是一个新兴事物,其目的主要在于实现刑事程序效率与矫正效果的有效平衡。我国目前的审前分流阶段主要分为侦察阶段、起诉阶段以及审判阶段。涉诉人员被分流出刑事诉讼程序后,并不必然能够降低其再犯风险,因而应当对这部分人进行适度的矫正,这也是朴素正义观的要求。这就会涉及具体的矫正方式和矫正机构的设立。审前社区矫正恰好能够满足审前非羁押矫正的目的,这在我国主要体现为"观护制度"。这一制度目前仅适用于未成年人,对于其他行为显著轻微的未成年人以及成年人并没有对应的开放式矫正的处遇措施。同时,现存的未成年人的审前观护制度存在诸多问题,如区域发展畸形、缺乏统一管理、社会工作支持不足等。不过,问题的出现也在一定程度上预示着我国观护制度的发展方向。

审前矫正可以分为审前羁押矫正(审前机构矫正)和审前社区矫正,二者的主要区别在于处遇模式的不同。"处遇"一词是"treatment"的译词,有"吸入""处理""对待""治疗"等意思。简单地说,在刑事司法领域,处遇就是公安司法机关如何对待犯罪嫌疑人、被告人和罪犯。依据分类标准的不同,处遇也可作如下划分:以刑法关注犯罪行为还是犯罪人为标准,可分为一般化处遇和个别化处遇;以矫正场所是社会还是机构为标准,可分为社会化处遇和机构处遇等。审前羁押矫正属于机构处遇,而审前社区矫正则属于社会化处遇。我国的审前羁押矫正主要是指对被采取拘留、逮捕等强制措施的犯罪嫌疑人或被告人,在看守所内进行矫正的方式。审前社区矫正则是对被采取"暂缓处理""暂缓起诉""暂缓宣判"等措施的犯罪嫌疑人或被告人,以社区为场所进行矫正的方法。应当注意,审前社区矫正涉及的矫正形式很多,并且还因实践的变化、发展而有所创新。因此,想要对审前社区矫正作一全面的梳理是比较困难的。本章所论之审前社区矫正,主要是以我国理论与实践之发展为基础的。

审前矫正不仅有着刑事诉讼活动保障、人权保障之功能,在预防和矫正犯罪方面也有着自身的独立性,对我国矫正制度的丰富、发展和完善起着至关重要的作用。可见,深入研究审前矫正制度意义重大。

第一节 审前矫正概述

一、审前矫正的界定

(一)审前矫正的概念

审前矫正概念的明确或者内涵的准确界定,对于精确研究审前矫正诸问题而言,是至关重要的基础性工作。欲对审前矫正进行界定,必先对"审前矫正"这一概念所含的要素予以明晰,需对"审前"这一概念进行界定。

从目前刑事一体化的知识体系来看,"审前"这一概念在不同语境下有不同的含义。在审前程序或者审判前程序的背景下,"审前"主要是指刑事案件起诉至法院之前这个阶段。[1] 即从立案侦查到审查起诉这一时间段被称为"审前阶段"。如果在审前羁押这一背景下看待"审前"概念,似乎又有了另外一种解释。从我国《刑事诉讼法》的规定以及实践中审前羁押的适用来看,审前羁押是指在判决生效之前对犯罪嫌疑人或被告人采取的以保证诉讼活动顺利进行和保障人权为目的的强制措施。因此,审前羁

---

[1] 尽管几位学者对审前程序或者审判前程序的定义不同,但是对"审前"这一概念的界定是一致的。参见陈卫东主编:《刑事审前程序研究》,中国人民大学出版社 2004 年版,第 3 页;宋英辉、吴宏耀:《刑事审判前程序研究》,中国政法大学出版社 2002 年版,第 1 页。

押背景下的"审前"是以判决生效与否为界限的。

之所以会产生"审前"内容上的不一致,其主要原因在于"审前程序"和"审前羁押"概念的着眼点不同。审前程序,或称"审判前程序",是以审判中心主义为前提而提出的概念。"审判中心主义指审判(尤其是第一审法庭审判)是决定国家对特定的个人有无刑罚权以及刑罚权范围的最重要阶段,未经审判,任何人不得被认为是犯罪,更不得被迫承受罪犯的待遇。"①其目的在于,通过审判中心主义明确无罪推定、独立审判等原则在诉讼程序中的应用,实现人权保障。审前羁押的提出,主要是因无罪推定原则的要求,涉诉人员的身份在法庭判决生效前后应有所不同,所受之待遇也应有所不同。纵观二者的内在要求,基于审判中心主义的审前程序着眼于审判程序这一阶段,审前羁押则着眼于导致涉诉人员身份变更的判决生效的时间点。所以,"审前"概念在不同语境下的含义当有所不同。审前矫正与判后矫正均是我国犯罪矫正体系的组成部分,二者划分的节点就是"判决生效时"。因此,审前矫正中的"审前"是指刑事案件从立案到法院判决生效这一时间段内所处的状态,这也决定了其矫正对象是未决犯,包括处于侦查、审查起诉阶段的犯罪嫌疑人和处于审判阶段的刑事被告人。

我们可以将审前矫正的概念概括如下:国家司法机关和工作人员通过各种措施和手段,对处于立案至判决生效前这一阶段的犯罪嫌疑人或被告人,进行思想上、心理上和行为上的矫正治疗,以帮助其达到重新融入社会,成为社会中的正常成员这一目的的过程,包括审前机构矫正和审前社区矫正。需要特别强调的是,本书从矫正学而非刑事诉讼法学的视角研究审前制度,并不意味着对无罪推定原则的否定。

(二)审前机构矫正与审前社区矫正的界定

相对于"审前矫正"这一概念,"审前机构矫正"和"审前社区矫正"是一对下位概念,并且是一对相对的概念。在谈及"机构矫正"和"社区矫正"之前,必须明确的另一个概念是"处遇"。《中华法学大辞典》对于"处遇"的定义是:对犯罪人的处置和待遇。在"刑罚取消论"问世后相当长的一段时间里,刑罚改称为"处遇",且以处遇为中心建立刑罚模式。处遇包括处置和待遇两个方面的内容。在实际适用上,处遇主要包括监狱设施内处遇和监狱设施外社会处遇。② 所谓"机构处遇",就是将已决犯或者未决犯置于政府专门机构内进行矫正的一种处置、待遇模式;而"社区矫正",则是将涉诉人员置于开放的社会中进行矫正,并由司法工作人员进行监督、指导、帮扶的处置、待遇模式。由此可以判断,在审前矫正体系中,与监狱设施内处遇相对应的就是审前机构矫正,而与监狱设施外社会处遇相对应的就是审前社区矫正。我国审前机构矫正的场所是看守所,羁押在看守所内的犯罪嫌疑人或被告人的矫正为"机构矫正",而看守所外的处遇社区或社会上的犯罪嫌疑人或被告人的矫正就是"社区矫正",这一对完全相对的概念共同组成了审前矫正的全部内容。

---

① 孙长永:《审判中心主义及其对刑事程序的影响》,载《现代法学》1999 年第 4 期。
② 参见高铭暄等主编:《中华法学大辞典·刑法学卷》,中国检察出版社 1996 年版,第 65 页。

此处还应当明确的是,与审前机构矫正和审前社区矫正类似的概念还有审前羁押矫正和审前非羁押矫正。根据《布莱克法律词典》,羁押是指扣押或者扣留某人或某物的行为。换句话说,羁押是对人身自由或物的使用的限制。从犯罪学角度来看,对于犯罪嫌疑人或被告人的羁押就是一种矫正措施,这种矫正手段因其特殊性而必然要求将被羁押人员置于特定的场所之中。这个特定的场所就是矫正机构。相对于羁押而言,非羁押性的矫正手段固然也强调对人身自由的限制,但是其主要特征在于这种矫正并不与社会相隔绝,而恰恰是通过社区帮助涉诉人员进行矫正。从这个角度来看,审前机构矫正就是审前羁押矫正,而审前社区矫正就是审前非羁押矫正。它们仅仅是形式上用词的区别,本质是相同的。

二、审前矫正措施的类型、分类及其性质

前文对审前矫正的内涵和特点作了一个概述,主要目的在于明确审前矫正措施的具体内在要素。对于审前矫正措施的类型、分类等外延要素的论述,则有助于明确审前矫正的研究范围和具体的研究对象;而对于性质的描述,将为我们提供区别审前矫正与其他制度的判断标准。

(一)审前矫正措施的类型

根据我国《刑事诉讼法》的规定,现行审前矫正措施主要有以下几种类型:取保候审、监视居住、拘留、逮捕、酌定不起诉、附条件不起诉、刑事和解等。除此之外,实践中曾经还有暂缓判决制度,该制度的适用在 2003 年被最高人民检察院和最高人民法院明确否定了。此处仅对上述诸类型作简要介绍,相关的具体内容留待后文详述。

取保候审,是指在刑事诉讼中,公安机关、人民检察院和人民法院等司法机关对未被逮捕或逮捕后需要变更强制措施的犯罪嫌疑人、被告人,为防止其逃避侦查、起诉和审判,责令其提出保证人或者交纳保证金,并出具保证书,保证随传随到,对其不予羁押或暂时解除其羁押的一种强制措施,由公安机关执行。监视居住,是指人民法院、人民检察院、公安机关在刑事诉讼中,限令犯罪嫌疑人、被告人在规定的期限内不得离开住处或者指定的居所,并对其行为加以监视,限制其人身自由的一种强制措施,其执行机关是公安机关。刑事诉讼中的拘留,是指公安机关、人民检察院对直接受理的案件,在侦查过程中,遇到法定的紧急情况时,对于现行犯或者重大嫌疑分子所采取的临时剥夺其人身自由的强制方法。逮捕,是指司法机关依法剥夺人犯人身自由并予以羁押的一种强制措施,目的是防止人犯逃跑、毁灭证据和继续犯罪。以上四种审前矫正方式均属于刑事强制措施的内容。

酌定不起诉是不起诉方式中的一种。根据我国《刑事诉讼法》第 173 条第 2 款的规定,对于犯罪情节轻微,依照刑法规定不需要判处刑罚或者免除刑罚的,人民检察院可以作出不起诉决定。附条件不起诉,是指对于未成年人涉嫌《刑法》分则第四章、第五章、第六章规定的犯罪,可能判处一年有期徒刑以下刑罚,符合起诉条件,但有悔罪表现的,人民检察院可以作出附条件不起诉的决定。附条件不起诉是审前矫正措施中

十分重要的一种方法,该制度现阶段仅适用于未成年人且条件严格,但其发展趋势应当是扩大化的。我国法律规定的当事人和解的公诉案件诉讼程序,是指对于因民间纠纷引起,涉嫌《刑法》分则第四章、第五章规定的犯罪案件,可能判处三年有期徒刑以下刑罚的,以及除渎职犯罪以外的可能判处七年有期徒刑以下刑罚的过失犯罪案件,犯罪嫌疑人、被告人与被害人达成和解协议,可以由人民检察院作出不起诉或由人民法院作出从宽处理的一种程序。

暂缓判决与刑罚犹豫制度紧密结合,即当对未成年被告人刑罚宣告处于"犹豫不定"的状态时,先对其罪名进行宣告,同时设定一定的考察期限,待考察期满后再作刑罚的宣判。实施该制度,旨在践行"教育、感化、挽救"的未成年人刑事政策,通过教育、保护而非惩罚的方式保证未成年人的健康成长。

随着"宽严相济"的刑事政策不断发展,对待微罪、轻罪嫌疑人的处遇应是尽量避开正常的刑事司法程序。因此,个别化处遇、多样化处遇和转向处遇会呈现一个蓬勃发展的势头,尤其是在少年司法领域。审前矫正措施,特别是审前社区矫正措施会不断发展和丰富,而非仅仅局限于上述几种方式。

(二)审前矫正措施的分类

如果要对一个群体进行分类,标准是关键,采用不同的标准会有不同的分类。就审前矫正而言,其分类标准可以从以下几个角度探寻:

首先,按照处遇的不同,可以分为审前机构矫正和审前社区矫正。我国的审前机构处遇,或称"审前羁押矫正",就是指看守所处遇。凡是符合拘留和逮捕条件的犯罪嫌疑人或被告人,在被采取羁押性强制措施以后都会被羁押于看守所,由看守所民警和武警依据《看守所条例》以及《看守所条例实施办法》(试行)进行矫正。审前社区矫正,或称"审前非羁押矫正",是将犯罪嫌疑人或被告人置于社区内进行矫正。此类人员的社会危害性往往较被羁押人员的社会危害性更低。审前社区矫正的种类很多,除了法定的取保候审、监视居住、附条件不起诉、酌定不起诉、刑事和解制度外,还有很多地方司法机关依据相关法律精神所进行的实践措施,如暂缓判决。

其次,按照审前矫正措施的法律依据不同,可以分为法定的审前矫正措施和非法定的审前矫正措施。从矫正制度的发展历程来看,它脱胎于刑罚,却超越刑罚。除了惩罚的功能外,它还具有管理、指导、教育、帮扶等多种性质,盖因为矫正的目的并非在于单纯的报复以及一般预防,而更加注重特殊预防以及罪犯或者犯罪嫌疑人、被告人的再社会化。伴随着"矫正"概念一同出现的个别化处遇,或称"个别化矫正",要求针对不同背景或社会危害性的犯罪人采取不同的矫正措施。为了将矫正制度的精神现实化,实践中会出现一些地方司法机关的创新实践活动,以达到灵活运用矫正措施的效果。这就产生了法定的审前矫正措施和非法定的审前矫正措施。法定的审前矫正措施主要包括除拘传以外的四种刑事强制措施、酌定不起诉、附条件不起诉、刑事和解制度。非法定的审前矫正措施主要是暂缓判决,虽然该项实践探索曾被最高人民法院叫停,但是由于具有创新性和启发性,其存在仍旧可以被视为一种应然的审前矫正的形式。

最后,按照诉讼过程中适用阶段的差别,可以分为一般审前矫正措施和特殊审前矫正措施。我国《刑事诉讼法》规定的刑事强制措施在侦查阶段、审查起诉阶段以及审判阶段均可以适用,因此可以将其视为一般审前矫正措施。那么,刑事和解程序应当被视为一般的还是特殊的呢?从我国《刑事诉讼法》第五编第二章的规定来看,似乎仅规定了审查起诉阶段和审判阶段适用刑事和解程序。但是,结合《刑事诉讼法》第15条的规定来看,情节显著轻微、危害不大,不认为是犯罪的,不追究刑事责任。因此,在司法实践中,如果公诉案件本身的社会危害性不大,加之犯罪嫌疑人与被害人的和解对案件的定性产生了实质性的影响,便会使得公安机关采取撤销案件的处理方式。从这个角度来讲,刑事和解制度可以被视为一种一般审前矫正措施。

除此之外,根据适用对象的不同,一般审前矫正措施和特殊审前矫正措施还可以被理解为是针对一般对象适用的和针对未成年人适用的。例如,附条件不起诉制度以及以往实践中存在的暂缓判决制度都是针对未成年人适用的,而刑事强制措施以及酌定不起诉等制度都是普遍适用的。

(三)审前矫正措施的性质

通常,我们在理解审前矫正措施的性质时,总是以刑事诉讼程序为出发点,得出的结论也无外乎保障刑事诉讼活动顺利进行和保障人身合法权益。如果我们站在一个犯罪学、矫正学的角度审视审前矫正措施,则会发现这些措施还具有犯罪矫正的性质。

依据我国《刑事诉讼法》第1条和第2条的规定,刑事诉讼活动的运行目的在于通过程序手段实现对犯罪的打击,而这一目的的实现就在于定罪与量刑,因此必须确保防止犯罪行为人继续犯罪、犯罪嫌疑人到案、证据确实充分以及罚当其罪等环节的顺利进行。通过对犯罪嫌疑人、被告人人身自由的约束,以防止其逃避、妨碍侦查甚至是继续犯罪;通过这些手段,还可以保证通过司法程序的分流,如不起诉、刑事和解程序等,做到有罪必罚、罚当其罪。由此可见,这些审前矫正措施的正确实施,对于诉讼活动能否顺利进行起着至关重要的作用。任何一个小的纰漏,任何一个环节的差池,都有可能导致这一目的难以实现。这是审前矫正措施保障刑事诉讼活动顺利进行的性质。

除此之外,审前矫正措施还具有人权保障的性质。当公权力与私权利相冲突的时候,如何保障私权利免受过当侵害,是法理学家们始终思索的问题。刑事诉讼活动本身就是公权力对于私权利的干预,而如何防止公权力的滥用,是确保人身权益的关键所在。程序法的出现,在一定程度上解决了这一问题。程序意味着特定活动运行的时间先后顺序和特定路径。当我们把这些顺序和路径设置好以后,公权力的运行就必须受到程序的限制,任何"越雷池一步"的行为都将被视为违法。至此,只要保证顺序和路径的正当性和合理性,就可以保障人身权益免于因公权力滥用而导致的损害。审前矫正措施便是这些顺序和路径的具象化。正确运用审前矫正措施,可以使公民的合法权益得到有效保障。

最后，审前矫正措施还具有矫正的性质。"矫正"这一概念强调的是，通过教育、感化、改造等手段，戒除引发犯罪人（犯罪学领域的）与社会冲突的不良习气，以实现社会复归的目的。这一切的最终目的在于，实现社会对犯罪的"自我防卫"。这一理论最早可以追溯到菲利的犯罪社会学。按照传统的矫正观点，矫正的对象都是被法院定罪的犯罪人。但是，从社会防卫的角度看，在法院判决生效以前，对于犯罪嫌疑人、被告人所采取的一系列的程序措施也具有矫正意义。例如，就看守所管理而言，除了坚守"管得住、不出事"的底线外，还使用学习、劳动、心理咨询等积极措施，教育、感化在押人员，以实现消除其社会危害性之目的。再如，刑事程序本身可以被视为一个"漏斗"，即"宽口进、细口出"。那些被排除在正常诉讼程序之外的人尽管不被视为规范层面的犯罪人，但从犯罪学角度出发，他们仍然具有社会危害性。因此，对于这些人仍旧应当进行矫正。譬如，被采取附条件不起诉的未成年犯罪嫌疑人，对其设定的附条件考察等更多地具有矫正的性质。其主要目的就在于，帮助实现未成年人的再社会化，以实现其健康成长。由上观之，站在一个宏观的犯罪学视角俯瞰这些在法院判决生效之前对犯罪嫌疑人、被告人采取的刑事诉讼程序措施，应当且必须具有矫正的性质。

三、我国审前矫正的困境与破解

德国著名学者李斯特曾有言："最好的社会政策，就是最好的刑事政策。"这句话深刻道出了犯罪预防应当着眼于导致犯罪产生的社会原因的消除或完善。然而，特殊预防对于犯罪的抑制仍旧有着不可替代的作用。其中，审前矫正在犯罪治理方面的贡献是不可忽视的。鉴于此重要意义，审前矫正体系的不断完善应当是我们努力的方向。

（一）审前矫正存在的问题

尽管审前矫正的各个具体要素较为完备，但仍未在我国形成统一的概念和体系，实践中也因此存在一些问题。

1. 审前矫正未被纳入矫正体系

我国目前虽尚未建立统一的矫正体系，但监狱矫正、社区矫正、违法矫正、亚犯罪人矫正等具体系统的存在，使得这个矫正体系的雏形初具规模。显而易见的是，一个统一的矫正体系对于各个子系统之间的无缝衔接、矫正经验的借鉴和矫正效果的保障都起着十分重要的作用。但是，我国审前矫正制度始终处在矫正体系外围，并未融入现有的矫正体系。

事实上，将审前矫正纳入矫正体系是一个理念问题。目前，具有审前矫正性质的各种措施在我国仍旧被视为程序方面的内容，这使得矫正工作本身的重要性被忽视了。作为犯罪预防和矫正的重要措施之一，审前矫正的主要任务在于，对那些因社会危害性较低而未能进入判后矫正的犯罪行为人进行矫正，以保证他们能够更好地实现社会复归。更重要的是，如果对于那些引起微罪的原因不及时进行纠正，放任这些因素的发展、扩大，很可能会为重大的危害社会的行为埋下隐患。实践中经常出现的情况是，那些被采取逮捕措施的犯罪嫌疑人因为犯罪情节轻微，在判决生效之后旋即被释放。这可能是羁押期限与宣告刑期相抵的结果,也可能是免于刑事处罚的结果。从规范层面来看,这些人免于监狱矫正或者社区矫正,主要原因在于我国刑法实行的是"定性加定量"。有些行为虽是危害社会的行为,但尚未达到一定程度,因而规避了判后矫正。但是,从犯罪学角度来看,这些行为仍然被视为犯罪行为,需要进行矫正,从而实现社会防卫的目的。所以,如果忽视看守所的矫正功能,那么这些人便会成为我国矫正系统的"盲区"。无视"盲区"的存在,就是无视社会隐患。因此,应当形成一种审前矫正的观念。

将审前矫正纳入矫正体系,是为了实现矫正措施的"无死角"覆盖。从特殊预防的角度来讲,审前矫正对于那些轻罪、微罪的犯罪人员,在很大程度上起着防微杜渐的作用。犯罪学始终强调犯罪预防,这些有着明显犯罪倾向的人应当是预防的重点。鉴于此,形成一个包含审前矫正的矫正体系,势在必行。

2. 审前矫正的管理缺乏系统性

从我国的审前矫正现状来看,已经有很多措施具有审前矫正的性质和功能,如附条件不起诉、刑事和解制度等。但是,这些措施缺少一个统一的顶层设计,其实施特点是"各自为战",而没有使审前矫正形成一个矫正合力。这种现状有很多弊端,如矫正手段五花八门、对矫正的重视程度不够统一、矫正缺乏专门性和专业性等。

在司法实践中,不同矫正措施由不同的司法机关加以实施,缺乏统一指导。在矫正过程中,不同机关会依据其对矫正工作的"主观"了解或者直接依据当地风俗习惯,采用不同的矫正手段。这使得矫正措施呈现一种多样化的特点,缺乏统一性和科学性。例如,在处理性质相似的未成年人犯罪案件时,有的司法机关在对犯罪嫌疑人采取审前有条件释放措施时,会采用对其发布社区服务令等具体矫正方法;而有的部门则通过责令犯罪嫌疑人返校学习,并以学习成绩考察矫正效果的方法,对其进行矫正。缺乏统一指导的矫正措施,很难保证其有针对性地施用,因而矫正效果也很难得到保障。

缺乏系统性,或者说缺乏统一的指导,还使得各司法部门对于矫正本身的重要性认识有所不同。如果是从刑法和刑事诉讼法的角度出发,这些被排除在正常刑事司法程序之外的人确实不用也不应当受到刑罚的制裁。但是,这并不意味着他们自身的社会危害性也会随着司法分流措施的采用而自动消失。对于这些相较于一般社会成员来说的"特殊群体",其所具有的犯罪倾向性应当受到重视,应当对其进行矫正以达到"遏渐防萌"的效果。但是,现实中,各个司法主体对于这种社会危害性重视不足。如上文所述,有的机关采取的是较为正式的社区服务令,稍差一些的责令其"好好学习",更有甚者,有的根本不进行矫正。这种审前观念的不统一无益于犯罪预防理念的统一。

另外,相较于正规的矫正机构,审前矫正"各自为战"的局面很难保证各自矫正的专门化。主要原因有二:第一,公检法三机关的主要任务分别是侦查、审查起诉和案件审理,因而无法保证其有更多的精力投入到矫正环节中;第二,即便有多余的人力和物力进行审前矫正,也难保其在"打"与"防"之间能进行顺利的角色转换。众所周知,我国公安、司法机关的主要职责在于运用法律手段,保障国家、社会、组织和个人免于犯罪侵害。目前,我国的司法资源十分紧张,每年的案件量在不断增长,而司法工作人员和国家的投入则没有同步增长。在司法环境的困难期,各机关单单履行其主要职能就已十分吃力,如何还能保证矫正的效果呢?从另一个方面来看,"打"与"防"本身就是一对矛盾体,因为现代司法制度已经不主张通过报应、痛苦和威慑抑制犯罪,而是通过积极地挖掘犯罪人背后的原因以实现治本的效果。因此,如果将"打"比喻为"严父",将"防"比喻为"慈母",那么这两个本就相互矛盾的角色是很难做到顺利转换的,势必造成审前矫正事倍功半。

从观护制度来看,一个矫正制度的专业性对于保障矫正效果至关重要。观护制度讲求审前社会调查,其调查方面之广、涉及领域之多、调查方法之规范,是履行追诉职能的公检法三机关所难以企及的。另外,在矫正的过程中,除了监督和管理之外,更要求矫正人员综合运用教育学、心理学、社会学等各领域的知识进行矫正。不仅如此,相较于传统刑事司法的被动性,审前矫正要求以一个积极的态度进行犯罪矫正。参与矫正的工作人员要有足够的耐心,不厌其烦地主动与犯罪行为人及其家属、邻居、朋友、同学等进行沟通,以探寻导致其犯罪的社会的、体质的以及心理的原因。因此,从这一个角度来看,公检法三机关无论如何都无法胜任这一职能。

由上观之,只有将审前矫正系统化,通过建立一个规范的制度进行资源整合,提高矫正队伍的专门化、专业化和统一性,才能够保证矫正活动的顺利进行。这对于社会防卫"死角"的消除意义重大。

3. 审前矫正机构管理体制不当

这一问题主要体现在看守所管理制度方面。鉴于下文会对此进行更为细致的论述,此处仅作简要介绍。

看守所的职能除了羁押社会危害性较大的犯罪嫌疑人或被告人外,更在于制约侦查机关的权力,以保障在押人员免于刑讯逼供等公权力的侵害。这就要求看守所在公与私之间保持一个不偏不倚的状态,即实现中立化。我国看守所的管理是由公安部门负责的。公安部门是履行犯罪侦查职能的部门,看守所在其管理下发生了功能的异化。看守所本应是刑事诉讼活动以及人权保障功能的机构,却逐渐演变为公安部门深挖余罪的主要场所,甚至因此有打击犯罪的"第二战场"之称。这使得案件侦破数量和余罪挖掘数量成为看守所民警的考核指标之一。另外,为了配合公安部门打击犯罪的工作,一些看守所对于刑讯逼供、阻碍律师会见等现象也是"积极配合",其所设的仓舍内的眼线和耳目逐渐发展成为牢头狱霸,他们对于仓舍内其他在押人员权利的侵害也是一个不容回避的问题。

除了"侦羁合一"的问题以外,立法的滞后以及检察监督措施的不科学性和单一性,使得看守所基本上摆脱了束缚。现实中的"躲猫猫""喝凉水死"等恶性案件的出现,主要是依靠媒体监督和公众监督。可见,看守所本身的管理已经开始制约当下刑事司法制度的发展,其改革迫在眉睫。

鉴于看守所之现状,必须对看守所的管理体制进行改革,主要应当从立法、监督和管理三个角度加以完善。只有通过推进这三个方面的改革,才能实现看守所的中立化,促使看守所职能的回归。

从不同角度看一个事物会有不同观点,看待审前矫正角度不同,对于审前矫正所存在的问题亦会有不同认识。从规范学视角和犯罪学视角出发,上述审前矫正的诸多困境仅仅是我国审前矫正所出现问题的一部分。这些问题主要可以概括为:审前矫正理念的树立,并将之纳入我国矫正体系之中;对审前矫正的诸措施缺乏系统性管理;现有的部分审前矫正制度,主要是看守所制度,在立法、监督和管理运行方面都缺乏科学性和合理性。对以上问题,应当及时进行完善,以确保审前矫正在社会防卫中应有的作用。

(二)审前矫正的改革——应当纳入矫正体系

对上述问题,本书的改革建议是,将审前矫正纳入我国的矫正体系之中。此处的"纳入",并非指在监狱矫正和社区矫正之外,再单独设置一个审前矫正,而是根据审前矫正可以分为审前机构矫正和审前社区矫正的特点,对我国现有的犯罪矫正体系进行重构。换句话说,就是将监狱矫正和社区矫正分别构建为包含审前矫正的机构矫正和社区矫正。

以加拿大为例,"加拿大不使用类似于我国监狱、看守所等概念,矫正机构统称为矫正中心(correction centre),社区矫正部门统称为社区矫正中心(community correction centre)"[1]。可见,这种"大矫正"模式已经有较为成功的经验。同样,"在美国,审前释放作为拘留的替代手段,是社区矫正的重要组成部分"[2]。克莱门斯·巴特勒斯的叙述也反映了这一特点,即"审前释放和转处、缓刑、居住方案以及假释,是社区矫正制度的基本内容"[3]。就刑事司法体系内的矫正而言,所有进入刑事司法系统的人,因其具有犯罪学意义上的社会危害性而必须接受矫正。这种"大矫正"体系根据处遇模式的不同,可以分为机构矫正和社区矫正。机构矫正可以分为审前机构矫正和判后机构矫正(即监狱矫正),而社区矫正则可以分为审前社区矫正和判后社区矫正。这种改革方案并不是盲目地崇洋媚外,它对于我国矫正体系的发展有着重要的借鉴意义。

首先,审前矫正这一观念应当受到重视。正如前文所述,审前矫正的明确,是要将那些未进入判后矫正系统且具有社会危害性的人纳入矫正对象范围。其意义在于,使矫正体系全面铺开,使矫正在发挥社会防卫功能方面没有"盲区"。

其次,审前机构矫正和审前社区矫正与监狱矫正和社区矫有着很大程度的相似

---

[1] 姚建龙:《加拿大矫正制度的特色与借鉴》,载《法学杂志》2013年第2期,第40页。
[2] 赵颖、雷伟:《未成年人违法犯罪社区矫正制度的法律构建》,载《辽宁公安司法管理干部学院学报》2006年第4期,第163页。
[3] 〔美〕克莱门斯·巴特勒斯:《矫正导论》,孙晓雳、张述元、吴培栋译,中国人民公安大学出版社1991年版,第81页。

性。因此,将它们分别纳入机构矫正和社区矫正之中具有很大的可行性。看守所羁押过程本身就含有矫正的机能。例如,看守所内都要求在押人员参与学习、劳动,并且通过制订严格的作息计划以帮助被羁押人员养成良好的习惯,进而对不良习惯进行纠正。可见,相比于监狱矫正,二者在具体矫正方法上有着极大的相似性。就社区矫正而言,二者都是通过社会化处遇,帮助犯罪行为人实现社会复归。在具体措施方面,二者均讲求以积极的态度实施矫正,并通过社会调查、监督管理、教育、帮扶等手段,消除被矫正者本身所带有的致罪因素。

最后,通过构建统一的矫正体系,可以使看守所本身脱离公安局的管理,从而实现其中立化的改革模式。同时,与该体系相配套的法律法规、监督措施等都会有相应的调整。由此,立法滞后性、法律法规间的不协调性、矫正监督的单一性和不科学性等问题将在很大程度上得到解决。

从总体上看,在我国,"审前矫正"这一概念尚未兴起,相比于西方发达国家的矫正理念较为落后。尽管实践中大多数具体的审前矫正措施已经初步形成体系,但从宏观层面来看,仍旧缺乏管理的系统性设计。同时,就部分具体的审前矫正体系而言,虽然其矫正历史有数十年之久,但在管理体制上仍旧存在重大缺陷。问题的堆积总是改革的"蓄力"。正是由于这些问题的存在,使得推动我国矫正事业发展的审前矫正呼之欲出,并且对于那些阻碍刑事司法矫正制度发展的事物或制度的改革亦刻不容缓。改革的关键就在于明确审前矫正的概念,并将其纳入矫正体系,形成机构矫正和社区矫正、审前矫正和判后矫正并举的局面。

矫正体系的重构不仅仅会推动矫正体系的完善与部分管理制度的调整,更可以促进与之相配套的制度的完善,如法律依据、监管制度以及社工制度等。可以说,审前矫正是实现社会防卫与人权保障协调发展的目的至关重要的一步。

第二节 审前机构矫正场所:看守所

审前羁押矫正的措施主要有拘留和逮捕,其执行场所是看守所。我国法律规定,看守所除了关押未决犯之外,还关押余刑在三个月以下的短期犯(使用"短期犯"一词是为了和监狱常用的刑期一年以下的"短刑犯"相区分)。

现阶段,我国看守所的管理体制存在极大的冲突和矛盾。作为诉讼保障、人权保障机构,保持侦查、公诉机关与犯罪嫌疑人、被告人之间的中立性,是看守所依法履行职能的必要前提。实际上,看守所由以侦查功能为主的公安部门管理,也导致了其职能的异化。实践中,深挖余罪、刑讯逼供、阻挠会见等现象层出不穷,如何在积极进行矫正的同时保障在押人员的权利,就成了摆在学者们面前的一个关键问题。当然,在解决看守所存在的现实问题之前,必须对与看守所有关的知识进行一个细致的阐述,这是研究问题、解决问题的重要前提。

一、审前羁押概述

审前羁押是审前机构矫正工作的开始。依据我国《刑事诉讼法》的规定,被采取拘留和逮捕措施的犯罪嫌疑人或被告人,均应当在措施采取后的 24 小时内被送至看守所。由此,看守所的矫正工作便开始运行。可以看出,审前羁押措施在审前机构矫正环节发挥着"启动"矫正的作用。

(一)审前羁押的概念

根据《布莱克法律词典》,羁押是指扣押或者扣留某人或某物的行为。事实上,羁押是一种强制性的行为,旨在对人身自由加以约束。相较于非羁押性强制措施,羁押的特点在于关押场所特定,以及对强制措施的实施对象的条件要求较高。在我国《刑事诉讼法》[①]中,强制措施有五种,分别是拘传、取保候审、监视居住、拘留和逮捕。其中,与羁押有关的强制措施主要是拘留和逮捕。《刑事诉讼法》中明确规定了拘留和逮捕的羁押场所是看守所,取保候审和监视居住的场所主要是社区和住所。值得注意的是,即便是因为第 73 条所规定的三种特殊犯罪而被指定居所,其羁押场所相较于看守所还是具有相当程度的自由性的。鉴于羁押性强制措施对于人身自由的侵害程度较高,其适用的条件也更为严格。从总体上说,处遇模式的不同和管理规范的严格程度决定了羁押性和非羁押性的不同,而决定性的区别便是处遇模式的不同,前者是机构处遇模式,而后者是社会化处遇模式。

"关于审前羁押的概念,基于对羁押作用的不同理解有不同的界定,各国也有不同的内涵。"[②]例如,法国现行《刑事诉讼法》中,审判前的羁押主要是指"先行羁押",亦称"预防性羁押"。"如其名称所示,先行羁押将引起当事人在整个侦查期间或部分时间里受到关押。"[③]在日本,羁押被分为起诉前的羁押和起诉后的羁押,对于程序的阶段性标示十分清晰。在我国台湾地区,"羁押乃于有罪判决确定前,将被告拘禁于特定拘禁设施(看守所)之强制处分,即在一定期间内拘束被告之自由于一定处所之强制处分,故亦有谓之为'未决拘禁'者,此则有别于已决(有罪判决确定)拘禁,盖其系因羁押而被拘禁,非系处徒刑、拘役人犯而拘禁也"[④]。"所谓'未决羁押',是指犯罪嫌疑人、被告人在法院作出生效判决之前被剥夺人身自由的状态"[⑤],这便是我国台湾地区"羁押"的内涵。

考虑到我国法律规定的强制措施的特点,即功能和期限在实践中具有延续性而不以"提起公诉"为明确界限,"审前羁押"更加符合"未决羁押"的定义。同时,我国的拘

[①] 如果没有明确说明,本书所称《刑事诉讼法》是指 2012 年 3 月 14 日发布,2013 年 1 月 1 日正式实施,经过第二次修正的《中华人民共和国刑事诉讼法》。
[②] 袁劲秋:《我国审前羁押制度的改革研究》,西南政法大学 2006 年博士论文,第 3 页。
[③] 〔法〕贝尔纳·布洛克:《法国刑事诉讼法》(原书第 21 版),罗结珍译,中国政法大学出版社 2008 年版,第 401 页。
[④] 转引自袁劲秋:《我国审前羁押制度的改革研究》,西南政法大学 2006 年博士论文,第 4 页。
[⑤] 陈瑞华:《未决羁押制度的理论反思》,载《法学研究》2002 年第 5 期,第 61 页。

留和逮捕的执行场所相同。因此,笔者认为,审前羁押是指为保障刑事诉讼活动顺利进行,在法院判决生效之前,将犯罪嫌疑人或被告人置于特定羁押场所而使其人身自由受到剥夺的一系列行为的总称。

(二)审前羁押措施的种类及其内容

审前羁押措施主要有两类,一是刑事拘留,二是逮捕。刑事诉讼程序中的拘留,是指公安机关、人民检察院等侦察机关对直接受理的案件,在侦查过程中,遇有法定情形而依法临时剥夺特定人员人身自由的一种强制措施。[①] 应当注意的是,拘留的决定主体[②]有公安机关和人民检察院,而不包括人民法院。其中,人民检察院在自侦案件中,对于犯罪后企图自杀、逃跑或者在逃的以及有毁灭、伪造证据或者串供可能的人,有权决定拘留,但执行机关必须是公安机关。

我国《刑事诉讼法》第 80 条规定,公安机关对于现行犯或者重大嫌疑分子,如果有下列情形之一的,可以先行拘留:正在预备犯罪、实行犯罪或者在犯罪后即时被发觉的;被害人或者在场亲眼看见的人指认他犯罪的;在身边或者住处发现有犯罪证据的;犯罪后企图自杀、逃跑或者在逃的;有毁灭、伪造证据或者串供可能的;不讲真实姓名、住址,身份不明的;有流窜作案、多次作案、结伙作案重大嫌疑的。另外,公安机关拘留人的时候,必须出示拘留证。拘留后,应当立即将被拘留人送看守所羁押,至迟不得超过 24 小时。除无法通知或者涉嫌危害国家安全犯罪、恐怖活动犯罪通知可能有碍侦查的情形以外,应当在拘留后 24 小时以内,通知被拘留人的家属。有碍侦查的情形消失以后,应当立即通知被拘留人的家属。公安机关对被拘留的人,应当在拘留后的 24 小时以内进行讯问。在发现不应当拘留的时候,必须立即释放,发给释放证明。公安机关对被拘留的人,认为需要逮捕的,应当在拘留后的三日以内,提请人民检察院审查批准。在特殊情况下,提请审查批准的时间可以延长一日至四日。对于流窜作案、多次作案、结伙作案的重大嫌疑分子,提请审查批准的时间可以延长至 30 日。人民检察院应当自接到公安机关提请批准逮捕书后的七日以内,作出批准逮捕或者不批准逮捕的决定。

逮捕是指公安机关、人民检察院和人民法院为防止犯罪嫌疑人、被告人逃避或妨害侦查、起诉和审判,防止其继续危害社会,而依法采取的暂时剥夺其人身自由,予以羁押的一种强制措施。[③] 从逮捕的定义中可以看出,有决定权的法定机关包括人民检察院和人民法院。公安机关并没有逮捕的决定权,但逮捕的执行机关必须是公安机关。

---

① 参见宋英辉、甄贞主编:《刑事诉讼法学》(第四版),中国人民大学出版社 2013 年版,第 136—137 页;樊崇义主编:《刑事诉讼法学》(第三版),法律出版社 2013 年版,第 156 页。

② 依据《全国人民代表大会组织法》《地方各级人民代表大会和地方各级人民政府组织法》以及有关司法解释的规定,公安机关、人民检察院在决定拘留特殊身份人员时,需要报请有关部门批准或者备案。这些人员主要是指县级以上各级人民代表大会代表、不享有外交特权和豁免权的外国人或无国籍人、外国留学生。因此,除了法定的两个主体外,这种事前监督和事后监督机关也在一定程度上扮演着决定主体的角色。

③ 参见樊崇义主编:《刑事诉讼法学》(第三版),法律出版社 2013 年版,第 159 页;陈光中主编:《刑事诉讼法学》(第五版),北京大学出版社 2013 年版,第 237 页。

依据我国《刑事诉讼法》第79条的规定,逮捕的条件是:"对有证据证明有犯罪事实,可能判处徒刑以上刑罚的犯罪嫌疑人、被告人,采取取保候审尚不足以防止发生下列社会危险性的,应当予以逮捕:(一)可能实施新的犯罪的;(二)有危害国家安全、公共安全或者社会秩序的现实危险的;(三)可能毁灭、伪造证据,干扰证人作证或者串供的;(四)可能对被害人、举报人、控告人实施打击报复的;(五)企图自杀或者逃跑的。对有证据证明有犯罪事实,可能判处十年有期徒刑以上刑罚的,或者有证据证明有犯罪事实,可能判处徒刑以上刑罚,曾经故意犯罪或者身份不明的,应当予以逮捕。被取保候审、监视居住的犯罪嫌疑人、被告人违反取保候审、监视居住规定,情节严重的,可以予以逮捕。"另外,全国人民代表大会常务委员会《关于〈中华人民共和国刑事诉讼法〉第七十九条第三款的解释》中明确规定,对于被取保候审、监视居住的可能判处徒刑以下刑罚的犯罪嫌疑人、被告人,违反取保候审、监视居住规定,严重影响诉讼活动正常进行的,可以予以逮捕。《刑事诉讼法》第93—98条分别规定了对于逮捕工作的监督和变更、撤销、解除和救济。其中,人民检察院享有对逮捕工作的监督权。犯罪嫌疑人、被告人及其法定代理人、近亲属或辩护人有权申请变更强制措施,并且对于那些强制措施采取不当、强制措施法定期限届满、审查羁押期限内不能结案的,应当及时撤销或变更强制措施。

(三)审前羁押的功能

羁押性和非羁押性强制措施均属于刑事强制措施,因此二者的功能具有很大的共性,而其主要区别在于对人身自由限制的程度不同。无论是依据犯罪学还是刑法规范,对于社会危害性不同的犯罪嫌疑人或被告人,应当采取不同的强制措施。这是强制措施实施中必要性原则和比例原则的要求。必要性原则,是指所采取的强制措施对于控制犯罪嫌疑人或被告人的社会危害性是必要的,即除了该措施外,任何其他措施都不足以限制社会危害性。比例原则,是指所采取的强制措施应当与被采取强制措施的犯罪嫌疑人或被告人的社会危害性在程度上具有相当性。可以说,除此之外,羁押性和非羁押性强制措施的功能基本相同。

从总体上看,审前羁押的功能主要有以下四个方面:

首先,保障刑事诉讼活动顺利进行是强制措施最原始的功能。按照古典学派的理论,人是意志自由的理性动物,凭着"趋利避害"的功利性本能行事。因此,当人知道自己即将受到刑事惩罚时,通常会采取妨碍侦查、逃跑、毁灭证据等行为。如果放任犯罪嫌疑人的行为,就等于放任犯罪人、犯罪行为的出现,这不利于维护社会秩序、保障社会利益。因此,强制措施最基本的功能就在于保障诉讼活动的顺利进行,从程序上保证犯罪人得到应有的惩罚。

其次,保障人权是审前羁押最重要的功能。从本质上讲,刑事诉讼活动是公权力对私权利的"侵犯",是对天赋人权的侵害。根据社会契约论,这种"侵犯"的正当性就在于,公民自愿将一定的权利交由主权者,以获得政治实体所带来的利益。"膨胀性"正是公权力的本质特征之一。因此,如果缺乏监督或规范,公权力的滥用必将会造成对私权利的过度侵害。公权力的活动方式必须受到限制,而这种限制就是通过法律规定明确其活动的界限。

再次,对于继续犯罪的预防是审前羁押的直接目的。我国《刑事诉讼法》明确规定,羁押性强制措施必须建立在由一定证据证明的社会危害性的基础之上。因此,相对于社会一般成员,通过证据证明的犯罪嫌疑人的社会危害性更高。换句话说,他们实施危害社会行为的可能性更高。因此,出于防止这类人继续犯罪考量,应当对其人身进行控制以达到社会防卫的目的。

最后,审前羁押事实上具有矫正的功能。如前文所述,矫正是指由国家司法机关及其工作人员,通过监督、管理、劳动、教育、帮扶等手段,对被矫正人员进行行为习惯和心理障碍方面的纠正,以助其实现社会复归的目的。不同于国外的逮捕和羁押,我国的审前羁押必然导致看守所矫正。被羁押尽管在程序上属于犯罪嫌疑人或者被告人,但是在矫正学与犯罪学视角下属于犯罪人。建立在公安、检察机关的自由裁量权及其已掌握的证据之上,对被羁押人员社会危害性的确定,是审前羁押矫正工作的正当性所在。从看守所的管理来看,除了收押、警戒看守、提讯、押解等措施外,还包括管理、教育、生产等积极的矫正手段。可以说,看守所的矫正功能是其重要的运作特点与目的。从日常生活的管理来看,在押人员必须遵守看守所生活作息的规定,其中还有关于保持个人和仓舍卫生的规定。这是良好生活习惯的矫正。关于通信会见的规定,不仅仅是为了保障被羁押人员的基本权利,更在于通过这种方式促进其发挥自我的主观能动性进行矫正,而非被动接受。除了管理之外,教育也是看守所运作的重要环节之一,这一环节更是有着显著的矫正作用。我国《看守所条例》和《看守所条例实施办法》(试行)规定,要对看守所在押人员进行道德、法制、思想教育,并且应当组织其收听广播,收看电视,阅读书报,进行时事、政策、法制教育,活跃生活。同时,看守所必须根据在押人员的个人情况,有计划性、有针对性、有目的性地进行。另外,在押人员还必须进行适当的生产劳动。这种劳动的目的主要是,增强他们的体质、辅助学习教育以及进行必要的物质生产。通过这种方法,可以帮助在押人员认识到劳动的重要性,养成劳动习惯。这对于那些因好吃懒做、游手好闲等不良习惯而导致犯罪的人来说,具有相当的矫正作用和意义。

从看守所的运作来看,矫正在其日常的运作中占据了很大一部分。由此可见,审前羁押的矫正功能已然发挥了巨大作用,应当受到重视,并受到规范化待遇。审前羁押性强制措施的功能是在人类的实践中不断发现和总结出来的,有些是它生来便具有的功能,有些则是随着人们意识不断提高而渐渐产生和不断完善的。深刻理解这些功能,对于推动审前机构矫正制度的发展有着巨大的启示作用。

二、我国审前羁押矫正机构——看守所的历史沿革

"知识考古"作为一种重要的研究方法,对我们了解一件事情的来龙去脉有着非常重要的意义。毕竟,"以史为镜,可以知兴替"。我国古代并无"看守所"的概念,且因当时并无近现代意义上的自由刑,所以监狱在很大程度上发挥着看守所的作用。真正的"看守所"概念,是在清末修律变法时期提出的。从清末看守所出现至今,我国看守所

的发展历史大致可以分为三个时期,即清末时期、民国时期以及新中国时期。另外,根据看守所制度发展变化的特点,亦可以将其分为混押混管时期、分押混管时期和分押分管时期。此处的"分"与"混"主要是以看守所对未决犯和已决犯的管理方式为标准的。应当注意的是,两种分类之间并非一一对应关系,而是在历史时期内可能有所交替。

从看守所的发展变化之中,我们发现看守所制度总体上虽呈进步趋势,但在某一时期因其历史背景会有一定程度的倒退。目前,我国看守所制度仍旧存在很多问题,甚至有的问题是根本性的。然而,从整体上说,当前还是较之前任何一个时期都更为科学、合理,更尊重人权。

(一)清末——从混押混管过渡到分押混管

鸦片战争以后,清政府被迫改变闭关锁国的状况,中国自此进入了半殖民地半封建时代。历史学上,不仅将这个时间节点视为中国近代化的开始,同时也将此视为清朝末期的始端。但是,从法制史的角度来看,看守所的变革似乎并非与半殖民地半封建化的加剧同时进行。事实上,看守所的出现是随着清末变法修律、仿行立宪的开始而出现的。因此,真正的看守所的近代化历史应当是从19世纪末萌芽,从20世纪初开始践行的。

然而,只谈清末这一个阶段的看守所变化难免有片面之嫌,这也使得研究的切入点略显突兀。因此,考虑到对看守所历史沿革叙述的流畅性,应当对清朝变法以前的刑罚体系有所介绍。

虽然"看守所"这一词汇对于清朝刑罚体制来说还是一个崭新的概念,但是事实上其体系内部就存在与看守所作用高度相似的机构,其中最主要的便是监狱。除了监狱外,还有外羁、官店、差馆、卡房、班房、歇家、便民房、自新所、候审所、候质所、知过亭等具有看守所性质的机构。[①] 这些机构与监狱的主要区别是,前者为地方官吏非法设立的,而后者则为国家正式的羁押机构。按照现代刑事司法制度对监狱的规定,它主要是执行已经被法院定罪并处以徒刑这一刑罚的机构,"不过其时监狱,与现今监狱不同,在监者以未决犯为多"[②]。不仅如此,除了关押待审犯人之外,监狱还负责关押与案件相关的证人,因而当时监狱的性质十分复杂。其原因在于清朝的刑制,"在中国历史上长达两千余年的封建社会中,其刑制结构一直以肉刑和徒、流刑体系为主,这也就决定了作为现代行刑意义上的监狱基本没有存在的必要"[③]。依《大清律例》记载,清朝刑制为"五刑",即"笞刑五,杖刑五,徒刑五,流刑三,死刑二"[④]。徒刑并非近代意义上的自由刑,其主要内容是:"徒者,奴也,盖奴辱之。明发盐场铁冶煎盐炒铁,清则发本省驿递。其无驿县,分拨各衙门,其无驿县,分拨各衙门充水火夫各项杂役,限满释

[①] 在清朝中前期,这些地方机构多称为"房",而至嘉庆、道光、咸丰以后,则多称为"馆"或"所"。参见柳岳武:《中国近代看守所制度形成考》,载《云南社会科学》2010年第3期,第136页。

[②] 肖世杰:《清末监狱改良——思想与体制的重塑》,法律出版社2009年版,第17页。

[③] 同上书,第16页。

[④] 张荣铮、刘勇强、金懋初点校:《大清律例》,天津古籍出版社1993年版,第89页。

放。"①由此可见,缺乏自由刑的存在,监狱就必然脱离了近代监狱的含义,而带有看守所的性质。另外,从监狱的隶属来看,由于清朝中前期的政体特点就是行政与司法合一,因而其监狱是隶属于各级行政部门的,这也是清朝司法滥用、监狱黑暗的一个重要原因。

清末看守所改革的阶段性十分明显。首先是修律时期。尽管清廷残酷镇压了戊戌政变,但是在八国联军入侵北京,慈禧仓皇出逃期间,还是迫于现实之压力而重拾变法的旗帜。光绪二十七年(1901年)一月,清廷下诏变法。在此期间,刘坤一和张之洞上书朝廷,痛陈监狱环境之恶劣以及监狱改良之重要性,引起了朝廷的重视。此外,山西巡抚赵尔巽于1902年上书朝廷,请求设立罪犯习艺所,此亦为监狱改革一良方。虽然这两道奏折都提出了改革建议,并且都意识到了旧刑制的弊端以及自由刑、教育刑的意义,但是它们仍旧是建立在不区分看守所与监狱的基础之上的。虽然它们仅仅是从"恤囚悯囚"的人道主义和培养罪犯一技之长的角度出发的,但是从历史发展的角度而言还是有一定的进步性的。

其次是仿行立宪阶段的看守所改革,这个阶段的改革背景是官制改革。面对载泽提出的立宪的"三大利",加之反复考虑五大臣考察各国立宪经验的奏折,慈禧太后于光绪三十二年(1906年)发布了《宣示预备立宪先行厘定官制谕》,她认为仿行立宪必先从官制入手。自此,刑部更名为"法部",执掌律令;大理寺更名"大理院",主理审判。官制厘清后,各部便开始各司其职。大理院于光绪三十二年九月二十日的上书中首次提到了看守所的设立:"谨按,东西各国监狱法制俱有已决犯和未决犯之分,……现在大理院衙署拟于其中附立一看守所,……至外省高等裁判厅以上,亦得依制设立,……"②此后,宣统二年(1910年)三月,时任两广总督的袁树勋也上书朝廷,言辞恳切地阐述了建立看守所的重要性,并且提出了一份内容详细的改良章程。

拟建的看守所分为中央和地方两级且隶属于审判机构(中央为大理院,地方为审判所),"至宣统二年底,除大理院及京师地域不计以外,各省设于高等审判厅或地方审判厅内的看守所共计达66处"③。但是,在清末已颁行和在议的法律中,少有提及看守所的法条。其中,只有《各级审判厅试办章程》第78条规定:"凡刑事犯徒以上之罪,未经判决,及被告逃匿被获者,皆与审判厅之看守所收官之。"④值得注意的是,在看守所的筹备和建立过程中,清廷还注意以性别为标准区分关押并适时建立了女看守所。

另外,对于"看守"或"看守所"这一名词究竟是不是通过翻译日本监狱学得来的,有学者认为,仍需要更多资料考证。⑤ 但是,不容置疑的是,清廷在监狱改革时确实更多地借鉴了日本的原著或译著。这个和我国一衣带水的国家同清朝一样受到了列强的入侵,但明治维新却能够在这种情况下取得成功,这使得其经历对清廷有着极大的吸引力。因此,清廷在借鉴的时候更多地选择了日本经验。

---

① 《历代刑法志》[清史稿·刑法志(二)],群众出版社1988年版,第573页。
② 上海商务印书馆编译所编纂:《大清新法令》,商务印书馆2011年版,第123页。
③ 柳岳武:《中国近代看守所制度形成考》,载《云南社会科学》2010年第3期,第140页。
④ 转引自怀效锋主编:《清末法制变革史料》(上卷),中国政法大学出版社2010年版,第462页。
⑤ 参见柳岳武:《中国近代看守所制度形成考》,载《云南社会科学》2010年第3期,第138页。

尽管清廷在其晚期对于司法改革作出了巨大努力,但随着清王朝的覆灭,看守所的建设也仅仅是昙花一现。然而,进步的曙光已经穿透阴霾,普照于整个中华大地,承接清廷的民国政府后来受这一"曙光"的指引,推动了审前矫正机构建设的进一步发展。

(二)民国——分押混管的延续

民国时期(1912—1949年)大致可以分为三个时期,包括南京临时政府时期、北洋政府时期和南京国民政府时期。其中,在北洋政府时期和南京国民政府时期之间,还有一个广州、武汉国民政府时期。

1911年,辛亥革命胜利后,资产阶级革命派建立了南京临时政府。这标志着清政权被彻底推翻,只不过清帝尚未退位。除了《中华民国临时约法》外,南京临时政府在成立初期并未颁行任何法律,它主要通过颁行行政法令管理日常事务。例如,1912年3月2日和11日,孙中山先后发布《大总统令内务司法两部通饬所属禁止刑讯文》与《大总统令内务司法部通饬所属禁止体罚文》。这一时期对于看守所的规定主要见于1912年2月4日南京临时政府发布的《令各省司法筹备处、地方检察厅速遵监狱改良办法筹划推行文》,其中的具体原则部分规定:"(1)各旧监专收已定罪之人犯,但未设看守所地方,所有刑事被告人亦得羁禁于此,惟须另行划分一部严行隔离;……(7)刑事被告人收入各旧监狱者,应按本部第七号部令看守所暂行规则办理。"①由此可见,在南京临时政府时期,对于监狱和看守所的态度是十分明确的,即监狱关押已决犯,看守所关押未决犯;由于现实原因,未设有看守所的地方应将犯人关押至旧监狱,只不过应当划分出单独区域并适用"看守所暂行规则"进行管理。《大总统令内务司法两部通饬所属禁止刑讯文》也是从一个方面对看守所的管理作出了规定。从总体上看,南京临时政府时期对于监狱和看守所的分押分管规定充分体现了资产阶级的刑罚思想,有一定的进步性。但是,由于时代条件所限,当时实践中对于看守所管理的任意性较强,所内混乱不堪且管理异常残酷。不过,该规定存在的时间并不长。为了迫使清帝退位,孙中山不惜以临时大总统为交换条件,与袁世凯达成协议。结果,袁世凯成功窃取了革命果实,南京临时政府时期迅速结束。

从整体上讲,与清末朝廷和南京临时政府相类似,"北洋军阀政府仿照资产阶级国家监狱之制,将监狱与看守所分开设置。看守所附设于各级审判机关,专门用以羁押尚未判决的刑事被告人"②。但是,"从北洋政府诉讼制度的整体来看,它并没有一个完整的刑事诉讼法来规范诉讼整体行为,而只是通过大量的规则、细则等规范性文件来规范诉讼制度"③。其中,规定看守所制度的法律法规主要有:1913年颁布的建立在原南京临时政府颁布的"看守所暂行规则"基础上的《看守所暂行规则》;1919年4月2日颁行的《中华民国监所职员任用暂行章程》和《中华民国监所职员奖励暂行章程》;1919年5月11日公布的《各县监狱看守所规则》;1919年6月20日公布的《监狱官考

---

① 转引自张晋藩主编:《中国司法制度史》,人民法院出版社2004年版,第510页。
② 王志亮主编:《中国监狱史》,广西师范大学出版社2009年版,第260页。
③ 吴宇欣:《民国刑事法律制度研究》,九州出版社2012年版,第208页。

试暂行章程》；1919年9月4日公布的《监所职员官等法》和《监所职员官俸法》等。这些法律法规中所含的"监所"一词主要是指监狱和看守所。从相关规定可以看出，虽然监狱和看守所关押的对象有所不同，但在管理制度上适用相同的规则，这是看守所制度落后的表现。然而，从具体内容来看，这些法律法规也有其积极、进步的一面。例如，《各县监狱看守所规则》第32条规定："人犯有病须速医治。"相较于清政府和南京临时政府，北洋政府对于看守所的制度建设有了很大进步，但仍旧无法摆脱当时政治、经济背景的禁锢。譬如，尽管北洋政府颁行了《监所职员官俸法》，但因军阀混战、经济紊乱，实践中拖欠官俸的事情时常发生。监所职员为图生计，更是想尽办法对羁押人员敲诈勒索。所以，北洋政府统治时期的看守所仍旧黑暗、残酷。

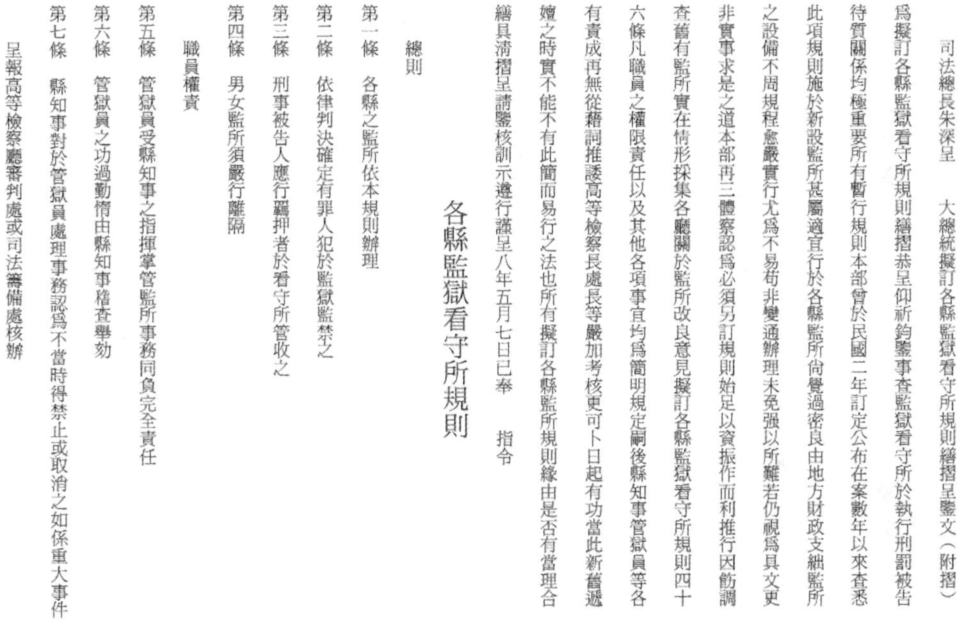

图 2-1 《各县监狱看守所规则》[①]

虽然北洋政府在一定程度上体现了资产阶级的要求，但仍旧无法掩盖其内在的封建性和反动性，因而在国共两党的共同讨伐下迅速灭亡。在此之后，进入了南京国民政府统治时期，开始了一段时间较长也较为稳定的统治时期。在这个时期，有关看守所的法律法规主要有：建立在对1913年《看守所暂行规则》重新修正基础上的《看守所暂行规则》；1935年制定的《看守所法草案》；1946年1月19日颁布的《看守所条例》和《羁押法》；1947年5月17日由司法行政部发布的《修建法院监所工程竞赛办法》；1947年9月25日由行政院发布的《绥靖区各县监所人犯临时处理办法》等。实践中，

---

① 图片来源：国家图书馆古文献资料库。

南京国民政府的看守所设立是十分复杂的,不仅有依附于审判厅的羁押未决犯的看守所,还有警察部门的拘留所、反省院以及南京宪兵司令部看守所。这些特殊的看守所都带有审前羁押的性质,实质上都是为了维护国民党反动统治而设立的,是迫害共产党和民主人士的特殊机构。另外,这一时期的看守所运作有很大的实际问题。首先是经费问题。"南京国民政府训政工作大纲要求在训政六年间共建看守所1815处。但实际情况表明它并未实现这一计划。"①另外,"1937年后,随着日本全面侵华战争爆发,国民政府面临更大的压力。财政本已拮据的统治当局为应对国内紧张状况,无心关注此前曾承诺的一系列改革。因此,在1937年后,以看守所为代表的国民政府统治下新式司法机构建设几乎陷入停滞不前的局面"②。其次,由于财政拮据,导致看守所职员工资拖欠以及被押人员所应享有的人权无法得到保障。尤其是官俸的拖欠,使得看守所官员为获得报酬或保证生存,不得不向被押人员索取。这使得看守所保障人权的职能彻底化为泡影。

从整体上看,南京国民政府对于看守所的建设体现了近代国家司法文明的要素以及理论上对于被押人员权益的维护。然而,其反动本质以及混乱统治使得理想与现实、理论设计与实践运作出现了巨大的脱节,这是这一时期看守所制度落后的重要原因。

(三) 新中国——分押分管的开始

三大战役以后,中国共产党就锁定了解放战争的胜局,因而便着手为新中国的建立做筹备工作,看守所的准备工作当然包含于其中。这一时期的看守所之上还有一个更大的概念,就是监所。它不仅包括监狱,还包括劳动改造大队。1951年,我国的劳动改造事业正式建立,监所也随之改称"劳动改造机关",其中包括监狱、劳动改造管教队(就是我们所熟知的"劳改队")、少年犯管教所和看守所。当时,监所制度被统称为"劳动改造制度"。

事实上,"在1951年以前,包括民主革命时期人民政权下的看守所、监狱等,都是人民法院的组成部分,属于法院和司法行政部门领导和管理的"③。1951年11月30日,中央司法部、公安部联合发布《关于监狱、看守所和劳动改造队移转归公安部门领导的指示》,监狱、看守所和劳改队等机构自此由公安部门领导和管理。此时的看守所管理相对比较混乱,涉及工作制度、羁押对象、体制、领导关系等。这不仅仅是继承了解放战争时期根据地的传统,还缘于当时法制不健全、法律思想落后。直到1954年,中央政府颁布《劳动改造条例》和《逮捕拘留条例》,决定在中央、省、市、县设立看守所,由各公安机关管理,主要负责看管、羁押未决犯以及余刑为两年以下、不便送劳改队执行的犯人后,看守所和监狱才完全分开。1957年,我国的看守所制度初步建成。到

---

① 柳岳武:《南京国民政府看守所制度研究》,载《安徽史学》2011年第5期,第46页以上。
② 同上。
③ 张晋藩主编:《中国司法制度史》,人民法院出版社2004年版,第665页。

1962年《看守所工作制度(试行草案)》在全国试行,我国的看守所运行才走上了正轨。同时,也是以此为标志,具有中国特色的看守所制度基本形成。截止到1966年前夕,虽然我国看守所制度的发展因在这期间受到"左"倾思想的影响而放缓,但总体趋势还是很好的,并且在得到及时纠正后有了明显的恢复。

"文革"时期不仅是看守所制度的停滞时期,也是我国整体司法工作的停滞时期。在"文革"前期,公检法前17年的工作还未被完全否定,组织机构运行较为稳定。然而,从1967年初开始,包括看守所在内的劳动改造机关受到冲击,看守所多年来的工作被否定。在"彻底砸烂公、检、法"口号的影响下,机关单位被冲击,工作人员被揪斗,严重影响了制度运行和司法权威。1971年初,在毛泽东指出要一分为二地看待公安工作后,公安系统获得了一线生机并逐步恢复工作。到1972年,劳改系统基本上恢复了职能。

1976年,"四人帮"被粉碎,我国司法工作开始进入恢复期。1978年12月召开的中共十一届三中全会使我国的社会主义法治建设走上了健康发展的道路,《宪法》《刑法》《刑事诉讼法》的颁布都从法律层面对看守所制度给予了制度肯定与法律保障。1983年4月,全国公安工作改革会议作出决定:将劳改、劳教工作移交给司法行政部门管理。1983年6月9日,公安部、司法部联合发布《关于贯彻执行中央将劳改、劳教工作移交给司法行政部门管理的若干规定》,决定从当年8月15日起,该"管理权"的转移正式生效。但是,到目前为止,看守所仍旧归公安部管辖,这个现实问题引发了诸多争议。出现这种现象的主要原因是,"考虑到当时的'严打'情况以及司法部刚刚成立,一时难以承担起监狱与看守所两部分监管职能,最终的决定是先将监狱交由司法行政部门管理"①。1990年,《看守所条例》颁布实施,不仅明确了单位的行政区域设置以及由公安"管辖",②更是从法律法规层面规定了看守所的医疗卫生等方面的工作,具有人权保障的意义。此后发布的有关看守所管理的法律法规主要以各部门规章和司法解释为主,因此看守所管理的主要依据仍然是《看守所条例》。不过,看守所立法已经被提上议事日程。2011年,公安部向全国人大提交了修改《看守所条例》的意见以及《看守所条例》修改稿,审议结果是建议国务院法制办抓紧审查修订《看守所条例》。2013年10月,十二届全国人大常委会公布了未来五年立法规划,《看守所法》被列入其中。目前,国务院正在牵头起草《看守所法》。应该说,我国看守所制度已经走上正规发展的道路,并且将在不断完善的道路上大步前进。

通过以上对看守所发展历史的介绍,可以总结出如下几个变迁特点:

首先,从发展趋势来看,我国看守所制度均是朝着科学化管理、分类管理以及人道化管理的方向发展,尽管期间存在着或多或少的"倒退"。这主要是因为各个历史时期的社会大环境不同。

---

① 程雷:《中国看守所六十年变迁》,载《中国改革》2010年第4期。
② 从《看守所条例》的规定来看,看守所并非公安机关的内设机构,而是各级政府的一个部门,只不过委托公安机关管理。参见程雷:《中国看守所六十年变迁》,载《中国改革》2010年第4期。

其次，根据看守所发展的特点，可以分为混押混管、分押混管、分押分管。混押混管，是指未决犯和已决犯共同关押、共同管理；分押混管，是指区别未决犯和已决犯进行关押，其羁押场所均为监狱，且管理上都适用监狱管理制度；分押分管，是指未决犯和已决犯分别被关押在不同机构，并且使用不同制度进行管理。

最后，我国看守所的管理由前期的法院管辖变为新中国时期的公安机关管辖。这种变化使看守所的中立性无法得到保障，可以说是我国看守所制度演变过程中的一个缺憾。

总而言之，从混押混管、分押混管到混押混管，我国看守所发展始终是顺应着历史潮流而前进的，尽管这期间存在这样或那样的不足。正是这种不足的存在，才使得我们渐渐认识和了解到一个应然的看守所制度是何面目。同时，这种不足也是推动看守所进步的动力。

三、我国看守所制度现状

被采取刑事强制措施的犯罪嫌疑人或被告人均会被送往看守所。目前，我国约有2700家看守所，在押人员的年均押量约在100万人以上。[①] 因此，看守所才是审前机构矫正的关键所在。以下将就看守所的法律依据、管理架构、运作程序、工作主体进行全面介绍。只有对我国看守所制度有一个全面的认识，才能够对审前机构矫正有深刻的了解，也才能够发现现行看守所制度存在的问题。

（一）审前羁押矫正机构的相关法律规范

从数量上看，我国现行的与看守所相关的法律法规、司法解释、部门规章、地方法规还是很多的。如果要对这些法律依据进行一个分类，最显著的分类方式当然是以法律效力的位阶为标准，如宪法、基本法、普通法律、行政法规等。然而，笔者认为，从对看守所进行间接或直接规范的角度划分，对于分析法律滞后性来说更具有明显的说服力。

所谓间接规范看守所的法律依据[②]，主要是指其主要规范对象并非看守所，而该对象又与看守所有某种联系，从而使得该规范有必要对看守所作出一定程度的具体限制或要求。具体而言，间接的法律规范主要有如下几部法律：

一是《宪法》。宪法是我国的根本大法，是其他法律法规的母法，任何规范都不得与之相抵触，任何党政机关、企事业单位、社会组织和公民都不得违反。尽管我国的宪法还不具有"可诉性"，同时对于国家各个方面的规定具有原则性和抽象性，但任何一部法律的背后都有宪法的"影子"，它对于各种问题的规范具有明显的间接性。对于看守所的间接规范可从《宪法》的以下几条窥探：第33条："……国家尊重和保障人

[①] 参见汪红：《看守所须奉行无罪推定》，载《法制晚报》2014年11月25日。
[②] 间接规范看守所的法律规范除了上文提到的三部之外，还有《精神卫生法》《监狱法》《国家赔偿法》《公务员法》《人民武装警察法》《戒严法》《人民检察院组织法》等。

权……";第 34 条和第 35 条规定了公民的政治自由,由此推断,嫌疑人在看守所内应当享有某些政治自由,因为他还未被法院判决剥夺政治权利;第 36 条规定了公民的宗教自由;第 37 条规定了逮捕的正当程序。

二是《刑法》。刑法从公私法角度看,属于公法;从效力位阶角度看,属于基本法;从实体和程序角度看,其属于实体法。正是这种兼具公法、基本法、实体法性质的法律,在民主法治、人权保障的政治大背景下,必然会涉及对打击犯罪、维护社会秩序和人权保障有着重要作用的看守所的规范。譬如,《刑法》第 400 条规定:"司法工作人员私放在押的犯罪嫌疑人、被告人或者罪犯的,处……司法工作人员由于严重不负责任,致使在押的犯罪嫌疑人、被告人或者罪犯脱逃,造成严重后果的,处……"第 247 条规定:"司法工作人员对犯罪嫌疑人、被告人实行刑讯逼供或者使用暴力逼取证人证言的,处……致人伤残、死亡的,依照本法第二百三十四条、第二百三十二条的规定定罪从重处罚。"第 248 条:"监狱、拘留所、看守所等监管机构的监管人员对被监管人进行殴打或者体罚虐待,情节严重的,处……致人伤残、死亡的,依照本法第二百三十四条、第二百三十二条的规定定罪从重处罚。监管人员指使被监管人殴打或者体罚虐待其他被监管人的,依照前款的规定处罚。"由此可见,《刑法》主要是从规范看守所职员的行为方面间接对看守所进行规制。

三是《刑事诉讼法》。再完美的实体法,如果缺少程序法的保障,仍旧难以实现其内含的正义。换句话说,如果无法保证过程是正义的,那就很难保证结果是正义的。所以,在刑事诉讼程序中扮演着重要角色的看守所无论如何也不能摆脱《刑事诉讼法》的规制,主要第 2 条、第 12 条、第 33 条、第 37 条、第 83 条、第 91 条、第 92 条、第 253 条、第 254 条、第 255 条等。其中,第 2 条和第 12 条是从总则的角度对整个刑事诉讼程序作出了指导,主要是规定《刑事诉讼法》打击犯罪、保障人权的双重功能,以及未经法院审判不得对任何人定罪。由此延伸,它们对看守所也作出了打击犯罪、保障人权以及不应当将被羁押的犯罪嫌疑人当罪犯看待的规定。其余数条分别从律师辩护、执行拘留和逮捕的程序及规则以及具体的刑罚执行方面对看守所作出了较为细致的规定。

对于看守所制度的规范,仅仅有间接的法律依据是不够的,还需要直接规范的支持。直接规范看守所的法律法规主要是为使看守所的实践运作符合上位法的精神,对看守所的日常操作规范、管理制度、员工职责、法律监督、实践问题等作出的具体规定。

直接规范中最为重要的是国务院于 1990 年 3 月 17 日颁布的《看守所条例》,这是目前对于看守所进行直接规范的法律法规中位阶最高、时间最长、内容最细致的规范。它主要从总原则、执行规范、日常管理、人权保障、教育矫正和法律监督方面作出了规定,相较于《宪法》《刑法》和《刑事诉讼法》,具有较高的可操作性。除《看守所条例》之外,还有很多法律法规、部门规章等对看守所的工作作出特殊规定,如《看守所条例实施办法(试行)》《人民检察院看守所检察办法》《看守所在押人员死亡处理规定》《最高人民法院、最高人民检察院、公安部关于依法文明管理看守所在押人犯的通知》等。

图 2-2　上海市长宁区看守所[①]

(二) 看守所的内部视角

1. 看守所的收押对象、性质与任务

关于收押对象,《刑事诉讼法》第 83 条规定:"公安机关拘留人的时候,必须出示拘留证。拘留后,应当立即将被拘留人送看守所羁押,至迟不得超过二十四小时……"第 91 条规定:"公安机关逮捕人的时候,必须出示逮捕证。逮捕后,应当立即将被逮捕人送看守所羁押。除无法通知的以外,应当在逮捕后二十四小时以内,通知被逮捕人的家属。"第 253 条规定:"……对被判处有期徒刑的罪犯,在被交付执行刑罚前,剩余刑期在三个月以下的,由看守所代为执行……"《看守所条例》第 10 条规定:"看守所收押人犯,应当进行健康检查,有下列情形之一的,不予收押:(一) 患有精神病或者急性传染病的;(二) 患有其他严重疾病,在羁押中可能发生生命危险或者生活不能自理的,但是;罪大恶极不羁押对社会有危险性的除外;(三) 怀孕或者哺乳自己不满一周岁的婴儿的妇女。"

由以上内容可以总结出,看守所原则上的收押对象包括被采取拘留、逮捕等刑事强制措施的犯罪嫌疑人和被告人与余刑在三个月以下的罪犯;而例外则是具有《看守所条例》第 10 条规定的具有三种情形之一的人。这仅仅是应然的情况。实践中,有的看守所还收押被判拘役刑、无期徒刑或死缓的罪犯,甚至还有设置死刑执行场所的看守所。

关于看守所的性质,可以从其收押对象进行推断。由前文内容可见,看守所的收押对象主要可以分为两类,即被采取拘留、逮捕等强制措施的犯罪嫌疑人和被告人与余刑在三个月以下的罪犯。另外,从刑事诉讼程序层面看,看守所作为该程序的重要

[①] 图片来源:百度图库,2015 年 2 月 13 日访问。

组成部门,应当是服务于该程序与国家政治的。因此,看守所的性质应当是刑事诉讼程序中羁押性强制措施以及短期犯(余刑在三个月以下罪犯)的执行机构。

《看守所条例》第1条规定:"为保障刑事诉讼活动的顺利进行,依据《中华人民共和刑事诉讼法》及其他有关法律的规定,制定本条例。"第3条规定:"看守所的任务是依据国家法律对被羁押的人犯实行武装警戒看守,保障安全;对人犯进行教育;管理人犯的生活和卫生;保障侦查、起诉和审判工作的顺利进行。"如上所述,看守所的任务应当是保障刑事诉讼活动的顺利进行。这其中不仅涉及打击犯罪的任务,如羁押犯罪嫌疑人或被告人,保障侦查、起诉以及审判活动的顺利进行;还涉及保障被羁押人员的人身安全、健康和卫生等问题,同时也包括对在押人员的教育改造工作。所以,从总体上讲,看守所的任务就是打击犯罪、保障人权。

事实上,看守所作为刑事诉讼程序中部分强制措施以及特定刑罚的执行机构,是该程序的重要组成部分。从该层面来看,看守所应当而且必须服务于刑事诉讼法,其任务与刑事诉讼法的任务之间有着必然的联系。我国《刑事诉讼法》第1条规定:"为了保证刑法的正确实施,惩罚犯罪,保护人民,保障国家安全和社会公共安全,维护社会主义社会秩序,根据宪法,制定本法。"第2条规定:"中华人民共和国刑事诉讼法的任务,是保证准确、及时地查明犯罪事实,正确应用法律,惩罚犯罪分子,保障无罪的人不受刑事追究,教育公民自觉遵守法律,积极同犯罪行为作斗争,维护社会主义法制,尊重和保障人权,保护公民的人身权利、财产权利、民主权利和其他权利,保障社会主义建设事业的顺利进行。"鉴于《看守所条例》的效力位阶低于《刑事诉讼法》,按照上下位法的立法原则,《看守所条例》中规定的看守所的任务亦应当以《刑事诉讼法》为依据。

2. 看守所的管理架构

目前,看守所的设置与管理架构的主要依据是《看守所条例》。

首先,从看守所的设置来看。《看守所条例》第5条规定:"看守所以县级以上的行政区域为单位设置,由本级公安机关管辖。省、自治区、直辖市国家安全厅(局)根据需要,可以设置看守所。铁道、交通、林业、民航等系统相当于县级以上的公安机关,可以设置看守所。"因此,看守所是以行政区域为单位进行设置的,如某某县看守所、某某市看守所等。其中,以行政区域为单位进行看守所设置是原则,而国家安全厅(局)以及铁道、交通、林业、民航等系统相当于县级以上的公安机关设置看守所是例外,即它们一般不设置看守所,如果需要设置,应当依据公安部印发的《看守所条例实施办法(试行)》第2条的规定进行备案。除此之外,中国人民解放军军以上单位设置看守所,由本级军事单位政治部、保卫部领导和管理。

其次,从看守所的管理架构来看。在中央层面,公安部下设的监所管理局是对全国看守所、拘留所、收容教育所、强制隔离戒毒所、戒毒康复中心和安康医院进行归口管理的业务指导部门。其主要职责是:拟定监所管理的政策、制度、规定并负责监督检查;指导公安机关看守所、拘留所、收容教育所、强制隔离戒毒所、戒毒康复中心、安康医院等公安监管场所开展管理、教育转化、矫治治疗、深挖犯罪、信息化建设、建设保障、生活卫生及公安监管民警队伍建设工作;掌握监所管理工作信息,开展对策调研和情况分析,检查指导公安监管场所做好安全防范工作,依法保障被监管人员的合法权益。从地方层面来看,各省、自治区、直辖市的公安厅(局)内设监所管理处或监所管理总队,负责管理全省(市)看守所、拘留所、强制隔离戒毒所、省(市)所属的收容教育所和安康医院等刑事、行政执法监管场所;负责对各市(区/县)看守所、拘留所进行业务指导、监督和技术协助;负责全省(市)看守所、拘留所及其他行政执法监管场所建设规划和经费预算;负责全省(市)公安监管民警的业务培训工作。各地级市的公安局设有市看守所,并设监所管理支队,负责各区、县看守所的指导、管理工作。各区、县的公安分局设有区、县看守所。值得注意的是,并非每个市的区都会设看守所,这主要是根据实际情况设置的。面积较小或人口较少的区一般不设看守所,其所拘留和逮捕的犯罪嫌疑人或被告人由市看守所羁押;而面积较大或人口较多的区,如大连市旅顺口区,则会设看守所。

3. 看守所矫正工作的运作

依据矫正要素的标准,看守所的运作内容主要可以分为矫正程序、矫正方法、矫正对象和矫正工作人员。其中,矫正程序的内容有:收押、警戒和看守、提讯和押解、生活卫生管理、安排会见和通信、进行教育奖惩以及出所。矫正方法有分押分管、建档归档、静态矫正以及动态矫正。矫正对象在前文已作介绍,此处不再赘述。应当注意的是,按照审前矫正的标准,看守所的矫正对象仅有被拘留和逮捕的对象,而不包括余刑在三个月以下的犯罪人员。

(1) 矫正工作人员

矫正工作人员可以分为两类:第一类是看守所民警,第二类是武警。我国《看守所条例》第 7 条对于看守所与武警的关系作了明确规定:"看守所对人犯的武装警戒和押解由中国人民武装警察部队(以下简称武警)担任。看守所对执行任务的武警实行业务指导。"

由此可以看出,看守所民警和武警都是看守所矫正工作人员,他们负责看守所的警戒及看守。看守所的管理工作由所内警察负责。武警的主要任务是:防止在押人员脱逃,制止在押人员行凶、破坏、骚乱和暴乱,防范和打击犯罪分子进行袭击执勤目标、劫夺在押人员等犯罪活动,协助看守所预防和处理灾害、事故。

从《看守所条例》第三章的内容来看,看守所实行 24 小时值班制度。值班人员应当坚守岗位,随时巡视监房。在遇到紧急情况时,看守人员和武警可以按照规定开枪射击,前提必须是使用其他方法不能制止。这些情况包括:被羁押人员越狱或者暴动的;脱逃不听制止,或者在追捕中有抗拒逮捕的;劫持其他被押人员的;持有管制刀具或者其他危险物,正在行凶或者破坏的;使用暴力威胁看守人员、武警的生命安全的。另外,在需要开枪射击时,除非遇到紧急情况,应当先行鸣枪警告。如果被押人员有放弃违法行为的表示,应当立即停止射击。开枪射击后,应当保护现场,并立刻报告主管公安机关和人民检察院。

《看守所条例实施办法（试行）》对于武装警戒和押解的主要内容作出了明确的规定。其中，第13条规定："驻看守所的武装警察部队（以下简称武警）根据看守工作的需要和武警《内卫勤务条例》部署警力。武警应当在监区大门、监房上的巡逻道、岗楼设置哨位。武装警戒的任务是防范和制止人犯自杀、脱逃、行凶、破坏、骚乱，镇压人犯暴动，防范和制止敌对分子、违法犯罪分子袭击看守所、劫持人犯及其他危害看守所安全的破坏活动。铁道、交通、林业、民航等系统设置的看守所，由看守干警担负对人犯的武装警戒和押解任务。"对于押解的规定见于第24条："对于转送外地或者出所就医的人犯以及捕获的看守所逃犯，必须实行武装押解。押解任务由看守干警带领武警执行。押解工作应当根据被押解的人数保证安全的需要，配备足够的押解力量。押解途中，必须提高警惕，严加看管，防止发生脱逃、行凶、自杀等意外情况……"

对于武装警戒的规定事实上是对传统的延续，从劳改工作建立至"文革"前夕，监狱、看守所等劳动改造机关所有的武装警戒、看守工作均由中国人民解放军的公安部队担任。《劳动改造条例》（已失效）第44条规定："对犯人的武装警戒，统一由人民公安部队担任，劳动改造机关应当对执行警戒任务的武装实行业务领导。"另外，"自1998年开始，根据上级的决定，武警中队看守所执勤工作由过去在看守所监区内执行警戒转到监区外围执勤警戒，看守所监区内部巡逻警戒由看守所民警承担"[①]。形成这种关系的原因在于，武装警戒或押解是一种以公开的武装形式对监所或被押解对象进行的外围警戒活动。相较于监所内的民警，武警部队进行的是公开的武装活动，对于监所实施的是一项军事措施，对于危害目标安全的行为主要以军事手段予以打击。因此，他们在执行任务时要时刻佩带武器装备。看守所内的警察主要是依靠行政手段对服刑人员予以行政管理和制裁，只有在追捕和内部巡逻时才公开佩带武器警械，一般情况下是不允许使用武器的。正是鉴于工作性质以及武器使用权限方面的区别，为了有效地达到保障刑事诉讼活动顺利进行、保障监所或被押解人员的人身安全、维护社会稳定的目的，应当对看守所的任务进行有效分配。

（2）矫正程序

收押和出所在审前看守所矫正中扮演着重要的角色。收押是审前羁押矫正的基础，从程序角度来看，它是看守所矫正的开端。依法履行看守所的出所程序，对保障被羁押人员的合法权益、保证矫正效果发挥着重要的作用。审前羁押矫正能否画上一个圆满的句号，很大程度上依赖于此。至于提讯、押解、生活、卫生、会见、通信、教育、奖惩等都是具体的矫正方法，矫正质量或效果依赖于这些方法的科学性和合法性。

从收押上看，根据我国《刑事诉讼法》第83条和第91条的规定，公安机关执行拘留或逮捕的强制措施必须出示拘留证或逮捕证。《看守所条例》第9条规定："看守所收押人犯，须凭送押机关持有的县级以上公安机关、国家安全机关签发的逮捕证、刑事

[①] 杨明连：《看守所和武警中队开展"三共"活动应把握的几个问题》，载《浙江公安高等专科学校学报》2000年第6期，第61页。

拘留证或者县级以上公安机关、国家安全机关、监狱、劳动改造机关、人民法院、人民检察院、押解人犯临时寄押的证明文书。没有上述凭证，或者凭证的记载与实际情况不符的，不予收押。"值得注意的是，在正式收押犯罪嫌疑人、被告人或罪犯之前，还应当对其进行体检，如果出现《看守所条例》第10条规定的三种情形，则不予收押。另外，对被收押人员的分押分管也是收押时应当考虑的问题。首先，以性别为标准，男性和女性应当分押分管。其次，以成年与否为标准，为了防止未成年被羁押人员受成年被羁押人员影响，同时也是为了防止未成年人遭到成年人的虐待，应当分押分管。

　　警戒和看守已在上文介绍矫正工作人员时作了介绍，此处不另述。提讯主要是指公安机关、国家安全机关、人民检察院和人民法院对被押人员进行讯问、核实口供、辨认罪犯或罪证及赃物等活动，当然还包括人民法院对被押人员进行开庭审理或者宣判。提讯被押人员需要有加盖看守所公章的提讯证或提票。提讯时，一般应当在看守所内进行讯问，且不得少于两人。只有当法庭要开庭审理或者宣判时，以及因侦查工作需要提出被押人员进行辨认罪犯、罪证或者赃物时，在两名或两名以上办案人员在场的情况下才可以将犯人提出，但是应当持有县级以上公安机关、国家安全机关或人民检察院领导的批示，并且还应当有加盖看守所公章的提讯证或提票。提讯人员讯问人犯完毕，应当立即将人犯交给值班看守人员收押，并收回提讯证或者提票。押解是指由法定的看守人员或武警押送犯罪嫌疑人、被告人或罪犯到指定地点或参加特定事件的活动。押解人员在押解人犯途中，必须严密看管，防止发生意外。对被押解的人犯，可以使用械具。押解女性人犯，应当有女工作人员负责途中的生活管理。同时，依据《看守所条例实施办法（试行）》第24条的规定，"对于转送外地或者出所就医的人犯以及捕获的看守所逃犯，必须实行武装押解。押解任务由看守干警带领武警执行。押解工作应当根据被押解的人数保证安全的需要，配备足够的押解力量。押解途中，必须提高警惕，严加看管，防止发生脱逃、行凶、自杀等意外情况。需要中途寄宿的，凭县级以上公安机关证明文书，由当地看守所协助羁押，不准被押解人犯住旅店。如果距离看守所太远，应当商请当地公安派出所、乡（镇）人民政府或者民兵组织协助并安排适当住处，确保安全。"

　　人权保障已然成为看守所的众多职能之一，保证被羁押人员和羁押场所的生活和卫生状况成为该职能的重要内涵。从生活环境以及日常饮食来看，依据《看守所条例》的规定，监室应当通风、采光，能够防潮、防暑、防寒。看守所对监房应当经常检查，及时维修，防止火灾和其他自然灾害。被羁押人犯居住的监室面积平均每人不得少于二平方米。人犯应当自备衣服、被褥，确实不能自备的，由看守所提供。人犯在羁押期间的伙食按规定标准供应，禁止克扣、挪用。对少数民族人犯和外国籍人犯，应当考虑到他们的民族风俗习惯，生活上予以适应照顾。患病的人犯、外国籍人犯，可视情适当提高伙食费标准。

　　从卫生规定来看，看守所应当有供在押人员沐浴的设施、设备。看守所应当依据季节变化和实际需要，规定被羁押人员洗澡、理发、洗晒被服的次数和时间。经常保持监室内外的清洁卫生,注意美化环境。每天打扫监室,定期消毒,并要做好被羁押人员的夏季防暑降温、冬季防寒保暖工作。看守所应当配备必要的医疗器械和常用药品。被羁押人员患病,应当给予及时治疗;需要到医院治疗的,当地医院应当负责治疗;病情严重的,可以依法取保候审。在押人员服药,看守干警要在场监视。发现被羁押人员患有传染病,要立即隔离治疗;病情严重的,可以住院治疗;如办案机关决定变更强制措施时,依照规定办理。被羁押人员自伤、自残的,不准办理取保候审或监视居住,其后果由个人负责。同时,还应当保证被羁押人员每天一至两小时的室外活动和必要的睡眠时间。《看守所条例》以及《看守所条例实施办法(试行)》还对被羁押人员的个人经费以及死亡问题作出了规定。看守所的人犯给养费和修缮费,必须全部转入看守所账户,由看守所直接管理,严禁截留、挪用。使用经费要严格按照规定的范围、标准开支,严格审批手续。人犯在羁押期间死亡的,应当立即报告人民检察院和办案机关,由法医或者医生作出医疗鉴定。对于非正常死亡的,还应经过当地人民检察院检验,并通报办案机关。人犯死亡后,由看守所通知人犯的近亲属领回尸体火化;没有近亲属或者近亲属拒绝领回的,由看守所予以火化。

如果说对于生活和卫生的规定是对被羁押人员身体、健康权的保障,那么对于会见与通信的规定则是对被羁押人员人身自由权利的保障。尽管被羁押人员基于一定的证据已被限制人身自由,但这种限制并非绝对限制,对于其尚未被法律剥夺的权利依旧应当予以绝对保护。《看守所条例》以及《看守所条例实施办法(试行)》对于该权利保护作了较为细致的规定。人犯在羁押期间,经办案机关同意,并经公安机关批准,可以与近亲属通信、会见。人犯与其居住在香港、澳门、台湾的近亲属以及外国近亲属会见、通信,或者外国籍人犯与其近亲属、监护人及其所属国驻华使、领馆人员会见、与外国通信,均须经省、自治区、直辖市公安厅、局或者国家安全厅、局批准。除此之外,《看守所条例实施办法(试行)》还对会见时间、次数和人次作出了规定,即每月不许超过一次,每次不得超过半小时,每次会见的近亲属不得超过三人。同时,会见中,严禁谈论案情,不准使用暗语交谈,不准私下传递物品。违反规定不听制止的,应即责令停止会见。

人犯的近亲属病重或者死亡时,应当及时通知人犯。人犯的配偶、父母或者子女病危时,除案情重大的以外,经办案机关同意,并经公安机关批准,在严格监护的条件下,允许人犯回家探视。然而,这项权利在《看守所条例实施办法(试行)》中被严格限制,即案情重大和当日无法返所的人犯不准探视,同时应当由二名以上办案人员押解和监视,并不得在所外过夜。人犯近亲属给人犯的物品,须经看守人员检查。看守所接受办案机关的委托,对人犯发收的信件可以进行检查。如果发现有碍侦查、起诉、审判的,可以扣留并移送办案机关处理。人民检察院已经决定提起公诉的案件,被羁押的人犯在接到起诉书副本后,可以与本人委托的辩护人或者由人民法院指定的辩护人会见、通信。事实上,对于委托律师会见委托人的情况,现行《刑事诉讼法》已经作出了明确规定,因而此处的内容可以说已经失去效力。

从刑罚执行角度来看,对于余刑在三个月以下的犯人进行教育矫正、明确奖惩,有助于其改造活动。从矫正学的角度来看,审前矫正亦有其独立性,因而对被采取强制措施的犯罪嫌疑人、被告人进行教育、奖惩是十分必要的。首先,看守所应当对人犯进行法制、道德以及必要的形势和劳动教育,做好人犯的教育转化工作。对人犯的教育,应当因人施教,以理服人,体现政策。同时,对女性人犯的谈话教育,由女干警或者二名以上干警进行。除此之外,在保证安全和不影响刑事诉讼活动的前提下,看守所可以组织人犯进行适当的劳动。但是,组织人犯劳动,必须量力而行,患病的人犯、死刑犯不得参加,并且严禁私自使用人犯为任何单位和个人干活。其次,人犯在被羁押期间,遵守监规,表现良好的,应当予以表扬和鼓励;有立功表现的,应当报请办案机关依法从宽处理。看守所对于违反监规的人犯,可予以警告或者训诫;情节严重,经教育不改的,可以责令具结悔过或者经看守所所长批准予以禁闭。人犯在羁押期间有犯罪行为的,看守所应当及时将情况通知办案机关依法处理。《看守所条例实施办法(试行)》对于奖惩的具体情况作出了十分细致的规定。其中,对于一贯遵守监规纪律,努力学习,积极劳动的;自觉维持个人卫生和环境卫生的;爱护公物表现突出的人犯,应当分别予以表扬或者物质奖励。对于检举揭发监内外犯罪分子,经查证属实的;劝阻其他人犯行凶、逃跑和其他违法犯罪活动的;有其他有利于国家和人民的行为的人犯,应当依法给予从宽处理。然而,对于那些冥顽不化、屡教不改、拉帮结派、教唆犯罪甚至做出犯罪行为的在押人员,应当依据不同情节分别给予警告、训诫、责令具结悔过或者禁闭的处罚;构成犯罪的,应当依法追究其刑事责任。

按照刑事古典学派的观点,打击犯罪应当具有及时性、严厉性以及必然性。[①] 在拘留和逮捕犯罪嫌疑人以及执行刑罚时,也必须做到这三点,这是有效打击犯罪、进行一般和特殊预防的必然要求。与此同时,做到及时、确定和合法地释放在押犯人,对于保障人权、促进犯人改造同样十分重要。《看守所条例》规定,对于被判处死刑缓期二年执行、无期徒刑、有期徒刑、拘役或者管制的罪犯,看守所根据人民法院的执行通知书、判决书办出所手续。对于被依法释放的人,看守所根据人民法院、人民检察院、公安机关或者国家安全机关的释放通知文书,办理释放手续。依据《看守所条例实施办法(试行)》,看守所对于有以下情形之一的人,在出所时应当发给释放证明书:拘留后,办案机关发现不应当拘留或者人民检察院不批准逮捕,通知立即释放的;逮捕后,办案机关发现不应当逮捕,通知释放的;人民检察院作出免予起诉、不起诉决定,办案机关通知释放的;经人民法院审判后宣告无罪或者免于刑事处罚,通知释放的;看守所监管的已决犯服刑期满的。同时,对于被决定劳动教养的人和转送外地羁押的人犯,看守所根据有关主管机关的证明文件,办理出所手续。看守所在被羁押人出所的时候,要进行出所登记,在收押人犯登记表里写明出所凭证、时间和所去地点。此处应当注意的是,劳动教养制度已经被废除,因而这里的被决定劳教的情况已经不存在了。

---

① 参见吴宗宪:《西方犯罪学史》(第一卷),中国人民公安大学出版社2010年版,第119—121页。

被羁押人出所时,当面点清发还代为保存的财物,由本人在财物保管登记表(存根)上签字捺印,并收回其存留的财物保管登记表。对出所的人,应当对其人身和携带的物品进行检查,防止给其他在押人犯带出信件和物品。在收押的时候,尤其是针对那些被拘留和被逮捕的人员,其个人物品是不允许带入看守所的,在入所的时候应当交由看守所保留。所以,出所时将被羁押人的个人财产予以返还也是保障个人财产权益的一种表现。

(3)矫正的具体方法

矫正的最终目的是预防违法犯罪活动的再次发生。不仅仅是监狱矫正,看守所矫正同样具有功效。另外,应当明确的是,这里涉及的矫正工作的对象仅限于被采取拘留或逮捕等强制措施的犯罪嫌疑人或被告人。至于余刑在三个月以下的罪犯的矫正,将在第三章详述。

第一,分押分管是看守所矫正工作的前提。矫正学的发展始终离不开犯罪学的发展,而犯罪学发展过程中的一个关键转折点是"新派"的观点战胜"旧派"的观点。"旧派"或古典学派强调犯罪是人在趋利避害之本能下的理性选择,犯罪是由行为而非人导致的,因而在刑罚方面并不主张个别化原则。"新派",也称"实证主义学派",则强调犯罪的发生是多因素导致的,每个人的背景不同决定了其犯罪原因也是不同的。同时,他们将研究重点由犯罪行为引向犯罪人,从而发现了不同年龄以及不同精神状态的人的区别。由此,对于犯罪人的改造开始强调个别化,即针对不同背景的犯罪人施以不同的刑罚,以达到最好的矫正效果。所以,在犯罪学的影响下,矫正学亦强调矫正应当有针对性,而分押分管则是有针对性的矫正的前提。

《看守所条例》以及《看守所条例实施办法(试行)》中规定,对于男性人犯和女性人犯、成年人犯和未成年人犯、初犯和累犯以及同案犯等应当分押分管,另外还包括外籍、涉嫌危害国家安全的犯罪嫌疑人、被告人。男女分押的目的是,禁止其互相接触、喊话、调情等,防止发生问题,如怀孕、染上性病以及争夺伴侣等。区分成年人犯和未成年人犯的原因在于,对两类不同人群的刑事政策不同,以及防止未成年人受成年人的影响,进而感染新的恶习。对于同案犯的分押主要是考虑到他们之间有串供、策划抗拒审讯或审判的可能性。对于外籍、涉嫌危害国家安全的犯罪嫌疑人或被告人的分押,是为了防止其在监所内宣传反政府言论、组织串联或进行破坏活动。由此可见,这种规定正是考虑到不同类型的被羁押人员具有不同的背景或特征,并且为了保证该矫正达到最好的效果,必须进行有针对性的矫正。同时,也只有在分押分管的前提之下,各具体矫正方法才能够正常地发挥作用,否则只会使得矫正和管理越发混乱。

第二,建立档案是矫正工作的基础。依据《看守所条例》和《看守所条例实施办法(试行)》的规定,看守所应当对收押人员建立档案,并依照法律有关规定对档案进行保管。收押人员档案的内容主要包括:收押凭证、收押人犯登记表、照片及底片、人犯健康检查表、财物保管登记表、换押证、羁押期间的表现和疾病治疗情况记录、出所凭证等。建立档案的主要作用在于,它是"看守所实施羁押监管活动的法律凭证;全面掌握和评价在押人员在羁押监管活动期间表现情况的重要依据;检察看守执法情况、总结羁押监管工作经验、进行社会情况调查的原始材料"①。从矫正的角度出发,笔者认为,除了作为掌握和评价在押人员的日常表现的依据以及进行社会情况调查的原始材料外,建档工作更为重要的意义在于,掌握和了解在押人员的个人背景,包括涉嫌罪名、是否有前科、家庭情况、婚姻状况、受教育程度、精神状况等;同时,建立一个较有针对性的矫正计划。完善的档案制度使得对在押人员综合情况的掌握与了解程度大大提高,这将会为看守所改造工作提供丰富的信息支撑,是看守所内有针对性的矫正工作的重要基础。

第三,静态矫正方法是依据法律规定实施的,不因具体情况的变化而变化,因而具有静态特征,主要包括:教育、劳动、限制人身自由、保持良好的生活与卫生习惯。前文提到了看守所的运转,包括收押、警戒与看守、教育与劳动、生活与卫生等。事实上,这些实践中的具体管理方式与矫正有着很大的关系。可以说,它们就是矫正工作本身。以下将对看守所的管理方式的矫正功能作简要阐述。首先,警戒与看守。前文已经具体讲述了看守所运转中警戒与看守的内容,在此不作赘述。警戒与看守的目的就在于限制被羁押人员的自由,以保障刑事诉讼活动的顺利进行,虽然在执行对象方面与自由刑有绝对的差异,但是在功能和性质方面却有着极大的相似性。刑罚的执行就在于一般预防和特殊预防,这种预防也是一种矫正方法。同样有着限制人身自由性质的羁押活动亦会使被羁押人员感受到自由的珍贵,进而达到特殊预防的目的,这与"报应刑"的观点相暗合。因此,警戒与看守是一种最基本的矫正方法。其次,教育与劳动。通过对在押人员进行思想教育、法制教育、科学技术教育,不仅可以促使其认罪服法,同时也可以帮助其形成正确的人生观和价值观,从而达到预防犯罪的目的。通过劳动,可以分散被押人员的注意力而降低其犯罪的可能,还可以使其养成劳动的习惯,掌握劳动技能,懂得勤劳致富的道理。除此之外,劳动还可以为国家、社会及个人创造物质财富。最后,生活与卫生。这种管理不仅仅是为了保证看守所的正常运转,其更深一层的目的是帮助被羁押人员形成一种良好的生活与卫生习惯。我们从刑法对于惯犯的描述中可以看出,惯犯的社会危害性大的原因就在于习惯对于一个人行为的影响力。不良的习惯,如小偷小摸、酗酒赌博、强拿硬要等,会使一个人逐步成为被社会否定的人;而好的习惯则可以帮助一个被社会否定的人逐步变成为社会所肯定的人。因此,良好的生活与卫生习惯的养成是一个必要的开端。

第四,动态矫正方法主要是指矫正方法要根据在押人员的心态不同作出变化,因而具有动态性。在实践中,对被羁押人员的矫正更需要一种动态的矫正措施,这种措施会随着在押人员的变化而发生变化。动态矫正方法就是掌握在押人员的心理以及其变化规律。"看守所羁押的犯罪嫌疑人和被告人,由于受到特殊环境的刺激,加上罪责感的内心压力和对前途、家庭关系等问题的忧虑,形成了复杂的心理活动。"②面对

---

① 于树斌、李景全主编:《新世纪警察业务实用大全·监所管理卷》,群众出版社2001年版,第298页。
② 同上书,第250页。

这种情况,如果看守所民警依旧采用对抗性比较强的管理方式,并且忽略了被羁押人员的内心变化,就很容易形成民警与在押人员之间的对立关系,使得矫正工作事倍功半。掌握在押人员心理的主要方法有直接观察法、调查研究法、材料分析法、个别谈话法和秘密侦查法等。不仅如此,还要掌握被羁押人员心理的阶段性,主要包括:侦查预审阶段的心理、起诉阶段的心理、审判阶段的心理以及节日或形式变化时的心理。譬如,一个人在侦查预审阶段的心理可能是紧张和抵触;而到了起诉阶段,其侥幸心理会产生,其抵触心理会增强。

(三)审前羁押矫正机构的法律监督

事实上,从《看守所条例》规定的内容来看,法律监督也是看守所运作的一部分。相较于看守所内部的运作,法律监督具有外部特征。在我国,人民检察院是法律监督机关,看守所监督也由其执行。所以,人民检察院的检察监督是一种外部监督,具有外部特征。

检察监督的原理就在于权力的制衡,其理论渊源可以追溯到洛克的分权理论。按照联邦党人的理念,"权力导致腐败,绝对的权力导致绝对的腐败"。因此,任何缺乏监督制衡的权利都会无限膨胀。对于看守所的管理更是如此,因为除了打击犯罪之外,监所还担负着保障被监管人员的人身权益不受非法侵害的重要职责。在非正常的看守所管理体制之下,公检法之间"相互制约"[①]的理想状态早已被"侦羁合一"的现状打破。在此情况下,如果再缺乏有效的制约,那么监所在押人员的权利就很难得到保障,刑事诉讼活动就很难顺利进行。

我国检察机关作为法律监督主体的法律依据主要是《宪法》《刑事诉讼法》和《人民检察院组织法》。依据《宪法》第129条和《人民检察院组织法》第1条的规定,人民检察院是国家的法律监督机关。同时,按照《人民检察院组织法》第5条的规定,人民检察院依法行使五项重要职权,其中就包括对于刑事案件判决、裁定的执行和监狱、看守所、劳动改造机关的活动实行监督。最高检于2008年3月22日通过的《人民检察院看守所检察办法》对于看守所的法律监督所作的规定更加详细,主要包括收押检察、出所检察、羁押期限检察、事故检察、教育管理活动检察、留所服刑检察等内容。另外,《看守所条例》第41条和第42条分别规定:"看守所应当教育工作人员严格执法,严守纪律,向人民检察院报告监管活动情况。""看守所对人民检察院提出的违法情况的纠正意见,应当认真研究,及时处理,并将处理结果告知人民检察院。"

看守所的检察监督,是指由检察院对看守所的日常管理活动是否符合法律要求进行监督,并针对违法犯罪行为提出检察建议或者进行刑事追诉,以达到防止看守所权力滥用、保障人权和促进刑事诉讼活动顺利进行等目的的活动。

从目前检察机关对于看守所的检察监督方式来看,大致可以分为两种:一种是派驻检察制,另一种是巡回检察制,其中以派驻检察制为主,以巡回检察制为辅。"派驻

---

① 这一表述详见我国《宪法》第135条。

检察制是人民检察院为履行对监管场所活动的监督职责而在监管场所专门设立驻所检察室,根据监管场所羁押量多少,派驻检察人员,承担人民检察院对监管场所活动实行法律监督各项任务的一种方式。"[1]一般的看守所监督都采用这种方式。同时,依据各级检察机关和被监督单位的关系不同,还可以分为同级派驻检察、属地派驻检察、派出检察院三种类型。巡回检察制,是指针对关押人数较少的小型看守所,由从事监所检察的工作人员进行定期或者非定期巡回式的监督。"巡回检察制是对派驻检察制的重要补充,具有不定期、节约司法资源等特点。通过派驻和巡查两种方法相结合的方式,可以高效地、有针对性地对看守所进行监督,这是实现监所检察的最优路径。"[2]如果仅从形式角度观察我国的监所检察,似乎其有着相当高的科学性。然而,当我们深入到实际工作中便会发现,我国的监所检察似乎还有很多不足,亟待改进。

在实践中,还存在开放监督的看守所监督试验活动。加强对于看守所的监督,其中很重要的一点就是要求看守所适度开放,这种开放既包括场所的开放,也包括信息的开放。自古以来,监狱一直都是封闭式的羁押场所。即便是在现代社会,监狱仍旧与社会或者公共视线保持着很大距离。形式上的距离造就了实质上的忽视,正是这种公众监督的缺乏,使得看守所的监管权力制约又少了一重束缚。适度开放则旨在将公众视线引向看守所,从而使社会监督在权力制约和人权保障中发挥其潜在作用。正如中共十七大报告中提出的"让权力在阳光下运行","阳光"这种"防腐剂"对于看守所的依法运行来说至关重要。

"从理论上看,我国学者对监所开放的研究不多,而且大多集中在对巡视员巡视制度的研究,对公众参观、亲属探访、媒体采访等其他监所开放形式较少涉及。"[3]对巡视员制度的探索主要有两个尝试:第一,巡视员的选拔主要在人大代表、政协委员和检察机关人员中进行,如吉林辽源的羁押场所试点。[4] 其主要目的在于,通过权力机关和监督机关的介入,达到监所监督的目的。这种尝试的本质是权力监督。第二,巡视员的选拔主要是在社会各阶层、各行业中进行,如民营企业家、医护行业代表、律师、工人和农民等。[5] 相较于第一种巡视,它给人的感觉更多的是"权力无涉",通过将社会或公众的监督权充分发挥,以达到监督监所活动的目的。巡视制度主要是选拔权力机关或者社会志愿者组成的巡视组对看守所进行定期或不定期的巡视,通过巡视过程中对看守场所的观察、对在押人员以及工作人员的询问发现问题,并在巡视后将问题整理汇总给有关部门,以达到制约看守所权力、保障人身权利、改善看守所管理等目的的制度。总的来说,开放监督目前仍处于一种初始阶段,其中的巡视制度也仅仅是处于试验阶段。但是,这种全新的尝试对于完善看守所的监督管理有着巨大的启发和指引作

---

[1] 张忠利、祁云顺、赵炜:《监所检察监督模式改革研究》,载《河北法学》2012年第3期,第195页。
[2] 同上。
[3] 高一飞、廖勋桥:《论监所适度开放》,载《南京大学法律评论》2011年第2期,第234页。
[4] 参见王天佐:《中国首次试点羁押巡视制度》,载《民主与法制》2009年第13期;倪爱静:《遏制刑讯逼供的新尝试——吉林辽源羁押场所巡视制度试点概述》,载《人民检察》2008年第23期。
[5] 参见陈卫东:《羁押场所巡视制度研究报告》,载《法学研究》2009年第6期。

用,其意义远超于制度本身。

四、我国看守所存在的现实问题

自清末变法修律至今,看守所制度经历了百余年的发展变化。可以说,当下的看守所制度要比早期的看守所制度更加科学、合理,也更加人性化。但是,相较我国整个刑事司法理念和制度的发展,看守所的改革步伐十分缓慢,并且已经开始阻碍我国法治社会的发展。与看守所管理相关的很多规范、制度都已无法与现有的司法制度相配套,推陈出新的趋势是人心所向。

目前,看守所制度在实践中主要存在以下问题:第一,规范层面的问题。相关规范滞后,无法与新《刑事诉讼法》相衔接,而且作为行政法规的《看守所条例》的效力位阶较低,无法保证其适用效果。同时,现有的法律规范并未对看守所的中立地位作出明确规定,致使看守所附庸于公安机关而无法正常履行其职能。目前,《看守所条例》已经被列入法律法规的修订计划,其起草部门是公安部。在这种情况下,如何能够确保公安机关交出已有的权利?如果公安部将其现有利益法制化,那么今后看守所的改革之路将变得十分艰难。第二,现实中出现了很多与看守所相关的热点问题。譬如,看守所阻碍律师会见、刑讯逼供案件层出不穷、牢头狱霸的问题依旧突出、超期羁押问题没有得到有效解决等。归根结底,这些问题还是与现行的看守所管理架构有很大关系。看守所附庸于公安机关的实然状况取代了其应然的中立地位,这使得其职能发生异化,深挖余罪已然成为其日常的重要工作之一。不仅如此,"公安、看守是一家"的现状,还使得看守所在公安机关刑讯逼供等问题上"睁一只眼闭一只眼";同时,对于被羁押人员的律师会见权百般限制。对于诸如此类的现实问题,必须调整看守所的管理架构,才能保证这些问题在很大程度上得到解决。第三,面对公安机关在某些案件中滥用职权的现象,现有的监所监督不力,也在客观上放纵了这些行为的发生。导致这一问题的主要原因在于,监所检察监督的体制不够合理、科学,监督手段单一,检察权缺乏权威性等。譬如,很多看守所适用的检察制度是驻看检察,缺少轮换监督制度,无法保证驻看检察人员不被看守所工作人员"同化"。

本书会对当下我国看守所制度存在的问题作一个全面而系统的介绍。这些问题不但为改革提供动力,更为改革明确方向。

(一)看守所规范的现实问题

从形式上看,我国对于看守所的规定似乎是较为完备的。然而,透过现象看本质,我们会发现,我国看守所制度在规范层面有着令人匪夷所思的滞后性。正是这种立法实践与理论发展严重不协调,看守所实际运行中的诸多问题缺乏法律依据的情况,使得我国看守所问题层出不穷,如超期羁押、刑讯逼供、牢头狱霸等。有学者对我国看守所作出了这样尖锐的评价:"中国没有世界上最不文明的监狱,却有世界上最不文明的看守所。"我国看守所规范的滞后性主要表现在以下几方面:

首先,从与其他法律衔接的角度看。《看守所条例》自 1990 年 3 月 17 日颁行至今,已有二十多年。在这么长的时间里,我国与刑事诉讼程序相关的其他问题已进行立法或多次修订。1980 年 1 月 1 日起正式实施的《刑事诉讼法》分别于 1996 年和 2012 年进行了两次修订。《监狱法》于 1994 年 12 月 29 日发布并于当日实施,于 2012 年进行了修订。《律师法》于 1996 年 5 月 15 日发布,并自 1997 年 1 月 1 日起正式实施,之后又分别于 2001 年和 2012 年进行了修正,于 2007 年进行了修订。《看守所条例》自颁布至今没有进行过一次修改,其内容有很多已经难以与其他法律进行衔接。例如,《看守所条例》第 1 条就明确规定:"为保障刑事诉讼活动的顺利进行,依据《中华人民共和国刑事诉讼法》及其他有关法律的规定,制定本条例。"它依据的基础法律已经发生变动,自身却未发生任何变化,这难免会使其权威性有所减弱。又如,《看守所条例》第 32 条规定:"人民检察院已经决定提起公诉的案件,被羁押的人犯在接到起诉书副本后,可以与本人委托的辩护人或者由人民法院指定的辩护人会见、通信。"我国现行《刑事诉讼法》第 36 条和第 96 条却明确规定,委托律师在侦查、审查起诉和审判三个阶段都可以会见在押的犯罪嫌疑人或被告人。从这些矛盾的内容来看,《看守所条例》已经与时代脱节。尽管修订《看守所条例》已被提上议事日程,但这种滞后性还是令人感到诧异。

另外,从效力位阶上看,尤其是在新《刑事诉讼法》颁布以后,其他相关法律如《律师法》和《监狱法》等都做好了与之衔接的工作,而看守所相关法律依据却始终停留在 1990 年国务院颁布的法律上,这是很不正常的现象。事实确实如此,"当我们在为看守所制度的改革遍寻良方的过程中,却无意中忽略了一个显而易见的事实,即看守所与监狱在羁押职能上存在共性"①,这种共性似乎并未反映在法律位阶上。这不禁使人顿生疑窦,为何同样有着限制人身自由、打击犯罪和保障人权的性质,一个已成为法律,而另一个仍停留在行政法规层面?

其次,从实践发展和理论发展的角度看。如前文所述,1983 年,国家决定将劳改、劳教业务由公安部转移到司法部,但看守所的管辖权并未包含在这次职能的重新划分中。其主要原因就在于,将看守所的管辖权留给公安部门有助于配合当时的"严打"政策,同时还因为担心刚成立的司法部承担这么多职能会力不从心。从整体上讲,将看守所暂时留给公安部门管理是一种权宜之计,并且这个决定对于打击改革开放之初的犯罪高发态势起到了重要作用。然而,随着民主法治、人权保障思想的不断发展,刑事司法中立成为我国刑事司法改革的主要方向,这其中当然包括看守所中立。看守所中立源于刑事诉讼中的"中立"概念,这是实现法律正义的必要前提。"中立"可以被解释为"任何人不得在涉及自己的案件中担任法官",以及"必须听取双方当事人的陈述"。换句话说,其主要含义为,凡是涉及要求第三方作出裁决或评价的事情,都需要该第三方保持不偏不倚的中立状态。这种中立状态不仅仅体现在裁判过程中,陈光中和汪海

---

① 谢晋宝:《浅析我国看守所制度的改革进路——以看守所与监狱的比较为切入点的分析》,载《贵州警官职业学院学报》2011 年第 1 期,第 117 页。

燕教授还认为它应被延伸到检察机关、鉴定机构乃至看守所的工作中。①

但是,当下的《看守所条例》对于看守所管理体制的规定却与司法中立或者看守所中立的趋势背道而驰。例如,其第5条规定:"看守所以县级以上的行政区域为单位设置,由本级公安机关管辖;省、自治区、直辖市国家安全厅(局)根据需要,可以设置看守所;铁道、交通、林业、民航等系统相当于县级以上的公安机关,可以设置看守所。"这种将看守所交由公安部门管理的规定会导致形成"侦羁合一",即侦查工作由公安部门执行,同时审前羁押的管理工作也交给公安部门。兼具打击犯罪、保障人权双重属性的看守所一旦交由以打击犯罪为主要工作的公安部门,其自身的中立性很难得到保障。事实上,看守所不仅无法保持中立,还成为侦查案件、打击犯罪的"第二战场"。有数据显示,"公安机关破获的刑事案件中,有1/4或1/3是通过看守所深挖余罪破获的"②。事实上,绝大部分地区都将看守所的案件侦破数量作为考核指标。可见,在这种畸形的管理体制下,即便再强调内部监督和管理,看守所中立性的实现也始终是不可能的,随之而来的刑讯逼供等问题也就会自然而然地出现。由此可见,相较于看守所制度改革的理论发展,其立法存在着严重的滞后性,这一问题是值得我们持续关注的。

最后,《看守所法》的制定问题重重。尽管第十二届全国人大常委会立法规划(2013年10月30日)中明确表明,将《看守所法》列为第二类立法项目,由国务院牵头起草,然而其具体的起草部门居然是公安部,③这着实给支持制定《看守所法》的学者们头上浇了一盆冷水。"立法的本质是权力的分配",由公安部起草《看守所法》很难保证看守所非中立化的现状得以被撼动。从看守所的理论发展来看,看守所作为国家专门的刑事羁押场所,是绝无侦查职能的。看守所的职能定位随着《刑事诉讼法》的修改也发生了重大变化,由以往服务办案转型为平等服务诉讼。只有做到中立,才能保证看守所平等服务于诉讼的改革目标。公安部作为以侦查职能为主的部门,由其起草《看守所法》很容易导致部门利益法制化。因为看守所中立化改革很重要一步就是"侦羁分离",而公安部起草《看守所法》很容易将"侦羁合一"的现状通过法律确定下来。一旦如此,看守所中立化改革就变得遥遥无期了。

(二)看守所内部的热点问题

1. 牢头狱霸

牢头狱霸,是指在看守所内煽动、组织、策划、指挥在押人员破坏监所管理秩序,妨碍刑事诉讼活动,侵犯其他在押人员合法权益的在押人员。④ 牢头狱霸问题由来已久,其背后的原因十分复杂,可能是管理体制造成的,也可能是监狱内部文化造成的。

---

① 参见陈光中、汪海燕:《论刑事诉讼的"中立"理念——兼谈刑事诉讼制度改革》,载《中国法学》2002年第2期,第29页。
② 张兵:《遏制与消亡:对看守所"非正常死亡"现象的反思》,载《江西公安专科学校学报》2010年第5期,第53页。
③ 参见《公安部起草首部看守所法》,载《郑州晚报》2014年4月30日第A05版。
④ 参见唐兢:《看守所"牢头狱霸"形成的社会学原因分析》,载《政法学刊》1997年第1期,第14页。

案例 2-1

2009年1月28日，李荞明因涉嫌盗伐林木罪，被云南晋宁县公安局刑事拘留，羁押于晋宁县看守所内。然而，仅仅过了15天左右的时间，看守所警方就通报了李荞明死亡的消息。此事一出，全国哗然。晋宁县警方给出的说法是，李荞明是与狱友在玩"躲猫猫"时，不小心摔倒，头部与墙壁和门框夹角碰撞，最终受伤的。事情的真相却是，在押期间，同监室在押人员张厚华、张涛等人以各种借口对李荞明多次用拳头、拖鞋进行殴打，致使其头部、胸部多处受伤。2月8日下午17时许，张涛、普华永等人又以玩游戏为名，用布头将李荞明眼睛蒙上，对其进行殴打，致使其身上有两处骨折。普华永再一次猛烈拳击后，致使李荞明撞墙倒地昏迷，经送医院抢救无效，于2月12日死亡。

牢头狱霸问题的再一次曝光，不仅引起了全国人民的强烈反响，同时也受到了党中央的高度关注。尽管这一事件影响恶劣，但仍旧未给牢头狱霸现象画上一个句号。2008年10月，一位名叫温龙辉的20岁青年因涉嫌故意伤害被福州市苍山区公安局刑事拘留。但是，在2009年3月23日这一天，温龙辉却死在了看守所内。对此，看守所给出的说法是，温龙辉在睡觉时从床上掉下来摔死了。不过，真实情况却是，温龙辉遭4人殴打致死。

面对如此残酷的现实，我们首先应当做的就是探究该问题背后的原因。对此，不同学者有不同看法，总结下来主要可以分成两类：牢头狱霸自身的原因与看守所管理制度的问题。首先，从牢头狱霸角度来看，其中一部分原因可能是"一些在押人员自身犯罪心理延续的原因"[1]。相对于"开放社会"而言，看守所内的大多数物资都十分稀缺，如食物、空间、饮用水、较为舒适的床位等，而对这种"稀缺资源"的占有欲望促使牢头狱霸通过暴力行为获得对物品的占有权。[2] 这种"物质利益"的驱动成为牢头狱霸犯罪心理延续的重要动因。另外，一个人在掌握了占有权的同时，也就掌握了分配权。因此，拥护和奉承便成了某些人获得资源的方式，而恰恰是这种互动在很大程度上强化了作为"资源占有者"的牢头狱霸的地位。其次，从看守所管理的角度来看，主要原因可能有三种：第一，由于看守所警察对于在押人员的地位和性质的认识错误，导致其认为这种被虐待的情况是在押人员罪有应得。看守所警察对这种现象"睁一只眼闭一只眼"，而这种放纵和默许在很大程度上强化了牢头狱霸的犯罪心理。第二，"只要是存在利用人犯管人犯、犯人管犯人，牢头狱霸就会存在"[3]。由于看守所警力不足，而

---

[1] 白泉民、韩玉胜、王顺安、徐建波：《加强检察监督 规范看守所监管执法》，载《人民检察》第2009年第9期，第33页。

[2] 参见刘方权、郭松：《也谈"躲猫猫事件"发生的根源——驳"侦羁分离"论》，载《中国刑事法杂志》2009年第10期，第70—71页。

[3] 白泉民、韩玉胜、王顺安、徐建波：《加强检察监督 规范看守所监管执法》，载《人民检察》第2009年第9期，第31页。

在押人员人数逐年增加,①使得管理方面存在很大难度,因而有的民警为了方便管理,便在仓舍内设"组长"或"号长"帮助自己管理。第三,公安部将看守所开辟为侦查犯罪的"第二战场",持续开展深挖余罪的工作。在"侦羁合一"的体制下,看守所很难保证自身的中立性,深挖余罪工作的开展致使监所警察专门在仓舍内安插耳目等,以期达到打击犯罪的目的。袁连芳案件就是这一现象的典型体现。

另外,内部监督的局限性、检察监督的虚置、刑法的失范等都是牢头狱霸形成的原因。然而,这些事后预防措施治标不治本。从根源上讲,上述原因才是牢头狱霸现象形成的根本原因。

2. 律师会见"难"

辩护律师的委托是保障犯罪嫌疑人或被告人合法权益的重要措施。我国《律师法》第30条明确规定:"律师担任辩护人的,应当根据事实和法律,提出犯罪嫌疑人、被告人无罪、罪轻或者减轻、免除其刑事责任的材料和意见,维护犯罪嫌疑人、被告人的诉讼权利和其他合法权益。"从刑事诉讼活动的职责分类来看,公安、检察机关的主要职能是打击犯罪、维护社会秩序,而保障犯罪嫌疑人或被告人的合法权益无疑在一定程度上是与该角色相冲突的。换句话说,通过规范公安、检察机关的行为以达到保障人权这一目的的想法是很难实现的。因此,完善的律师制度对于保障犯罪嫌疑人或被告人的人身权益显得尤为重要。

我国《刑事诉讼法》及其司法解释都明确规定了犯罪嫌疑人或被告人委托辩护律师以及律师自身的权利,如委托辩护的时间、法律援助以及会见和通信的权利等。然而,实践中,律师在保障委托人合法权益方面所发挥的作用十分有限,其中最关键的原因在于律师会见"难"。事实上,在2013年1月1日我国新《刑事诉讼法》正式生效后,律师的会见权得到了保障和完善。这种保障和完善主要是通过扩大会见权的内容以及赋予律师救济权利实现的。相较于1996年《刑事诉讼法》,新《刑事诉讼诉讼法》第37条明确规定了律师会见当事人"不被监听"原则与三种例外;第47条规定了辩护人权利受阻时的救济途径。在此之前,律师会见"难"的问题是十分普遍且严重的。北京律师会见委托人情况的调查研究显示,从1997年1月到2002年6月,在律师参与的案件中,整体的拒绝会见率为38.1%。② 2003年7月,北京市海淀区人民检察院对辖区内的看守所进行了一次全面的调查。调查数据显示,177名在押人员中,"侦查阶段律师会见率仅为14.6%③,律师会见在押人员的次数平均为1.3次,人均每次会见持续的时间约为24分钟"④。另外,从2007年5—8月对全国4个省共7个看守所的调研情况来看,即便是安排了犯罪嫌疑人或被告人与律师会见,效果也并不好。这主要

---

① 拘捕行为背离比例原则、羁押救济渠道的缺乏以及羁押时间过长等问题,是导致我国看守所超负荷运转的重要原因。参见钟朝阳:《论我国未决羁押制度的改革》,载《江西社会科学》2010年第1期,第163页。

② 参见房国保:《当前律师会见难的现状剖析》,载《中国刑事法杂志》2005年第3期。

③ 本次调查中,14.6%的结果是用会见人数除以在押人员总人数得出的,因而相较于前次调查的38.1%会低很多。

④ 崔丽:《律师介入权需要再落实》,载《中国青年报》2003年7月7日。

是因为公安或检察机关的工作人员在场监督,从而使会见权大打折扣。其中,每次都在场的比例高达27%,有时在场、有时不在场的比例为28.2%,总比例为55.2%。①

面对上述情况,律师通常束手无策,其主要原因在于:第一,1996年《刑事诉讼法》为公安、检察机关干预律师会见提供了"便利"。尽管2007年《律师法》规定了律师会见不受监听,但是位阶较高的《刑事诉讼法》第96条规定:"……律师会见在押的犯罪嫌疑人,侦察机关根据案件情况和需要可以派员在场。涉及国家秘密的案件,律师会见在押的犯罪嫌疑人,应当经侦察机关批准。"这个规定的内容不够细致,从而给公安、检察机关干扰律师会见提供了可操作的空间。第二,救济途径的缺乏。相较于2013年《刑事诉讼法》中对于干扰律师办案的救济途径的规定,1996年《刑事诉讼法》对此并未作任何说明,致使2007年《律师法》第33条的规定彻底流于形式。第三,也是最根本的原因,"侦羁合一"的体制导致律师的工作与看守所的实际工作相冲突,因而看守所人员以各种借口阻碍律师的会见工作。目前,公安部门利用看守所作为深挖余罪、打击犯罪的"第二战场",侦破案件的数量成了看守所考评的一个重要指标。在这种体制的影响下,必然会出现阻挠律师会见的情况。

3. 刑讯逼供

刑讯逼供,是指国家司法工作人员(含纪检、监察等)采用肉刑或变相肉刑乃至精神刑等残酷的方式折磨被讯问人的肉体或精神,以获取其口供的一种恶劣的刑事审讯方法。在古代社会,刑讯逼供还曾一度被法律明确规定为合法的审讯方式。自近代以来,刑讯逼供开始被视为一种严重侵犯人权以及妨碍司法公正的丑恶现象。在司法制度还不发达的我国,刑讯逼供仍然存在。

案例 2-2

佘祥林,又名杨玉欧,湖北省京山县雁门口镇人。1994年1月2日,佘妻张在玉因患精神病走失,其家人怀疑张在玉被丈夫杀害。同年4月28日,佘祥林因涉嫌杀人被批捕,后被原荆州地区中级人民法院一审判处死刑,剥夺政治权利终身。后因行政区划变更,佘祥林一案移送京山县公安局。经京山县人民法院和荆门市中级人民法院审理,1998年9月22日,佘祥林被判处15年有期徒刑。2005年3月28日,佘妻张在玉突然从山东回到京山。4月13日,京山县人民法院经重新开庭审理,宣判佘祥林无罪。

案例 2-3

赵作海,男,1952年出生,河南省商丘市柘城县老王集乡赵楼村人,被称作河南版"佘祥林",1999年因同村赵振晌失踪而被拘留。2002年,商丘市中级人民法院以故意

---

① 参见林莉红、邓刚宏:《审前羁押期间被羁押人权利状况调查报告》,载《中国刑事法杂志》2009年第8期,第114页。

杀人罪判处赵作海死刑,缓刑2年。2010年4月30日,"被害人"赵振晌回到村中。2010年5月9日,河南省高级人民法院召开新闻发布会,认定赵作海故意杀人案系一起错案,宣告赵作海无罪,同时启动责任追究机制。

被媒体曝光的案件只是此类现象的"冰山一角",实践中究竟有多少因刑讯逼供酿成的冤假错案,确实让人难以想象。

尽管我国《刑法》《刑事诉讼法》《看守所条例》以及《看守所条例实施办法(试行)》对于刑讯逼供作出了明确的禁止规定,但实践中仍然难以杜绝此类现象,其原因主要在于:第一,看守所的管理体制打破了"侦羁制约"的机制。权力制约是避免权力滥用的最佳途径,而"侦羁制约"的机制被"侦羁合一"取代,理论上的司法机关之间的监督变成了公安部门的内部事务。但是,再完善的内部监督始终都局限于内部,在任务和政绩面前,这种内部制约很难不为之"让道"。第二,目前,口供在我国证据制度中的地位依旧很高。"证据之王"是长久以来我国司法工作人员对于口供的描述,可见其在证据体系中的地位之高,是其他类型的证据所无法比拟的。正是这种强烈的"口供情结",使得任何一个案件要想成为"铁案"就必须有口供的支持。再加上破案的压力大,采用暴力殴打、精神折磨等方式获取口供成为某些情况下的一种必然结果。第三,刑法的失范导致其一般预防效果降低。实践中,一些侦查人员对于刑法中关于刑讯的规制抱有极大的侥幸心理,这导致刑法失范,其一般预防效果大打折扣。出现这种现象的原因在于,"由于刑讯逼供的目的具有'正当性',对刑讯逼供的处理往往干扰阻力较大,执法执纪偏松、偏轻,相当一部分刑讯逼供行为并没有得到严肃处理"[①]。正是由于实践中一些主管部门对于此类案件的纵容,使得法律规范被实践架空,进而导致刑法的控制力减弱。

4. 超期羁押

超期羁押,是指公安司法机关在刑事案件的侦查、审查起诉和审判过程中,超过法定羁押期限,羁押犯罪嫌疑人、被告人的行为。超期羁押是严重的违法行为,不仅是对犯罪嫌疑人或被告人人身权益的侵害,而且不利于犯罪嫌疑人或被告人的及时审判以及其自身的教育改造。更重要的是,公安司法机关的违规执法使得我国司法机关的威信降低;同时,由于羁押时间过长,使得诉讼效率降低、追诉成本增高。

案例 2-4

1974年,出身地主的谢洪武被当地民兵组织认为私藏反动传单,并被移送公安部门处理。公安部门经一番调查之后,并没有收集到他私藏反动传单的相关证据,但仍然将他关进看守所,时间长达28年之久。在之后的几十年里,公检法三机关均不知道谢洪武犯了什么罪,甚至连案卷也没有,他的"拘留"也似乎变成了"人间蒸发"。直至

[①] 王振川:《治一治刑讯逼供这一顽症——谈谈刑讯逼供的成因、危害及其治理》,载《人民检察》2006年第1期,第18页。

1996年,检察机关在调查新《刑事诉讼法》落实情况时发现谢洪武的冤情,后经6年查证,终将事实查清。

  谢洪武案是一起超期时间长、影响巨大的案件,却并非唯一一例。据最高人民检察院工作报告的统计,从1998年至2001年,全国检察机关对超期羁押提出的纠正意见占到当年批准逮捕案件的比率分别为12%、11%、8.9%和7.8%。[①] 这仅仅是全国平均比率,在某些地区,超期羁押的比率要远高于检察机关的统计数据。有数据显示,1999年6—7月,河南省西华县公安局超期羁押的案件比率高达35%。[②] 另有学者统计,2000年上半年,某市某分局超期羁押率达到27%。[③] 如此严重的超期羁押问题,不仅侵害了在押人员的合法权益,造成其与公安司法机关的对立情绪,更损害了公安司法机关的公正形象,降低了司法的公信力。

  如此严重的问题究竟是何原因造成的?20世纪90年代,我国公安司法机关的人员组成比较复杂,文化理论水平普遍不高,法治观念淡薄,因而可能成为超期羁押的重要原因。同时,我国长久以来普遍存在"重实体、轻程序"的司法理念,导致对于正当程序对实体正义的实现意义以及其本身价值的认识不够。另外,2013年《刑事诉讼法》颁布之前,我国旧的《刑事诉讼法》对于人权保障、律师权利规定得不够细腻,使得实践中在押人员的权利无法从立法层面得到保障。随着社会的不断进步,思想理念的不断发展,以及法治社会的构建,这些问题都在一定程度上得到了解决。不仅如此,在新《刑事诉讼法》颁布之后,国家对于在押人员权利的关注给予了立法上的支持,使得刑事诉讼程序中的人权保障打开了一个比较新的局面。因此,上述原因在目前的看守所管理中虽还或多或少地存在,但已经不是主要原因。主要原因有以下三点:

  一是看守所的管理体制问题。"侦羁合一"体制以及由此引发的实践中在看守所开辟"深挖余罪"的"第二战场"的现象是引起超期羁押问题的原因之一。当人权保障和打击犯罪的任务由一个部门承担,而其主要的考评标准是后者时,角色转换的困难就使得前一任务完全服从于后一任务。

  二是监督管理不到位,主要是监所检察体制不到位。我国公安机关为了防止上述问题的出现,专门开展了内部治理行动。但是,内部监督始终具有其无法突破的瓶颈,因而在实践中效果并不理想。由于监所检察制度的顶层设计落后,缺乏理论的科学指导,导致实践中监所检察不仅没有起到有效的监管作用,反而成为帮助看守所逃避法律追究的"智库"。像这种缺乏监督和制约的权力,如果没有出现权力滥用的问题,反倒更应当引起我们"关注"。

  三是法律规范的方向虽正确,但由于规定过于原则化而缺乏操作性。我国新《刑

[①] 参见陈永生:《我国未决羁押的问题及其成因与对策》,载《中国刑事法杂志》2003年第4期。
[②] 参见苗永红:《公安机关违法超期羁押问题的成因及对策》,载《河南省政法干部管理学院学报》2000年第2期。
[③] 参见唐亮:《中国审前羁押的实证分析》,载《法学》2001年第7期。

事诉讼法》虽作出了更多的人权保障规定,并丰富了辩护人权利的内容和救济途径,但与之相关的《看守所条例》和《律师法》仍旧缺乏细致性,使得在具体操作的过程中障碍不断,导致上位法的效果大为减损。这主要是因为在《刑事诉讼法》修改后,《看守所条例》和《律师法》并没有作好与之配套的调整,它们的滞后性十分明显。

(三)看守所检察监督的不足

面对目前层出不穷的看守所问题,如刑讯逼供、牢头狱霸、阻挠律师会见等,检察监督的效能受到了人们的质疑。除了驻所检察人员自身的原因外,更多的问题是监所检察的制度设计使然。

首先,从立法层面来看,监所监督"缺乏强有力的法律依据"[①],这在很大程度上表现为检察机关刚性权利的缺失。对于这一问题,我们应当从两个方面理解:第一,检察监督的规范过于原则化,缺乏可操作性。例如,《人民检察院看守所检察办法》第七章中规定了对于违法程序的纠正,但这种纠正仅仅是一种建议性的,被采纳与否并不取决于检察机关。即便被采纳,所采取的处分方式也很难达到威慑的目的。第二,检察监督的依据效力不高,其权威性无法得到公安部门的认同。从《人民检察院看守所检察办法》的性质来看,它仅仅一种司法解释,这种解释的规范效力很难得到公安监所管理部门的认同。

其次,从驻所检察制度来看,监所检察设计缺乏合理性。"由于检察机关派驻的检察官长时间地在特定的看守所工作,而很少采取定期轮换制度,加上大多数检察官都可以直接从看守所获得一定的经济利益,因此,驻监所检察官能否秉持中立的立场对未决羁押活动进行有效的法律监督,就成为一个严重的问题。"[②]

最后,从实际工作中检察院对于监所检察的态度来看,监所检察工作的边缘化使得检察力量难有保障。反贪、渎职侵权、侦查以及公诉等部门是检察院日常工作的重心,而监所监督相对来说并不受重视,因而对所检察的物质和人员投入都不多。尤其是人员投入,无论是数量还是质量,都无法和重点工作部门相比。有数据显示,相比看守所和监狱14%和18%的警力配置,驻看守所的检察人员的配置比例只有0.5—1%。目前的监所单位少则关押几百人,多则关押上千人,而驻所检察室平均只有2,3人。[③] 我国的监所检察现状不容乐观,这与制度设计不合理以及司法资源缺乏的现状有很大关系。

五、相关问题的完善建议

通过对上述问题的描述和原因的分析,我们了解到看守所制度的不足可以从立法、检察监督以及制度设计三个方面进行探讨。相比较而言,看守所非中立化的制度

---

① 白泉民、刘继国:《监所检察权的优化配置和立法完善》,载《人民检察》2009年第13期。
② 陈瑞华:《诉讼监督制度改革的若干思路》,载《国家检察官学院学报》2009年第3期,第42页。
③ 参见魏建文:《监所检察监督的问题与对策探析》,载《西南政法大学学报》2012年第4期,第35页。

设计更为学者们所诟病。因此，以下将着重论述看守所的体制调整。

（一）法律法规的完善

虽然《看守所条例》存在着与《刑事诉讼法》衔接以及效力位阶上的问题，但从中央将《看守所法》列入立法规划的事实来看，这些问题的解决只是时间问题。在此过程中，还有其他一些问题值得我们注意，主要包括：第一，公安部起草《看守所法》能否打破"侦羁合一"的现状？第二，《看守所法》能否保证权利救济途径的畅通？针对第一个问题，笔者认为，从目前的状况来看，公安部是不会将看守所的管辖权交出的。这是因为，在目前侦查手段贫乏、侦查技术不高的情况下，看守所脱离公安机关会使得公安机关的案件侦破率下降，同时还会引起社会舆论的不满。另外，羁押权的让渡会形成对公安机关的限制。所以，对于这种更多地依靠政治博弈手段解决的问题，应当通过扩大学术界以及社会舆论在权力分配层面的影响力，以实现侦查和羁押的分离。这就要求我们必须加强理论研究，同时注重中立化思想的传播。对于第二个问题，笔者认为，除了列明在押人员的权利、辩护人的权利、看守所的责任以及救济途径外，更重要的是明确相关责任。"无救济即无权利"，没有救济途径的权利只是纸上的一句空话而已。没有针对权利侵害行为的强制力，救济也不会发生任何作用。这种权利侵害行为的强制力就是法律责任，即违反法律后应承担的不利后果。例如，如果看守所民警侵害了律师会见的权利，就应当受到处罚。不仅如此，对于责任的规定不应当是原则性的，而应当明确且具体。侵害律师会见权后的处分究竟应当是警告、记过、降级还是开除公职，这个问题也应当明确。否则，如果看守所工作人员受到的处罚与其实施的侵害行为的程度不相当，也很难达到权利保障的目的。

（二）看守所监督的完善

如上所述，监所检察监督存在很多问题，原因大致可总结为：检察权缺乏强制力保障、监督制度缺乏合理性、对监所检察的重视程度不高。首先，对于检察权缺乏刚性的问题，笔者认为，在《看守所法》中应当明确检察院对监所检察监督的地位。同时，应当明确针对监所提出的检察建议的效力，即明确拒不执行检察建议的后果。我国明确了人民检察院法律监督的地位，并且赋予其对国家工作人员触犯刑事法律的行为进行侦查、起诉的权利。但是，对于那些性质轻微、不触及刑法的违法行为，仅仅提出检察建议是无法起到遏制作用的。检察权作为国家公权力的一种表现形式，如果缺乏强制力的保障，其监督职能的履行就只能是一种形式。所以，明确监所检察监督的地位及效力是保障检察权顺利实施的基础。其次，科学、合理地设计监所检察制度是有效保障监所检察监督的措施之一。针对现实中因检察人员长期被派驻于同一看守所而引起的问题，应当实行轮换制。同时，还应当采取多种检察监督方法并用的方式。例如，除了设置驻看守所检察所之外，还应当实行巡回检察制度。巡回检察制度可以是定期的，也可以是不定期的，或者是定期、不定期重叠使用的。同时，除了检察院监督之外，还可以采取开放监督的方式。多种监督方式的重叠使用，有助于提高监所执法的透明度，保证看守所运作的合理性和合法性。最后，人民检察院应当重视监所检察监督工作。人民检察院之所以不重视监所监督,主要是因为这并非其主要工作,而且监所监督的效果在检查工作的考核中所占比重很小。因此,应当明确监所检察监督和其他工作具有同等重要的地位,同时将监所检察成绩纳入工作考核中,或者扩大其在工作考核中所占的比重。

(三) 看守所体制的调整

如前文所述,在1983年劳改管理体制改革的时候,看守所并未随着监狱和劳改队一同转由司法部管辖,而是继续由公安部门管理。究其原因,是为了促使当时的"严打"政策更好地发挥功效,同时也是因为担心刚成立的司法部承担如此多的任务会力不从心。从保持管理体系的效果来看,这确实对压制犯罪高发态势起到了一定的作用,同时也产生了很多问题。随着社会的不断进步,刑事司法理论不断发展,看守所的现行体制已经是弊远大于利了,因此体制调整或者改革已是势在必行。

1. 体制调整的理论依据

实践的正确难离理论的指导,看守所体制调整的科学依据就是看守所中立化理论,来源于刑事司法中立化。中立化要求,当存在利益冲突的双方请求第三方予以决断时,该第三方必须保持不偏不倚的中立状态。从本质上讲,中立化改革是正当程序原则的内在要求。"程序既要保障结果正确,又要过程正当,这就是程序的两项基本要素。"[①]事实上,正如陈瑞华教授所说,法律程序有两层价值:外在价值,即功利性价值;内在价值,即法律程序的内在品质。[②] 功利性价值就在于保障结果的公正性,而内在价值便是保障法律程序的正义性或公正性,这种内在价值是与法律的内在价值相统一的。外在价值和内在价值的关系在于,内在价值决定外在价值。如果一个法律程序从内在角度来看都无法保障其公正性,那么实体上的正义更是无从获得。因此,保证程序正当的内在价值对于实现司法公正有着极其重要的意义。程序正当的内容可以概括为:使有罪的人依法得到审判,使无辜的人免于刑事处罚;使应当被剥夺的权利依法被剥夺,使应当被保护的权利免受不法侵害。因此,看守所中立化作为保证刑事诉讼程序内在价值的方法之一,它是否得到贯彻在很大程度上决定着结果正义。

现行体制下的看守所制度暴露出很多问题,违背了正当程序的要求,即产生了程序内在价值的危机。此类问题的出现在很大程度上受到了看守所非中立化的影响。首先,刑事司法原则中很重要的一点就是"无罪推定原则",而刑讯逼供的做法恰恰是有罪推定。这是一个很明显的逻辑问题。其次,正当程序要求"不得强迫自证其罪"。换句话说,犯罪嫌疑人应当享有沉默权。侦查机关为了获取有利于追诉的证据,通过暴力、折磨或者以暴力、折磨相威胁的手段逼迫犯罪嫌疑人招供,就是强迫认罪的一种表现。另外,正当程序原则还要求司法机关保护犯罪嫌疑人或被告人的合法权益。然而,刑讯逼供、阻挠律师会见以及牢头狱霸等现象的出现,恰恰表明我国看守所在日常

---

① 裴苍龄:《程序价值论》,载《河北法学》2011年第12期,第58页。
② 参见陈瑞华:《程序正义论纲》,载《诉讼法论丛》1998年第1期,第23页。

的在押人员权益保障方面的工作与程序正当性的要求还很远。从诸多现象反映出的问题来看,我国刑事司法程序的内在价值并未得到保障。试想,一个缺乏正义的程序何以保证对实体权利审判结果的公正性?因此,程序正义和结果正义从本质上要求看守所进行中立化改革。

2. 体制调整的方向和具体方案

司法体制整体的中立,需要通过权力的制约和平衡实现。从应然的角度来讲,看守所应当是一个介于追诉方和被追诉方之间的中立机构,其目的在于"监督侦查行为,特别是讯问犯罪嫌疑人的合法性,保障被羁押人人权不受侵犯"①。但是,实际上,看守所目前由公安机关管理的体制使其自身的中立性很难得到保证,深挖余罪已经成为看守所的任务之一,其性质已然变成了打击犯罪的"第二战场"。这种"制约变隶属"的情况使得侦查机关的力量过于强大,而保障依法侦查和人权保护的力量则相对缩减。在权力制约的平衡被打破后,依法打击犯罪和人权保障的要求便很难得到执行。所以,我国看守所体制改革的方向便是中立化。

对于看守所改革的具体方案,国内、国外的理论和实践经验为我们提供了多种思路。从国外的视角看,可以将英、美、德、法、日五国的看守所设置分为三大类型:首先,英国、美国和德国在审前羁押的设置上较为相似。除了德国规定的犯罪嫌疑人被逮捕后应当立即被带到法官面前,延迟时间最长不得超过逮捕后次日外,三国基本上都是将确定被羁押的被告人暂时关押于监狱。只不过这些被告人不得与犯人关在同一监室或监区。对于未成年人的关押,三国都有区别于成年人的关押场所。例如,美国将被羁押的未成年人关押在青少年拘留所;英国将年龄在17岁以下的未成年人关押在看护中心(the Care of a Local Authority),而将17—20岁的未成年人关押在拘留中心(Remand Center)。这些羁押未成年人的机构均独立于警察局。其次,法国将看守所附设于法院。依据《法国刑事诉讼法典》第714条的规定,法国每一大审法院、上诉法院以及重罪法院均设有一个看守所,但法令具体指定的法院除外。针对这种例外的规定是,由法令决定这些法院用于羁押各自管辖的轻罪被告人、上诉人或重罪被告人的一处或几处看守所。② 最后,日本对审前羁押机构的设置是独立监狱与警察局内的"代用监狱"并用的模式。原则上,日本的未决羁押场所应当是监狱,即法务省设置在各地的拘置所。但是,由于全国范围内拘置所只有117座,因而亦允许在特殊情况下使用警察署下设的留置场所以代替拘置所。有日本法学家称之为"代用监狱制度"③。据2002—2003年的统计数据,日本的"代用监狱制度"导致约90%的犯罪嫌疑人被羁

---

① 陈光中、汪海燕:《论刑事诉讼的"中立"理念——兼谈刑事诉讼制度改革》,载《中国法学》2002年第2期,第37页。
② 参见罗结珍译:《法国刑事诉讼法典》,中国法制出版社2006年版,第544页。
③ 转引自周健宇:《未决羁押人员人身安全保障制度研究——基于实证分析与比较法的考察》,载《现代法学》2012年第5期,第105页。

押在警察署下设的拘置所,其拘留时间持续达 10 日至 20 日,甚至更长。① 由此可见,日本的审前羁押制度与我国的情况相似。

从国内的视角看,在中立化的观点上,学者们达成了共识。在具体调整方案上,虽仍有争议,但绝大多数学者还是主张将看守所划归司法部管理,以达到"侦羁分离"的目的。其中,有的学者认为,应当将看守所统一划归司法行政机关管理,且公安机关的拘留和逮捕均由看守所执行;②有的学者则认为,拘留应当由公安机关管理的看守所或拘留所执行,受到正式逮捕的犯罪嫌疑人或被告人应当由看守所管理;③还有的学者认为,应当在人大常委会下另设机构以负责对未决犯的关押。④ 针对第二个观点,应当注意到的是,我国的拘留制度不同于西方的拘留和逮捕制度。在西方国家,并无拘留措施,逮捕仅仅是强制到案的一种措施,仅会带来短时间的人身监禁。至于羁押措施,需要经过全面审查,只有符合条件的才予以羁押。因此,从形式和实质来看,西方国家的逮捕大致相当于我国的拘留制度。不同的是,西方国家的逮捕制度所产生的人身羁押时间为 24 小时,至多不超过 48 小时;而我国的拘留时间一般为 24—48 小时,最长可达 37 天。这种对于人身权益存在较大侵害可能性和严重性的制度应当由一个相对中立的机构来执行,而非侦查机关。

综上,看守所管理体制改革的路径大致有:(1) 效仿英、美、德的监狱羁押未决犯制度;(2) 学习法国,将看守所附设于法院;(3) 如我国学者所言,将看守所交由司法行政部门管辖,这应当是与监狱平行的制度,而非附设于监狱内;(4) 在国家权力机关下另设机构,负责未决犯的管理。对此,笔者认为,如果从中立化改革的角度来看,上述四种方案均有助于实现看守所在侦查机关和犯罪嫌疑人或被告人之间不偏不倚的状态。然而,考虑到传统问题、本土化问题以及效益问题,这四种方案之间便有了先后顺序之分。

首先,从我国看守所管理的传统制度来看,尽管早期的监所管理均由公安机关负责,但自从看守所和监狱分押分管的体制确立之后,二者始终都是独立设置的,并没有谁附设于谁的问题。因此,如若采用英、美等国的监狱羁押制度,则是回到了类似于分押混管的老路上。然而,这并不意味着监狱附设看守所会使得未决犯的境遇恶化,至少在形式上,监狱和看守所分设的模式具有相当的优势。这种优势在于,它打破了人们对将未决犯羁押在监狱而产生的对未决犯权益保障问题的合理怀疑。

其次,从改革的效益问题,即成本与利益的角度进行分析,对于在人大常委会下设

---

① 参见陈瑞华:《问题与主义之间——刑事诉讼基本问题研究》,中国人民公安大学出版社 2003 年版,第 184 页。
② 参见黄洁、朱雨晨:《政协委员建议看守所交由司法行政机关管理》,载《法制日报》2009 年 3 月 12 日第 2 版。
③ 参见陈瑞华:《问题与主义之间——刑事诉讼基本问题研究》(第二版),中国人民大学出版社 2008 年版,第 208 页。
④ 参见胡建淼、金承东:《论司法刑事侦查权与关押权的分离——阻却刑讯逼供的有效制度》,载《浙江学刊》2001 年第 2 期。

立未决犯的关押机构的提议,笔者认为略有不妥。鉴于监狱羁押和看守所羁押一定程度上的相似性,以及司法行政机关在监狱管理方面的经验,相较将看守所设在人大常委会下,划归司法部不仅便于管理,更关键的是这种变更的成本更低。鉴于司法机关的中立性,也可以较好地达到监督侦查和保障人权的目的,因而不必另设机构。

最后,考虑到本土化的问题,尽管国外审前羁押制度的运行状况相对良好,但制度与制度的生存土壤不同,使得盲目"移植"很容易出现"水土不服"的问题。无论是"附设于法院"还是"附设于监狱",实践经验都不足以验证其是否符合我国国情。从实践经验来看,将看守所交由司法行政部门管辖更具优势:第一,尽管从理论上讲,应当明确区分已决犯和未决犯的地位与处遇,但二者在管理上仍有很多相似之处。因此,司法行政部门在这方面具有一定的实践经验。第二,从司法行政部门的职能来看,不仅无涉侦查,而且通过对律师的管理工作还能够保证法律援助的有效施行以及律师会见等权利的保障。这不仅有利于实现看守所的中立化管理,也有助于保障在押人员的权利。第三,从效益来看,将看守所变更为由司法行政机关管理,仅仅涉及政府内部管理的决策问题,阻力相对较小。

综上所述,看守所中立化改革是方向,而将看守所划归司法部管理是目前最为妥当的调整方案。

六、留看守所服刑罪犯的矫正:被忽视的议题[①]

看守所留所服刑虽然并非一个新鲜事物,但有关该问题的探讨为数不多。看守所作为审前羁押的场所,其功能在于保障诉讼活动顺利进行,保障在押人员免于侵害。现实中,它仍肩负着对余刑在三个月以下的罪犯的矫正。这种工作本身就是与看守所职能相违背的。无论是在留所服刑的正当性方面,还是在其现实运行效果方面,均存在可商榷之处。尽管本章探讨的是审前矫正,但留所服刑与看守所关系密切,因而特将该问题留于此处作详细论述。

(一)留所服刑的法律依据及其变迁

留所服刑,是指对判决生效后其余刑在一定期限以下的犯罪人,将其留在看守所内服完剩余刑期,目的在于节约司法资源。我国最早的关于留所服刑的规定,见于1954年由政务院发布的《劳动改造条例》。该条例第8条第2款规定:"判处徒刑在二年以下、不便送往劳动改造管教队执行的罪犯,可以交由看守所监管。"1990年的《看守所条例》第2条第2款规定:"被判处有期徒刑一年以下,或者余刑在一年以下,不便送往劳动改造场所执行的罪犯,也可以由看守所监管。"1991年公安部颁布的《看守所条例实施办法(试行)》规定,除了余刑在一年以下的罪犯外,个别余刑在一年以上的罪犯经主管公安局、处长批准,并经人民检察院同意,亦可以留所服刑。我国1996年和

[①] 本章讨论的内容是审前矫正,而留所服刑则是判后矫正。相比较而言,该问题应当说超出了讨论的范围。但是,考虑到对看守所矫正论述的全面性,应当对这一相对特殊的问题进行详细的介绍。

2013年《刑事诉讼法》均就留所服刑的条件作了规定,前者是余刑在一年以下,而后者则是余刑在三个月以下。同时,对于被判拘役刑罚的人,由公安机关执行的,也交由看守所关押。2008年,公安部还发布了《看守所留所执行刑罚罪犯管理办法》,其第2条规定:"被判处有期徒刑的罪犯,在被交付执行前,剩余刑期在一年以下的,由看守所代为执行刑罚。被判处拘役的罪犯,由看守所执行刑罚。未成年犯,由未成年犯管教所执行刑罚。"

上述规定中,1954年发布的《劳动改造条例》不同于其他,主要是因为其他规定都明确留所服刑的条件是余刑在一年或三个月以下的罪犯,而它规定的则是所判处的徒刑在两年以下的罪犯。1991年的《看守所条例实施办法(试行)》明显是违反上位法规定的,它对于一年以上留所服刑的规定应当是无效的。从法律法规对于留所服刑所作规定的变化来看,要求更为严格了。由余刑一年以下变为余刑在三个月以下,大大减少了留所服刑的人数。这不仅有利于看守所正常运转,也有利于对那些在留所服刑范围内的罪犯的矫正工作。

(二)留看守所服刑罪犯矫正的现状

从《刑事诉讼法》的角度来看,已决犯和未决犯的身份是截然不同的,这主要是因为"无罪推定原则"的要求。在法院判决生效之前,所有的涉诉人员均被称为"犯罪嫌疑人"或"被告人";而在法院判决生效之后,对该群体的称呼则变为"罪犯"或"服刑人员"等。

按照《刑法》的精神,有罪则有刑,无罪则无刑。因此,对于处在不同诉讼阶段的人来说,其处遇是不同的。对于罪犯而言,应当对其进行惩罚、教育、改造;对于被推定为无罪的人而言,则不能对其运用刑罚。所以,在已决犯和未决犯的管理上,应当有明显的区分。从我国《刑法》《刑事诉讼法》《监狱法》《看守所条例》以及《看守所条例实施办法(试行)》的规定来看,对看守所羁押人员的管理是较为宽松的;而对服刑人员的管理则是十分严格的,他们不仅要接受严格的思想道德教育、法律教育、文化教育和技术教育,还必须参加劳动。这种劳动教育不同于看守所的适度劳动,而是有劳动配额的,并且根据劳动任务完成程度进行奖励或惩罚。另外,对于服刑人员可以适用减刑、假释和保外就医等规定,而看守所在押人员则没有这些处遇。由此可见,从理论和法律规定来看,对已决犯和未决犯的管理是有区别的,而且是应当进行区分的。

然而,实际上,对留所服刑罪犯的矫正是十分松散的,并没有达到已决犯应有的矫正强度。看守所本身缺乏监狱所具备的矫正条件,使得相较于监狱服刑的留所服刑变得十分"悠闲"。现实中,很多已决犯都想方设法留在看守所。例如,有的人在一审判决之后进行上诉,通过拖延期限使判决生效后,经过折抵的刑期不足一年,从而达到留所服刑的目的。更有一些"数进宫"的"老司官",将看守所视为"度假"场所。譬如,一个家住上海市长宁区天山五村的"老司官",其人生中的20年是在"铁窗"内度过的,在长宁看守所服刑已经是五进五出。他流窜到外地盗窃,过不下去了就随便针对一个可判短刑期的案子自首,回到看守所住上一年。在他眼里,回到长宁看守所服刑,就好比是回家"探亲""度假"。① 正是由于留所服刑的矫正效果无法得到保障,使得留所服刑人员的再犯率非常高。据上海市金山区人民检察院调查,从2003年至2005年9月,其受理的刑事案件中属于累犯的被告人有188人,其中留所服过刑的人员占总数的42%。② 因此,应当对留所服刑进行一定的改革,否则这种矫正方法便会流于形式,而且还是对司法资源的浪费。

(三)留看守所服刑罪犯矫正所存在的问题

留所服刑的初衷是将那些因剩余刑期过短而不便于移交监狱服刑的罪犯由看守所代为执行刑罚,其目的在于节约司法资源。然而,美好的目的并不意味着美好的结果,现实中的留所服刑存在着这样或那样的问题。

首先,就正当性而言,留所服刑的人员是经过法院定罪的犯罪人员,对罪犯的矫正应当由一个相对较为中立的机构进行。我国的罪犯矫正基本上均由司法部下设的监狱管理局和社区矫正管理局进行,而看守所则由公安部的监所管理局管辖。因此,从整体上看,这些已决犯的矫正工作是由作为侦查机关的公安机关进行的。如何保证侦查机关在进行矫正时能够秉持一个中立的工作态度?这是一个值得思考的问题。相比于"侦羁合一"的审前羁押管理制度,这种侦查机关负责犯罪矫正的状况的科学性也有待考量。

其次,留所服刑的运行也存在很多问题。第一,虽然留所服刑的标准由一年变为三个月,但随着我国"宽严相济"的刑事政策不断深入执行,留所服刑的人数还是没有明显减少。这导致看守所对留所服刑的管理压力非常大。依据《看守所条例》规定的任务和工作标准,必须配备数量为在押人数15%的民警才能够完成看押警戒、提审押解、会见通信、教育改造、生产生活等工作。可以说,随着看守所关押人数的增多,很多地区的看守所都无法达到这个标准。因此,如何在保证审前矫正工作的前提下,保质保量地完成留所服刑工作仍存在可质疑的地方。第二,看守所不适合已决犯的矫正工作。相较于监狱严格的教育改造和劳动改造,看守所无法保证这两项工作的效果。看守所的思想道德教育、法制教育、文化教育方式比较单一,一般只是通过组织听广播、看新闻、看报纸等活动进行。另外,就劳动改造工作而言,"由于场地缺乏,多数看守所没有劳动设施,根本无法组织留所服刑罪犯开展生产劳动,少数看守所也仅能组织开展不定期的简单手工劳动,很难达到劳动改造服刑人员的目的"③。不仅如此,看守所民警的矫正技能也很难和监狱民警相比。这是因为,看守所民警并不以罪犯矫正为主要工作。同时,在民警招募方面,那些具有与矫正工作相关的专业背景,如教育学、心

---

① 参见陈斌:《看守所留所服刑犯监管工作现状浅析与思考》,载《上海公安高等专科学校学报》2004年第1期,第24页。
② 参见万海富、顾文、刘金鹏:《关于留所服刑罪犯刑罚执行情况的调查分析》,载《人民检察》2006年第10期,第54页。
③ 同上。

理学、医学和法学等的人员,更受监狱机构方面的青睐。第三,看守所对留所服刑人员的管理也存在问题,最主要的就是已决犯和未决犯的混押混管以及脱逃现象严重。由于监舍十分紧张,有的看守所在人员的关押上甚至不区分已决犯和未决犯、成年犯和未成年犯、拘役犯和徒刑犯。例如,江西赣州兴国看守所8人脱逃的案件引起全国舆论的关注,其中一个叫危先坤的罪犯就是和未决犯关押在一起的。这种忽视分类管理的方式很容造成"交叉感染",这是矫正工作的"大忌"。这不仅没有起到矫正的效果,反而使得罪犯的犯罪知识和技能更为丰富。再有就是留所服刑人员脱逃问题十分严重。有数据显示,1999年至2001年,南方某省发生49起共82人的看守所脱逃事件,其中留所服刑人员脱逃28起共40人,分别占脱逃事件总数的57.1%和人数的48.8%。[①]

因此,总的来讲,虽然法律明确规定了看守所可以代替监狱收押余刑在三个月以下以及被判有拘役刑的犯罪人员,但对于短期犯而言,看守所主要起到的是羁押而非矫正的作用。

(四)留所服刑问题的完善建议

通过以上描述,留所服刑问题基本可以总结为留所服刑正当性的问题以及留所服刑具体运作的问题。正当性的问题涉及留所服刑的管理机关是否应然地具有矫正职能,同时因为它缺乏权力分立和制衡,管理中一定程度的混乱也是一个无法回避的问题。留所服刑具体运作的问题则涉及矫正的软件和硬件是否能够满足犯罪矫正的要求。看守所的主要任务是审前羁押矫正,而留所矫正的对象则是已决犯,这种矫正资源的低配置能否满足矫正效果的高要求,是留所矫正所要解决的关键问题。

从看守所执行留所矫正工作的正当性来看,因为目前我国看守所仍旧归公安机关管辖,所以这种侦查机关负责矫正工作的现状本身就是不合理的。对犯罪人员的矫正应当由一个中立的矫正机关执行,这个机关在我国就是司法行政机关。因此,应当将留所矫正工作交由司法机关管理。事实上,这也符合看守所改革的思路。即当公安机关将看守所的管理权全部交予司法机关后,看守所代为收押余刑在三个月以下以及被判有拘役刑的犯罪人,便有了其制度设计的正当性。从这个角度出发,留所服刑问题的改革事实上也与审前羁押机构管理架构的调整有着千丝万缕的联系。不仅如此,如果将看守所划归司法机关管理,通过司法机关对监狱矫正、社区矫正以及留所矫正的资源进行整合,可以有效地保障留所服刑人员的矫正效果,从而减少留所矫正因资源配置过少而带来的诸多问题。

对于留所服刑的具体运作,有的学者和实务部门的工作人员认为,应当增加对看守所的物质支持,通过扩大场所、设立专门的短期犯或短刑犯监狱、配备矫正设施和矫正工作人员等方法,满足留所矫正工作的要求。上述建议确有其必要之处。例如,通过扩大看守所的规模,可以很好地对留所服刑人员进行分类管理,以避免"交叉感染"。

---

① 参见唐兢、胡凯:《论看守所留所服刑罪犯脱逃的防范》,载《政法学刊》2001年第3期,第52页。

再如,通过建立劳动场所,可以有效地保证短期犯的劳动改造。然而,笔者认为,这些措施并不能真正发挥其功效。余刑在三个月以下以及被执行拘役刑的犯罪人员,其所服刑期本身较短,因此很难保证有一个良好的教育矫正效果。如果为了矫正这些犯罪人员而对看守所投入过大,事实上根本无法保证矫正的经济效益;而如果将他们置于专门为其设立的短期犯或短刑犯监狱,则可能违背节约司法资源的初衷。所以,笔者认为,首先,应当完善对于留所服刑人员的分类管理,要做到初犯与累犯、老年人与成年人以及不同类型犯罪的分类等。其次,对于可能被判处较短刑期和余刑较短的犯罪人员应当尽量避免机构矫正。换句话说,在审判阶段,对于这些犯罪嫌疑人应当尽可能地适用缓刑;而在执行阶段,应当尽可能地对其适用减刑和假释,并且通过一个相对完善的刑释人员的更生制度,以保证其能够达到最佳的矫正效果。另外,正如前文所述,如果能够将看守所交由司法机关管理,便可以进行留所矫正、监狱矫正和社区矫正这三者的资源整合,从而形成一个已决犯的"矫正合力",以保证短期犯教育改造的成效。

总而言之,目前学界对于看守所留所服刑问题的讨论不多,留所服刑所存在的问题是值得我们深思的。《刑事诉讼法》《看守所条例》以及《看守所条例实施办法(试行)》都明确规定了看守所可以代为收押余刑在三个月以下的罪犯和拘役犯。但是,由公安部门管理看守所的现状使得留所矫正在制度设计的正当性上存在可非议之处。

另外,实际运行中,看守所自身的局限性很难有效保证留所矫正的效果。主要原因在于,矫正时间过短,教育改造工作内容单一,并且矫正工作的质量和程度无法与监狱矫正相比。看守所对留所服刑工作的重视程度及管理都缺乏严格性,使得留所服刑人员脱逃的现象屡屡发生。同时,缺乏分类管理使得"交叉感染"现象变得十分严重,很多留所服刑人员在刑满释放后,其身上的不良习气相较于入看守所之前变得更为严重。因此,留所矫正工作在实现特殊预防和社会防卫目的方面都是值得反思的。

鉴于预防犯罪、维护社会安定的重要性,必须对留所服刑制度进行改革。首先,这种改革应当从调整看守所管理架构方面着手,这与看守所改革的方向和目标是相吻合的。其次,完善分类管理制度,避免留所服刑变成"犯罪大学"这种荒唐现象的出现。最后,对于社会危害性不高的犯罪行为人,应当尽量采取开放式的矫正方式,并且做好刑满释放后的帮扶、指导工作。可以说,留所服刑对短期犯的矫正工作,就是对其将来可能有的更为重大的犯罪行为的预防,所以必须予以高度重视。

第三节 审前社区矫正:司法分流与监督考察

相对于审前羁押矫正而言,审前社区矫正是审前社会化处遇,即以社区为矫正场所而进行矫正的一系列措施的总称。尽管我国还未建立统一的审前社区矫正制度,但是无论在规范层面还是在实践层面,都出现了很多体现审前社区矫正精神的矫正措施,如暂缓起诉、刑事和解程序等。司法分流和观护制度与审前观护制度存在着内涵和外延上的重合,因而以不同视角审视审前社区矫正可以帮助我们更深入地理解该制度。

一、审前社区矫正概述

(一)审前社区矫正的概念及特点

"审前释放和转处、缓刑、居住方案以及假释,是社区矫正制度的基本内容。"①因此,概括地讲,在审前对犯罪嫌疑人或被告人采取非羁押性的诉讼保障措施,可以视为审前矫正。但是,审前社区矫正的特点并非仅仅如此。如果说审前羁押矫正可以被描述为刑事强制措施中的拘留和逮捕,那么审前社区矫正,或称"审前非羁押性矫正",并不局限于取保候审和监视居住。② 除了取保候审和监视居住外,任何具有非机构化矫正色彩的措施都可以成为审前社区矫正,如公安机关的暂缓处理、检察机关的附条件不起诉等。对于以上问题,笔者将在下文详述。

尽管现实中有些形式的处遇自身的社区矫正特征并不明显,但并不妨碍将其划归审前社区矫正。毕竟,社区矫正和机构矫正是矫正制度的两大部分,这些措施的性质非此即彼。例如,取保候审的执行场所便是社区。虽然《刑事诉讼法》第69条第1款规定"未经执行机关批准不得离开所居住的市、县",但是其实际活动范围有限,主要就是社区。另外,根据国外成熟的社会观护制度,犯罪嫌疑人被采取社会化处遇之后,其日常的教育、监督和管理工作也主要由其所在的社区负责。从这个方面来看,取保候审和监视居住也可划归审前社区矫正的范围。

除了多样性之外,审前社区矫正措施还应当包括一些配套措施。例如,社会调查、考察期间的监督或管护等。如果没有这些配套措施,而仅仅是将涉诉青少年交由缺乏足够监督、管理的社会进行矫正,不仅起不到矫正的效果,反而增加了社会危害性。

另外,相较于审前羁押矫正,审前社区矫正的处遇更为宽松和人道。从打击犯罪的角度看,这似乎有违刑事法律的目的。但是,根据犯罪实证主义学派的观点,个别化处遇是有助于犯罪矫正的。应当注意的是,审前社区矫正并没有一个统一的被矫正人员的标准。这主要是因为审前社区矫正涉及的范围较广,跨越了立案、侦查、审查起诉、审判等多个诉讼阶段。因此,这与我国现行《刑事诉讼法》中附条件不起诉的犯罪嫌疑人资格相比,差距还是较大的,很难统一。总体上,这些犯罪嫌疑人或涉嫌违法的人员,其人身危险性较被采取羁押措施的人员来说是不高的。

从以上论述来看,审前社区矫正相较于审前羁押矫正,有非机构化处遇、方式多样化、对象特定的特点。其中,非机构化处遇的目的就在于避免机构处遇或刑事诉讼程序带来的弊端,如"交叉感染""标签效应"等。鉴于此,综合以上内容,笔者认为,审前

---

① 〔美〕克莱门斯·巴特勒斯:《矫正导论》,孙晓雳、张述元、吴培栋译,中国人民公安大学出版社1991年版,第81页。
② 从矫正的构成要素来看,拘传并不符合矫正的资格要件,因而刑事强制措施中的审前社区矫正只有取保候审和监视居住。

社区矫正是指为达到避免机构处遇或刑事诉讼程序带来的不利影响的目的,对符合一定条件的犯罪嫌疑人所采取的一系列社会化矫正措施的总称。应当注意的是,这一定义是相对于审前羁押矫正而言的。因此,除了避免不利影响的目的外,审前社区矫正的首要目的还是犯罪矫正。

(二)审前社区矫正的功能

从以上审前社区矫正的概念来看,它或多或少与审前社区矫正的功能有关系,主要表现在其目的上,又不仅仅局限于目的。目的更多地含有主观色彩,而功能则恰恰反映的是一项制度的客观效用。所以,审前社区矫正的功能可以总结为如下几点:

第一,有利于避免机构处遇和刑事诉讼程序带来的负面影响。机构处遇会带来"交叉感染""标签效应"等影响。涉嫌不同性质或有着不同犯罪背景的人被关押在一起,通过交流或学习的方式从彼此身上学到原先不具有的犯罪习气,从而增加了自身的犯罪可能性,这种状态被称为"交叉感染"。标签效应,是指权威机构给行为人贴上"犯罪人"的"标签",而且行为人对该"标签"产生了认同,就会促使行为人朝着"标签"的方向发展。相较于社区矫正,机构矫正十分容易产生上述影响。可以说,审前社区矫正为避免上述两种因传统刑事诉讼程序而带来的不良后果发挥了巨大作用。

第二,有助于特殊预防目的的实现。相对于一般预防而言,特殊预防更注重对犯罪人的教育、惩罚、矫正,帮助其进行再社会化,从而达到预防犯罪的目的。从"社会防卫"理论的内容来看,刑事司法活动的目的就在于实现防卫社会,而任何有助于实现涉诉人员再社会化的方法都可以被看作达到预防犯罪目的的途径。对于那些初犯、偶犯或者性质显著轻微的,通过公安、检察机关合理行使其自由裁量权就可以实现犯罪预防目的的,就可以不用使涉诉人员进入审判程序。对于那些处于监督考察期间的犯罪嫌疑人或被告人,一种更为宽缓、更有弹性、更有针对性的观护措施比严厉的机构矫正甚至刑罚更有助于他们的犯罪矫正。换句话说,审前社区矫正适用于因适用过重的处遇而将涉诉人员推向社会对立面,从而引起的矫正失败或者"制造犯罪人"的情况。

第三,有助于实现矫正的"经济效益"。经济学视角,简单地说,就是以成本和效益为出发点的视角。以经济学视角观察审前社区矫正,矫正的成本和效果就成了主要关注对象。有数据显示,社会化处遇程度越高的措施,其矫正效果越明显。接受观护制度的人员,其再犯率为 15%;而接受辅育院矫正的人员,其再犯率则高达 55%。[①] 由此可以推断,对于那些社会危害性较小的犯罪人,社区矫正效果更为明显。相比机构矫正,社区矫正的成本较低。在纽约,每拘禁一名犯人所需要的费用是观护费用的 18 倍。[②] 另外,审前社区矫正下的处遇社会化,使其对涉诉人员工作和学习的影响降至最低,较大程度地保证了其自身价值和社会价值。对于那些不必通过审判程序的人

---

① 参见车炜坚:《美国与台湾观护制度的运作与评估的比较研究》,载《当代青年研究》1989 年第 5 期,第 64 页。

② 参见房传钰:《现代观护制度之理论与实际》,台北三民书局 1977 年版,第 15 页。

员,可以减少其因涉诉带来的时间、物质、精力成本。可以看出,审前社区矫正以特定的人员为对象,妥善地处理成本和效益的关系,实现了矫正的"经济效益"。

二、司法分流

"司法分流"的提出,源自美国学者克莱因(Klein)对标签理论的研究。其主要观点是:机构化处遇所带来的标签效应不仅不利于犯罪人的矫正,相反会加剧犯罪人反社会的人格特征。因此,在刑事司法活动中,应当尽量避免机构处遇。随着司法分流制度的发展,其内容不单单局限于避免犯罪嫌疑人或被告人的机构化处遇,而是扩展到将涉诉人员完全从刑事诉讼程序中分流出来的措施。司法分流不单单有助于犯罪行为人的矫正,更有利于恢复司法权威、保障诉讼效率、实现个别化矫正。应当注意的是,司法分流仅仅是审前社会化矫正的开始,真正的矫正工作需要有一系列的社会工作的支持。

(一) 司法分流的概念与意义

所谓刑事司法分流,是指按照一定标准,为将刑事案件从通常程序中"过滤"出来,而提供的一系列替代措施的总称。对于这句话的理解,可以从狭义和广义两个层面进行。狭义的刑事司法分流主要包括侦查阶段的分流、审查起诉阶段的分流、审判阶段的分流以及刑罚执行的分流,其目的在于避免或尽量减少传统刑事诉讼程序给涉诉人员带来的不利影响。广义的刑事司法分流除上述内容外,还包括将案件彻底从刑事司法程序中分流出去的方式,如适度不立案、撤销案件等。本书的主要观点是支持广义的刑事司法分流,这是由程序分流的价值背景决定的。限于章节内容的要求,此处主要以审前的刑事程序分流为主。另外,司法分流程序要求对分流对象进行考察监督,如果没有这一环节,不仅无法达到预防犯罪的目的,反而增加了分流人员侵害社会的可能性。监督考察的目的,一是监督分流对象在考察期间是否能够遵守相关规定,积极配合矫正工作并有悔过倾向;二是对考察对象进行评估,以便给考察期结束后的程序提供参考;三是综合运用各种帮教手段,帮助分流对象实现矫正目标。

刑事司法分流的重要意义主要体现在两方面:规范层面的要求和刑罚目的转变的要求。

首先,从规范层面看。"一切法制度的最终价值,必将落实于其对社会控制所能发挥的功能之上。"①因此,法律一旦丧失了其对于社会控制的功能,就变得不再有意义。法律对社会的控制依靠的是其权威性,这种权威性不单单来源于制定主体的主权者地位和强制力,更建立在社会对法律的遵守与执行上。换句话说,公众对于法律权威的认可程度在一定程度上决定着法律的控制力。在理想主义的刑事诉讼理念前,人们似乎更加强调正当程序对于正义的实现,却忽视了诉讼程序所追求的另外一种价值"效率"。正义和效率看上去似乎是一种矛盾的关系,但是效率的保证同样是正义的内在

---

① 姜涛:《刑事程序分流研究》,中国政法大学 2004 年硕士论文。

要求。英国有句著名的法律格言:"迟来的正义即是非正义,这种正义的迟到现象所损害的是司法裁判的及时性(timeliness)。"[①]我国正面临着与美国当年相同的"诉讼爆炸"现状,这不仅仅是因为人们更愿意将纠纷诉诸法律,更在于我国的犯罪随着社会转型的不断深入而快速增长。在犯罪案件不断增多与司法资源维持稳定的冲突面前,效率的实现变得更加困难。正是由于效率的降低,使得民众对于国家的公安、司法体系在打击犯罪方面的权威性产生了质疑,而这种认可程度的降低必然导致法律对于社会控制力的减弱。因此,从法律规范的社会控制功能角度出发,将案件分流并有针对性地使用司法资源,对于维护法律在社会中的权威性十分重要。

其次,从刑罚目的转变的角度看。古典犯罪学派虽然承认刑罚的目的在于预防犯罪,但是他们对于刑罚本质的认识仍然停留在"惩罚"的层面上,即刑罚带来的痛苦使犯人认识到犯罪具有严重后果。随着资本主义社会在工业革命之后不断发展,出现了大量的犯罪现象,其中较为严重的问题是累犯数量增长迅速。面对如此严重的问题,古典犯罪学派的犯罪预防理论却束手无策,其理论因此受到了人们的质疑。与此同时,不断发展的实证主义学派渐渐将人们进行犯罪预防的对象由行为引向了犯罪人。他们在研究中发现犯罪人与精神病人有着相似之处,并在对二者进行比较研究的过程中发现,犯罪也是一种"病"。因此,对于犯罪的预防不应当是惩罚,而应当是对犯罪人进行犯罪矫治。另外,由于实证主义学派认为预防犯罪的目的在于使社会免于犯罪侵害,同时其犯罪原因论是建立在多元论基础之上的,因而刑罚的目的应当是有针对性地对罪犯进行教育、矫正,从而重新回归社会。所以,建立在这种刑罚目的基础上的现代刑罚观念必然强调,刑罚并非预防犯罪的唯一方法和最佳方案。只要是对具有不同社会危害性的犯罪人采取有针对性的犯罪矫正和预防方法,并能够起到社会防卫的目的,都是具有正当性的。由此可见,实践中的一些社会危害性并不高、影响并不恶劣的案件,如果采用行政处罚、具结悔过、责令赔礼道歉、赔偿损失的方法就能够有效地达到犯罪预防效果,就不应当采用刑罚的处理方法。这是因为,刑罚所带来的负面影响一旦超出控制,就很有可能将犯罪人推向社会对立面,使犯罪预防适得其反。

(二)侦查阶段的分流

1. 适度不立案与撤销案件

依照刑事司法分流的发展趋势,即刑事司法分流在刑事诉讼程序中不断前移,公安司法机关对于立案或者撤销案件的自由裁量权必然会对诉讼程序的"过滤"起重要作用。我国法律法规对于立案和案件的撤销有细致的规定,这些规定在"过滤"案件、维持刑法谦抑性方面有着重要作用。应当明确的是,这里的立案与撤销案件的主体包括公安机关(包括国家安全机关)和人民检察院的侦查部门。

事实上,不立案与撤销案件是有内在联系的,该联系就在于立案与否的标准决定着适度不立案与撤销案件的自由裁量范围。由于在立案时,对于案件的事实并不十分

[①] 转引自陈瑞华:《看得见的正义》(第二版),北京大学出版社 2013 年版,第 62 页。

清楚,可能影响到侦查部门对于法律的适用。在立案后的侦查阶段发现有些案件情节显著轻微、社会危害性不大的,考虑到犯罪个别预防的效果,可以撤销案件。如果在立案之前就发现,对于该案件如果以行政处罚的方式处理更有利于犯罪预防,可以不予立案。当我们明白立案的标准以后,就可以清楚地知道侦查部门在何时可以不予立案,在何时以撤销案件的方式处理更有利于犯罪预防。

(1) 实体规定

依据《刑事诉讼法》第 15 条、第 107 条、第 108 条第 3 款以及第 110 条的规定,公安司法机关的立案条件为:有犯罪事实。事实应当是依照刑法的规定构成犯罪的事实。同时,该犯罪事实必须由相关的证据材料证明。犯罪事实是客观存在的,必须建立在一定的证据材料的基础之上;需要追究刑事责任。依据《刑事诉讼法》第 15 条的规定,有以下情形之一的,不追究刑事责任,已经追究的,应当撤销案件,或者不起诉,或者终止审理,或者宣告无罪:情节显著轻微、危害不大,不认为是犯罪的;犯罪已过追诉时效期限的;经特赦令免除刑罚的;依照刑法告诉才处理的犯罪,没有告诉或者撤回告诉的;犯罪嫌疑人、被告人死亡的;其他法律规定免予追究刑事责任的。凡是符合第 15 条规定的,均应当是依法不被认定为犯罪或者不追究刑事责任的情况,符合管辖的规定。《刑事诉讼法》第 107 条规定,公安机关或者人民检察院发现犯罪事实或者犯罪嫌疑人,应当按照管辖范围,立案侦查。第 108 条第 3 款规定,对于不属于自己管辖的,应当移送主管机关处理,并且通知报案人、控告人、举报人;对于不属于自己管辖而又必须采取紧急措施的,应当先采取紧急措施,然后移送主管机关。从我国《刑事诉讼法》对于六种情况应当不予立案的规定看,似乎并未赋予侦查部门决定司法分流的自由裁量权。但是,从这六种具体情况的内容看,还是有较大的操作空间的。例如,第一种情况明确了情节显著轻微、危害不大的不认为是犯罪。那么,何种情况为"情节显著轻微、危害不大"? 上海市高级人民法院、上海市人民检察院、上海市公安局、上海市司法局《关于本市办理盗窃犯罪案件若干问题的意见》第 4 条规定:"盗窃公私财物数额不满二千五百元或者扒窃不满一千元,并具有下列情形之一的,可不作为犯罪处理:1. 已满 16 周岁不满 18 周岁的未成年人作案的;2. 全部退赃、退赔的;3. 主动投案的;4. 被胁迫参加盗窃活动,没有分赃或者分赃较少的;5. 其他情节轻微、危害不大的。"该规定,尤其是"可"的表述方式,明显赋予了公安机关较大的自由裁量权。公安机关既可以将该规定针对的案件作为刑事案件处理,也可以作为违法犯罪案件处理。

不仅如此,虽然我国《刑事诉讼法》没有明确规定,但公安机关和人民检察院侦查部门在实践中往往有着"初查"的做法,而且该做法得到了司法解释和部门规章的肯定。"初查是在立案之前对案件线索进行初步的筛选和过滤,以判断是否达到立案条件,并为正式侦查作准备的调查活动,它已成为我国当前刑事办案(尤其是职务犯罪和经济犯罪)中不可或缺的前置程序。"[①]公安部 2012 年 12 月 13 日发布的《公安机关办

---

① 樊崇义主编:《刑事诉讼法学》(第三版),法律出版社 2013 年版,第 308 页。

理刑事案件程序规定》以及同年 10 月 16 日颁行的《人民检察院刑事诉讼规则(试行)》中均规定,在立案审查时,对于犯罪事实需要初查的,应当或可以进行初查。在初查后发现不符合立案条件的,应当作出不予立案的规定,同时对于应当移交其他部门处理的案件进行移送。由此可见,我国司法实践活动中的初查对于案件的审查和"过滤",保障有限的司法资源得到高效的利用,发挥着巨大作用。因此,从解放司法资源的角度来看,该项措施可以看作司法分流的方式之一。

立案、不予立案和撤销案件的标准基本一致,其区别仅仅在于程序的先后。当接到报案还未立案时,如果发现不符合立案条件或者采取非刑事诉讼的处理更为妥当的,可以不予立案。如果已经立案,并在侦查终结后发现该种情形的,可以撤销案件。

(2) 程序规定

上述内容是对于不立案和撤销案件的实体权力的阐述,接下来是对于立案、不予立案以及撤销案件程序的介绍。

首先,依据我国《刑事诉讼法》第 108 条第 3 款和第 109 条的规定,我国公安机关和人民检察院有义务接受报案、控告、举报和自首。其中,报案、控告、举报可以是书面形式,也可以是口头形式。同时,公安司法机关应当尽善意的告知和告诫义务,并且对于报案人、控告人、举报人应当履行保密义务和安全保障义务。

其次,对于属于公安机关立案管辖的案件,公安机关对立案材料进行审查后,如果认为有犯罪事实需要追究刑事责任,且属于自己管辖的,由接收单位制作刑事案件立案报告书,经县级以上公安机关负责人批准,予以立案;如果经过审查,认为没有犯罪事实,或者犯罪情节显著轻微不需要追究刑事责任,或者具有其他依法不追究刑事责任情形的,接收单位应当制作不予立案报告书,经县级以上公安机关负责人批准,不予立案;有控告人的案件应当制作不予立案通知书,7 日内送达控告人。对于属于人民检察院立案管辖的案件,经过侦查部门的初查,认为有犯罪事实需要追究刑事责任的,经检察长批准,决定立案侦查,并应制作立案决定书;如果经过初查,认为没有犯罪事实,或者事实不清、证据不足,或者有《刑事诉讼法》第 15 条规定情形之一,不需要追究刑事责任的,经过检察长决定,不予立案;如果是被害人控告的,应当制作不立案通知书,写明案由和案件来源、决定不立案的原因和法律依据,在 15 日内由侦查部门送达控告人。

最后,关于公安机关、人民检察院对于案件的撤销,属于侦查终结的法定方式之一。对于公安机关侦查的案件而言,从《刑事诉讼法》第 161 条的规定可以引申出的是,在侦查汇总后发现不应对犯罪嫌疑人追究刑事责任的案件,或者虽然可以进行刑事追诉,但采用其他处罚方式更有利于犯罪矫正和预防的,应当或可以作出撤销案件的决定,并制作撤销案件决定书;犯罪嫌疑人已经逮捕的,应当立即释放,并发给释放证明,同时通知原批准的人民检察院。对于人民检察院立案侦查的案件,如果发现具有《刑事诉讼法》第 15 条规定情形之一的;虽有犯罪事实,但不是犯罪人所为的;没有犯罪事实,或者依照刑法规定不负刑事责任和不是犯罪的,应当由检察人员写出拟撤销案件意见书,经侦查部门负责人审核后,报请检察长或者检察委员会决定撤销案件。对于共同犯罪的案件,如有符合以上规定情形的犯罪嫌疑人,应当撤销对该犯罪嫌疑人的立案。撤销案件的决定,应当分别送达犯罪嫌疑人所在单位和犯罪嫌疑人。犯罪嫌疑人死亡的,应当送达犯罪嫌疑人原所在单位。如果犯罪嫌疑人在押,应当制作决定释放通知书,通知公安机关依法释放。

另外,作为我国法律监督机关的人民检察院,对于刑事立案以及案件的撤销有着监督的权力和义务。《刑事诉讼法》和《人民检察院刑事诉讼规则(试行)》中都明确规定,人民法院依法对公安机关的刑事立案活动以及侦查活动进行监督。被害人及其法定代理人、近亲属或者行政执法机关,认为公安机关对其控告或者移送的案件应当立案侦查而不立案侦查,或者当事人认为公安机关不应当立案而立案,向人民检察院提出的,人民检察院应当受理并进行审查。人民检察院侦查监督部门经过调查、核实有关证据材料,认为需要公安机关说明不立案理由的,经检察长批准,应当要求公安机关书面说明不立案的理由。有证据证明公安机关可能存在违法动用刑事手段插手民事、经济纠纷,或者利用立案实施报复陷害、敲诈勒索以及谋取其他非法利益等违法立案情形,尚未提请批准逮捕或者移送审查起诉的,经检察长批准,应当要求公安机关书面说明立案理由。对于撤销案件的监督,则是通过监督其侦查活动是否合法进行的。《人民检察院刑事诉讼规则(试行)》第565条规定,如果在侦查过程中出现不应当撤案而撤案的情况,应当予以纠正。对于应当撤销而不撤销的案件,则主要通过审查起诉阶段对于案件的审查进行监督。

2. 非羁押性强制措施

非羁押性强制措施是相对于羁押性强制措施而言的,主要是指取保候审和监视居住。

刑事诉讼程序中的取保候审,是指公安机关、人民检察院和人民法院责令犯罪嫌疑人或被告人交纳保证金或者提供保证人,以确保其不逃避或妨碍侦查、起诉和审判,并且随传随到的一种强制措施。

从该定义可以看出,有权决定犯罪嫌疑人或被告人的主体包括公安机关、人民检察院和人民法院。取保候审有两种保证方式:一是保证人保证,即通过提供的保证人的信誉为其提供保证,而不涉及金钱。保证人保证方式旨在通过保证人与犯罪嫌疑人或被告人的关系,对后者实行精神上和心理上的控制,同时也可以通过保证人达到监督和教育的目的。但是,并非任何人都有资格做保证人。我国《刑事诉讼法》第67条规定:"保证人必须符合下列条件:(一)与本案无牵连;(二)有能力履行保证义务;(三)享有政治权利,人身自由未受到限制;(四)有固定的住处和收入。"二是保证金保证,即通过交纳一定数额的金钱为其提供保证。保证金的数额与被取保候审人的社会危险性,案件的性质、情节,可能被判处刑罚的轻重,以及其经济状况相挂钩。实践中,保证金的下限通常是1000元。

"取保候审,只是限制而不是剥夺犯罪嫌疑人、被告人的人身自由,它是一种强度较轻的强制措施。"因此,对于取保候审,应当有较为严格的适用条件,否则无法起到降低被取保候审人的社会危险性的作用。我国《刑事诉讼法》第65条规定:"人民法院、人民检察院和公安机关对有下列情形之一的犯罪嫌疑人、被告人,可以取保候审:(一)可能判处管制、拘役或者独立适用附加刑的;(二)可能判处有期徒刑以上刑罚,采取取保候审不致发生社会危险性的;(三)患有严重疾病、生活不能自理,怀孕或者正在哺乳自己婴儿的妇女,采取取保候审不致发生社会危险性的;(四)羁押期限届满,案件尚未办结,需要采取取保候审的。取保候审由公安机关执行。"应当注意的是,社会危害性是一种价值判断,其适用具有很大的主观性。所以,为了限制社会危害性判断的随意性,实践中规定了很多客观标准,主要有:判处缓刑可能性的高低,是否为初犯、过失犯抑或未成年犯等,是否存在自伤、自残或者其他设法逃避侦查的情况,是否涉及危害国家安全的犯罪或暴力犯罪等。这些标准应当根据具体案件进行具体分析。另外,《刑事诉讼法》第65条第1款第4项的规定是为了严格执行羁押期限制度,防止超期羁押的情况出现,在打击犯罪的同时保障犯罪嫌疑人或被告人的合法权益。

由上述《刑事诉讼法》第65条第2款的规定可以看出,取保候审的执行机关是公安机关,这其中当然包括国家安全机关。公安机关负责向被取保候审的犯罪嫌疑人或被告人宣读取保候审决定书,同时应当告知其应当遵守的法律规定以及违反后的法律责任,并且负责监督其是否依法履行取保义务。依照《刑事诉讼法》第69条的规定,被取保候审的人员应当遵守的法律规定可以分为两种情况:一类是所有的被取保候审人都应当遵守的规定,包括:未经执行机关批准不得离开所居住的市、县;住址、工作单位和联系方式发生变动的,在24小时以内向执行机关报告;在传讯的时候及时到案;不得以任何形式干扰证人作证;不得毁灭、伪造证据或串供。另一类是依据案件具体情况而作的选择性规定,即人民法院、人民检察院和公安机关可以根据案件情况,责令被取保候审的犯罪嫌疑人、被告人遵守以下一项或者多项规定:不得进入特定的场所;不得与特定的人员会见或者通信;不得从事特定的活动;将护照等出入境证件、驾驶证件交执行机关保存。

监视居住,是指人民法院、人民检察院、公安机关在刑事诉讼过程中对犯罪嫌疑人、被告人采用的,命令其不得擅自离开住处,无固定住处不得擅自离开指定的居所,并对其活动予以监视和控制的一种强制方法。

监视居住的本质是逮捕的替代性措施,其主要目的是实现刑事强制措施适用上的比例原则。关于监视居住的适用条件,我国《刑事诉讼法》第72条第1款规定:"人民法院、人民检察院和公安机关对符合逮捕条件,有下列情形之一的犯罪嫌疑人、被告人,可以监视居住:(一)患有严重疾病、生活不能自理的;(二)怀孕或者正在哺乳自己婴儿的妇女;(三)系生活不能自理的人的唯一扶养人;(四)因为案件的特殊情况或者办理案件的需要,采取监视居住措施更为适宜的;(五)羁押期限届满,案件尚未办结,需要采取监视居住措施的。"第2款规定:"对符合取保候审条件,但犯罪嫌疑人、被告人不能提出保证人,也不交纳保证金的,可以监视居住。"因此,除了替代逮捕之外,监视居住还具有取保候审的替代功能。

　　监视居住的执行主体是公安机关,我国《刑事诉讼法》第72条第3款对此有明确规定。但是,监视居住的执行场所并非公安机关。我国法律依据案件的具体情况,对于监视居住的执行场所有着不同的规定,大致可分为两种情况:第一种是不指定居所的监视居住,第二种是指定居所的监视居住。首先,依据《刑事诉讼法》第73条第1款的规定,原则上,监视居住应当在犯罪嫌疑人、被告人的居所执行。也就是说,在没有特殊情况的前提下,监视居住的执行场所原则上是犯罪嫌疑人、被告人的住处。其次,例外情况下,公安机关、人民检察院和人民法院可以指定特定住处作为犯罪嫌疑人或被告人执行监视居住的场所。这些例外情况包括:无固定住处的;涉嫌危害国家安全犯罪、恐怖活动犯罪、特别重大贿赂犯罪这三种特定罪名,在住所执行可能有碍侦查的。对于后一种例外情况,其指定居所还应当经上一级人民检察院或者公安机关批准。另外,由于其目的是确保侦查工作顺利进行,因而决定指定居所的机关必须是侦查机关而非审判机关,即只有公安机关和人民检察院有权决定。与此同时,为了防止司法实践中滥用指定居所的监视居住,防止其演化为变相羁押,《刑事诉讼法》第73条还分几款专门规定了制约机制,主要内容是:不得在羁押场所、专门的办案场所执行;在指定居所被监视居住的犯罪嫌疑人、被告人有权委托辩护人,并且经侦查机关批准,有权同辩护人会见和通信,接受辩护人提供的法律帮助;指定居所监视居住的,除无法通知的以外,应当在执行监视居住后24小时以内,通知被监视居住人的家属,并且不得以有碍侦查为借口;人民检察院对指定居所监视居住的决定和执行是否合法实行监督。

　　为了保证监视居住能够发挥最好的效果,我国《刑事诉讼法》第75条第1款规定,被监视居住人应当遵守以下规定:未经执行机关批准不得离开执行监视居住的处所;未经执行机关批准不得会见他人或者通信;在传讯的时候及时到案;不得以任何形式干扰证人作证;不得毁灭、伪造证据或者串供;将护照等出入境证件、身份证件、驾驶证件交执行机关保存。同时,为了严格监督被监视居住人遵守上述规定,除了常规监控手段外,《刑事诉讼法》第76条还规定:"执行机关对被监视居住的犯罪嫌疑人、被告人,可以采取电子监控、不定期检查等监视方法对其遵守监视居住规定的情况进行监督;在侦查期间,可以对被监视居住的犯罪嫌疑人的通信进行监控。"如果被监视居住人违反上述规定,依据《刑事诉讼法》第75条第2款,情节严重的,可以予以逮捕;需要予以逮捕的,可以对犯罪嫌疑人、被告人先行拘留。关于监视居住的执行期限,《刑事诉讼法》第77条第1款明确规定最长不得超过6个月。然而,这一规定并未明确6个月的期限是"三机关"分别使用还是共同使用,这导致了实践中的监视居住最长时间可达18个月。该条第2款规定,监视居住期间发现被监视居住人属于不应当追究刑事责任或者监视居住期限届满的,应当及时解除监视居住。

(三)起诉阶段的分流

1. 相对不起诉

我国法律规定的不起诉的情形主要有三种,即法定不起诉、酌定不起诉和存疑不起诉。其中,存疑不起诉又被称为"证据不足不起诉",酌定不起诉也可以称为"相对不起诉"。相较于法定不起诉和证据不足不起诉的严格规定,酌定不起诉有着较大的自由裁量空间。我国《刑事诉讼法》第173条第2款规定,对于犯罪情节轻微,依照刑法规定不需要判处刑罚或者免除刑罚的,人民检察院可以作出不起诉决定。人民检察院可以依据不同情况分别对被不起诉人作出训诫或者责令具结悔过、赔礼道歉、赔偿损失的决定,以达到犯罪矫正和预防的目的。如果需要对其进行行政处罚、行政处分的,人民检察院应当提出检察意见,连同不起诉决定书一并移送有关主管机关处理,并要求有关主管机关及时通报处理情况。由此可以看出,相对不起诉旨在通过赋予检察机关较大的自由裁量权,将没有必要进入审判程序或采取其他惩罚措施更有利于犯罪矫正和预防的案件,从常规的程序中分离出来。这不仅减轻了公诉机关和审判机关的工作压力,更有利于避免以刑事判决将一些初犯、偶犯等再犯可能性较小的人推向社会对立面,从而达到有针对性、效果明显的犯罪矫正和预防目的。

关于相对不起诉的条件,《人民检察院刑事诉讼规则(试行)》第406条规定,人民检察院对于犯罪情节轻微,依照刑法规定不需要判处刑罚或者免除刑罚的,经检察长或者检察委员会决定,可以作出不起诉决定。从该规定的内容来看,人民检察院可以通过斟酌具体案情和犯罪嫌疑人悔罪表现确定,或者提起公诉,追究犯罪嫌疑人的刑事责任,或者不提起公诉,终结诉讼程序。其中,何种犯罪情节属于轻微,应当具体案件具体分析。对于符合条件,且人民检察院决定不起诉的案件,应当制作不起诉决定书。省级以下人民检察院办理直接受理立案侦查的案件,拟作不起诉决定的,应当报请上一级人民检察院批准。不起诉决定书的主要内容包括:被不起诉人的基本情况,包括姓名、性别、出生年月日、出生地和户籍地、民族、文化程度、职业、工作单位及职务、住址、身份证号码,是否受过刑事处分,采取强制措施的情况以及羁押处所等;如果是单位犯罪,应当写明犯罪单位的名称和组织机构代码、所在地址、联系方式,法定代表人和诉讼代表人的姓名、职务、联系方式;案由和案件来源;案件事实,包括否定或者指控被不起诉人构成犯罪的事实以及作为不起诉决定根据的事实;不起诉的法律根据和理由,写明作出不起诉决定适用的法律条款;查封、扣押、冻结的涉案款物的处理情况;有关告知事项。

人民检察院决定不起诉的案件,需要对侦查中查封、扣押、冻结的财物解除查封、扣押、冻结的,应当书面通知作出查封、扣押、冻结决定的机关或者执行查封、扣押、冻结决定的机关解除查封、扣押、冻结。不起诉的决定,由人民检察院公开宣布。公开宣布不起诉决定的活动应当记录在案。不起诉决定书自公开宣布之日起生效。被不起诉人在押的,应当立即释放;被采取其他强制措施的,应当通知执行机关解除。对于公安机关移送起诉的案件,人民检察院决定不起诉的,应当将不起诉决定书送达公安机关。对于不起诉的决定，主要有以下三种救济或监督方式：第一，被害人或者其近亲属及其诉讼代理人救济和监督。被害人或者其近亲属及其诉讼代理人如果对不起诉决定不服，可以自收到不起诉决定书后7日以内向上一级人民检察院申诉，也可以不经申诉，直接向人民法院起诉；告知被不起诉人，如果对不起诉决定不服，可以自收到不起诉决定书后7日以内向人民检察院申诉。第二，公安机关的监督。公安机关认为不起诉决定有错误，要求复议的，人民检察院公诉部门应当另行指定检察人员进行审查并提出审查意见，经公诉部门负责人审核，报请检察长或者检察委员会决定。人民检察院应当在收到要求复议意见书后的30日以内作出复议决定，通知公安机关。第三，被害人的救济和监督。被害人不服不起诉决定的，在收到不起诉决定书后7日以内申诉的，由作出不起诉决定的人民检察院的上一级人民检察院刑事申诉检察部门立案复查。被害人向作出不起诉决定的人民检察院提出申诉的，作出决定的人民检察院应当将申诉材料连同案卷一并报送上一级人民检察院。被害人不服不起诉决定，在收到不起诉决定书7日后提出申诉的，由作出不起诉决定的人民检察院刑事申诉检察部门审查后决定是否立案复查。

2. 附条件不起诉

附条件不起诉，是指对于未成年人涉嫌《刑法》分则第四章、第五章、第六章规定的犯罪，可能判处一年有期徒刑以下刑罚，符合起诉条件，但有悔罪表现的，人民检察院可以作出附条件不起诉的决定。该规定属于特别程序里未成年人刑事案件诉讼程序中的规定，是2013年《刑事诉讼法》新增的内容。该规定的内容符合对涉罪未成年人进行教育、感化、挽救的方针和以教育为主、以惩罚为辅的原则，是少年刑事司法理念的体现。少年刑事司法是以国家亲权、教育刑和刑罚个别化、人道主义关怀以及社会连带关系中的恢复原状法等内容为理论背景的，主要目的在于通过非刑罚化的方式使青少年免于刑事审判所带来的负面效果，换以教育、感化的方式帮助其回归正轨，从而达到预防犯罪的效果。

首先，附条件不起诉的适用应当符合以下条件：所犯之罪属于《刑法》分则第四章、第五章、第六章规定的犯罪，可能判处一年有期徒刑以下刑罚；案件本身符合起诉条件，即犯罪嫌疑人的犯罪事实已经查清，证据确实、充分，依法应当追究刑事责任的，符合《刑事诉讼法》第172条规定的起诉条件；未成年犯罪嫌疑人当有悔罪表现。这三个条件必须同时满足，才可以对未成年犯罪嫌疑人使用附条件不起诉。其次，附条件不起诉的程序是：人民检察院在作出附条件不起诉的决定以前，应当听取公安机关、被害人的意见。对附条件不起诉的决定，公安机关要求复议、提请复议或者被害人申诉的，适用《刑事诉讼法》第175条、第176条的规定。未成年犯罪嫌疑人及其法定代理人对人民检察院决定附条件不起诉有异议的，人民检察院应当作出起诉的决定。再次，附条件不起诉的考验期为6个月以上1年以下，起算点为人民检察院作出附条件不起诉的决定之日。附条件不起诉的考验内容包括：遵守法律法规，服从监督；按照考察机关的规定报告自己的活动情况；离开所居住的市、县或者迁居，应当报经考察机关批准；

按照考察机关的要求接受矫治和教育。最后,如果已经被纳入考验期的未成年犯罪嫌疑人在考验期内违反法律规定情节严重,或者还有新罪、漏罪的,人民检察院应当撤销附条件不起诉的决定,并提起公诉。如果在考验期内表现良好,没有出现上述情况的,人民检察院应当作出不起诉的决定。

由上述规定的内容可以看出,对于符合附条件不起诉条件的案件,检察机关有自由裁量权。这一裁量权的适当运用,不仅仅可以起到案件分流的作用,更重要的还在于它对于未成年犯罪嫌疑人的教育、感化、挽救,避免刑罚对其带来的不良影响有着举足轻重的作用。目前,虽然我国已将附条件不起诉制度化,但是它仍有不完善之处,主要表现就在于所附"条件"的内容没有在规范层面进行统一。"从之前改革试点中的做法来看,所附'条件'五花八门,不一而足"[①],而规定附条件的内容明确有利于统一司法实践中的做法,防止由于做法不一带来的矫正预防措施效果的减弱。

(四)审判阶段的分流

1. 刑事和解制度

首先应当声明的是,虽然本书将刑事和解制度置于审判阶段的分流之下进行讨论,但事实上刑事和解制度并不局限于审判阶段。依据我国《刑事诉讼法》的规定,被害人与加害人达成和解协议,因而符合相对不起诉条件的,人民检察院可以对其作出不起诉的决定。不仅如此,实践中,公安机关在适用刑事和解程序时,如果对案件性质的认定产生实质性影响,也会采取撤销案件的处理方式。可见,刑事和解制度的适用阶段比较广。但是,鉴于《刑事诉讼法》规定的内容主要限于审判阶段,本书将刑事和解制度放在该阶段的内容中进行介绍。

刑事和解制度与未成年人刑事案件诉讼程序一样,都是2013年《刑事诉讼法》新增的内容,为我国刑事司法制度注入了"新鲜血液"。虽然我国刑事和解制度与国际上流行的"恢复性司法"制度有着这样或那样的联系,但它们在价值理念和运作程序方面有着较为明显的差别。然而,不可否认的是,这种使被害人与犯罪嫌疑人或被告人参与到案件纠纷解决的过程中,通过谈判协商的方式使双方在赔偿方式和数额上达成一致,并且这种一致能够或多或少地影响判决结果的制度,对于有效解决纠纷、平复被害人心理、解决司法资源不足的问题、确保犯罪嫌疑人或被告人对于刑罚的认可程度,进而提高犯罪矫正和预防效果有着十分明显的作用。

我国法律规定的当事人和解的公诉案件诉讼程序,是指对于因民间纠纷引起,涉嫌《刑法》分则第四章、第五章规定的犯罪案件,可能判处三年有期徒刑以下刑罚的,以及除渎职犯罪以外的可能判处七年有期徒刑以下刑罚的过失犯罪案件,犯罪嫌疑人、被告人可以与被害人达成和解协议,可以由人民检察院作出不起诉的决定或由人民法院作出从宽处理的决定的一种程序。这种程序在理论上被称为"刑事和解程序"。刑事和解的适用条件是:只能适用于特定案件。该特定案件是《刑法》分则第四章"侵犯

[①] 樊崇义主编:《刑事诉讼法学》(第三版),法律出版社2013年版,第481页。

公民人身权利、民主权利罪"和第五章"侵犯财产罪",并且是由于民间纠纷引起的;同时,可能被判处的刑罚应当在三年有期徒刑以下,犯罪嫌疑人、被告人真诚悔罪,通过向被害人赔偿损失、赔礼道歉等方式获得被害人谅解,被害人自愿和解的。

刑事和解的程序是:依照《刑事诉讼法》第278条和第279条的规定,双方当事人和解的,公安机关、人民检察院、人民法院应当听取当事人和其他有关人员的意见,对和解的自愿性、合法性进行审查,并主持制作和解协议书。对于达成和解协议的案件,公安机关可以向人民检察院提出从宽处理的建议。人民检察院可以向人民法院提出从宽处罚的建议;对于犯罪情节轻微,不需要判处刑罚的,可以作出不起诉的决定。人民法院可以依法对被告人从宽处罚。然而,实践中会出现多种形式的和解操作程序:一是"被害方—加害方自行和解"模式,二是"司法调解"模式,三是"人民调解委员会调解"模式。① 从我国的法律规定来看,"司法调解"模式更加符合法律的要求,即司法人员通过与加害方、被害方的沟通、交流、教育、劝解工作,说服双方就经济赔偿标准、赔礼道歉等事项达成协议,从而促使被害方放弃追究刑事责任的纠纷解决方式。

2. 暂缓判决

暂缓判决作为司法实践中针对未成年人案件的一种尝试,旨在教育、感化、挽救涉诉未成年人。通过非刑罚的处理方式,使涉诉未成年人能够免于刑罚所带来的不良影响,并且能够通过家庭、学校、社会的努力帮助其改善自身缺点,更好地融入社会。这一制度在许多国家的法律中都有相关规定,在我国司法实践中虽然没有法律依据,但是它带来的未成年人刑事案件审理方式的启发是值得肯定的。遗憾的是,由于关于暂缓判决存在的一系列争议,最高人民法院叫停了该制度在实践中的应用,同时被叫停的还有社会服务令。尽管该制度在司法实践中仅仅只是一颗"流星",但其闪烁的光辉还是值得我们深入研究的。

暂缓判决,"是指法官对某些犯罪的少年被告人在适用刑法上处于犹豫不决的情况下,先判定少年被告人有罪,但暂不作出刑罚决定,确定一个考验期,然后视其在考验期内的表现好坏,再作出刑罚判决与否以及如何适用刑罚决定的一种审判方法"②。"暂缓判决是对现代西方国家观护制度的借鉴"③,而"具有现代意义的暂缓判决制度发端于英国,发展于美国"④。事实上,我国历史上早就存在类似于"暂缓判决"的规定,这种规定最早可以追溯到明代"秋审"制度中"缓决"的做法,"至清代则进一步规定,妇女犯罪除奸及死罪外,可以缓决,责付其夫收管,其无夫者,责付其近亲属或邻居保护管教"⑤。

为了避免暂缓判决的滥用,对于暂缓判决的适用对象有较为严格的要求或条件。

---

① 参见陈瑞华:《刑事诉讼的私力合作模式——刑事和解在中国的兴起》,载《中国法学》2007年第5期。
② 潘国生、黄祥青:《中国少年刑事审判制度若干问题研究》,载《法学评论》1999年第1期,第109页以下。
③ 马婷婷、齐明亮:《浅论"暂缓判决"》,载《黑龙江政法干部管理学院学报》2005年第5期,第89页。
④ 潘国生、黄祥青:《中国少年刑事审判制度若干问题研究》,载《法学评论》1999年第1期,第109页以上。
⑤ 梅伯澄、夏宏强:《浅析"暂缓判决"的合法性和合理性》,载《中共四川省委党校学报》2007年第2期,第85页。

这些要求或条件可以分为积极条件和消极条件。积极条件是指适用暂缓判决应当具有的条件,而消极条件是指在适用该制度时未成年被告人不应具有的情况。

积极条件主要有:第一,犯罪时不满18周岁。这是对适用暂缓判决的被告人年龄条件的限制。第二,社会危险性较低。这个标准可以从是否为初犯、罪刑轻重、恶习深浅、认罪态度等方面判断。第三,宣告刑为三年以下有期徒刑或拘役。这意味着适用暂缓判决的未成年人应当是可能被判处轻刑的人;如果可能被判处重刑,则不符合适用条件。第四,被适用暂缓判决的未成年人必须有管教条件。暂缓判决制度的内在要求就是设置适当的考察期,让被适用暂缓判决的未成年被告人在社会中继续学习和生活,不离开监护人的监管,依靠社会力量进行帮教矫治。所以,如果未成年被告人不具备管教条件,那么适用这一制度是不利于未成年人"改邪归正"的。除了上述积极条件外,消极条件的内容主要包括:被告人、法定代理人认为不构成犯罪的或者被告人、法定代理人、辩护人不同意公诉人指控的罪名而作他罪辩护的;根据已经查明的犯罪事实,即可对被告人判处免于刑事处罚或者判处徒刑、拘役宣告缓刑的;惯犯或有前科劣迹、主观恶习较深的;共同犯罪的案件中有成年被告人,或者虽然均为未成年被告人,但其中有的不符合暂缓判决条件的等。

从暂缓判决的决定权主体来看,"实践中,暂缓判决的提出或者说提请权定位于合议庭或独任审判的审判员"①,而决定权则应当属于院长和审判委员会。暂缓判决的适用程序一般为:少年法庭开庭审理后,认为少年被告人构成犯罪并可适用暂缓判决的,提出书面意见向少年法庭报告,经过少年法庭庭长审查后报分管院长同意或经过分管院长提交审判委员会讨论决定。对适用暂缓判决的少年被告人,一般要设置三个月至一年的考察期。少年法庭设考察员辅助对暂缓判决对象的考察工作,并可聘请若干名特邀陪审员协助考察。少年被告人在考察期间悔改表现突出或有立功表现的,可提前结束考察;如经教育后仍不知悔改,少年法庭可向其送达限期改正令。如果在考察期间发生如下情形之一的:被告人不履行帮教协议或悔改计划,限期改正令送达后仍无转变的;被告人有严重违纪、违法行为或者重新犯罪的,少年法庭将终止考察,及时判决。人民检察院是对暂缓判决的适用进行监督的法定机关。

三、对分流对象的考察监督:观护制度

"观护制度起源于少年刑法,但目前各国观护制度已经发展成为成人观护制度和少年观护制度并列格局,而并不仅限于少年刑法的范围。"②另外,观护在最广义上还包括对于已决犯的观护,即非监禁罪犯的社区矫正。从暂缓处理、暂缓起诉、暂缓宣告直至缓刑、假释、监外执行等,都有着观护制度的影子。鉴于章节内容所限,此处所讨论的观护制度仅限于审前观护,而不包含以社区矫正为代表的刑罚执行之观护。

---

① 陈建明:《对失足未成年人暂缓判决的实践与思考》,载《当代青年研究》2004年第6期,第42页。
② 姚建龙:《少年刑法与刑法变革》,中国人民公安大学出版社2005年版,第287页。

(一)观护制度之界定

观护制度(The Probation System)又称"保护观察制度""保护管束制度"。"probation"一词源自拉丁文"probatio",本意是指"一段的试验或验证阶段",在天主教的教义里是指神明的试验和证明期间。从字面上看,观护有"观察、监督、保护"之意。随着观护制度的不断发展,其含义也在不断变化。美国犯罪学家萨瑟兰(E. Sutherland)认为:"观护制度是对被认定为有罪的人,以保持善行为条件,允许其停留在社会上一定期间,暂缓执行……但观护制度因伴有对犯罪人之积极措施,如监督、指导与援助,故与单纯的缓刑不同。"[1]美国观护人协会对于观护内涵的认识是:"观护制度是法院对于经过慎重选择的刑事被告,所采用的社会调查与辅导的一种处遇方法。对这些刑事被告与观护处分期间,虽允准生活于正常的自由社会中,但其品行应遵守法院所谕知的条件及接受观护人的辅导监督。"[2]我国台湾地区学者房传钰认为:"现代观护制度(Modern Probation System)系运用个别化、科学化及社会化之原理、法则与技术,对于犯罪人所施之一种非监禁处遇。旨在依循人类先天禀赋之本性,予以循循善诱。并于维护人性尊严之前提下,对于可期改悔之偶发初犯,或轻罪犯,或少年犯,利用缓审理、缓宣告与缓执行之犹豫期间,在收容机构外附加条件,由具有专门知识之人,予以合理之指导与监督。"[3]王雪梅认为:"观护制度系时代发展的产物,其意义因各国国情与文化不同而有所差异,所以很难做一固定不变的界说。"[4]

综合国内外的观护制度,大致有以下几种形式:第一,转处(division)而交付观护处分;第二,审理程序暂缓时,将被告人交付观护处分;第三,暂缓宣判时,将被告人交付观护处分;第四,刑罚执行的暂缓、假释或替代,[5]将被告人交付观护处分;第五,适用非监禁刑时辅以观护等。总的来讲,观护制度的存在主要是为了解决非机构化处遇所带来的问题。现代刑事司法追求非监禁化、社会化处遇,所以如果将这些犯罪嫌疑人、被告人或犯罪人投入社会,而缺乏一个有效的系统支持,不仅不利于犯罪预防和矫正,而且会对社会造成极大危害。因此,对从刑事司法程序中分流出来的未决犯和轻微犯罪人,需要进行观护(我国多称为"考察帮教"),也就是审前社区矫正。狭义的观护制度仅指审理前的观护,即观护期限结束后仍旧需要进入审判程序。广义的观护制度还包括,经过审前观护处遇后,如果观护对象在观护期内表现良好,则完全从刑事司法中分流出去而不作犯罪处理的情形。

---

[1] 转引自王雪梅:《再论少年观护制度之建构——兼译〈刑事诉讼法修正案〉附条件不起诉的规定》,载《中华女子学院学报》2012年第3期,第6页。
[2] 转引自姚建龙:《少年刑法与刑法变革》,中国人民大学出版社2005年版,第286页。
[3] 房传钰:《现代观护制度之理论与实际》,台北三民书局1977年版,第40页。
[4] 王雪梅:《少年观护制度及其适用》,http://www.iolaw.org.cn/showarticle.asp?id=2783,2015年9月6日访问。
[5] 我国台湾地区"刑法"以及"少年事件处理法"规定,保护管束(即观护制度)包括代替其他保安处分之保护管束、缓刑期内之保护管束、假释中之保护管束、审理终结后之保护管束。参见许福生:《台湾地区社区处遇制度之探讨》,载《刑法论丛》2012年第4期。

上文对于观护制度的介绍并不能完全道明其所有内容。相较于其他制度，观护制度仍旧具有很多明显的特点，这些特点有助于我们厘清观护制度的界限。观护制度强调社会化处遇自不必言，因为观护制度的发展就是为了替代对犯罪嫌疑人、被告人以及罪犯的机构化处遇。以社会防卫为目的的刑事司法活动讲求罪犯的再社会化，而长期的机构化处遇给人带来的却是与社会的不适应，"如其一旦不能适应于现实之生活，则其反常行为所能危害人类社会之程度，亦必巨大而深重"①。

除此之外，观护制度还有如下特点：

第一，强调审前社会调查。自犯罪实证主义学派诞生以来，对于犯罪的矫正要求探究犯罪原因，从而进行有针对性的教育改造活动。所以，全面而扎实的社会调查是必不可少的，通过走访、观察等形式以发现体质、心理、家庭、学校、社区等对犯罪行为有较大影响的因素。社会调查的意义不止于此，它还是司法机关对涉诉人员适用观护制度的重要参考，通过详尽的社会调查以了解其社会危害性和可悔改性，从而判断是否符合交付观护的条件。

第二，强调以积极的态度进行监督、管理、教育、帮扶。观护人在进行观护时，除了进行消极的行政化管理之外，还必须以积极的态度发现犯罪原因，营造与被观护人的良好关系，为其提供心理上的教育和治疗，发现其日常生活中的困难并提供帮助等。这种积极的态度是帮助被观护人实现再社会化的十分重要的要素之一。

第三，强调个别化处遇。对被观护人的个别化处遇，亦是对其进行有针对性的教育改造的要求。观护制度被称为"权力主义环境下的个案工作"。权力主义强调的是观护的内容中必须有义务性的规定，而个案工作则强调针对每一个具体的被观护人，要通过发现每个人特有的犯罪原因，给予个别化的矫正待遇。因此，个别化处遇是观护制度的必然要求之一。

第四，强调观护措施的科技化。被观护人的犯罪原因可能是心理的、生理的、社会的等，这就要求观护人必须掌握多领域的知识或技能，如教育学、心理学、社会学甚至医学等。也只有这样，才能够保证观护工作的效果。

第五，强调观护人的专业化和专门化。通过对前一特点的论述，我们发现观护制度对于观护人的要求很高，除了要有超出常人的耐心和亲和力之外，还必须熟练掌握多方面的知识。因此，对于观护人而言，必须讲求职业的专业化和专门化。专业化是指工作必须有一定的"专业槽"，而不是任何一个人都可以胜任的。专门化是指观护人必须专职从事社会观护工作，否则很难保证观护的效果。

第六，强调有条件的释放。被采取观护措施的人是因为司法机关认为其社会危害性较低并仍有悔改之可能性，因而在犹豫是否对其处以机构处遇之时，对其施以观护措施。因此，建立在这种"机构处遇犹豫"基础之上的观护，其性质可以被看作司法机关给予被观护人的一次改过自新的机会。如果被观护人并未认真履行观护期间的规

---

① 房传钰：《现代观护制度之理论与实际》，台北三民书局1977年版，第6页。

定,则将会恢复对其的机构处遇。

纵观国内外的观护制度,因各自对观护制度的理解不同而内容各异。如欲对现代观护制度进行一个系统而全面的概括,实为不易。但是,通过以上对于观护制度的描述,以及对于观护制度特点的论述,可以较好地帮助人们形成对观护制度较为清晰的认知轮廓。

(二) 观护制度的理论基础

虽然观护制度发展至今,已经建立起少年观护制度与成年观护制度并列的体系,但是观护制度最早脱胎于少年刑法是不争的事实。因此,观护制度的发展必然伴随着少年刑法理论的发展演变,在实践和理论的共同作用下,渐渐形成了如今较为完善的观护制度体系。

1. 国家亲权理论

国家亲权理论是观护制度最为重要的基础理论。虽然少年刑法的发展仍有很多理论予以支撑,但在价值冲突的问题上仍旧需要以国家亲权为判断标准。国家亲权,是指国家负有对本国未成年人的最终监护权和责任。这种监护权甚至可以超越传统的家庭亲权,即尽管一个家庭里父母双全,但只要有证据证明他们并未完全履行监护责任,甚至根本就不履行监护责任,国家可以超越父母行使自己的监护权。"国家亲权"思想最早源于英国国王对于本国少年的监督保护权力,这种权力主要体现在财产权和监护权方面,其主要目的是通过国家亲权理论维护国王的权力。例如,国王对于未成年的臣子可以行使对其财产的监督权力,以保证这些臣子能够按时纳税。随着该思想的不断发展,国家亲权逐渐由一种权力演变为一个主权者的义务,即对于本国无人监护的未成年人、精神病人有照顾的责任。同时,在人道主义思想不断深入人心的背景下,人们渐渐意识到这些未成年的犯罪人事实上也是需要国家监督和保护的群体,因为他们的犯罪行为是社会和家庭不良影响所催生的。在这种理论的影响下,人们渐渐抛弃了报应刑的观念,而树立起一种教育、保护的理念。毕竟,"有哪个父亲惩戒孩子,只是为了单纯地惩戒和报应,而不是为了教育孩子呢? 又有哪个父亲惩戒孩子不会去控制惩戒的方式,以尽量避免伤害孩子的身心健康呢?"[①]

2. 教育刑的勃兴

古典学派与实证学派的分野,促使人们的刑罚观念发生了变化。古典学派诞生的背景决定了其先进性,即主张人人平等、客观主义、罪刑相适应、报应刑等刑法理念;同时,也决定了其局限性,即主张绝对的客观主义而忽视了主体的特殊性,主张绝对的人人平等而忽视了人与人之间的差别,主张自由意志而忽视了犯罪原因的多元化。因此,随着社会的不断发展,面对犯罪案件大量增长,尤其是累犯人数不断增加,古典学派的理论已经失去了其控制力。与此同时兴起的实证学派主张的社会防卫主义、教育刑主义、相对人人平等主义、犯罪原因多元化主义等开始受到人们的青睐,不仅是因为

---

① 姚建龙:《少年刑法与刑法变革》,中国人民公安大学出版社2005年版,第30页。

该学派是在古典学派理论失范后的一个新选择,更在于其主张建立在当时十分受欢迎的自然科学的研究方法之上。该学派主张,犯罪和精神病一样是一种病,是可以治愈的,因此惩罚对于罪犯是没有用的。不仅如此,该学派还认为刑罚的目的在于社会防卫。矫正通过使罪犯再社会化,不仅可以起到社会防卫的目的,更可以将其变为对社会有用的人。刑罚的适用在于帮助罪犯进行再社会化,并非以刑罚之苦痛遏制其犯罪念头。不仅如此,刑法个别化理论的提出,更是为矫正方式多元化奠定了基础。可以说,国家亲权理论促使人们选择了实证学派的理论,而正是实证学派与古典学派的二元分离,为人们提供了选择的空间。

在这两种理论的影响下,教育、矫正而非惩罚性的措施成为人们的必然选择,因为实证学派强调少年犯罪应当与成人犯罪相区别。不同于带有惩罚性的监禁措施,一种更为宽容、宽松的方式为少年法院所广泛采用,即家庭式或者社会式的处遇模式。少年司法干预的目的是为少年谋福利,使其得以康复,而并非因为少年之罪错行为而对他们进行惩罚。家庭化、社会化的处遇模式更加有利于孩子的成长。以开放式的处遇模式为前提,一个完善的观护制度就必然需要建立,以支持开放式处遇达到其应有的效果,"其首要任务在于强化亲职功能,借由福利机构的积极介入,提升父母或其他亲权(监护)人有效管束其少年的能力"①。

随着矫正理论的不断发展,人们逐渐认识到社会化处遇对于犯罪矫正(主要是针对那些社会危害性较小的犯罪行为人)的积极影响,这种观护制度进而扩大到对成年人的适用。这有利于避免"交叉感染"和"标签效应"所带来的负面影响。虽然成年人的观护制度与未成年人的观护制度还是有着本质的区别(即是否以"保护"为优先目的),但从渊源上讲,二者确实关系密切。

(三)观护制度的历史沿革

最早的观护制度可以追溯到中世纪的英国刑事司法改革。当时,尽管成人和儿童的犯罪行为通常都不是十分严重,但同样严厉的惩罚却不加区分地施加在他们身上。在英王亨利八世统治期间,有不下两百种犯罪会被处以死刑,虽然其中很多都是轻罪。这种严酷的刑罚引起那些主张司法改革的激进人士的强烈不满。渐渐地,一系列减轻刑罚的措施在实践中被采用。这个改革过程虽然缓慢,但是人们的信念十分坚定。例如,皇家赦免令可以通过支付罚金购买;进步的法官会作出有利于被告人的法律解释;被盗的财产在法庭上会有所贬值,以便换得较轻的宣判。

通过一系列改革措施,推动法院开展了一项名为"限制不良行为"(binding over for good behaviors)的司法实践活动。被采取该措施的人在一定期限内必须做出良好的行为(意指遵守法律,不得违反相关规定),否则会受到法律的不利对待。不仅如此,在激烈的争议声中,法院在实践中还适用了延期宣判的措施。

在美国,尤其是马萨诸塞州,各式各样的司法实践措施被发明和采用。例如,和现

---

① 姚建龙:《美国少年法院运动的起源与展开》,载《法学评论》2008年第1期,第141页。

代保释制度相似的"良好行为保证"(security of good behavior);无须立即宣判的案件归档,即要么起诉,要么暂时搁置等。这些司法实践与现代观护制度有着直接的联系。

"现代观护制度的起源可以追溯到1842年英籍法官希尔(M. D. Hill)对于犯罪人在宣誓保证后准予释放的做法。"①希尔亲眼目睹了法庭对于几个年轻的被告人在一个家长或监护人的监督下回归社会的宣判。在成为伯明翰的首席法官时,希尔以同样的方法宣判了一个在他看来似乎并非无可救药的人。如果一个人能够证明且保证自己还是一个可以"康复"的人,就会被交给一个愿意监督他的监督员,并在监督员的监督下,在非监禁的状态下从事日常活动。同时,希尔还会派警察周期性地拜访这些人,以便跟踪他们的受监督情况。

第一个现代观护制度下的观护官是美国人约翰·奥古斯塔斯(John Augustus),他被认为是"现代观护制度之父"。约翰于1785年出生在美国马萨诸塞州的沃本,他是波士顿的永久公民,并且经营着一家生意还不错的鞋匠铺。虽然当时的华盛顿人拒绝酒精饮料,但是他们相信,相较于严酷的刑罚,通过理解和支持更能帮助那些酗酒者,使他们得到恢复。作为华盛顿戒酒协会的资深会员,帮助酗酒者的重担自然而然地就落在了约翰的肩上。1841年,他第一次成功地将一名酗酒者从法院保释出来。但是,法庭要求被保释者在三周之后到法院接受宣判。当这名酗酒者三周之后以戏剧性的变化站在法庭上时,所有的人都震惊于约翰对于这名酗酒者的监督效果。自那时起,约翰便开始了他为期18年的志愿观护官生涯。约翰不仅是第一个观护官,而且第一个使用"观护"这一词汇命名他的工作。到1858年,约翰至少为1946个人提供了保释保证,这其中既有男性也有女性。据记载,在约翰所观护的人中,只有10个人违反了观护规定。尽管并不完美,但这个数字还是足以证明他的成就。就在约翰去世不久后的1859年,在他所付出的努力的影响下,第一部观护法案在马萨诸塞州生效,随后观护制度迅速席卷美国。在少年法院运动的推动下,观护制度也作为一个合法的制度得到发展和推广。1899年,第一个少年法院于美国伊利诺伊州芝加哥市建立。在这之后不久,30个州都将观护制度作为少年法庭司法程序的一部分。在今天的美国,所有的州均建立了少年和成年观护制度。

(四)观护制度的具体内容

观护制度的具体内容是指一个观护制度能够正常运行所必须具备的基本要素。这些要素包括观护对象、观护人、观护内容等。

1. 观护对象

如果从一个较为全面的角度看观护制度,观护对象的范围是十分宽泛的。事实上,观护制度最开始仅仅针对犯罪人员,即经过法院审理并定罪处罚之人。这些人主要是被判处短期自由刑的人。短期自由刑有害而无益的事实已经在世界范围内得到了公认,因此必须对犯罪人员采取一种替代措施,这种替代措施就是观护制度。然而,

---

① 姚建龙:《少年刑法与刑法变革》,中国人民公安大学出版社2005年版,第286页。

时至今日,观护的对象已然不局限于此。"目前若干国家对于'观护制度'以处遇及其监督对象(特别在少年方面)在法律的意义上已非'罪犯'(offenders),而仅因经由家庭不良影响或疏忽而有形成犯罪危险性之人,或为需要特殊照顾、辅导或监督之人。"①例如,新西兰的观护制度并不以初犯为限,对于"已起诉或未起诉之监禁者"有所适用。又如,我国台湾地区"少年事件处理法"规定:"依本法规定,少年虞犯事件及少年犯罪事件之未满十四岁者,或十四岁以上之少年犯罪事件,经依本法第六十七条第一项为不起诉处分或依第七十四条第一项免除其刑谕知管训处分者,乃少年管训事件之范围。"②在美国,除了少年的观护制度外,还有成人的观护制度,即将那些被采取刑罚替代措施的人交付观护处遇。

由上观之,从最广义的角度看,观护对象可以总结为:罪犯、犯罪嫌疑人或被告人、虞犯(主要指虞犯少年)。

罪犯是指经过法庭审理并被判有罪之人。对于罪犯而言,其适用并不仅仅针对那些被判缓刑之人,还包括被采取假释、监外执行等措施的人。缓刑是附条件的不执行刑罚,假释是附条件的释放,监外执行则是因罪犯不适于在监狱服刑而令其有条件地在监狱外服刑的措施。被采取这几类措施的人都将免于或暂时免于机构处遇,但为了保证他们不对社会造成危害,并且保证矫正工作的持续进行,必须对其进行监督、管理、教育。这种工作的进行需要观护制度的支持。应当注意的是,以上措施的实施前提都是"有条件",因而当被采取观护处遇的人违反规定或有违法犯罪行为时,应当立即终止观护并交由监狱机关进行矫正。这种观护制度在我国体现为判后的社区矫正。但是,被判剥夺政治权利的罪犯的矫正工作由公安机关进行,而非司法局。

犯罪嫌疑人是指因涉嫌犯罪而受到刑事追诉的人。当这类人处于侦查阶段时,被称为"犯罪嫌疑人";而当其处于审判阶段时,则被称为"被告人"。对犯罪嫌疑人或被告人采取社会观护的条件是,通过对现有证据的认定发现其社会危害性并不高,如涉嫌轻微刑事案件的初犯、偶犯、未成年人犯罪等。同时,通过审前的社会调查,可以发现这些人有可期悔改而为社会所用的可能性,进而才会对这些人处以观护处遇。被采取观护处遇的人可能会有两种结果:第一,如果在观护期间表现良好,有明显的悔改表现,可以免于对其的刑事追诉;第二,如果在观护期间表现良好,可以免于拘留或逮捕等羁押措施,但仍要接受刑事追诉。

虞犯是指"尚未实施犯罪行为,但平时常有不良行为,犯罪可能性较大的人"③。虞犯少年来源于日本少年法,"指现在尚无犯罪行为,但根据他的某些行为或某种倾向,估计将来有可能犯罪或者触犯刑事法律的少年"④。事实上,虞犯更多的是指未成年人,因为相较于成年人,对于未成年人的限制较多。例如,违反我国《预防未成年人

---

① 丁道源:《中外观护制度之比较研究》,中央文物供应社1983年版,第2页。
② 朱胜群:《少年事件处理法新论》,台北三民书局1976年版,第83页。
③ 袁世全、冯涛主编:《中国百科大辞典》,华夏出版社1990年版,第219页。
④ 康树华、王岱、冯树梁主编:《犯罪学大辞书》,甘肃人民出版社1995年版,第1096页。

犯罪法》中夜不归宿、旷课、吸烟及酗酒等规定的,就会被视为虞犯少年。但是,这些规定涉及的事情在成年人看来,可能是稀松平常的事情。对虞犯进行社会观护,其主要目的在于防微杜渐,及时消灭那些犯罪苗头和不良生活习惯,以利于未成年人的犯罪预防。

本章讨论的内容仅仅是审前矫正,所以从这个角度出发,观护对象主要是通过司法分流程序实现社会化处遇的人群。在我国,被采取审前观护处分的条件包括:社会危害性较低、采取社会化处遇不会导致危害社会、有发自内心的悔改倾向等。最突出的表现就是附条件不起诉制度。根据《刑事诉讼法》的规定,被采取附条件不起诉的未成年人要经历一个为期六个月至一年的观察期。在这期间,未成年犯罪嫌疑人的监护人应当对其加强管教,配合人民检察院做好监督考察工作。这是对观护理念最直接的体现。又如,取保候审制度虽然不同于真正意义上的观护制度,但是它也从很多方面体现着观护制度的精神,譬如其社会化的处遇、取保期间应当遵守的监督管理规定等。再如,实践中曾经存在的暂缓判决制度,在刑罚宣告犹豫期间交付观察处分,如果表现良好,则可以免于刑罚执行。

总而言之,如果站在宏观角度"鸟瞰"观护制度,观护对象的范围十分广泛。然而,如果我们仅仅从审前社区矫正或者审前观护的角度出发,那么观护对象仅限于进入刑事司法程序并因司法分流程序而免于机构处遇的人群。

2. 观护人

任何一个制度的运行都不是自动的,而是依靠人来运作的。观护制度的良好运作也是需要观护人的。正如我国台湾地区学者房传钰所言,如欲完成观护工作并保证其功能的有效发挥,除了科学合理的行政制度外,还需要重视观护人员及其专业知识与专业素养。[①] 因此,观护制度对于观护人资格的要求十分严格。

首先,观护人必须有相关的专业知识背景。因为观护的目的在于通过监督、管理、教育、帮扶等手段,帮助被观护人实现再社会化,所以观护人必须具有能够胜任该项工作的专业知识。目前,对观护工作有较大帮助的知识领域有心理学、人类学、教育学、精神医学、社会学、法学等。其次,观护人必须有一定的学历。例如,美国司法部在1938年曾规定,观护工作者必须具有大学本科以上学历或同等学力以及在社会工作学院进修之学历。观护工作是一个专业性要求非常高的工作,高学历能在一定程度上证明观护人在各自领域内的专业程度。再次,观护人必须有一定的工作经验。尽管观护工作强调理论层面的支撑,但是经验对于观护人来说仍十分重要。这是因为,在观护工作中,很多工作要求是理论无法解决的,如与各色被观护人打交道的技巧、进行社会调查的全面性和可靠性等。因此,观护工作经验十分重要。最后,观护人必须有相当的专业素养。这些专业素养包括乐观的心态、足够的耐心和细心、和善的为人之道等。在观护过程中,虽然观护人可以运用行政化手段对被观护人进行管理,但为了保

[①] 参见房传钰:《现代观护制度之理论与实际》,台北三民书局1977年版,第294页。

证观护效果,更要求其以积极的态度,通过交流、协商、帮扶等方式帮教。其中,观护人与被观护人的关系在很大程度上决定了观护的效果。因此,一个高素质的观护人能够更好地维持其与被观护人的关系,以保证观护工作的顺利进行。当然,除了上述观护人的资格外,观护人的工作必须是专门化的。即观护人必须专职从事观护工作,不能够从事其他职业或兼任其他职务。所以,观护人必须有一定的物质保障,并且要赋予其与观护工作相关的权力。虽然观护工作在很大程度上有帮扶、教育的性质,但监督、管理等行政工作仍是观护工作的重点之一。

国家设置的观护人和政府购买服务中的观护人可以分为国家设置的观护人、政府购买服务中的观护人以及志愿观护人。国家设置的观护,是指在政府中设置专门进行观护工作的职能部门,其所招募的观护工作人员均为公务员身份,由政府负担此类观护人的薪俸。政府购买服务中的观护,是指政府本身并不设立专门的观护服务机构,而是通过向社会上那些具有社会服务资历的公司进行招标,以满足其社会观护的要求。这些公司内部的工作人员均具有相关的专业背景、专业素养和工作经历,并不属于公务员,而是普通的企业员工。

上述两类观护人都可以成为职业观护人,观护工作就是其工作的全部。除此之外,还有很多志愿观护人,他们平时都有各自的职业,只在空闲时间做一些观护工作。事实上,观护工作最开始都是志愿工作性质的,如奥古斯塔就是自愿进行观护工作的。但是,随着观护制度的不断发展,志愿观护人很难达到观护工作的要求,因此便出现了职业观护人。设立志愿观护人的主要目的在于,辅助职业观护人进行观护工作,以应对艰巨的工作任务。因为在招募志愿观护人时条件并不苛刻,所以无法保证志愿观护人的专业性,其主要工作是协助职业观护人做一些力所能及的事情,如做访谈记录、打印文件、收发邮件等。

总的来说,观护制度因其自身的重要意义而对观护人提出了十分严格的要求。但是,面对观护案件数量的不断增加,职业观护人数量难以与业务量相匹配。这就需要志愿观护人的存在。可以说,观护制度讲求社会化处遇,要充分利用社会资源进行观护帮教。所以,不仅仅是志愿者,凡是可以利用的社会资源都应当尽可能地为观护制度所用,以保证观护工作能够达到预期效果。

3. 观护内容

观护内容主要是指通过一定的方式或手段,实现对被观护人的观护。观护内容与观护制度的目的和性质紧密相连,通过对其目的和性质的阐述,可以帮助我们了解观护工作应当包括哪些内容。

正如上文所述,观护制度的目的在于避免涉诉人员的机构处遇,帮助其顺利实现社会复归,这就需要对其犯罪原因作深入探析。观护工作的性质则可以概括为"权力环境下的个案工作",因此不仅需要通过行政化的手段对被观护人进行监督、管理,以防止其违反规定或进行犯罪行为;更需要通过积极地教育、沟通、治疗和帮扶,端正其人生观和世界观,纠正其自身所存在的与社会生活相冲突的不良习气,矫治其生理和心理上的疾病，帮助其解决现实生活中存在的困难。事实上，正是由于犯罪行为人既是社会的加害人，也是社会发展过程中的受害人，所以对其的观护除了监督、管理外，还包括帮助。因此，观护工作的内容大致包含如下几方面：社会调查、监督管理、教育治疗及帮扶、矫正效果的评估和定期回访。

社会调查是观护制度的重要组成部分，也是观护制度的基础性工作。更为关键的是，对于那些被采取观护制度，但依旧要进入审查起诉和审判阶段的被观护人来说，社会调查报告还会对检察机关的起诉和法院的定罪量刑产生一定影响。实证主义学派要求针对犯罪行为人的不同犯罪原因进行矫正。因此，犯罪原因的探究就成了一个前提性工作。社会调查的存在，就是了解被观护人的犯罪原因究竟为何的工作。社会调查通过走访、观察被观护人的生活环境、学习环境、经常出入的场所，以及同犯罪行为人本人及其家长、亲属、朋友、老师等人进行会谈，以找到导致其犯罪的真正原因。对于那些与犯罪行为高度相关的原因，应进行有针对性的矫正。依据调查时期的不同，社会调查可以分为侦查阶段的调查、审查起诉阶段的调查、审判阶段的调查以及刑罚执行阶段的调查。调查的主要内容包括犯罪行为人的心理情况、生理情况、家庭情况、受教育情况、犯罪情况（虞犯行为、案件进展情况、涉嫌罪名和是否有前科等）。通过对这些资料的搜集和整理，再加以整合分析，从而得出一份真正能够反映犯罪原因的社会调查报告。

监督管理是观护制度的本质要求之一。从观护制度，尤其是审前观护制度的对象来看，他们都是因涉嫌犯罪而受到刑事追诉的人，都是犯罪学意义上的犯罪人，因为刑事追诉活动本身就已经在一定程度上证明他们具有社会危害性。对于被观护人而言，监督管理是其首要工作。监督管理的主要目的在于，通过行政化的管理以实现对于被观护人的管束。监督管理的主要内容是，通过明确法律法规的规定或针对不同的被观护人设定不同的规则，以强制性的方式对其进行管理。例如，明确规定要定期与观护人进行会谈、汇报近期情况并随传随到。又如，不得违反《刑法》以及《治安管理处罚法》的规定，不得夜不归宿，不得出入酒吧、歌厅、舞厅等娱乐场所，不得解除行为不良者或有犯罪前科者等。可以说，监督管理是以强制性的方式切断被观护人与不良环境的接触，阻止其不良习惯的养成或持续。这为后续的教育治疗及帮扶做好了铺垫工作。

教育治疗及帮扶是观护制度的核心。相比于监督管理这种消极意义较强的矫正措施，教育治疗及帮扶具有很强的主动性。监督管理是通过制订规则，并在规则被打破后给予一定处罚的被动矫正。教育治疗及帮扶则要求观护人通过积极地与被观护人进行沟通交流，以找到导致其犯罪的诸如心理、生理、家庭或学校等方面的原因。事实上，在很多情况下，愿意主动开口与观护人交流的人并不多见；即便是愿意交流的人，也会避重就轻，对于影响其行为的原因避而不谈。在这种情况下，就更加需要观护人主动、耐心地与被观护人一次又一次地沟通，通过持续不断的努力打开被观护人的心扉，使其发自内心地讲出导致犯罪行为发生的隐情。可见，相比于监督管理，教育治疗及帮扶更加需要观护人发挥自己的主观能动性。调查、交流并发现问题后,要有针对性地对被观护人进行矫正。譬如,如果被观护人存在心理障碍,则需要通过心理辅导治愈其心理上的疾病。如果被观护人缺乏家庭的关心与教育,就需要观护人对其进行人生观和价值观的教育工作。如果被观护人生活困难,缺乏生活来源,观护人就应当尽量帮助其解决日常生活问题,甚至是工作问题。也只有通过有针对性地进行犯罪矫正,才能够实现特殊预防的目的。教育治疗及帮扶等工作在这方面发挥着巨大的作用。

相比于前三种观护措施,矫正效果的评估和定期回访都是观护制度的后续工作,对于被观护人的矫正依然有着重要意义。矫正效果的评估是十分重要的工作,评估结果的好坏会直接影响被观护人是被释放、继续进行观护还是回归机构处遇。评估内容可以是心理状态、行为习惯、生活和学习环境的变化对被观护人可能产生的影响等。定期回访,与被观护人本人、家人、邻居等交流,可以真正地了解到矫正的效果,总结矫正经验,并且对可能导致解除观护人员再次违法犯罪的隐患进行及时的预防。可见,后续工作的开展对于观护工作是必不可少的环节。

正如其他制度一样,观护制度的正常运作离不开执行者、执行对象以及执行方法。通过对观护制度中观护人、观护对象和观护内容的阐述,我们了解到,观护制度的效果能否发挥出来,关键就在于制度设计和运作的过程中能否做到精益求精。由于犯罪原因的多元性,观护工作中任何一个环节的缺失、任何一个细节的瑕疵,都可能会使观护工作完全失败。所以,必须对观护人的任职资格、观护对象的条件、观护内容以及其具体运作作出最严格的要求。这是对观护工作经济效益的追求,更是对社会防卫目的的追求。

(五)我国社会观护制度的探索与实践

我国的观护实践始于处理青少年犯罪案件时的探索,旨在贯彻执行对待未成年人的"教育、感化、挽救"政策。我国最早的观护实践始于1992年3月江苏省南京市鼓楼区人民法院探索的"观护帮教,定期宣判制度"。上海市长宁区人民检察院试行的管护员制度开始于1992年5月,并在1993年6月实现制度化,制定了观护员制度的有关规定。根据这些规定,观护员的任职条件包括:(1)具备较高的政治、思想、文化素质和乐于服务于社会的奉献精神;(2)具有相应的法学、教育学、社会学、心理学知识,关心热爱青少年教育工作;(3)具有较强的组织能力与较多的社会经验和教育方法。观护员的来源包括:(1)各级党、政、工、团、妇组织的干部;(2)中等学校的青少年保护工作专职教师;(3)社会团体的志愿人员。观护员的工作对象包括:(1)经人民检察院审查后依法免于起诉的犯罪青少年;(2)经人民检察院审查后被暂缓起诉、取保候审考察帮教的犯罪青少年;(3)人民检察院审查后认为犯罪情节轻微、依法不需要判处刑罚或免除处罚而对其作出不起诉的未成年人。

自此,社会观护在我国生根发芽,不断发展,从仅仅局限于各地的探索尝试,逐步扩展到了全国范围内的统一指导和管理。2007年,共青团中央联合中央综治办、民政部、人事部、中央综治委预防青少年违法犯罪工作领导小组下发了《关于开展青少年事务社会工作者试点工作的意见》,确定了13个城市(城区)作为全国首批青少年事务社会工作者试点城市(城区)。各试点城市(城区)紧密结合自身实际,围绕成立机构、投入经费、购买服务、建设队伍、构建机制等环节开展了大量实践探索,青少年事务社会工作专业人才队伍在组织青少年、引导青少年、服务青少年和维护青少年合法权益方面的作用日益突显。最高人民法院和最高人民检察院分别于 2010 年 7 月 23 日和 2012 年 10 月 22 日发布了《关于进一步加强少年法庭工作的意见》和《关于进一步加强未成年人刑事检察工作的决定》,都明确规定有条件的地方应当大胆实践社会观护制度,以保障青少年的合法权益。2013 年 10 月 25 日,由首都综合治理委员会办公室、北京市人民检察院、共青团北京市委员会联合设立的"新起点扬帆观护基地"正式挂牌成立。自此,北京市各级检察机关可以安排符合附条件不起诉条件的涉罪未成年人到观护基地接受考察、教育和矫治。[①] 共青团中央、中央综治委预防青少年违法犯罪专项组、中央综治办、民政部、财政部、人力资源社会保障部于 2014 年 1 月 10 日联合印发了《关于加强青少年事务社会工作专业人才队伍建设的意见》,明确规定各地要从促进青少年健康成长、深化平安中国建设的高度,深刻认识加强青少年事务社会工作专业人才队伍建设的重要性和紧迫性,在创新社会治理的整体格局中,进一步加强调查研究,采取有力措施,切实加强青少年事务社会工作专业人才队伍建设。相较于 2007 年的《关于开展青少年事务社会工作者试点工作的意见》对社会观护工作的试点规定,这次的《关于加强青少年事务社会工作专业人才队伍建设的意见》实际上是一个在全国范围内展开的青少年事务社会工作的建设计划。

  除了实践范围的扩展外,观护制度的适用对象以及适用阶段也发生了较大变化。以上海市为例,该市的社会观护对象由以前的上海籍未成年人扩展到了来沪的"三无"未成年人,即在沪无监护条件、无固定住所、无经济来源的年龄未满 18 周岁的少年儿童。这一发展使得沪籍未成年人和来沪未成年人实现了平等待遇,体现了"平等保护"的精神。这一变化的标志性事件是:2011 年,上海市首个市级未成年人社会观护站"上海市未成年人社会观护站(阳光基地)"正式揭牌。未成年人社会观护体系的成熟与完善,对维护社会稳定、促进社会和谐具有极其深远的法律意义和社会意义。从观护制度的适用阶段来看,上海市宝山区检察院联合区法院、区绿化和市容管理局共同签订观护协议,将涉罪未成年人社会观护的范围延伸至审判甚至刑罚执行阶段。这标志着由宝山区检察院牵头构建的区涉罪未成年人社会观护体系已实现从案件侦查到刑罚执行的全程覆盖。实践中的观护制度仅仅局限于侦查和起诉阶段,这大大限制了观护制度的作用,而这次宝山区的大胆尝试对扩大观护制度的影响力、促进社会安定以及提高社会观护效果起到了巨大的推动作用。

---

① 参见赵晓星:《北京建立未成年人观护基地》,载《检察日报》2013 年 11 月 5 日。

图 2-3 "上海市未成年人社会观护站(阳光基地)"揭牌仪式①

(六)我国观护制度存在的问题与完善

从上述我国观护制度的发展和现状中,我们总结出了以下几个问题,并针对这些问题提出了若干完善建议,以供参考:

第一,我国的观护制度仅仅局限于对未成年人的观护,而缺乏对成年人观护制度的实践与规定。这是我国观护制度发展不平衡的一个十分重要的表现。我国针对成年人的审前社区矫正缺乏观护性质,仍旧停留在传统的由公安机关监督执行的取保候审、监视居住以及检察机关采取的相对不起诉上。同时,采取相对不起诉措施后,缺乏一个社会化的矫正过程。

第二,从发展程度来说,我国观护制度还较为落后。"上海市未成年人社会观护站(阳光基地)"于 2011 年建立并确立了对来沪"三无"未成年人的收容观护后,上海市才实现了沪籍未成年人和外来未成年人的观护。我国台湾地区对于无法责付的未成年人的收容规定早在 1962 年的"少年事件处理法"中就能见到,其第 26 条第 1 款第 2 项规定:"命收容于少年观护所。但以不能责付或以责付为不适当,而需收容者为限。"

第三,我国观护制度缺乏社会工作系统的支持。相较于西方发达国家,我国的社会工作起步较晚,发展程度不高。相比我国的经济发展水平和社会转型程度,社会工作并未做到同步发展。另外,我国社会工作发展呈现国内分布不均的情况。在"北上广深"乃至香港、澳门和台湾地区,社会工作相对来说是比较发达的。至于其他地区,尤其是中西部欠发达地区,社会工作是很难支撑起审前社区矫正工作的发展的。

第四,我国观护制度更多的是停留在各地的实践层面,而缺乏统一的顶层设计。

---

① 图片来源:百度图库,2015 年 2 月 15 日访问。

从实践来看,更多的观护制度是在各地推行的。虽然共青团中央、中央综治办等联合发布了《关于加强青少年事务社会工作专业人才队伍建设的意见》,但仍旧无法改变观护制度缺乏统一领导机构以及法律规定的状况,因而在具体执行上很难确保观护制度的统一运作。

针对上述问题,首先,应当大力发展我国的社会工作队伍。社会工作队伍建设,是建立观护制度的基础。缺乏一个有效的社会工作队伍的支撑,观护制度的规模也会受到限制而难以发展。就目前的社会工作而言,无论在规模上还是发展程度上,都无法适应我国社会发展的要求。因此,必须以壮大社会工作队伍为基础,这样才能够保证观护制度的持续发展。

其次,应当转变观念,将观护制度的范围扩大至对成年人的适用。虽然我国的刑事政策已经进入"宽严相济"的时代,但"严打"的遗风依旧存在,主要表现就是对于成年人观护制度的使用缺乏信心。随着我国社会转型的不断深入,即便是存在"宽宽严严"的刑事政策,也难以保证司法机关在面对成年人犯罪案件时能够保持一个宽松的态度。因此,应当适度尝试对成年人的观护制度在实践活动中的适用。

再次,应当从立法和机构建设层面,设计一套统一的观护制度的运行体系。就目前我国东西部发展不平衡的情况来看,建立统一的观护制度的最大阻力就在于各地的实际情况不同,难以保证标准的统一。这确实是一个十分严重的问题,但却不是不构建该制度的理由。我们可以根据全国的实际状况构建一个标准较低的统一的观护体系。这样,那些欠发达地区就可以确保当地最基本的观护制度的存在与运行。同时,还应当允许相对发达地区超标准运行,即各地根据当地情况可以设置超出统一标准的观护制度,但不可以低于该标准。

最后,对于观护制度构建和完善,应当充分利用社会资源。就社会工作与经济发展之间的"缺口"大小而言,如果仅要求政府承担起填补这个"缺口"的责任,显然是不现实的。因此,应当动员全社会,充分认识到观护制度的社会效益,并为社会工作做出贡献,从而大大促进我国社会观护工作的发展。

观护制度的广泛适用,对于我国社会稳定、犯罪预防以及被观护人个人利益都有着非常重要的意义。因此,不断建设和完善我国的社会观护制度,是审前社区矫正工作应当努力的方向。就目前我国观护制度的发展而言,广度和深度都无法应对社会发展和犯罪矫正工作的需求。可以说,前途是光明的,路途是曲折的。只有对观护制度现有的不足进行改革和发展,才能够突破瓶颈以寻求更大的发展。在这个过程中,必须注意的是社会工作队伍的建设、犯罪矫正观念的转变、统一的观护体系的构建以及社会资源的充分利用。其中,社会工作队伍的建设是基础,犯罪矫正观念的转变是前提,统一的观护体系的构建是保障,而社会资源的充分利用是观护制度发展源源不竭的动力。

(本章作者:葛宇翔)

第三章　监狱矫正制度

监狱,作为社会的缩影以及文明进步的窗口,是一个国家社会文明程度的标尺。监狱现象,早在公元前就已出现,并与政治、教育、文化现象一样,历经了几千年人类文明的洗礼。监狱行刑理念也在朝着更为人道的方向转变。面对不断出现的机遇与挑战,世界范围内的监狱体制实行了一场又一场的改革并不断完善,走上了人道化、规范化、现代化的前进道路。

监狱矫正,是指在监狱内通过运用狱政管理、教育矫正、劳动矫正、心理矫治四大矫正方式,采用分类矫正、个案矫正、罪犯改造质量评估等各项新兴矫正技术,纠正、改善罪犯的不良行为、心理习惯,使其早日改过迁善、复归社会的一种矫正制度,在国外也被称为"机构矫正"。监狱矫正机制,从体系上看,主要由矫正机构、矫正主体、矫正对象、矫正时间、矫正方式及技术等基本要素组成。随着我国2011年《刑法》、2013年《刑事诉讼法》的颁布实施,包括减刑、假释在内的各项监狱行刑制度迎来了更多的挑战,同时也为监狱行刑制度带来了改革的契机。我国建立了以狱政管理、教育矫正、劳动矫正、心理矫治为基本内容的矫正方式,并采用个案矫正、罪犯评估、罪犯质量改造等新兴矫正技术和社会工作的方法,以帮助罪犯改过迁善、再社会化为目的,对服刑人员开展具体的监狱矫正工作。各类矫正方式及技术在罪犯矫正中各显其长并协调合作,有效地改造、矫正了一大批服刑人员。但是,与此同时,在监狱体制改革的重要时期也暴露了一些缺漏和弊端,需要更新理念、丰富内容、创新形式、改革模式、加强协调与合作等,亟须引起社会各界的关注和重视。

作为大矫正体系下最主要、最关键的一环,监狱矫正工作的顺利进行,有助于提高罪犯矫正效果,预防、控制甚至减少社会犯罪,维护社会公平正义,平衡、修复社会各项关系,保证整个社会的和谐稳定。根据监狱服刑人员的不同特点和需要,我国监狱系统设立了包括未成年犯管教所、女子监狱、老病残监狱等在内的特别监狱矫正制度,以及为即将刑满释放的服刑人员再社会化作准备的出狱人保护这一监狱矫正功能延伸制度,更加系统、全面地完善了大监狱矫正制度,使监狱矫正朝着更为科学化、规范化、人道化、社会化的方向迈进。

第一节　监狱矫正概述

监狱作为国家的刑罚执行机关,具有惩罚、隔离的天然属性。在不同的历史时期,监狱具有独特的性质和特征,表现为不同的形式。随着行刑方式的变革,监狱行刑理念从早期的血亲复仇、报应威慑观,逐渐转变为以社会防卫为主要目的的教育刑思想以及强调社会正义和个人正义的折中刑罚观,促使着监狱制度进行了一场又一场改革。准确掌握监狱矫正的概念内涵和行刑理念,是我们了解和研究监狱矫正制度的前提和出发点。

一、监狱矫正的概念及定义

监狱现象,与其他历史悠久的各种人类文化现象,如政治、经济、教育、医疗现象等一样,具有复杂的天然属性和衍生属性,要掌握这一现象文化,首先要从其概念及定义着手。

（一）监狱的起源

从历史唯物主义观点来说,监狱是伴随着私有制、阶级、国家和法律的出现而产生的,是生产力发展到一定阶段的产物。在原始社会,人们通过共同劳动获得食物和生产资料,并无"财产"概念和阶级之分。随着生产力的发展,劳动工具和生产方式日渐先进、成熟,引发了原始社会畜牧业、农业、商业的三次社会大分工,社会资源和财富开始分配不均,剩余劳动产品为氏族首领所占有,私有制渐渐产生,阶级观念显现,人类进入奴隶社会。处在社会上层的奴隶主为了调和阶级矛盾、稳定社会秩序,建立了国家,并颁布了一系列维持社会运转的行为准则,此即"法律"。监狱作为国家维护统治秩序、惩治犯罪、执行刑罚的载体应运而生。

在不同的历史时期,监狱承担着不同的任务,具有不同的属性。在奴隶社会中,监狱是统治阶级镇压奴隶阶级反抗、维护统治的国家暴力机关;在以生命刑、肉体刑为刑罚中心的封建社会前期,监狱是关押待死刑犯、未决犯以及审讯犯人的过渡场所;在以监禁刑、自由刑为主的近代,监狱是关押、管理、矫正被判处监禁刑的犯人的刑罚执行机关。然而,排除每个时代所赋予的衍生属性,古今中外的监狱具有同样的基础属性。不论身处哪个历史时期、何种时代,监狱都是统治阶级维护统治的专政工具、惩罚罪犯的主要机构以及关押犯人的主要场所,即具有阶级性、结构封闭性、功能隔离性、惩罚性等本质特征。

（二）监狱的概念及定义

从汉语言来看,"监狱"由"监"和"狱"两字组成,直至清代才出现。[1] 在此之前,不同历史时期以"钧台""牢""圜土""囹圄""灵台""狱""牢狱""班房"等词表示关押犯人、执行监禁刑的场所。在现代,除"监狱"外,我国还有专门看押未决犯以及三个月以下刑期已决犯的"看守所"、执行未成年人三个月以上监禁刑的"未成年犯管教所"等,这些都是广义概念下的监狱名称。

---

[1] 参见薛梅卿主编：《中国监狱史》,群众出版社1986年版,第134页。

图 3-1 我国古代的牢狱[1]

在国外监狱发展历史中,也有一些正式、非正式的同类名词用于描述剥夺和限制人身自由的场所。在美国,与监狱有关的名词有三个,分别是"prison""jail"和"penitentiary"。"prison"是指对犯有重罪(felony)、被判处一年以上监禁刑罪犯的刑罚执行机构,主要由联邦、州的政府机构或司法行政部门管理。20 世纪 50 年代以后,随着矫正理念的变迁和矫正模式的改变,许多西方国家将监狱改称为"矫正机构"(correctional facility,correctional institution),甚至许多组织管理机构也进行了类似的改变,如"亚太矫正管理者大会"(Asian & Pacific Conference of Correctional Administration)等。[2] 此外,"prison"有时也会关押一些未决犯,即等待或接受法院一审审判的被告人。"jail"是对确定为轻罪(misdemeanor)、被判处一年以下监禁刑已决犯执行刑罚的机构,以及对已被逮捕但还没有接受宣判的犯罪嫌疑人或被告人执行关押的场所,类似于我国的"看守所",主要由中小市政府、地方县政府或司法行政部门管理。"penitentiary"是监狱的一种旧称,译为"惩治监"。

现代的监狱也存在广义和狭义两种定义:广义上的"监狱"既关押已决犯,也关押

---

[1] 图片来源:百度图片,2015 年 3 月 15 日访问。
[2] 参见吴宗宪:《当代西方监狱学》,法律出版社 2005 年版,第 9 页。

未决犯,是羁押犯罪嫌疑人和执行监禁刑的综合场所;狭义上的"监狱"仅仅关押经过法院依法判决应当剥夺自由刑的罪犯,是监禁刑的执行机关。在我国刑法意义上,监狱是对判处死刑缓期二年执行、无期徒刑、有期徒刑的犯人执行刑罚,实施惩罚与矫正的国家刑罚执行机关,属于狭义上的"监狱"。

(三)改造、矫治与矫正

纵观各国监狱制度,涉及监狱的功能和刑罚目的时,或多或少都选择使用了"改造""矫治""矫正"等词语。

"改造",来源于英语"reformation"①,指通过适当的活动改变囚犯的行为和态度。在汉语中,"改造"是指改旧换新、重造,使之适应新形势需要。也有学者使用"rehabilitation"②一词描述"改造",认为"改造"经历了"拯救"(reclamation)、"改造"(reformation)和"个别化治疗"(individual treatment)三个阶段。"reformation"一般与人道主义联系在一起,是个世俗的概念;而"rehabilitation"是矫正领域一个恰当的、可以与"刑罚"(punishment)联系起来的合适术语,代表了一类新的矫正理念,是在英文文献中使用得极其频繁的一个词,更适宜代表"改造"之意。③ 在我国,司法机关长期使用"改造"一词,尤其是新中国成立以后经历了长达三十多年的劳改时期。《中国劳改学大辞典》对"劳动改造"一词有两种解释:狭义是指劳改机关以生产劳动为手段,对罪犯实施改造活动,使其改过自新的一种手段;广义是指劳改机关对被依法判处死刑缓期二年执行、无期徒刑、有期徒刑并具有劳动能力的罪犯实施惩罚和改造的刑罚执行制度。④ 由此可知,监狱劳动改造,是指监狱在执行刑罚的过程中,通过劳动使囚犯养成勤劳习惯,培养积极向上的态度,转化思想,矫正恶习,学会职业技能,树立遵纪守法意识,成为自力更生的守法公民的一种监狱刑罚制度。1994年《监狱法》颁布后,我国取消了劳动改造制度,将"劳动改造机关"改称为"监狱",仅将"劳动改造"作为监狱改造犯人的一种手段。《监狱法》第3条明确规定:"监狱对罪犯实行惩罚和改造相结合、教育和劳动相结合的原则,将罪犯改造为守法公民。"此"改造"为我国监狱刑罚制度的目的和宗旨。

矫治,又称为"治疗",来源于英语中的"treatment",具有"治疗""修复"之意,与20世纪中期的治疗模式(treatment model)或医疗模式(medical model of corrections)有关。有学者认为,治疗是指在通常情况下促使自由社会中的人们正常社会化的所有过

---

① reformation,本意是指改革、改良、改善,在监狱矫正领域被引申为"改造",现今的西方矫正文献中很少用到这一词。
② rehabilitation,具有"改造""矫正""康复""回归"等含义,与心理治疗、教育、职业培训等有密切关系,一般情况下可翻译为"改造"。
③ 参见吴宗宪:《罪犯改造论——罪犯改造的犯因性差异理论初探》,中国人民公安大学出版社2007年版,第52—55页。
④ 参见中国劳改学会编:《中国劳改学大辞典》,社会科学文献出版社1993年版,第290—291页。

程,以及传统上与"treatment"这个术语有联系的心理学、精神病学和社会工作服务。① 随着20世纪60、70年代医疗模式的衰退,"treatment"更多是与心理矫治和医学治疗等具体的矫正制度和方式联系在一起,已不再适宜代表"监狱刑罚制度"这一系统概念。

"矫正"(correction)一词,最早源于20世纪50年代的西方司法制度。② 根据克莱门斯·巴特勒斯的观点,"矫正是法定有权对被判有罪者进行监禁或监控机构及其所实施的各种处遇措施"。西方刑罚执行制度实际上就是指矫正制度,并与逮捕、控诉、定罪量刑一同构成刑事司法制度。③ "矫正"是目前西方国家使用最多的与监狱行刑、罪犯改造有关的术语,它不仅"体现了处理违法者态度的基本转变,指出刑罚不仅是一种有效的目标,也是对判决有罪者的改造矫正,是负责执行法院判处的刑罚的那部分刑事司法系统"④。在汉语中,"矫正"具有"改正""纠正"之意。在我国,有学者认为,"矫正"是一个类的概念,包括与被指控的或已判决的成年犯、少年犯、身份犯的调查、接收、拘留、监禁、治疗有关的政府部门、矫正机构、计划、程序、人员和技术。⑤ 罪犯矫正,根据《中国劳改学大辞典》的解释,是指"通过监禁隔离、教育感化、心理咨询和治疗、技术培训等措施,使罪犯逐步适应社会生活而进行的活动"⑥。它包括监狱内矫正和监狱外矫正两种,后者主要指管制、缓刑、假释监督和社区矫正。我国从"监狱改造""罪犯改造"转向使用"矫正"一词,也是刑罚理念的一种根本转变和变革,是教育刑理念的积极体现。

综上所述,"改造"在我国监狱工作领域蕴含着比较丰富的内容,不仅包括矫正方式,也包括刑罚目的;在西方国家,"矫正"一词具有更多含义,矫正制度是刑罚执行制度的总称,世界大多数国家都制定了监狱矫正和罪犯矫正制度和措施。为呼应当今监狱行刑的基本理念,与世界监狱法学接轨,本书采用"监狱矫正"这一概念。监狱矫正,是利用监狱的本质属性,在监狱内通过狱政管理、劳动改造、教育矫正、心理矫治等方式,采用个案矫正、罪犯改造质量评估等新兴技术,纠正、改善罪犯的不良行为、心理习惯,使其早日改过迁善、复归社会的行刑方式、制度的总称。

二、监狱矫正的刑罚哲学和理念

监狱以刑罚为前提,近代监狱以自由刑的产生为基础,是人类社会发展到一定历史阶段的产物,是上层建筑的重要组成部分,是国家维护社会应有秩序的暴力执行机

---

① 参见吴宗宪:《罪犯改造论——罪犯改造的犯因性差异理论初探》,中国人民公安大学出版社2007年版,第51页。
② 1954年,美国监狱协会正式更名为"美国矫正协会"(American Correctional Association)。
③ 参见〔美〕克莱门斯·巴特勒斯:《矫正导论》,孙晓雳译,中国人民公安大学出版社1991年版,第27页。
④ 吴宗宪:《罪犯改造论——罪犯改造的犯因性差异理论初探》,中国人民公安大学出版社2007年版,第52页。
⑤ 参见吴宗宪:《当代西方监狱学》,法律出版社2005年版,第2—6页。
⑥ 中国劳改学会编:《中国劳改学大辞典》,社会科学文献出版社1993年版,第290—291页。

关。监狱矫正的刑罚哲学和理念的产生和发展,与刑罚的变迁息息相关。

(一)报应刑论

报应刑论,从广义的概念来讲,包括原始的同态复仇报应和国家报应两类。18世纪末19世纪初产生的资产阶级行刑理论主要是后者。根据报应威慑刑论的观点,刑罚的意义在于报应和威慑,报应犯罪行为的罪恶,给犯罪人惩罚和威慑,通过痛苦均衡犯罪的罪责,从而实现正义。这种报应来源于社会契约,是国家权力机关所施与的,但应具有人道性、合理性和文明性。

报应主义理论受启蒙运动和刑事古典学派刑罚思想的影响,抛弃了传统的同态复仇观,反对、抨击封建专制的暴政以及野蛮、残酷的刑罚制度,以理性主义、人文主义为指导思想,以人的自由意志为前提,以对犯罪行为的法律归责为核心,认为犯罪是违反社会秩序和正义的行为,对犯罪人科处刑罚便是对其罪责做出正确赎罪,主张对于同样责任的犯罪行为给予等价处罚,即刑罚的唯一目的在于等价报应。这一刑事理念的代表人物为刑事古典学派的康德和黑格尔。康德从伦理上论证了犯罪惩罚观的正义性,提出了道义报应论。黑格尔从法理上分析了刑罚的本质,认为刑罚具有惩罚犯罪、恢复道德和社会秩序的功能,并将朴素的唯物辩证思想引入刑事法学领域,提出了法律报应理论——犯罪是对法律的否定,刑罚是对犯罪的否定,这是一个否定之否定的过程。[①] 黑格尔以价值报应的观点,否定了康德的绝对等价报应理论,认为犯罪行为的否定要从质和量上进行价值思考。总之,报应主义理论认为犯罪与刑罚有不可分割的必然联系,刑罚的正义在于对犯罪行为的报应,刑罚的必要性、及时性均以此为基础。

(二)教育刑论

社会防卫理论来源于刑事实证学派,抛弃了古典学派的道德责任论,代之以社会责任论,认为刑罚的目的不仅仅在于惩罚和报应,在威慑犯罪人之外,也存在着防卫社会、预防犯罪的目的,强调刑罚对犯罪人及社会公众的教育作用。根据侧重点的不同,刑罚预防又可分为一般预防和特殊预防。消极一般预防理论以"刑罚威慑"为中心,并以"心理强制理论"为基础构建刑罚目的观,认为刑罚的目的在于威慑一般社会大众,即通过使其目睹、感受刑罚的严酷而趋利避害,不敢犯罪或不再犯罪。贝卡里亚在《论犯罪与刑罚》一书中指出:"刑罚的目的仅仅在于阻止罪犯再重新侵害公民,并规诫其他人不要重蹈覆辙。"[②]德国刑法学家费尔巴哈(Feuerbach)也提出了通过适用刑罚遏制大众和特定对象的犯罪心念,以达到预防犯罪的目的。积极一般预防理论则认为消极的预防理论过于重视刑罚的严厉性,将国民作为威慑的客体,忽视了与人性思想的调和。特别预防理论主要将刑罚的作用置于犯罪人身上,通过刑罚隔离犯人,减少其社会危害性,同时又通过刑罚的矫正功能改变其犯罪欲望,使其改过迁善。

---

① 参见贾洛川主编:《监狱学基础理论》,广西师范大学出版社2009年版,第29页。
② 〔意〕贝卡里亚:《论犯罪与刑罚》,黄风译,中国法制出版社2009年版,第52页。

特殊预防与一般预防结合的观点被称为"教育目的刑主义",最早由德国刑法学家李斯特提出。教育刑不再基于理性人假设,而是基于社会实证主义哲学立场和"决定论"的前提,研究犯罪现象,找寻治理对策,其核心思想在于:"刑法不是本能或原始的同害报复或等值报应,而是以改造教育犯罪人、为保全社会为目的。"①换言之,刑罚不仅要具有正义、威慑思想,也应将犯人矫正理念纳入刑罚体系,而以预防犯罪为目的的刑事政策也应成为社会政策的重要任务。李斯特的个别预防理论也十分具有代表性,他主张对于具有改善必要及可能性的犯人通过刑罚的矫正功能使其早日复归社会,对于无改善必要及可能性的犯人则通过刑罚的威慑功能予以惩罚而使其不敢再犯。教育矫正刑主张以比较宽和的刑罚代替传统的残酷刑罚,对监狱改革起到了巨大推动作用,如改革监狱建筑,通过劳动使犯人改过自新,建立因人施教、对症下药和循序渐进的累进制等。② 监狱行刑观念的更新和转变,以及监狱改革措施的实施,为现代监狱矫正制度的建立奠定了坚实的理论和实践基础。

(三)折中刑论

折中刑论,又称"综合论",将刑罚的原因归于报应主义,将刑罚的目的归于社会防卫主义,融报应主义、正义观和教育目的刑思想于一体,既肯定刑罚的惩罚本质,又主张刑罚的矫正、改善目的,被有关学者誉为"人类历史上最为合理的一种刑罚体制"③。

折中刑论产生于20世纪中后期,是报应刑论、预防刑论、教育刑论综合的产物。二战结束后,西方资本主义飞速发展,犯罪率不断攀升,教育目的刑以及个别矫正理念在系统论、信息论的冲击下受到怀疑,已不再适应社会发展的需要,折中刑论应运而生。折中刑论认为,刑罚的正当性在于公正性和功利性,刑罚以报应和社会防卫为正当目的,既要惩罚犯罪人的犯罪行为,均衡其对社会造成的伤害,满足社会公众对正义的需求,又要通过刑事立法、司法活动,打消社会中潜在犯罪分子的犯罪意图,并使已经犯罪的犯人不再犯罪。④ 刑罚既具有惩罚、报应的功能,又具有教育、预防的目的,兼具多重属性。

第二节 监狱矫正制度的产生与发展

监狱矫正理念和制度并非自古就有,而是伴随着监狱的发展和行刑理念的变迁逐步确立的。就世界范围而言,监狱矫正制度产生于刑事犯罪古典学派兴起的18世纪后期,在霍华德(Howard)拉开西方狱政改革的序幕后,经历了勃兴、衰落和复兴的历史进程,并在20世纪后叶开始向报应与修复融合、监狱矫正和社区矫正一体化体制逐

---

① 杨春洗等主编:《刑事法学大辞书》,南京大学出版社1990年版,第258页。
② 参见史景轩、张青主编:《外国矫正制度》,法律出版社2012年版,第29页。
③ 邱兴隆:《刑罚理性评论——刑罚的正当性反思》,中国政法大学出版社1999年版,第77页。
④ 参见杨世云、窦希琨:《比较监狱学》,中国人民公安大学出版社1991年版,77页。

步迈进。我国的监狱最早出现于夏商时期,监狱矫正思想萌芽于西周。然而,由于我国封建君主专制制度和行政、司法合一的政治体制的弊端,监狱矫正制度一直处于积淀、摸索的阶段,直到新中国成立后才真正得以确立。1994年,《监狱法》颁布实施,宣告实行了四十多年的监狱劳改时期结束,标志着具有当代中国特色的监狱制度兼收并蓄、自我发展时期的到来。随着社会转型时期各种问题的不断凸显,以及近些年新《刑法》、新《刑事诉讼法》对监狱工作提出新要求,监狱体制改革和矫正工作面临着更多的机遇和挑战。

一、世界监狱矫正理念和制度的发展及变迁

世界监狱矫正理念萌芽并确立于18世纪后期,自1777年霍华德拉开西方监狱改革的序幕,美国费城首次建立"独居制"以来,世界监狱矫正制度呈现了多元化发展的良好趋势。惩罚模式、隔离模式、医疗矫治模式、社区模式、公正模式、新实用模式等监狱矫正模式,以及各种具体的矫正制度和方式,如分类制、累进制、不定期制、自治制、劳动矫正、教育矫正、心理矫治等,都为建立更加有利于罪犯矫正的监狱行刑模式奠定了基础,确定了基本方向。20世纪后期,监狱行刑理念开始向报应与修复融合的趋势演进,矫正政策同样具有"宽严相济""重重轻轻"的两极化趋势。西方各国在行刑领域探索更加有效的社区矫正和非监禁措施,罪犯矫正逐渐改变监狱矫正的单一模式,朝着监狱矫正与社区矫正一体化体制逐步迈进。

(一)监狱制度建立的前夜

在古代社会,同态复仇的报复主义思想一直主导着行刑制度,成就了黑暗旧制度下的酷刑时代。统治者和公民都秉持着"以眼还眼,以牙还牙"的传统血亲复仇观,甚至受到宗教神学信仰影响,认为犯人都是恶魔的化身,主张推行重刑主义,严惩罪犯。"德国封建时代著名的《加洛林纳刑法典》以惩罚、威吓为刑罚指导思想,规定了大量的严苛刑罚,并表明监狱是为了监禁而非执行刑罚。"[①]中世纪的刑罚仍以惩罚、报复、威吓为目的,以断头台、绞刑架公开展示生命刑、肉体刑的野蛮手段为行刑方式,监狱仅被用来进行宗教救赎和教化。直至中世纪后期,监狱才开始被用来作为审前羁押和死刑犯、肉刑犯的暂时关押场所,矫正思想更无从谈起。

受宗教怜悯、同情思想的影响,生命刑和身体刑受到越来越多的批判。伴随着社会问题的严重化,监禁的数量上升,各国当政者逐渐认识到生命刑和肉刑并不能控制犯罪,开始减少肉刑的适用,使犯人弃恶从善的思想也得到了孕育和传播。14—16世纪,在欧洲大陆兴起了一场旨在反对封建神权、讴歌人性的文艺复兴运动,确立了人文主义、人道主义思想,并对近代世界监狱行刑活动产生了重大影响。1557年,伦敦建

---

① 张婧:《监狱矫正机能之观察与省思》,中国人民公安大学出版社2010年版,第23—24页。

立了第一所具有矫正性质的感化院,此为西方近代监狱制度的萌芽。① 随后,荷兰阿姆斯特丹也于1595年、1597年设立了管教所,分别收容男犯和女犯,是以劳动使犯人回归社会的第一批现代监狱,被誉为现代自由刑思想的先驱试验者。② 虽然欧洲许多大城市都逐步建立起现代监狱,但因为政治、经济发展的限制,犯罪率上升,监狱人满为患,管教机构和教养院的复归价值定位发生偏移,各色人等被混同关押在一起,监狱变成了人间地狱,不具备现代意义上的监狱性质。那时的苦役一直持续到18世纪,大量的犯人被流放至偏远的荒岛。例如,英国自1787年开始施行流放制度,在其施行的80年间流放到澳大利亚的犯人达到16万人。③ 监狱的矫正、感化机能无法真正得到建立和发展。

图 3-2　英国最早出现的穷人收容所④

（二）监狱矫正思想的抬头

伴随着文艺复兴、宗教改革运动以及资本主义经济发展的浪潮,17、18世纪的欧洲大陆兴起了一场以自然法精神和理性主义为核心的资产阶级思想解放运动——启蒙运动。以孟德斯鸠、霍布斯、伏尔泰、卢梭为首的一批新兴文学家、思想家高举"理性主义"大旗,主张"天赋人权"和"人人平等"等社会契约理论,批判宗教神学的黑暗统治和腐朽不堪的君主专制制度,极大地推动了社会的进步及政治、哲学、人文学科的发展。1764年,贝卡里亚开创了刑事古典犯罪学派,他在《论犯罪与刑法》一书中,以理

---

① 该感化院主要以流浪者、穷人和违法少年为救助对象,通过组织生产、劳动这一给予他们工作和培养良好习惯的方式,而使其早日复归社会。随后,英国议会以法律形式确立了这一制度。参见潘华仿主编:《外国监狱史》,社会科学文献出版社1994年版,第295页。
② 参见金鉴主编:《监狱学总论》,法律出版社1997年版,第140—141页。
③ 参见潘国和、〔美〕罗伯特·麦尔主编:《美国矫正制度概述》,华东师范大学出版社1997年版,第22—23页。
④ 图片来源:百度图片,2015年4月1日访问。

性人的自由意志论为基本,阐述了刑法三大原则——罪刑法定、罪刑相适应、罪刑人道主义原则,批判了旧制度的腐朽以及酷刑的残忍,强调刑罚的确定性和迅速性,认为刑罚的标准应当视罪刑的危害程度而定,推行刑罚轻缓化,主张废除死刑和报应刑,建立不定期刑。① 边沁在《道德与立法原则导论》一书的开篇第一句便提出,"自然已将人类置于两个至高无上的主人——苦与乐的统治之下",认为刑罚的目的在于追求"最多数人的最大幸福",强调功利主义和享乐主义,并发明了"道德衡量法",用以评估个人从事特别行为的期望。② 两位古典犯罪学派的学者从人道主义出发,深刻地批判了残酷的刑罚制度以及传统的复仇报应刑罚观,主张改良监狱,建立合乎"自然""理性"的刑罚体系,翻开了犯罪研究的新篇章。边沁所所追求的刑罚效益以及用苦与乐估算量刑的建议已经具有现代矫正理论的特征,并影响和推动了18世纪末的监狱改革,开创了以自由刑为中心的新刑罚时代。

1777年,约翰·霍华德出版了《英格兰和威尔士监狱状况》一书,描述了他在对监狱进行调查时发现的种种弊端和刑罚的残酷,认为没有一个监狱是同犯罪做斗争的监狱机关,力推监狱改革,提出了改善罪犯待遇、加强罪犯规导、重视罪犯教诲和劳动等一系列改革主张。③ 在他的努力下,英国于1779年通过了监狱改良法案,西方监狱开始了大步迈向现代狱制的进程。此时出现的第一类监狱矫正模式是惩戒隔离模式,以惩罚与改造为刑罚哲学,认为犯罪是一种道德疾病,犯人必须被隔离,以"独居制"和"沉默制"为代表。④ 但是,美国费城沃尔特娜街感化院的"独居制"没实行多久,纽约州奥本监狱的"沉默制"也出现了管理不当和纪律松懈的情况,显现了许多弊端,监狱再次改革。19世纪70年代,矫正作为一种新的行刑思潮被提出。"1870年,在美国俄亥俄州辛辛那提城召开的美国矫正大会发表了九条原则性的《矫正宣言》,声明刑罚的目的在于矫正,标志着监狱矫正制度正式兴起。"⑤1872年,国际监狱会议将"教育改造"思想定为世界监狱改革主题。1876年,美国爱尔米拉教养院成立,这是历史上第一所具有教育矫正性质的青少年矫正机构,也是教育刑矫正思想和个别化处遇刑事政策的实践应用。⑥

(三)监狱矫正制度的勃兴和鼎盛

19世纪末,以"犯罪学三圣"——龙勃罗梭、菲利和加罗法洛(Garofalo)为代表的刑事实证主义犯罪学派兴起,他们将犯罪的研究对象从犯罪行为转移到以犯罪人为中

---

① 参见〔意〕贝卡里亚:《论犯罪与刑罚》,黄风译,中国法制出版社2009年版,第139—141页。
② 参见〔英〕边沁:《立法理论》,李贵方译,中国人民公安大学出版社1993年版,第59页。
③ 参见徐久生、田越光编译:《德国监狱制度——实践中的刑罚执行》,中国人民公安大学出版社1993年版,第6页。
④ 1790年,根据费城监狱改革协会的监狱改革建议,以隔离为主旨,美国宾夕法尼亚州费城监狱建立"独居制",成为北美第一个矫正机构。纽约州奥本监狱在1823年建立了"沉默制"监狱。不同于宾夕法尼亚州监狱制度中犯人昼夜独居的做法,"奥本制"中,犯人白天一起工作,晚上才单独居住。参见史景轩、张青主编:《外国矫正制度》,法律出版社2012年版,第29页。
⑤ 张学超主编:《罪犯矫正学概论》,中国人民公安大学出版社2011年版,第21页。
⑥ 参见吴宗宪:《西方犯罪学史》,警官教育出版社1997年版,第120—121页。

图 3-3　1860 年清政府代表团曾参观过的纽约州奥本监狱①

心,采用科学、实证的研究方法,进行社会科学的研究犯罪,并分别提出了"隔离监禁""个别化处遇""社会防卫"等刑事思想,为监狱矫正制度的兴起奠定了坚实的理论基础。此外,犯罪社会学派学者李斯特提出了教育刑理论,认为国家不应该惩罚犯人,而应该用惩罚来教育改造犯罪,并指出"刑罚的用意在于矫正可矫正的罪犯,使不可矫正的不为害",具有教育矫正刑和个别预防中心论的思想特征。可以看出,早期实证主义犯罪学摧毁了前矫正时代以"抽象人"为内核的理论依据,在科学探讨犯罪原因和对策的道路上迈出了历史性的一步,教育刑主义应运而生,西方长达多个世纪的惩罚模式寿终正寝,"监狱迎来了矫正刑的黄金时代"②。此后,以轻刑化、个别化处遇为中心的教育矫正思想一直主导着监狱矫正制度,在监狱管理制度方面出现了分类制和累进制,在罪犯管理方面提出了分押分管制度,在刑罚制度上出现了缓刑、不定期刑以及假释制度等。

20 世纪 30 年代,医疗康复矫正模式兴起。尤其在经历了二战,人权保护成为国际思潮的背景下,这种将司法机关与犯人比作"医生与病人"的矫正模式受到广泛推崇,在 20 世纪 60 年代达到顶峰。医疗康复矫正模式以罪犯改造为刑罚哲学,认为犯罪乃是因为罪犯的生理、心理疾病所致,重视利用医学、心理学、精神病学的方法,强调矫正环境对改造效果的影响,将监狱变成了矫正机构,甚至是犯人的"治疗医院",犯人分类、治疗和不定期刑等制度被广泛应用。1954 年,美国监狱协会更名为"美国矫正协会"(ACA)。1955 年,联合国制定了《囚犯待遇最低限度标准规则》,保障囚犯的法

---

① 参见《高墙内的惩戒与攻心》,http://cul.history.sina.com.cn/zl/shiye/2014-05-15/1121303.shtml,2015 年 4 月 10 日访问。

② 张婧:《监狱矫正机能之观察与省思》,中国人民公安大学出版社 2010 年版,第 38 页。

律地位,并明确表明以"社会复归"为处遇目的,对犯罪者施以改善处遇。① 随着犯罪率激增、监狱压力上涨以及大众产生怀疑,该模式在 20 世纪 70 年代逐渐为具有犯罪控制意味的公正模式(又称"公平模式",justice model)所替代。然而,基于同情和博爱的人道主义所建立的医疗康复矫正模式,以个别化处遇和教育矫治为矫正思想,以犯人复归社会为最终归属,仍然可视为刑罚文明的至高境界。

（四）监狱矫正制度的变革

20 世纪 70 年代,美国经济衰退,美元失去世界货币的地位,社会动荡不堪,各种问题逐渐凸显,犯罪率直线上升,监狱人满为患,改革阻力重重,大众及受害者对医疗康复矫正模式心存怀疑和不满,迫使当政者重新采用严苛的刑事政策控制犯罪,教育刑论和医疗康复矫正模式因严重不符合社会实际、过分理想化而受到社会大众的广泛批判,逐渐退出历史舞台。

医疗康复矫正模式"无效论"争议中最著名的人物应该是美国犯罪学家罗伯特·马丁森(Robert Madison)。1966 年,马丁森受美国纽约州防止犯罪特别委员会的邀请,着手调查并评估犯罪预防及矫正计划的效果。1971 年,他在纽约州法庭作证时公布了调查报告和结论,指出医疗康复矫正模式的治疗措施对改造罪犯和减少重新犯罪没有产生明显的效果。这一惊人的研究报告和观点即著名的"马丁森炸弹"。此后,医疗康复矫正模式逐渐宣告失败。关于该模式衰弱的原因,克莱门斯·巴特勒斯将之概况为以下几点:其一,该模式的前提不适用于大多数低层次犯人,他们只想获释;其二,该模式对人性作出错误假设,过高估计了专家的诊断、矫正能力;其三,该模式完全建立在强制惩罚的基础上,难以实现康复矫正目的;其四,大量的研究也证实了该模式的失败。②

知识链接 3-1

关于对罪犯实施改造措施是否有效果,主要有肯定、否定两类观点。"否定论"以美国犯罪学家马丁森为代表,他认为:"除了极少和孤立的情况外,迄今为止所报告的改造活动没有对累犯产生明显的效果。这并不是说我们没有发现成功或部分成功的例子,而仅仅是说,这样的例子是孤立的,以至于不能形成可以说明特定治疗方案是有效的的清晰模式。"其实,早在马丁森等人的研究成果发表前,北美的美国公谊服务委员会(AFSC)就对美国监狱的矫正情况发表了一份研究报告——《为正义而斗争》,对罪犯改造提出了否定性评价,尤其对个别化罪犯治疗提出了批评,认为强制性的治疗缺乏正当的法定程序和对罪犯的尊重。此外,美国学者理查德·霍金斯(Richard Hawkins)等人在合著的《美国监狱制度》一书中也认为,大多数罪犯治疗计划仅仅是

---

① 参见徐福生:《刑事政策学》,中国民主法制出版社 2006 年版,第 345 页。
② 参见〔美〕克莱门斯·巴特勒斯:《矫正导论》,孙晓雳、张述远、吴培栋译,中国人民公安大学出版社 1991 年版,第 21 页。

对监狱环境的一种点缀,只有极少数的矫正机构是完全按照治疗原理设计和建造的。从罪犯角度来看,适用这种模式的大多是有生理、心理疾病而必须监禁起来的顽固罪犯,他们往往憎恶或拒绝被看成"病人"或认为他们需要治疗的观点,强制性治疗阻碍了治疗的成功率和效果。持肯定说的学者帕尔默(Ted Palmer)则指出,马丁森等人完全误解了研究资料。他指出,48%的研究结果表明,罪犯的矫正计划产生了积极或部分积极的结果。著名犯罪学家威尔逊(James Q. Wilson)认为,问题不在于治疗是否有效,而在于研究和证实什么治疗措施是有效的,应当对适当的罪犯采取适当的治疗计划,这样才可能产生积极的矫正效果。事实上,马丁森本人后来也在1979年发表的 New Findings, New Views: A Note of Caution Regarding Sentencing Reform 一文中,承认一些治疗计划的确对累犯有明显的效果,导致其放弃自己最初的结论。此后,许多学者也不再笼统地评价罪犯治疗是否有效果,而是区分不同情况分别评价。[1]

医疗康复矫正模式走向衰败后,取而代之的是新古典主义犯罪学流派,作为报应主义复活典型形态的公平惩罚理念重新成为犯罪矫正思潮的主流,公正模式走上历史舞台。与医学模式不同,公正模式强调用法律、人道的方法控制犯人并提供自愿治疗,法律制裁的目标应当符合正义,而不是以最适合改造犯人为条件。公正模式是社会正义与个人正义的结合,它受犯罪控制模式思想影响,认为监狱是惩罚犯人的地方,矫正理念应当从"矫治"转向"公正"。1975年,美国缅因州废除了不定期刑和假释制度,将矫正制度由改善矫治模式转变为公正模式。1985年,《综合犯罪控制法》明确指出,"刑罚的目标不是复归社会,而是正当惩罚和控制犯罪",公正模式使囚犯处于严密的监狱系统控制之中,减少了社会大众的不安感,并通过重视被害人修复社会关系,维护社会稳定。[2] 此后,刑罚思潮开始向报应与修复融合的趋势演进,矫正政策同样具有"宽严相济""重重轻轻"的两极化趋势。美国的矫正模式先后出现了社区模式(60年代)和犯罪控制模式(70年代)。西方各国开始在行刑领域探索更加有效的社区矫正和非监禁措施,犯罪矫正逐渐改变监狱矫正的单一模式,并朝着监狱矫正与社区矫正一体化方向逐步迈进。

二、我国监狱矫正史

从历史发展的角度而言,我国监狱矫正制度也经历了奴隶社会的萌芽、封建社会的积淀、半殖民地半封建社会的确立、新劳改时期的发展以及当代社会的勃兴五个发展进程,在各个历史时期呈现出不同的特征,并建立了一系列具有矫正理念的监狱矫正制度。

(一)奴隶社会

我国的监狱矫正制度萌芽于西周时期。早在公元前21世纪夏朝的夏台,就出现

---

[1] 参见吴宗宪:《当代西方犯罪学》,法制出版社2005年版,第144—149页。
[2] 参见张婧:《监狱矫正机能之观察与省思》,中国人民公安大学出版社2010年版,第53—54页。

了用土筑成圆形围墙的一种监狱雏形。①《史记·夏本纪》记载,夏桀"乃召汤而囚之夏台"。到了商代,出现了"牢",而当时"狱"字的形成在某种程度上标志着对古代监狱的性质、任务、建筑形态有了可靠记载。西周的政治、经济、文化是夏、商、周三代中最发达的,监狱制度亦趋于成熟和完备。在监狱设置上,有对轻重罪犯实行分别关押的囹圄、圜土、嘉石三类机构;在监狱管理者上,有掌囚、司圜、司教、司隶等具有不同职责的监狱官。《周礼·秋官·大司寇》载:"以圜土聚教罢民,凡害人者,置之圜土而施职事焉,以明刑耻之。其能改者,反于中国,不齿三年;其不能改者而出圜土者,杀。"此即为西周"圜土之制",将犯人拘押于圜土之中,能改者便释放并考察三年,不能改且逃狱者便杀之。西周吸取夏商暴政的前车之鉴,推行礼治,奉行"德主辅刑""明德慎罚""毋庸杀之,姑惟教之"的行刑思想,这一思想贯穿于监狱制度之中,从而产生了对犯人的教育。

奴隶社会时期的监狱职能,已经由单纯关押犯人的场所逐渐转变为具有教养职能的机构。但是,由于奴隶社会天然具有的压迫性和刑罚的残酷性,刑罚仍以复仇报应为目的,以生命刑和身体刑为主要方式,监狱只是镇压奴隶反抗、维护阶级统治的工具,而不是专门的刑罚执行机关,狱政管理落后,刑讯逼供严重,犯人的境遇十分糟糕,真正具有矫正理念的监狱制度无法形成。

(二)封建社会

我国监狱矫正制度积淀于封建时期。就监狱的发展而言,封建时期各个朝代都制定了一系列的监狱行刑制度,或多或少体现了监狱行刑理念的进步,教育矫正思想逐渐得以确立。在秦朝,监狱分为中央监狱(如咸阳狱)和地方监狱(如云阳狱、阳周狱等)两种,统治者设计了一套简单的监狱管理制度,对囚犯的饮食、服装标准、劳役办法以及枷号和刑具的使用作了明确规定。两汉文、景帝时期,提出"教化恤囚"主张,废除了流行一千多年的残人肢体的肉刑,并用徒刑、笞刑、死刑代替。随着教化刑和刑罚宽缓化思想的传播,隋唐时期进行刑罚改革,以肉刑和死刑为主的行刑方式开始向具有监禁、惩罚、隔离功能的自由刑转变,封建制"五刑"(笞刑、杖刑、徒刑、流刑、死刑)得以确立,劳役监成为监狱最主要的形式。随后,唐朝设立了从中央到地方的监狱机构,②建立了一整套监狱管理体制,其发达程度达到了封建社会的最高点。明朝将"狱"改为"监",在中央设刑部狱关押京师重刑犯和全国死刑犯,并区别关押男犯和女犯、已决犯和未决犯,罪犯分类矫正思想得到普遍认同。

---

① 参见薛梅卿主编:《中国监狱史》,群众出版社1986年版,第5页。也有观点认为,中国的监狱起源于夏代的丛棘,亦称"棘丛"。为了惩罚战俘和奴隶,奴隶主就山上砍来山枣树,编成围墙,将囚犯困入丝棘之中,"系用徽墨,(置)于丛"。参见《永巷掖,单独关押女囚的监狱》,http://jinshijie.cn/a/zhongguogudaishi/20130503/96052.html;《中国古代监狱大揭秘》,http://www.singpao.com/xw/ht/201304/t20130414_429476.html;《如何处置女囚?古代最早的女囚犯的监狱在哪?》,http://www.cnprison.cn/bornwcms/Html/jysh/2013-07/12/4028d1173f9c908e013fd1a135eb61fc.html,2015年4月10日访问。

② 中央监狱有大理寺和御史台狱,前者主要收禁中央各部、司、寺、监的犯罪官吏和京城重犯,由大理寺卿、少卿管辖;后者也称"台狱",主要收禁御史弹劾的官员要犯和皇帝交办的大案要犯,由御史大夫、御史中丞管辖。地方州、县两级均设狱,大约有两千所,具体设置典狱负责管理监狱。

图 3-4 隋朝新密县县衙监狱

注：隋朝时，被誉为"中国监狱之最"的新密县县衙监狱里，围墙、外监、内监、刑房、班房、狱神庙一应俱全。这种四合院式的格局，空间上更强调的是秩序和威严。这个监狱直到 2003 年还在使用，它或许是我国使用时间最长的监狱。①

图 3-5 山西洪洞县明代监狱，又称"苏三监狱"

注：建于洪武元年（1368 年）的洪洞县明代监狱是我国唯一的、保存最完整的明代县衙监狱。

---

① 参见《高墙内的惩戒与攻心》，http://cul.history.sina.com.cn/zl/shiye/2014-05-15/1121303.shtml，2015 年 4 月 10 日访问。

就封建时期的监狱管理而言,各朝代逐步建立起一些体现罪犯矫治的管理制度,主要有:系囚制度,即关于监狱的安全和保卫的制度,包括门卫制度、桎梏制度、点视制度;悯囚制度,即关于狱囚生活和待遇的制度,包括矜老怜幼、狱囚衣粮、医药、颂系和法外行仁等内容;居作制度,即关于强制狱囚劳役的制度,包括居作的时间、居作的形式、居作时所戴戒具等;录囚制度,即皇帝和各级官吏对监狱的巡视、巡查以及对狱情的审查、复核和监督等制度。① 从封建制时期监狱的发展和监狱管理制度的建立可以看出,对罪犯进行矫治的指导思想已有所体现。然而,在君主专制下的封建社会,仍保留着严酷的刑罚体系,司法隶属于行政,审判与行刑合一,监狱实质上仍是司法官署的附属物。虽然封建时期的刑罚制度已经显现了轻刑化、人道化的行刑理念,监狱矫正制度初见端倪,但封建制度下仍沿用着森严的等级制度以及残酷的刑罚体系,真正意义上的监狱矫正制度并未完全建立。

图 3-6　清代河南内乡县衙监狱大门,两侧为狴犴图案

注:河南内乡县衙始建于元大德八年(1304 年),现存建筑大多为清代所建,占地 4 万多平方米,有房舍 280 余间,1984 年被辟为国内第一个衙门博物馆,有"天下第一衙"之称。内乡县衙以其唯一性、独特性、真实性、完整性、艺术性、历史性的特点被誉为"历史的活标本",具有丰富的文化内涵,被专家称为"一座内乡衙,半部官文化"。在内乡县衙内,有一个全国保存最完整的清代监狱,监狱内有狱神庙、禁卒房、刑讯房、普牢、女牢和死牢等。②

---

① 参见夏宗素:《罪犯矫正与康复》,中国人民公安大学出版社 2005 年版,第 24 页。
② 参见《揭秘河南内乡县衙之清代监狱》,http://www.neixiangxianya.com/html/xianyawenhua/2009/0523/123.html,2015 年 4 月 10 日访问。

图 3-7 清代河南内乡县衙监狱内的普牢

图 3-8 清代河南内乡县衙监狱内的虎头牢,又称"死牢",关押死刑犯

图 3-9　清代河南内乡县衙监狱内的刑讯室

图 3-10　清代河南内乡县衙监狱内的刑具

（三）半殖民地半封建社会时期

清朝末期,西方资本主义经济、文化和思潮涌入封闭已久的中国大地,我国的监狱制度在保留落后封建性的同时,又吸取了一些先进的矫正理念和监狱管理制度,带有明显的半殖民地半封建社会特色。世界列强在鸦片战争前后,于我国沿海地区的租借范围内陆续建造了一系列殖民监狱,如始建于 1841 年的香港域多利监狱、始建于 1901 年的上海提篮桥监狱、始建于 1900 年的青岛德式"欧人监狱"、始建于 1902 年的旅顺日俄监狱等,为清末狱政改革提供了些许借鉴。①

---

① 参见郭明主编:《监狱学基础理论》,中国政法大学出版社 2011 年版,第 5 页。

图 3-11　上海市提篮桥监狱

知识链接 3-2

　　提篮桥监狱位于上海市虹口区长阳路 147 号,占地约 4 公顷,建筑面积 4 万平方米。监狱始建于 1901 年,1903 年 5 月启用,后经改、扩建,到 1935 年形成现有的布局和规模。由于建筑精良,规模宏大,提篮桥监狱曾号称"远东第一监狱",它先后经历了英国殖民统治时期、日本侵华时期、汪伪政权和国民党政府统治时期,关押过很多爱国人士和革命志士。1949 年 5 月上海解放后,中国人民解放军军事管制委员会接管监狱,将其作为新中国的刑罚执行机关。监狱在 1949 年 5 月始称"上海市人民法院监狱",1951 年 8 月改名为"上海市监狱",1995 年 5 月改为现名。上海市监狱管理局先后投入 300 多万元资金,将提篮桥监狱一幢 6 层高的十字监楼改造为上海监狱陈列馆。陈列馆于《监狱法》颁布实施 5 周年之际的 1999 年 12 月 29 日正式开馆。在旧提篮桥监狱内,建有防暴监房(即橡皮监),监室呈八角形,地坪、房门和四壁全是橡胶制品,可防止犯人自杀。监狱还建有设在监楼顶层的"风波亭"禁闭室,每间面积仅 3.2 平方米,设有木门、铁门双重警戒。房顶开有风窗,冬天异常寒冷,夏天酷热难熬。这些国内罕见的特种设施保存至今,参观者可在陈列馆内作一番亲身体验。提篮桥监狱作为"清末监狱的活化石",接待了近百个国家和地区的外宾 500 多批、5000 多人次,成为外国人士了解中国监狱的一个重要窗口,于 2013 年被确定为第七批全国重点文物保护单位。然而,随着到 2020 年上海人口将猛增至 3000 万,这个位于闹市区的"远东监狱"在迎来首名囚犯 110 多年后,将面临被关闭的可能。①

---

　　① 参见 http://jyj.sh.gov.cn/shjyj/script/showDocument? documentPath=Plone/content/jyjj/jyjjnr/document.2009-11-13.3862043251&templatePath=shjyj/templates/documentPage/single_document_jyjjxl&aqPagePath=/style/mainPage/bmfw/jyjj&channel=/Plone/content/jyjj/jyjjnr/;《上海提篮桥监狱因地价升值将关闭　曾关押汪精卫之妻》,http://www.cnprison.cn/bornwcms/Html/jysh/2013-07/12/4028d1173-f9c908e013fd19d51f561ec.html,2015 年 4 月 15 日访问。

当时清朝的监狱因野蛮与残暴,被国际社会鄙视、冷落,丧失了在海牙举行的国际监狱会议的参与权。1901年实施"新政"后,受国际监狱改革浪潮的影响,著名法学家沈家本深感我国监狱制度腐朽、落后,于是提出监狱改良,在《寄簃文存·监狱访问录序》中指出"设狱之宗旨,非以苦人辱人,将以感化人也"。他认为监狱乃是一个国家文明进步的标尺,极为欣赏古代"明刑弼教"的"优恤之政"和西方近代提倡的人道感化之说。通过研究欧美、日本的监狱制度,并结合我国的有关研究,沈家本向清政府提交了《奏请实行改良监狱折》,提出了监狱应采用自由刑规制、确立教育和感化的矫正宗旨、对16岁以下的幼年犯罪采用惩治教育以及培养狱政人才①这四个颇具教育矫正理念的监狱改革主张。此后,清政府开始转变思想,以日本监狱制度为蓝本,实施狱政改良,打破了自古沿用的诸法合体模式。清政府于1908年聘请日本法学家小河滋次郎为顾问,起草《大清监狱草案》,贯彻教育刑论,把自由刑的执行过程看成对犯人进行服法的治疗、教育过程。

这一时期,我国先后在北京、湖北、山东、辽宁等地设立模范监狱,在天津、河北、安徽、浙江等地设立司监所,统一执行流刑、充军、徒刑等自由刑,还设有待质所、看守所、少年惩治监等各类监狱,体现了分类关押的个别化矫正理念。② 此外,清末还建立了

图 3-12 湖北模范监狱

注:据《武汉通史·晚清卷》介绍,1905年,湖广总督张之洞派员赴日本考察学习监狱管理模式,回国后开始修建当时国内第一座大型西式监狱——湖北模范监狱。该监狱仿照日本东京、巢鸭两处监狱规模,最早引进了国外监狱先进管理制度,是当时全国第一所经过较为彻底改良的真正现代意义上的监狱。它占地30亩,分内监、外监、女监和病监,可同时容纳五百多名犯人,于1907年5月建成。新中国成立后,该监狱被改造成厂房和民居,部分建筑留存至今。③

---

① 参见薛梅卿主编:《中国监狱史》,群众出版社1986年版,第197—200页。
② 参见郭明主编:《监狱学基础理论》,中国政法大学出版社2011年版,第5页。
③ 参见《张之洞与湖北模范监狱》,http://bbs.cnhan.com/thread-815748-1-1.html,2015年4月15日访问。

一些具有近代矫正理念倾向的监狱制度,如采用定役自由刑、分类关押、惩罚与作业相结合、感化为主的教育教诲矫正方式、人道主义的卫生医疗制度、改变宗室犯人特权地位等。① 但是,这些建议和制度最终并没有施行,实质上只是一种粉饰罢了。

军阀混战时期,统治者以《大清监狱草案》为基础,出台了《中华民国监狱规则》,建造了模范监狱和习艺所。这一时期虽在形式上建立了较为完善的监狱法规和制度,但监狱行刑仍以传统的报应、威慑为主要目的,具有教育矫正理念的规定和制度并没有真正施行,监狱矫正机能未能得到切实的贯彻实施。② 根据地建设时期和八年抗战时期是革命监所的创建和奠基时期,中国共产党遵循劳动教育感化、改造罪犯的狱政理念,颁布《中华苏维埃共和国劳动感化院暂行章程》,明确"劳动教育感化"方针,创建"自治医疗制度"③,建立看守所、劳动感化院、监狱、苦工队等监禁机构,废除肉刑等非人道待遇,建立了一整套新的管理制度以及思想教育、劳动教育矫正体系,掀开了中国监狱矫正史书崭新的一页。解放战争时期,对犯人的矫正教育有了进一步发展。具体而言,加强思想教育,建立系统的教育系统,形势教育的内容针对性强;教育的形式和方法灵活多样,除了听报告、上课、读报外,还通过文艺演出进行教育;对犯人进行文化教育,在一些较大的监狱达到制度化、正规化。这是中国几千年监狱历史上一次深刻的革命,体现了中国共产党改造社会、改造人类的历史使命和教育人、改造人的基本政策。把管理、教育、劳动结合起来,对犯人实行矫正、教育和改造,也是中国监狱行刑观念的根本改变。④ 监狱制度坚持"以教育为主、惩教结合"的矫正理念,监狱建设从农村转向城市,创建了管训队、劳改队、罪犯管理所等新监狱形式,监狱制度逐步走向正规化。

(四)新中国劳改矫正时期

随着新中国的成立,监狱矫正制度进入现代发展阶段。新中国成立初期,政治、经济形势严峻复杂,百废待兴,政府在监狱管理上面临巨大的经济压力。为了巩固新民主主义政权,调动罪犯的双手为社会主义建设服务,以便更好地教育、改造罪犯,1951年5月,第三次全国公安会议通过了《关于组织全国犯人劳动改造问题的决议》,要求

---

① 参见薛梅卿主编:《中国监狱史》,群众出版社1986年版,第205—209页。
② 例如,1913年1月13日颁布的《监狱教诲师教师医士药剂士处务规则》规定,由教诲师负责罪犯的矫正教育工作。同年12月1日颁布的《监狱规则》中特设"教诲及教育"一章,在每个监狱配备教诲师,每周开设24小时以内教授相当于小学程度的课程,对犯人进行教育矫正。1928年10月颁布的《监狱规则》又规定,在教授相当于小学程度的课程的基础上,可以对其他同等学力者依其程度不同,开设补习科。
③ 该制度将监狱比作对犯人治愈、教育的医院、学校,组织犯人自我管理,实行集体教育、个别教育相结合,并通过狱外劳动、回村劳动等方式减少监禁管理成本,促进根据地大生产,把对犯人的惩治、教育、矫正与抗战时期的大生产和革命斗争紧密联系在一起。
④ 参见夏宗素:《罪犯矫正与康复》,中国人民公安大学出版社2005年版,第59页。

中央到地方按照五级分工,负责组织劳动改造工作和生产。① 1954年8月,经政务院批准,颁布了《劳动改造条例》,规定了劳改机关惩罚、改造罪犯的任务,确立了"惩罚管制与思想改造相结合、劳动生产与政治教育相结合"的工作方针,明确了监狱刑罚执行、改造手段等一系列管理制度,成为我国劳改工作的基本纲领,使劳改工作走上合法化、制度化、科学化的发展道路。

随着1956年中共八大的召开,全国掀起了社会主义改革和建设的高潮,劳改工作迎来了全面发展时期。1964年7月6日,公安部召开第六次全国公安会议,进一步强调了"坚决贯彻执行改造与生产相结合,改造第一,生产第二的方针"。在劳改工作创建发展过程中,党中央根据不同时期的实际情况制定了一系列改造罪犯政策,积累了许多成功经验。②"文革"十年动乱时期,国家政治、经济、文化、法制受到极大破坏,虽然有一批劳改工作人员坚决抵制反革命集团的倒行逆施行为,努力完成监狱的改造、生产工作,将动乱造成的损失减少到最小,但以劳改为主的监狱法规遭到践踏,正常的监狱秩序仍然被扰乱。③

1976年,"文革"结束,我国开始了全面的拨乱反正。此后,监狱系统逐渐清除了各种思潮的不良影响,监狱劳改工作逐渐恢复了良性运转。1981年8月18日,北京召开第八次全国劳改工作会议,总结了新中国成立以来监狱劳改工作的发展、经验和成就,并确立了新时期监狱工作的方针、政策和方法。④

综上,我国劳动改造制度自1951年施行起,经历了全面发展、"文革"十年破坏以及改革发展三个阶段,先后推行了若干重大改革,如办特殊学校,改造生产双承包责任制,以及改造工作向前、向后、向外延伸等,并随着1994年《监狱法》的颁布而画上完美句号。作为这一时期的刑罚执行制度,它并不仅仅指通过劳动改造罪犯,而是包括了刑罚执行、狱政管理、教育改造、劳动改造等各个方面的内容。在该法施行的43年间,劳改矫正制度成功矫正了近千万名罪犯,为社会创造了巨大的物质财富,为世界狱制发展做出了重要贡献,并为新时期监狱矫正制度的建立和发展提供了宝贵的经验。

(五)当代监狱矫正自我发展时期

20世纪80年代以前,我国传统监狱制度与高度的计划经济体制相一致,以马列

---

① 各地迅速建立了罪犯劳动改造机构,大规模组织囚犯参加国家基础设施建设以及手工业、农业、副业等生产。到1953年底,投入劳动改造的罪犯已占全国羁押人总数的83.67%,从根本上改变了囚犯坐吃闲饭、监狱人满为患、经费不足等问题。参见梁立民:《新中国劳动改造罪犯工作回顾》,载夏宗素、朱济民主编:《中外监狱制度比较研究文集》,法律出版社2001年版,第28页。

② 例如:"1. 通过劳动将罪犯改造为新人的政策;2. 惩办与宽大相结合的政策;3. 阶级斗争和人道主义相结合的政策;4. 劳动改造与思想改造相结合的政策;5. 区别对待的政策;6. 给出路的政策。"梁立民:《新中国劳动改造罪犯工作回顾》,载夏宗素、朱济民主编:《中外监狱制度比较研究文集》,法律出版社2001年版,第29页。

③ "这一时期,全国800个劳改单位被砍掉一半,耕地面积损失了60%,固定资产损失20余亿元。但劳改人员仍然一方面与反动势力做斗争,一方面努力完成生产和改造任务,为社会提供所需的工农业产品,这十年劳改场所完成工业总产值182亿元,上交利润45亿元。"夏宗素:《罪犯矫正与康复》,中国人民公安大学出版社2005年版,第67页。

④ 参见司法部政治部、监狱管理局编:《监狱专业基础知识》,法律出版社2004年版,第7页。

主义、毛泽东思想为指导思想,以改造人为最终目的,以劳动改造为最终手段,以提高监狱人民警察素质水平为制度保证,监狱过于集中统一管理,监狱理念、职能、运行机制都受到各种制约。①

改革开放以后至20世纪末,我国不再简单地学习、模仿其他国家的监狱制度,而是开始兼收并蓄地踏上中国特色监狱制度的发展道路。1994年《监狱法》的颁布,宣告了劳改时代的结束,标志着我国刑事法律体系的完善和监狱管理的规范化、法制化。《监狱法》明确规定了"监狱对罪犯实行惩罚和改造相结合、教育和劳动相结合的原则,将罪犯改造成为守法公民"的矫正原则和宗旨,规范了我国监狱执法活动,以法律的形式明确界定了监狱的性质、职能、方针、政策以及各项制度,确立了监狱人民警察的法律地位和职责,规定了罪犯的权利和义务,使我国监狱矫正制度步入新的历史发展阶段。

21世纪以来,我国监狱矫正工作从对西方的简单崇拜进入冷静和理性对待阶段,理论和实践都有了快速发展。这一时期,监狱法制建设发展迅速,各项改革工作进展顺利,逐步建立起国家财政保障体制,监狱人民警察队伍的整体素质水平不断提高。中共中央进一步提出了依法治理监狱、建设现代化文明监狱、建立现代监狱制度、提高教育改造质量、实行狱务公开、加强人民警察队伍建设、开展监狱体制改革和监狱布局调整以及推进监狱工作法制化、科学化、社会化建设等涉及监狱宏观、微观工作的改革措施,②推动监狱工作进一步向前发展。

《刑法修正案(八)》于2011年2月25日通过,自当年5月1日起施行。它减少了死刑的适用,提高了自由刑的刑期,增加了"限制减刑"的规定,对监狱暂予监外执行、减刑、假释等行刑制度进行了修改和完善,给当前监狱工作带来了新挑战、新课题,也将对今后一段时期的监狱工作产生重大而深远的影响。例如,随着狱内服刑人员刑期的增加以及"限制减刑"的适用,罪犯人数上升,重刑犯比重变大,监管安全风险加大,警戒等级要求更高,教育矫正工作更为艰巨,刑罚执行成本大幅度增加等。面对新形势下的各类挑战和问题,监狱系统需要进一步加强和规范内部管理,不断加大监狱监管设施的投入,提高安全防范水平,全面提高监狱警察的执法能力,增强教育改造工作的科学性,以适应社会转型时期监狱工作改革的需要。我国新时期的监狱行刑和罪犯矫正工作任重而道远。

第三节 我国监狱矫正制度基本体系

从法律依据来看,中国现当代监狱矫正法律体系以《宪法》第28条为指导,以《监狱法》为核心,以《刑法》《刑事诉讼法》以及司法部、公安部、最高人民法院、最高人民检

---

① 参见于爱荣等:《矫正技术原论》,法律出版社2007年版,第15—16页。
② 参见夏宗素:《罪犯矫正与康复》,中国人民公安大学出版社2005年版,第71—77页。

察院等颁布的单行性配套法规和规范性文件为补充,还包括《未成年犯管教所管理规定》《监狱教育改造工作规定》《监狱服刑人员行为规范》、最高人民检察院《关于执行〈监狱法〉有关问题的通知》、国务院《关于进一步加强监狱管理和劳动教养工作的通知》以及其他相关的监狱法规等。就具体的制度内容而言,监狱矫正制度基本体系主要是指包括监狱矫正机构、矫正人员、矫正对象、矫正时间、行刑管理、矫正方式与技术在内的各个基本构成要素之和。

一、我国监狱矫正制度概述

《监狱法》第 3 条明确规定了"监狱对罪犯实行惩罚和改造相结合、教育和劳动相结合的原则,将罪犯改造成为守法公民"的矫正原则和宗旨。我国监狱矫正制度,是指以"惩罚和改造相结合、教育和劳动相结合"为原则、以惩罚和矫正为基本职能的监狱,通过狱政管理、教育矫正、劳动矫正、心理矫治四类矫正手段,对被判处监禁刑的罪犯进行惩罚、教育和改造,使其早日改过迁善、复归社会,成为遵纪守法公民的刑罚执行制度。

除封闭、惩罚、威慑等天然属性外,我国监狱还具有民主专政的特性。国家的特性决定了制度的特性。我国人民民主专政的社会主义国家性质,决定监狱作为人民民主专政机关的特性。作为工人阶级和最广大人民群众利益的代表,监狱是对危害国家统治、社会秩序的刑事犯罪分子进行惩罚、教育、改造的刑罚执行机关,承担着执行自由刑、惩罚罪犯、改造教育罪犯以及预防和减少犯罪四项任务。

(一)监狱矫正原理

随着刑罚理念的转变以及刑罚方式、体系的变迁,刑罚执行机关的指导思想、工作方针、基本原则也在不断地发展并完善着。

1. 监狱矫正的指导思想

监狱矫正的指导思想,是指引领监狱矫正理念和实践应当坚持的思想理论基础和科学指南,与刑罚目的和理念紧密相关。奴隶社会和封建社会时期,我国的刑罚理念仍以报应观为主,刑罚主要起着惩罚、隔离的作用。20 世纪初,刑事实证主义思想得到广泛传播,清朝晚期狱政改革受西方思潮影响,刑罚理念向教育目的刑转化,监狱行刑方式日趋轻缓化、人道化,基于教育刑、刑罚人道化和个别化以及刑法谦抑思想的现代监狱矫正理念得到确立和发展。

我国的监狱矫正思想随着刑罚理念的不断变迁日趋完善,并最终表现为"惩罚和改造相结合"思想。我国监狱矫正工作的基本指导原则为"惩罚与改造相结合,以改造人为宗旨",既要惩罚罪犯又要矫正罪犯,并有所侧重,以"改造人"为全部刑罚执行工作的最终宗旨。

2. 监狱矫正的工作方针

监狱矫正的工作方针是党和国家所确立的执行监狱刑罚、惩罚和改造罪犯的总体方向和目标,其精神贯穿于监狱矫正工作和监狱法规之中,并不断发展完善。新中国成立以来,监狱矫正工作根据不同历史时期的政治经济形势和犯罪特点,制定过四个基本方针,分别是:"三个为了"方针[①]、"两个结合"方针[②]、"改造第一,生产第二"方针[③]以及"惩罚与改造相结合,以改造人为宗旨"方针。

《监狱法》于1994年颁布,国务院1995年颁布《关于进一步加强监狱管理和劳动教养工作的通知》,明确了监狱矫正工作"惩罚与改造相结合,以改造人为宗旨"的新方针,即监狱矫正工作应将惩罚与改造工作并举,惩罚是矫正的前提和保证,应严格按照监狱法规对罪犯进行监管;改造是惩罚的目的和归属,要对罪犯进行系统、有目的的生产劳动和教育矫正;"以改造人为宗旨"是监狱矫正工作的总体要求,惩罚措施必须有利于罪犯的改造。这一方针表明了我国现代监狱人民民主专政的特殊性,体现了社会主义刑罚方法的进步,对新时期的监狱矫正工作具有重大历史意义。

3. 监狱矫正的基本原则

监狱矫正的基本原则,是指监狱矫正工作应当坚持的基本准则和精神。纵观世界各国的行刑制度和矫正工作,监狱矫正原则主要为人道化、教育化、个别化以及社会化四方面,并在联合国规则及各国法律文件中都有所体现:联合国《囚犯待遇最低限度标准规则》《保护人人不受酷刑和其他残忍、不人道、有辱人格的待遇或处罚的宣言》都主张尊重罪犯权利,给予其人道待遇;各国监狱法规都规定了知识文化教育、职业培训、生活指导、宗教活动、心理矫治等矫正手段和内容,体现了教育目的刑思想;而分类分级管理制度以及累进制处遇制度体现了个别化处遇原则,劳动矫正、更生保护制度也体现了社会化原则。[④]

我国监狱矫正工作以上述四个基本原则为基础,并结合国情,制定了五个监狱矫正原则:

第一,惩罚和改造相结合原则。这一原则最早来源于1981年全国第八次劳动改造会议,1994年颁布的《监狱法》将之法制化、定型化,规定了我国监狱矫正工作"惩罚和改造相结合"的工作方针和原则。惩罚和管制是监狱的基本属性和职能,惩罚罪犯可以使罪犯感到痛苦,抚慰被害人,预防犯罪;改造和矫正是监狱惩罚的最终目的和宗旨,改造罪犯可以改变罪犯思想,降低其人身危险性,使其早日回归社会。

第二,教育和劳动相结合原则。教育和劳动是我国监狱矫正罪犯的基本手段。有计划的教育可以转变罪犯的思想,培养罪犯的生存技能;组织罪犯进行有计划的生产,

---

① 这一方针确立于1951年全国第三次公安会议通过的《关于组织全国犯人劳动改造问题的决定》。方针精神主要体现在以改造罪犯为监狱的主要任务、以劳动改造为改造的基本手段、以政治任务和经济建设任务相结合为主要目标三方面。

② 1954年颁布的《劳动改造条例》正式将劳改方针转变为"惩罚管制与思想改造相结合,劳动生产与政治教育相结合",对罪犯实施惩罚管制的同时,强调思想政治教育,将劳动生产与政治思想结合起来,使罪犯在劳动过程中在思想上、心理上、行为上得到感化和矫正。

③ 我国监狱矫正工作进入全面发展时期后,劳改工作出现了过分注重生产劳动的经济效益而忽视罪犯改造的严重偏差。刘少奇于1956年提出这一监狱工作的新方针。此方针的基本精神是,将罪犯改造摆在监狱矫正工作的首位,将生产劳动的经济效益放在次要位置,将"以人的改造"为重点贯彻整个劳改工作。

④ 参见夏宗素:《罪犯矫正与康复》,中国人民公安大学出版社2005年版,第95页。

可以矫正罪犯好逸恶劳的恶习,增强体质,提高劳动技能,使其树立集体主义价值观和遵纪守法的意识,并早日复归社会。这一原则要求监狱矫正工作以教育矫正为先导,注重劳动的实践和潜移默化的作用,将两者有机结合,使矫正效果达到最大化。

第三,人道主义原则。[①] 矫正人道化主要表现为刑罚目的人道化、刑罚过程人道化以及罪犯处遇人道化三方面,即"矫正要重于惩罚、刑罚执行要尊重犯人基本权利、矫正要注重个人价值和社会价值的双重实现"[②]。我国将人道主义视为法治国家建设的基本要求,并逐步形成了以《宪法》第28条为基础,以《监狱法》为核心,以联合国《禁止酷刑和其他残忍、不人道或有辱人格的待遇或处罚公约》《经济、社会、文化权利国际公约》和《公民权利和政治权利国际公约》为辅助,由《刑法》《刑事诉讼法》《行政诉讼法》《民法通则》《民事诉讼法》《国家赔偿法》等法律法规共同构成的罪犯人权保障体系,为监狱罪犯基本权利的实现提供了法律保障。

第四,个别化原则。[③] 矫正个别化原则是刑罚个别化原则在罪犯矫正过程中的精神体现,是指监狱矫正工作要针对每一个罪犯的情况,制定矫正计划,实施矫正措施,给予不同处遇,即应采取个案矫正技术和矫正个别化技术。联合国《囚犯最低限度标准准则》详尽地指出了罪犯评估和处遇个别化的内容和措施。该准则规定,为了培养犯人出狱后守法自立的意识,"应当照顾到犯人社会背景和犯罪经过、身心能力和习性、个人脾气、刑期长短、出狱后的展望,而按照每一囚犯的个人需要,适用一切恰当的方法,其中包括教育、职业指导和训练、社会个案调查、就业辅导、体能训练和道德性格的加强"[④]。在我国,矫正个别化主要体现在罪犯分管分处的个别化、分教的个别化、劳动安排计划的个别化以及罪犯奖惩的个别化四个方面。

第五,社会化原则。矫正社会化原则是行刑社会化原则在监狱矫正工作中的具体应用,要求监狱工作采取社会化工作方法,调动社会中一切积极因素,将社会力量引入到监狱矫正中,合力改造罪犯,尤其强调社会帮教和社会安置,将矫正工作与社会融合,确保矫正目的的更好实现。具体来说,要求监狱主动向社会开放,争取社会各界人士的支持并签订帮教协议,邀请有关单位、人士和社会志愿者来监狱开展帮教工作,组织罪犯到社会中参观学习,并为罪犯获得社会法律援助提供帮助;在罪犯出狱后,结合社会力量,帮助安置其工作、学习、生活,对其给予生活指导和心理疏导,使其早日适应

[①] "人道主义"一词最早源于拉丁文"humanistas",英语为"humanism",其本来含义是指一种能够促进个人才能得到最大限度发挥的具有人道精神的教育制度。人道主义始于文艺复兴时期,自刑事古典学派产生后,对刑罚理念具有巨大影响意义。犯罪实证学派此后也以人为中心,从刑罚人道角度出发,建议改革传统的刑罚体系,而代之以具有社会防卫、犯罪预防意味的新刑法制度。人道主义原则强调以人为核心,倡导人人平等,反对残暴的刑罚和狱政管理,主张给予罪犯基本的人道处遇,使其早日改过迁善,顺利复归社会。

[②] 张学超主编:《罪犯矫正学概论》,中国人民公安大学出版社2011年版,第37页。

[③] "个别化"(individualization)最早由刑事实证学派学者菲利提出,他从"犯罪原因三元论"出发,根据犯罪的不同原因将罪犯划分为五类,并主张给予不同刑罚和处遇。刑罚个别化是根据惩罚与预防的需要,既考虑犯罪的社会危害性,也考虑罪犯的人身危险性的原则。监狱矫正将刑罚个别化原则细化并运用于罪犯矫正中,建议因人制宜,实施矫正个别化。

[④] 于爱荣等:《矫正技术原论》,法律出版社2007年版,第140页。

社会生活。

(二) 监狱矫正机制基本体系

监狱矫正机制基本体系,是指构成监狱矫正工作机制的各个部分,包括监狱矫正机构、矫正人员、矫正对象、矫正时间、行刑管理、矫正方式与技术等基本构成要素。

监狱矫正机构,顾名思义,就是对罪犯进行监管、教育、矫正的机构和场所。纵向来看,监狱矫正机构有管理机关和具体矫正机关之分。横向来看,我国监禁刑矫正机关有看守所、普通监狱、重刑犯监狱、新收犯监狱、老病残监狱、未成年犯管教所、女犯监狱等根据不同类型犯人而划分的各类监狱,因人制宜,各具特色。

监狱矫正人员,即在监狱系统内从事监狱矫正和其他相关工作的人员,包括机构管理人员、具体执行人员以及其他人员三类,各自拥有不同的法律权利,承担相应的职责。

监狱矫正对象为被剥夺自由刑的囚犯。从监狱学意义上说,矫正对象是指实施了犯罪行为,被法院判处死刑缓期二年执行、无期徒刑、有期徒刑,并在监狱(包括看守所、未成年犯管教所以及特别监狱)内接受惩罚和改造的罪犯。因单位犯罪主体只能判处罚金,监狱矫正对象一般为自然人,其身份具有法定性和时间性,必须经过审判机关依法判决后才可确认其为监狱矫正对象,而其囚犯身份也以判决刑期为限,不具有永久性。服刑人员的人权保障问题,是监狱罪犯矫正的一项重要内容,也是人权领域的一个重要组成部分。我国被判处监禁刑的罪犯在狱内服刑期间,除应当履行监狱法规规定的各项义务外,还应当保障其享受到作为一个基本的人所想要的各项基本权利。依据各项国际人权公约[①]的精神和我国法律的相关规定,我国狱内服刑人员应当享有人身健康权(生命权、健康权、免受酷刑和不人道待遇权、有限的隐私权、娱乐权等)、政治和宗教自由权(宗教信仰自由和未剥夺政治权利的罪犯的政治自由权)、合法财产不受侵犯权、婚姻自由权、发展权(劳动权、报酬权、休息权、职业安全权、受教育权、批评建议权、接受奖励权、刑满释放权等)、与外界交往权(通信权、会见亲属权、监护人权等)、法律援助权(申诉权、控告权、辩护权和检举权)以及特殊罪犯享有特殊待遇权(未成年犯、女犯等)八大基本权利。[②]

监狱矫正时间,是指依法被判处监禁刑而需接受监狱监管和矫正的具体时间期限。监狱执行的监禁刑主要为死刑缓期二年执行、无期徒刑、有期徒刑三类。但是,这只是犯人被法院依法判决的刑期,监狱会根据其在监狱内的综合表现以及漏罪、新罪情况提出暂予监外执行、减刑、假释以及数罪并罚的建议。因此,罪犯在监狱接受矫正的时间具有不确定性和灵活性。

---

① 最基本的国际人权公约主要是指由1948年12月联合国大会第三次会议通过的《世界人权宣言》、1966年12月第21届联合国大会通过的《经济、社会及文化权利国际公约》和《公民权利和政治权利国际公约》构成的《国际人权宪章》,以及《囚犯待遇最低限度标准准则》《禁止酷刑和其他残忍、不人道或有辱人格的待遇或处罚公约》等专门性国际人权公约。

② 参见冯建仓、陈文彬:《国际人权公约与中国监狱罪犯人权保障》,中国检察出版社2006年版,第56页。

监狱行刑,是指监狱作为国家刑罚执行机关对被判处监禁刑的罪犯实施的刑罚执行工作,包括行刑管理和狱政管理两项。行刑管理,即基本的刑罚执行工作,包含对罪犯的收押、暂予监外执行、减刑、假释、释放五类行刑制度。狱政管理,是指监狱矫正机构对罪犯服刑的相关事务进行的管理活动,既属于监狱行刑机制下的一环,也是一项重要的监狱矫正手段。[1] 狱政管理主要包括分类管理、戒具和武器使用、罪犯监管、狱内犯罪处理、罪犯越狱和自杀、监狱对外交流、生活卫生环境以及罪犯考核奖惩等方面。

矫正方式,又称为"矫正手段""矫正措施",是指为了矫正罪犯的不良行为、心理习惯,使其早日改过迁善、复归社会,而采取的各种矫正措施和技术,在不同的历史阶段以及不同的国家表现为不同的形式和内容。我国现阶段主要有狱政管理、劳动改造、教育矫正、心理矫治和包括针对特殊犯人的矫正措施这几类矫正方式,以及罪犯分类、个案矫正、罪犯风险评估、罪犯改造质量评估等矫正技术。

二、矫正机构

矫正机构,作为监狱矫正活动的主体,是指对罪犯实施监禁与矫正的执行机关。依据划分标准不同,监狱可细化为不同的机构和模式。在我国,普通监狱是监狱矫正最重要的机构。此外,关押短期自由刑罪犯的看守所以及女子监狱、未成年犯管教所、老病残监狱等特别监狱也是我国的监狱矫正大系统下的执行机关。

(一)监狱矫正机构概述

监狱矫正机构,广义上是指对罪犯执行监禁刑、实施监管与矫正的执行机关,狭义上仅指代"监狱"。关于剥夺自由刑、对罪犯进行矫正的执行机构,各国有不同的说法,如英国设监狱、青少年犯教养感化院;法国设监狱、监禁中心、特殊监狱;意大利设监狱、刑罚执行所;日本设惩役监、监禁监、管役场、监管场;俄罗斯设监狱、劳动改造营、劳动教养营、劳动改造村;有的国家则统称为刑罚的执行机构。[2] 我国《监狱法》第2条第1款规定:"监狱是国家的刑罚执行机关。"

监狱也存在广义和狭义两种说法。在我国刑法意义上,监狱是对判处死刑缓期二年执行、无期徒刑、有期徒刑的犯人执行刑罚,实施惩罚与矫正的国家刑罚执行机关。由此可见,我国刑法上的监狱属于狭义的"监狱"概念,仅关押被判处监禁刑的已决犯。

依据我国《刑事诉讼法》的规定,"被判处有期徒刑的罪犯,在被交付执行刑罚前,剩余期刑在三个月以下的,由看守所代为执行",但三个月以下有期徒刑仍在监禁刑范围内。从"监狱"概念的内涵来看,监狱矫正机构应是执行自由刑、关押和矫正已决犯的所有机构。因此,从广义上说,我国监狱矫正机构的实际范围,不仅指关押被判处较长监禁刑罪犯的监狱,也包括关押被判处三个月以下短期监禁刑罪犯的看守所,此为

---

[1] 参见吴宗宪:《监狱学导论》,法律出版社2012年版,第367页。
[2] 参见夏宗素:《罪犯矫正与康复》,中国人民公安大学出版社2005年版,第166页。

大监狱矫正机构范畴。①

"英国学者安东尼·伯特姆斯将监狱的特性概括为六种,即综合性、惩罚性、内部性、日常活动性、人际关系复杂性以及地理限制性。"②我国学者吴宗宪从当代监狱的实际情况出发,认为监狱具有"惩罚性、控制性、改造性、界限性和社会性"③。我国的监狱矫正机构具有阶级性、惩罚性、强制性和矫正性。监狱是我国统治阶级推行人民民主专政的工具,是惩罚、管教罪犯的刑罚执行机关,是国家暴力后盾以及改造罪犯的矫正机构。监狱矫正机构依照法律规定,以执行刑罚、惩治和矫正罪犯、预防和减少犯罪为己任,具有惩罚、监管、教育、矫正、防卫五大功能。

(二) 管理体制

监狱管理体制,是指"在监狱中实行的关于监狱的管理制度层级及其管理权限划分和监狱机构设置的组织管理制度"④。

1. 管理机关

我国的监狱实施的是中央统一领导与分级管理结合、中央和省两级管理体制,坚持党中央绝对领导和监狱党委领导下的监狱长负责制。《监狱法》第10条规定:"国务院司法行政部门主管全国的监狱工作。"司法部作为最高领导机关集中统一领导全国监狱工作,并在中央及各省、自治区、直辖市设立监狱管理局,具体负责全国和各地区的监狱矫正工作的组织和管理,实施两级管理。监狱的设置、撤销、迁移,由国务院司法行政部门批准。监狱设监狱长一人,副监狱长若干,并根据实际需要设置必要的工作机构和配备其他监狱管理人员。

监狱内部一般会设置刑罚执行科、狱政管理科、教育改造科、生活卫生科、政治处、财务科等工作部门,重型犯监狱和在押犯在3000人以上的大型监狱还应设置狱内侦查科。

2. 监狱的分类与主要类型

最原始的监狱实行的是罪犯混同杂居,不分已决未决、刑事民事、原告被告、男女老少,所有犯人关押于一处的监禁方式。随着社会的发展、刑罚理念的转变以及监狱制度的改良,监狱由混居、分类杂居、大杂居小隔离逐渐发展为分类制度。

根据不同的标准,可以将监狱矫正机构划分为不同的类型,科学地划分监狱种类有助于建设合理的监狱体系、减少罪犯的"交叉感染"、提高矫正的质量水平以及节省国家的人力和财力资源。目前,世界范围内的监狱分类主要有以下几种类型:⑤

(1) 以法律身份为划分标准,可分为已决犯监狱和未决犯监狱,后者又可称为"看

---

① 为统一说法,本书的监狱矫正都采用大机构范畴概念,"监狱"包括执行三月以下监禁刑的看守所。
② 参见吴宗宪:《当代西方监狱学》,法律出版社2005年版,第29—31页。
③ 参见吴宗宪:《监狱学导论》,法律出版社2012年版,第93—94页。
④ 司法部政治部、监狱管理局编:《监狱专业基础知识》,法律出版社2004年版,第13页。
⑤ 参见吴宗宪:《监狱学导论》,法律出版社2012年版,第101—105页;吴宗宪:《当代西方监狱学》,法律出版社2005年版,第66—90页。

守所"(jail、goal)①、"押候中心"(remand center)或"押候监狱"(remand prison)。我国的"监狱"是关押、矫正已决犯的监狱。

(2) 以性别为划分标准,可分为男犯监狱(man or male prison 或 male inmate facility)、女犯监狱(woman or female prison 或 female institution)以及男女混合监狱(coed prison,coed-correctional facility)②。男犯监狱在人数上占绝对优势(一般为90%以上),规模、工作人员配备以及矫正计划等相对女犯监狱来说更为健全,而男女混合监狱的男犯和女犯也都处于不同监区,这样的安排有助于减少监狱性侵害情况的发生。

(3) 以年龄为划分标准,可分为成年监狱、老年监狱和未成年人监狱。未成年人监狱在西方国家一般称为"少年矫正中心"(juvenile correctional institution)、"拘留中心"(detention center)、"庇护所"(shelter)、"教养学校"(training school)、"教养院"(reformatory)、"集体家庭"(group home)等,在我国被称为"未成年犯管教所"。

(4) 以对象的罪刑情况为划分标准,可分为重刑犯监狱、轻刑犯监狱和短刑犯监狱。对于刑期的划分,各国有不同的标准。

(5) 以对象的犯罪类型为划分标准,可分为外籍犯监狱、涉毒犯监狱、暴力犯监狱。除一般监狱管理规定外,各种类型的监狱都建立了适应不同罪犯矫正需要的有针对性的监狱矫正制度。

(6) 以对象的特征和管理情况为划分标准,可分为普通监狱和特别监狱。特别监狱包括精神病监狱(psychiatrically ill prison)、医疗监狱(medical prison)、新收犯监狱、军事监狱等。从广义上说,未成年犯管教所和女犯监狱也属于特别监狱。

(7) 以监狱的管理主体为标准,可分为公立监狱、私营监狱。西方国家的私营监狱有不断发展的趋势。例如,改造公司(CCA)是美国最大的私营监狱承包商,它与联邦政府或州政府签订合同,日常管理一如公共监狱,最大的区别是以营利为拘禁犯人的目的。③

(8) 以管理权限为标准,可分为地方监狱、州监狱和中央监狱。

(9) 以警戒程度为标准,可分为高警戒、中度警戒和低警戒矫正机构。美国根据警戒度的不同将所有矫正机构分为七类④,英国则分为A—D四类监狱。警戒度等级

---

① 在我国,看守所既关押未被处决的犯罪嫌疑人,也是剩余刑期为三个月以下有期徒刑的罪犯的刑罚执行机关。
② 当代男女混合监狱起源于美国。1971年,美国得克萨斯州的联邦矫正所变成了第一所男女混合矫正机构。在这个矫正机构内,男女并不是混合关在一起,而是白天一起劳动、教育、娱乐、吃饭,晚上分开住宿。男女混合监狱模式创造了一种更"正常"、更社会化的环境,有助于避免性虐待等事件的发生。但是,如何管理男女身体接触也是一个非常重要的问题。
③ 截至2009年9月,全美关押在监狱中或处于保释状态的接受管教人员达690万之多,相当于美国成人人口总数的3.2%左右,且仍呈现增长趋势,整个监狱系统已是人满为患。美国政府不得不将监狱逐步私营化,以解救整个监狱行业。参见《美国的私人监狱》,http://www.cnprison.cn/bornwcms/Html/wgjy/2013-03/14/4028d1173cf03217013d69391d7f5433.html,2015年4月17日访问。
④ 这七类矫正机构是:最高警戒度矫正机构、高警戒度矫正机构、中警戒度矫正机构、最低警戒度矫正机构、社区矫正机构、收押矫正机构、多种警戒度并存的矫正机构。

的划分主要参考监狱外围保障、武装看守人员执勤岗楼、机动车巡逻、探测设备、住宿房间类型、内部安全六方面的标准。

图 3-13　美国沙漠监狱 ADX[①]

（10）以监狱的封闭化程度为标准，可分为封闭式监狱、半开放式监狱和开放式监狱。这一划分标准受到许多欧洲国家的欢迎，荷兰甚至将之细化，分为七类监狱。以比利时的监狱为例，开放式监狱主要针对人身危险性较小的罪犯，监狱的监管较宽松，有教育中心和农业中心两类；半开放式监狱实行白天开放式管理、夜晚封闭式管理制度，有收容流浪汉、男犯、女犯三类；封闭式监狱有押候监狱、普通监狱、混合监狱三类。美国大多数矫正机构都属于封闭式矫正机构，英国的 D 类监狱实际上就是开放式监狱，而法国的半监禁中心（semi-custodial center）也类似于开放式监狱。

根据《监狱法》的规定，我国的监狱从罪犯的性别、年龄、犯罪情况以及身心状况出发，将监狱划分为普通监狱和特别监狱（老病残监狱、新收犯监狱等）、成年犯监狱（男犯、女犯）和未成年犯管教所、重刑犯监狱和轻刑犯监狱等多个类别，具体如下：（1）男犯监狱，关押被判处死刑缓期二年执行、无期徒刑和三个月以上有期徒刑的男性罪犯，监狱规模最为庞大；（2）女犯监狱，关押被判处死刑缓期二年执行、无期徒刑和三个月以上有期徒刑的女性罪犯，规模较小，具有一套适合女性罪犯矫正的监狱体制；（3）未

[①] 据英国《每日邮报》2014 年 5 月 20 日报道，位于美国科罗拉多州岩石岛上的沙漠监狱 ADX，被认为是"世界上戒备最森严的监狱"，目前关押了 490 名已被宣判有罪的恐怖分子、帮派头目以及新纳粹分子，比如"恐怖牧师"阿布·哈姆扎、"鞋子人弹"理查德·里德以及"9·11"恐怖袭击嫌犯扎卡利亚·穆萨维等。据了解，ADX 中许多囚犯都是因为在其他监狱杀死囚犯或狱警而被转移到此的。这座监狱占地约 14 万平方米，铁丝网围栏高达 3.28 米。此外，这里还有激光防护、压力垫以及攻击犬等，没有人成功越过狱。囚犯每天 23 小时待在牢房中，床、桌子以及凳子都被固定住，里面有淋浴和卫生间。监狱有黑白电视，可提供各类宗教服务，广播有 50 个频道。每个囚犯可获得《今日美国报》，当然许多文章被剪切掉了。囚犯可在各自牢房中玩游戏，胜者可获得巧克力棒，或赢得拍照以及向家人邮寄东西的权利。参见沈姝华：《揭秘美国戒备最森严沙漠监狱》，http://slide.news.sina.com.cn/w/slide_1_2841_60657.html#p=1，2015 年 5 月 24 日访问。

成年犯管教所,是指关押、改造被判处无期徒刑和余刑为三个月以上有期徒刑的未成年犯的矫正机构,对象为未满18周岁、被判处剥夺自由刑的未成年犯以及已满18周岁、剩余刑期为二年以下的罪犯,一般每个省至少有一所;(4) 看守所,是指羁押犯罪嫌疑人和关押余刑为三个月以下有期徒刑已决犯的机构,主要对象为被逮捕、拘留和被判轻微短期刑的已决犯,对已决犯的关押属于监狱矫正范畴;(5) 轻刑犯和重刑犯监狱,前者主要关押被判处五年以下有期徒刑的轻刑犯,后者主要关押被判处死刑缓期二年执行、无期徒刑、十年以上有期徒刑的重刑犯。

(三) 管理模式——三级至二级扁平化管理形式

基于建立之时的监狱地理位置偏远、关押场所分散、交通不便利等因素,我国大多数监狱采用的是监狱—监区—分监区的三级传统管理模式。然而,随着社会的发展和监狱工作的不断改革,传统的多层次、金字塔式三级管理组织架构已不能符合、适应新时期的监狱工作任务和要求。例如,监狱管理层级过多,机关化倾向明显,资源浪费突出;监狱机关各部门职能不清,监区管理混乱;警力配置和民警组成结构不科学,专业人员缺乏,民警角色冲突等。监狱选址的改变以及关押地点的集中化,也为对监狱传统管理体制进行扁平化改革提供了有利条件。现代警务机制下的二级管理模式,是指在监狱运作机制上减去决策层和操作层之间的中间管理层,使监狱决策与管控能直接传递至监区操作层面,以提高整个监狱的管理执行力及效率的新型管理模式。①

自2008年以来,我国大多数监狱开始推行监狱—监区的二级管理模式,压缩管理层级,增加管理幅度,提升管理效率,推行监狱扁平化管理。② 在各个地区的试点中,司法部燕城监狱和上海监狱系统都创建了各具特色的二级管理模式。③ 司法部燕城监狱早在1996年创建之时就采用了监狱—监区的管理模式,监狱机关民警68人(占民警编制数的21%),监区民警147人(占民警编制数的79%)。监狱领导配置采用"2+2"制(党委书记、政委、2名副监狱长),下设综合研究部、教育改造部、狱政管理部、警务督察部、财物审计部、后勤劳动服务总公司6个部门。监狱下设6个监区,采用"2+1"监区领导班子(监区长、政委、副监区长),每个监区关押70—150人,民警配备20—30人。民警分为狱政管理、教育改造、劳动生产3类,采用业务主管制。上海监狱系统2010年正式试点二级管理体制,监狱机关人数与监区人数比例为3∶7,全局监所统一设置综合类、业务类、队伍类、保障类4类15个科室,领导采用"2+5"制

---

① 参见朱林峰、乔波、刘立强:《推行"两级管理"模式的实践与探索》,载贾洛川、王志亮主编:《监狱学论坛》(第二期),中国法制出版社2012版,第115页。

② 参见盛祁军、王克健:《监狱扁平化管理组织架构研讨——以当前部分监狱两级管理模式为研究对象》,载贾洛川、王志亮主编:《监狱学论坛》(第二期),中国法制出版社2012年版,第89页。需要注意的是,扁平化管理是现代公司、企业甚至军队所推崇的一种管理模式,以管理层级、管理幅度、管理效率为指向,与地理位置、管理场所、规模大小、信息传递速度、人员的素质都有紧密联系,地理位置越发达、管理场所越集中、规模越小、信息传递越快、人员的素质越高,管理层级就越可删减;反之,就要增加。

③ 参见盛祁军、王克健:《监狱扁平化管理组织架构研讨——以当前部分监狱两级管理模式为研究对象》,载贾洛川、王志亮主编:《监狱学论坛》(第二期),中国法制出版社2012年版,第93—96页。

(监狱长、政委、副监狱长3名、纪委书记、政治处主任),与广东省监狱系统管理体制类似。监区领导配置采取"2+2"制(监区长、教导员、副监区长2名),下设安全警戒、狱政管理、教育改造、劳动改造4个警务组,由警长牵头负责。可以看出,在层级设置和领导配置上,司法部燕城监狱是最为精简的领导班子,真正做到了监狱—监区的管理模式,实现了监区领导直接管理、执行。再看上海监狱系统以及我国大部分实施二级管理体制的监狱,都还保留着一定的机关化倾向,领导设置偏多,且监区下都设置了警务组或管区(如广东广州、番禺监区以及安徽马鞍山监区),与过去的分监区并无太大不同,仍然存在着结构设置不合理、警力资源浪费、管理效率有待提高等问题。

顺应现代警务体制改革而推行的监狱二级扁平化管理模式,将分监区撤销,增设警务组,改变中层职能方式,依现代警务体制改革要求,实施一系列改革措施,将更多警力放到一线岗位,改变了监区一线机关化状况,完善了监狱管理结构,增强了监管工作的安全保障系数,优化了警力配置,强化了民警队伍专业化和职能化建设,扩大了管理范围,提高了各个管理层面的决策力,便利了信息的传递和流通,切实提高了整个监狱管理工作的效率。

然而,在各地具体的司法实践和试点中,二级管理模式还面临着许多质疑和困难。虽然扁平化管理缩减了分监区层级,但许多监管工作的压力留给了监区甚至监狱,尤其给关押犯罪数量较多的监狱机关和民警带来较大压力。此外,现在的监狱建筑结构和设置都是按照三级管理模式设计的,改革为二级管理体制后,将给日常管理工作带来一定困难。对于二级管理体制中监区下是否应该设警务组、管区这一问题,实务部门也有不同意见。有人认为:"现今二级管理体制下的监区工作主要以各个警务组的条线工作(四类警务组)和基层民警对监组的承包的日常管理(块)为核心,实现条块之间的紧密连接,处理好监区和警务组、警务组与警务组以及警务组内部三类关系,对有效地提高监狱管理效率至关重要。"[1]也有人认为,二级管理机制的初衷就是要精简管理层级,实现监区直接领导和执行,这些警务长和管区警长还是起到一个类似于分监区领导的作用,并没有实现一场彻底的警务革命。若想分类实施针对性管理,不需要在监区内实施四个警务组的统分方式,而应在管区内分类划分,实行以管区为单元的副监区长主管制,真正实现精细化管理。[2]

新事物的出现必有其内在的原因,而在实行过程中也必定会迎来各种支持或怀疑的声音。随着社会的不断变迁和发展,监狱管理和矫正工作也面临着新的挑战和要求,二级管理体制的必要性和意义是不可否认的。针对试点、实践中出现的一些问题和困惑,我们需要进一步加强学术研究和社会调研,提出更为科学、合理的实质性二级管理模式方案,彻底解决传统管理模式的弊端,以期切实提高整个监狱管理工作的效能。

---

[1] 转引自盛祁军、王克健:《监狱扁平化管理组织架构研讨——以当前部分监狱两级管理模式为研究对象》,载贾洛川、王志亮主编:《监狱学论坛》(第二期),中国法制出版社2012年版,第94页。
[2] 参见朱林峰、乔波、刘立强:《推行"两级管理"模式的实践与探索》,载贾洛川、王志亮主编:《监狱学论坛》(第二期),中国法制出版社2012年版,第117—119页。

（四）监狱建筑设计

监狱规划、监狱布局、监狱设计、监狱规模、监狱建筑和监狱设施，都是监狱矫正机构载体，是监狱安全的天然屏障和监狱矫正的物质保证，在监狱矫正工作中扮演着重要角色。自监狱成为自由刑的执行机关以来，西方监狱布局和设计主要经历了三个阶段：①（1）第一代监狱规划和设计发源于18世纪末，成熟于19世纪下半叶，主要以边沁的"圆形建筑"论和"奥本制""宾州制"为代表。此时的监狱一般建在大城市内或城市郊区，以便对可能犯罪的人产生威慑效果，起到一般预防作用。监狱建筑为传统意义上的大房子，监狱被设计成放射状（radial design）或电线杆式（telephone pole design），②罪犯被隔离于高墙、防护栏内，院子呈蜂窝状，以安全、监禁、隔离为基本设计理念，通过静默、艰苦劳动、纪律训练促使罪犯反省。（2）第二代监狱始于20世纪70年代，放射状、电线杆式的监狱设计被极状设计模式代替，罪犯被安排在20人左右的三角形管理单元内，与中心区相隔离，中心区有会见室、训练室、餐厅等活动场所，开始使用现代技术。（3）第三代监狱产生于20世纪后期，以美国为首的西方国家开始建设新一代监狱。这一时期的监狱以模块式（podular design）为代表，功能单元更小，设计氛围更加柔和、人性化。在现当代，监狱的设计理念又发生了变化，监狱设计过程中更多考虑的是经济、政治问题，而非简单的科学问题。

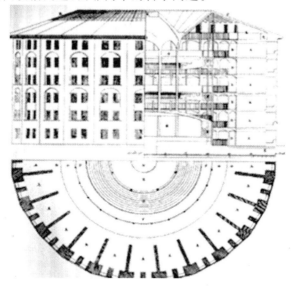

图 3-14 边沁的"圆形建筑"监狱设计图纸

---

① 参见于爱荣等：《矫正技术原论》，法律出版社2007年版，第60—61页。

② 放射式监狱是由著名监狱设计师约翰·哈维兰德（John Haviland）设计的，最早在1823年使用于美国费城东部州立感化院。这座监狱由七个监房组成，像旧式马车的轮轴一样，由中心的圆形控制大厅向四周辐射。电线杆式监狱设计模式萌芽于19世纪末期，是指监房沿一个长长的中心走廊对称分布的监狱建筑设计模式，体现的刑罚哲学就是安全监禁。法国的弗雷斯尼斯监狱1898年就采用了这种模式，美国1914年修建完成的明尼苏达州立监狱也是比较典型的电线杆式监狱。除了这两类外，历史上比较典型的监狱设计模式还有庭院式（courtyard design）、校园式（campus style design）。参见吴宗宪：《监狱学导论》，法律出版社2012年版，第173—176页。

图 3-15 放射式监狱

注：苏州现存最早的监狱司前街看守所，始建于清朝末年。从高处鸟瞰，整个监狱呈"米"字型，放射式展开四条交通狱道和四条关押狱道，楼上平面呈"十"字型放射展开，中间为等边八角形看守平台，看押人员在二楼能将所有关押犯人尽收眼底，结构十分精巧。①

新中国成立初期，为了稳固政权、维护社会稳定，将大多数监狱建在远离城市的山区、湖边以及大漠中，既可隔离犯人，加强监管，也可组织罪犯进行大规模劳动，进行监狱生产。近些年来，许多省市逐渐将一些偏远地区的监狱搬回城市近郊以及交通沿线。但是，就全国而言，监狱设置仍存在许多问题，如位置偏僻、交通不便、地理条件艰苦、周边环境恶劣、监狱分布疏密不均、规模失衡等。这些弊端严重威胁到监狱的生存以及罪犯的监管、矫正工作。譬如，制约警察队伍的发展，监狱管理成本过高，阻碍监狱社会化活动，影响警察和罪犯的身体健康，难以安排劳动项目等。在监狱的建筑设计上，我国基本遵循简单、实用、经济原则，没有明确、固定的建筑设计理念和标准，较少考虑和反映监狱矫正特性，监狱建筑格局基本受监管方式、安全管理以及罪犯的劳动作业影响，财力投入有限，造成建筑设施陈旧、监区分散、监狱建筑功能不全、布局不合理等问题。

因此，监狱的建筑设计应从监狱惩罚和矫正的基本理念出发，根据监狱类型、警戒等级、单元功能等情况分别考虑，满足监狱关押需要、监管安全需要、罪犯生活需要以及矫正需要等功能需求，全方位、多层次、整体性地合理考虑和确定建筑布局。

三、矫正人员

矫正人员，是指在监狱等监禁刑矫正机构内履行刑罚执行以及监管、教育、矫正罪犯等职责的具体工作者。国际上的矫正人员"是指从事监狱工作的领导、管理、教育、医务、生产技术等一切人员，有的国家称监狱官员或典狱官员，有的国家称矫正人员或

---

① 参见《高墙内的惩戒与攻心》，http://cul.history.sina.com.cn/zl/shiye/2014-05-15/1121303.shtml，2015年4月10日访问。

狱政人员,有的国家称监狱工作者等"①。我国《监狱法》明确规定,"监狱的人民警察依法管理监狱"。即监狱人民警察是我国的监狱矫正人员,具有公务员和人民警察的双重身份。除具备人民警察共有的国家性、武装性、治安性等特征外,我国的监狱人民警察具有角色多重性、功能法定性、职能多样性、任务艰巨性、环境腐蚀性等多种职责特征。

基于监狱矫正工作的复杂性和艰巨性,我国的监狱人民警察有多重权利和义务。根据《监狱法》的相关规定,我国的监狱人民警察的职权和义务相辅相成,主要包括四方面:(1)刑罚执行的权利和义务,包括收监被判处剥夺自由刑的罪犯、不予收监不符合法律规定的罪犯、检查罪犯人身和所携带物品、变更刑罚建议权、提请监外执行权、提请处理罪犯申诉权、按期释放等内容;(2)狱政管理的权利和义务,是指依据法律规定,分押分管分级处遇罪犯、日常管理监督罪犯、检查通信和钱物、监督监狱环境、考核罪犯、处罚罪犯、奖励罪犯、抓获罪犯、狱内侦查、起诉罪犯等权利,以及尊重、保护罪犯各项合法权利与承担过错责任的义务;(3)罪犯矫正的权利和义务,主要指依法组织和合理安排罪犯劳动矫正、因人制宜地教育矫正罪犯、心理矫治罪犯的权利和义务;(4)设立警戒及使用戒具、武器权,为了更有效地监管、矫正罪犯,人民警察有在监狱内外设置警戒设施隔离带、使用戒具甚至武器的权利。

可以看到,监狱人民警察的权利和义务都是相互对应、相辅相成、紧密联系在一起的。在监狱矫正设施、监狱矫正工作者和罪犯这三大监狱矫正组成要素中,监狱矫正工作者是最重要、最关键的有形要素,监狱人民警察权利的保障和义务的贯彻实施对监狱矫正工作具有重大意义。

(一)组织体系和分类

矫正人员作为矫正活动的主体,既是以监禁刑为主的刑罚制度的执行者,也是矫正作为行刑目的的实践者。随着刑罚理念和方式以及矫正形态的变革和发展,教育矫正成为刑罚的核心价值理念,矫正人员也逐渐由简单的罪犯看守者向专业的执法者、管理者和矫正者多重角色转变,并随着行刑法治化、科学化、社会化的趋势出现了多样化、专业化的职能分工。

纵观各国法律,矫正人员主要由以下几类人员组成:(1)监狱行政管理人员,主要指监狱管理人员,包括监狱系统的行政管理人员、监狱长、监狱基层监管人员(狱监);(2)监狱矫正专业人员,主要指具体从事刑罚执行以及相关矫正工作的专职人员,包括知识文化教师、职业技术教师、心理学家、精神病学家、医生、社会工作者、个案工作者、宗教神职人员等;(3)监狱辅助管理人员,主要指维持监狱正常运作的工作者,包括饮食服务人员、工业管理人员、文秘人员和办事员;(4)其他矫正人员,包括一些兼职人员和支援工作者,主要指当地社区组织、慈善或宗教团体等协助监狱等矫正机构从事矫正工作、法律服务或者社会就业辅导等工作的人员。

我国并没有标准、明确的监狱矫正机构人员划分标准。依据我国《监狱法》《人民警察法》的规定,监狱人民警察主要由以下几类人员组成:(1)各级监狱管理机关的公务员;(2)监狱、未成年犯管教所的公务员;(3)各类监狱科研和教育机构的研究人员

---

① 夏宗素:《罪犯矫正与康复》,中国人民公安大学出版社 2005 年版,第 191 页。

和教学人员。① 可以看出,前两类主要指监狱行政管理人员,具有人民警察和公务员的双重身份性质;后一类则为矫正专业化人员,研究和执行教育矫正技术工作。此外,我国也有一大批监狱矫正兼职人员和志愿工作者。1995 年,上海市监狱管理局综合治理办公室成立。据统计,截至 2005 年,该办公室已经帮助刑满释放人员、劳教和监狱服刑人员共 6 万多人,其中帮助狱内服刑人员的志愿者约计 1200 人。②

(二) 素质要求

随着社会刑罚观的不断革新以及监狱矫正理念和方式的变迁与发展,监狱矫正工作人员的专业化、职业化进程日趋加快,对矫正人员的素质要求也越来越高。矫正人员专业化标准,主要表现在专业的知识体系、专业的职能分工、专业的矫正技术、专业的程序和从业标准、专业的职业发展共同体、专业的职业道德标准、专业的社会地位以及专业的教育训练八大方面。③ 其中,专业的知识体系、职业道德标准等素质要求是矫正人员工作的基础。

联合国及各国法律都对监狱矫正人员提出了严格的素质要求。联合国《囚犯待遇最低限度标准准则》第 46 条第 1 款规定,"监所的正确管理有赖管理人员的正直、仁慈、专业能力与个人是否称职,所以监狱管理处应当对谨慎挑选各级管理人员作出规定";第 47 条第 1 款规定,"管理人员应当具有教育和智力上的适当水平";第 48 条规定,"管理人员应当随时注意言行,善尽职守,以身作则,感化囚犯改恶从善,以赢得囚犯尊敬"。④《西澳大利亚 1982 年监狱条例》规定:"所任监狱官员必须具备以下条件:a. 身心健康的;b. 经监狱局局长核准为澳大利亚公民的或为在澳大利亚获得永久居住权的英国公民的;c. 具有局长所规定的一定教育程度的;d. 经局长确定,不曾有过影响履行监狱官员职责的犯罪行为的。"⑤ 我国监狱也采取了较高的人民警察录用标准,要求监狱人民警察必须具备以下五大素养要求:⑥

第一,政治素质,要求人民警察具有坚定的政治立场和较高的政治信仰,具有强烈的责任心,具有良好的职业道德,忠于职守、执法如山,以身作则、廉洁奉公,时刻注意自己的言行,为监狱囚犯树立标准楷模。

第二,知识素质,要求人民警察具有大专以上的文化基础和丰富的业务知识,矫正人员应当掌握马列主义基础理论知识,通晓宪法、行政法、刑法、刑事诉讼法、民法、经济法等法学体系基本理论,掌握监狱基本理论、监狱史、监狱法学、罪犯心理学、矫正技术学、狱内侦查学等专业知识。此外,监狱民警还应掌握社会学、行政管理、工农业生产管理、国际监狱法制等综合知识,为监管矫正罪犯奠定坚实的知识理论体系,从而更好地从实践上指导监狱矫正工作。

---

① 参见司法部政治部、监狱管理局编:《监狱专业基础知识》,法律出版社 2004 年版,第 34 页。
② 参见余飞、沈勃:《社会志愿者制度在罪犯狱内改造中的运用》,载《犯罪研究》2005 年第 1 期。
③ 参见史景轩、张青主编:《外国矫正制度》,法律出版社 2012 年版,第 142—144 页。
④ 参见司法部编:《外国监狱法规条文分解》(上册),社会科学文献出版社 1990 年版,第 81—82 页。
⑤ 同上书,第 111 页。
⑥ 参见司法部政治部、监狱管理局编:《监狱专业基础知识》,法律出版社 2004 年版,第 38—44 页;夏宗素:《罪犯矫正与康复》,中国人民公安大学出版社 2005 年版,第 208—212 页;吴宗宪:《监狱学导论》,法律出版社 2012 年版,第 115—120 页。

第三,身体素质,要求人民警察具备良好的身体状况。身体素质要求分为力量、速度、耐力、柔韧性、灵敏度五大方面,需要人民警察不断地锻炼和培训,从而保持强健的体魄和充沛的精力,以随时应对暴力事件和罪犯骚动状况。

第四,心理素质,要求人民警察在面对监管场所特有的封闭性、对抗性和危险性时,具备惩恶扬善、公平正义的情感,摆正同罪犯的关系,给予罪犯应有的惩罚、指导和矫正;树立矢志不渝的信念,通过严密的监管和合理的矫正方式,将罪犯矫正为新人;培养刚毅坚强的意志,不因罪犯的抗拒性和矫正工作的艰巨性而动摇信念或随意放弃;拥有处变不惊的品格,以平和、正确的心态看待罪犯的过错和矫正工作。

第五,能力素质,要求人民警察在监狱执行刑罚工作中具备惩罚、监管、矫正罪犯的基本职业能力,主要为组织管理能力、调查研究能力、分析判断能力、表达引导能力、应急处理能力、社交能力以及改革创新能力七项。

监狱人民警察的录用,贯彻公开、平等、竞争的原则,并依据对人民警察的五大素质要求设置了录用标准,主要考察人民警察的政治条件、文化条件和身体心理素质三方面。除具备基本政治素养外,政治条件方面还设置了"曾受过刑事处罚""曾被开除公职"两种排外条件。报考年龄方面,一般以18—35周岁为宜,公安、司法警官学校或其他的大专毕业生一般为25周岁以下,专业矫正技术人员可视情况放宽年龄限制。身体状况方面,要求男性为1.70 m以上、女性为1.60 m以上,无残疾、无色盲、无色弱、无重听、无口吃且裸眼视力达到1.0。[①]

(三) 教育培训

监狱矫正人员的教育培训,是为了使矫正人员具备应有的职业能力,更好地实施矫正工作,根据监狱工作的具体需要对矫正人员开展的教育、培训工作。联合国《囚犯待遇最低限度标准准则》第47条规定,管理人员就职前应在一般和特殊职责方面接受训练,并必须通过理论和实际测验;管理人员就职前和在职期间,应该参加不定时举办的在职训练班,以维持并提高他们的知识和专业能力。

我国监狱机关也十分重视监狱矫正人员的教育培训工作。"九五""十五"期间,司法部先后提出了监狱人民警察学历教育的"568工程"和"7910工程"。经过近十年的努力,两个工程的目标基本实现,监狱人民警察的素质有了很大的提高,对提高监狱矫正质量发挥了积极作用。[②] 2005年,司法部又印发了《2006—2010年监狱劳教人民警察培训规划》,标志着我国监狱人民警察队伍的教育培训工作走上了科学化、规范化、专业化的发展道路。

我国监狱矫正人员培训,根据培训的内容不同,可划分为政治理论教育、法制理论教育、科学文化教育、业务知识教育、职业技能教育和拓展训练六类。拓展训练教育,又称为"外展训练"(outward-bound),起源于二战时的西方国家,是符合社会发展的一项新兴训练内容,指通过户外自然环境以及各种训练内容达到"磨炼意志、陶冶情操、完善人格、熔炼团队"的素质拓展活动,包括体现、分享、交流、整合以及应用五大环节。[③]

---

① 参见司法部政治部、监狱管理局编:《监狱专业基础知识》,法律出版社2004年版,第45—46页。
② 参见爱荣等:《矫正技术原论》,法律出版社2007年版,第121页。
③ 参见吴宗宪:《监狱学导论》,法律出版社2012年版,第43页。

我国监狱矫正人员培训,根据培训的阶段和时间不同,主要有岗前培训和在职培训两类。岗前培训,又称为"入职培训",是对新录用、分配的监狱矫正人员在正式上岗前的教育培训,主要有举办培训班进行1—2个月的集中培训和半年左右的基层实习培训两种。在职培训又可分为专门业务知识培训和晋升培训两种。专门业务知识培训是针对监狱工作的新问题、新知识、新技术而展开的业务知识培训,根据监狱工作的不同需要,可分为领导干部培训和普通人员、专业人员培训两类。晋升培训是对监狱矫正人员队伍中晋升人员的教育培训和职务晋升培训,又可分为两种:一是依据其晋升的岗位要求,对其展开的行政职务晋升前的培训;二是警衔晋升培训,是警衔晋升的必要条件和前提,逢晋必训,依据警员、警司、警督、警监四级晋升等级,分别由本监狱、各省市警官学校以及中央警官学校进行为期一个月左右的晋升培训。

根据教育培训的主体和内容不同,培训的方式也有所区别,可分为以下几种类型:[①](1)司法行政系统各级政工部门组织的在职民警培训,这是在职民警培训的主要渠道;(2)脱产培训,主要指监狱工作者离开工作岗位到警官学校和警察培训机构进行的教育培训;(3)自学培训,在我国监狱系统进行脱产培训的机会和名额是有限的,国家鼓励矫正人员通过自学的方式提高专业素养和职业技能;(4)集中进修培训,这是脱产培训最主要的方式,指监狱系统组织一部分监狱矫正人员在一定时间内到特定培训地点培训的方式;(5)研讨培训,是通过鼓励监狱工作者积极参加学术研讨会等活动进行培训的方式,是学习新知识、交流新信息、掌握新技能的重要方式。

图3-16 2012年12月浙江省监狱系统对新录用公务员举行的初任培训班[②]

---

① 参见夏宗素:《罪犯矫正与康复》,中国人民公安大学出版社2005年版,第213—218页。
② 参见《2012年浙江省监狱系统新录用公务员初任培训班顺利结束》,http://www.zjjy.com.cn/Html/xydt_jb/2012-12/13/06035817748334473060358121213.html,2015年4月17日访问。

图 3-17　2007 年 5 月新疆监狱系统对新录用警察组织的岗前培训[1]

监狱矫正人员的考核与奖惩,是国家依照规定对监狱矫正人员的思想品德、工作表现、工作能力以及工作业绩等方面进行定期、不定期的考察评价并给予奖惩的活动,有利于贯彻监狱各项政策的实施,规范管理体制。正确的奖惩能指出矫正工作的不足,提高矫正人员工作的积极性和信心,有利于提高监狱矫正人员的整体素质,促进监狱矫正工作的全面开展。

我国监狱矫正人员的考核活动以客观公正和民主公开为基本原则,采用领导与群众考核、平时与定期考核、定性与定量考核三类考核办法,通过组建考核小组、制订实施方案、考核者自我总结、开展群众评议会议、召开单位大会统计总结五道程序,对矫正人员展开考核与评估,并根据评估结果给出不称职、基本称职、称职、优秀四级考核结果。对工作中表现突出、有显著成绩和贡献以及其他突出事迹的矫正人员,监狱系统通过评定、审判和审批三道程序,给予其奖励。奖励的项目分为一级英模、二级英模、一等功、二等功、三等功和嘉奖六级个人奖,以及集体一、二、三等功和嘉奖四级集体奖。

(四)监狱人民警察队伍建设

在现今社会转型变革的重要时期,面对新形势下的各项挑战和问题,要想确保监狱矫正工作顺利进行,使罪犯矫正真正得到实现,必须依靠一支强有力、专业化、正规化的监狱人民警察队伍。监狱人民警察队伍建设的重要性不言而喻。

作为监狱系统最主要的矫正力量,监狱人民警察承担着多重任务,包括执行监禁刑罚、确保监狱的安全稳定、实现并提高罪犯的矫正质量以及维护社会的公平正义等。

---

[1]　参见《新疆新录用监狱警察通过各项考核》,http://news.sina.com.cn/o/2007-05-16/213011832784s.shtml,2015 年 4 月 17 日访问。

然而，监狱人民警察身兼多职的特性，又使其工作有了"万金油"的色彩。监狱人民警察既要管理、教育罪犯，履行警察的基本职能；又要教育矫正罪犯，与罪犯作思想上、心理上的沟通，履行附带的教育、矫治专家职能。在监狱人民警察人力、时间、精力有限的前提下，各项工作的效果必然大打折扣。随着监狱工作的精细化、信息化，全面性的监狱人民警察已不能适应当今监狱工作和罪犯矫正的需要，在职能化的同时必须向专业化转变。2008年中央政法委学习研讨会提出"首要标准"[①]后，提高罪犯的矫正质量被提到了一个新的高度，监狱的工作目标、运行机制、考核评估都以"人的改造"为重心而展开。监狱人民警察队伍结构理应趋向科学化和专业化，从复合型向专业型、智能型转变，建立一支专业齐全、数量充足、结构合理、素质优良的专业型警察队伍，为落实"首要标准"提供强有力的人才保障。

在实施"监企分开"的监狱体制改革后，大部分企业都脱离了监狱系统，监狱刑罚执行的职能呈单一化。但是，鉴于国家拨款经费有限，许多监狱的运作经费主要还是依靠罪犯的劳动生产，监狱人民警察在履行管理、矫正罪犯的职责时，仍同时肩负着紧抓监狱生产效益的任务。要实现监狱人民警察的职能化，必须贯彻实施"纯化监狱职能、分离监狱经济职能、转移监狱社会职能"的监狱体制改革目标，真正实现"监企分离"。将监狱职能纯化后，再对人民警察的职位进行科学化、专业化分类，并根据每一类职位的需要开展职业培训，建立科学的长效机制，优化教育培训的资源和管理体制，选取一批具备较高基础化素质、专业化素质（管理学、法学、心理学、社会学）、教育工作素质、政治素质的专业型人才组成人民警察队伍。此外，还要对教育矫正人员和专业技术人员按照能级水平分类管理，大力推进监狱人民警察管理体制改革。可以借鉴国外优秀管理模式，并结合我国监狱工作的特点，对从事罪犯教育矫正的人员按照一定条件评为初、中、高级矫正官，享受不同的政治经济待遇。对教育矫正人员和专业技术人员采取绩效考核方式，实行职称评定制度，并与工资福利和警衔相衔接，体现专业性、技术性、科学性，鼓励他们更好地完成矫正工作。在我国，许多省市和地区已经开展了类似的专业化人民警察、矫正官试点工作，如2014年上海监狱管理局推进的矫治师评选工作、北京的专家型人民警察、陕西的矫正官等试点。开展专业化人民警察、矫正官试点工作，逐步打造一支专家型人民警察、矫治师队伍，是监狱人民警察队伍规范化、专业化建设的重要内容，将为监狱管理和罪犯矫正打下坚实牢固的人才基础，是一项具有重要意义的人才队伍建设开发工程，是适应监狱转型发展的重要配套措施之一。

案例 3-1

早在2011年，上海市监狱管理局就开始着手准备矫治师评选工作。历经近两年

[①] "首要标准"的最终目的是，最大限度地增加和谐因素，最小限度地减少不和谐因素，不断促进社会和谐；最根本的要求是，提高罪犯改造质量，重构以改造人为重心的监狱工作体系。"首要标准"指出，今后要以刑满释放人员的重新违法犯罪率作为衡量监管工作的首要标准，确保教育改造工作取得实效。这一内容在本章的"教育矫正"一节中会进行简要论述。

时间,期间多次听取相关意见,汲取北京、陕西等省市监狱经验,反复试点和斟酌修改,上海市监狱管理局最终于2013年确定了矫治师评选制度,出台了《上海市监狱管理局矫治师资格评选与管理办法》。依据该办法的规定,矫治师评选主要采用社会职称的评分标准,从低至高分为助理矫治师、矫治师、高级矫治师和首席矫治师四个等级(第2条)。各单位成立矫治师资格评选与管理委员会,负责本单位矫治师评选工作的组织与实施(高级及首席矫治师的选拔、聘用、考核等工作由局人才工作领导小组办公室负责)。矫治师申评者要满足三个前提条件:(1)工作年限,如助理矫治师应至少在监狱基层工作三年,申评高级(以上)至少有八年监狱工作经历;(2)学历,申评高级(以上)必须具备本科学历;(3)实绩或职业资格,必须在个别教育、罪犯转化、集体教育、学术理论等方面有一定成果,或取得改造工作需要的职业资格(第8条)。矫治师的评选,则主要考虑人才的专业素质、工作绩效和能力素质三方面内容(第11条)。评选程序分为保密、审查、笔试、面试、考察、公示、颁发证书和登记备案等步骤。矫治师的管理实行评聘分离制度,民警取得矫治师资格后,只有获得了单位的聘用才能享受矫治师所拥有的权利、义务和保障措施。上海矫治师评选制度的建立,有助于深化监狱两级管理体制改革,创新矫治工作专业化;解决普通民警职务晋升机会少、渠道单一的困境,激励广大民警从事矫治工作的积极性,拓宽人才发展新途径;提高监狱民警职业认同感,提升民警队伍素质,激发矫治队伍活力,带动上海监狱从看守型、经验型、粗放型向矫治型、专业型、集约型方向转变。

2014年2月,上海市新收犯监狱开展矫治师评选工作推进会,制定了新收犯监狱《关于矫治师评选与聘用工作实施方案》,成立"矫治师资格评选与管理委员会",致力于评选出一批专业化、职业化的矫正人员,以期提高民警职业认同感,激发民警队伍活力,推动教育改造工作向专业化方向发展。经过重重筛选,此次总共有17名高级以上矫治师、18名矫治师、51名助理矫治师入选2014年5月4日、5日的评选答辩。[①]

第四节 监狱行刑制度

作为我国的刑罚执行机关,监狱最本质的职能是惩罚与监督,具体到监狱矫正,就是监狱行刑制度,即对罪犯执行刑罚和狱政管理两项工作。监狱行刑制度,从狭义来说,仅指监狱的刑罚执行工作;从广义来说,则包括行刑管理和狱政管理两项。行刑管理,是指监狱对被判处死刑缓期二年执行、无期徒刑、有期徒刑的罪犯实施的监禁刑执行工作,包括收监、暂予监外执行、减刑、假释、释放五大内容。狱政管理,既属于监狱行刑制度,也是一项重要的监狱矫正手段,主要是指监狱对狱内服刑的罪犯实行的各

---

① 参见《新收犯监狱扎实推进矫治师评选工作》,http://jyj.sh.gov.cn/shjyj/script/showDocument? documentPath = Plone/content/jyxw/jyxw _ more/document. 2014- 03-17. 4862479246&templatePath = shjyj/templates/documentPage/single_document_layout&aqPagePath=&channel=,2015年5月4日访问。

类监管工作,包括罪犯分押分管以及监狱日常管理等。能否顺利地实施监狱行刑和狱政管理工作,是监狱安全、罪犯矫正的基本前提和保障。

一、行刑管理

监狱行刑,是监狱的根本职责和工作核心。从广义上说,监狱行刑包括与监狱有关的所有依法执行的活动;从狭义上说,仅指与监禁刑执行有关的监狱工作。就本章而言,监狱行刑,是指监狱作为国家刑罚执行机关对已决犯监禁刑的刑罚执行工作,采用狭义说法。监狱行刑范围,依据我国《刑法》的规定,包括死刑缓期二年执行、无期徒刑和有期徒刑三类监禁刑。

监狱行刑管理,顾名思义,是对监狱刑罚执行工作的管理、监督活动,具有法定性、强制性、惩罚性和矫正性。监狱行刑管理以行刑法治化、行刑人道化、行刑个别化以及行刑社会化为四大工作原则,即应当依据完备的法制开展监狱行刑工作,在刑罚执行中贯彻人道主义原则,根据罪犯的具体情况有针对性地执行刑罚、制订矫正方案,并增强与社会的互动性,在行刑中发挥社会功能。[①] 根据行刑阶段和过程的不同,监狱行刑管理可分为收监、暂予监外执行、减刑、假释、释放五大内容。随着2011年《刑法》、2013年《刑事诉讼法》以及相关法律文件的出台,我国的行刑管理制度面临着新的机遇与挑战。

(一)收监

收监(收押),是指监狱机关依法接受被判处监禁刑罪犯的活动,是监狱行刑活动的起点和基础。在我国,有权收监执行监禁刑的只有监狱(包括未成年犯管教所、女犯监狱等特殊监狱)和看守所,前者接受被判处有期徒刑、无期徒刑、死刑缓期二年执行的罪犯,后者主要收监剩余期刑为三个月以下的已决犯。[②] 我国每年收监的罪犯人数多于刑满释放的人数,监狱关押的罪犯数量在不断增长,如2010年新收押40万人。[③]

收监主要分为查验法律文书、检查罪犯、拍照与登记以及通知家属四道程序。依据《监狱法》第15条的规定,公安机关在收到罪犯执行通知书、判决书之日起一个月内应当将罪犯送交监狱执行刑罚。接受新罪犯时,监狱首先要审核罪犯的各项法律文书,包括人民检察院的起诉书副本、人民法院的判决书、执行通知书、结案登记表,确认后才可收监,否则应当及时补足或更正。若是刑事自诉案件,罪犯没有起诉书副本的,监狱应当依据自诉状复印件收押罪犯。确认各项文书无误后,监狱要对罪犯进行检查,即确认罪犯的身份、对罪犯的身心健康做基本检查以及检查罪犯所携带的物品,非生活必需品由监狱代为保管。依据《监狱法》和《刑事诉讼法》的规定,被判处有期徒刑、无期徒刑的罪犯有严重身体、精神疾病需要保外就医的,以及怀孕或正在哺乳婴儿

---

① 参见吴宗宪:《监狱学导论》,法律出版社2012年版,第321—325页。
② 谈到监狱管理问题时,采用广义的"监狱"概念,一般不区分关押已决犯的监狱和看守所,统称为"监狱"。
③ 参见郝志勇:《我国司法行政制度及其改革发展》,载《法制日报》2011年8月10日。

的妇女可暂不收监。符合收监条件的罪犯,应当进行免冠拍照,作为登记和识别罪犯的基本资料。此外,还要进行物品登记,由监狱代管的物品应分类保管,现金则存入银行指定账户,在罪犯刑满释放时统一归还。最后,进行罪犯收监登记,填写罪犯入监登记表,作为罪犯基本信息收档。经过上述程序将罪犯收监后,监狱还应将收监日期、罪犯服刑监狱及其地址、联系方式等信息通知罪犯家属,自收监之日起五日内发出通知书。

完成收监程序后,监狱要对罪犯进行评估,根据具体情况将罪犯分别关押到不同监狱、监区,开始启动狱内的罪犯矫正工作。安置罪犯时,应考虑到罪犯的性格,以防将不相容的罪犯关押于一处而引起不必要的纠纷,扰乱监狱管理秩序。对异地罪犯,除涉黑罪犯和职务罪犯外,适宜将其安置在离家较近的监狱服刑,保持其与家庭的联系,有利于稳定罪犯情绪,开展社会帮教。

(二)暂予监外执行

暂予监外执行,又称为"保外就医",是指对符合法定条件的罪犯暂时不收监执行的一项行刑制度,主要分为收监前和收监后两种类型。

1. 暂予监外执行的条件

依据我国现行刑事法规的相关规定,暂予监外执行的条件分为积极条件和排除条件两类。

暂予监外执行的对象,首先必须满足患有严重疾病需保外就医、怀孕或正在哺乳自己婴儿、生活不能自理(身体残疾或60岁以上的年老多病者)三种前提条件中的一种,否则不可监外执行。在2013年《刑事诉讼法》修订以前,只有被判处拘役、有期徒刑的罪犯才可能适用暂予监外执行。新《刑事诉讼法》实施后,被判处无期徒刑的、怀孕或正在哺乳自己婴儿期的妇女也可暂予监外执行,体现了人道主义关怀。此外,依据《罪犯保外就医执行办法》第2条的规定,原判无期徒刑和死刑缓期二年执行后减为无期徒刑的罪犯,从执行无期徒刑起服刑七年以上的,可以实行暂予监外执行。监外执行具有暂时性,当法定条件消失后,罪犯应当收监执行。除身心条件、刑罚条件外,被决定暂予监外执行的罪犯还应满足保证人条件。依据《暂予监外执行规定》第11条的规定,保证人应当同时满足以下要求:(1)具有完全民事行为能力,愿意承担保证人义务;(2)人身自由未受到限制;(3)有固定的住处和收入;(4)能够与被保证人共同居住或居住在同一市、县。[①]

《暂予监外执行规定》对暂予监外执行制度新增了排除条件:虽患有严重疾病但不积极配合治疗的,或自伤自残的,或适用保外就医可能有社会危险的,一律不得保外就医。此外,针对职务犯罪、破坏金融管理秩序和金融诈骗犯罪、组织(领导、参加、包庇、

---

① 同时,依据《暂予监外执行规定》第12条的规定,罪犯保外就医期间,保证人应当履行以下义务:(1)协助社区矫正机构监督被保证人遵守法律和有关规定;(2)发现被保证人擅自离开居住的市、县或者变更居住地,或者有违法犯罪行为的,立即向社区矫正机构报告;(3)为被保证人的治疗、护理、复查以及正常生活提供帮助;(4)督促和协助被保证人按照规定履行定期复查病情和向矫正机构报告的义务。

纵容)黑社会性质组织犯罪三类罪犯适用保外就医的,应严格审批。

2. 暂予监外执行的程序

在监狱收监前对罪犯进行身体检查时,若发现符合法定条件的罪犯,监狱可不予收监,由交付执行的法院决定暂予监外执行,并由社区矫正机关执行。暂予监外执行期限计入刑期,法定情形消失后刑期未满的,再由社区矫正机关交付监狱执行剩余刑期。

目前,我国暂予监外执行的主要依据是1990年12月31日印发的《罪犯保外就医执行办法》与2014年颁布施行的《暂予监外执行规定》。罪犯在狱内服刑期间出现法定条件可暂予监外执行的,经由监狱分监会讨论通过后,对罪犯进行病残鉴定,由监狱提出请求批准暂予监外执行的意见,征求家属所在地区社区矫正机关意见,并与家属联系办理保证人手续。经审查符合暂予监外执行条件的,由监狱填写罪犯保外就医审批表,并与罪犯保外就医征求意见书、病残鉴定、当地社区矫正机关意见,报省级监狱局审批,并将上述副本送达监狱检查机构。监狱局同意的,应当将上述文书副本送达报请审批单位。

对剩余刑期在三个月以下、在看守所内服刑的罪犯,罪犯本人、家属或管教民警、医生可以提出暂予监外执行的申请,经看守所会议讨论通过后,根据罪犯情况进行病情鉴定、生活不能自理鉴定或妊娠检查。经审查符合暂予监外执行条件的,由看守所填写暂予监外执行审批表,并附条件证明,需要保外就医的还应附保外就医保证书,经所属社区矫正机关审核同意后,报市级以上公安机关审批。监狱、看守所审议暂予监外执行前,应将相关材料抄送人民检察院驻所检察机构(社区检察室派驻机构),人民检察院认为有问题的可以提出意见。省级监狱管理机关决定暂予监外执行后,由社区矫正机关执行刑罚。

此外,拟提请暂予监外执行、减刑、假释的,一律提前予以公示;减刑、假释裁定书及暂予监外执行决定书,一律上网公开。对病情严重必须立即保外就医的,可以不公示,但应当在保外就医后三个工作日以内在监狱、看守所内公告。

3. 暂予监外执行的管理

根据司法部2004年5月9日发布的《司法行政机关社区矫正工作暂行办法》第26条的规定,暂予监外执行的社区矫正人员在社区矫正期间应当遵守以下规定:(1)遵守法律、行政法规和社区矫正有关规定;(2)在指定的医院接受治疗;(3)确因治疗、护理的特殊要求,需要转院或者离开居住区域的,应当报告司法所,并经公安机关批准;(4)进行治疗以外的社会活动应当向司法所报告,并经公安机关批准;(5)遵守其他具体的监督管理措施。暂予监外执行的罪犯不得离开所住地域外出经商或出境,确因治病需离开居住地到本县、市以外地方的,应当经执行机关批准;离开居住地到本县、市其他地方的,由监督单位批准。对依法不准出境的境外社区矫正人员,需按有关程序书面通知出入境边防检查机关采取边控措施。根据《刑事诉讼法》第257条的规定,对暂予监外执行的罪犯,有下列情形之一的,应当及时收监:发现不符合暂予监外执行条件的;严重违反有关暂予监外执行监督管理规定的;暂予监外执行的情形消失后,罪犯刑期未满的。法定情形消失后刑期未满的罪犯,再由社区矫正机关通知监狱收监。

暂予监外执行作为一般行刑制度的补充,以人道主义为原则,尊重保障罪犯身心健康的基本权利,体现了对老弱病残及女性囚犯的特殊保护,实施后取得了丰富的硕果。然而,这项制度也存在法定条件不明、管理决定机关冲突等问题。例如,制度内容上,暂予监外执行的身心条件、刑罚执行条件等规定过于严苛且模糊,程序烦琐、复杂,内容不合理;管理、执行制度上,保证人制度有待规范,社区矫正缺乏一部权威性法律,公安、法院、监狱三家决定管理机关各适用不同程序和条件,暂予监外执行制度未形成统一体系等。这些都亟须引起社会各界的关注和重视,并从立法和司法上予以完善。

(三) 减刑

减刑,从刑法学意义上讲,是指依法对罪犯判处的刑罚予以减轻的一种行刑制度,包括对监禁刑、非监禁刑的减刑制度。此为广义上的减刑制度。监狱行刑制度中的减刑,仅以被判处无期徒刑、有期徒刑和拘役这三种监禁刑的罪犯为对象,是在罪犯满足法定条件时对其原判刑罚予以减刑的优待行刑制度。作为刑罚执行变更的重要内容之一的减刑制度,是监狱进行有效管理与教育矫正的重要工具,也是宽严相济政策在监狱行刑制度中的具体运用。

1. 减刑的条件

减刑分为可以减刑和应当减刑两类。我国 2011 年《刑法》第 78 条、1994 年《监狱法》第 29 条以及最高人民法院的相关规定都对减刑条件作出了相关规定和解释。在监狱中服刑的罪犯,在同时具备"认真遵守监规、接受教育改造、确有悔改表现"后,才符合可以减刑的条件,有可能减刑。关于"确有悔改表现"这一项,《刑法》和《监狱法》都没有作出明确规定,最高人民法院 2012 年《关于办理减刑、假释案件具体应用法律若干问题的规定》(以下简称"2012 年规定")第 2 条规定,"确有悔改表现"应具备以下四个方面情形:认罪悔罪;认真遵守法律法规及监规,接受教育改造;积极参加思想、文化、职业技术教育;积极参加劳动,完成劳动任务。监狱机关往往以"百分考核"的方式衡量罪犯的改造表现,并以罪犯获得的分数为标准,衡量是否给予其减刑奖励以及减刑的幅度。此种做法虽为减刑审核提供了一定标准,但却将减刑制度的性质异化,对罪犯"确有悔改表现"的鉴定实质上成为执行机关考核奖励的翻版,考核奖励变成了服刑人员完成生产劳动的指标,忽视了对罪犯行为习惯的矫正和再社会化技能的培训。

除上述三类基本条件外,2011 年《刑法》还将"具有立功表现"作为罪犯可以减刑的一项特别条件。最高人民法院 2012 年规定第 3 条明确了六类"一般立功"表现,分别是:(1) 阻止他人实施犯罪活动的;(2) 检举、揭发监狱内外犯罪活动,或者提供重要的破案线索,经查证属实的;(3) 协助司法机关抓捕其他犯罪嫌疑人(包括同案犯)的;(4) 在生产、科研中进行技术革新,成绩突出的;(5) 在抢险救灾或者排除重大事故中表现突出的;(6) 对国家和社会有其他贡献的。

当罪犯在服刑期间具有"重大立功表现"时,应当给予其减刑奖励。2011年《刑法》第78条和1994年《监狱法》第29条都对"重大立功表现"作出规定,认定重大立功需要满足以下情形之一:(1)阻止他人重大犯罪活动的;(2)检举监狱内外重大犯罪活动,经查证属实的;(3)有发明创造或者重大技术革新的;(4)在日常生产、生活中舍己救人的;(5)在抗御自然灾害或者排除重大事故中,有突出表现的;(6)对国家和社会有其他重大贡献的。

除上述两类减刑的积极条件外,狱内服刑罪犯同时面临着被限制减刑的压力。《刑法修正案(八)》对减刑制度作出相关修订,其中有一项便是增加"限制减刑"内容。2011年《刑法》第50条第2款规定,"对被判处死刑缓期执行的累犯以及因故意杀人、强奸、抢劫、绑架、防火、爆炸、投放危险物质或者有组织的暴力性犯罪被判处死刑缓期执行的犯罪分子,人民法院根据犯罪情节等情况可以同时决定对其限制减刑",明确了限制减刑的决定主体,以及限制减刑的条件和情形。对具备累犯情节或者犯有八种严重犯罪的罪犯而言,即使具备可以减刑或应当减刑的情节,法院也可以决定对其限制减刑,即限制减刑情节具有优先效力。《刑法修正案(八)》增加"限制减刑"是为了更好地打击严重犯罪,维护社会应有秩序。然而,在具备社会防卫功能的同时,限制减刑制度也导致监狱关押的罪犯数量呈一定比例上升,给监狱机关带来了一定的羁押压力,加重了司法机关和国家的负担。

2. 减刑程序

减刑程序包括监狱提请减刑和法院裁定两个环节。监狱提请减刑主要以2003年司法部通过的《监狱提请减刑假释工作程序规定》为法律依据,分为提出减刑建议、审核和公示减刑建议以及监狱长办公会议决定三个阶段,各个阶段、环节的承办人、批准人实行"谁承办谁负责、谁主管谁负责、谁签字谁负责"的执法办案质量终身负责制。此外,拟提请减刑的一律提前予以公示,减刑决定书一律上网公开。

首先,由分监区召开全体警察会议,结合罪犯服刑期间综合表现集体评议,提出减刑建议,并提交监区长办公室审核,同意后再报送监狱刑罚执行(狱政管理)部门审核。报送时,应当递交:罪犯减刑审核表,监区长办公会议或者直属分监区、监区集体评议的记录,终审法院的判决书、裁定书和历次减刑裁定书的复印件,罪犯计分考核明细表、罪犯评审鉴定表、奖惩审批表和其他有关证明材料。监狱狱政管理部门收到减刑提请材料后,应当审核材料是否齐全、罪犯是否具有减刑条件、提请的减刑建议是否恰当等,并出具审查意见,连同所有材料一并提交监狱减刑假释评审委员会评审。评委会对提交的减刑建议和材料应当召开会议并进行评审,并将拟提请减刑罪犯的名单及减刑意见与狱内公布5日。若有罪犯或警察提出异议,评委会应复核并告知复核结果。评委会完成评审、公示程序后,再报请监狱长办公会议决定。监狱长办公会议决定后,由监狱长在罪犯减刑审核表上签署意见,加盖监狱公章,由监狱狱政管理部门制作提请减刑建议书,连同其他材料一并提请人民法院裁定,并书面通报派出人民检察院或者派驻检察室。

被判处有期徒刑的罪犯的减刑,由罪犯服刑地的中级人民法院审核与裁定;被判处死刑缓期二年执行和无期徒刑的罪犯的减刑,由罪犯服刑地的高级人民法院审核与裁定。法院在收到监狱系统提交的减刑建议材料和人民检察院对提请减刑案件提出的检查意见后,应对两类材料展开审查,材料齐全的应立案并开始审理,否则通知补送。法院应当在收到减刑建议书之日起一个月内依法裁定,案情复杂的最多延长一个月。法院作出裁定前,报请机关提交撤回减刑、假释建议的,由人民法院决定。法院作出减刑裁定后,应自作出之日起7日内将裁定送达罪犯、有关执行机关和人民检察院。人民法院发现本院或下级法院已经生效的减刑、假释裁定确有错误的,应当依法重新组成合议庭进行审理并作出裁定。

3. 减刑制度的具体适用

我国的减刑制度主要以"年""月"为单位。2011年《刑法》第78条第2款明确规定,减刑以后实际执行的刑期不能少于以下期限:(1)判处管制、拘役、有期徒刑的,不能少于原判刑期的1/2;(2)判处无期徒刑的,不能少于13年①;(3)限制减刑的死刑缓期二年执行的,缓刑执行期满后依法减为无期徒刑的,不能少于25年,缓期执行后依法减为25年有期徒刑的,不能少于20年。

依据2014年中央政法委出台的《关于严格规范减刑、假释、暂予监外执行切实防止司法腐败的意见》(以下简称《意见》),被判处10年以下有期徒刑的罪犯,执行2年以上方可减刑,一次减刑不超过1年有期徒刑,两次减刑之间应间隔1年以上。被判处无期徒刑的罪犯,在服刑期间符合减刑条件的,服刑3年后才可减刑,减为有期徒刑以后,一次减刑不得超过1年有期徒刑,两次减刑之间应间隔2年以上,不论经过几次减刑,实际执行的刑期都不得少于13年。死刑缓期二年执行的罪犯减为无期徒刑后,确有悔改表现或立功表现的,服刑3年后方可减为25年有期徒刑,减为有期徒刑以后一次减刑不得超过1年有期徒刑,两次减刑之间应间隔2年以上,不论经过一次或多次减刑,其实际执行的刑期都不得少于15年(不含死缓执行的2年)。②该意见还规定,对职务犯罪、破坏金融管理秩序和金融诈骗犯罪、组织(领导、参加、包庇、纵容)黑社会性质组织犯罪的三类罪犯判死缓后,经过几次减刑以后实际执行的刑期比原来延长5年。这意味着这三类罪犯判死缓减刑后的最低刑期将不少于22年(加上2年死缓期)。

需要指出的是,对于减刑时不满18周岁的未成年犯的减刑幅度应当比照成年犯

---

① 2011年《刑法修正案(八)》将数罪并罚的最高年限由20年增加至25年,有期徒刑减刑后实际执行刑期不得少于1/2。以此为换算标准,无期徒刑减刑后应多于有期徒刑的最高年限25年,即无期徒刑减刑后实际执行的刑期不得少于12.5年,化为整数即13年。

② 在《意见》出台以前,被判处5年以上有期徒刑的罪犯,一般在执行1年半以上方可减刑,两次减刑之间一般应间隔1年;被判处不满5年以上有期徒刑的罪犯,减刑的起始和间隔时间可以视情缩短。被判处无期徒刑的罪犯,在服刑期间符合减刑条件的,服刑2年后一般可以减为20年以上22年以下有期徒刑,有重大立功表现的,可以减为15年以上20年以下有期徒刑,不论经过几次减刑,实际执行的刑期都不得少于13年。死刑缓期二年执行的罪犯减为无期徒刑后,确有悔改表现或立功表现的,服刑2年后方可减为25年有期徒刑,不论经过一次或多次减刑,其实际执行的刑期都不得少于15年(不含死缓执行的2年)。

适当放宽。对于老年、身体残疾(不含自残)、患有严重疾病罪犯的减刑应当主要注重悔罪表现,减刑幅度和减刑起始时间、间隔可以适当放宽和缩短。

从以上对比可以看出,我国的刑事司法体系改革始终贯彻着宽严相济、惩罚与宽大相结合的刑事理念。

按照《刑法》的规定,判决以前先行羁押的日期应当折抵刑期,羁押 1 日折抵管制刑期 2 日,折抵拘役、有期徒刑各 1 日。对于无期徒刑、死刑缓期二年执行的能否折抵,《刑法》没有给出明确规定,实际执行中一般不予以折抵。《刑法修正案(八)》颁布后,无期徒刑的罪犯不但不能折抵先行羁押的日期,其实际执行的刑期也由 10 年增加至 13 年,服刑期延长。"限制减刑"制度的提出,对被判处死刑缓期二年执行的罪犯减刑问题严格把关,将实际执行刑期控制在 20 年以上,使犯有 8 类严重罪行或具有累犯情节的罪犯的减刑、出监条件更为严格。此外,2015 年 8 月 29 日第十二届全国人大常委会第十六次会议通过的《刑法修正案(九)》将《刑法》第 50 条新增"如果故意犯罪,情节恶劣的,报请最高人民法院核准后执行死刑;对于故意犯罪未执行死刑的,死刑缓期执行的期间重新计算,并报最高人民法院备案"规定,明确此类罪犯的死缓执行期不算入刑期。由此可见,《刑法修正案(八)》《刑法修正案(九)》和 2014 年中央政法委《意见》的颁布与实施,不仅提高了自由刑的刑期,加大了对无期徒刑、被判处限制减刑罪犯的减刑、出监难度,还加大了对三类罪犯及罪行重大罪犯的打击力度。这一改革一方面有助于隔离严重罪犯,加强罪犯的矫正效果,维护社会应有秩序;另一方面不可避免地会增加监狱的羁押压力,需要更多的人力、物力、财力去维持监狱系统运转,甚至可能造成狱内"交叉感染",使恶性犯罪手段得到传播。

针对减刑制度中存在的减刑地区差异大、刑期折抵不合理、减刑条件和幅度缺乏针对性等问题,有学者提出了一系列改革建议,例如:借鉴境外经验,建立"刑期折抵奖励"这一行政管理制度,将减刑单位细化为"天",根据罪犯在服刑期内的良好表现及时给予奖励;建立分类减刑制度,对于减刑幅度小、罪犯情况清楚的案件采用更为简易的程序,复杂的、减刑幅度大的案件采用更为正规的程序,包括听证制度等,提高减刑工作的效率性和公正性;建立减刑自报公议制度,申报减刑时首先由罪犯本人根据规定提出申请。① 北京市监狱管理局于 2004 年开始在监狱推广此项制度,从实践情况来看,的确有利于调动罪犯改造的积极性,增加减刑的公平性和公开性等。此外,随着"限制减刑"制度的推行与适用,我国也可尝试建立减刑撤销制度,模仿假释撤销制度,对罪犯减刑裁定后设置考验期,考验期内表现良好的减刑便有效,否则予以撤销。减刑撤销制度的建立有助于提高减刑的威慑力,提高罪犯矫正的积极性,避免出现投机行为,巩固矫正成果,维护监管秩序,解决罪犯被减刑后放松改造、违反规定的问题。

(四)假释

假释是教育目的刑指导下矫正理念兴起的产物,最早出现于 19 世纪后期的行刑

---

① 参见吴宗宪:《监狱学导论》,法律出版社 2012 年版,第 352—353 页。

改革浪潮中。随着自由刑、监禁刑弊端的不断显现,人们开始寻求既可矫正罪犯又不需一直将其监禁的行刑办法。1877 年,在纽约州建立的艾尔米拉教养院开始尝试建立假释制度,该教养院规划的特色是:"以复归及改善为目标,实行不定期刑,并根据积分制决定假释。"①此为假释制度的最初探索,为日后美国以及全世界范围内推行假释制度建立了良好基础。

关于假释的概念界定,学界存在祝铭山主张的"制度说"、以许福生为代表的"奖励制度说"、陈兴良主张的"释放形式说"、柳忠卫提出的"刑罚执行说"以及高铭暄和赵秉志主张的"刑罚制度说"五种观点。② 其中,"刑罚执行说"和"刑罚制度说"有部分语义重合。为更好地解释"假释"的内涵,本书采用较狭义的"刑罚执行说"。假释,是国家有权机关对服刑期间表现良好而刑期未满的被剥夺自由刑的罪犯,附条件提前释放的一种刑罚执行制度。它将一定期限作为罪犯适应和重归社会正常生活的过渡期,属于累进处遇制度的最高级别(低警戒度)。假释制度,既保留了对罪犯收监执行的可能性,又解除了罪犯的监禁,给予其一定自由,鼓励罪犯积极向善,在预防重新犯罪上的价值甚至比刑满释放更大。

1. 假释的条件

在我国,假释的对象主要为被判处有期徒刑、无期徒刑的罪犯。依据 2011 年《刑法》第 81 条的规定,被判处有期徒刑的罪犯执行原判刑期 1/2 以上,被判处无期徒刑的罪犯实际执行 13 年以上,如果认真遵守监规,接受教育改造,确有悔改表现,没有再犯罪的危险,便具备了可以假释的条件。考量是否具有"再犯罪的危险",要衡量两方面情况:认真遵守监规,接受教育改造,确有悔改表现;罪犯的综合情况,即犯罪类型、犯罪情节、原判刑期、狱内服刑表现等。此外,《刑法修正案(八)》还格外增加了假释的社区条件。鉴于罪犯被假释后将在社区内执行剩余刑期,2011 年《刑法》第 81 条第 3 款明确规定:"对犯罪分子决定假释时,应当考虑其假释后对所居住社区的影响。"这主要是考虑社区对罪犯的接纳程度,以及对罪犯假释后的监督管理活动。此外,2011 年《刑法》第 81 条第 2 款扩大了禁止假释的对象范围,即对具有累犯情节或犯有八类严重罪行,被判处 10 年以上有期徒刑、无期徒刑的罪犯,不得使用假释。前述罪犯被减为无期徒刑、有期徒刑以后,也不得假释。由于此类罪犯的社会危险性较大,如果被假释或轻易减刑出监,有可能再次危害社会、重新犯罪。

2. 假释程序

假释程序与减刑程序基本一致,主要分为监狱提请假释、法院裁定、假释出狱三个环节。监狱提请假释主要以 2003 年司法部通过的《监狱提请减刑假释工作程序规定》

---

① 郭建安、郑霞泽主编:《社区矫正通论》,法律出版社 2004 年版,第 210 页。
② "制度说"将假释简单描述为一项制度,过于简单、抽象,是简单的语义重复;"奖励制度说"将罪犯在监狱服刑当作天经地义的一件事,反倒把将其释放出狱看作一种奖励,有些强调国家行刑机关的权利本位和高姿态;"释放形式说"只局限于形式解释,缺乏知识的内涵介绍。参见孟庆华:《假释的概念、归属权及其适用对象问题》,载贾洛川、王志亮主编:《监狱学论坛》(第一期),中国法制出版社 2011 年版,第 151—153 页。

为法律依据,分为提出减刑建议、审核和公示减刑建议以及办公会议决定三个阶段。此处不再赘述。

此外,依据2011年《刑法》第81条第1款的规定,因罪犯有特殊情况,不受执行刑期限制的假释案件,需要报请最高人民法院核准,使用特殊程序进行假释。中级人民法院依法作出假释裁定后,应报请最高人民法院复核。高级人民法院同意假释的,应当报请最高人民法院核准。高级人民法院不同意的,应裁定撤销中级人民法院的假释裁定。高级人民法院作出假释裁定的,应当报请最高人民法院核准。

3. 假释与暂予监外执行、减刑

假释与暂予监外执行都是能够使部分符合法定条件的罪犯出监的一种行刑制度,都由社区矫正机关执行。但是,两者也有诸多不同:(1)性质不同,假释是根据罪犯狱内表现而附条件提前释放的一种刑罚执行制度;暂予监外执行则是因为罪犯有不适宜在狱内服刑的法定情况,出于人道主义考虑而将其暂时不予收监执行的一种制度;(2)适用条件不同,假释主要考量罪犯在狱内的悔罪情况和服刑情况,暂予监外执行则以罪犯的身心健康为主要衡量标准。(3)适用对象不同,假释主要适用于被判处有期徒刑、无期徒刑的罪犯,暂予监外执行则适用于被判处拘役、有期徒刑的罪犯或者被判处无期徒刑、具有怀孕或正在哺乳自己婴儿情节的女犯。(4)决定机关不同,假释的决定机关为人民法院,暂予监外执行的决定机关根据收监前后的不同分别为人民法院和监狱。(5)执行内容不同,被假释的罪犯主要由社区矫正机关监督,在社区内继续接受改造;被暂予监外执行的罪犯则主要是治疗疾病、哺乳婴儿。(6)执行期限不同,假释的执行期限为罪犯剩余期刑,暂予监外执行的执行期限根据罪犯的具体情况而定。(7)执行后果不同,被假释的罪犯顺利通过假释考验期后就可认为原判刑罚已经执行完毕,经执行机关公开宣告后回归正常公民身份;暂予监外执行的罪犯在法定条件消失后则要继续收监执行,仍然是罪犯身份。

假释与减刑作为对在服刑期间表现良好的罪犯给予一定优待处遇的行刑制度,都是由监狱机关提出建议,交人民法院决定。两者主要有以下区别:(1)适用条件不同,假释以罪犯已履行一定刑期为前提,且要考量罪犯服刑期间的综合表现,减刑条件分为可以减刑和应当减刑两种;(2)适用对象不同,假释以被判处有期徒刑、无期徒刑的罪犯为对象,监狱减刑以拘役、有期徒刑、无期徒刑的罪犯为对象;(3)执行机关不同,被假释的罪犯由社区矫正机关执行,被减刑的罪犯还是由监狱机关执行;(4)执行内容不同,被假释的罪犯原判刑期并不会减少,只是在监外社区中执行剩余刑期,被减刑的罪犯刑期减少,且仍在监狱内服刑;(5)适用次数不同,假释只能适用一次,减刑则可根据罪犯的表现适用多次;(6)执行结果不同,被假释的罪犯是释放出狱,若顺利通过考验期则认为原判刑罚执行完毕,若不能顺利通过则依法撤销假释,而减刑的结果只是减刑原判刑罚,即使有违规行为也不会撤销减刑。

4. 《刑法修正案(八)》颁布后对假释制度的影响

2011年《刑法修正案(八)》的正式施行,彻底贯彻了宽严相济的刑事政策,是当前中国社会转型时期抑制犯罪和解决社会矛盾的必然要求。该修正案的亮点之一就是注重完善刑罚体系,减少死刑的适用,提高自由刑刑期,完善了减刑、假释制度。

首先,经修正案修订的《刑法》第81条第1款将无期徒刑犯假释的适用条件由10年改为13年,并将无期徒刑罪犯减刑后实际执行的最低期限增加至13年,对死缓的减刑规定了更为严苛的条件,增加了对严重犯罪分子限制减刑的规定,将自由刑适度提高;扩大了第2款禁止假释的对象范围,将原来的"等暴力犯罪"限定为"有组织的暴力性犯罪",一定程度上削弱了对所有使用暴力手段被判处10年以上有期徒刑罪犯惩罚过于严苛的色彩,贯彻了宽严相济的刑事政策。其次,增加了适用假释的社区条件,考虑到被假释罪犯对社区产生的影响,体现了我国"双重预防相结合"的刑罚理念。最后,假释执行机关以及执行方式的变革,为社区矫正制度提供了法律依据,体现了行刑社会化理念,丰富了监禁矫正与社区矫正相结合的罪犯矫正体系。然而,在我国刑法对具有累犯情节或者犯有八类严重罪行的罪犯进行严惩的同时,也存在着不利于调动罪犯积极性、增加监管危险、增加"交叉感染"可能、增加监狱监禁成本和压力、浪费各项资源的危险。在修正案出台后,就有调研报告提出建议,应当取消《刑法》第81条第2款关于禁止假释对象的规定,将此类罪犯纳入假释对象范围,将绝对禁止改为限制适用假释。①

虽然《刑法修正案(八)》从立法上一定程度地完善了监狱行刑制度,但是它在我国的司法实践中还存在一些不足:

(1)假释的决定权由法院行使,与监狱服刑的罪犯脱节,存在对罪犯情况掌握不够全面、假释决定不够科学的情况。对此,有学者建议应当建立假释委员会,负责假释的决定,使假释决定更好地反映罪犯的服刑表现。②

(2)假释的使用率较低。有资料显示,全国的假释率1996年为2.58%,1998年为2.06%,2000年为1.63%,2001年为1.39%,不仅没有上升,反倒呈减少趋势。③自2003年全国实行社区矫正试点以来,假释率虽有所提高,但仍然很低,而一些亚太国家和地区的假释数量较大,假释率较高。④

(3)各地适用假释非常不均衡。如1999—2011年,山东为全国平均假释率最高的省份,分别为11.58%、11.62%、9.30%;而西藏则是假释率最低的省份,分别为0.07%、0.07%、0.03%。⑤ 二者如此悬殊,说明各地在假释观念、假释条件、适用假释程序上都存在一定差异,未在全国形成统一平等对待的假释适用体系。

---

① 参见山东省高级人民法院课题组:《完善减刑假释制度 有效预防犯罪》,载《人民法院报》2011年3月24日。
② 参见司法部社区矫正制度课题研究组:《改革和完善我国社区矫正制度之研究》(下),载《中国司法》2003年第6期,第8页。
③ 参见郭建安、郑霞泽主编:《社区矫正通论》,法律出版社2004年版,第405页。另有学者也引用了相关数据,与本书略微有出入,1998年为2.07%,2000年为2.25%,2001年为1.43%。参见韩玉胜主编:《刑事执行制度研究》,中国人民公安大学出版社2007年版,第375—376页。
④ 参见吴宗宪:《监狱学导论》,法律出版社2012年版,第361页。
⑤ 参见韩玉胜主编:《刑事执行制度研究》,中国人民公安大学出版社2007年版,第375—376页。

(4) 难以对被假释犯人实施有效的监管。《刑法修正案(八)》实施后,被假释的犯人主要在社区内服刑,由社区矫正机关执行。但是,目前各地社区矫正工作的开展并不均衡,一些偏远、欠发达地区甚至并未设立社区矫正机构,对被假释人的监管工作面临着较大挑战。基于此,可尝试建立假释保证人(金)制度,避免额外的机构、人力、经费的投入,通过保证人(金)达到影响、牵制罪犯的目的,在一定程度上防止假释犯脱管、漏管现象的发生,保证罪犯在社区内切实履行法定义务。

(5) 司法腐败现象时有发生。在假释、暂予监外执行、减刑制度的适用过程中,有的罪犯以权或者钱"赎身",逃避或者减轻惩罚,严重践踏法律尊严,损害执法司法公信力。有统计显示,2013年,全国检察机关共监督纠正刑罚变更执行不当16708人,其中减刑不当13214人,假释不当2181人,暂予监外执行不当1313人。[①] 针对司法实践中存在的突出问题,2014年,中央政法委下发《意见》,切实防止司法腐败。随后,司法部根据《意见》要求,在全国监狱开展了为期4个月的"减刑、假释、暂予监外执行专项整治活动",对近年来监狱办理罪犯减刑、假释、暂予监外执行工作情况进行认真排查,查处、纠正罪犯刑罚变更执行中徇私舞弊、权钱交易等腐败行为,坚决遏制监狱刑罚执行工作中存在的司法腐败现象。司法部提出,针对当前刑罚变更执行中的突出问题和薄弱环节,要采取有效措施,从严明法定条件、完善办理程序、建立备案审查制度、加强管理、深入推进执法信息化建设、强化监督制约、严格落实责任追究等方面,进一步严格规范减刑、假释、暂予监外执行,确保《意见》切实得到执行。

(6) 老病残罪犯的行刑管理和释放面临诸多挑战。老病残罪犯的释放主要有暂予监外执行、假释、刑满释放三种类型。由于收押条款的限制,老病残罪犯的数量逐年增加,在新形势下给监狱的管理带来很多挑战。例如,年龄偏大的"三无"(无接见、无亲友、无零用金)罪犯减刑、假释愿望不强;医疗工作压力大,执行刑罚成本高;生活不能自理、行走不便和瘫痪的老病残罪犯影响其他罪犯改造;精神病犯改造效果差,外诊外治改造压力大等。[②] 在当前新的社会形势下,要顺利推进监狱行刑工作,需进一步优化改进老病残罪犯服刑改造、刑罚执行制度,建立老病残特殊考核制度,并完善相关的暂予监外执行、假释、减刑制度。

(7) 三类罪犯减刑、假释制度的特殊规定。近年来,职务犯罪、破坏金融管理秩序和金融诈骗犯罪、组织(领导、参加、包庇、纵容)黑社会性质组织犯罪罪犯中,违法违规减刑、假释、暂予监外执行相对突出。为了从严把握上述三类罪犯减刑、假释的实体条件,2014年中央政法委下发的《意见》在要求从严把握法律规定的"立功表现""重大立功表现"标准的同时,针对"确有悔改表现"这一刑法规定的减刑、假释的关键条件,规定对三类罪犯"确有悔改表现"的严格认定,应着重考察三类罪犯是否通过主动退赃、

[①] 参见《中央政法委出台关于严格规范减刑、假释、暂予监外执行,切实防止司法腐败的指导意见》,http://www.dffyw.com/fazhixinwen/sifa/201402/35230.html,2015年5月10日访问。

[②] 参见《浅谈老病残罪犯的管理和释放》,http://www.cnprison.cn/bornwcms/Html/jygzyj/2014-05/02/4028d117459b68a80145ba8ab1e62652.html,2015年5月10日访问。

积极协助追缴境外赃款赃物、主动赔偿损失等方式,积极消除犯罪行为所产生的社会影响。《意见》强调,对服刑期间利用个人影响力和社会关系等不正当手段,企图获得减刑、假释机会的,即使客观上具备减刑、假释的条件,也不得认定其"确有悔改表现"。针对三类罪犯中有的减刑次数多、两次减刑之间间隔时间短等问题,《意见》规定,对依法可以减刑的三类罪犯,适当延长减刑的起始时间、间隔时间,从严把握减刑幅度。比如,对被判处无期徒刑的三类罪犯,确有悔改表现或者立功表现的,由过去"执行二年以上方可减刑"延长到现在"执行三年以上方可减刑",而且增加规定"减为有期徒刑后,一次减刑不超过一年有期徒刑,两次减刑之间应当间隔二年以上"。对三类罪犯中因重大立功而提请减刑、假释的案件,原县处级以上职务犯罪罪犯的减刑、假释案件,组织(领导、参加、包庇、纵容)黑社会性质组织犯罪罪犯的减刑、假释案件,原判死刑缓期二年执行、无期徒刑的破坏金融管理秩序和金融诈骗犯罪罪犯的减刑、假释案件,一律开庭审理。

(五) 释放

释放,是指对符合法定解除条件的狱内服刑罪犯恢复人身自由,允许其出监的行刑活动。释放有许多种,包括刑满释放、裁定释放、特赦释放以及国外的强制释放、紧急释放等。① 我国监狱学上的"释放"是指刑满释放,罪犯在狱内执行完原判刑罚或因良好表现获得一次、多次减刑后原判刑罚执行完毕,依照法定程序办理释放手续后即可出狱。裁定释放,是指监狱根据审批机关通过再审程序作出的判决和裁定,将有关人员释放的行刑活动,一般有宣判无罪和改为较轻刑罚两种情况。此类释放最早见于1954年政务院发布的《劳动改造条例》,自1994年《监狱法》颁布后便无此立法规定。特赦释放,简称"特赦",是赦免②的一种,即监狱根据国家特赦令将被特赦的罪犯释放出狱的行刑活动。我国在1959—1975年总共实行过七次特赦。为纪念中国人民抗日战争暨世界反法西斯战争胜利70周年,我国2015年对当年1月1日前正在服刑、释放后不具有现实社会危险性的四类罪犯实行特赦。

释放罪犯是监狱行刑的最后一项活动,主要有出监鉴定、发放相关文书、发放有关费用、交接事务、释放五道程序。监狱在罪犯刑满释放前一个月,应按照要求客观填写刑满释放人员通知书,将表格连同判决书抄件一并移送释放人员安置落户所在地的公安机关和司法行政机关,以便这些机关开展后续的安置帮教工作。释放罪犯回家时,其路费由监狱发放。服刑期间因公致残的,可根据国家规定发给生活补助或由国家供养。此外,监狱还应如数归还由监狱保管的罪犯个人财物。罪犯有重病难以回家的,监狱应提前通知家属或将病人护送回家。

---

① 参见吴宗宪:《当代西方监狱学》,法律出版社2005年版,第326—327页。
② 赦免,是指国家对犯罪人免于追诉或者免除全部或部分刑罚的法律制度,分为大赦和特赦两种。

二、狱政管理

(一) 狱政管理概述

1. 概念与特征

狱政管理,又称为"罪犯管理",是我国监狱矫正机关依法对被判处剥夺自由刑的罪犯实施监管改造和罪犯矫正的刑事司法活动。狱政管理与其他管理活动一样,需要运用组织、协调、指挥、监督和控制等手段对管理对象进行管理,具有行政管理的特性;同时,它又是一种刑事司法管理活动,依法对在押罪犯进行监管和矫正,具有行政司法特性。① 狱政管理的阶段包括从收监到释放的整个过程,涉及分押分管、生活卫生管理、会见和通信管理、安全管理以及罪犯的考核和评估等方面。

根据我国司法部和监狱管理局的有关规定,狱政管理的特征可以概括为以下五点:(1)目的性,狱政管理是具有明确目的的管理活动,具有惩罚、改造和保障三个基本功能。(2)协调控制性,狱政管理是特殊的协调控制工作,强调对各种改造手段、监狱行刑要素、整个行刑过程的协调。(3)组织性,狱政管理具有"内在式"的组织特色,管理人员直接置身于罪犯正式组织之中,有利于直接控制和领导服刑组织、集中约束和改造罪犯。(4)教育性,狱政管理充分体现人道主义精神,始终贯彻管教结合的原则,通过罪犯的考核和奖惩使管理活动具备更强的教育功能。(5)直接性,我国监狱坚持人民警察对罪犯的直接管理,坚决打击和防范牢头狱霸,保证监狱依法准确执行刑罚,实现对罪犯依法、严格、科学、文明管理。

2. 管理原则

狱政管理是监狱矫正罪犯的前提和保障,对罪犯的矫正具有直接的作用。为建立法治化、规范化、科学化的狱政管理制度,我国监狱管理机关设置了以下狱政管理原则:②

第一,依法管理原则。这一原则要求监狱工作依照"有法可依、有法必依、执法必严、违法必究"的基本要求,不断完善监狱立法,维护法律的权威和尊严,规范而有序地实施监管,严肃法纪,依法追究各种违法行为。

第二,严格管理原则。这一原则是落实依法治监的必然要求,是监狱管理在理念、行为、状态、环境等方面实现规范化、标准化、制度化的基本准则,要求监狱管理做到"依法严格,严而有据""严而有序,严而不苟""严而有度,宽严相济"三个基本要求。

第三,科学管理原则。这一原则要求监狱确立科学的出发点,以科学理论为指导,努力揭示惩罚和改造罪犯的客观规律,采用先进的管理方式和现代化技术装备实施管理。

第四,文明管理原则。这一原则要求狱政管理工作必须采用文明管理的方式,保

---

① 参见夏宗素:《罪犯矫正与康复》,中国人民公安大学出版社 2005 年版,第 111 页。
② 参见司法部政治部、监狱管理局编:《监狱专业基础知识》,法律出版社 2004 年版,第 45—46 页。

障罪犯的合法权益,建立文明的监管环境,实现文明化的基本准则;同时,狱政工作要体现对罪犯人格的基本尊重,对罪犯实施人道化待遇,注重人类文明成果的吸收和运用,并建立文明整洁、积极向上的监管改造环境。

第五,直接管理原则。这一原则要求监狱和监狱警察依法对服刑罪犯亲自管理,并亲自对罪犯个人、组织以及活动现场和设施等实施监督与控制的基本准则,建立体现直接管理原则的监管制度,实现监狱警察对罪犯活动时空的直接控制以及对罪犯的直接考核。

(二)分押分管

1. 分押分管制度概述

分押分管是狱政管理最基础、最关键的内容,也是罪犯矫正最重要的方式之一。分押分管,是指监狱从矫正罪犯的需要出发,按照一定标准划分罪犯类型,并对不同类型的罪犯进行分类管理的手段和方式。

在西方国家,此类矫正技术最早源于16世纪末的荷兰男女分监制度,最典型的是美国的诊断分类技术。诊断分类,是指国家分类机关通过对罪犯情况和问题的调查了解,根据矫正需要,对罪犯服刑监狱类型以及监禁、治疗措施提出建议的活动,其分类包括在入监时由收押中心根据警戒度、监管、住宿和矫正计划的标准对罪犯进行的初次分类,以及服刑时根据罪犯在服刑期间的表现对罪犯进行的重新分类两方面。① 此外,英国的《监狱管理局令》也根据罪犯的罪行轻重以及人身危险性,将男犯分为 A(最危险)、B(严重犯罪)、C(比较危险)、D(基础等级)四类分别关押。日本早在德川幕府中期便开始按照罪犯原有的身份、社会地位和罪行重新分类,并分别在1933年、1948年颁布了《行刑累进处遇令》和《服刑人员纲要》,确定分类调查、分类处遇等制度,规定各监管场所应当设置分类调查机构,建立了现代化的分押分管制度。②

我国的分押分管制度最早可追溯到西周。根据《周礼·秋官》的记载,当时的监狱由掌囚官吏掌管,按囚犯罪行的轻重分为上、中、下三类,并根据囚犯原有身份、地位施予不同待遇。此外,西周的监狱分为囹圄和圜土两类,分别关押罪行为"五刑"的罪犯和未达"五刑"程度的轻罪囚犯或罢民(无业、乞丐)。封建时期法制最为完备的唐朝也设置了"男女必异室,轻重必异处"的规定,依照罪犯的性别和罪行分别关押,而此时罪犯的劳役也因男女、老少而有所区分,具有朴素的教育感化思想和简单的分类管理理念。

2. 我国的分押分管体系

我国现代的分类分押制度主要是指"三分"制度,即对罪犯的分押、分管、分教,其建立和发展经历了一定的过程。1954年的《劳动改造条例》将监狱分为监狱、少管队、

---

① 参见于爱荣等:《矫正技术原论》,法律出版社2007年版,第121页。
② 参见全茂海:《中日服刑人员分类问题之比较》,载夏宗素、朱济民主编:《中外监狱制度比较研究文集》,法律出版社2001年版,第189—190页。

拘役所、看守所，将罪犯按照不同类型关押于不同监狱，分类制度基本成形。1982年，公安部发布《监狱、劳改队管教工作细则》，专门设置一节规定"分管、分押"的内容（第37—41条）。1989年，司法部劳改局颁布《对罪犯实施分押、分管、分教的试行意见》，明确规定全国要逐步施行分押、分管、分教工作，要求各地监狱系统按照横向分类、纵向分级、先进后出、由杂而纯、逐步定型的步骤开展工作，并在劳改实践中对分类改造形成了"三分"概念。1994年《监狱法》正式从法律上规定了"三分"制度，并要求对罪犯实行"从严管理、一般管理、从宽管理"的三级"分级处遇"。然而，有学者对"三分"制度深刻剖析后发现，我国监狱矫正的分类标准其实只有"分押"一个视角，"分管、分教都以此为外壳标准进行矫正，缺乏必要的分类标准"。[①]

分押，即分别关押、分类关押，是指监狱按照被判处剥夺自由刑的罪犯的性别、年龄、刑种、刑期、犯罪性质的不同而对罪犯分开收监、分类关押的制度。在我国，分押有两个层次：(1) 关押机构分类，即按照罪犯的性别、年龄、刑种、刑期，分别关押于不同类型的监狱，主要指成年男犯监狱、成年女犯监狱、未成年犯管教所、重刑犯监狱、轻刑犯监狱、普通监狱等；(2) 关押机构内部分类，即再根据罪犯的犯罪类型进行分类关押，主要分为财产型犯罪（又可分为盗窃和其他财产刑犯罪两个层次）、性犯罪、暴力型犯罪以及其他类型犯罪四类，避免犯罪手段的"交叉感染"。此外，我国监狱系统对犯有危害国家安全罪的罪犯一般不集中关押，对同一犯罪类型的初偶犯和累犯分开关押，对同案犯和同伙犯分开关押，对少数民族罪犯一般单设监区分监关押，对外籍犯和无国籍犯也单设监区分监关押。

分管，即分别管理、分级处遇，是指依据不同类型罪犯的特点给予相应的管理，并根据罪犯入监时的情况和服刑期间的综合表现，确定不同管理等级，给予不同处遇的制度。我国的分管包括分类管理和分级处遇两大类。

分类管理，是指依据不同类型罪犯的特点给予相应的管理。分类管理一般以分类关押的结果为标准，即按照犯罪类型给予罪犯不同管理：(1) 对财产型犯罪的管理，主要包括强调物品管理以整治贪婪心理、强化行为管束以治理散漫习惯以及强化劳动观念以矫治懒惰习性三方面；(2) 对暴力型罪犯的管理，主要是通过严密防控和思想攻势，拆散不良团体，疏导罪犯心理，平稳暴动情绪，以静制动，强化其自控能力；(3) 对性犯罪罪犯的管理，主要是通过净化矫正环境、规范不良行为、给予生理知识辅导、组织劳动并帮助解决家庭关系等方式达到矫正效果；(4) 对其他类型犯罪罪犯的管理，要结合罪犯的犯罪动机、犯罪背景、犯罪类型、人身危险性等综合因素考虑，因人制宜、因人施管。

分级处遇，是根据罪犯的不同情况实施区别对待，给予罪犯个别化处遇的管理制度。通过对罪犯的评估、考核和升降处遇，能够调动罪犯的主观能动性和积极性，增强监狱矫正效果。分级处遇主要分为两个环节：(1) 罪犯分级，是指根据罪犯入监服刑

[①] 参见全茂海：《中日服刑人员分类问题之比较》，载夏宗素、朱济民主编：《中外监狱制度比较研究文集》，法律出版社2001年版，第192页。

期和服刑期间的综合表现,结合考虑犯罪性质和恶习程度,对罪犯进行从严、普通、从宽三个等级的划分。从严管理,是指对这一等级的罪犯在执行全国统一监规纪律的基础上,制定更加严格的管理制度和纪律要求,如严格限制活动范围、加强监控、严禁单独行动、限制通信和会见等生活待遇等;从宽管理,即在全国统一监规纪律的基础上,给予适当放宽的管理和纪律要求,如放宽活动范围、给予亲情会餐、放宽生活待遇等。根据各地情况不同,"有些省、市将三级扩大至'五级'划分(宽管、从宽、普通、从严、严管),级别并非一成不变,会根据罪犯的情况进行从严到宽或从宽到严的调整,10 年以上刑期的平均每年一次调整,10 年以下的半年一次调整"①。(2) 分级处遇,是指根据罪犯的不同级别给予不同处遇的制度,内容主要包括看押警戒、活动范围、通信、会见、接受物品、生活待遇、文体活动、奖励、离监探亲等。

3. 分押分管制度的评价与完善

进入 21 世纪以后,犯罪低龄化、罪犯高智商化、罪行严重化、重新犯罪率高成为新的犯罪态势,我国监狱矫正工作面临更大的挑战。在确立"监管安全首位意识"的大环境下,《监狱建设标准》出台,罪犯按照高、中、低三个警戒程度关押,以罪犯人身危险性为分类标准的实践初见端倪,监狱分类工作开始走上规范化、科学化道路。然而,不可否认的是,与境外的相关制度比较,我国分押分管制度仍然存在着很大的问题,亟须引起重视并进行完善。

(1) 缺乏专门的分类机构

分押分管的基本前提条件是罪犯分类,这需要综合考量罪犯的性别、年龄、刑种、刑期、犯罪类型、犯罪动机、人身危险性等多重因素。这项工作决定着罪犯关押的监狱类型、监区类别、警戒程度、处遇级别等,是其他矫正工作的基础。在我国,分押分管主要由监狱内的业务科室干警实施,有的也会设置 1—2 名工作人员对监犯实施询问为主的调查并建立个人档案,为其分类提供参考意见。然而,监狱的分类工作,包括初次分类、再分类的规则和程序以及广泛调查和测试的工作量,需要专门的常设机构运作,由具备专业知识、承担专业职责的工作人员实施。

反观境外,大多数西方发达国家都设置了专门的罪犯分类机构。美国《模范刑法典》第 304·3 条第 2—4 项规定,监狱长及其他各矫正机构的行政首长,应任命处遇委员会,在监狱收监罪犯后两个月内全面审查罪犯的犯罪情况和本人态度,为监狱矫正机构的矫正计划提供帮助,并对定期、不定期再次审查处遇方案给予建议。② 以境外经验为借鉴,我国可在中央和各省、市监狱管理局设置罪犯分流中心,统一管理监狱罪犯的分类管理工作,并在各个监狱内部设置分类委员会,确立分类调查制度;同时,可配备一个领导机构和相关分类小组,专门负责罪犯的分类调查和决定工作。领导小组总体负责监狱罪犯工作的组织、制度建设、方法调整的宏观性工作;分类小组由监狱内外的专业人员组成,主要包括监狱工作者、心理学家、医学家、精神病专家、教师、职业

---

① 吴宗宪:《监狱学导论》,法律出版社 2012 年版,第 369 页。
② 参见中华人民共和国司法部编:《外国监狱法规汇编》(二),社会科学文献出版社 1988 年版,第 18 页。

培训者以及矫正社会工作者,直接负责监狱罪犯的调查、分类、诊断工作,决定罪犯的关押类别、处遇级别、处遇内容,并为罪犯矫正计划的制订提供咨询和帮助。分类委员会的工作除初次调查、分类外,还包括对罪犯服刑期间的再调查、再分类,为罪犯关押类别、处遇级别的变动提供方案建议。

(2) 分类制度不科学、粗放

我国现行的分类制度是在横向层面对罪犯实行分类关押,对于规范罪犯关押类别、稳定狱内秩序、减少狱内案件的发生的确起到了一定作用,但也存在着一些难以忽视的问题。第一,分类标准简单、片面。现行的分类制度主要仍是以犯罪性质为依据分类关押,缺少对人身危险性和改造程度的考虑。这一划分虽然在一定程度上抑制了罪犯的"交叉感染",但"分类纯度一般只达到50%—60%,难以大幅度提高"①,无法避免同类犯间犯罪恶习以及作案方式的"深度感染"。② 第二,分类技术缺乏,分类工具简单,并未建立类似于境外的专业化分类规范标准和机构、人员。第三,分类程序粗放、简单,并未将罪犯分类落实到个体诊断程度,实际执行中也并未真正按照高、中、低警戒度监狱进行分类关押,处遇措施难以实现。第四,分类模式过于僵化,缺乏灵活性,罪犯在入监时进行分类关押后很难再改变关押状况,造成行刑资源浪费,增加基层矫正工作者的压力,也不利于罪犯矫正效果的实现。

基于此,我国应当建立一套科学、规范的分类制度,制订明确、详细的分类标准,引进科学、客观的分类工具和技术,设立详细的分类程序,并根据罪犯服刑期间的综合表现调整关押类别和等级。具体而言,在经过分类委员会的专业调查,以及分类人员依据分类调查制度对罪犯的性别、年龄、刑种、刑期、犯罪类型、人身危险性以及可矫正程度进行调查、整理、统计后,采用现代化、科技化的矫正工具和技术,对罪犯分类出具一份分类报告和矫正方案建议,为监狱机构对罪犯进行分类和矫正提供基础和前提。罪犯的分类可分为分类关押和分级关押两个阶段。首先,根据罪犯的年龄、性别、刑种、刑期分押相应的监狱(如男犯监狱、女犯监狱、未成年犯管教所、精神病监狱等),再根据罪犯的人生危险性将罪犯分别关押于所属监狱类别的高、中、低三类警备监狱中。其次,在监狱内部,监狱根据罪犯入监的刑期以及服刑期每个阶段的综合表现,确立罪犯在监狱内的隔离、限制、普通、相对自由四个监督等级,并给予封闭、限制自由、相对自由三个层次的关押待遇,减少行刑成本,加强监管安全,规范罪犯监管。

此外,在引进分类技术、设置分类工具时,要以罪犯的人身危险性评估为中心,综合考虑罪犯的成长环境、犯罪历史、服刑环境等因素,根据评估结论决定罪犯的关押等级。分类工具主要有主量表和从量表两种。主量表为分流中心对罪犯初次分类时使用的人身危险程度检测表(RW)。例如,江苏省监狱局从2005年开始对近4000名罪

---

① 邱广武、李建森:《"首要标准"下改革罪犯分类制度的实践与思考》,载《中国监狱学刊》2010年第2期,第99页。

② 监狱将同一犯罪类型的罪犯关押在一起,会就此类犯罪的犯罪手段进行交流和探讨,从而研究出更为精进、复杂的作案手段,此为"深度感染"。

犯进行人身危险程度检测,实践证明检测准确率达到90%以上。从量表有高危行为倾向评估表(GW)和新犯罪预测评估表(CX),主要用于评估罪犯服刑期间脱逃、暴力和自杀行为的倾向以及罪犯释放后重新犯罪几率的评估。[①]

(3)处遇制度过于单一、简单

我国监狱管理工作虽然以罪犯的分管为基础确立了从宽、普通、从严三级处遇,但目前的分类处遇都是在一个监狱甚至同一监区内进行的,处遇级差小,难以划分处遇类别并拉开不同处遇级别罪犯的待遇水平,罪犯的自由度缺乏根本差别。其次,分级处遇制度过于僵化、灵活性小,罪犯在入监时被根据分类标准划分到不同监管程度的监狱,并确立其相应的处遇等级后,很难再改变处遇状况,处遇升降级考评机制有待激起和完善。最后,处遇手段单一,分类处遇种类较少,如亲情会见、亲情同餐、亲情同居等处遇措施难以适用,难以激起罪犯改善处遇的积极性,限制了分级处遇模式激励功能的发挥。

基于此,我国应建立个别化综合处遇制度,确立分级处遇的标准,严格区分各级处遇级差,增加处遇种类和方式,并确立流动性、累进制处遇机制,提高罪犯改过迁善的自觉性,充分发挥分级处遇机制的激励功能。有学者依据处遇设置的有限、合法、科学、效益四大原则,设计出一套符合我国国情的罪犯处遇体系,即以分类关押为处遇基础,以阶段性处遇为依托,以渐进式处遇为方向,形成罪犯处遇个别化的复合模式。[②](1)分类处遇,是以分类关押所确定的监狱为基础的处遇,是一种集体处遇模式,罪犯因监管等级的不同而得到高、中、低三类警戒程度的处遇。(2)阶段处遇,是根据矫正需要将处遇划分为若干阶段,并在不同阶段根据罪犯表现给予不同待遇的模式,主要分为隔离、限制、普通(中长期自由刑的执行状态)、中间(短期自由刑的执行状态)、开放(社区矫正、狱外上班或上学等)五个处遇阶段。(3)渐进式处遇,是一种动态处遇模式,依据罪犯在服刑过程中的矫正情况进行评分和晋级而获得不同处遇,分为隔离处遇级、限制处遇1级、限制处遇2级、普通处遇1级、普通处遇2级、普通处遇3级、中间处遇级、开放处遇级八个级别。

(三)监狱日常管理

根据管理重点和管理对象的不同,监狱日常管理可分为对罪犯的日常生活管理、罪犯考核奖惩管理和监狱安全管理三类。

1. 罪犯的日常生活管理

罪犯的日常生活管理,是指监狱对被判处监禁刑的罪犯进行的生活、卫生、医疗、会见、通信等涉及其日常生活各方面的管理制度。基于联合国《囚犯待遇最低限度标准规则》的要求,我国监狱系统依法尊重并保障罪犯的生命、健康等基本人权。

---

① 参见于爱荣等:《矫正技术原论》,法律出版社2007年版,第187页。
② 同上书,第189—191页。

(1) 生活管理

罪犯生活管理包括食宿、被服、作息管理三方面。我国监狱罪犯的监舍居住面积不少于每人 3 平方米,并以坚固、通风、清洁、保暖为建筑要求。罪犯饮食管理的基本要求是"吃饱、吃热、吃熟、吃得卫生",以人体生存和健康的基本需要、罪犯劳动的时间和强度以及普通民众的平均水平为参考依据,对罪犯实施统一的饮食标准。[①] 此外,对于从事矿山、井下、高温、有毒作业的罪犯以及农忙时节劳动的罪犯、病犯、未成年犯等特殊罪犯的饮食标准,可以或应当高于一般饮食标准。根据《监狱法》第 50 条的规定,罪犯生活费和被服都采用实物标准计算,罪犯的被服要以防寒护体、干净整洁、便于识别的基本原则予以发放,且不得印上"犯人"等标签字样。罪犯一般一周工作 6 天,每天以 8 小时为限,因季节性生产或特殊需要,经监狱长批准可以适当调整,但必须保证每天 8 小时的睡眠时间和 2 小时的学习时间。此外,基于保护未成年人的特殊需要,未成年犯每天的习艺劳动以 4 小时为限,一周不得多于 24 小时。

(2) 卫生医疗管理

保证罪犯身体健康和干净整洁的监狱环境,是监狱日常管理的基本要求。监狱内应当设立理发室、洗浴室,定期安排罪犯理发、洗浴、大扫除,保证罪犯的个人卫生和监狱环境的干净整洁。此外,监狱还应建立医务室,配备专业的医务人员和医疗设备,尊重罪犯的生命权和健康权,对身体不适的罪犯给予及时治疗。

(3) 会见管理

罪犯的会见管理对象主要是司法工作人员、律师、监护人、亲属等。在监狱服刑期间,罪犯可依据法律规定会见亲属和监护人。会见时,必须核实探视人的身份、检查探视人携带的物品、查明与罪犯关系以及告知其会见的权利义务,并根据实际情况安排适当的会见场所(从严、常规或优待会议室)、时间(一般为每月 1—2 次,每次以 1 小时为限)、方式。会见时,监狱可以安排监听,除少数民族会见可以使用本民族语言外,中国罪犯会见不得使用英语或其他外国语。律师要求会见罪犯的,依据《刑事诉讼法》的规定,携带律师从业资格证、律师事务所介绍信和罪犯本人或亲属的委托书。监狱在接到申请后一周内,应在监狱内指定场所安排会见。会见时,律师不得私自传递物品或者提供手机等通信工具。外籍犯的会见,实行更为严格的会见标准,一般需经罪犯服刑地的省、自治区、直辖市的监狱管理局批准,经监狱长签字后发放会见证,并在监狱会见室或接待室等指定地点安排会见。[②]

(4) 通信管理

罪犯的通信管理主要包括信件、电话、邮包快递管理三方面。罪犯在服刑期间可依法与他人通信,但监狱管理机关保留对信件的有限检查权、扣留权。除写给监狱上

[①] 参见司法部政治部、监狱管理局编:《监狱专业基础知识》,法律出版社 2004 年版,第 114 页。

[②] 探视外籍犯的,每次只限一人,每月会见不得超过两次,每次以 30 分钟为限,会见应使用本国语言或监狱同意的语言,且安排一名翻译在场。参见司法部政治部、监狱管理局编:《监狱专业基础知识》,法律出版社 2004 年版,第 117 页。

级机关和司法机关的信件外,监狱警察依法检查罪犯的来往信件,若发现有价值的信息,应及时传递给有关单位和部门,但应尊重个人隐私,不得随意传播信件内容;发现传播反党、反政府、反社会等有碍罪犯改造内容的,应扣押信件。罪犯在监狱服刑期间不得拥有手机等通信装置,但表现良好的可依法申请与亲属、监护人在监狱内指定场所通电话。通话应使用监狱统一配置的通话装置并安排人民警察监听。此外,罪犯还拥有寄出和收取邮包的权利。罪犯要求将监狱代其保管的非生活必需品寄回家的,应当由监狱有关部门进行检查并帮其办理邮寄手续。罪犯接收邮包的,也应当由监狱有关部门依法统一办理领取手续、进行检查和登记,包裹中有违禁品的,一律没收,并报告上级;包裹中的生活必需品由罪犯本人使用;包裹中的非生活必需品由家属领回,或监狱代为保管并在其出狱时归还本人。

2. 罪犯考核奖惩管理

罪犯的考核奖惩,是监狱依法按照一定的标准和程序,对罪犯在一定时间内服刑情况的考察与评估,并根据罪犯的综合表现给予奖惩的管理制度。罪犯的考核主要采取计分考核(定期定量打分)、记事考核(罪犯正反两方面的事迹)和年终评审(自我检查、小组评议和监狱人民警察评审)三种方式,以罪犯的悔罪态度、遵纪守法行为、教育改造程度、劳动改造质量、心理健康水平等为主要考核内容和标准。

罪犯的奖惩,依据奖惩的性质不同,可划分为狱内表现奖惩和刑事奖惩两方面。狱内表现奖惩,又称为"狱政奖惩",是监狱根据罪犯服刑期间的综合表现和矫正情况给予的狱内奖励和惩罚,奖励包括言语上的表扬、物质奖励、记功、允许离监探亲,惩罚主要指警告、记过和禁闭。依据《监狱法》第 57 条的规定,对于遵守监规纪律并认真改造的罪犯、阻止违法犯罪活动的罪犯、超额完成生产任务的罪犯、节约材料或者爱护公物的罪犯、进行技术革新的罪犯、在防止或者消除重大事故中做出一定贡献的罪犯等,都可以由监区给予表扬、物质奖赏或记功奖励。对于具有上述情形之一,且刑罚已执行 1/2,属于宽管级别的有期徒刑罪犯,若其服刑期间表现良好、不再危害社会、探亲对象常住地在监狱所在省级行政区域范围内的,允许其出监 3—7 天(不包括路途时间),探访父母、子女、配偶。在罪犯离监前,监狱会组织一次集中教育,并进行个别谈话,告知其应遵守的相关规定,强化其遵纪守法意识。离监到达探亲地后,罪犯应当持罪犯离监探亲证明及时向当地公安派出所报到,主动接受监督。

3. 监狱安全管理

监狱安全管理,是指为了规范罪犯管理秩序、保障监狱安全而依法制定的监狱管理制度,主要包括安全警戒、安全检查、武器和警械的管理三方面。

(1) 安全警戒

监狱的安全警戒由武装力量、狱内看守和群众联防①三方力量组成三道防线。《监狱法》第 41 条规定,监狱的武装警戒由人民武装警察部队组成。监狱的武装警戒

---

① 群众联防,又称"社区联防",主要是指监狱警察和武装力量与监狱周围的机关、团体、企事业单位和基层组织组成联防组织,协助管理、监督、改造罪犯的警戒活动。

主要是由监狱警察部队以公开形式对监狱实施的外围警戒活动,包括监区警戒、生产劳动区警戒以及押解警戒三方面。狱内看守,是指由人民警察在监狱内部看管犯人的狱内警戒活动,主要任务如下:白天留在监区、监室的罪犯以及夜间全监区的监管工作;负责监区大门出入人员的检查和验证工作;管理禁闭室、关押室罪犯等。

(2) 安全检查

安全检查,是指为了保证监狱安全和罪犯管理秩序,对监狱的警戒设施以及罪犯的生活、劳动、学习情况进行检查的安全管理活动,主要分为外围检查、生活区检查、劳动场所检查、罪犯检查四大类。外围检查,是指监狱为保证各种警戒设施正常运作而开展的安保检查,主要以监狱围墙、电网、报警设施、警戒地带、照明设施以及监门的安保性为检查重点。生活区检查,是指为了防止罪犯将违禁品、管制物品或危险物品带入监舍而进行的日常检查(如出入登记、点名、夜间巡逻)和清监检查。分监区平均每日进行一次清监检查,狱政管理部门或者监区每半月进行一次检查,监狱每季度或重大节日前进行全面清监。劳动场所检查,是指采用定期和不定期检查的方式,对劳动工具使用和保管情况进行管理的安全管理活动,目的是防止罪犯为实施犯罪而私藏劳动工具。罪犯检查,是指监狱在罪犯出工前、收工时等特定时期对罪犯进行人身检查,防止其携带危险品、违禁物品、各种作案工具,威胁监区安全的检查活动。此外,包括禁闭室、重要通道、罪犯活动区、罪犯伙房、监狱医院、变电所、重要物资仓在内的其他重点区域也是容易出现检查疏漏的场所,也应加强安全检查力度,扩大检查范围。

(3) 武器和警械的管理

武器和警戒的管理,主要是指对监狱警察依法装备的枪支、弹药等致命性武器以及装备的警棍、催泪弹、高压水枪、特种防暴枪、手铐、脚镣等警用器械的综合管理活动。监狱警察应以"制止犯罪行为,尽量减少人员伤亡、财产损失"为原则,以警告无效为前提条件,以报告为必备程序。[①] 在判明有《监狱法》第46条规定的暴力犯罪行为,或存在非使用武器不能制止的情形时,人民警察可依法使用武器。若犯罪主体为怀孕的妇女、儿童,且实施的是使用危险品的暴力犯罪以外的犯罪行为,也不得使用武器。监狱的警械属于防范性的警用工具,不可作为处罚工具,只能在应对危机时使用,且应当以制止危险或违法行为为限。依据《监狱法》第45条的规定,当罪犯有脱逃行为、使用暴力行为、正在押解途中或有其他危险行为等情形时,可以使用戒具。

案例 3-2

上海某监狱韩姓犯人利用严管监督劳役时间的便利,撬开了干警的更衣箱,窃得干警警服、沿帽、领花等物,并携带老虎钳攀上严管队围墙,钳断铁丝网,越墙而出,换上警服越狱逃跑。之后,韩某甚至身穿警服在江浙沪实施招摇撞骗、行窃等犯罪活动,最后被抓捕归案,并以逃脱罪、招摇撞骗罪、盗窃罪、变造证件罪被判处有期徒刑18

[①] 参见司法部政治部、监狱管理局编:《监狱专业基础知识》,法律出版社2004年版,第128—129页。

年,连同余刑并处 20 年。①

从韩某一案可看出,干警对安全监管的重要性认识有限,以为严管队独门独院,铁丝围墙便是铜墙铁壁,忽视了对罪犯的严加看管,再加上警用物品的保管和劳动工具的管理制度缺失,才使其窃得老虎钳并以此为作案工具。此外,门卫制度和值班制度执行不力,使得囚犯有机可乘,乘隙逃出监狱,逍遥法外,为非作歹。监狱狱政管理是罪犯管教、矫正的基础保证和前提,为了更好地管教罪犯、规范狱政管理,应健全各项监狱监管考核机制,提高干警责任意识,并建立完善的门卫制度、值班制度、劳动工具管理制度等各项制度,为监管安全提供保证。

第五节 矫正方式和技术

对罪犯的矫正,必定要以一定的矫正方式和技术为途径。现代西方监狱矫正方式和技术萌芽于 1557 年的英国感化院,经历了规训与惩罚、矫正与复归、综合矫正三个阶段,积累了一定的经验且有所发展。20 世纪 60 年代以来,以矫治为中心的"医疗模式"受到社会的广泛质疑,大多数国家认为这对罪犯的矫正作用有限。但是,在更好的矫正罪犯的技术出现之前,现代监狱矫正方式仍是一种有效的罪犯矫正方式。西方发达国家的矫正方式注重整体性、系统性、科学性、社会互动性,主要分为分类矫正、管理矫正、激励管理矫正、教育矫正、医疗服务矫正、劳动矫正、职业培训矫正、宗教矫正、心理矫治等方面。

新中国成立初期,随着"劳动改造"作为监狱基本工作政策的确立,以劳动改造和教育改造为中心的监狱罪犯矫正制度宣告建立。直至 20 世纪 90 年代以前,我国监狱系统仍主要以狱政管理、劳动矫正、教育矫正为最基本的矫正方式。随着心理学的发展,心理矫治也被逐渐引入监狱矫正方式。自此,我国建立了以狱政管理、劳动矫正、教育矫正、心理矫治为基础的监狱矫正方式体系,其中狱政管理同时属于监狱行刑管理制度的内容。

一、教育矫正

教育矫正作为我国监狱系统矫正犯人最主要、最关键的手段,在监狱矫正活动中扮演着极其重要的角色。我国的监狱教育矫正制度最早可追溯至奴隶社会时期的西周,经过几千年的演变与发展,早已形成一套较为成熟的矫正机制。我国的监狱教育矫正以分类教育、个别教育为原则,就矫正内容而言,有入监教育、思想教育、文化教育、职业技术教育、出监教育五大类别;就矫正方式而言,有集体教育与个别教育、课堂教育与辅助教育、常规教育与专题教育以及狱内教育与社会教育等多种方式。然而,

---

① 参见武玉红主编:《监狱管理经典案例》,中国法制出版社 2011 年版,第 59—61 页。

随着社会的发展和监狱体制改革的推进,我国的教育矫正已不能满足当前矫正工作的需要,各种弊端逐一显现。"首要标准"的提出,正好为教育矫正工作提供了一个改革的契机。

(一)教育矫正概述与历史沿革

教育矫正,是监狱系统对被判处监禁刑的罪犯实施的以转变思想、消除犯罪意识、矫正犯罪恶习、培养知识和技能为核心宗旨,结合思想、文化、科技发展而进行的有目的、有计划的系统性矫正活动。监狱教育矫正具教育、教化的本质属性,又与普通教育有明显区别,具有特殊性、法定性、强制性、灵活性、多样性以及再教育性等多重特征。

联合国《囚犯待遇最低限度标准规则》第66条第1款规定:"为此目的,应该照顾到犯人社会背景和犯罪经过、身心能力和习性、个人脾气、刑期长短、出狱后展望,而按每个囚犯的个人需要,适用一切恰当办法,其中包括教育、职业指导和训练、社会个案调查、就业辅导、体能训练和道德性格的加强,在可能进行宗教照顾的国家亦可以包括这种照顾。"[1]对罪犯进行教育矫正是联合国所倡导的刑罚执行制度之一,也是各国通行的一项做法。在称谓上,美国多用"教诲""教化",朝鲜倾向于用"教化",日本、英国则使用"矫正"一词。我国的称谓也多种多样,有"教育改造""改造教育""特殊教育""教育矫正"等。为符合监狱矫正机制的统一说法,本书采用"教育矫正"一词。

如前所述,我国的教育矫正制度始于奴隶社会时期的西周。[2] 应劭《风俗通》记载:"狱,周曰圜圞。""圞,与也。言令人幽闭思愆,改恶为善因原之也。"[3]西周在治国理念和刑罚制度上提出了"德主刑辅""以刑弼教"的基本主张,当时设立的"圜土之制"是我国监狱矫正制度的早期雏形。关押犯人的圜圞既有惩罚、隔离罪犯的一般属性,又有教育、感化罪犯以使其改过迁善的矫正属性。西周统治阶级的治国、治狱之道经过儒家学派的推崇、倡导,为后世历代王朝所继承、发展。不论是汉武帝的"儒臣治狱"、唐太宗的"宽仁治狱",还是武则天的"以威肃天下",或是朱元璋的"重典治狱",封建社会的刑罚制度普遍采用儒家"德主刑辅""礼刑并用"的思想,主张通过刑罚和教化的手段转变罪犯思想,避免犯罪行为。

我国现代意义上的罪犯教育制度,最早见于北洋政府时期在新式监狱内设立的"教诲室"制度。[4] 1954年公布的《劳动改造条例》确立了新中国监狱劳动教养制度,明确了"贯彻惩罚管制与思想改造相结合,劳动生产与政治教育相结合"的基本方针。这表明,新中国最早的监狱制度已将罪犯的教育矫正置于相当的高度。1994年《监狱法》的出台,标志着我国监狱矫正制度迎来了新时代,明确了"惩罚和改造相结合、教育

---

[1] 转引自徐景峰主编:《联合国预防犯罪和刑事司法领域活动与文献纵览》,法律出版社1992年版,第238页。
[2] 参见夏宗素:《罪犯矫正与康复》,中国人民公安大学出版社2005年版,第119页。
[3] 转引自于爱荣等:《矫正技术原论》,法律出版社2007年版,第233页。
[4] 参见张福生:《中外罪犯教育之比较》,载夏宗素、朱济民主编:《中外监狱制度比较研究文集》,法律出版社2001年版,第261页。

和劳动相结合"的工作原则,并设专章规定了"以人为中心"的教育矫正内容。2003年,司法部颁布了《监狱教育改造工作规定》,具体、详细地规范了监狱教育矫正的各项工作,使教育矫正工作走上法治化、规范化、科学化的发展道路。

2008年6月,中央政法委负责人指出:"对于必须收监关押的罪犯,监管场所要把改造人放在第一位,通过创新教育改造方法,强化心理矫治,提高罪犯改造质量,真正使其痛改前非,重新做人。要把刑释解教人员重新违法犯罪率作为衡量监管工作的首要标准,确保教育改造工作取得成效。"在同年召开的全国监狱教育改造工作会议上,时任司法部副部长的陈训秋作了《坚持首要标准,努力把罪犯改造成为守法公民》的报告,标志着我国监狱矫正重心的转移,监狱工作进入一个新时代。监狱工作"首要标准"的提出,表明监狱工作由过去的多元化变为现在教育改造罪犯的一元化,监狱教育矫正工作由过去的软任务变为现在的硬任务。

(二)我国的监狱教育矫正体系

1. 工作原则

我国的监狱教育矫正工作以《监狱法》为基本依据,以《监狱教育改造工作规定》为具体准则,确立了以下工作原则:(1)因人施教原则,根据罪犯的不同情况,制定不同教育矫正计划,实施不同教育内容和方法,监狱改造加强调查研究以掌握罪犯不同情况,从而制订针对性教育矫正计划,并对过程中出现的问题分别处理;(2)分类教育原则,依据"分押、分管、分教"的"三分"制度对罪犯进行分类教育,科学划分罪犯类型,将教育与管理相结合,在充分了解罪犯的基本情况后进行针对性教育;(3)以理服人原则,监狱人民警察通过摆事实、讲道理的方法,对罪犯进行耐心细致的说教工作,坚持说理,坚持对罪犯的疏通引导,耐心说服教育,并以情感人、情理结合;(4)循序渐进原则,对罪犯的教育矫正要根据罪犯思想转变和知识积累的客观规律,统筹安排,有计划地进行,将一般教育与重点教育相结合,坚持不懈,持之以恒,并逐步提高矫正质量;(5)注重实效原则,从实际出发,突出重点地对罪犯进行教育矫正,紧密联系罪犯的实际情况,制定严密的教育改造罪犯制度,防止教育矫正流于形式。[①]

2. 教育矫正内容

我国《监狱法》设置专章规定了教育矫正内容,规定作为矫正手段的罪犯教育主要以"三课"——思想教育、文化教育、职业技术教育为主。然而,在监狱的具体矫正工作中,对罪犯的教育不仅仅指此三项内容。根据监狱法规的规定、罪犯矫正的实践以及监狱矫正理论研究的需要,特将教育矫正划分为以下五类:

第一,入监教育。入监教育是为了帮助犯人顺利融入监狱环境而对新入监罪犯进行的一段时间的集中性基础教育活动,主要是为了了解罪犯的基本情况,通过个体分析和测验对罪犯进行综合性评估,为罪犯日后矫正打下基础而设立。国外的入监教育(orientation)中,会印刷"犯人手册""监狱规则"等,让犯人了解监狱系统的主要制度、

[①] 参见司法部政治部、监狱管理局编:《监狱专业基础知识》,法律出版社2004年版,第134—139页。

规则。我国的入监教育中,首先要进行监狱知识教育,即告知罪犯监狱法规、人民警察的职责和义务、罪犯的权利义务、监狱管理的基本准则等内容;其次,进行法律常识教育,主要分为基础普法、引导罪犯认罪悔改以及自省揭发三个方面;再次,进行行为规范教育,依据《罪犯改造行为规范》,教导罪犯遵守监规,改正恶习,树立良好的行为习惯;最后,进行改造前途教育,即告知罪犯改过自新,放下犯罪包袱,树立人生目标和价值追求,鼓励其在希望中改造。入监教育一般不少于两个月,实行人民警察直接管理和罪犯三人联组管理制度。在教育过程中,教育主体会对罪犯进行综合评估,按类别提出关押改造建议。入监教育结束后,监狱要进行考核,对于不合格的罪犯,将延长一个月的教育时间。

第二,思想教育。思想教育是为了转变罪犯思想、提高思想觉悟、增强道德修养而开展的教育活动。《监狱法》第62条明确规定,我国的罪犯思想教育包括法制、道德、形势、政策、前途等内容,其中法制、形势、前途等内容与入监教育的相关内容重合。道德教育是思想教育的一大重点,主要包括道德观念教育和道德礼仪教育。通过对公民进行传统美德、社会公德的教育,使其遵守最基本的道德准则和公共生活准则,培养良好的道德修养,端正人生态度,从内心深处净化心灵。在道德教育上,各地监狱创设了许多新兴的教育方式。例如,深圳市监狱为了更好地对罪犯进行改造,大力推行国学教育,把《弟子规》《论语》等国学经典纳入每周"课堂教育日"的学习范畴,鼓励监区开设"国学大讲堂",通过挖掘并传播国学的精华,对罪犯进行国学熏陶,从而达到以文化人、以文育人的目的,挖掘并培养罪犯自身光辉、善良的一面。[1]

第三,文化教育。文化教育是为了提高罪犯的文化水平,丰富罪犯的科学知识,使其成为社会主义有用之才的基本手段之一,主要分为义务阶段教育、高阶教育和特殊教育(如外籍犯、残疾犯)三类,以课堂教育为主要形式。义务阶段教育根据罪犯的文化水平,针对文盲及半文盲、初小水平、小学水平的罪犯,分类开展扫盲教育、小学教育、初中教育,因人施教,保障九年制义务教育制度的贯彻实施。高阶教育是对罪犯开展的高中及以上程度的文化教育,参考社会上的高中(中专)课程开设,鼓励具有高中以上文化程度的罪犯参加自学考试,并编班加强管理和组织教学辅导。

第四,职业技术教育。职业技术教育是根据生产和罪犯释放后就业的需要,对罪犯进行的职业技能教育活动,经考核合格的罪犯还可获得劳动部门发放的技术等级证书。我国的职业技术教育具有多种形式,如开办技术班、举办技术讲座、教员或技术人员演示、指导罪犯实际操作、组织罪犯互帮互助等。按照承办教育主体的不同,职业技术教育又可分为营利性教育培训和非营利性教育培训:前者一般指通过对罪犯劳动技能的岗前培训或在岗培训而获得直接经济利益的活动,我国一般以这种模式为主;后者是指教给罪犯劳动技能,为其顺利复归社会培养竞争力,但是不能直接带来经济性

---

[1] 参见吕伟:《公正、规范、文明视野下的深圳监狱》,http://www.cnprison.cn/bornwcms/Html/zgjy/2014-04/06/4028d117448a5ee80145345f8ce56868.html,2015年4月25日访问。

利益的培训活动,此类活动不仅不生产任何产品,还要消耗监狱的人力和其他资源。①通过引导罪犯把"刑期"转化为"学期",职业技术教育活动可以让罪犯习得一技之长,提升其回归社会的适应能力。

图 3-18　四川省锦江监狱开展职业技术培训②

第五,出监教育。出监教育,又称"释放前教育",是监狱为了帮助罪犯出狱后顺利复归社会而开展的教育活动,是从"监狱人"向"社会人"过渡的重要举措,在国外一般纳入"出狱前计划"或"释放准备计划"。我国根据《监狱教育改造工作规定》,组织了对即将出狱的罪犯进行的为期三个月的常规出监教育与对假释罪犯进行的临时教育两种出监教育。

出监教育主要包括:(1) 形势、前途教育,使罪犯了解国家政策和社会发展形势,明确自己的生活前景和前进目标;(2) 遵纪守法教育,教导罪犯遵守法律和社会公共准则,养成良好行为习惯,做一个守法公民;(3) 重新就业指导,给予罪犯一些重新生活的知识、方法以及人际交往的经验、建议,使其顺利复归社会,生活早日走上正轨;(4) 紧急求助指导,给予罪犯一些应急措施和方法指导,使其避免因情急再次走上犯罪道路;(5) 服刑表现评估,通过对罪犯进行综合性的评估,使其了解自己的优势和不足,对自己有正确的定位和认识,以便其警惕自身的犯罪因素,避免再次犯罪。

---

① 参见吴宗宪:《监狱学导论》,法律出版社 2012 年版,第 503—504 页。
② 2012 年 3 月 14 日,四川省锦江监狱——四川锦程职业技能培训总校正式开设蜀绣培训专业。创办蜀绣培训班,是希望服刑人员可以具备不同层次的操作技能,为将来顺利回归社会打下基础。参见《四川锦江监狱培训男绣工》,http://china.caixin.com/2012-03-15/100369848.html♯picture,2015 年 5 月 12 日访问。

案例 3-3

江西省吉安监狱服刑人员陈某，2006年3月因犯合同诈骗罪被判处有期徒刑13年。2009年8月，监狱民警找陈某谈心，告知其监狱与井冈山应用科技学校合作，在监狱开设职业中专班，动员有高中文化水平的他去报名。当年9月1日，井冈山应用科技学校吉安监狱职业中专班正式开学，陈某和其他监区的服刑人员共计100人报名参加了计算机应用等4个专业的学习。2012年8月初，吉安监狱举办了一场特别的毕业典礼，包括陈某在内的79名学员顺利通过了考试，拿到了国家承认的职业中专毕业证。①

案例 3-4

江西省吉安监狱系统为了顺利解决刑释人员出狱后再社会化工作，避免出现刑释人员因无一技之长而重新走上犯罪道路的怪圈，积极推进刑释人员回归社会"321工程"，于2009年9月首次将社会办学力量引进监狱，采取与正规职业学校联合办学的方式，创建了一个学校，即井冈山应用科技学校吉安监狱职业中专班，率先在全国监狱系统开设了国家承认学历的职业中专班；建立了两个培训基地，即服装加工设计和花卉园艺培训基地；设立了三个专业，即服装设计与加工、电子技术与应用、计算机及应用专业。服刑学员利用晚上或双休日的时间，学习计算机与缝纫理论知识，学习掌握一门实用技能，为回归社会就业创造条件。服刑人员经考试合格后，将获得三种证书，即国家承认学历的普通中专毕业证、全国通用的专业技能资格证、特殊工种操作证，帮助其顺利就业。此外，学员还享受国家对在籍学生的助学金。吉安监狱设立的全国监狱系统首个职业中专班，为刑满释放人员顺利回归社会谋生就业，实现与社会的"无缝对接"，提供了良好的条件和基础，是社会工作方法在监狱教育培训和出狱人保护制度上的重要应用。②

与境外的相关教育矫正内容相比，我国的教育矫正制度具有中国思想教育特色，而境外的教育矫正制度则带有宗教教诲色彩。对罪犯实施宗教教诲是境外许多国家矫正罪犯的重要手段，一些国家出台了专门的监狱宗教教诲规定，配备了专业的教诲师，希望从宗教教义角度培养罪犯的信仰品德，使其早日悔悟、改过迁善。例如，日本各监狱根据犯人的需要，设立了佛教、基督教、神学三类教派，《监狱法实施细则》第80条、第81条明确规定了罪犯宗教教诲的场所和时间；意大利《监狱法执行细则》也规定，"囚犯可以自由参加表达其宗教信仰的仪式"，"监狱根据宗教活动要求，为举行天

---

① 参见蒋光平、徐小勇：《吉安：全国监狱系统首个职业中专班学员毕业》，http://jx.sina.com.cn/news/b/2012-08-14/0817686.html，2015年5月12日访问。

② 参见甘雪芳、王建亮：《江西首个监狱内中专班在吉安成立》，http://www.jxcn.cn/525/2009-9-4/30107@567735.htm，2015年5月12日访问。

主教仪式配设一座或数座教堂"。①

3. 教育矫正方式

我国教育矫正制度设立了多种教育矫正方式,且各具特色,主要有集体教育与个别教育相结合、课堂教育与辅助教育相结合、常规教育与专题教育相结合以及狱内教育与社会教育相结合四类方式。

第一,集体教育与个别教育。顾名思义,集体教育是将罪犯集合起来进行统一教育的方法,是最基础的教育矫正方式,主要有课堂和讲座讲授法、罪犯分组讨论法、罪犯活动评比法、实践活动体验法四种。个别教育是"分押、分管、分教"制度的重要内容,是在罪犯分押、分管的基础上,根据每类罪犯的情况分类施教,针对每一个罪犯的问题进行面对面的思想沟通和知识传授的教育方式,具有针对性、灵活性、科学性。个别教育是集体教育和分类教育的延伸和发展,其基本原则是因人施教和以理服人。在面对重大问题、紧急问题时,一般采取面对面的个别谈话的方法,对罪犯进行启发引导教育。

第二,课堂教育与辅助教育。课堂教育,是指监狱警察采用课堂讲授的形式对罪犯进行教育的活动,是集体教育最常见的一种形式,也是教育矫正最主要的教育方式,具有人数多、系统性强、影响大、传递快等特点。辅助教育是课堂教育以外的教育形式总称,主要是通过报纸、杂志、影视等大众传媒或黑板报、文体活动等对罪犯进行知识性、趣味性的教育活动,类似于监区文化建设活动,具有内容生动、形式丰富、寓教于乐等特点。

第三,常规教育与专题教育。常规教育是依照监狱法规对罪犯开展的思想、文化、职业技术教育活动,具有普遍性、系统性。相较而言,专题教育是针对罪犯服刑过程中出现的问题开展的有针对性的专题教育,具有阶段性、个别性、灵活性。

第四,狱内教育与社会教育。狱内教育,又称"监区教育",是指利用监狱内部资源,在监狱内对罪犯开展教育活动的方式。大部分的教育都属于狱内教育。社会教育,是指利用社会资源,引入社会力量对罪犯开展的教育活动,教育资源、教育主体、教育场所可能都在狱外的社会内,具有开放性、社会性、时代性。社会教育作为监狱矫正中的一种社会化工作方法,其理论依据来自于"恢复性司法"②理论,不仅有利于罪犯的教育矫正和再社会化,也有助于抚平罪犯对被害人和社会造成的伤害,帮助恢复和谐社会关系。

在我国,监狱教育矫正体系建立了"走出去"和"请进来"这一监狱内外结合的教育方式,即充分调动、运用社会各界力量,邀请党政领导、企事业单位、罪犯亲属、优秀的

---

① 参见胡庆生:《中外罪犯教育主要措施比较》,载夏宗素、朱济民主编:《中外监狱制度比较研究文集》,法制出版社2001年版,第266页。

② 恢复性司法,是以被害人为中心而对犯罪作出的一种反应,为被害人、加害人、他们的家庭成员和社区代表提供了直接参与对罪行所致损害作出反应的机会,是一种在司法模式和福利模式之间、报应司法和矫正司法之间游离的替代性形式。

刑满释放人员以及离退休老同志,到监狱内与罪犯进行沟通、交流,帮助罪犯早日矫正;同时,组织罪犯接受社会教育,带领罪犯参观爱国教育基地,走访被害者,到机关、单位演出表演,离监探亲等,避免罪犯与社会脱节,使监狱教育矫正活动具备社会化、开放化的特征。例如,深圳市监狱为了更好地实施教育矫正工作,积极借助社会力量予以推动。2013年,北大公益讲座、"感动中国十大孝子"王凯、明星任贤齐、橄榄树艺术团等社会团体和个人纷纷来到狱内,五百多名社会爱心人士、四百多名服刑人员家属带着爱与关怀走进监狱开展帮教,让罪犯明白家人、政府、社会都没有抛弃他们,使他们鼓起重塑新生的勇气。①

图 3-19 达州监狱"六一"儿童节开展服刑人员亲情帮教活动②

案例 3-5

我国监狱系统通过思想、文化、职业技术等各项教育,采用多种教育方式和手段,有效地教育了一大批罪犯,使其转变思想、认真悔过,端正人生态度,并重新树立人生追求和信仰。例如,上海监狱某犯人王某,1997年1月因诈骗罪被法院依法判处无期徒刑,剥夺政治权利终身。在监狱服刑期间,王某拒不认罪、不服判决,申诉不断,改造中行为涣散,对民警的教育听过且过,认为其乃无罪之人,可不遵守监狱纪律;在劳动生产改造中,消极怠工,不认真完成指标;在日常改造中,否认自己行为的违法性,思想集中于申诉,对国家政策、形势变化极为敏感;在心理矫治中,也存在着悲观、激进交织的矛盾心理。对于这种情况,监狱民警为王某制订了详细的教育矫正计划表,以政策攻心,定期对其进行认罪服法教育,使其思想上逐步接受改造和自我改造;在申诉问题上,表明监狱民警既不支持也不反对的客观态度,对其起到"自知之明"的效果;对日常

---

① 参见吕伟:《公正、规范、文明视野下的深圳监狱》,http://www.cnprison.cn/bornwcms/Html/zgjy/2014-04/06/4028d117448a5ee80145345f8ce56868.html,2015年4月25日访问。

② 参见达州监狱宣传报道组:《达州监狱"六一"儿童节开展服刑人员亲情帮教活动》,http://lohas.china.com.cn/2013-06/01/content_5998318.htm,2015年4月25日访问。

改造中存在的困难,监狱民警主动关心,增强其对民警的信任度,使监狱民警准确、及时掌握其思想动态和心理状况。此外,监狱机关对于这种"不认罪、不服刑"的罪犯,还制订了从上到下的教育主线,监狱领导、监区领导直至各主管民警纷纷参与,并动用亲情力量,由外而内地对王某进行疏导,使其早日转变观念,认罪服法、改过自新,实现真正的改造、矫正。①

(三) 教育矫正制度之反思

我国的监狱教育矫正制度自设立起,经过不断的发展完善,改造了一大批犯罪分子,设立了狱内特殊学校教育制度,引入了分类教育、个别教育、心理矫治等教育方式,创建了狱内外的结合一体化教育体系,推出了一系列的教育矫正模式②。罪犯教育理念、内容和方法在不同程度上体现着现代化、科学化的发展进程,虽历经风雨,但颇有成果。然而,不容忽视的是,我国现行的监狱教育矫正制度在某些方面的确制约了其发展程度和实践效果。

1. 教育理念和内容僵化,教育矫正形式缺乏创新

我国 1994 年《监狱法》实施后,将"政治思想教育"改为"思想教育",并将其主要内容定位于道德、法制、刑事、前途等,但在实际实施过程中仍未脱离"理想化"教育目标,仍以"三课"为主要教育内容。内容上,思想教育过分强调国家、集体利益而忽视了个人利益,监狱法规和行为规范教育过分注重罪犯义务而忽视了罪犯权利,教育内容注重宣讲形式而忽视了实质内容和教育效果。形式上,仍以集体教育和课堂教育为主,个案矫正、个别教育和针对性教育的实践效果有限,忽视了罪犯的个别特征和主观能动性。

随着监狱教育矫正工作"首要标准"的提出,首先,应当将教育矫正的理念由改造罪犯思想转变到综合矫正罪犯行为、心理上,由"政治—道德"模式向综合模式发展,采用罪犯改造质量评估技术,将刑释解教人员重新违法犯罪率作为衡量监管工作的首要标准。其次,树立个别化教育理念,针对罪犯的不同情况,因人施教,结合文化、职业技术等内容的教育,帮助其提高综合水平和就业竞争力,使其早日复归社会。最后,勇于创新教育矫正方法、手段,突出个案矫正、个别教育矫正技术,向一人一档、综合施教的全过程式矫正模式发展。个案矫正是个别教育工作的新形式,在个别教育工作的一般特征之外更追求"方案设计个体化、教育处遇个别化、矫正技术个性化"。具体而言,一是要以个体改造质量评估为基础,对罪犯入监前后的情况进行综合评估,建立罪犯个体改造评估方案,并据此制订每个罪犯的个案矫正改造方案;二是要发挥心理矫治的突出作用,坚持开展心理咨询,尤其是个别谈话,强化心理治疗,提高对罪犯的心理危机干预力度;三是综合运用多种矫正方法,提高教育矫正的针对性和实效性,以情感化罪犯、以理说服教育罪犯,并注重采用社会化工作方法,引入社会帮教力量,丰富教育

---

① 参见武玉红主编:《监狱管理经典案例》,中国法制出版社 2011 年版,第 95—97 页。
② 例如,"5+1+1"教育矫正模式、广东揭阳监狱"四个突出"创新服刑人员"十必学"教育模式。

内容和活动,努力构建以监狱为主体、家庭为辅助、社会力量为帮护的三位一体教育矫正体系。

知识链接 3-3

  罪犯改造质量评估,是指对罪犯在狱内服刑期间的改造状况所进行的评价和测量。技术方面,罪犯改造质量评估利用和发挥现代科技,成功地将数学、统计学、信息学、管理学、心理学、犯罪学等学科知识融汇于评估过程中,以信息收集、结构性面谈、量表测试和诊断为依托,建构起静态评估与动态评估相结合,以动态评估为主,定量分析与定性判断相结合,以定量分析为主的客观评价罪犯个体的评估体系。这一矫正技术初步实现了科学认识罪犯、矫正罪犯和评价罪犯的有机统一,有助于全面把握罪犯改造状况,准确评估改造成效,检验改造成果,明确改造方向,为罪犯分类关押、分类处遇、个别化矫正方案的实施以及矫正目标的完成提供科学依据,为罪犯顺利回归社会后成为守法公民奠定了坚实的基础。罪犯改造质量评估是阶段性、动态性、常态性的评估,按照罪犯的服刑过程分为入监评估、中期评估和出监评估三种,所运用的评估工具主要包括相关的测试量表和罪犯个体矫正方案。评估中所使用的主要测试量表有:人身危险性检测表(RW)、心理认知行为综合量表(XRX)、重新犯罪预测简评表(CX)、刑罚体验简评表等。这些量表是建立在样本选择、检测复测、相关量表测试结果比对的基础上,通过对数百万个数据的统计分析、科学归纳和总结规律而形成的。在我国,罪犯改造质量评估工作始于 2005 年 6 月,当时司法部在全国各省市司法厅局长会议上确定在江苏、湖南两省推行首批罪犯改造质量评估工作。此后,罪犯改造质量评估工作在我国一部分地区逐渐推广开来,并积累了一定的学术研究成果和实践经验。[①]

  2. 教育矫正强制性色彩过重,忽视罪犯的主观能动性

  教育矫正作为监狱矫正罪犯的主要矫正方式之一,具备天然的法定性和义务性,并以国家刑罚执行机关为暴力后盾。然而,在尊重监狱教育矫正的本质属性的同时,我们也应当清楚地认识到,教育矫正是以人为中心的矫正方式,教育结果的实现有赖于受教育者的自身接受效果,其矫正内容和方式应当围绕着罪犯的个体情况和需要而展开。境外法制发达国家大多制订了区别对待、分类教育、个别教育的教育矫正模式,如日本《监狱法施行规则》规定对于没有完成九年义务教育的罪犯要授予小学或中学的必修课,英国的成人罪犯依照"自愿"原则接受教育,美国的监狱教育一般情况下也是采取自愿选择原则。[②] 然而,我国监狱的教育矫正内容和方式都过于强制化,教育大多通过宣讲的方式传递,忽略了罪犯的兴趣和对内容的接受、消化效果;教育形式多

[①] 参见于爱荣等:《矫正质量评估》,法律出版社 2008 年版;于爱荣等:《罪犯改造质量评估》,法律出版社 2004 年版;于爱荣等:《矫正技术原论》,法律出版社 2007 年版,第 329 页。

[②] 参见中华人民共和国司法部编:《外国监狱法规汇编》(二),社会科学文献出版社 1988 年版,第 161、374 页。

为课堂集体教学和对罪犯的考核,属于强制手段,与没有学习兴趣的罪犯在主观意愿上有冲突,同时与部分罪犯的学习能力造成客观冲突。因此,我国的教育矫正应树立"区别对待"的个别化教育理念,强调强制与自愿相结合的教育方式,对成年犯的教育以自愿为主,对未成年犯实施义务教育。此外,应在尊重罪犯主观意愿的基础上,充分调动罪犯的积极性,从罪犯个体兴趣和具体情况出发,制订相宜的教育矫正方案或计划,并借鉴境外相关经验,建立学习激励机制,通过经济优待、培训补助费等经济支持手段,鼓励罪犯主动学习、热爱学习,将教育矫正的效果发挥到最大化。

3. 教育主体单一,教育者专业化和职业化有待提高

在我国,教育矫正以监狱及其人民警察为教育主体,并以课堂教育等集中教育形式为主要教育方式。监狱人民警察在承担罪犯的惩罚、管理、矫正等多重职责的同时,在观念和思维方式上存在"监狱迹象",容易造成角色混乱和职能冲突,且难以具备专业的教育素质和水平。某些监狱民警的"罪犯义务主体情结"过重,潜意识里将犯人都当作无恶不作的坏人,罪犯管理和教育矫正习惯于强化"犯人意识"的做法,一定程度上会影响罪犯改造的积极性和重新做人的信心。以监狱为教育矫正的唯一主体,容易造成教育性质和方式过于强制化、政治化,影响教育的效果,甚至加剧罪犯的"标签化"色彩,不利于其顺利复归社会。在境外一些国家,社会上的职业教育者会参与教育矫正,如英国的地方教育局会负责向监狱提供诸如教育管理者、专职教师、兼职教师等管理人员;意大利的监狱教学组织工作和上课由专业的公共教育机构负责,监狱只提供适当的场所和设备并督促犯人学习。①

我国未来的监狱教育矫正工作应进行面向专业化、社会化的改革,其中就包括教育主体的职能化、专业化和社会化。我国监狱系统应当扩大教育矫正主体,聘请具备专业水平的职业授课老师和技能培训师,配备科学的教学设备和资源,给予罪犯专业化、科学化的教育和指导。同时,还应采用监狱和社会相结合的教育模式,利用社会教学机构在封闭监狱内办学,提高罪犯文化和职业技能教育的正规化、专业化、社会化,对罪犯掌握文化知识、提高职业技能以及日后的入学和就业提供更为实际的帮助。此外,我国还可借鉴西方国家的"学习释放"制度,根据罪犯的悔罪态度、人身危险性等综合矫正情况给予半开放式的处遇制度,即允许一部分罪犯白天在狱外上课、夜晚回监区休息的新型学习模式。但是,这种制度对罪犯的人身危险性要求较高,应严格适用。

4. 教育矫正与狱政管理、劳动矫正之间缺乏平衡,教育矫正模式改革面临诸多困难

依据我国监狱法规的相关规定,未成年犯实行半日习艺劳动、半日学习的制度,成年犯则实行八小时劳动后学习的制度。即使没有额外的加班,这样的时间安排也难以保障罪犯有充足的精力去学习和消化课程内容,使教育效果大打折扣。为了强化狱政管理的效果,职业技能教育没有得到较好的实施,半社会化教育的开展也面临重重困

---

① 参见武延平主编:《中外监狱法比较研究》,中国政法大学出版社1999年版,第286页;中华人民共和国司法部编:《外国监狱法规条文分解》(下册),社会科学文献出版社1990年版,第294页。

难,教育内容和形式受到限制。反观境外一些发达国家,为保证教育时间和教育质量,将教育安排在劳动时间内进行。例如,德国《刑罚执行法》规定,授课应当在劳动时间内进行,参加课程学习的犯人还可为此免除劳动义务。① 此外,我国教育矫正的内容受"大生产"时期的政策影响,一直带有"干什么,学什么"的教育倾向,以劳动生产为引导,确定罪犯的教育内容,使罪犯的习艺内容大大受限,职业技能并未得到全面提高。

我国监狱系统近年来积极探索"5+1+1"教育改造模式(即每周5天劳动教育、1天课堂学习、1天休息),综合运用教育、劳动等多个改造手段,将教育矫正的重要性提升到一个新的高度,以求改变以往缺乏固定教育时间以及教育内容零散、不系统等状况。该项模式既有长期的经济效益和即时可见的社会效益,又有直接效益和间接效益,有助于激励督促和教育感化罪犯。但是,在具体的司法实践中,它却遇到许多困难和问题。譬如,许多监狱目前还不具备大规模上课条件,课堂教育不规范,教育形式仍以监区的集体教育为主,针对性不强。许多监狱的民警认为,"这只是一种新的提法,没有给予足够的重视和认识,将其归为教育改造部门的职能范围内,孤立于劳动改造、刑罚执行等各项监狱工作外,甚至造成教改部门管不了、管不好,其他部门不好管、不便管的状况,此类新教育矫正模式职能流于形式"。② 此外,现有的以及正在改革的计分考评制度涉及教育改造的内容过少,教育矫正工作缺乏有效的考评机制,无法调动罪犯的积极性,也无法正确引导干警的工作方向。

因此,为达到使罪犯自省悔过并掌握一定科学技能的教育目的,我国监狱系统应加强探索和研究"5+1+1"教育矫正模式,提高监狱民警素质和专业化程度,完善民警考核机制和激励机制,引入并创建教育矫正的学分管理制度与积分考核评估制度,③ 在罪犯矫正中适用罪犯改造质量评估技术,充分调动罪犯参与教育矫正活动的积极性,准确把握罪犯矫正效果,修改矫正方向,并充分发挥和利用劳动改造的效益,均衡教育矫正与劳动矫正、狱政管理之间的时间安排和效果,强化职业技能教育培训,保障罪犯学习应有的时间和精力,切实提高教育矫正的质量和效果。

二、劳动矫正

(一)劳动矫正概述与历史发展

1. 定义与性质

"罪犯劳动"是具有特定含义的法律概念,具有广义、狭义两种说法。广义的罪犯

---

① 参见中华人民共和国司法部编:《外国监狱法规汇编》(二),社会科学文献出版社1988年版,第225—227页。
② 江伟人:《论"5+1+1"教育改造模式》,载贾洛川、王志亮主编:《监狱学论坛》(第二期),中国法制出版社2012年版。
③ 首先,对监狱开展的每项教育改造工作都使用学分评价标准,根据罪犯参加教育矫正活动积累的学分逐月量化罪犯的教育矫正成绩;其次,每月将罪犯获得的学分及时转化为积分考核中的教育改造基本分和奖扣分,对罪犯产生激励效果。参见吴永雪、杨滨:《关于在监狱教育改造中建立学分管理制度的探究》,载贾洛川、王志亮主编:《监狱学论坛》(第二期),中国法制出版社2012年版,第341页。

劳动,是指所有被判处刑罚的人,在刑罚执行期间所从事的创造物质财富或精神财富的活动,包括被判处管制、拘役、有期徒刑、无期徒刑和死刑缓期二年执行的罪犯以及被判处剥夺政治权利等附加刑的罪犯,在刑罚执行过程中依法律规定的义务从事的劳动活动。狭义的罪犯劳动,是指被依法判处有期徒刑、无期徒刑、死刑缓期二年执行的罪犯,在刑罚执行场所,主要是监狱内,根据《监狱法》及其他有关法规,在监狱等刑罚执行机关的组织安排下从事的劳动活动。本书所说的"劳动主体"仅指在监狱内服刑的罪犯,监狱劳动矫正采用狭义概念。

监狱劳动矫正,又称为"劳动改造",是指监狱以改造人为目的,组织和监督罪犯从事的创造财富、提供劳务以及发展自身以利于社会的劳动活动。我国的监狱劳动矫正,作为监狱矫正最重要的方式之一,具有法定强制性、形式多样性、教育矫正性、二重效益性和文明人道性几大特征。劳动实践是罪犯重新社会化、复归社会的重要载体,监狱开展劳动矫正活动有助于转变罪犯思想、矫正罪犯恶习,使罪犯养成勤劳等良好行为习惯,通过劳动习得一技之长,提高日后复归社会的就业竞争力。

2. 历史发展

中外监狱史和罪犯劳役史表明,罪犯劳动进化和历史演变主要以监狱矫正理念的变迁为主导。中世纪以前的境外监狱主要以折磨、惩罚、残害为目的,驱使罪犯进行劳动。

"早期西方国家中被送到船上进行划船劳动的划船奴隶,是最早被驱使进行强迫的劳动罪犯之一。"[1]以英国为例,通过囚船将罪犯流放至国家边疆或遥远的殖民地,罪犯作为开发殖民地的苦力,受到各种非人的待遇,大批量死亡。随着自由刑的发展和近代监狱制度的萌芽,罪犯劳动被视为使罪犯回归社会的一种"疗法",这一时期的劳动主要是苦役性质。例如,19世纪的监狱改革家奥古斯特建立的感化院中便规定了"用土地耕作感化青少年"的校训。[2] 然而,苦役刑又分为流放、修建城堡、推车运输等刑种,实际上仍是将最苦、最累的事分配给罪犯去做,绝大多数罪犯因劳累过度而死亡。随着罪犯苦役制度的发展,当政者们也逐渐注意到了罪犯可以通过劳动为社会创造财富这一功能,罪犯劳动进入以追求经济利益为主的时期。美国的纽约新门监狱在1797年建好后的五年内,所有开支都是由监狱工业来支付的。19世纪初,美国兴起囚犯出租制,更是将罪犯出借到境外做工,为监狱获得租金,带来一定收益,"此时的监狱管理者关心的是监狱安全和经济效益"[3]。20世纪初,战争将美国监狱推上了军事生产舞台,迎来了"工业生产时期"。二战中,美国监狱又变成军工生产车间,获得巨额利润。此后,监狱工业持续发展,并在20世纪80年代后出现私营化趋势,营利目的更加明确。19世纪末20世纪初兴起的刑事实证学派将监狱工作推向了教育、感化的新时期,监狱矫正工作确立了教育目的刑理念,罪犯劳动树立了以人的矫正为宗旨的工作

---

[1] 吴宗宪:《监狱学导论》,法律出版社2012年版,第528页。
[2] 参见吴宗宪:《西方犯罪学史》(第二版),中国人民公安大学出版社2010年版,第228页。
[3] 潘华仿主编:《外国监狱史》,社会科学文献出版社1994年版,第156页。

方针。英国的现代监狱将劳动作为成年罪犯复归社会的重要手段,罪犯的劳动情况与累进制的升级和减刑挂钩,监狱劳动包括农业生产、工业生产、手工业、杂务、监外劳动以及全日制劳动等多种形式。罪犯劳动既能为监狱生产带来利润,也能使罪犯赚来一定报酬。①

20世纪40年代,监狱"医学模式"兴起,包括美国在内的大部分西方国家的罪犯劳动生产衰退。60年代后,随着犯罪控制理念的抬头和监狱正义模式的逐渐建立,罪犯劳动又重新兴起。此时的罪犯劳动开始尊重罪犯的基本人权,并从"人的矫正"出发,规定了一系列新兴的劳动模式。例如,美国建立了罪犯可以白天在外劳动,晚上返回监狱的"自由工资雇佣制"。1955年召开的第一届联合国预防犯罪和罪犯待遇大会颁布了《囚犯待遇最低限度标准规则》,通过了罪犯劳动的各项建议,规定了劳动不得具有折磨性质、劳动应当有利于罪犯出狱谋生、应提供有用的职业训练、劳动之外应当保证教育和其他活动时间以及监所应当设置劳动保护等。目前,西方国家的罪犯劳动性质大体分为三类:(1)劳动强迫性质,将劳动看作罪犯的一种义务,即强迫劳动(forced labor);(2)自愿劳动性质,根据罪犯主观意愿,为罪犯安排劳动,并非强制性要求身体健康的罪犯都要参加,通过报酬或其他优待鼓励罪犯劳动;(3)区别劳动性质,对于已决犯和未决犯,安排不同的劳动计划,未决犯一般以自愿劳动为前提。② 虽然各国都将劳动矫正放在监狱矫正的重要位置,但因劳动安排、方式各有不同,许多国家的劳动措施并没有达到真正矫正罪犯的目的。可见,西方国家的监狱劳动制度经历了一个漫长而又缓慢的发展过程,即由中世纪以惩罚、折磨为目的的奴役手段到近现代作为矫正罪犯的一种积极方式的变迁。

如前文所述,我国的罪犯劳动制度最早可追溯至商朝,当时确立了"以苦役惩罚罪隶"的刑罚狱政思想,奴役制的施用直接发展了监狱制度。③ 西周设立的"圜土之制"在关押罪犯的同时,也规定了罪犯的苦役义务,为后世的徒刑奠定了基础。在封建社会,随着自由刑制度的兴起,劳役监发展起来。秦汉时期,统治者看到了罪犯这一国家所需的巨大劳动力,如《秦律》规定了"劳役管理制度",将身体侮辱刑与劳役结合使用,设立了多种徒刑;汉朝的统治者废除肉刑,发展劳役监,徒刑承担着服刑、生产等任务。及至魏晋南北朝时期,统治者大量使用徒刑,开始向以自由刑为中心的刑罚执行制度的成熟转变。隋唐刑律沿袭北齐法制,并在惩治罪犯的同时看到了罪犯劳动巨大的经济效益,以徒刑等劳役刑取代了肉刑的中心地位,奠定了封建"五刑"制度,徒刑转治轻罪,流刑配役专门惩罚死刑之外的重罪。唐朝还首创"加役流""居作"这类强制劳役制度,确立了拘禁和劳役相结合的刑罚制度。宋代以后,肉刑与流配刑逐渐结合使用,用以"宽贷死罪"。例如,宋初刺配之法就是用于"死罪贷命"的犯人。明清时期,统治者普遍推行重刑苦役制度,狱制腐败,并在晚清出现了各式外国监狱。在晚清变法维新

---

① 参见于爱荣等:《矫正技术原论》,法律出版社2007年版,第264页。
② 参见吴宗宪:《当代西方监狱学》,法律出版社2005年版,第762—765页。
③ 参见薛梅卿主编:《中国监狱史》,北京大学出版社1997年版,第240页。

的过程中,开始建立以感化为主的教育刑罚制度。《大清监狱律草案》赋予罪犯劳动矫正的职能,规定了作业制度,并将教育与作业列为积极感化的措施。

新中国成立后,在"人可以改造好"这一总体思想指引下,建立了劳动改造制度,将劳动改造和教育改造相结合,创建了"劳教一体"的新形式。1994年《监狱法》的颁布,标志着劳动改造制度的结束以及罪犯综合矫正时代的来临。新时代的罪犯劳动弱化了劳动的经济功能,强化了劳动的矫正功能,确立了"惩罚和改造相结合、劳动和教育相结合"的工作方针,有着"寓教于劳"的色彩。可见,我国监狱劳动矫正经历了"从一种惩罚罪犯方式到一种改造罪犯手段的历史演变"①。

3. 基本原则

西方各国在组织监狱罪犯劳动过程中,逐渐形成了一套基本的劳动活动规范。结合联合国《囚犯待遇最低限度标准规则》和《关于监狱劳动的总原则》而言,境外的监狱劳动矫正主要以"人道主义、再社会化、劳动保护和有偿劳动"②为四大基本原则。

在我国,劳动矫正是民主专政的手段之一,是以监狱法规为依据的刑罚执行活动,也是以生产劳动为基本形式的矫正活动,在矫正罪犯不良习性、为社会创造一定的经济利益的同时,又能够潜移默化地使罪犯转变思想、培养劳动技能,达到矫正效果最大化。简而言之,我国的监狱劳动矫正具有惩罚、教育、养成、锻炼、激励、矫正、经济等功能。开展劳动矫正工作,必须坚持以下五大基本原则:③(1)依法实施原则,要求监狱及干警严格按照监狱法规或其他有关法规,安排、组织、监督罪犯劳动;(2)以人为本原则,要求尊重罪犯人格和基本人权,正确处理好人道主义与劳动矫正的辩证关系,合理安排罪犯劳动时间和报酬,加强罪犯劳动安全保护工作;(3)劳动改造与思想改造相结合原则,要求辩证地看待劳动改造与思想改造之间的关系,明确教育改造内容,并建立相关制度加以保障;(4)区别对待原则,要求从罪犯的实际情况和回归社会后的生活实际出发,区别对待,合理组织、安排劳动;(5)干警直接领导和管理原则,要求监狱干警运用国家赋予的权利,依法对劳动矫正的整个过程进行组织、指挥和管理,建立、健全和落实干警岗位责任制,使各个干警切实履行职责。

(二)组织与运行机制

劳动矫正组织,是监狱为了矫正罪犯而开展的劳动矫正活动的组织形式。在国外,劳动矫正主要分为狱内劳动和狱外劳动两种形式。狱内劳动是指在监狱内的劳动场所进行的生产性、习艺性劳动,以及监狱自身的一些服务性劳动,如监房的修缮、监区的清洁、膳食的供应等,具有便于管理、安排、监督的特点,一般适用于刑期较长、警戒程度较高的罪犯。狱内劳动产品一般只供给劳动部门使用。狱外劳动主要是在监狱外的劳动场所开展的劳动,包括在从属于监狱的农场、矿山等劳动场所以及不属于

---

① 赵晓耕、林映坤:《劳动——从一种惩罚罪犯方式到一种改造罪犯手段的历史演变》,载夏宗索、朱济民主编:《中外监狱制度比较研究文集》,法律出版社2001年版,第305页。
② 马志毅:《发达国家监狱管理制度》,时事出版社2001年版,第168—174页。
③ 参见贾洛川主编:《罪犯劳动改造学》,中国法制出版社2010年版,第82—87页。

监狱的社会企业中开展的劳动,具有开放化、多样化等特点,有助于罪犯了解社会,是许多国家乐于采取的一种方式。除上述两种劳动组织形式外,国外的劳动组织形式还有与私营企业签订合同的合同形式、将罪犯出租给租用者的租用形式、为狱外企业生产的计件形式、国家工程的经济核算形式、公共工程建设的公益形式以及限定劳动产品去向的限定形式等。[①]

我国的劳动组织是根据罪犯的矫正工作目标,以矫正罪犯恶习、规范罪犯行为为前提,以具体的劳动生产为内容而进行的,一般以订购型劳务加工和习艺辅助型劳动形式出现。通常情况下,监狱下设的监区、分监区以及分队和罪犯小组既是罪犯日常管理组织,又是罪犯劳动的正式组织。我国的劳动矫正采用劳动组织与管理组织相结合,监狱干警直接进行劳动管理的组织模式,劳动组织内部充分考虑罪犯的个人情况和生产需要,进行隔离分工和组合。

1. 劳动项目

在我国,劳动是罪犯的一项强制性义务。根据我国《监狱法》第 69 条的规定,"有劳动能力的罪犯,必须参加劳动",只有当罪犯丧失劳动能力、处在生病期间或是加戴戒具、关押禁闭时,才可以不参加或暂时不参加劳动。我国监狱的劳动项目分为生产性劳动和服务性劳动,与企业的生产劳动在劳动性质、劳动目的、劳动管理上都存在本质区别。在罪犯满足参加劳动的条件时,监狱会综合考虑罪犯的身心状况、本人意愿、监狱职能、生产需要,为罪犯安排、组织适宜的劳动项目。此外,监狱法规还严禁监狱干警使用罪犯行使监管权(如办理案件、检查信件以及抄写和保管材料等)、使用罪犯出狱经商(如采购物资、洽谈生意等)、使用罪犯驾驶汽车、摩托车、拖拉机等机动车辆、使用罪犯管理仓库、使用罪犯为干警个人服务等违规行为。

2. 劳动教育与管理

监狱劳动矫正中,对罪犯的劳动教育与培训主要分为劳动观念、劳动纪律、劳动规范、劳动技能四大类。罪犯劳动管理由出工收工管理、劳动现场管理、劳动工具管理、零散劳动项目现场管理以及狱外劳动管理五方面构成。出工收工管理,要求有监狱干警带领罪犯出工,清点人数、整队以及检查罪犯着装和随身物品,并在收工时督促罪犯整理生产现场,及时归队回监。劳动现场管理,是对罪犯劳动、活动区域进行规定和封闭式限制,以及对劳动岗位的固定。劳动工具管理,要求监狱干警对劳动工具进行严格控制,统一发放、保管和回收,严禁罪犯私藏工具,并对劳动现场的危险物品(易燃、易爆、剧毒物品)分类存放、严格控制,未经允许不得使外来人员和车辆进入监区。零散劳动项目现场管理,要求严格控制零散项目罪犯人数(一般在 5% 以内),严格选用零散项目罪犯并严格控制他们的劳动活动。狱外劳动管理,要求严格选用合适的劳动罪犯,由监狱干警实行双人制亲自带班,并预先勘察现场,确定警戒线或警戒标志,保证劳动现场的安全,针对不同情况制订具体防范措施。

[①] 参见贾洛川主编:《罪犯劳动改造学》,中国法制出版社 2010 年版,第 92 页。

3. 劳动时间与报酬

我国《监狱法》第71条明确规定:"监狱对罪犯的劳动时间,参照有关劳动工时的规定执行;在季节性生产等特殊情况下,可以调整劳动时间。"目前,我国监狱实行的是每周6天、一天8小时劳动制,享受法定节假日和休息日,劳动时间与学习时间严格分开;考虑到未成年人成长需要,未成年犯实行半天学习、半天劳动的特殊劳动制。随着"5+1+1"教育矫正模式的推行,部分监狱开始实施每周工作5天的劳动作息时间。境外国家规定的罪犯劳动时间通常也为5—6天,相当于或略高于社会正常劳动时间;每天劳动时间大约为8小时(如德国、日本)、7小时(如加拿大)、6小时(如法国)或不超过10小时(如英国);劳动时间并不一定与学习时间相互隔开。①

根据我国《监狱法》第72条的规定,监狱对参加劳动的罪犯应当按照规定给予报酬。给罪犯发放适当报酬是各国的通例,此举可以调动罪犯参加劳动的积极性,让其体会到自力更生的成就感,帮助其树立正确的价值观,还可为其生活提供一定补助,为其日后出狱积累一定生活资金。我国台湾地区的罪犯报酬,主要考虑报酬的激励程度、作业的绩效、社会福利最低水平、保有适量存款、兼顾机构和政治实际情况五大原则。② 罪犯劳动报酬的支付主要以罪犯劳动时间、服刑情况为标准,直接按照一定比例发放报酬或奖金。例如,澳大利亚根据犯人的劳动成果和工种将劳动报酬分为若干等级,从无到1.87澳币不等;比利时《监狱规则》规定,监狱劳动产品收入40%上交国家,所余60%在扣去产品损坏和不合格产品费用后作为劳役金或福利费发放给犯人;日本《监狱法》规定,对犯人的劳动活动,不发放报酬,而根据犯人的品行、劳动成绩酌情发放奖金。③

4. 劳动安全与保护

劳动安全,是指监狱应当严格依照监狱法规和其他有关规定,组织、执行监狱劳动矫正活动,合理安排、监督罪犯生产,杜绝安全事故的发生,保障监狱生产场所的安全。劳动保护,是指监狱在劳动矫正过程中为保护罪犯健康、安全而采取的相关措施。我国《监狱法》第72条明确规定,监狱对参加劳动的罪犯应当执行国家有关劳动保护的规定。罪犯的劳动保护主要包括对罪犯劳动体能的保护、劳动安全的保护、劳动卫生的保护(病菌侵害、通风、照明等)以及对未成年犯和女犯的特殊保护四类。特殊保护,是指监狱不得安排未成年犯和女犯从事《劳动法》明令禁止的劳动工作,如不可从事矿山井下、有毒有害、国家规定的第四级体力强度的劳动和其他禁止从事的劳动。

5. 劳动考核与奖惩

劳动考核,是监狱对罪犯在劳动活动中的态度、技能、成绩以及思想改造等情况进行综合评价、判定的一项活动,主要包括对劳动技能的考核、劳动纪律的考核、劳动成果的考核、思想改造的考核四方面。劳动奖惩,是监狱依据罪犯在劳动活动中的表现

---

① 参见马志毅:《发达国家监狱管理制度》,时事出版社2001年版,第175页。
② 参见林茂荣、杨世隆:《监狱学——犯罪矫正原理与实务》,台湾五南图书出版公司2002年版,第65页。
③ 参见马志毅:《发达国家监狱管理制度》,时事出版社2001年版,第178—180页。

以及考核成绩,对罪犯进行奖优罚劣的一项活动,有行政性和刑事性奖惩、个人和集体奖惩、定期和不定期奖惩三类划分标准。① 我国《监狱法》第57条、第58条分别规定了七类行政性奖励条件和八类惩罚性条件,奖励一般有表扬、物质奖励或记功,而惩罚则为警告、记过或禁闭等。此外,《监狱法》第29条和有关监管法规也对刑事性奖惩条件作出了明确规定,罪犯奖励条件一般为"确有悔改表现或者立功表现""有发明创造或者重大技术革新""在抗御自然灾害或者排除重大事故中,有突出表现"等。

图3-20　山东威海监狱第七届服刑人员技术比武活动现场(生产车间)②

（三）劳动矫正制度之反思

在监狱体制改革前,监狱劳动矫正实行"监企合一"的劳动组织管理体制,监狱企业与监狱劳动相结合,监狱生产的惩罚性、强制性色彩浓重,过分注重经济效益而忽视习艺性劳动,领导班子以经营型人才为核心,生产项目大多超时、超体力,以劳动表现为重点对罪犯实施考核和奖励,监狱对为生产做出贡献的罪犯进行妥协执法,效益目标成为选择确定罪犯劳动内容、形式的主要导向,各种弊端不断显现。

随着社会的不断发展,"监企合一"的监狱劳动组织管理体制已不再适应现今监狱劳动矫正工作需要。2004年,党中央、国务院将监狱体制改革列入司法体制和工作机制改革的重要内容,确立了"全额保障、监企分开、收支分开、规范运行"的改革目标。2003年至2004年,先后在黑龙江等14个省(区、市)开展监狱体制改革试点;2008年,

---

① 参见贾洛川主编:《罪犯劳动改造学》,中国法制出版社2010年版,第102页。
② 2008年6月20日,山东威海监狱举行了第七届服刑人员技术比武活动。威海市劳动保障局根据比赛工种和竞赛试题的具体情况,对取得优秀成绩的服刑人员颁发合格证书和职业资格证书,为服刑人员走向社会提供帮助。参见《威海劳动保障局对服刑人员进行技能鉴定》,http://www.chinajob.gov.cn/EmploymentServices/content/2008-07/04/content_165123.htm,2015年5月21日访问。

在全国全面实行监狱体制改革;2011年全国监狱系统财政拨款总额比改革前的2002年增长240%左右,财政拨款占监狱经费支出比重达到87.9%,改变了长期以来主要依靠监狱生产收入提供监狱经费的局面。目前,监企分开基本实现,建立了监狱党委统一领导下的监管改造和生产经营两套管理体系;收支分开基本实现,建立了监狱执法经费支出和监狱企业生产收入分开运行机制;规范运行制度体系初步形成,建立了以改造人为核心、保障监狱工作规范运行的制度体系,促进了监狱刑罚执行和监管改造工作规范运行。①

这一体制改革解决了监狱生产与罪犯矫正的基本矛盾,使罪犯劳动改造得以从监狱过分注重经济效益、盲目抓生产的漩涡中解脱出来。但是,由于国家的保障未真正到位,罪犯劳动仍然承担着弥补监狱经费的责任。一些监狱为了维持监狱正常运转,仍然紧抓生产经济效益,监狱劳动矫正面临着新的挑战。

1. 更新观念,转变监狱劳动矫正理念

监狱劳动矫正活动具备劳动活动追求经济效益的基本属性。然而,与一般劳动不同的是,监狱劳动矫正活动以国家刑罚执行机关为组织、管理主体,以罪犯为主要生产力,是监狱执行刑罚、矫正罪犯的基本手段之一,其本质属性是矫正性,以矫正罪犯为最终归属。因此,要实现监狱企业生产与监狱矫正的真正分离,监狱劳动矫正活动应当更新观念,创新思维,树立"以人的矫正为主、监狱企业生产为辅"的基本方针,实现"由惩罚向回归矫正的矫正理念转变,由守法公民型向合格公民型的矫正目标转变,由劳动手段型向改造载体型的改造形态转变,由单纯'放回去'型向技能培训型的矫正内容转变,以及由自我封闭型向开放整合型的矫正方式转变"②。

具体来看,首先要坚持矫正效果与经济效益并重的双重目标,全额保障监狱经费,单独组建罪犯劳动生产的经营管理机构,实行监企分开、收支分开、监社分开,实现监狱刑罚执行与生产经营管理双轨运行、执法经费与监狱生产收入双轨运行的改革目标。此外,我国监狱系统可借鉴西方国家的相关经验,改革强制性劳动体系,树立强制性与自愿性并用理念,区别对待罪犯劳动,从罪犯的个人情况、主观意愿和监狱生产需要出发,制订强制性劳动或自愿性劳动计划;如若确定强制性劳动已在罪犯身上取得一定效果,则可对其实施自愿性劳动政策,对其提出更高的矫正目标,引导其树立积极、主动的劳动观念,帮助其树立自力更生意识。

2. 创新思维,改革监狱劳动的组织运作模式

监狱矫正体制改革,将监狱企业从监狱系统中分离开来,变为独立的法人主体,监狱企业盈亏不再由监狱负担,监狱仅仅为罪犯提供劳动岗位和场所。如果不能将监狱企业和罪犯劳动统一协调,那么首先遇到的便是监狱企业追求经济利益最大化与监狱

---

① 参见陈丽平:《监狱体制改革任务已基本完成》,http://www.legalinfo.gov.cn/moj/jyglj/content/2012-04/27/content_3531065.htm? node=246,2015年5月13日访问。
② 彭友舒:《当前罪犯劳动改造中存在的问题及解决途径》,载郑振远主编:《监狱法学论丛·劳动改造篇》,法律出版社2011年版,第244页。

追求罪犯矫正效果最大化之间的矛盾。监狱企业虽然从监狱中脱离出来,但它必须使用罪犯作为生产力,并在生产过程中规定许多特别要求和义务,其产业、生产项目、生产管理、科技创新等都面临着新的困难和挑战,在这一点上就与普通企业不同。

因此,首先,国家在将监狱企业从监狱中脱离出来时,就应看到监狱企业竞争力不足、管理成本高、劳动力水平有限、生产项目影响矫正效果等问题,给监狱企业提供一定的特殊保护和优惠政策,使监狱企业能够正常运转。其次,在监狱企业劳动项目的选择上,应选择具有一定生产连续性、市场应变能力强的生产项目,以及政府大型公共工程建设项目,并逐渐由劳动密集型向集约型转化,引入先进、科学的组织管理手段,为罪犯提供一种与社会企业相类似的生活场景,在追求经济利益的同时,注重罪犯的劳动水平和改造效果。再次,在劳动组织管理上,要切实考虑罪犯矫正要求,监狱企业应当聘请主管监狱改造的中高层人员,并单独设立劳动矫正课,监督罪犯矫正的组织管理和实施,由监狱企业管理人员和监狱干警按照各自职能分工,共同组织、管理、监督罪犯劳动矫正活动,使监狱劳动矫正活动在获取一定经济利益的同时,达到一定的罪犯矫正效果。最后,应创建科学的罪犯劳动激励机制,根据罪犯的个人情况和改造需要,科学组织罪犯实施劳动分工协作制、劳动竞赛制、劳动考核与奖惩制等,在劳动中培养罪犯勤劳勇敢、开拓进取、团结互助、公平竞争、自力更生的优良品德和价值观念。

3. 勇于突破,丰富监狱劳动矫正的内容和手段

我国监狱劳动矫正活动主要以生产性劳动为主要内容,以集体劳动、狱内劳动为主要方式,习艺性劳动功能因监狱注重经济效益而被弱化,劳动内容简单,劳动形式单一,并不能很好地调动罪犯劳动的积极性,劳动矫正的效果也十分有限。因此,为深化监狱劳动体制改革,在转变思想、改革劳动组织运作模式后,应当丰富劳动矫正的内容和手段,从监狱企业主要劳动力的特殊情况出发,尊重罪犯的兴趣爱好、出狱后的就业倾向、社会的就业趋势等,开设多种类劳动项目,探索更为专业、科学、全面的劳动矫正活动。从内容来看,我国监狱的劳动分为生产性劳动和职业技能劳动,大多为体力劳动,且职业技能劳动开展有限。选择生产项目和产业类型时,不仅要注重劳动经济效益,更要考虑这种劳动是否能够使罪犯达到习艺目的,着重强调罪犯的职业技能培训等习艺性劳动,为其掌握一定生存技能、早日复归社会打下坚实基础。在强化职业技能劳动等习艺性劳动活动的开展力度的同时,还应当创建体力劳动与脑力劳动相结合的劳动内容体系,既从体力上锻炼罪犯身体、培养劳动习惯、提高生存技能,又从脑力上提高其大脑灵活度、创新思维,提高其出狱后的就业竞争力,使其自力更生,通过自己的机智和技能顺利复归社会。

从劳动矫正的内容和手段来看,监狱内无疑是罪犯劳动的"主战场",但是监狱的封闭性和罪犯劳动的开放性存在着天然的矛盾。从行刑社会化、罪犯再社会化、劳动社会化的角度出发,可以将狱内劳动与狱外劳动结合并用,以狱内劳动为主,探索有利于罪犯劳动社会化和改造要求的途径和方法,组织罪犯进行一定的社会公益劳动,甚

至可以仿照西方,在严把罪犯人身危险性的条件下,实行开放式劳动,即白天在狱外劳动,夜晚回归监舍的劳动方式。体力劳动与脑力劳动相结合,可选择罪犯劳动轮岗制度,对开放式的罪犯组织外役劳动。

三、心理矫治

心理矫治,作为世界上发达国家普遍采用的一项比较成熟的矫正技术,是个案矫正技术在服刑人员心理健康上的具体应用,也是我国监狱矫正的一项特殊内容。心理矫治早期是大教育矫正体系下的一环,随着该项技术的发展,现已逐步演变为一项独立的监狱矫正方式、手段。在我国,从 20 世纪 80 年代中期开始,心理矫治工作在许多监狱中逐步开展起来,对监狱管理和罪犯矫正工作产生了巨大的积极作用。

(一)心理矫治概述

心理矫治(psychological treatment),又称为"服刑人员心理矫治""罪犯心理矫治",从狭义上讲,主要是指利用心理学的方法对狱内服刑罪犯展开矫治工作,以期通过调整罪犯的心理状态和行为达到更好矫正效果的一种监狱矫正方法和技术。国外一般称这种活动为"治疗计划"(treatment program)、"心理学治疗计划"(psychological treatment program)、"临床治疗计划"(clinical treatment program)、"心理健康服务"(mental health service)、"心理学服务"(psychological services)、"心理学计划"(psychological program)等。[①] 心理矫治可以丰富监狱矫正方法,通过心理评估和心理治疗有效促进监管安全,促进罪犯的身心健康,使罪犯转变思想、调整消极情绪、矫正心理障碍,树立正确"三观",改变不良行为,真正实现改造人的监狱矫正目标。

我国从 20 世纪 80 年代开始引进并适用该项矫正技术。司法部 1999 年发布的《未成年犯管教所管理规定》第 39 条第 1 款明确规定:"未成年犯管教所应当建立心理矫治机构,对未成年犯进行生理、心理健康教育,进行心理测试、心理咨询和心理矫治。"司法部 2003 年颁布的《监狱教育改造工作规定》第 43 条规定:"监狱应当开展对罪犯的心理矫治工作。心理矫治工作包括:心理健康教育、心理测验、心理咨询、心理疾病治疗",对服刑人员心理矫治工作和内容进行了概括性规定。2004 年,司法部发布《监狱服刑人员行为规范》,再次重申了服刑人员接受心理健康教育的必要性。根据司法部监狱管理局的统计,2004 年,全国监狱系统从事罪犯心理矫治工作的干警有 5001 人,其中专业的心理咨询师有 1272 人,社会专业人员有 544 人;参加心理健康教育的罪犯达 1611589 人,有 575393 名罪犯接受了心理测试,占全国押犯数的 36.92%。[②] 2007 年 7 月 4 日,司法部发布《教育罪犯改造纲要》,对心理矫治的制度建设、内容、方式、设施建设等方面作出了更为详细的规定。2009 年 2 月 3 日,司法部监狱管理局印发《关于加强监狱心理矫治工作的指导意见(征求意见稿)》,对监狱的心理

[①] 参见吴宗宪:《监狱学导论》,法律出版社 2012 年版,第 552 页。
[②] 参见吴宗宪主编:《中国服刑人员心理矫治技术》,北京师范大学出版社 2010 年版,第 2 页。

矫治工作提出了新的要求。

(二)心理矫治运行体系

1. 心理矫治工作原则

心理矫治工作原则贯穿于服刑人员心理矫治工作的始终,是各项工作应当遵守的基本准则。现阶段,依据吴宗宪的观点,我国的心理矫治工作原则主要有以下几方面:[①](1)依法性原则。对于服刑人员展开的一切心理矫治活动,都必须符合法律规定或精神。服刑人员心理矫治活动也属于一种执法活动,可能对服刑人员进行正强化或奖励,也可能进行负强化或惩罚。在进行负强化或惩罚时,很有可能违反法律规定或精神,因此要十分谨慎,可借鉴国外经验,引入服刑人员"知情后同意"程序。(2)道德性原则。心理矫治活动不仅要符合法律规定,也要符合道德要求。监所心理学工作者应当增强职业伦理意识,为服刑人员着想,尽量提供最好的心理矫治,保守矫治秘密,尽量避免给服刑人员带来伤害。(3)实效性原则。心理矫治应避免搞形式主义,注重矫治结果的实效性,将矫治结果落到实处,使服刑人员心理、行为发生符合需要的变化。(4)综合性原则。应将专业人员和非专业人员相结合、多种心理矫治技术相结合,运用多种方法和技术,与其他矫正活动相协调,共同开展服刑人员矫正工作。(5)安全性原则。心理矫治工作要使用安全的矫治方法,保证服刑人员的人身安全和身心健康,同时重视保障监狱的安全,这包括监狱设施、财物、心理矫治人员、专业工作人员以及其他服刑人员的安全。

2. 心理矫治的程序

心理矫治主要分为准备、评估诊断、治疗三个基础步骤。在正式进行心理矫治前,监狱系统要做好前期准备工作。首先,安排好合格的心理矫治人员。心理矫治是一项专业性、技术性极高的特殊工作,根据司法部《监狱教育改造工作规定》第49条的规定,心理矫治人员应具备心理咨询员、心理咨询师、高级心理咨询师等国家职业资格证书,具有较强的事业心和高度的责任感,以及良好的品行和职业道德。每个监狱都应配备罪犯人数1%以上的具备国家心理咨询师资格的专业警察,并建立心理健康指导中心(专职人员原则上不少于押犯总数的1.5%,但不少于三名)。每个监区还应至少配备一名狱警担任专职心理辅导员。其次,安排好专门的心理矫治地点,在心理矫治室内配备必要的办公设施,添设必要的仪器设备。再次,开展相关的心理健康教育准备工作,让服刑人员了解心理矫治的内容、重要性和作用,提高服刑人员的配合度和积极性,使其能够主动寻求心理治疗帮助。最后,加强与服刑人员的沟通,使服刑人员打消怀疑、防备心理,建立相互信任的友好关系,使心理矫治工作顺利进行。

做好前期准备工作后,便要对服刑人员展开心理评估诊断,为心理矫治提供基本信息和方向。在这一阶段,要通过观察、谈话、心理测验、仪器测定、调查等途径,全面收集服刑人员的信息,并注意服刑人员是否有求助心理或掩饰、防卫等心理,努力掌握

---

① 参见吴宗宪:《监狱学导论》,法律出版社2012年版,第563—567页。

真实情况。此后,再根据掌握的信息,对服刑人员作出准确的评估诊断,包括确认服刑人员是否存在心理问题以及属于哪类心理问题[①]、明确心理问题产生的原因(自身人格特点还是人际交往失败等)、衡量问题的严重程度,以便帮助心理矫治选择恰当的治疗方法和合适的治疗环境。

经过对服刑人员的评估诊断,就进入治疗阶段。首先,要根据评估诊断结果制订适合服刑人员情况和监狱环境的治疗方案,这里就要用到个案矫正技术。矫治人员要分析服刑人员的问题类别和产生原因,估计目前所有的治疗条件和环境,明确通过治疗活动想要达到的结果和目标,大致确定服刑人员可以采用的治疗资源和方案。有了具有针对性的矫治方案后,便可根据服刑人员的具体情况开展治疗活动,并根据治疗过程中服刑人员的配合程度及治疗的情况,适当调整治疗的技术、时间和强度。

在整个心理治疗活动结束后,矫治人员会对矫治活动及其效果进行简单的总结,简要评价矫治的效果,提出矫治的成功之处和存在的不足,为日后开展矫治活动积累经验。矫治人员还会给服刑人员一些指导和鼓励意见,告诉其如何调整心理状态,更好地适应日常生活。此外,心理治疗活动结束后,矫治人员还会定期开展治疗后的随访活动,发现并解决新问题,巩固治疗效果。

(三)心理矫治内容与方式

现阶段,我国的心理矫治主要包括心理诊断与评估、心理咨询、心理治疗、心理危机干预四方面。

1. 心理诊断与评估

心理诊断与评估,是指在监狱对罪犯进行心理矫治过程中,评估人员通过采用观察、访谈、问卷、测验、心理生物学方法等各项基本方法,收集罪犯的各项信息以及调查、分析心理测验的结果,对罪犯个体或群体的心理特征与状态作出科学的价值判断的过程,主要包括心理测验、测谎、心理诊断、危险性评估、心理矫治绩效评估等内容。心理诊断与评估是心理矫治工作的前提和基础,从服刑阶段划分,可分为入监诊断与评估、服刑诊断与评估、出监诊断与评估三种;从评估与诊断的内容划分,可分为心理健康诊断与评估、个性心理特征诊断与评估、特殊心理诊断与评估三类。在心理矫治过程中,诊断与评估人员一般会用到智力测验(比内-西蒙智力量表、韦克斯勒智力测验等)、人格测验(艾森克人格问卷、卡特尔16种人格因素问卷——16PFQ、明尼苏达多相人格测验——MMPI等)、症状自评量表(SCL-90)以及焦虑自评量表(SAS)等多项通用心理诊断与评估数据;[②]同时,根据服刑人员的特点,使用一些专用工具,如罪

[①] 可以通过心理矫治方法处理的心理问题,又称为"服刑人员心理矫治的适应症",即在开展矫治工作前,应明确服刑人员心理矫治的目标问题或症状(target symptom),主要包括应激相关障碍(反应性精神障碍)、神经症(神经官能症)、人格障碍、习惯和冲顶控制障碍、性心理障碍(性变态)以及服刑人员特有的心理障碍(不同程度的悲观抑郁情绪以及拘禁性精神障碍等)。只有明确服刑人员的心理障碍类型,才可以开采取有效的干预措施,进行有针对性的心理诊疗和修复。参见吴宗宪主编:《中国服刑人员心理矫治》,法律出版社2004年版,第4—11页。

[②] 参见吴宗宪主编:《中国服刑人员心理矫治》,法律出版社2004年版,第80—91页。

犯心理测试个性分测验(COPA-PI)、服刑人员改造成效评估量表等。[①]

在我国，大多数监狱仍然使用传统的入监心理评估方法，即通过专业心理测试量表这一单纯的心理测试手段，对新收押罪犯进行心理健康状况摸排。这种模式单纯地借助电脑软件，存在隐患排查不够深入、问题干预措施欠缺、对后期的教育改造实践指导有限等不足。为了进一步提高罪犯心理健康评估对实践的指导作用，深圳监狱创新罪犯心理健康评估模式，采用"心理测试＋心理面询＋改造建议"的形式：[②](1) 心理健康测试，对新收押罪犯全部采用《中国罪犯心理个性分测验量表》(copapi 1.0)和《90项症状清单》(SCL-90)进行心理测试；(2) 开展咨询初诊，组织心理咨询师对心理测试筛选出来呈阳性的罪犯进行个体咨询初诊，并通过心理面询的形式收集罪犯的童年成长经历、家庭背景、重大疾病史以及狱内生活状况等，深入了解其真实心理健康状况；(3) 形成评估意见，在心理测试、个体咨询初诊的基础上，形成评估意见；(4) 对新入监罪犯心理健康评估完成后，心理健康指导中心对可能存在心理问题的罪犯按照抑郁、焦虑、冲动和人际关系紧张四个类别进行分类，结合实际情况分别给出有针对性的教育改造建议，发送到有关管教部门和监区，指导实际工作。深圳监狱这一创新模式，提高了罪犯心理健康评估的准确性，打破了原有的依靠单一心理测试结果评估不够科学准确的瓶颈，促进了罪犯心理矫治工作的科学性、针对性，使矫正效果得到真正提高。

2. 心理咨询

心理咨询，是监狱心理矫治人员通过谈话、讨论等心理学方法，给予罪犯指导、建议、帮助的心理矫治活动，主要包括自身情绪控制、人际关系处理、家庭婚姻关系恢复、监狱适应学习、社会技能训练、社会生活咨询等涉及罪犯心理问题的各个方面。从心理矫治所要解决的问题角度出发，心理咨询可分为服刑人员障碍咨询和服刑人员发展问题咨询两类，其中前者主要涉及服刑人员的监狱适应、人际关系、情绪、家庭、思维、性、回归社会、轻微心理障碍等各个方面的问题。[③] 按照不同的咨询方式，心理咨询可分为机构内咨询和社区咨询、个别咨询和集体咨询、面谈咨询、电话咨询和专栏咨询等，通过向罪犯提供心理咨询，确定帮助方案和计划，帮助罪犯解决服刑期内的心理困惑。

3. 心理治疗

心理治疗，是指监狱对具有一定心理疾病的服刑罪犯给予心理诊断、疏导、干预、修复的心理矫治活动。心理治疗的对象主要是罪犯中的人格障碍者、精神病患者、情绪或行为障碍者、精神性物质（如酒、鸦片类毒品、致幻剂、兴奋剂、镇静催眠药）成瘾者

---

① 参见吴宗宪主编：《中国服刑人员心理矫治》，法律出版社2004年版，第96—100页。
② 参见文超：《深圳监狱创新罪犯心理健康评估模式》，http://www.mzyfz.com/cms/jianyulaojiao/xinwenbaodao/zhuantibaodao/html/1087/2014-05-10/content-1020673.html，2015年5月24日访问。
③ 参见吴宗宪主编：《中国服刑人员心理矫治》，法律出版社2004年版，第110—111页。

以及患有异常心理疾病者,对他们的心理治疗需要专门的技术和方法。① 心理治疗的方法,根据不同的理论基础和临床症状,主要分为分析疗法、行为疗法、人本主义疗法、认知疗法四种。此外,还有支持疗法、生活技能训练疗法、暗示疗法、工娱疗法等其他心理治疗技术。② 以下介绍其中三种:

分析疗法包含以下三类:(1) 精神分析疗法,以弗洛伊德(Freud)的潜意识心理学说为基础,主要采用自由联想、梦的解析、移情分析以及解释四种方法;③(2) 阿德勒疗法,以阿德勒(Adler)的个体心理学说为基础,将精神疾病看成个体自身"沮丧"(自卑感产生)的一种反应,强调在环境的影响下通过个体自己独特的整体性方式自主追求发展;(3) 认知顿悟疗法行为疗法(领悟疗法),是由我国心理学家钟友彬创立的,巧妙地采用潜意识学说、性发展学说、阶段学说,从儿童时期的心理阴影对后天行为的影响作用出发,创设了一套解释—认知—顿悟的心理分析疗法,主要适用于性变态、强迫症和恐惧症患者,主张可以将犯人无意识的心理状态引导为有意识的心理活动,使患者正确看待并消除早期的心理阴影的消极影响,以期修复受伤心理而不采取偏激行为方式。④

行为疗法(behavior therapy)以行为主义心理学派理论为基础,即从经典条件反射原理、操作性条件反射原理和社会学习理论出发,认为人的行为都是通过后天学习获得的,可以通过不断强化惩罚(负强化技术)和奖励(正强化技术),改变、矫治犯人的行为,使其早日改掉恶习、适应社会的一种心理治疗方法。一般来说,行为疗法主要适用于患有精神科和内科等心理问题的服刑人员,处理包括恐惧症、强迫症、社交回避、抑郁、焦虑、进食障碍、睡眠障碍、性功能障碍、疼痛等临床问题和疾病。⑤ 行为疗法以系统脱敏法、厌恶疗法、逐步放松法、行为塑造法、代币强化法、生物反馈法为主要方式。⑥

认知疗法以认知情感理论为基础,是指通过改变人们对不良行为的认知而使其改过迁善的一种心理治疗方法。这一疗法产生于20世纪60年代,是在克服分析疗法和行为疗法缺陷的基础之上产生的,主要有理性情绪疗法、合理情绪疗法、认知行为疗法和加拿大的R&R疗法。值得一提的还有鲁雪光创建的疏导疗法,该疗法主要通过疏导犯人阻塞的病理心理,引导其由抵抗治疗的消极态度转变为主动寻求治疗的积极态度,从逃避到正视自己、面对现实,从病理心理到健康心理的转化过程。⑦

---

① 主要有积极指导的支持技术、揭示矛盾不足的面质技术、引导观念的解释技术、集中问题的澄清技术、角色扮演技术以及疏导情绪的放松技术。参见章恩友:《罪犯心理矫治基本原则》,群众出版社2004年版,第254—275页。
② 参见吴宗宪主编:《中国服刑人员心理矫治技术》,北京师范大学出版社2010年版,第218、340、348、355页。
③ 参见吴宗宪编著:《国外罪犯心理矫治》,中国轻工业出版社2004年版,第172—173页。
④ 参见于爱荣等:《矫正技术原论》,法律出版社2007年版,第298页。
⑤ 参见李心天主编:《医学心理学》,北京医科大学、中国协和医科大学联合出版社1998年版,第820页。
⑥ 参见于爱荣等:《矫正技术原论》,法律出版社2007年版,第297页。
⑦ 同上书,第299页。

案例 3-6

上海某监狱犯人黄某,1994年因盗窃罪被判处有期徒刑11年,剥夺政治权利3年。在入监一周后,黄某在没有先兆的情况下出现不能行走的症状,一月后又出现右上肢不能运动的症状,严重影响了正常的改造秩序。黄某后曾在监狱卫生所和监狱局总医院诊疗,但都未能查明"瘫痪"的病因。心理咨询师根据多年神经科和精神科工作的临床经验、黄某"瘫痪"的发展轨迹以及观察发现的情况,初步分析认为,如果能进一步排除神经系统器质性疾病,则"瘫痪"就是功能性的心因性"瘫痪"。为此,咨询师采用主动干预的方法,对黄某进行了详细的体格检查、心理检查、心理测验和心理诊断。咨询师经心理治疗发现,黄某是因曾被别人偷去财物而产生报复心理实施的盗窃犯罪行为,属于"诈病伪瘫",需综合运用认知疗法、现实疗法、行为治疗法中的强化和想象厌恶等技术进行心理治疗,让罪犯正确地了解自己,引导其领悟,并给予积极的鼓励。在针对性的心理诊断和修复过程中,黄某一直有紧张、不安和戒备心理。治疗师通过运用共感技术,使黄某认识到矫正人员是真正想帮助他,并逐渐建立了相互信任的友好关系。通过一系列的心理矫治,黄某成功地战胜了内心焦虑、不安的消极情绪,心理健康得到良好发展,树立了合理的认知,建立了积极改正的信心,配合实施服刑改造计划,并最终取得了明显的改造效果,提前回归社会。[①]

4. 心理危机干预

心理危机干预,是指监狱心理矫治人员对狱内服刑人员出现的心理危机状态给予指导、处理和帮助的心理矫治活动和技术。心理危机,是个体遇到不能通过自身资源和应付机制解决的某件事或情境时,所表现出来的一种焦虑、不能控制的严重心理困境。监狱服刑人员的特点和心理危机环境的特殊性,使得其心理危机具有与普通人不同的特点,主要集中在个体的婚姻家庭问题、人际关系问题以及狱内奖惩问题三方面。心理危机干预,是对处于心理危机状态下的服刑人员个体,给予迅速心理治疗,使其渡过心理危机的一种简短的心理治疗方法。危机干预模式认为预防问题比治疗更重要,强调尽可能适用预防措施,在危机出现时通过快速的危机干预技术和手段,使服刑人员在一定时间内恢复到危机出现前的心理平衡水平,甚至提高其心理调控能力,使其状态优于危机出现前。

狱内服刑人员出现心理危机问题主要与其自身的家庭遗传因素、性格特征以及个人成长史有关。此外,家庭关系的变化、狱内同伴的相处、服刑环境的调整、监狱工作的改革以及国家政策方针的调整,都可能造成心理危机问题的产生。在不同的危机情境下,监狱心理矫治人员会针对服刑人员的心理危机采取不同的、针对性的心理危机干预技术。例如,对于服刑人员自杀危机的干预,要注重服刑人员的自杀征兆(情绪低落、行为异常、言语偏激、自我封闭等),关注易自杀的人群,评估自杀的危险性,并进行

[①] 参见武玉红主编:《监狱管理经典案例》,中国法制出版社2011年版。

恰当的干预(倾听、共情、帮助解决问题和困难、建立治疗关系、进行药物治疗等);对于狱警与服刑人员之间的冲突导致的心理危机的干预,要注意调查冲突发生的原因,倾听服刑人员的心声,通过共情使服刑人员获得安慰,建立适当的工作关系,帮助狱警与服刑人员消除误会,并给予一些人际交往上的建议;对于因家庭突发变故产生的心理危机,应当甄别家庭变故的类别(失去亲人、离婚、家庭矛盾),再根据各个家庭变故的特点开展针对性的危机干预;对于遭遇心理创伤后产生的心理危机,则可运用多种行为疗法和认知疗法结合的综合疗法、针对性的个别干预措施以及相互分担痛苦和给予支持的集体疗法。①

第六节　特别监狱模式

　　监狱特别矫正制度,是指监狱系统针对特殊服刑人员所设立的矫正体系和制度总和。我国的大监狱矫正体系下,除关押成年男子的普通监狱外,还包括未成年犯管教所、女子监狱等按照服刑对象的特点区别关押的特别监狱模式。通过对未成年犯和女犯的分押、分管、分教,采取适应服刑人员身心特点和矫正需要的矫正技术和方式,使未成年犯和女犯的矫正工作趋向规范化、灵活化、人性化和制度化,有助于这两类特殊服刑人员早日实现矫正目标,顺利复归社会,成为遵纪守法的合法公民。

　　此外,根据监狱矫正工作需要,我国监狱系统近年还设立了一些新兴的功能监狱,包括老病残监狱、新收犯监狱等。将具有特殊情况的罪犯区别集中关押,是矫正个别化、科学化、规范化理念的现实要求。了解和掌握这些特别监狱模式,有助于我们更全面地理解监狱矫正功能和我国的监狱矫正体系。

一、未成年犯管教所

　　未成年犯管教所,是我国关押被判处长期监禁刑未成年人的特别矫正机构,属于特别监狱模式的一种。因未成年人仍处在身心发展时期,生理成熟早于心智成熟,好奇心强,控制力和自我约束力较弱,易受诱惑而犯下过错,其犯罪原因、犯罪类型、人身危险性以及可矫正性也有别于成人。将未成年犯区别集中关押,并根据其矫正需要设立一套独特的监狱矫正制度,可以帮助未成年犯在适宜的矫正环境下真心悔过、改过迁善,早日复归社会。

(一)未成年犯管教制度概述

1. 定义及概念区分

　　未成年人的年龄划分,在不同国家有不同的界定标准,有的为 22 周岁,有的为 21 周岁(德国),有的为 20 周岁(日本),有的甚至为 14、16 周岁,但大多数都为 18 周岁。未成年人有时又称为"少年""儿童"。联合国《儿童权利公约》明确规定:"本公约所称

---

① 参见吴宗宪主编:《中国服刑人员心理矫治技术》,北京师范大学出版社 2010 年版,第 391—416 页。

儿童,为 18 周岁以下未成年人";联合国《保护被剥夺自由少年规则》规定:"未成年人是指未满 18 周岁的公民,而少年的底线一般指 7 岁以上";《北京规则》指出:"在少年的定义下,年龄幅度很大,从 7 周岁到 18 周岁或 18 周岁以上不等"。

  我国《刑法》对公民的刑事责任作出了明确规定,已满 16 周岁的人犯罪,应当负刑事责任,属于完全刑事责任能力人;已满 14 周岁不满 16 周岁的人犯八类严重罪行的,应当负刑事责任,属于相对刑事责任能力人;不满 14 周岁的,不承担刑事责任,属于无刑事责任能力人。由此可见,我国少年犯的刑事责任年龄最低为 14 周岁,14 周岁以下的未成年人实施违法犯罪行为不承担刑事责任。即未成年犯是指实施了犯罪行为、依法被判处刑罚并在监狱服刑的已满 14 周岁不满 18 周岁的罪犯,此为狭义的未成年犯定义。相较而言,广义的未成年犯采用的是犯罪学的"犯罪人"(delinquent)概念,是指实施了违反刑法、《治安管理处罚法》《未成年人预防犯罪法》所规定的犯罪、违法、不良行为的不满 18 周岁的未成年人。由于刑事责任年龄、社会危害程度、可矫正程度的不同,实施了与成年人相同行为的未成年人不一定受到同样的刑事处罚。本章以监禁刑的执行机关——监狱矫正为主题,以机构内监禁处遇为主要内容,因此采用狭义的未成年犯概念,即已满 14 周岁不满 18 周岁、实施了违反刑法的行为而应当受刑罚处罚的未成年人。

  未成年犯特别矫正制度是少年司法制度的重要组成部分,是指通过监管、教育、感化、生理和心理治疗等矫正措施,使未成年犯早日复归社会,成为合格社会人而进行的各种活动。根据矫正机关、组织的不同,未成年犯矫正可分为司法矫正和非司法矫正两种,前者为监狱或者社区对未成年犯罪人实施的矫正,后者为工读学校等非司法机构对违法、不良未成年人实施的矫正,是一种社会化、非刑罚化处遇方式。根据矫正对象性质的不同,未成年犯矫正又可分为未成年犯罪人矫正和未成年非犯罪人矫正,前者针对的是触犯了刑法,应当承担刑事责任的已满 14 周岁不满 18 周岁的未成年人;后者是触犯了刑法,但不具备刑事责任年龄的亚犯罪未成年人和违法未成年人。本章所说的"未成年犯管教所矫正制度"是一种司法矫正模式,其矫正对象为未成年犯罪人,是指由未成年犯管教所对实施了违反刑法行为而应当被判处监禁刑的已满 14 周岁不满 18 周岁的未成年犯进行的矫正活动。

  2. 未成年犯特别矫正制度的产生与发展

  未成年人区别关押制度发源于 1703 年的西方监狱改革,19 世纪中叶出现的分房制对少年犯感化教育、少年监的设立起了巨大的促进作用。我国的未成年人特别矫正制度建立得较晚,最早可追溯至清末狱制改良。鸦片战争结束后,英国在上海公共租界华德路建造了一所新监狱(提篮桥西牢),其中就出现了最早将幼年犯单独监禁的场所——幼年监。当时有 30 间监房用于专门囚禁少年犯,称为"感化院",实质就是少年监狱。境外监狱内少年监的设立,对我国的监狱改良具有重大意义,少年感化教育和区别对待的观念也开始逐渐传播。《大清监狱律草案》第 2 条即有关少年监设立之规定。北洋政府颁布的《监狱规则》第 3 条也规定,未满 18 周岁者,监禁于幼年监。自

《大清监狱律草案》以立法的形式提出少年监的设立后,鉴于当时社会政治经济的不稳定,直至1933年才在山东济南建立了第一所真正的少年监狱,标志着我国近代意义上的少年监的诞生。①

未成年人处于生理、心理发育尚未健全的成长期,其犯罪动机、犯罪类型、人身危险性、可改造与矫正程度自然也有别于成年人犯罪。1989年《儿童权利公约》作为联合国保障儿童权益的"宪法性"文书,明文确定了有关少年的一切活动应当以"儿童利益最大化"(the best interest of child)和"特殊保护"为两大指导思想,并规定了严禁酷刑、与成人分开、严格限制监禁、处遇多元化以及权力保护四大基本原则。② 此后,联合国又先后通过了《北京规则》《保护被剥夺自由少年规则》《刑事司法系统中儿童问题行动指南》《少年司法中的儿童权利》等相关文件,确立了社会参与、未成年人优先保护、少年司法专门化、无歧视、严格限制监禁、处遇多元化、分管分押等原则。世界各国对未成年人违法犯罪的处理采取了与成年人不同的方法和措施,坚持"教育为主、惩罚为辅"的基本工作理念,并设立了教育处分、保护处分等未成年人违法犯罪的处遇措施,对未成年人犯罪侧重于教育、感化、训练、矫正。

新中国成立初期,党和国家从改造人的角度出发,考虑到未成年人身心发展不健全的特点,对违法犯罪未成年人一般坚持"教育为主、惩罚为辅""惩处少数""不杀、少捕、少判、轻判"等原则。此后,《刑事诉讼法》《未成年人预防犯罪法》《未成年人保护法》等也明确规定了未成年人司法工作的"教育、感化、挽救"六字工作方针。

3. 未成年犯特殊矫正的基本原则

如上所述,我国未成年人矫正制度以"教育、感化、挽救"为基本指导方针,《未成年人保护法》《未成年犯管教所管理规定》《少年教养工作管理办法(试行)》《预防未成年人犯罪法》等未成年人法规对此都有所规定。2013年修订的《刑事诉讼法》更是设置了"未成年人刑事案件诉讼程序"专章,明确了少年司法工作的六字方针,将这一方针提到更为重要的地位。

鉴于未成年人的身心特点和违法犯罪的特殊性,我国对未成年犯矫正首先以"监管与感化、挽救相结合"为基本工作原则,依据监狱活动法规和未成年犯管教所特别法规,对未成年犯实施关押、管教、矫正,并严格遵守保护未成年人的法律、行政法规和规章。对未成年犯的关押管理,实行与成年犯"分开关押、分开管理"的原则,从未成年个体特点和矫正需要出发,创建有助于未成年人身心健康、积极向上的改造环境,采取有助于未成年人的各项特别处遇措施,组织、安排各项针对性教育、劳动(半天劳动,半天学习),为切实做好未成年犯执行刑罚和改造工作奠定基础。对未成年犯的具体矫正措施,以"教育改造为主,轻微劳动为辅"为原则。教育改造是矫正未成年犯最主要的手段,要求未成年犯管教所围绕提高教育改造质量这一目标,探索适合未成年犯特点

---

① 参见王素芬:《明暗之间:近代中国狱制转型研究——理念更新与制度重构》,载中国方正出版社2009年版,第42页。

② 参见张学超主编:《罪犯矫正学概论》,中国人民公安大学出版社2011年版,第268页。

的教育方式,增强教育的有效性和矫正性。组织未成年犯轻微劳动是未成年犯管教所矫正未成年犯的辅助方式,从未成年犯的身心成长特点出发,组织适宜未成年犯学习、掌握技能的习艺性劳动活动,并在劳动时间、劳动内容、劳动方式上给予未成年犯特别保护。

图 3-21　上海市未成年犯管教所

注:上海市未成年犯管教所始建于 1953 年 11 月,曾历经 9 次搬迁。新所址现位于松江区泗泾镇,占地 100 余亩,建筑面积 2.1 万平方米。所内绿化面积达 40% 以上,环境优美,建筑典雅,是集校园式和园林式为一体的、充满人文关怀的教育矫正场所,是上海市监狱系统对外开放单位之一。[1]

(二) 我国未成年犯矫正机制

1. 执行主体

我国的现代未成年人特别机构矫正始于 20 世纪 50 年代,政务院于 1954 年发布《劳动改造条例》,之后建立了少年管教所,收容管教 13 周岁以上未满 18 周岁的少年犯。根据国务院《关于劳动教养问题的决定》,我国于 1957 年建立了少年劳动教养制度,1960 年确立了少年收容教养制度。从 1996 年开始,劳动教养和收容教养的少年都统一关押在少年教养所。我国从一开始就区分了司法矫正和非司法矫正两种类型,并配置了未成年犯管教所、少年教养所、工读学校等机构,对违法、犯罪未成年人进行教育、矫正。[2]

《未成年人保护法》第 57 条第 1 款规定:"对羁押、服刑的未成年人,应当与成年人

---

[1] 图片及文字来源:http://jyj.sh.gov.cn/shjyj/script/showDocument? documentPath=Plone/content/jyjj/jyjjnr/document.2004-09-28.2630401214&templatePath=shjyj/templates/documentPage/single_document_jyjjxl&aqPagePath=/style/mainPage/bmfw4/jyjj&channel=/Plone/content/jyjj/jyjjnr,2015 年 5 月 15 日访问。

[2] 参见姚建龙:《长大成人:少年司法制度的构建》,中国人民公安大学出版社 2003 年版,第 108—110 页;《司法部关于将政府收容教养的犯罪少年移至劳动教养场所收容教养的通知》(司发通[1996]012 号)。

分别关押。"1994年《监狱法》第74条规定,"对未成年犯应当在未成年犯管教所执行刑罚",将"少年犯管教所"更改为"未成年犯管教所"。然而,《刑事诉讼法》第253条第2款规定,"对判处有期徒刑的罪犯,在被交付执行刑罚前,剩余刑期在三个月以下的,由看守所代为执行"。2013年11月23日公安部颁布的《看守所留所执行刑罚罪犯管理办法》第2条明确规定:"被判处有期徒刑的成年和未成年罪犯,在被交付执行前,剩余刑期在三个月以下的,由看守所代为执行刑罚。被判处拘役的成年和未成年罪犯,由看守所执行刑罚。"由此可见,未成年犯剩余刑期在三个月以下的,与成年犯无异,由看守所统一执行监禁刑,成年犯与未成年犯分开关押;未成年犯剩余刑期为三个月以上有期徒刑、无期徒刑的,由未成年犯管教所执行监禁刑。需要注意的是,此处所说的"未成年犯"是指在判决生效以后、交付监狱执行刑罚时以及监狱服刑期间不满18周岁的罪犯,犯罪时不满18周岁但在侦查、起诉、审判过程中已满18周岁,或者侦查、起诉审判时不满18周岁但判决后、交付执行时满18周岁的罪犯不包含在内。罪犯在交付监狱执行刑罚时不满18周岁,在未成年犯管教所服刑期间满18周岁的,应当转送成人监狱继续服刑矫正。但是,当罪犯满18周岁时剩余刑期不满两年的,则继续在未成年犯管教所执行剩余刑期。

未成年犯管教所的设置由司法部批准,"一般是一个省(自治区、直辖市)设置一所,个别人口多的大省设置两所"[①],内设管理、教育、劳动、卫生、政治工作等部门机构,实行所、管区两级管理,每个管区不得超过150名犯人。基于未成年犯处于身心成长的特殊阶段,且其犯罪原因、犯罪动机、人身危险性以及可改造程度都有别于成年犯,未成年犯管教所的警察配备一般高于普通监狱,且应具备法学、教育学、社会学、心理学等相关专业知识。

2. 管理制度

根据《未成年犯管教所管理规定》,未成年管教所主要关押刑期或余刑为三个月以上的未成年犯,以及服刑一段时间后年满18周岁、余刑不满两年的罪犯。未成年犯管教所内部同样实行按照性别、犯罪类型、刑期分别关押、分别管理制度,并根据罪犯的表现给予不同的处遇。对未成年犯原则上不适用戒具,但仍应在未成年犯管教所采取必要的警戒措施,设立警卫机构,设置围墙、电网,安装监控、报警装置。未成年犯的会见、通信较成年犯标准放宽,经批准后可与亲属或其他监护人通话,在必要时由人民警察监听;会见最长时间可延长至24小时;若亲属病重或发生重大变故,可经批准回家探望7天。我国未成年犯的隐私权得到严格保护,任何组织和个人不得披露未成年犯隐私,其档案材料实施严格管理规则,不得公开、传播,不得向管理人员或办案人员以外的人泄露。

未成年犯在管教所内的生活卫生以保证身体健康发育为最低标准,其生活标准由国家统一规定,按照实物量计算,合理、科学安排膳食,保证吃饱、吃得卫生。未成年犯

---

① 姚建龙:《长大成人:少年司法制度的构建》,中国人民公安大学出版社2003年版,第108页。

每天的睡眠时间保证不少于 8 小时,人均居住面积不少于 3 平方米,被服统一发放,不得有歧视性标记。未成年犯管教所还设有医院和医务室,并配备相应的医疗设备和专业的医务人员,保障未成年犯的身心健康。在管教所内,未成年犯禁止吸烟、喝酒,但经检查批准可以收受学习、生活用品以及钱款,现金由管教所代为登记保管。

未成年犯奖惩实施"日记载、周评议、月小结"的评估办法,由干警直接考核:[1]未成年犯具有《监狱法》第 57 条第 1 款所列情形的,可以给予表扬、物质奖励或者记功奖励;被判处有期徒刑的未成年犯,服刑 1/3 以上,服刑期间一贯表现良好,离所后不至于再危害社会的,可以根据情况批准其离所探亲。未成年犯惩罚分为行政和刑事两种,前者可以给予警告、记过或者禁闭(3—7 天),构成犯罪的直接追究法律责任。

3. 教育制度

对未成年犯的教育矫正,要坚持因人施教、义务教育原则,从未成年犯个体的身心特点出发,以理服人、以情感人,提高教育矫正效果。我国未成年犯管教所实施的是集体教育与个别教育相结合、课堂教育与辅助教育相结合、所内教育与社会教育相结合的方法,通过日常教育、入所教育、出所教育、社会教育等形式,对未成年犯进行思想教育、文化知识教育、职业技术教育、生理和心理教育,使其早日悔过、改过迁善,顺利复归社会。所内设有教学楼、实验室、图书馆、运动场馆、教学仪器、谈话室、娱乐室、心理矫治室以及适合未成年犯习艺性劳动的各种场所。未成年犯教育矫正的教师应当具备专业的教育学、社会学、心理学知识,罪犯不得担任教师。未成年犯的矫正以"教育矫正为主,劳动矫正为辅",课堂教育时间每周不少于 20 课时,每年不少于 1000 课时,文化、技术教育的时间不得低于课时总数的 70%,入所、出所的教育时间各不得低于 2 个月;未满 16 周岁的未成年犯不参加生产劳动,未成年犯劳动时间每天不超过 4 小时,每周以 24 小时为限。此外,为了提高、加快未成年犯的再社会化进程,我国未成年犯教育矫正十分注重社会教育,经常组织未成年犯到社会上参观或参加公益活动,并邀请社会各界人士、未成年犯近亲属以及社会志愿者来所帮教。

案例 3-7

上海未成年犯黄某,1996 年因参与抢劫团伙多次实施抢劫被判处无期徒刑,送入未成年犯管教所服刑改造。黄某进入未成年犯管教所时,面对陌生的大墙,考虑到自己要在此度过漫长岁月,内心除了后悔和愧疚,还充满了惊慌和不安,万念俱灰,逐渐变得寡言少语。监区民警从个别化处遇角度出发,坚持"教育为主、感化为辅"的基本原则,针对黄某的情况制订了一套教育矫正计划,通过不断谈话、沟通,用一个个成功的矫正例子帮助黄某克服心理障碍、调整心态,告知其只要认真悔过、遵守监规、努力学习、积极劳动,可以将刑期变为学期,在未管所接受矫正的同时不断提升自身能力。黄某在民警的不断努力下终于打开心门,与民警建立了信任关系,重新燃起对自己和

---

[1] 参见夏宗素:《罪犯矫正与康复》,中国人民公安大学出版社 2005 年版,第 125 页。

生活的信心。此外,在监区民警的引导下,黄某还开始学习印刷技术,并克服知识匮乏、文化程度低的障碍,积极向他人咨询,一年多后成为未管所印刷车间的技术骨干。在服刑的 10 年间,黄某减刑三次,并两次荣获"省级服刑积极分子"称号,多次获"生产能手"称号,数次在国家级印刷杂志《印刷技术》上发表专业论文,河北、宁波等地的多家印刷企业也多次登门高薪聘请其刑满释放后去从事印刷工作。[①]

（三）未成年犯管教矫正制度之反思

未成年犯管教矫正制度,又可称为"未成年犯监禁矫正",主要是由未成年犯管教所或看守所对违反刑法,应当判处监禁刑的已满 14 周岁不满 18 周岁的未成年犯进行教育、感化、挽救的制度总称。亚犯罪未成年人或违法未成年人则可能被政府收容教养或送入工读学校。我国在开展未成年人的监禁矫正工作中,始终以"教育、感化、挽救"六字方针为指导思想,坚持"教育为主、惩罚为辅"的基本原则,为挽救一大批失足少年以及预防未成年人重新犯罪做出了巨大贡献。然而,不容忽视的是,我国的未成年犯矫正制度在法律规定、组织机构、专业化程度以及具体制度等方面还有待完善和加强。

首先,未成年犯矫正制度缺乏独立性,没有一部独立的未成年人矫正法。纵观我国法律体系,未成年人矫正工作一般以《刑法》《刑事诉讼法》为总领性法律,辅之以《未成年人保护法》《预防未成年人犯罪法》,并以《未成年犯管教所管理规定》《少年教养工作管理办法(试行)》以及《公安部关于对不满十四周岁的少年犯罪人员收容教养问题的通知》等部委法规和相关法律文件为具体依据。其中,总领性法律的原则性过强,可操作性较弱,虽然新《刑事诉讼法》设置了未成年人专章,但是并未体现出未成年人矫正制度的重要性和独特性;其余几部部委法规虽然对未成年矫正工作作出了具体规定,但是法律效力较低,法律权威性不强。此外,目前我国未成年犯矫正管理工作分别由不同部门开展,且附属于成年犯矫正管理机构,如未成年犯管教由司法部监狱管理局管理,缺乏未成年犯矫正独立化理念和个别化管理机制。

其次,未成年犯管教所矫正工作的专业化程度有待提高。我国未成年犯管教所的矫正人员主要是狱警,缺乏社会学、教育学、心理学知识。虽然一些未成年犯管教所偶尔会聘请一些专业人员参与教育矫正,但是不具备系统性和持久性。基于未成年人身心成长的特点,其犯罪原因、犯罪类型、悔罪态度、可矫正程度以及再社会化程度都异于成年人。因此,未成年犯监禁矫正工作应当以帮助矫正对象早日顺利复归社会为目标,遵循未成年人身心成长的客观规律,采取整合社会资源、政府购买等形式,引入具有社会学、教育学、心理学知识的专业人员,组建一批专业化矫正队伍,提高矫正的专业化水平。

最后,未成年犯出狱后的社会安置亟须完善。社会帮教安置是未成年犯复归社会

---

① 参见武玉红主编:《监狱管理经典案例》,中国法制出版社 2011 年版,第 59—61 页。

的基础和预防其再次犯罪的基本保障。然而,目前我国的未成年犯矫正工作对于未成年犯出狱后的社会安置立法几乎处于空白状态。《未成年人保护法》第57条第3款以及《预防未成年人犯罪法》第48条都明确规定,刑满释放的未成年人复学、升学、就业与其他未成年人享有同等权利,不受任何歧视。1984年国务院办公厅《关于做好犯人刑满释放后落户和安置工作的通知》以及1999年中央社会治安综合治理委员会、司法部、公安部、民政部《关于进一步做好服刑、在教人员刑满释放、解除劳教时衔接工作的通知》都对未成年犯出狱后社会安置问题作出了相关规定。但是,鉴于社会的发展,许多规定早已不再适合现今社会的需要。[①]

二、女子监狱

女子监狱,顾名思义,是在我国监狱系统下用来专门关押被判处监禁刑女犯的特殊监狱机构。女子监狱的关押对象仅为成年女犯,未成年女犯属于未成年犯管教所的关押范围。我国最早的女子监狱是汉朝的永巷,是皇宫内关押妃嫔和宫女的特殊场所。唐朝时,统治者便已根据女犯的身心特点和矫正需要,设立了男女分别关押、分类矫正的监狱制度。历经了几个世纪的发展,我国的女子监狱工作体系已日渐完善、成熟,并建立了包括狱政管理、劳动矫正、教育矫正在内的一套具有女犯矫正特点的特殊监狱矫正制度。

(一) 女犯与女子监狱

女性犯罪,是指以女性为犯罪主体的犯罪,即以犯罪主体的性别特征为标准而划分的犯罪类型。第七届联合国预防犯罪和罪犯待遇大会指出:"女性犯罪记录,数据正在不断增加。有关女青年犯罪的程度和性质的变化值得国际上作细致的科学研究。"尽管向来女性犯罪在犯罪总数中所占比例较小,犯罪率大大低于男性,但女性犯罪问题日趋突出,已成为全社会普遍关注的一大热点问题。例如,在美国,1974年,每4.7个被捕的人中就有一个是女性;1966—1977年,女性严重犯罪案增加了80%;1980—1987年,女性受刑人增加了11%,入监的女性增加率超过了男性,1987年初更是达到了26610人,相当于过去5年内女犯数量增加了51%。[②] 在德国,女性犯罪率1963年为15.4%,1970年增加到17.1%,1985年全国1290999名嫌犯中有307383名女性,占23.8%。[③] 我国的女性犯罪率也一直呈上升趋势,女性犯罪占刑事犯罪的比重在20世纪50、60年代为1%—3%,70年代为5%—7%,80年代中期已攀升至12%,与50、60年代相比攀升了近10倍。[④]

---

① 参见张学超主编:《罪犯矫正学概论》,中国人民公安大学出版社2011年版,第296—297页。
② 参见〔美〕理查德·霍金斯、杰弗里·P.阿尔珀特:《美国监狱制度——刑罚与正义》,孙晓雳等译,中国人民公安大学出版社1991年版。
③ 参见〔德〕汉斯·约阿希姆·施奈德:《犯罪学》,吴鑫涛、马君玉译,中国人民公安大学出版社1990年版,第127页。
④ 参见康树华主编:《犯罪学通论》,北京大学出版社1992年版,第65页。

女性与男性相比,具有体格较弱、感情细腻、性格敏感、不安全感较强等不同的生理、心理特征,在社会中扮演着与男性不同的角色。随着市场经济的发展以及社会的变迁,女性犯罪也呈现出明显的特点。根据有关学者的调查研究,我国女性犯罪具有青年化、文化程度较低、职业以农民和工人为主、普通刑事犯罪比例大、非暴力方式为多、团伙犯罪多见等特点。

根据女性犯罪的特点分析,女性犯罪的原因具有复杂性、多元性和交织性。首先,从主观方面来看,受传统的"女子无才便是德"观念的影响,许多女性(尤其是偏远、贫困地区的女性)没有接受完基础的文化知识教育,文化素质低,缺乏一定的职业技能,社会生存能力差,易走上犯罪道路。其次,少数女性因道德观低下,产生错误的人生信仰和价值追求,建立了扭曲的恋爱观、金钱观、苦乐观,当内心需求与社会发生冲突时,往往容易选择缺乏社会责任感的极端方式。再次,部分女性法律素养低,对法律知识知之甚少,犯罪时根本没有意识到自己已触犯法律或轻视法律。最后,女性因生理构造的不同,性格敏感、感情细腻、不安感强、意志薄弱、对他人依赖性强,在未树立正确的"三观"以及拥有坚定的意志、信念前,受他人挑动、欺骗、引诱、教唆后极易偏离正确的人生轨迹;在失去精神支柱、情绪低落甚至崩溃时,也易产生反社会心理,选择极端的手段发泄内心情绪。从客观方面来看,基于中国几千年封建传统文化的影响,虽然女权主义意识早已得到广泛传播,但仍有一大批人固守着"男尊女卑"的腐朽观念,许多女性缺乏独立和自我保护意识,在家庭、工作岗位以及社会中都或多或少受到不公待遇,处于十分被动、弱势的地位,以至于在遭受困难和侵害时极易采取极端手段予以解脱。此外,社会转型期新旧观念的冲击、不良文化的诱惑和侵蚀、管理体制的漏洞、监督制度的缺位,也都成为女性利用自身优势犯罪的原因。

正是基于女性犯罪率的不断上升以及女性犯罪的独特性,世界各国从分押分管、个别处遇的刑罚理念出发,建立了专门关押女性犯人的监狱或监区。

关于女犯单独关押的问题,最早可以追溯至 1777 年约翰·霍华德的监狱改革建议。之后,不同性别的犯人被隔离关押,但监狱中女犯面临的情况仍然很恶劣。[①] 1844 年,美国妇女监狱协会在纽约成立,以分开关押女犯、改善女犯待遇为宗旨。1870 年,全美监狱协会大会召开,批准为女犯建立监狱。内战结束后,为妇女建立的感化院——避难所终于在底特律开放了。[②] 此后,世界各国相继建立了女犯感化院、女犯监狱、女子矫正机构。例如,英国设置了封闭式与开放式的女性监狱;《法国刑法典》规定将男女分别关押,在特别监狱中设置了女犯监狱。[③] 在我国港澳台地区,香港截至 2008 年底共设置了 8 所女子矫正机构,分别为紫金楼、芝兰更生中心、芝麻湾惩教所、荔枝角惩教所、励顾惩教所、大榄女惩教所以及蕙兰更生中心;澳门由于面积较

[①] 参见曾尔恕:《美国妇女监狱的历史和现状》,载夏宗素、朱济民主编:《中外监狱制度比较研究文集》,法律出版社 2001 年版,第 196 页。
[②] 参见杨木高:《美国女犯矫正制度研究》,载《贵州警官职业学院学报》2012 年第 2 期,第 103—107 页。
[③] 参见马志毅:《发达国家监狱管理制度》,时事出版社 2001 年版,第 39 页。

小,只有一所监狱,但在其中设置了女子监仓区;台湾共有 24 所监狱,其中有女子监狱 3 所(高雄、台中、桃园女子监狱),以及男女兼收监狱 3 所(花莲、宜兰、台东监狱)。①

美国在押罪犯数量居全球之首,虽然女犯占在押总数的比例较小,但关押女犯的数量一直在上升。根据美国司法部 2007 年 12 月公布的统计数字,2006 年之前的 5 年间,美国联邦和各州监狱关押的女性犯人人数呈加速增长态势,平均每年增加 2878 人;女犯总数 2006 年达 112498 人,比 2005 年增加 4.5%。② 纵观美国的女犯矫正制度,有以下特点:首先,女犯监狱大多规模较小,警戒性较低,从外表看和大学校园差不多,没有高墙和电网,管理宽松,女犯有较多自由,"关押在最高警戒程度监狱的只有 7.6%,83.3%都关押在中、低警戒等级监狱"③;其次,在矫正过程中较少发生暴力行为,对家庭依赖性较强,渴望家庭生活,一些性虐待的被害人、单身母亲还有自伤行为;最后,注重女犯和未成年子女的接触和联系,女犯可以享受开放式处遇。④

在我国,江苏省监狱局以本省的在押女犯为调查对象,通过查阅档案、问卷调查、心理测试、个别交谈、座谈会等多种形式,以期对监狱在押女犯的构成特点、心理、行为特征以及矫治对策等进行调查研究。数据统计与分析表明,我国的监狱在押女犯具有以下特点⑤:以年轻女犯为主,35 周岁以下的女犯占在押女犯总数的 51%;文化程度普遍偏低,初中以下学历的高达 84.6%;职业以农牧渔民和个体户、无业者最为突出,素质低下,长期散漫;犯罪类型呈多样化发展,过去以财产性犯罪为主,现主要集中于性犯罪和毒品类犯罪(占 34.8%),其次才是侵犯公民人身权利、民主权利罪和侵犯财产罪;团队作案方式呈上升趋势,团伙犯罪中女性作为主犯、首要分子的比率高达 39.1%;刑期方面,轻刑犯仍占主体,但重刑犯比重明显加大;家庭环境恶劣,关系复杂,离婚的占 15%;外籍女犯的比例升高,流窜作案严重,尤以性犯罪和拐卖类罪为甚;累犯增多,且前后案由相同的比重大(57.8%)。

(二)我国女子监狱的建立与发展

在我国古代社会,由于女犯人数较少,且从刑法经济的角度考虑,统治者并未设立专门的女监。颜师古注《汉书》时,曾称"《汉书·旧仪》掖庭诏狱,另丞宦者为之,主理夫人女官也",只有京城里有专门囚禁女犯的"掖庭狱"。⑥ 根据史料记载,汉朝的永巷就是关押皇宫内犯罪的妃嫔和宫女的监狱。⑦ 后永巷正式被赋予监狱名,成为"掖庭狱"。永巷和掖庭原都是宫中的旁舍,专供一般的妃嫔和宫女居住。此外,还有一种称

---

① 参见杨木高:《我国港澳台地区女犯矫正制度研究》,载于爱荣主编:《监狱评论》(第 4 卷),法律出版社 2011 年版,第 111、113 页。
② 参见江国成、丁逸旻:《国务院新闻办公室发表〈2007 年美国的人权纪录〉》,http://news.xinhuanet.com/world/2008-03/13/content_7778740.htm,2015 年 5 月 19 日访问。
③ 吴宗宪:《当代西方监狱学》,法律出版社 2005 年版,第 571 页。
④ 参见杨木高:《美国女犯矫正制度研究》,载《贵州警官职业学院学报》2012 年第 2 期。
⑤ 参见江苏省监狱局课题组:《江苏在押女犯现状的社会调查报告》,载于爱荣主编:《监狱评论》(第 1 卷),法制出版社 2006 年版,第 123—125 页。
⑥ 参见杨木高:《中国女犯矫正制度研究》,南京大学出版社 2012 年版,第 7 页。
⑦ 参见潘君明编著:《中国历代监狱大观》,法律出版社 2003 年版,第 142 页。

为"暴室"或"薄室"的女子监狱。宫女、皇后、贵人受惩罚后,主要是为皇家制衣做被,由于漂染的纱布都要暴晒,故取名"暴室"。男女分监方面,女监一般设在外监之侧,有专门的院墙,早晚都不许男犯进入;狱卒应尽量减少与女监的直接接触;女监旁设有转桶,以传递饮食。①

图 3-22　永巷②

在古代,女犯在待遇上并未与男犯区分开来,但统治者会在执行刑罚时考虑给女犯一些优待措施,体现对女性的特殊保护。战国时期,男犯、女犯都要服劳役刑,但女犯一般从事劳动强度较轻的粮食加工劳役。据《汉书·平帝纪》记载,汉朝时期,女性"非身犯法"或者"从坐不道"不得系,即只要不是自身犯法或不是因不道德的罪而受株连,女犯便不受拘系。据《汉书·宣帝纪》记载,女犯"乳养"可充劳役,即在监狱内服刑的女犯抚育幼儿的可以充当其他劳役。③ 唐朝法制相对完善,确立了男女分狱制度,宫内男女分监,宫外也实行分押分管。唐宋时期的监狱对于怀孕的妇女给予特殊优待,如制定不佩戴戒具的"颂系"办法。元朝设立了早期的保外就医制度。《元史·刑法志》载:"诸孕妇有罪……临产之月,听令召保,产后二十日,复追入禁。"明朝扩大了女犯外保范围,依《大明律》规定,只对"犯奸及死罪收禁",重视对妇女贞节的保护。清朝设立女监,并在各监区配备大夫两名,徒刑以下的患病者经承审官检视后,可以保外就医。晚清时期,沈家本主持狱政改良,对妇女采取了特别优待措施:一是设立妇女待质所,类似于现代的看守所,保障未决女犯的身心健康;二是设立女犯习艺所,遣、军、流、徒等刑罚都可通过习艺赎减;三是设立新监,学习境外的分房制、杂居制等,如京师

---

① 参见孟祥沛:《中国传统行刑文化研究》,法律出版社 2009 年版,第 151 页。
② 图片来源:百度图片,2015 年 5 月 3 日访问。
③ 参见杨木高:《中国女犯矫正制度研究》,南京大学出版社 2012 年版,第 7 页。

模范监狱。1913年,北洋政府以《大清监狱律草案》为基础,制定并颁布了《中华民国监狱规则》,明确规定了"男女分监"制度,并对女监的组织机构、女犯的收押、入监检查、给养、卫生医疗等内容作出了详细规定。这是我国正式颁布施行的第一部比较完备的监狱法规,具有重大意义。

图3-23 清代河南内乡县衙监狱内的女牢,即女监[①]

从新中国成立到改革开放以前,女犯数量较少,且与男犯一般关押在同一监狱、不同监区,几乎没有独立制的女子监狱。20世纪80年代以后,随着社会的变迁和犯罪率的不断上升,党和国家开始注意到愈演愈烈的女性犯罪问题,单独的女子监狱开始出现。1988年6月,司法部劳改局在湖南长沙召开新中国首次女犯改造工作座谈会,会议提出了落实分押分管、原则上不设武装看押、不使用戒具、放宽女犯保外就医以及减刑和假释标准、狱内配备女医生等几项措施,是我国女犯矫正工作的一个重要转折点。20世纪80年代末至21世纪初是我国女子监狱的黄金发展时期,大多数省份都将女犯从男犯监狱中隔离开来,建立单独的女犯监狱。截至2003年底,全国女子监狱达到30所,共有监狱民警7500余人,其中女警5200余人。[②]

（三）我国女子监狱矫正制度

随着2003年全国女犯改造工作座谈会在南京的召开,我国女子监狱矫正工作进入新的发展时期。北京、上海、浙江、江苏、广东等省市的女子监狱在对女犯依法、严格、科学、文明管理的同时,尊重女犯的女性地位,并在狱政管理中给予女犯一定的人

---

① 参见《揭秘河南内乡县衙之清代监狱》,http://www.neixiangxianya.com/html/xianyawenhua/2009/0523/123.html,2015年4月10日访问。
② 参见杨木高:《女子监狱民警队伍建设若干问题探讨》,载《河南司法警官职业学院学报》2012年第2期。

性关怀,努力探索更符合女犯特点的特殊矫正制度。我国女子监狱矫正制度大致可分为女监建设、狱政管理、教育矫正、劳动矫正四方面。

1. 女监建设

女监建筑设计,是伴随着1993年司法部对女犯实行单独关押决定而出现的特殊的监狱物质形态。但是,纵观我国的女监设计,其设计理念、设计标准和建筑形态与男犯监狱趋于一致,并未体现关押女犯这一特殊性。首先,女子监狱统一由省级司法行政管理部门负责,多数女监在前期建设中为尽快实现女犯关押,存在边建边押现象,未综合考虑女监建筑功能,缺乏统一的整体规划,根据关押需要而自定义设置监狱,建筑布局不合理。其次,女子监狱的设计理念和标准与男犯监狱并无区别,虽然考虑到了建筑的安全防范功能、教育矫正功能、惩罚隔离功能、抗暴功能等,但并未从女性身心、行为特点出发考虑女犯监狱的个性特征,监狱的建筑色彩、装潢单调、男性化,绿化程度有限,缺乏人文感化功能和个性化设计。再次,由于我国女子监狱资金少、起步晚、缺乏专业技术人才等复杂原因,使得监狱建筑设施落后,缺乏现代化管理制度。最后,女子监狱的关押规模普遍过大,违反了联合国《罪犯待遇最低限度标准规则》规定的"封闭式监所因犯人数不宜过多,以免妨碍个别施以待遇"的要求,如"广东唯一一所女监常年押犯4800余人"[①]。

基于以上问题,从现代化监狱行刑理念和对女犯人文感化的角度出发,我国女子监狱应转变建筑设计理念,实施相应的改革。首先,统一整体规划全国女犯监狱建设,明确监狱的建设标准,遵循司法部《监狱建设标准》关于选址的四项规定,考虑交通、地理环境、社会亲和性、人员等因素,综合考虑监狱的选址,建设能够反映地区特色、时代特征、女犯特点的个性化监狱,并成为地方城市文明形象的重要标志之一。其次,明确女子监狱的关押规模,严格遵从《监狱建设标准》关于监狱关押规模的规定,并考虑监狱关押的警戒等级需要。例如,沿海和经济发达地区可根据关押人数的需要建立两个以上女监或在男犯监狱内设置女监区。最后,监狱的建筑布局和建筑环境要体现开放性、和谐性特征,可采用通透式围墙设计,狱内科学设置行政区、生活区、教育学习区、禁闭区、会见区,构建外部环境像公园、内部环境像学校、监舍像家园的人文女监。

2. 狱政管理

1994年《监狱法》第39条第1款明确规定:"监狱对成年男犯、女犯和未成年犯实行分开关押和管理,对未成年犯和女犯的改造,应当照顾其生理、心理特点。"第40条规定:"女犯由女性人民警察直接管理。"我国实行男犯、女犯、未成年犯分押、分管、分教制度,管理女犯的监区和狱政、教育、生产、生活卫生岗位的管理人员均应是女性人民警察,不直接管理女犯的岗位也可配备男性人民警察。

我国女犯分类关押的模式主要有四种,即独立建制型(大多数省市都是此种模式)、女犯监区型(如浙江省)、女犯和未成年犯共同关押型(如宁夏回族自治区、海南

---

① 王晓山:《当代监狱规划设计与建设》,法律出版社2010年版,第129页。

省)以及男犯监狱内设女犯监区型(如西藏自治区)。在分别关押的基础上,再根据女犯的犯罪类型、刑期种类、人身危险性等情况综合考虑,对女犯进行分类管教:一是将危害国家安全类女犯与普通刑事女犯分开,再在普通刑犯中按照犯罪类型分开;二是按照惯犯、累犯、初犯分开管理;三是对屡教不改、人身危险性较大的女犯设立高危警戒区进行管理;四是按照刑期长短分类管理。根据女犯在狱内改造的综合表现,女监会进行综合评估和奖惩,给予罪犯分级处遇。① 例如,江苏省南京女子监狱将女犯按照宽管级(A级)、从宽级(AB级)、普管级(B级)、从严级(BC级)、严管级(C级)五级标准,分别给予不同处遇。男女分开关押、分别管理是国际通行的做法,由女警直接管理女犯有助于女犯感受监狱的威严性、文明性,使女警更好地掌握女犯的思想动态,有利于维护女犯合法权益,提高监狱矫正的实际效果。依据《监狱法》第15—19条的相关规定,女犯的收押与男犯遵循的规则基本一致,对于女犯的收监检查应当由女性人民警察检查,对于怀孕或者正在哺乳自己婴儿的妇女可以暂不收监,女犯不得携带未成年子女在监内服刑,保护妇女的特别权益和未成年人身心健康成长。

在监狱卫生、医疗生活制度上,也给予女犯特殊优待,针对女犯体质弱、饭量小的特点,合理安排膳食,提高伙食营养;囚服要在款式、色彩上适当考虑女犯的心理需求,允许女犯会见亲属时浅施粉黛;监舍设有卫生间,保障光照和通风,有条件的女子监狱还可设热水器供女犯洗浴用;监舍的装饰弱化男性、僵硬色彩,允许女犯用一些装饰品适当装扮监舍,创造温馨、和谐的改造环境;设立卫生所或卫生室,配备专门的医务人员对女犯定期体检,有病的及时报告、隔离治疗,保障女犯的身体健康。《监狱法》第57条规定了七种可离监探亲的情形,这一法条同样适用于女犯。女犯监狱应从女犯为人妻、为人母、为人女的多重社会角色出发,为其创造更多的离监探亲条件。

3. 教育矫正

对女犯的教育矫正遵循分类管教的基本原则,按照犯罪类型对女犯实施个别化教育矫正。例如,针对暴力犯,要加强法制驾驭,做好危机干预和心理疏导工作,重构女犯的社会关系网,充分调动社会资源,做好女犯的帮教工作;针对金钱欲望强烈、自我意识薄弱、责任感不强的财产型女犯,要加强认罪服法教育,加强职业技能培训和劳动观教育,开展心理、行为矫治,使其树立正确的价值观,培养勤劳勇敢、自力更生的意识,成为一个遵纪守法、诚实守信、自力更生的合格公民;针对性观念扭曲、法律意识薄弱、罪错意识低的性犯罪者,要开展生理知识和心理教育,加强传统道德观念和法制教育,同时注重女性自尊、自爱、自重、自强意识教育;针对毒品类女犯,要开展文化知识和认罪服法教育,并加强职业技术教育,帮助其解决实际问题,使其拥有一技之长,回归正常生活轨道,不至于再走上犯罪道路;对于职务型女犯,要根据其官位思想重、注重养生和生活情趣、心理落差大、功利思想突出等特点,对其开展思想政治教育,重塑灵魂,强化认罪服法教育,使其早日认错悔过,发挥劳动矫正功能,使其实现自我价值,

---

① 参见管清珍、张学法:《责任如山——南京女子监狱访谈录》,大众文艺出版社2006年版,第54—56页。

增强自我责任感;应对年岁较大、体质较弱的女犯的生活处遇给予适当照顾,并动员社会、家庭、单位各界力量联合帮教,使其早日悔过,顺利复归社会;对于少数民族女犯,要尊重其语言文化、宗教信仰和民俗习惯,配备一定的少数民族女警,加强汉语言教育,贯彻国家民族政策;对于团体意识过强的女犯,可分别关押。

我国的女犯教育矫正除具有一般罪犯教育矫正制度的缺陷,如思想教育过于照本宣科、教育改造方法单一且陈旧外,还缺乏女犯教育的特性,没有从女犯身心特点出发制订教育矫正计划,过于男犯化。因此,首先,要转变教育观念,树立个别化特色教育矫正理念,从女性感性化角度出发,以理服人、以情感人。其次,要丰富教育内容和教育形式,多开展生理知识教育、"四自"教育,利用特殊节日开展教育矫正活动,调动社会资源,建立多层次、多渠道的社会帮教体系。此外,针对女犯认知能力较低、自控力差、意志薄弱、感情细腻、依赖性强等性格特点,以及在服刑期间容易产生的焦虑、恐惧、不安、矛盾、悔改、屈从、伪装,直至服刑后期的矛盾、兴奋等心理,有针对性地开展心理矫治活动,通过心理评估、心理诊断、心理矫治、心理康复方式,正确处理、治愈女犯的不良情绪、心态甚至病态心理,帮助女犯培养自我心理调控能力,早日形成稳定、健康的心理。

4. 劳动矫正

新中国成立后,女犯的劳动矫正主要以手工劳动和室内劳动为主。中共十一届三中全会后,女犯的劳动矫正工作得到新的发展。1988年,第一届全国女犯工作座谈会明确作出"不准男女混合岗""女犯以室内劳动为主"等规定,要求男女分开劳动,区别对待男女劳动项目。2003年,国务院推行监狱体制改革,实行"监企分开、收支分开"的新模式。各地女子监狱按照改革要求,通过组建公司,为女犯提供工作岗位,强化、深化女犯的劳动改造工作,取得了一定成效。各地女子监狱通过监狱生产布局调整和产业结构调整,大多数劳动改造项目都变为加工业。相关调研成果显示,目前大多数女犯从事服装加工业生产,还有部分女犯从事礼品盒包装、鞋帮、毛织品、宝石、珠绣、电子元件等项目的加工生产。[①] 通过监狱体制改革,深化了女子监狱职业技能培训,培养了女犯勤劳勇敢、自力更生的意识,有效地矫正了一批"物质女",监狱劳动的矫正职能得到强化,创建了独特的女犯劳动矫正制度。

基于劳动主体——女犯特殊的身心特点,女犯的劳动矫正也具有劳动程度较轻、劳动类型复杂、劳动管理宽松、劳动矫正情感化等特色。女犯的大多数劳动项目都是服装加工业,钝器、锐器较多,危险性较高。女犯劳动工具管理因女犯的特殊身份而具有特殊化,原则性较强,安全要求较高,遵循"安全第一、有利生产"原则。女犯的劳动时间按照《监狱法》有关规定执行,一般每周劳动5天,一天8小时,三八妇女节还特别放假半天。根据女犯不同于男性的生理特点,监狱系统应在劳动项目、安全、卫生等方面给予特殊的劳动保护,保障女犯劳动中的安全健康,减少有害因素和不安全因素的

---

① 参见杨木高:《中国女犯矫正制度研究》,南京大学出版社2012年版,第182页。

侵害，减少妇女病、职业病和伤亡事故的发生。2012年4月，国务院通过《女职工劳动保护特别规定》，明确规定了禁止女犯从事的劳动类型以及女犯在经期内禁止从事的劳动种类，给女犯劳动又加上了一把坚固的"保护伞"，使女犯能够在合适的劳动环境中从事符合其身心特点、改造需要的劳动项目，提高职业技能，养成热爱劳动的品质，为日后顺利就业、复归社会打下坚实基础。

三、发展中的功能型监狱

功能型监狱，是指集中关押、分类矫正某类被判处监禁刑罪犯的特殊监狱机构的总称，是刑罚个别化思想的直接体现，也是分类矫正技术的现实应用。其宗旨是，通过集中关押、分类矫正特殊类型的罪犯，制订、开展针对性的矫正方案和活动，减少与其他类罪犯的交叉感染，强化监狱矫正效果，使此类罪犯早日改过迁善，顺利复归社会。

近些年，国内探索建立了很多新类型监狱，集中关押、分类矫正特殊类型罪犯，且各类新兴功能型监狱都具有不同的设置原因和特征。譬如，有以服刑阶段为标准划分的新收犯监狱，相较于关押人身健全罪犯监狱的老病残犯监狱，与关押本国公民监狱相对的外籍犯监狱，依据罪犯刑期长短而区别设置的轻刑犯监狱、重刑犯监狱，罪犯犯罪类型突出的涉毒犯监狱和职务犯监狱，以及为罪犯提供医疗救治服务的监狱总医院等。各类新兴功能型监狱的建立和工作的开展，有助于更加全面、科学、有效地矫正各类罪犯，是我国监狱管理系统的一大创举。

（一）新收犯监狱

新收犯监狱，又称为"入监监狱"，主要关押新入监的罪犯，是罪犯服刑改造的入口。新收犯监狱将罪犯的前期改造放在突出位置，标志着我国刑罚执行中的针对性原则在体制上有了实质性进展。它从根本上改变了传统单一的收押模式，设立了整合集体收押、教育集训、调查测试、行为矫治、合理分流为一体的系统模式，集罪犯收押中心、教育集训中心、分流中心于一体，创立了当代罪犯矫正的新模式。

根据《新收犯教育集训实施大纲》的要求，监狱对罪犯进行为期1—3个月的行为规范教育、日常内务卫生指导、基本军体训练，然后向局属市内各监狱实施分流。新收犯监狱的服刑人员平均在监时间为1—3个月。新收犯监狱主要对罪犯开展入监教育集训，着重对罪犯进行认罪服法教育，组织罪犯学习《监狱服刑人员行为规范》，帮助其熟悉监狱环境，了解监狱的监规纪律，适应监狱生活。入监集训就像是服刑前的一次"启蒙教育"，给新入监人员提供"服刑指南"。此外，新收犯监狱的另一主要任务是，组织监狱矫正人员对服刑人员开展危险性评估，根据评估结果并结合其他因素对罪犯进行分类，制订罪犯矫正计划，并将罪犯分配至相应的监狱服刑。

以上海市新收犯监狱为例，这座国内第一所新收犯监狱于1996年6月开始筹建，1997年1月10日揭牌成立，其关押对象是经人民法院判决生效交付执行的有效徒刑（不包括余刑在三个月以下的罪犯）、无期徒刑、死刑缓期二年执行的成年男犯，不包括女犯和未成年犯。经过多年的探索和实践，监狱先后制定了《关于规范零星劳役罪犯适用的若干规定》《关于零星会见的审批和要求》等制度,规范了犯人邮件处理流程、保外就医流程、罪犯刑释工作流程图等程序;① 建立了"四必三控制"的犯情排摸和控制机制,组建了一批专兼职干警教师队伍,形成了"一级授课、三级辅导"的入监教育模式。② 在对新入监的罪犯进行检查(包括文书检查、人身检查、物品检查和健康检查四类)收押后,新收犯监狱将开展一个月的教育集训工作,查实罪犯的基本情况(身份、犯罪事实等),规范罪犯的行为习惯,端正罪犯的服刑态度,唤醒罪犯良知,指明矫正方向,帮助罪犯确立积极、正确的矫正态度,为其日后在狱内服刑改造思想创造条件。就教育矫正而言,监狱采用系统教育、个别教育、多形式教育、特色教育结合的方式,着力提高罪犯的集训教育质量,并保证不少于 120 个教育课时。③ 就心理矫治而言,监狱普遍开设了心理测试、心理咨询和团体心理辅导,促进新收犯的角色转换和环境适应能力。此外,监狱还开展了"坦白余罪、提交线索"的政治攻势活动,通过多次个别谈话,促使罪犯交清底细,甚至交代司法机关并未掌握的犯罪线索,成为一个"动态的、可追踪的深挖犯罪线索的活资料库"④。

(二) 老病残犯监狱

老病残犯监狱,是指关押被判处监禁刑、在普通监狱内无法正常服刑的老年犯、病犯、残疾犯的特殊监狱机构。此类监狱以老病残罪犯为关押对象。老年犯,主要是指因年老体弱导致身体素质差、劳动能力弱的年满 60 周岁以上的男犯或年满 55 周岁以上的女犯。病犯,参照《罪犯保外就医疾病伤残范围》(司发[1990]247 号)规定的标准,是指身患严重疾病、短期内有死亡危险(如感染 HIV)的服刑人员,或是年老多病(如患中风后遗症)的服刑人员等再次危害社会的可能性较低的服刑人员。残疾服刑人员,包括判决中认定和服刑期间认定,是指经医院鉴定的残疾情况符合《第二次全国残疾人抽样调查残疾标准》(残联发[2008]10 号)规定的三级以上和最高人民法院下发的《人体损伤残疾程度鉴定标准(试行)》规定的四级以上残疾等级的服刑人员(包括躯体功能和精神心理障碍两类),不包括自伤自残服刑人员。上海市南汇监狱就是集中关押精神病罪犯的一类特殊监狱机构。

老年人、病人和残疾人作为当今社会中的弱势群体,其人权尊重和保障问题得到广泛关注。老病残犯作为监狱罪犯中的一个特殊群体,也是监狱矫正工作的一大难点:第一,老病残犯普遍身体素质差,学习、劳动能力差,许多人甚至生活不能自理,给监狱管理增加了难度,他们在劳动改造中也很难找到合适岗位并做出成绩,劳动改造和教育改造的目的难以实现。第二,老病残犯因生理机能限制,无法通过劳动争取减

---

① 参见刘建:《上海新收犯监狱监管秩序规范稳定》,载《法制日报》2007 年 4 月 14 日。
② 参见 http://jyj.sh.gov.cn/shjyj/script/showDocument? documentPath=Plone/content/jyjj/jyjjnr/document.2009-11-13.8409384714&templatePath=shjyj/templates/documentPage/single_document_jyjjxl&aqPagePath=/style/mainPage/bmfw4/jyjj&channel=/Plone/content/jyjj/jyjjnr,2015 年 6 月 3 日访问。
③ 参见马力:《新收犯监狱在改造罪犯中的地位初探》,载《中国司法》2002 年第 4 期。
④ 同上。

刑分,减刑、假释的难度较大。第三,老病残犯较普通罪犯心理素质更弱,常处在自我封闭和自我否定中,意志消沉,而家人有意无意的"忽视"使其渴望亲情抚慰的情感再次受挫,缺乏改造动力。第四,包括精神病犯人在内的老病残犯,其思维方式不同于常人,行事冲动、偏激、不计后果,若管理、教育不当,极易引起监狱安全事件。

面对困难重重的矫正老病残犯工作,首先,各个老病残犯监狱要解决的是此类罪犯的身体机能问题。这需要监狱系统扎实推进监狱医院和医务室的犯人救治工作,提高医疗水平和专业化管理水平,保证老病残犯能得到合理、及时、有效的救治。

其次,应树立特色服刑理念,调动老病残犯服刑改造的积极性,配合监狱劳动、教育矫正工作,减轻监狱监管工作压力。例如,作为集中关押老病残犯的特殊监狱,河南省信阳监狱经过多年来对老病残犯管理的探索和实践,提出了"老有所为、残有所学、健康服刑"的矫正理念,积极为老病残犯提供合适的岗位并制订不同的任务标准,使其能够通过力所能及的劳动而获得自我价值实现感;引进加工、组装钟表机芯等便于老病残犯掌握的劳动项目,帮助其树立生活信心,重新认识、评价自我;注重罪犯的生理健康,关注罪犯的心理健康,开通心理热线,通过各种形式和机会,矫正罪犯不良心理,治疗心理疾病。[1] 这一理念的提出,为老病残犯的服刑改造指明了方向,并有效改造、矫正了一大批老病残犯。

再次,加强对老病残犯的心理疏导和干预,帮助其克服心理障碍,并采用社会工作办法,通过丰富的狱内活动和社会帮教活动,满足其亲情渴求,转变其消极的矫正观念和人生态度,营造良好的改造氛围。以北京市专门关押老病残犯的延庆监狱为例,该监狱提出了"让老病残服刑人员走出监舍、感受阳光、健康改造"的矫正理念,将老病残犯细分为老年残犯、重病残犯、轻病残犯,对各类罪犯集中管理,并设置了一座"爱心喂养园"和一座"阳光大棚",通过让老病残犯一对一地认领、饲养小动物培养其爱心;对植物的种植和培育也能让服刑人员强身健体,疏散不良情绪,并通过植物的生长与收获认识自力更生地劳动之价值,获得自我成就感,进而树立积极的矫正观念和人生态度。[2]

又次,改变过去将劳动成果与罪犯减刑、假释等奖惩直接挂钩的做法,针对老病残犯劳动能力有限这一特征,构建非正常劳力等级鉴定制度,调整老病残犯减刑、假释适用的标准和门槛,实现实质正义和公平,帮助其再燃人生信心,早日出狱,顺利复归社会。

最后,加速罪犯医保和养老保险与社会保险接轨,用罪犯劳动所得报酬缴纳相关保险费用,鼓励老病残犯积极改造,确保狱内罪犯享受"老有所依、病有所养"政策。这些措施既是"宽严相济"刑事政策的现实要求,也是刑罚个别化、人道化、社会化的集中体现。

---

[1] 参见石国营、薛广利:《信阳监狱老病残罪犯改造工作新探索》,载《河南司法警官职业学院学报》2008年第1期,第10页。

[2] 参见李秀平等:《老病残犯的特殊家园》,载《法律与生活》2013年第6期,第24—25页。

图 3-24　北京市延庆监狱①

随着修改后的《刑法》《刑事诉讼法》和《监狱法》的颁布实施,按照规定,监狱不能因为被判刑者的监控原因而拒收任何人。因此,老病残犯监狱将迎来更多的服刑人员,这将给监狱监管和罪犯矫正工作带来新的压力和挑战,随之而来的问题也会越来越多,等待着我们进行更多的探索和实践。

知识链接 3-4

图 3-25　上海市南汇监狱

上海市南汇监狱位于浦东新区周浦镇,建于 2007 年 7 月,是全国第一家专门收押

---

①　图片来源:http://www.bjjgj.gov.cn/sub_unit/yanqing2/zuopin_list.asp? id＝172,2015 年 6 月 3 日访问。

老病残犯,并与大型监狱医院合并建设的监狱。监狱占地面积约171.2亩,总建筑面积达28842平方米,设计关押容量2100人。为了确保对老病残犯这一特殊群体的管理更加到位,教育更有成效,南汇监狱引入了"两级化管理"的模式,原本监狱、监区、分监区的三级管理层级被"扁平化"为监狱、监区两级,由监区直接实施对罪犯的管理,通过缩减管理环节,提高工作效率,确保了尽可能多的警力直接参与管理教育罪犯。

监狱的设计、建造充分考虑到了老病残犯的生理特征和生活习惯,增设了无障碍通道、升降电梯、防撞扶手、呼叫按钮等诸多人性化设施,最大限度地便利了老病残犯的日常生活,保障了他们未被剥夺的法定权利,有利于进一步提高罪犯教育改造质量,维护社会稳定。为保障监管安全,南汇监狱每个监房都安装了电子监控装置,整个监狱建成了无盲区、全天候的监控系统。监狱总监控室、监区值班室、楼面值班室等可随时监控和录制辖区内视频信息,相关部门领导可通过计算机查看即时信息,而这些视频信号能同时传送到驻监武警值班室和应急指挥中心,实现动态监管信息资源共享。①

(三) 外籍犯监狱

随着世界经济的全球化,我国在加入世贸组织后,与其他国家在政治、经济上都开展了越来越频繁的交流与协作,公民出国旅游、学习、工作、考察等跨国流动日益频繁。外籍人士开始普遍出现在我国,其中少数人实施犯罪行为。于是,我国的监狱系统内出现了"洋面孔"。② 随着我国监狱内外籍服刑人员比率的不断攀升,如云南省截至2005年8月在×监狱关押的外籍犯达到在押总人数的17.5%,为我国的经济和社会发展带来了不稳定的因素。③ 如何有针对性地矫正外籍犯,成为监狱管理系统的一大难点。外籍犯监狱作为集中关押、矫正这类犯人的机构应运而生。

外籍犯监狱,顾名思义,是集中关押被判处监禁刑的外籍犯的特殊监狱机构。外籍犯,是指被我国人民法院依法判处刑罚,在我国监狱内服刑的非中国公民,包括外国籍、无国籍犯人。外籍犯主要有以下基本特征:④(1) 政治敏感度较高,关心国际形势、全球信息和我国的方针政策,甚至相当一部分外籍犯对我国的刑罚制度有较深研究,维权意识强,普遍不认罪服法;(2) 犯罪意识薄弱,不愿接受我国的刑罚制度和监规纪律,违规抗改行为突出;(3) 因生活的政治、经济、社会、文化背景不同,造成囚犯间、警囚间存在语言交流障碍,有不同程度的文化差异,交流沟通不顺畅,对狱政管理和教育矫正活动造成了很大的困难;(4) 由于个人信息有限与沟通困难,亲情帮教难以开展。准确掌握日益增加的外籍犯的基本特征,有助于更加有效地开展对外籍犯的矫正工

---

① 参见 http://jyj.sh.gov.cn/shjyj/script/showDocument? documentPath=Plone/content/jyjj/jyjjnr/document.2009-11-13.6162164253&templatePath=shjyj/templates/documentPage/single_document_jyjjxl&aqPagePath=/style/mainPage/bmfw4/jyjj&channel=/Plone/content/jyjj/jyjjnr,2015年6月3日访问。
② 外籍犯犯罪一般包括跨国犯罪、涉外犯罪与国际犯罪三种,目前我国的外籍犯基本来自前两种犯罪。
③ 参见郭晶英:《外籍犯处遇现状的话语构建》,载《长沙大学学报》2009年第6期。
④ 参见张宝章:《外国籍及台港澳罪犯管理教育改造实践与思考》,载《中国司法》2009年第7期。

作,对狱内管理过程中的突发状况防患于未然,做到未雨绸缪。

根据当地经济发展状况和外籍犯矫正数量的需要,各个地区外籍犯集中关押的机构设置也各有不同,包括与本国籍罪犯混合关押、监狱内部分监区集中关押两种。我国大部分省市采用的是前一种模式。然而,随着经济的发展和社会的进步,外籍人员犯罪率和犯罪数量也在逐渐上涨,部分省市开始将外籍犯集中关押于一个监狱内,以方便对外籍犯统一管理和矫正。河北的燕城监狱、上海的青浦监狱、福建的莆田监狱就是集中关押、分类管教外籍犯机构的代表。我国目前对外籍犯的管理主要遵循"法律面前人人平等"的原则,给予外籍犯平等的待遇。外籍犯监狱(监区)内部设有特别的"外籍犯管理规定和办法",除严格遵守监狱纪律外,其管理相对较为宽松,尊重其宗教信仰和民俗文化。同时,监狱组织外籍犯学习中文和中国传统文化,开展各种形式的文娱活动,缓解语言障碍,促进交流与沟通,丰富狱内生活。外籍犯的管理涉及国家主权、外交关系、国际法与国内法衔接、罪犯人权保障等重要问题,需从罪犯自身情况出发,设立合适的矫正计划,以适应我国监狱管理和未来发展的需要。

以上海市青浦监狱为例,该监狱于1994年12月14日正式挂牌启用,是一所高度警戒的监狱。除集中关押上海市的外籍犯外,青浦监狱也关押职务犯及其他类型罪犯。针对外籍犯的特别情况和矫正需要,青浦监狱设立了一系列独特的矫正制度。外籍犯的管理较普通犯更为宽松,监狱民警在严格执法的同时,也秉持人道主义观念和国际友好原则,在法律规定的范围内尽量满足罪犯的合理要求。譬如,信奉伊斯兰教的人在饮食上有严格的清规戒律,监狱当局十分尊重他们的信仰和民俗文化,饮食以面食和蔬菜为主,并给每个伊斯兰教犯人发放专用饭盒。[①] 自2004年起,该监狱就开始系统地组织外籍服刑人员学习中国的语言、历史、地理、伦理道德、国学文化(如《论语》《孟子》等),并开设中国茶道、书画、京剧、民乐等课程班。服刑人员依照自愿原则,几乎每人都选修了一门中国传统文化培训课程。[②] 通过传统文化的学习,外籍犯了解到中华民族强调"和为贵"的民族性格和内敛、修养、慎独的道德情操,在潜移默化中影响着他们的为人处世,监狱的气氛也日渐融洽,为矫正工作的开展创造了和谐有利的环境。

(四)涉毒犯监狱与职务犯监狱

涉毒犯监狱与职务犯监狱,是从罪犯犯罪类型出发设立的两类新兴功能型监狱。

涉毒犯监狱,是指集中关押犯有毒品类罪的罪犯的特殊监狱机构。毒品早已被世界公认为三大公害之一,它对于吸毒者的生理、心理健康和正常生活产生了极大的危害,不仅可以摧毁一个正常的人,还可能危害整个社会的健康和秩序。早在2005年发布的《禁毒白皮书》中记载,我国登记在册的吸毒人员已达105.3万名。随着近些年毒

[①] 参见耕才:《狱中洋囚——来自上海青浦监狱外籍犯监区的报告》,载《检察风云(法制新闻月刊)》2000年第12期。

[②] 参见卢劲杉、刘颖:《唤醒外籍犯的良知——青浦监狱中国传统文化教育纪实》,载《检察风云》2010年第2期。

品案件的增加,我国的吸毒人员早已大大超过这一数字,涉毒罪犯人数也在逐年攀升,禁毒斗争的形势十分严峻。我国台湾地区对各监狱实际收容情况的统计资料显示,21世纪初,全台湾地区各监狱约3万名受刑人中,毒品犯约占60%,已成为犯罪人口的主流。[①] 毒品犯罪的不断发生以及涉毒犯的增加,对监狱系统矫正工作提出了新的要求。涉毒犯监狱便在这种严峻的形势下摸索着建立起来。

以上海市宝山监狱为例,该监狱成立于1998年12月,主要关押被判无期徒刑和25年及以下有期徒刑的男性服刑人员。除涉毒犯外,宝山监狱也关押其他犯罪类型的罪犯。宝山监狱2005年对在押的415名男性罪犯进行了一项简单的调查工作,发现狱内服刑的涉毒犯存在一些明显特征,并得出以下结论:[②](1) 在押的涉毒犯分为吸毒与不吸毒两种,其中吸毒者的比例高达47%,有必要对这两类罪犯分类矫正;(2) 涉毒犯的婚姻状况较不稳定,但与家人的关系比较融洽,有亲情观念,可以利用这一点进行亲情感化和帮教;(3) 涉毒犯的文化程度普遍偏低,就业率偏低,经济状况较差,毒资的来源大多为非法途径,戒除生理、心理毒瘾对预防再犯具有重要意义,同时要注意开展针对性的职业技能培训;(4) 除对吸毒与否进行初次分类外,还应细化分类,为有效开展针对性矫正打下基础,如按照初犯与累犯、入监时间长短、吸毒时间长短、吸毒阶段等标准再次细分罪犯;(5) 行为特征上,涉毒犯的生活技能较差,好逸恶劳,应着重规范其行为习惯,强化劳动矫正,培养勤劳、务实的性格;(6) 人格特征上,涉毒犯的道德观念较弱,法律知识薄弱,有些人狡猾、爱撒谎、心机重且以自我为中心,教育矫正要强调传统文化和道德修养教育,转变其观念和为人处世态度,树立正确的"三观";(7) 由于毒品的伤害,涉毒犯的身体素质较差,容易患上传染病,应注意对该类罪犯的疾病防疫;(8) 改造态度方面,涉毒犯的敌对情绪严重,矫治态度消极,这提醒矫治人员要加强与罪犯的沟通,建立警囚信任关系,并强化对涉毒犯的心理矫治和干预,避免心理障碍的产生。根据这些结论,宝山监狱开展了一系列的矫正工作改革,根据个别化原则,将涉毒犯细化分类并分开关押、分类矫正,给予不同的待遇;同时,注重运用现实疗法、行为疗法等心理矫治技术,帮助吸毒犯从生理、心理上戒除毒瘾,真正实现对涉毒犯的改造和矫正。

职务犯监狱,是指集中关押犯有职务类罪的罪犯的特殊监狱机构。近些年来,随着经济的快速发展,个人主义、享乐主义、拜金主义等非主流价值观开始盛行,部分身担人民信任、身居高位的国家工作人员"道德滑坡"、价值观偏离,受利益的驱使,实施了侵害国家利益和财产的犯罪行为。鉴于职务犯数量不断攀升的严峻形势以及该类罪犯分类矫正的需要,我国部分省市的监狱系统设置了集中关押、分类矫正职务犯的特殊监狱(监区),对职务犯开展针对性的矫正工作。例如,上海市青浦监狱在集中关押外籍犯的同时,也是职务犯的集中关押机构。如何改造曾经身居要职的职务犯,使

[①] 参见林茂荣、杨士隆:《监狱学——犯罪矫正原理与实务》(第3版),台湾五南图书出版公司2002年版,第154页。

[②] 参见姚建龙等:《涉毒罪犯的心理特征及其心理矫治》,载《犯罪研究》2005年第5期。

其适应牢狱生活,并避免因身份特殊而受到特殊关照,成为各职务犯监狱推进监管和矫正工作关注的重点。在广东,阳江监狱、番禺监狱、清远监狱、梅州监狱、惠州监狱、女子监狱成为六所集中关押职务犯的监狱。阳江监狱关押了一百多名职务犯(年龄在50岁上下),根据每个人的情况制订改造计划,针对心理、身体状况分别进行辅导,并实行一视同仁的管理原则,按照统一标准安排劳动项目和实践(除了对有些老弱病残的职务犯给予个别优待处遇),对职务犯的减刑、假释审查和管理甚至比普通人还要严格。①

作为司法部唯一直属的中央监狱,燕城监狱成立于2002年11月28日,主要关押中央及省部级职务犯罪的重要罪犯和外籍犯人,且所有的犯人都是从各地调送而来的。截止到2012年4月,燕城监狱关押外籍犯四十多人、职务犯四十多人。监狱内部目前分为两个部分,普通刑事犯和外籍犯关押在一片区域,职务犯关押在另一片区域。外籍犯监区关押了二十多个国家的罪犯,住宿条件比普通犯优越一些,四个人一间监舍并配有电视机,监舍外还有一个乒乓球台和各类外文杂志(有英语、韩语等),便于外籍犯学习、交流与娱乐。职务犯监区里的职务犯一般都是四五十岁,平均年龄五十多岁。职务犯的监舍是两人一间,内有电视机、卫生间、淋浴间和阳台。

图3-26 司法部燕城监狱②

可以看出,我国的职务犯监狱并没有因服刑人员的特殊身份而给予优待处遇,而是平等对待犯人,实施统一的管理原则和标准,有针对性地分类以进行矫正。在职务犯监狱里,"关系犯"的存在成为一个不争的事实,服刑人员可能曾身居要职且具备不俗的能力。由于罪犯资源多、人脉广,监狱也面临着特殊人员"打招呼""找关系"的执

---

① 参见黄琼:《探访广东职务犯监狱:有人攀比多少人探望自己》,http://news.ifeng.com/a/20140528/40485804_0.shtml,2015年6月3日访问。
② 图片来源:百度图片,2015年6月3日访问。

法风险。职务犯监狱将普通犯人与职务犯分开关押,采取一视同仁、相互平等的狱政管理方式,避免了服刑人员间的攀比,维护了公平与正义,赢得了罪犯的尊重,树立了监狱警察的权威,维护了监狱应有的秩序,顺利推进了职务犯的矫正工作。

(五)重刑犯监狱与轻刑犯监狱

按照罪犯被判处刑期的长短,我国的监狱可以分为重刑犯监狱、普通监狱、轻刑犯监狱三种。其中,轻刑犯监狱与重刑犯监狱属于新兴功能型监狱,关押的对象都为男性罪犯,是"宽严相济"刑事政策在刑罚执行上的现实体现。也就是说,对于重大犯罪、危险犯罪,采取严厉的刑事政策;对不需要矫治或有矫治可能的犯罪,采取宽松的刑事政策。

重刑犯监狱,是指集中关押被判处十年以上有期徒刑、无期徒刑、死刑缓期二年执行的罪犯。就警戒程度而言,它相当于美国监狱系统内的高警戒度监狱或最高警戒度监狱。上海提篮桥监狱就是一所关押重刑犯的典型监狱。重刑犯的特征在于,其人身危险性和客观危害性很大,犯罪情节严重或特别严重,刑罚构成为十年以上的有期徒刑、无期徒刑、死刑缓期二年执行。随着社会转型时期各种问题的出现,恶性犯罪时有发生,如何矫正重刑犯、控制恶性犯罪成为司法部门关注的热点。将重刑犯与普通罪犯混合关押,首先,容易造成不同类型罪犯间的"交叉感染"以及和同类型罪犯间关于作案手段、方式的"深度感染",不利于普通罪犯的改造。其次,混合关押不利于对重刑犯制订专门的管理措施。由于减刑、假释政策不同,普通犯、轻刑犯较重刑犯更易通过自己的劳动改造表现挣分减刑,不同的表现结果会刺激重刑犯,使其产生心理不平衡、情绪不稳定,甚至影响其改造,引发监狱安全事故。最后,混合关押模式使罪犯分散于监管场所的各个角落,容易出现脱管失控,不利于对重刑犯的管理。将重刑犯集中关押,可以针对重刑犯实施专门的管理、考核制度,对各类危险分子逐个落实严控措施,安排合适、合理的劳动生产项目,避免狱内"深度感染",抚平重刑犯的心理落差,鼓励其树立积极的改造观念。

按照《刑法修正案(八)》的规定,有期徒刑数罪并罚的刑期从20年上升至25年,死刑缓期执行的累犯以及八类严重犯罪罪犯限制减刑后实际服刑最低不能少于25年。2015年8月29日公布的《刑法修正案(九)》规定,针对判处死缓的罪犯,若在死刑缓期执行期间故意犯罪未执行死刑的,死刑缓期执行的期间也需重新计算。

从积极方面来看,两个修正案关于从重惩罚、延长刑期的规定,使重刑犯从长期的刑罚惩罚中感受到痛苦,进而心生悔意,有利于重刑犯的认罪服法和真心悔过;限制减刑、取消假释的规定,加重了刑罚对罪犯的威慑功能,增强了重刑犯对刑罚的恐惧心理。此外,服刑期的增加延长了罪犯狱内隔离、改造的时间,长期与犯罪情境脱离,帮助罪犯削弱内心的犯罪心理,将常态心理重新唤醒并发扬光大,"占领"罪犯的整个心理空间,使其真正洗心革面,有效地防止了部分重刑犯减刑后改造倒退的行为。①

从消极方面来看,两个修正案的实施也意味着自由刑的延长成为一种必然趋势,狱内重刑犯、长期犯的比重会大幅增加,重刑犯的"监狱人格"②加深;限制减刑、取消假释的重刑犯会心灰意冷,产生消极改造和悲观绝望的心理。这种心理会致使重刑犯消极怠工、抗拒改造(抵制教育和劳动的暴力、非暴力不合作行为),即使释放出狱后也会对生活悲观绝望,甚至重新犯罪。③ 消极悲观心理严重者在狱内可能会做出自残、自杀、袭警、越狱等行为,不利于自身改造,同时还会对其他罪犯起到辐射作用,给监狱监管和安全带来隐患。

针对两个修正案实施后接踵而来的一系列问题,重刑犯监狱亟须推行相关改革措施,以应对新的压力和挑战。首先要解决的是重刑犯的监管和监狱安全问题,要加强重刑犯监狱的硬件设施和监管安全建设,加大科技投入,并把广大监狱民警的精力投向罪犯教育管理和跟踪式教导上,全面掌握重刑犯的动态,确保监狱安全。其次要面对的是重刑犯悲观心理和抗拒改造问题,要通过刑罚以外的措施提高重刑犯的改造积极性,丰富矫正生活,培养兴趣爱好,以缓解其心理压力;强化心理矫治效果,使其重燃生活信心,服从监规纪律。最后是重刑犯的矫正效果问题,可以通过调整考核奖励机制,改变过去"百分考核"的做法,灵活运用分级处遇、改善服刑生活、学习技术文化的激励机制,鼓励其积极改造,努力完成劳动生产任务,配合监狱的教育矫正工作,使其监狱矫正产生实效。

轻刑犯监狱是关押被判处五年以下有期徒刑的罪犯的特殊监狱机构,刑期或余刑属于三个月以下有期徒刑的罪犯除外(看守所负责关押)。就警戒度而言,轻刑犯监狱较普通监狱和重刑犯监狱更低。依照"宽严相济"政策和刑罚个别化理念的要求,轻刑犯监狱中服刑人员的处遇更为宽松、人道。在我国,轻刑犯监狱并不如重刑犯监狱那么多见,只在极少数地区才有。例如,2013 年 12 月,劳动教养制度被正式废除后,上海在苏北的两个劳教所全部转型为轻型犯监狱,集中关押、分类管理上海市的轻刑犯。

(六)监狱总医院

监狱医院,是指为监狱服刑人员提供医疗保健、医疗救助以及教育矫正的场所。我国《监狱法》第 54 条规定:"监狱应当设立医疗机构和生活、卫生设施,建立罪犯生活、卫生制度。罪犯的医疗保健列入监狱所在地区的卫生、防疫计划。"

监狱医院具有特殊性,它不仅承担着为罪犯提供医疗保健与疾病医治的一般医院职责,还承担着监督、管理、教育罪犯的任务。监狱医院的对象也具有特殊性,以被限

---

① 参见中央司法警官学院课题组、于佑任:《〈刑法修正案(八)〉对重刑犯监狱的影响及对策》,载《河南司法警官学院学报》2013 年第 4 期。
② 即罪犯因长期生活在监狱内,而使其人格特征深深打上"监狱"烙印,出现双重人格特征,失去自我,欺软怕硬。
③ 参见中央司法警官学院课题组、于佑任:《〈刑法修正案(八)〉对重刑犯监狱的影响及对策》,载《河南司法警官学院学报》2013 年第 4 期。在课题组调查中,有 39.7%的重刑犯认为自己出狱后可能因年老、贫困而无法在社会上生存,有 50.3%的被取消假释、限制减刑的重刑犯认为自己出狱后会为求生存而重入歧途。

制人身自由甚至剥夺人身自由的服刑人员为救治对象,如若救治不及时或不成功,极易引起服刑人员的不满和对立情绪,甚至成为医疗纠纷的导火线。监狱医院的医务人员具有双重性,既是人民警察又是医生、护士,既是执法者又是行医者,还面临着警察与罪犯、医生与病人两种界限,责任十分重大。然而,部分医疗人士因理论知识的不足和临床经验的欠缺,常常不能满足现实工作的需要。

  在我国,不同的监狱根据各自的需要,均设有不同规模和等级的监狱医院和医务室,它们属于监狱的组成部分,主要为服刑人员提供医疗保健和救治服务。部分罪犯的常见病、多发病可以在监狱内解决,但不排除有相当一部分病情比较复杂或严重的罪犯需要转院,而罪犯外出就医既牵扯监狱民警的精力,又增加监管安全风险,此时就迫切需要一所治疗罪犯重病的大医院,监狱总医院应运而生。监狱总医院,又称为"监狱中心医院",与监狱医院(卫生所)、监区医务室组成了监狱三级医疗、防疫网络。例如,2011年6月,北京市监狱管理局实行医疗机构垂直机构管理制度,为了提升监狱医疗机构的专业化管理水准,原隶属于在京各个监狱的医疗机构被统一划归北京市监狱局中心医院管理。①

  现阶段,我国的监狱医院由于医疗技术和经费保障有限,在运行中逐渐暴露出一些问题,如医疗设施简单、陈旧,给罪犯的临床诊断和治疗造成一定困难;医务人员因被列入管教执法类民警进行考核训练,待遇和地位下滑,积极性受挫,监狱医院医疗队伍的建设面临困境;病犯、家属的期望过高,人道主义医疗处遇与有限的技术、经费相矛盾;个别罪犯通过托病、装病等方式逃避劳动,在给监狱医院增加工作量的同时,也给监狱矫正带来困难;罪犯密集关押,公共卫生事件高度易发,罪犯的精神问题也易引起监狱监管事件等。这一系列问题,都对监狱医院救治与矫正工作提出了新要求和新挑战,亟须相关部门引起重视,确立依法行医的基本原则,规范医疗行为,加强监狱的卫生防疫和技术投入,建立医疗网络和各部门协作体系,构建罪犯医疗经费保障机制,强化医疗人员的业务培训,增强病患间的沟通,逐步突破监狱医院改革难关。

知识链接 3-5

  上海市监狱总医院启用于1903年,其前身是上海公共租界工商部华德路监狱医院,当时仅有一幢3层楼房,设病床36张,设备简陋。1945年8月起,医院始称"上海监狱医院",隶属上海监狱(提篮桥监狱)管理。1995年7月,医院更名为"上海市监狱总医院"。同年11月,总医院被上海市卫生局定为二级乙等医院。2007年7月26日,总医院安全搬迁至南汇区(现已划归浦东新区)周浦镇,新建一所医院。新医院占地面积为114046平方米(约171.2亩),建筑面积22358平方米。新建落成的监狱总医院有四大特色:一是病区规范化,病房内设盥洗和卫生设施、闭路电视,重症、监护病房内增设区域性中央空调设施;二是医疗设施标准化;三是整体设施、设备现代化;四

---

① 参见李秀平等:《老病残犯的特殊家园》,载《法律与生活》2013年第6期,第25页。

图 3-27 上海市监狱总医院

是全院数字化建设达到一个新水平,办公自动化、医疗信息数字化、安全防范网络化等信息技术的运用使总医院基本达到了数字化监狱医院的标准。

上海市监狱总医院是一所面向全市政法系统,为监狱、看守所中的罪犯、犯罪嫌疑人和其他违法人员提供医疗保障,集医疗卫生、疾病预防、戒毒康复、健康体检于一体的综合性医院,具有责任大、任务重、风险高三大特点。医院羁押人员分为两类:一类是收治从全市政法系统,如监狱、看守所、劳教所(已废除)中转诊而来的服刑人员、犯罪嫌疑人以及劳教人员;另一类是关押在医院的服刑人员,关押类型为原判十年以下有期徒刑的初偶犯。450 个床位、300 余名民警要应对每年数千人次的住院总量。①多年来,总医院围绕"以医疗为中心,以病人为重点"的工作理念,努力做到"公正执法、文明服务",为各项工作的全面发展奠定了扎实的基础。②

第七节 出狱人保护

出狱人保护,是指通过生活、学习、就业、人际关系恢复等各种措施,帮助出狱人复归社会,早日适应社会新生活,避免重新犯罪的一种矫正衍生制度,是监狱矫正职能向后延伸的体现,也是对出狱人这一特殊群体的特殊保护。

基于近代民主、人道主义思想的兴起,以及社会福利、人权保护理念的传播,刑罚理念由严惩转向感化、报应转向特殊预防,刑罚方法由生命刑、身体刑转向自由刑,各

---

① 参见南轩:《走进神秘的监狱医院》,载《检察风云》2007 年第 8 期,第 56—57 页。
② 参见 http://jyj.sh.gov.cn/shjyj/script/showDocument?documentPath=Plone/content/jyjj/jyjjnr/document.2009-12-04.4670127622&templatePath=shjyj/templates/documentPage/single_document_jyjjxl&aqPagePath=/style/mainPage/bmfw4/jyjj&channel=/Plone/content/jyjj/jyjjnr,2015 年 6 月 4 日访问。

国先后建立了刑罚宽缓化、刑罚抑谦化的刑事政策,教育目的刑理念在世界范围内逐渐确立。在此理念指导下,刑罚执行机关不仅仅是关押、管教、惩治犯人的场所,而更多具备了感化、教育、改造罪犯的矫正功能,并以帮助出狱人认错悔过、改过迁善、早日复归社会为最终宗旨和目标。

一、出狱人保护制度概述

(一)出狱人保护制度的定义与功能

出狱人,根据"狱"的性质、范围不同,有狭义和广义两种概念。狭义的"出狱人",是指被判处有期徒刑、无期徒刑和死刑缓期二年执行的罪犯,经过在刑罚执行机关——监狱(包括看守所、未成年人管教所等)服刑,刑期届满后回归社会的人员。广义的"出狱人",泛指被判处刑罚(包括徒刑、拘役、缓刑、管制)、被监禁过、被处以劳动教养以及收容教养经强制改造过、因老弱病残保外就医或监外执行、因悔改或立功被假释等已经刑满、期满或在社会上执行的人员。[①] 本章以"监狱矫正"为主题,采用的是狭义的"出狱人"概念,即刑满释放的出狱人。出狱人在我国曾有过其他称谓,如1994年《监狱法》颁布前的"劳改释放犯""刑满释放人员"(监狱服刑期满后被释放出狱的人员)、"刑释解教人员"(刑满释放人员和解除劳教人员的总称)以及"回归人员"(经过监狱服刑或劳动教养后重新回到社会的人员)。[②] 2013年12月,全国人大正式宣布废除劳动教养制度,在我国实行了五十多年的劳教制度走向终点,"刑释解教人员""回归人员"这两类称谓也不再适应以后出狱人保护工作的需要。

出狱人不同于老弱病残、妇女、儿童等特殊群体,他们既因监狱服刑被标签化而受到社会的冷眼相待和不理解,又因残余恶性思想的存在而对社会仍然具有高危隐患。由于监狱的封闭性和隔离性,出狱人在监狱内服刑期间与外界的联系被切断,社会关系网破裂,获得的外界信息十分滞后和有限。当他们走出高墙,再次回到社会时,往往不能适应新的社会生活而成为社会中的弱势群体。这不仅表现在就业缺乏竞争力、生活压力大等物质生活方面,也体现在心理状态调整、婚姻关系恢复、人际交往能力缺乏等精神状态和交往上。此外,由于曾因违法犯罪受过监禁处罚,出狱人往往会被贴上"社会危害者""坏人"等标签,使其复归社会后受到歧视和不公平的待遇,极易产生挫败感并出现心理问题。严重者还会因社会的敌视和复归的不顺而重新萌生反社会心理,进而导致再次犯罪,成为社会的高危隐患。作为监狱行刑的后续工程,出狱人保护制度与监狱行刑效果紧密相连。出狱之初是再社会化过程中的一个过渡危险期,对出狱人和社会都意味着极大的考验。

因此,正确处理、解决好出狱人复归社会问题,对巩固监狱矫正罪犯的积极效果、帮助出狱人顺利实现再社会化、预防出狱人再犯、维护社会正常秩序具有重大意义。

---

① 参见夏宗素:《罪犯矫正与康复》,中国人民公安大学出版社2005年版,第221页。
② 参见郝赤勇:《我国司法行政制度及其改革发展》,载《法制日报》2011年8月10日。

联合国《囚犯待遇最低限度标准规则》第64条规定:"社会责任并不因囚犯出狱而终止。所以,政府和私立机构应当能够向出狱囚犯提供有效的善后照顾,其目的在于减少公众对他的偏见,便利他恢复正常社会生活。"① 出狱人保护制度可以通过出狱前后的各种保护措施,促进监狱内的罪犯服刑改造,培养、提高出狱人复归社会的适应能力,促进出狱人的再社会进程,避免出狱人因复归不顺而再次犯罪,将对罪犯的矫正向后延伸,系统、圆满地实现对罪犯的矫正,是社会进步和文明的真正体现。

(二)出狱人保护制度的建立与发展

追溯出狱人保护制度之源,学术界一般认为产生于18世纪的英国和美国。一是在英国。1772年,英国监狱改革家约翰·霍华德创建了最早的出狱人保护团体。1862年,英国率先颁布《出狱人保护法》(*Discharged Prisoners Aid Act*)。二是在美国。1776年,美国费城慈善家威斯特(Richard Wister)因看到出狱者的窘况而产生恻隐之心,创建了"费城出狱人保护协会"(Philadelphia Society for Distressed Prisoners)。美国相继在各州建立起官方保护机构,专门提供经费协助出狱人生活和就业。②

林纪东认为,出狱人帮助事业最早始于1776年美国"费城出狱人保护协会"的成立。但是,吴宗宪指出,该协会应当翻译为"费城帮助穷苦犯协会",其帮扶的主要对象是正在服刑或者被羁押的犯人而非出狱人,第一个为帮助出狱人而建立的团体应当是1846年在艾萨克·胡珀(Isaac Hopper)指导下建立的纽约监狱协会(Prison Association of New York)。③ 随后,澳大利亚、比利时、意大利、丹麦、法国、德国、日本、中国等国家相继效仿,建立了许多出狱人保护团体,并且出狱人帮助范围不断扩大、日趋紧密。从国际范围来看,一些国际组织和会议也对出狱人保护工作发挥了重要作用。1935年,在德国柏林举行的第十一届国际刑罚及监狱会议的决议指出:"对出狱人之救助,乃使之自力更生所必需。"专家学者们在会议上着重讨论了是否为出狱人建立家庭的问题,并建议向出狱人提供特别家庭以实现出狱人安置。④

日本是世界上出狱人保护制度建设较为先进的国家之一。日本的出狱人保护制度源于18世纪后半期,当时大多是以慈善保护为宗旨发起的民间保护团体。1888年,日本静冈成立出狱人保护公司,专门帮助刑满释放人员。1907年,日本政府从国库拨款补助释放者保护团体,并陆续颁布了《新少年法》《犯罪者预防更生法》《更生保护事业法》等。日本更生保护工作自成体系。⑤

据有关文献记载,我国的出狱人保护工作起源于秦二世时期,当时设立"隐官"这一手工作坊,专门用来安置刑满罪人的工作,丞相赵高的家人就曾受过这样的帮助。⑥

---

① 转引自程味秋、[加]杨诚、杨宇冠编:《联合国人权公约和刑事司法文献汇编》,中国法制出版社2000年版,第194页。
② 参见张学超:《罪犯矫正学概论》,中国人民公安大学出版社2011年版,第309页。
③ 参见吴宗宪:《监狱学导论》,法律出版社2012年版,第612—613页。
④ 同上。
⑤ 参见夏宗素主编:《狱政法律问题研究》,法律出版社1997年版,第323页。
⑥ 参见吴宗宪:《监狱学导论》,法律出版社2012年版,第615页。

我国出狱人保护的法律规定最早见于清末的《大清监狱律草案》，其中包含出狱人保护的条款。但是，该草案并未执行。1930年，中华民国政府公布《出狱人保护事务奖励规则》，规定了办理出狱人保护事业的奖励办法。1932年，司法行政部公布《出狱人保护组织大纲》，明确了出狱人保护事业的宗旨。① 新中国成立后，在社会治安综合治理系统工程中设立了专门的刑释人员安置帮教项目，除帮助解除劳教的人复归社会外，也包括对刑满释放的出狱人员的安置帮教工作，这也属于出狱人保护制度的一部分。我国的安置帮教工作从20世纪50年代《劳动改造罪犯刑满释放及安置就业暂行处理办法》确立"多留少放"，到60年代的"四留四不留"（改造不好的、无家无业的、家在边境口岸和沿海线上的以及放出后有危险本人不想回家的四种罪犯留在监狱），到改革开放后的"安置帮教"阶段，再到90年代的规范化、社会化，经历了一个逐步发展完善的过程。②

二、境外视角

联合国第二届预防犯罪和罪犯待遇大会决议中，对罪犯释放后的安置问题作了专门规定："为解决被释放者的困难，应特别注意当地的社会、教育、就业、待遇及居住等问题，……更生保护对于任何由监狱所释放出来的犯人并不拒绝其担任某种特殊的职业。"③经过近一个世纪的探索、研究和发展，许多国家和地区在出狱人保护工作方面已经形成了比较完备的立法和机制，如美国的《在监人重返社会法》、德国的《重返社会法》、日本的《犯罪者预防更生法》等都对出狱人保护制度作了相关规定。尤其是美国的重返社会训练营、日本的更生保护委员会和青少年之家等保护团体，对出狱人保护事业做出了巨大贡献。

（一）英美法系国家的出狱人保护制度

英美法系国家以英国、美国、澳大利亚、加拿大部分地区为代表，其中英国、美国是最早建立出狱人保护制度的两个国家。英美法系的出狱人保护对象，初期仅限于刑满释放、假释及保释的出狱人员，后逐步扩大到缓刑、免刑、释放、保安处分、保护处分等人员，采取了广义的"出狱人"概念。

从保护机构来看，英美法系国家的出狱人保护机构主要有以政府机关为中心的公办组织、以民间力量为中心的私办团体以及公私结合三种形式。在美国，出狱人保护机构的形式多种多样，有辅导出狱人就业的中途训练所、为出狱人提供居所的居住中心、提前释放中心、过渡中心、社区工作中心、社区治疗中心、临时避难所等，其中公办机构占较大比重。此外，美国的宗教机构和社会福利机构也对出狱人保护事业做出了巨大贡献。全国两百多个教派都出于"仁爱"的信念，对出狱人给予热情的帮助。社会

---

① 参见司法部编：《中国监狱史料汇编》（下册），群众出版社1988年版，第94页。
② 参见张学超主编：《罪犯矫正学概论》，中国人民公安大学出版社2011年版，第315页。
③ 转引自冯卫国：《行刑社会化研究》，北京大学出版社2003年版，第211—212页。

福利机构也会在出狱人生活无着落时提供最低生活保障,并鼓励其积极寻找工作。①英国的出狱人保护机构也存在民办机构、政府机构之分,而能够向出狱人提供专门帮助的只有民办机构,如为保释人员提供服务以及关心出狱人居住问题的"全国犯罪人帮助与安置协会"(NACRO)、关心出狱人就业的"新桥"(the New Bridge)和"安配克斯基金"(APEX Trust),以及兼顾出狱人保护工作的"霍华德刑罚改革联盟"(HLPR)、英国"监狱改革基金会"(PRT)等监狱改革组织。

从内容来看,出狱人保护工作主要是对罪犯出狱时的救助(衣着、路费等)、提供宿所(如英国的 NACRO)、提供医疗帮助、对出狱人予以指导以及权力保护等。澳大利亚"援助犯人协会"于 1973 年开办了一个专门为无家可归的出狱人而设的住宿所;1984 年又专门成立了"关心住房协会",为服过刑的人及其家人提供住房。② 各国刑法典也对出狱人释放前的身体检查作出了相关规定。例如,英国《监狱法》规定:"犯人在释放前必须进行体格检查";"由于精神或身体的病,在释放时需要立即救济的犯人,可由高等法院或观察委员会成员批准送进救济院……"③出狱人在出狱前一般都会有复归社会的兴奋感以及面对陌生社会的紧张心理。许多国家在犯人出狱前后都会针对其自身特点进行出狱帮扶、指导,并进行相关培训,帮助其顺利复归社会。例如,意大利《监狱法》规定:"在出狱前,对受刑人和被收容人实行一项特殊的待遇计划,其目的在于解决后可能遇到的与家庭生活、工作和环境有关的特殊问题。"④各国同样对出狱人应有的权利给予法律保护。例如,《西班牙监狱组织法》规定:"凡刑满释放的人,应恢复其公民权利;社会和法律不得歧视有犯罪前科的人。"⑤

(二)大陆法系的出狱人保护制度

大陆法系的出狱人保护制度主要以德国和日本为代表。德国的出狱人保护工作主要是由自愿的联合团体或者联合会承担。1953 年,德国成立"出狱人保护共同联合会",参与的组织上至全国性的专业联合会,下至各州团体以及刑事释放人员照管联合委员会。该机构后发展为一个司法联合协会,于 1990 年改称为"刑事释放人员帮助联邦工作共同体",主要通过募捐和罚金保障经费使用。⑥ 20 世纪 60 年代以后,德国各地都建成了"刑事释放人员帮助中心",帮助刑事释放人员解决衣物问题、提供过渡期救济、寻找工作和住所以及建立与家庭和亲朋的联系等。⑦

日本的出狱人保护称为"更生保护",广义的更生保护为"rehabilitation",即使用各种手段使罪犯恢复身心健康状况之后重归社会;狭义的更生保护为"aftercare",即为消除社会对出狱人的歧视而运用社会大众力量,对保护人予以积极辅导保护,使其

---

① 参见张学超主编:《罪犯矫正学概论》,中国人民公安大学出版社 2011 年版,第 310 页。
② 参见杨殿升、张金桑主编:《中国特色监狱制度研究》,法律出版社 1999 年版,第 367 页。
③ 转引自司法部编:《外国监狱法规条文分解》(上册),社会科学出版社 1990 年版,第 307 页。
④ 同上书,第 317 页。
⑤ 同上书,第 221 页。
⑥ 参见张学超主编:《罪犯矫正学概论》,中国人民公安大学出版社 2011 年版,第 311—312 页。
⑦ 参见郭建安主编:《西方监狱制度概论》,法律出版社 2003 年版,第 223 页。

适应社会生活。① 本章采用狭义的更生保护定义。日本的更生保护观念最早源于18世纪末创设的人足寄场,收容被科处轻罪人犯和无家可归者。② 对少年犯进行保护观察是更生保护的一项重要内容。二战结束后,为稳定社会秩序、预防再犯,日本先后颁布了《新少年法》《犯罪者预防更生法》《更生紧急保护法》《执行犹豫者保护观察法》《假释和保护观察法》《更生保护事业法》等,加强保护观察工作,由消极的保护管束转向积极的更生保护。经过两个多世纪的发展和演变,日本的更生保护工作如今成绩斐然,颇具特色。

与英美法系国家一样,日本的更生保护也采用广义的"出狱人"概念,即主要以刑满释放、缓刑、免刑、暂缓起诉、假释、保护观察者为保护对象。③ 在日本,中央法务省设保护局总管全国更生保护工作,下设中央更生保护审查会、矫正保护审议会、保护司选考会三个附属机构,并在部分高等法院设置更生保护委员会,在地方法院设置保护观察所。日本的更生保护机构主要是更生保护会,具体由更生保护的基础单位——保护观察所负责出狱人的安置,保护观察所内设保护观察官以及保护司(志愿者)。此外,日本还有更生保护法人和民间组织协助更生保护工作,后者如"兄弟姐妹会"(BBS)、"帮助雇佣业主会"和"妇女更生保护会"等。政府或民间的保护机构通过为出狱人提供指导、医疗、保养援助、寻找或提供住所、帮助就业、生活辅助、调整人际关系和心理辅导等,对出狱人顺利复归社会作出了巨大努力,起到了重要作用。

由此可见,无论是英美法系国家还是大陆法系国家,都将出狱人保护工作纳入法制轨道并作了相关制度设计。出狱人保护的形式主要分为收容安置的直接保护、保护观察的间接保护以及暂时的过渡性保护三种。欧美国家侧重于对出狱人的生活、就业、居所安置等问题的直接帮扶处理,日本则强调对出狱人复归社会进行日常辅导和保护观察,各具特色。

三、我国的出狱人保护机制

1994年12月,全国人大常委会通过《监狱法》,其中专门设置了"释放和安置"一节,规定"对刑满释放人员,当地人民政府帮助其安置生活";"刑满释放人员依法享有与其他公民平等的权利"等。中央综治委于1997年要求将安置帮教工作纳入基层安全创建活动中,并于1999年联合司法部、公安部、民政部下发《关于进一步做好服刑、在教人员刑满释放、解除劳教时衔接工作的意见》,使出狱人保护制度逐步迈上规范化、制度化、系统化的发展道路。2004年2月,中央综治委、司法部、公安部、劳动和社会保障部、民政部、财政部、国家税务总局、国家工商行政管理总局八部门联合发布了《关于进一步做好刑满释放、解除劳教人员促进就业和社会保障工作的意见》,提出了在市场经济条件下积极探索促进就业和社会保障工作的新途径,鼓励刑满释放人员通

---

① 参见许福生:《刑事政策学》,中国民主法制出版社2006年版,第390页。
② 参见夏宗素:《罪犯矫正与康复》,中国人民公安大学出版社2005年版,第249页。
③ 参见司法部编:《中国监狱史料汇编》(下册),群众出版社1988年版,第403—404页。

过灵活多样的形式实现就业,包括非全日制、临时性、季节性工作等,逐步实现就业市场化、社会化。相关部门2011年的统计数据显示,处于安置帮教期的380万刑释解教人员中,已帮教195万人、安置168万人,重新违法犯罪率为0.9%。①

我国1995年便在中央综治委设立了刑释解教人员安置帮教工作领导小组,并建立了从中央到地方的六级出狱人安置帮教工作组织体制。② 出狱人保护工作也遵循着一套规范、合理的实施程序,主要有如下三个阶段:③(1)出狱人交接,这是指在监狱和出狱人保护机构间进行的材料信息交接和其他交流工作。依据司法部1999年发布的《关于进一步做好刑满释放人员的安置帮教工作的通知》的有关规定,监狱、未成年犯管教所等监禁刑执行机关应在罪犯刑满释放前一个月内按照要求填写刑满释放通知书,并寄送至罪犯原籍所在地的县级公安机关和安置帮教办公室。罪犯刑满释放时,应根据不同情况在规定期限内持刑满释放证明书到原户籍所在地的公安机关报到。县级安置帮教工作协调小组办公室接到刑满释放通知书后,应当通知出狱人的家属和居委会将其接回,同时积极组织协调有关部门和村(居)委会做好安置帮教工作,在有条件的情况下还应进行出狱人危险性评估和再犯预测工作。(2)出狱人保护需要评估,即对出狱人希望得到的保护进行的评估工作。这有利于增强出狱人保护工作的针对性和科学性,主要通过参考监狱提供的出狱人资料、直接与出狱人沟通、使用量表评估等方式进行。国外还有出狱人保护工作者直接通过以往经验进行推断评估的创新做法。(3)提供出狱人保护,即针对出狱人特点制订一个保护计划,对出狱人进行生活、学业、就业安置、心理辅导等帮助工作。

出狱人保护工作开始于罪犯出狱前至出狱初期,涵盖了物质、经济层面和心理、精神层面。结合我国的出狱人保护现状和发展趋势,出狱人保护应主要采取国家帮助、社会帮助、个人自立三种形式,包括生活救助、就学就业安置、再社会化指导以及出狱教育四方面内容。

(一)生活救助

生活救助,是指出狱人保护机构针对出狱人复归社会初期面临的生活困难而给予的物质帮助与救济,主要包括出狱救助金、居所安置以及医疗保险等。有学者调查研究发现,生存问题是出狱人重新犯罪的最直接原因,约75%的再犯者家境贫困,无稳定职业,无基本生活来源。④ 解决出狱人复归社会初期的基本生存问题,对预防犯罪、

---

① 参见郝赤勇:《我国司法行政制度及其改革发展》,载《法制日报》2011年8月10日。
② 早在20世纪90年代,全国31个省、自治区、直辖市和新疆生产建设兵团都成立了刑满释放解教人员安置帮教工作协作小组办公室,各个基层市、县都建立了刑释解教人员安置帮教工作领导小组和工作机构,38521个乡镇(街道、社区)建立了安置帮教小组,在基层形成了一支以公安民警、司法辅助员、村(居)委会干部、人民调解员为骨干的出狱人安置帮教队伍。参见夏宗素:《罪犯矫正与康复》,中国人民公安大学出版社2005年版,第274—275页。
③ 参见吴宗宪:《监狱学导论》,法律出版社2012年版,第615页。
④ 参见路永泉、赵军:《生存问题是刑释(解教)人员重新犯罪的最直接原因》,载《中国监狱学刊》2007年第5期。

维护社会稳定具有重大意义。罪犯出狱后,会持刑满释放证明书到原籍所在地公安机关报到,公安机关为其办理户籍登记,此为实施出狱人保护措施的前提。对于长期在监狱服刑、与社会隔离已久的"三无"(无家可归、无亲可投、无经济来源)出狱人,政府会实施提供出狱救助金、过渡性居所等临时救助措施,帮助其解决出狱初期的衣食住行问题,使其早日安顿。例如,北京开展的疾病、贫困刑释解教人员的关爱行动,为生活困难的出狱人员每人提供 400—5000 元不等的救助款;①江西对村(居)委会从监所接回的出狱人,在出监所半年内,也会按照当地城乡最低生活保障标准发放生活补助费。② 然而,遗憾的是,我国并未真正建立起独立、固定的出狱人安置住所。我国可借鉴英国、美国、法国等国家的成熟经验,由政府出资或主导,修建固定的临时性出狱人居所,为其提供一个避免流落街头的暂时住所。

(二)就学就业安置

出狱人复归社会后,对于仍处在学龄期或愿意继续求学,且符合就学条件的,政府出狱人保护机构应当为其提供必要的就学便利,保障其就学权利,促使其在未来更好地适应社会生活。对于无就学需要的出狱人,就业是其安身立命之本,国家应当努力为其落实就业安置问题。然而,随着市场经济的发展,以及出狱人就业竞争力的限制,政府帮扶的就业安置越来越困难,出狱人安置就业途径朝多样化、多渠道方向发展。

目前,我国的就业安置以社会安置为主要形式,对于回农村的出狱人由当地政府部门根据国家有关规定分给必要的承包田地和适当的生产资料、生产工具,对于未被除名、开除公职的人员进行原单位安置,其他则有单位招聘、劳动部门和街道就地安置等解决形式。对"三无"出狱人,政府特别建立了过渡性安置经济实体,以及创办、扶持现有企业作为安置基地,解决刑满释放人员出狱后基本的居住、就业问题。据报道,2010 年,我国建成刑释解教人员安置基地四千三百多个。青岛市四方区建立了完善安置帮教的培训基地、实习基地、思想教育基地以及安置基地四大特色"回归绿洲基地"。成都市温江区由刑满释放人员匡某自主创建的以刑释解教人员为主要对象的"回归驿站"安置帮教基地,是安置型企业的典型代表,主要从事园林绿化工作,自创建以来先后安置了三十余名刑释解教人员和社区矫正人员。③ 此外,政府有关就业指导部门还会向出狱人员提供就业指导服务和就业岗位信息及相关培训,鼓励出狱人先就业再择业、自主就业、自谋出路,通过非全日制、临时性、季节性等工作形式实现就业,逐步实现就业帮助的市场化、社会化。

(三)再社会化指导

再社会化指导,是指针对出狱人复归社会后面临的种种适应问题而开展的生活、

---

① 参见中央综治委刑释解教人员安置帮教工作办公室:《各地刑释解教人员安置帮教工作成绩喜人》,载《人民调解》2010 年第 11 期。
② 参见周斌:《江西创新思路破解安置帮教六大难题 释解人员可领半年生活补助》,http://news.sohu.com/20100915/n274942267.shtml,2015 年 6 月 8 日访问。
③ 参见吴宗宪:《监狱学导论》,法律出版社 2012 年版,第 631 页。

心理指导。

生活指导,主要是指对出狱人婚姻关系、家庭关系以及社会人际交往关系重建等方面的指导,指导出狱人树立正确的婚姻观,平和看待感情关系的建立与破裂;在家庭中正确处理夫妻关系,孝敬长辈,关爱子女;在社会人际交往中,多交良友,避交不良友伴,遵纪守法,真诚待人,消除社会的歧视和偏见,赢得他人的尊重,积极参与社会正常生活,早日顺利适应新生活。

心理指导,是对出狱人在出狱前后的兴奋、紧张、自卑、焦虑等矛盾心理状态进行咨询、疏导的指导活动。心理指导工作一般由专业的心理咨询师承担,指导出狱人认知自己的社会角色并进行自我定位,明白自己拥有的权利和义务以及自身的潜能和劣势,树立积极的人生态度和价值追求;同时,帮助出狱人正确看待自己的过去和社会的不理解,建立正常的社会容忍力和心理调控能力,尽力摆脱、疏导就业、生活、社会交往各方面的压力,早日实现心理再社会化。

(四)出狱教育

出狱教育,又称为"更生教育",是指为帮助出狱人顺利复归社会而进行的相关系统教育活动。按阶段划分,出狱教育有出狱前教育和出狱后教育两种。出狱前教育,是监所根据即将刑满释放人员的服刑情况、思想特点、心理状态综合矫正效果以及出狱后的需求,在其出狱前三个月左右进行的系统性、针对性教育,是罪犯改造向前、向后、向外衍生的重要内容。出狱前教育主要有法制教育、社会形势政策教育、就业指导教育、短期职业技能培训教育四种,帮助出狱人在思想觉悟、法律素养、就业前途观念以及职业技能上有所进步和提高,为顺利回归社会作好前期准备。我国监狱普遍建立了出监队或设立了回归教育中心、就业指导中心等机构,负责刑满释放人员的出狱前教育。例如,北京市监狱管理局清河监管分局2002年在茶西监狱组建了服刑人员回归教育中心,浙江省十里丰台监狱五监区在即将释放人员中开展"五个一"活动等。[①] 2011年3月,四川省监狱系统在省内设置了首所出监监狱——锦江监狱,通过一系列的出监教育活动帮助即将刑满出狱的服刑人员顺利复归社会,提高就业竞争力。截至2012年10月,锦江监狱已顺利完成了两千名以上服刑人员的出监教育培训工作。[②]

出狱后教育主要是社区教育,是在一定空间范围内,由政府主导、社会参与,综合各种教育因素,整合各项教育资源,实施帮助出狱人早日顺利再社会化的教育活动。社区的全方位性、包容性、开放性可以为出狱人提供一种民主、兼容的社会风气,使其接受多样化的积极、正面教育,帮助其确立积极向上的人生态度和正确的价值追求。此外,家庭是社会生活的重要载体,在出狱人再社会化过程中扮演着重要的角色,民主和睦的家庭关系以及家庭成员的陪伴和心理疏导也不容忽视。

---

① 参见夏宗素:《罪犯矫正与康复》,中国人民公安大学出版社2005年版,第298页。
② 参见《四川锦江监狱出监教育培训迎新学员》,http://news.163.com/photoview/00AN0001/28324.html,2015年5月20日访问。

案例 3-8

为了提高出监教育效果,广东女子监狱创建了精细化出监教育模式,推行"一种模式、两大特色、三个关卡"的出监教育方式,做到服刑人员出监教育参加率100%,不断提高出监教育的精细化管理水平,使服刑人员出狱后再社会化取得了较好的效果。一种模式,是指"2+1周滚动编班、教学"的出监教育改造模式。三个月的出监教育工作分两个阶段进行:第一阶段由普通监区开展为期两个月的巩固教育,对未按要求获得职业技能证书的,开展短期职业技能培训和巩固性职业技能培训;第二阶段由出监监区开展一个月的集中教育,以服刑人员回归社会为出发点,组织服刑人员开展就业形势、社会政策、心理辅导等适应性培训。两大特色,一是搭建"五个一"平台(组织开展"新生前的一次留言""唱一首心中的歌""进行一次刑释前的宣誓""出一次专题黑板报""举办一场文艺小专场"活动),引导服刑人员获得迎接新生活的信心与希望;二是科学评估,分为重点帮教对象和一般帮教对象,并对地方安置帮教工作提出针对性的建议和意见,实现"无缝对接",充分发挥监狱改造工作"向外拓展"和地方安置帮教工作"向内延伸"的优势,真正实现监狱与社会的"无缝对接"。三个关卡,一是职业技能关,在出监教育期间重点开设美容美发班、花卉园艺班等技能培训班,提高服刑人员刑释后的就业能力;二是自我形象关,开展文明礼仪课程,警察教员通过现场讲解、演示、观看视频、师生互动等多种教学方式,引导临释服刑人员走向社会后在不同场合采用正确的方式方法与他人沟通;三是心理适应关,围绕服刑人员回归社会需要,制订和实施出监教育的理念、计划、手段和方法,实行分类施教,帮助他们冷静、全面看待问题,消除非理性情绪,纠正服刑人员出监前常见的茫然心理。[①]

(本章作者:温雅璐)

[①] 参见邢雯:《广东女子监狱打造精细化出监教育模式》,http://www.cnprison.cn/bornwcms/Html/gnxw/2014-04/06/4028d117448a5ee8014534544daf6846.html,2015年5月20日访问。

第四章 社区矫正制度

社区矫正是与监禁矫正相对的行刑方式,是指将符合社区矫正条件的罪犯置于社区内,由专门的国家机关在社会团体和民间组织以及社会志愿者的协助下,在判决、裁定或决定确定的期限内,矫正其犯罪心理和恶习,并促进其顺利回归社会的非监禁刑罚执行活动。

在国际范围内,社区矫正诞生于19世纪30年代的欧美国家。在美国,20世纪60年代末和70年代,社区矫正制度曾一度获得了民众的支持。在回归社会理论的指导下,在一些主管委员会的倡导和联邦资金的支持下,社区矫正几乎在美国的每个州都得到了迅速的发展。随后,社区矫正制度在世界各国被广泛使用。现在,在加拿大、澳大利亚、新西兰、法国、英国、日本、韩国、俄罗斯等国,均有专门的社区矫正机构,对犯罪者或罪犯适用社区矫正。2000年的统计数据显示,加拿大对罪犯适用社区矫正的比例在全世界最高,为79.76%;澳大利亚为77.48%;新西兰为76.15%;法国为73.63%;美国为70.25%;韩国和俄罗斯较低,分别为45.9%和44.48%。①

在我国,社区矫正最早可追溯至2002年。当年8月,上海市徐汇区斜土街道、普陀区曹杨新村街道、闸北区宝山路街道率先在全国开始了社区矫正的试点。2003年7月,最高人民法院、最高人民检察院、公安部、司法部联合下发了《关于开展社区矫正试点工作的通知》,确定北京、天津、上海、江苏、浙江和山东六省(市)作为全国首批社区矫正试点省(市)。随后,社区矫正如雨后春笋般在全国各地迅速发展。目前,社区矫正工作已在全国各省(区、市)全面开展。截止到2013年10月底,各地累计接收社区服刑人员166.5万人,累计解除矫正100.7万人,现有社区服刑人员65.8万人。②

总的来说,社区矫正工作是在总结传统非监禁刑罚执行制度的基础上,探索建立融教育矫正、监督管理与社会适应性帮扶为一体的新型非监禁刑罚执行制度,构建监禁刑执行和非监禁刑执行协调统一、相互贯通、互为支撑的新型刑罚执行体系。在教育矫正罪犯方面,社区矫正发挥了不可替代的作用。但是,我们也

---

① 参见邓聿文:《社区矫正彰显司法文明进步》,http://finance.sina.com.cn/roll/20030727/0000383286.shtml,2015年6月2日访问。
② 参见《贯彻党的十八届三中全会精神 推动中国特色社区矫正工作新发展——司法部负责同志就社区矫正工作答记者问》,http://www.moj.gov.cn/sqjzbgs/content/2013-12/11/content_5106018_2.htm,2015年6月9日访问。

应该注意到,我国的社区矫正还存在着相关规定之间存在矛盾、不统一以及重理论轻实践等诸多现实问题,到目前为止尚无全国统一、完整的规范化"社区矫正法典"。这些弊端的存在,很大程度上阻碍着我国社区矫正的发展和社区矫正工作的开展。在我国对罪犯的行刑工作日益法制化、文明化、人性化、科学化的今天,将社区矫正置于大矫正观的视域下进行深入研究,对完善我国现阶段的社区矫正工作,建立适合我国国情的社区矫正制度,无疑具有重要的现实意义和深远的历史意义。

第一节 社区矫正概述

费孝通先生认为:"社区基本构成要素有:以一定生产关系、社会关系为基础组成的人群,有一定的区域界限,形成了具有一定特点的行为规范和生活方式,居民在情感上和心理上具有对社会的乡土概念。"[1]从构成来看,社区包括以下几个方面的内容:[2] (1) 社区总要占有一定区域,如村落、集镇等,其社区形态都存在于一定的地理空间之中;(2) 社区的存在总是离不开一定的人群,如人口数量、集散疏密程度以及人口素质等,都是考察社区人群的重要方面;(3) 社区中共同生活的人由于具有某些共同的利益,面临共同的问题,具有共同的需要,而结合起来生产和进行其他活动;(4) 社区的核心内容是社区中人们的各种社会活动及其互动关系。

社区矫正中所说的"社区"其实是相对于封闭的监狱而言的,是一个自由开放的社会环境和地域。从当前社区矫正管理的角度而言,它是指政府所管辖的地域,即城市的街道办事处和农村的乡镇人民政府所管辖的区域。根据我国《城市街道办事处组织条例》(已废止)的规定,"十万人口以下五万人口以上的市辖区和不设区的市,如果工作确实需要,也可以设立街道办事处"。街道办事处是政府的派出机构,它与乡镇人民政府一样,都是我国政府实施社会管理的最基层职能机构。因此,社区矫正的区域与政府管理的体制要统一。[3]

一、社区矫正的概念分歧

"社区矫正",最初源于英美法系国家。我国官方正式提到"社区矫正"的时间是2003年。关于社区矫正的概念,学界有不同观点,归纳而言,主要有以下几种学说:[4]

(一)行刑说

该说认为社区矫正是一项刑事执行活动,是指对犯罪性质比较轻微或社会危害性较小的罪犯在社区中执行刑罚活动的总称,其内容包括"缓刑、假释、管制、监外执行、

---

[1] 转引自韦克难:《社区管理》,四川人民出版社2003年版,第78页。
[2] 参见郑杭生主编:《社会学概论新修》(第三版),中国人民大学出版社2003年版,第272—273页。
[3] 参见贾宇:《社区矫正导论》,知识产权出版社2010年版,第17页。
[4] 参见连春亮、张峰主编:《社区矫正概论》,法律出版社2006年版,第4—6页。

剥夺政治权利等"①,或者是一种行刑制度。② 持这一观点的学者认为,应从三个层面理解社区矫正的行刑属性:首先,它是一项刑事执行活动,强调刑事的惩罚性及司法或准司法性质,因此与刑满释放人员和违法青少年的安置帮教工作、人民调解工作以及社区的社会工作存在本质上的区别。其次,社区矫正是对特定罪犯的刑事执行活动,是对特定罪犯的"监督考察"和"教育与改造"。最后,社区矫正是在社区中的刑事执行活动,强调要充分组织与利用社区资源对罪犯进行矫正,并提供帮助和服务。③

(二)处遇说

该学说认为社区矫正是相对于传统的机构式处遇而言的一种新兴的罪犯处遇方式,④是"一种新兴的罪犯处遇制度",也是"一种罪犯处遇新趋势"。根据邹瑜、顾明总主编的《法学大辞典》的解释,社区处遇又称"以社会为基础的处遇""社会性治疗",是西方行刑制度之一,是把犯罪人及犯罪青少年放在监狱、少年教养院之外的社区内,通过社会力量,对其进行矫正、感化、监督和帮助其改造的一种行刑制度。⑤ 这一观点的代表人物冯卫国教授认为,社区矫正就是社区处遇、社会内处遇或社会基础处遇,是相对于传统的机构式处遇而言的一种新兴的罪犯处遇方式。具体而言,社区矫正是指通过适用各种非监禁性刑罚和刑罚替代制度,使罪犯得以留在社区中接受教育改造,以避免监禁刑可能带来的副作用,并充分利用社区资源参与罪犯矫正事业的一种罪犯处遇制度。⑥

(三)救助监督说

该说认为社区矫正就是在社区中对犯罪人进行的矫正和控制活动。其中,矫正主要体现为帮助性活动,控制主要体现为监督性活动,⑦或者是指在社会环境下,由国家有关部门联合社区组织与社会志愿人员,对符合条件的犯罪人或有犯罪危险的人进行行为矫治、生活扶助的活动。⑧

(四)教育说

该说认为社区矫正是一种不使罪犯与社会隔离并利用社区资源改造罪犯的方法,是所有在社区环境中管理教育方式的总称;⑨或者是指充分利用社会资源,积极运用各种方法、手段,整合专门机关和社区等各方面力量,着力对社区范围内的假释、监外

---

① 刘强:《上海社区矫正的发展与评价》,载《法治论丛》2002年第6期。遗憾的是,我国2012年修正的《刑事诉讼法》并没有把剥夺政治权利的矫正对象纳入社区矫正中。为此,刘强教授专门撰文呼吁将"剥权"人员纳入社区矫正的范围。详见刘强:《论"剥权"人员应纳入社区矫正的范围》,载《河北法学》2013年第8期。
② 参见丁亚秋:《社区矫正实施意义及缓刑适用相关法律问题研究》,载《法治论丛》2003年第4期。
③ 参见刘强:《社区矫正的定位及社区矫正工作者的基本素质要求》,载《法治论丛》2003年第2期。
④ 参见丁亚秋:《社区矫正实施意义及缓刑适用相关法律问题研究》,载《法治论丛》2003年第4期。
⑤ 同上。
⑥ 参见冯卫国:《行刑社会化研究——开放社会中的刑罚趋向》,北京大学出版社2003年版,第81页。
⑦ 参见冯卫国:《构建我国社区矫正制度的若干思考》,载《广西政法管理干部学院学报》2003年第4期;吴宗宪:《关于社区矫正若干问题思考》,载《中国司法》2004年第7期。
⑧ 参见王利荣:《从司法预防视角谈社区矫正制度的发展思路》,载《法治论丛》2004年第2期。
⑨ 参见康树华:《社区矫正的历史、现状与重大理论价值》,载《法学杂志》2003年第5期。

执行、管制、剥夺政治权利、缓刑等罪犯进行有针对性的教育改造。①

（五）混合说

混合说主要有以下五种观点：

第一种观点认为社区矫正应当是"刑种、量刑与行刑制度的结合"，是一种综合性的、主要偏重于执行的措施、方法或制度，具有刑事制裁性的基本特征。它首先是审判机关或者其他机关决定对犯罪人适用，然后将犯罪人安置在社区中进行监督和控制等活动的综合性措施、方法或制度，否则就不具有合法性。同时，社区矫正虽包含刑种，但不是单纯刑种，还包含量刑制度和行刑制度。②

第二种观点认为社区矫正是"行刑、矫正和福利性质"的综合性矫正方法，不仅是刑罚执行活动，而且是对非监禁措施的监督管理活动，也是对实施非监禁措施的犯罪人予以行刑、矫正、培训和安置帮教或救济活动，具有行刑、矫正和社会福利、社会救济性质。因此，社区矫正的性质更倾向于矫正与福利性质，属于非监禁化的社区矫正措施。这一观点以王顺安教授为代表。③

第三种观点认为社区矫正是"一种复合型制度"，不仅是刑罚执行活动，而且是一种典型的社会福利活动。这一观点以张昱教授为代表。④

第四种观点认为社区矫正是"一种非监禁式的行刑方式和处遇措施"，是我国对罪行较为轻微的犯罪人采取的一种宽大的处遇措施。⑤

第五种观点认为社区矫正是与监禁矫正相对的行刑方式，是利用各种社会资源，对罪行较轻、主观恶性较小、社会危害性不大的罪犯，或经过监禁改造，确有悔改表现，不致再危害社会的罪犯，在社区中进行有针对性的管理、教育和改造工作。

科学地界定社区矫正的概念，关系到社区矫正工作的发展方向。上述几种观点虽然从不同的角度对社区矫正的概念进行了分析，但是它们有一些共同的特点：第一，社区矫正的对象是符合一定条件的罪犯，即罪行较轻，不致危害社会，在狱中服刑已够保释条件，不致再危害社会，不需要监禁或不再需要继续监禁的罪犯。第二，社区矫正的场所是社区。社区是社区矫正的基本依托。第三，社区矫正的管理执行者是专门的国家机关，参与者是社会团体、民间组织和社会志愿者等。第四，社区矫正的时间是判决、裁决、决定确定的期限。第五，社区矫正的目的是执行刑罚、使矫正对象顺利回归社会、恢复被犯罪行为破坏的社会关系。第六，社区矫正的性质是非监禁性刑罚执行活动。

笔者认为，上述各种学说从不同的角度阐述了社区矫正的内涵，应该说均有其合理性。但是，不容回避的是，它们也都存在着一定的片面性。关于社区矫正的定义，应

---

① 参见李根宝、王国军、谭海云、陈志国：《对社区矫治工作的认识与思考》，载《法治论丛》2003年第2期。
② 参见郭建安、郑霞泽主编：《社区矫正通论》，法律出版社2004年版，第3、7、67、68页；郭建安等：《略论改革和完善我国的社区矫正制度》，载《法治论丛》2003年第3期。
③ 参见王顺安：《社区矫正的法律问题》，载《政法论坛》2004年第3期。
④ 参见张昱：《论复合型社区矫正制度》，载《学习与探索》2005年第5期。
⑤ 参见陈兴良：《社区矫正的理念与法律渊源》，司法部基层工作指导司编：《社区矫正试点工作资料汇编》（五）。

有广义和狭义之分。前文所讨论的社区矫正的概念,是狭义的社区矫正。最高人民法院、最高人民检察院、公安部、司法部联合颁布的《关于开展社区矫正试点工作的通知》中所界定的"社区矫正"是较为合适的,即社区矫正是与监禁矫正相对的行刑方式,是指将符合条件的服刑人员置于社区内,由专门的国家机关在相关社会团体和民间组织以及社会志愿者的协助下,在判决、裁定或决定确定的期限内,矫正其犯罪心理和行为恶习,并促进其顺利回归社会的非监禁刑罚执行活动。这是广义的社区矫正,其适用对象除了前文所述五种罪犯外,还包括其他适合社区矫正的对象。社区矫正的性质,由狭义的单纯的非监禁刑罚执行活动变为非监禁的刑罚执行活动和矫正教育活动并举。[①]

二、社区矫正的基本要素

通过以上对社区矫正概念的界定,笔者认为,社区矫正应该包含以下几个基本要素:

(一)社区矫正机关

社区矫正机关是社区矫正的主体。目前,我国专门负责社区矫正的主体是司法行政机关,从司法部到区县司法局都设立了专门的社区矫正内设机构。然而,社区矫正的主体并非一开始就是司法行政机关。这有一个过渡的过程:在进行社区矫正工作试点以前,我国刑事立法和司法体系中并无"社区矫正"这一术语。但是,属于社区矫正的一些具体制度还是存在的,这些制度由不同的机关或组织负责执行。新中国颁布的第一部《刑法》《刑事诉讼法》《监狱法》中,都规定了具体的社区矫正制度。比如,规定了唯一的限制自由的主刑——管制刑,规定了既可独立适用又可附加适用的附加刑——剥夺政治权利,规定了缓刑、假释和暂予监外执行等刑罚适用与执行制度。1996年《刑事诉讼法》第214条规定:"……对于暂予监外执行的罪犯,由居住地公安机关执行,执行机关应当对其严格管理监督,基层组织或者罪犯的原所在单位协助进行监督。"第217条规定:"对于被判处有期徒刑的罪犯,由公安机关交所在单位或者基层组织予以考察。对于被假释的罪犯,在假释考验期限内,由公安机关予以监督。"第218条规定:"对于被判处管制、剥夺政治权利的罪犯,由公安机关执行。……"客观地说,由公安机关作为对管制、缓刑、假释、剥夺政治权利和暂予监外执行罪犯监督、考察的管理机关和工作机关,与具有较少社会流动性的生产、生活方式相适应,是符合我国计划经济时代特征的社会管理模式。

自2003年7月在北京、上海、天津、江苏、浙江和山东六省(市)开展社区矫正试点工作以来,我国原来由公安机关负责的对管制、缓刑、假释、暂予监外执行、剥夺政治权利五种犯罪人的监管教育,基本转为主要依靠司法行政机关组织实施。司法行政机关为保证做好社区矫正工作,勇于探索,不断创新,积极与相关部门协调,突破各种困难,成立了专门的社区矫正工作机构,确保有专人从事社区矫正工作,着力解决社区矫正

[①] 参见连春亮主编:《社区矫正学教程》,群众出版社2013年版,第9页。

图 4-1　长春市二道区社区矫正管理局揭牌仪式

机构的队伍建设问题。

2004年2月,司法部在基层工作指导司下成立专门的社区矫正处,指导和管理全国社区矫正工作。2008年7月10日,国务院办公厅发布《关于印发司法部主要职责内设机构和人员编制规定的通知》(国发办[2008]64号文件),明确司法部"增加指导管理社区矫正工作的职责"。2010年5月18日,司法部成立社区矫正工作办公室,其主要职责是:(1)监督、检查社区矫正法律、法规和政策的执行工作;(2)负责全国社区矫正工作的规划;(3)指导、监督全国社区服刑人员刑罚执行、管理教育;(4)与有关部门沟通、协调,研究解决社区矫正工作中的重大问题;(5)组织、指导社区矫正工作宣传、队伍培训和理论研究工作。

2010年11月8日,中央机构编制委员会办公室批复同意司法部基层工作指导司加挂社区矫正管理局的牌子,增加司局级领导职数一名。从中央层级来说,司法部成立社区矫正管理局,作为专门指导管理社区矫正工作的机构,是社区矫正工作深入、健康、持续发展的需要。随着宽严相济刑事政策的进一步贯彻落实以及社区矫正工作覆盖面的进一步扩大,法院依法判处适用社区矫正的罪犯数量还会继续增加,社区矫正管理局自身的机构队伍建设还需要进一步加强。

(二)社区矫正的法律依据

社区矫正首先是社区刑罚的执行,是一项严肃的刑事执行活动,因而必须具备明确的法律依据。当前试点的社区矫正工作在我国并没有专门的法律规定,一些相关的法律条款和规范主要散见于宪法、刑法、刑事诉讼法、监狱法等法律之中。

一是宪法。作为国家的根本大法,《宪法》(1982年制定,2004年修正)第28条规定:"国家维护社会秩序、镇压叛国和其他危害国家安全的犯罪活动,制裁危害社会治安、破坏社会主义经济秩序和其他犯罪的活动,惩办和改造犯罪分子。"第111条第2款规定:"居民委员会、村民委员会设人民调解、治安保卫、公共卫生等委员会,办理本居住地区的公共事务和公益事业,调解民间纠纷,协助维护社会治安,并且向人民政府反映群众的意见、要求和提出建议。"可以说,这两条规定在国家最高法律层级为社区矫正工作的进行提供了法律依据,尤其是第111条第2款关于居民委员会和村民委员会协管社会治安的规定,更可算作社区参与矫正罪犯的宪法性依据或法律渊源。

二是刑法。《刑法》(1979年制定,2015年最新修正)中关于社区矫正的条款主要有[①]:第38条第3款规定:"被判处管制的犯罪分子,依法实行社区矫正。"第85条规定:"对假释的犯罪分子,在假释考验期内,依法实行社区矫正,如果没有本法第八十六条规定的情形,假释考验期满,就认为原判刑罚已经执行完毕,并公开予以宣告。"这些规定充分体现了社区矫正的理念和方式。

三是刑事诉讼法。《刑事诉讼法》(1979年制定,2012年最新修正)第255条规定:"监狱、看守所提出暂予监外执行的书面意见的,应当将书面意见的副本抄送人民检察院。人民检察院可以向决定或者批准机关提出书面意见。"第258条规定:"对被判处管制、宣告缓刑、假释或者暂予监外执行的罪犯,依法实行社区矫正,由社区矫正机构负责执行。"这两条规定可算作关于社区矫正的部分程序性规定。

四是监狱法。《监狱法》(1994年制定,2012年最新修正)第27条规定:"对暂予监外执行的罪犯,依法实行社区矫正,由社区矫正机构负责执行。原关押监狱应当及时将罪犯在监内改造情况通报负责执行的社区矫正机构。"第28条规定:"暂予监外执行的罪犯具有刑事诉讼法规定的应当收监的情形的,社区矫正机构应当及时通知监狱收监;刑期届满的,由原关押监狱办理释放手续。罪犯在暂予监外执行期间死亡的,社区矫正机构应当及时通知原关押监狱。"第33条第2款规定:"对被假释的罪犯,依法实行社区矫正,由社区矫正机构负责执行。……社区矫正机构应当向人民法院提出撤销假释的建议,人民法院应当自收到撤销假释建议书之日起一个月内予以审核裁定。人民法院裁定撤销假释的,由公安机关将罪犯送交监狱收监。"

此外,我国政府签署、加入和承认的国际条约[②]以及有关社区矫正的法律文件,还有"两院两部"通知、司法部《司法行政机关社区矫正工作暂办法》,以及各省、自治区、直辖市关于社区矫正的规范性文件。应该说,我国关于社区矫正的法律法规及文件还

[①] 笔者所列条款只是直接涉及社区矫正的几款,其他有关的还有第39条、第40条、第41条、第55条、第69条、第72条、第73条、第76条等诸多条款,这里不一一赘述条文内容。

[②] 典型的如:1985年8月26日于意大利米兰举行的第七届联合国预防犯罪和罪犯待遇大会上通过的《减少监禁人数、监外教养办法和罪犯的社会改造》的决议,呼吁国际社会重视和使用非监禁刑;1990年在古巴哈瓦那召开的第八届会议上通过的《非监禁措施最低限度标准规则》(即《北京规则》),为非监禁措施的使用和执行提供了基本的国际准则。此外,还有联合国经济和社会理事会在1998年7月28日举行的第44次会议上通过的《开展国际合作,以求减少监狱人满为患和促进替代性的刑罚》的决议也是促进社区矫正发展的重要文件。

是相当完备的,只是未能形成系统的、专门的社区矫正法典。目前,《社区矫正法》的制定已经被提上议事日程。国家立法机关应该尽快制定专门的《社区矫正法》,从国家法律层面对社区矫正工作作出全面、系统的规定。

(三) 社区服刑人员

在西方国家早期,在监狱服刑的人通常被叫作"囚犯"(prisoner),这与当时监狱机构大多被叫作"监狱"(prison)有关。后来,随着教育刑理念的发展,人们逐渐用"矫正机构"(correctional facility)取代"监狱"。相应地,"囚犯"一词被"inmate"代替,直译为"在机构内居住者",即"在矫正机构中服刑的人员"。① 在我国漫长的封建社会中,在监狱服刑的人通常被叫作"囚犯"。到清末法律改良,《大清监狱律草案》受到西方法制的影响,将在监狱服刑的人叫作"在监者"。1946年颁布的《监狱行刑法》则将在监狱服刑的人叫作"受刑人",这个词一直沿用至我国台湾地区的"监狱行刑法"。"受刑人"这个词,比较接近"服刑人员"的含义。新中国成立后,法律法规中对正在服刑的人有"犯人""罪犯""劳改犯""犯罪分子""服刑人员"等不同称谓。比如,1954年政务院公布的《劳动改造条例》、1982年公安部通过的《监狱、劳改队管教工作细则》称正在服刑的人为"犯人";1979年《刑法》将其称为"犯罪分子";1981年全国人大通过的《关于处理逃跑或者重新犯罪的劳改犯和劳教人员的决定》称其为"劳改犯";2004年出台的《监狱服刑人员行为规范》将其称为"服刑人员"。目前,我国社区矫正的官方文件一般称正在服刑的人为"服刑人员",也有的直接叫作"社区矫正对象"。

图4-2 南京市浦口区社区服刑人员入矫宣告式②

---

① 参见吴宗宪:《当代西方监狱学》,法律出版社2005年版,第24页。
② 参见《浦口区组织矫正社区服刑人员开展入矫集中教育》,http://www.njpf.gov.cn/,2015年5月6日访问。

笔者认为,在社区中服刑的人宜称"社区服刑人员",理由在于:(1)"服刑人员"是比较严谨的法律用语,它比较客观地界定了服刑者的法律地位,而其他称呼如"犯罪分子"等则容易产生歧义,有时候还指事实上犯罪的人、犯罪嫌疑人等,概念模糊,界限不清,容易使人产生误解。(2)"服刑人员"的称呼不含贬义,体现了对服刑者人格的尊重,而"犯罪分子""罪犯""犯人"等称呼则带有歧视、人格贬低的含义。在这个权利被尊重的时代,对服刑人员权利的尊重和保护不应当成为被法治遗忘的角落。同时,有效地教育矫正服刑人员要以尊重对方为前提,没有平等、尊重,就谈不上理解、沟通,就不会有理想的教育矫正。

(四)矫正与服务

社区矫正的首要内容就是矫正。① 与传统监禁刑将惩罚罪犯作为首要目的不同,社区矫正在惩罚罪犯的同时,更注重对服刑人员心理、思想的教育和矫正。因此,所谓矫正,可以指根据社区服刑人员的人格特征以及其他易诱发犯罪的因素,对社区服刑人员发布指示,要求其遵守一定的禁令,履行一定的义务,接受一定的治疗。社区服刑人员虽然曾经犯下罪行,但是作为一个人,只要其有悔悟之心,我们就该给他重生的希望。社区服刑人员在社区服刑期间,可能遇到各种各样的困难,这些困难可能是物质匮乏、存在心理误区或者是社会交往困难等。因此,不管是出于人道主义精神,还是基于社会文明建设的需求,国家都应该为社区服刑人员重返社会提供一定的社区服务项目,如公益劳动、心理疏导教育等,以此重塑其适应社会的能力。

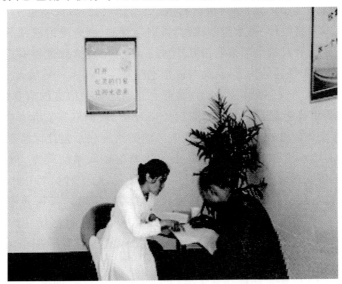

图 4-3　湖南株洲攸县建立社区矫正心理咨询室,为特殊群体打造心灵绿洲②

---

① 参见王平主编:《社区矫正制度研究》,中国政法大学出版社 2012 年版,第 11 页。
② 参见《攸县建立社区矫正心理咨询室,为特殊群体打造心灵绿洲》,http://hn.rednet.cn/c/2012/04/13/2582540.htm,2015 年 6 月 8 日访问。

三、社区矫正的性质

社区矫正的性质，即社区矫正的法律属性。对社区矫正如何定性，是研究社区矫正的一个基本理论问题。

我国目前较为流行的观点认为，社区矫正是刑罚执行活动。另有观点认为，社区矫正具有刑罚执行和社会工作的双重性质。刑罚执行是社区矫正制度的基本属性，而社会工作的属性是社区矫正作为一种区别于传统监禁矫正，作为一种具有开放性和社会性的刑罚执行所必须具备的一种属性。[1] 也有学者指出，社区矫正具有矫正与福利、社会保障的性质。我国目前的社区矫正是由社区矫正组织针对适用非监禁性刑和其他非监禁措施罪犯的行刑与矫正的活动，是与监狱矫正相对应的更倾向于矫正与福利性质的矫正制度与方法。[2]

《关于开展社区矫正试点工作的通知》认为社区矫正是非监禁刑罚执行活动，这主要是依据《刑法》和《刑事诉讼法》明确规定的五种对象，即缓刑、假释、管制、剥夺政治权利和暂予监外执行的服刑人员。这种认定从我国目前较狭隘的社区矫正的工作范围而言是正确的，也是准确的，但是从社区矫正的应有之义和全球化方向——非犯罪化、非刑罚化、非刑化而言，则不尽合适，有短见之嫌。同时，这种认定本身也存在问题：

第一，五种对象的范围不全是非监禁刑。从严格意义上讲，非监禁刑仅有管制与剥夺政治权利两种；假释和暂予监外执行属于刑罚执行过程中的变更制度，不是刑罚方法；而缓刑则属于非刑化的刑罚执行制度，更不是刑罚，因此不能一概而论。同时，还应注意的是，如果将假释、暂予监外执行、缓刑与管制、剥夺政治权利不加区别地认定为非监禁刑，对这五种对象全部按刑罚方法对待，就会出现执行过程中必须体现刑罚的天然属性——最严厉惩罚的内容，从而与设置这些制度的初衷——给人出路南辕北辙。

第二，社区矫正不仅是刑罚执行活动，而且是对非监禁措施的监督管理活动，更是一种对非监禁刑和其他非监禁措施的罪犯予以矫正、培训和安置帮教的活动，具有矫正与福利性、社会保障性。矫正方案与社区之间的这种联系是社区矫正区别于传统的在监狱内实行的矫正工作最为显著的特点。随着这种联系的频繁、持久和质量的提高，社区矫正工作变得越来越趋于社会化。换句话说，处于社区矫正中的犯人至少有一部分时间保持与社会的正常接触。这种社会联系的质量较其频繁程度和持续时间更加重要。基于此，有学者认为，我国目前的社区矫正是由社区矫正组织针对非监禁刑和其他非监禁措施罪犯进行的行刑与矫正的活动，是与监狱矫正相对应的更倾向于矫正与福利性质的矫正制度与方法。[3]

有学者认为，社区矫正的性质并不等同于刑罚执行活动，理由是：[4]

---

[1] 参见石晓芳：《社区矫正的实质正当性和基本属性》，载《中国司法》2005年第6期。
[2] 参见王顺安：《社区矫正的法律问题》，载《政法论坛》2004年第3期。
[3] 同上。
[4] 参见贾宇：《社区矫正导论》，知识产权出版社2010年版，第78页。

第一，刑罚执行是具有严厉的惩罚性的活动，社区矫正的真正价值则在于以教育和帮助为主要手段，矫正犯罪人的心理和行为恶习，促使其顺利回归社会。如果将社区矫正的性质归结为刑罚执行，将有悖于矫正工作的初衷，必然导致以矫正教育为出发点的社区矫正变形为在社会上公开进行的惩罚犯罪的活动。无论将来行刑观念发生什么样的变化，刑罚执行以惩罚性为其基本特征将不会改变。

第二，对作为社区矫正主要对象的缓刑、假释的犯罪人，都是附条件不执行刑罚，只是将犯罪人放在社会上，利用社会的力量监督考察，而监督考察活动不是刑罚执行活动，其本身并没有惩罚犯罪的性质。

第三，将社区矫正视同刑罚执行活动，在逻辑推理上将陷入两难境地。我国《立法法》第9条明确规定，有关犯罪和刑罚、对公民政治权利的剥夺和限制人身自由的强制措施和处罚、司法制度等事项，必须由全国人大及其常委会制定的法律作出规定，并且不存在任何形式的例外。如果说社区矫正是刑罚执行活动，那么就意味着"两高两部"《关于开展社区矫正试点工作的通知》已修改了《刑法》关于管制、缓刑、假释等所谓的刑罚执行的规定，属于创制刑罚的活动，以此逻辑推理得出的结论便是：目前的社区矫正工作是违反《立法法》的。这显然是不成立的。

第四，社区矫正虽包括非监禁刑管制执行的内容，但管制的内容与缓刑犯、假释犯的考察内容基本一致，都侧重于对罪犯的管束保护和教育帮助，以促使其早日回归社会。管制作为我国刑法规定的一种非监禁刑，其教育性远远超过其惩罚性，对管制对象的社区矫正实质上已不具备刑罚执行的性质，而更多地体现为保护管束的性质。随着社区矫正实践的深入，管制这种刑罚方法改革和完善的空间将会更大，管制刑也将会发挥更大的作用。因此，我们尚不能因为社区矫正工作的范围包括被判处管制刑的罪犯行刑，就得出社区矫正的性质是刑罚执行这一以偏概全的结论。

第五，从我国开展社区矫正工作的初衷来看，主要是因为司法机关对非监禁刑的执行和对缓刑、假释犯的考验监督工作不力，致使这些刑罚方法和刑罚制度难以发挥预期的矫正作用，为增强这些刑罚方法和刑罚制度的矫正效果而进行的。开展社区矫正工作的目的便是利用社会力量，对使用非监禁刑和刑罚替代方法的罪犯加强监督考察，以社会化的方式矫正其犯罪意识和行为恶习，促使其早日回归社会。强化监督考察的措施并不是刑罚执行措施。

关于社会工作的含义，费孝通先生指出："社会工作是在党和政府的领导下，应用各种社会力量，包括各种民间的和各种群众团体的力量，对群众的社会生活福利事业进行管理。社会工作特别关注丧失和缺乏适应社会生活能力的人，采取适当的措施，帮助他们恢复健全的社会生活，维护社会秩序，保持一定社会制度的巩固和发展。"社会工作的性质是利用社会力量开展的社会福利事业，是一项以助人活动为内容的工作。如果将社区矫正的性质归结为社会工作，根本不利于矫正对象的改过自新。正如储槐植教授所指出的，"过于优厚的待遇起不到刑罚的作用"。美国的社区矫正过于注重矫正对象的权利，强调给他们享受优厚待遇，由此造成矫正效果低下，这一教训值得我们深思和反省。人道主义在罪犯改造中的意义重大,给予罪犯更多的人文主义关怀,是社区矫正与监狱矫正的重要区别。但是,我们也应该看到,那种过于强调关心、帮助、教育的做法,只会使社区矫正工作失去其应有的刑法学意义。因此,社区矫正也不是社会工作。

第二节 社区矫正的演变

理论的价值并非单纯为了创新,有时候不过是为人类社会既有行为寻找合法性的论证过程。但是,当理论发展到了相对成熟时期,就逐渐开始试图引导人类自身的行为模式。探讨社区矫正的历史沿革,不仅仅是为了回顾过去,也不是作简要的法制史总结,而是为了在历史的语境中寻求当下社区矫正的建构和发展。

一、西方国家社区矫正制度的发展历史

社区矫正作为现代化的刑罚执行方式,首先诞生于西方。时至今日,我国的刑罚整体思想仍然受到来自西方发达国家较大的影响。想要更好地引入社区矫正制度,并使其更好地发展完善,有必要回顾和研究西方发达国家社区矫正的历史和发展进程,这样可以为我国发展和完善社区矫正制度提供一种基本视角。

(一)社区矫正的萌芽期

社区矫正的历史伴随着西方现代监狱制度的发展史。自从西方国家在近代开始监狱改良以来,经历了慈善主义、监禁改善主义、处遇矫正主义、大矫正回归主义四个阶段。监狱改良,基于慈善主义,立足于改变罪犯的悲惨遭遇;改革监禁方式,立足于完成自由刑执行任务;以处遇为手段,力图在行刑中、在设施中矫正罪犯;行刑重点放在如何使受刑人顺利重返社会,不再犯罪上。[1] 尽管现代监狱制度不断改良,但是行刑仍然不可能彻底摆脱监狱自身固有的缺陷。在一些学者的叙述中,监狱不人道、将罪犯变得更坏、是"一所恶魔的训练营"等。这些叙述难免带有"妖魔化"的成分,但是毫无疑问,监狱由于剥夺服刑人员的自由而导致其本身确实存在难以克服的矛盾——再社会化只能在社会中完成,监狱却寄希望于在与世隔离的环境中促使服刑人员再社会化。面对监狱行刑的弊端,改革者们选择了两条道路:第一条是彻底地回避监禁刑,发展社区刑法;第二条是立足于监禁刑,不断改良发展开放式处遇制度。殊途同归,其改革的最终目的都是实现矫正服刑人员、保护社会公众两大价值的平衡。尽管现代社区刑罚的种类繁多,但是其核心无疑仍然是缓刑和假释,故在此主要叙述缓刑和假释的起源。

1. 缓刑的起源

"缓刑"实际上是一个比较宽泛的概念,最广义的缓刑除了缓起诉、缓判决、缓执行外,甚至还包括审前羁押的释放制度。关于缓刑的起源,存在较多的争论。有人认为

---

[1] 参见王泰:《现代监狱制度》,法律出版社2003年版,第55—60页。

缓刑的起源可以在美国的"联邦与驱赶者"案中发现。在此案中,波士顿市政法院的老法官赛特蔡尔将一个承认自己的另一个罪行的妇女释放,这被认为是缓刑的起源。还有人认为缓刑的起源可以在19世纪20年代英国沃里克郡法官的实践中找到。一些法官声称他们在判决年轻人的实践中有一个并行的传统,即对其给予一个名义上的日监禁,然后释放他们,交由雇主关照。这种形式虽没有涉及跟踪和监管,但似乎形成了中世纪的保释概念。有些人将缓刑的起源推到更早,将缓刑的萌芽归功于神职人员免于起诉的特权。①

关于缓刑的起源,比较公认的是来自于两个方面的实践。一个方面的实践是被称为"缓刑之父"的美国波士顿鞋匠约翰·奥古斯塔（John Augustus）的保释活动（详见知识链接4-1）。他通过若干种实践方式保释一些人,然后在保释期结束时向法院报告。直到1858年去世,他一共保释了1946个人。② 另一个方面的实践开始于英国刑事法院的马太和爱德华法官,他们用保释作为工具,给年轻人一个改造的机会。1841年,马太是伯明翰的刑事法官,他凭借着在沃里克郡法院的经历,开始了释放未成年犯罪人的实践,并要求监护人对被担保的人予以关照。该过程涉及对犯罪人进行注册登记,并由调查询问的工作人员进行跟踪,同时监护人或父母公开承认他们的责任并在有关文件上签字。马太释放犯罪人时,必须有一个"认为该人并没有完全堕落的背景",以及"在这样的监护人之下有一个比在县监狱中更好的改正的希望"的条件。如果年轻人重新犯罪,将会受到一个更加严厉的惩罚。③ 涉及缓刑制度正式起源的争论,主要是寻找在证据方面不仅有释放的实践,还必须有监督、矫正的项目,这才是完备的缓刑实践。

可以看出,缓刑最初的主要形式就是保释,即审前释放制度,这与今天缓刑的核心——缓判决、缓执行制度相去甚远。不过,只要是附加条件的行刑前释放,都可以被看作广义上的缓刑。1870年,美国波士顿通过世界上第一部缓刑法,正式开展缓刑制度。到19世纪末20世纪初,缓刑开始在欧美国家普遍推行。

知识链接 4-1

在波士顿法院门外修鞋的奥古斯都喜欢进入法院观看各种案件的审判。1841年8月的一天,他被一个酗酒闹事的年轻罪犯惶恐不安的眼神吸引。通过交谈得知,这个年轻人是一名机器维修工人,有一个怀孕的女友,因为没钱交保释金,他将进监狱服刑。此刻,年轻人追悔莫及,他发誓如果能不入狱,自己将一生戒酒,好好工作,重新做人。奥古斯都对这个年轻人充满同情,他向法官恳求,愿意做年轻人的担保人,保释他出去。法官一方面被奥古斯都的善良仁义打动,另一方面也为波士顿监狱的人满为患

---

① 参见〔美〕皮特·雷诺、莫里斯·范斯顿:《解读社区刑罚——缓刑、政策和社会变化》,刘强、王贵芳译,中国人民公安大学出版社2009年版,第16—18页。
② 同上书,第19—20页。
③ 同上书,第18页。

头疼。于是,法官下令延期三星期审判,被告人三星期之后再回到法庭上来,到时将视具体情况作出最后判决。法官与奥古斯都并未预见到,他们这一闪的灵光成为现代缓刑制度的雏形。三星期后,奥古斯都陪同年轻人返回法庭,并以上帝的名义发誓,证明这个年轻人三星期以来滴酒未沾,勤奋工作,空余时间还去照顾社区的孤寡老人。这些证词得到年轻人所属街区片警和教堂牧师的佐证。法官当场宣布释放被告人,并象征性地对被告罚款一分钱。此后的十多年间,奥古斯都为近两千人做过"缓刑担保人",据说这些人中只有一人违反了缓刑规则。奥古斯都就这样成了美国第一个缓刑观护官。他与这些贫穷无助、偶犯过失的犯人交朋友,帮助他们找工作,鼓励他们改过自新、照顾家庭和邻里。当缓刑期满,奥古斯都总是亲自陪同被告人出庭,向法官提交一份亲笔书写的报告,描述被告人在缓刑期间的表现。法官往往很相信奥古斯都的报告,对表现良好的被告人,通常也是遵循先例——象征性地罚款一分钱便予释放。奥古斯都的善良之举推动麻省于1878年颁布了美国第一部缓刑法,在州司法部之下成立一个叫"缓刑司"的机构,推广这种惩罚与教育相结合的新刑事司法制度。奥古斯都引发的缓刑司法制度改革,不仅有利于罪犯的改过自新,也大大降低了改造罪犯的司法成本。到1925年联邦缓刑法出台时,美国大多数州已经颁布了缓刑法,与之相配套的量刑建议、量刑调查、社区矫正制度也已经形成了完整的制度体系。"法律的目的是改造和阻止犯罪,而不是恶意复仇和报应。"奥古斯都这种惩罚与教育相结合的法律新思维改变了许多人一生的命运,也催生了美国的缓刑制度,被称为"缓刑之父"。①

图 4-4 约翰·奥古斯都

---

① 参见小羽:《缓刑之父:约翰·奥古斯都》,载《人民政坛》2011年第7期。

2. 假释的起源①

假释,是指将执行了一定刑期的犯罪人附条件地从矫正机构提前释放到社区中,使其在监督之下执行完剩余刑期的行刑制度。被假释的犯罪人称为"假释犯"(parolee),执行假释的人员称为"假释官"(parole officer)。

英语中的"假释"一词——parole,来源于法语的"parole d'honneur"(以名誉担保的诺言或保证)。法国人似乎更喜欢使用从他们的语言中借用的"附条件假释"(conditional liberation)这个术语。1971年,在法国大革命期间,奥诺类·加布里埃尔·里凯蒂(Honoré Gabriel Rigueti),即米拉博伯爵(the Comte de Milabeau)在发表一份报告时,根据改造观念预期,提出现代刑罚理论应当强调劳动(labor)、隔离(segregation)、根据点数制(market system)进行奖励、附条件释放和在释放时给予帮助的原则。另一位法国人博维纳尔·德·马尔桑基(Bonneville de Marsangy)在1847年出版的《论补充监狱制度的制度》一书中,讨论了附条件释放、对释放人的监督、释放时的帮助以及改造等问题。这本书由政府发给议会成员阅读。这两个人都对假释制度的发展做出了贡献,其中马尔桑基的贡献更为明显。因此,在欧洲大陆,一般把马尔桑基看作假释制度的创始人。

也有学者认为,假释制度几乎同时起源于三位欧洲监狱管理者:第一位是西班牙的马努埃尔·蒙特西诺斯(Manuel Montesionos);第二位是德国的格奥尔格·米夏埃尔·奥博迈尔(Georg Michael Obermaier)②;第三位是英国的亚历山大·麦科诺基(Alexander Maconochie)。在他们之后,经过沃尔特·克罗夫顿(Walter Gofton)等人的不断努力,假释制度得到进一步发展并逐渐完备。

自20世纪30年代到60年代,假释制度在国外,特别是在西方国家,得到了充分的发展,并被广泛应用于刑事司法领域。1958年,加拿大建立了全国假释委员会(National Parole Board,NPB),负责整个加拿大犯人的假释事务。1974年,加拿大建立了五个联邦假释区,分别为大西洋地区、魁北克地区、安大略地区、大草原地区和太平洋地区。

但是,到20世纪70年代中期,情况发生了变化。由于在改造理念支配下的矫正系统在减少累犯、改造犯罪人等方面没有取得人们预期的效果,未能阻止犯罪活动急剧增加的势头,人们对于包括假释在内的许多矫正理念和制度产生了怀疑甚至排斥。到20世纪70年代后期,人们对改造理念的态度发生了180度的转变,转而支持"公平惩罚"(just deserts)理念或者"公平模式"(justice model),认为在量刑中应该坚持公平性,犯了同样罪行的人应该受到同样的对待,被判处类似的刑罚。这样,在量刑实践中,越来越强调定期量刑(determinate sentencing),以自由裁量权为基础的假释不断受到限制,一些司法管辖区开始废除假释政策。1976年,缅因州成为美国第一个废除假释制度的州。1984年,美国量刑委员会(U. S. Sentencing Commission)建议废除联

---

① 参见吴宗宪主编:《社区矫正导论》,中国人民大学出版社2011年版,第26—27页。
② 格奥尔格·米夏埃尔·奥博迈尔是德国监狱管理者和监狱改革者。

邦假释制度;1987年11月1日之后,对所有被判刑的犯罪人都用"监督型释放"(supervised release)来取代假释。在这些做法的影响下,废除联邦假释制度的呼声越来越高,步伐不断加快。到1990年,美国的12个州对假释采取了严格的限制政策,或者完全废除了假释制度。1996年,俄亥俄州成为废除假释制度的第11个州。美国联邦系统的假释在2002年停止适用,大多数犯罪人在执行完监禁之后,都要在社区中至少被监督一年。联邦缓刑办公室(Fdderal Probation Office)负责所有从监狱中释放的犯人的事务,包括假释、监督型释放、强制释放甚至军队系统的假释。

尽管假释制度在美国的演变呈现出较为曲折的特点,但是在很多国家和地区,假释制度仍然是基本的刑罚制度之一。不仅在欧美国家普遍如此,在亚洲的一些国家和地区也是如此。可以说,假释仍然是很多国家和地区重要的、普遍适用的刑事司法制度。有统计资料表明,在很多国家和地区,对于假释的适用数量在不断增加,假释率往往也是不断上升的。

(二)社区矫正的高速发展期

20世纪初,社区矫正制度开始受到极大的重视。从20世纪初到70年代,是社区矫正的高速发展期,社区矫正愈发成熟。这一时期,社区矫正的发展主要呈现出以下特点:第一,矫正主义犯罪学成为占主导地位的指导思想。19世纪后期,主要的资本主义国家都进入帝国主义时代。自19世纪末到二战期间,科学实证主义犯罪学理论主要采用医学心理学的方法进行研究,关注的是犯罪人或者违法个体,并与戴维·加兰(David Garland)所称"刑罚—福利"模式的行为矫正主义观念紧密联系。在这一理论背景下,"医学—福利"型专业化犯罪预防机构不断增长,并逐渐发展出包括正常机制、行为矫正机制与犯罪人隔离机制在内的犯罪人分类预防系统。[①] 在社区矫正中,矫治模式代替了早期的唤醒犯罪人良知式的宗教感化模式。矫正成为一种专业技术,一些国家在雄厚的财力支撑下,并在日益专业化的矫正技术协助下,发展出复杂多样的矫正模式。矫正模式关注犯罪发生的原因,并基于对原因的分析提出个别化的罪犯处遇机制。在这一指导思想的支持下,社区矫正获得了高速的发展,各种社区监管的新方式不断涌现。第二,建立了系统的社区矫正机制。这一时期的社区矫正发展出一整套完善的社区矫正工作机制,主要包括发达的社区矫正组织机构、专业化的社区矫正工作者、复杂的社区矫正方案。比如,在英国,缓刑和假释由国家缓刑局负责;在美国,有些州的社区矫正由专门的社区矫正局负责,另外一些州则由州矫正局下辖的缓刑办公室、假释办公室负责;在加拿大,由联邦矫正局下设的社区矫正中心、矫正办公室以及各省的社区矫正中心、矫正办公室、缓刑办公室负责。第三,社区矫正的地位不断上升。社区矫正不断发展完善,逐渐成为刑罚体系的核心。这一时期,基于理想的犯罪治理策略和现实的财政压力,社区矫正逐渐成为刑事执法活动的核心,在社区中

[①] 参见〔英〕戈登·休斯:《解读犯罪预防——社会控制、风险与后现代》,刘晓梅、刘志松译,中国人民公安大学出版社2009年版,第52—54页。

接受矫正的人数在西方各国普遍超过了在监狱中服刑的人数。

（三）社区矫正发展的调整期

经过半个多世纪的高速发展，社区矫正的组织机构、运行机制、处遇方案等不断完善。但是，社区矫正自身存在的缺陷被忽视，社区矫正的效果被夸大，导致社区矫正最终不堪重负，遭到社会大众和专家学者的广泛批评。自进入20世纪70年代起，社区矫正进入调整期。

社区矫正的缺陷主要表现为：[①]首先，社区矫正不堪重负。有学者研究指出，1个社区矫正工作者管理的罪犯原则上不宜超过35人，但是缓刑犯中所有轻罪犯的76%和重罪犯的67%以上的案件符合条件，超过了100个。[②] 由于罪犯数量激增，监狱容纳不下如此之多的罪犯，法官被迫提高缓刑适用率，假释委员会也被迫大幅度提高假释适用率。如此工作负担下，社区监管方案五花八门，也无力开展任何实质性的社区监管项目。最为直接的结果，就是缓刑变成"无刑"、假释变成"真释"。其次，对社区服刑人员缺乏有效监管。很多学者总是强调社区矫正的花费更低，并为此列举了大量数据。但是，还必须看到问题的另一个方面，即如果将罪犯置于社区放任自流，则社区矫正当然不花很多钱。社区矫正的花费更低，必须建立在对社区服刑人员开展有效的社区监督的基础上才有价值，否则就是政府推卸责任的表现。这种状况直接导致的结果就是社会公众对社区刑罚强烈不满。

到了20世纪70年代，盛行于英美的矫正模式破产，公众和学者对矫正的效果持强烈的怀疑态度，"矫正无效"一时成了普遍接受的观点。此时的社区矫正面临调整，主要表现为：第一，降低社区刑罚的适用率。美国加利福尼亚州出台了著名的"三振出局"法案，一些州甚至取消了假释制度。州和联邦监狱中72%的罪犯在1977年是假释释犯，这个数字在1983年降低到48%，1988年降低到40%，1993年降低到39%。另一方面，采用监督形式释放的比例占到了82%。[③] 第二，强化社区监管。在英国，1977年发展出社区服务令，并得到前所未有的重视。2000年《刑事司法法》将社区服务令修改为社区惩罚令，更强调其惩罚性的一面。英国创设了日报告中心制度，这一制度要求社区服刑人员经常性甚至每日向社区矫正中心报道，以确保对其行踪的完全掌控。在美国，发展出所谓"中间制裁"，包括强化监督的缓刑、"震惊式"监禁、电子监控、家庭监禁、社区矫正中心居住等一系列强化监督的社区矫正形式出台。这一时期，还出台了极具争议性的"梅根法案"。第三，由矫正模式转向转处模式。在社区矫正的高速发展期，社区矫正奉行矫正模式，即将注意力集中于通过各种方案、发展各种项目，矫正社区服刑人员，使其重返社会。转处模式则是指社区矫正不再着眼于矫正，而是作为监禁刑的替代措施。英国将社区处遇称为"社区惩罚"，其核心含义在于试图发

[①] 参见王平主编：《社区矫正制度研究》，中国政法大学出版社2012年版，第36—37页。
[②] 参见刘强：《美国社区矫正演变史研究》，法律出版社2009年版，第131—132页。
[③] 同上书，第158页。

展出社区判决自身的惩罚性,并以罪行均衡原则判断监禁刑与社区刑罚之间的分配,将最为严重和危险性最大的罪犯留在监狱,而将一般的罪犯用社区刑罚来处理。① 这也是精算式司法风险管理模式的代表性体现。

二、我国社区矫正的历史与现状

(一)历史

社区矫正在西方国家的历史已有一百多年,但是在我国还是个新生事物。回顾社区矫正在我国的历史,大体而言,可以划分为五个阶段:②

1. 分散阶段

早在 2000 年以前,社区矫正制度在我国的刑事政策或刑事立法中已有某种体现。比如,管制刑起源于新中国成立之前、解放战争后期的革命根据地时期。1948 年 11 月 15 日发布的《中共中央关于军事管制问题的指示》中就明确规定:"解散国民党、三青团、民社党、青年党及南京政府系统下的一切反动党派和团体,并收缴其各种反动证件,登记其各级负责人员,对登记后的少数反动分子实行管制。"③这一规定在被管制的对象、管制的内容等方面与管制刑是一样的。1979 年《刑法》中也对此作了明确规定。

缓刑和假释制度在清末就已经开始实行。1910 年颁布实行的《大清新刑律》中,就对缓刑和假释制度作了较为详尽的规定。1979 年《刑法》《刑事诉讼法》和 1994 年《监狱法》中也作了明确规定。

知识链接 4-2

沈家本(1840—1913),字子惇,别号寄簃。他 1864 年开始在刑部任职,1883 年考中进士,历任天津知府、刑部左侍郎、法部右侍郎、修订法律大臣、资政院副总裁等职。任职刑部期间,他广泛收集我国古代法律史料,并作了系统整理和考订。由于在刑部三十多年的任职经历以及对中国古代法律的潜心研究,在中国法律大变革的时代,他被推到了时代的前列,受到张之洞、劳乃宣、刘坤一举荐,被任命为修订法律大臣,主持了清末的修律活动。他参照近代西方法学理念,删改旧律,包括禁止刑讯、废除重法、删减死罪条目、改革行刑体制、删除奴婢条例、禁止人口买卖、统一满汉法律、完善秋审制度等,先后主持修订《大清律例》《大清现行刑律》,使得中国绵延几千年的旧刑法体制有了改良。与此同时,他参考泰西刑法,制定了《大清新刑律》《大清刑事民事诉讼法》等法典,组织翻译了大量的西方法学著作和法律文献。在修律过程中,他坚持对法理进行探索,主张融会中西,为中国封建法律向资本主义法律的转化以及中西方法律

---

① 参见〔英〕皮特·雷诺、莫里斯·范斯顿:《解读社区刑罚——缓刑、政策和社会变化》,刘强、王贵芳译,中国人民公安大学出版社 2009 年版,第 71—72 页。
② 参见吴宗宪主编:《社区矫正导论》,中国人民大学出版社 2011 年版,第 32—36 页。
③ 同上书,第 32 页。

的融合起到了承前启后的作用。我国著名的法律史学家杨鸿烈说:"沈氏是深了解中国法系且明白欧美日本法律的一个近代大法家,中国法系全在他手里承先启后,并且又是媒介东方西方几大法系成为眷属的一个冰人(媒人)。"①他主持制定的民法和商法草案,虽未得到实施,却给中华法系强烈震动,中华法系以此为标志终结,近代中国法制历史从此掀开第一页。

暂予监外执行或者保外就医也是一种较早就开始适用的刑罚制度。早在1951年11月27日,最高人民法院对上海市人民法院作出的《关于保外执行中的徒刑犯应禁止行使政治权利及关于汉奸财产或公产效力问题的解答》中,就已经有"保外就医"的做法。1979年《刑事诉讼法》和1994年《监狱法》中有较为详细的规定。

剥夺政治权利刑可以追溯至古代。在秦代甚至更早的时候,就有与剥夺政治权利相似的"禁锢"制度,即免除有罪官员的官职并终身禁止其本人或者其亲属任官的刑罚。1910年颁布的《大清新刑律》规定了剥夺公权,作为从刑之一。此后,不同时期的立法对此加以沿用。1979年《刑法》正式将剥夺政治权利规定为一种附加刑。

2. 地方探索阶段

2000年左右,一些地方开始了对现行刑法制度的尝试和实践探索,力图有所创新。其中,上海、北京等地的探索富有成效。

特别是在2002年8月,根据司法部的要求,上海市有系统地在更大的范围内开始社区矫正的试点工作,成立了以市政法委员会牵头协调,由公、检、法、司等相关部门参加的市社区矫治工作领导小组。同月,中共上海市政法委员会发布了《关于开展社区矫治工作试点的意见》(沪委政法[2002]101号),②决定在该市普陀区曹杨街道、徐汇区斜土街道和闸北区宝山街道开展社区矫治试点工作,在很多方面进行了新的尝试。上海在社区矫正工作上的试点和探索,在我国社区矫正工作的发展史上具有开创性的重大意义。

3. 全国试点阶段

2003年7月10日,最高人民法院、最高人民检察院、公安部和司法部联合发布《关于开展社区矫正试点工作的通知》(司发[2003]12号)。这个文件的发布,成为全国社区矫正试点工作的主要依据,是我国开始开展社区矫正工作的最具权威性的文件。

2003年9月1日,全国社区矫正试点工作协调会在北京举行。司法部张福森部长主持会议,胡泽君副部长介绍了社区矫正试点工作的有关情况,最高人民法院江必新副院长、最高人民检察院赵虹副检察长、公安部部长助理孟宏伟代表各自部门进行

---

① 转引自李贵连:《沈家本传》,法律出版社2000年版,第171页。
② 最初,上海市的有关文件材料和实践部门都使用"社区矫治"的术语。由于他们最先有系统地开展这项工作,并且工作很有成效,因此这个术语流传很广,产生了很大的影响。直到2003年7月10日"两高两部"《关于开展社区矫正试点工作的通知》发布以后,才逐渐统一为"社区矫正"。

了讲话;开展试点工作的北京、上海、天津、江苏、浙江和山东六省(市)司法厅(局)的局长发言,介绍了当地的情况;试点省(市)高级人民法院、人民检察院、公安厅(局)的领导以及司法部有关部门的工作人员参加了会议。这个会议标志着依据"两高两部"《关于开展社区矫正试点工作的通知》进行的社区矫正试点工作的正式开始。在总结各地的经验和深入研究的基础上,2004年5月9日,司法部印发了《司法行政机关社区矫正工作暂行办法》。这是中央部门发布的社区矫正方面的一个综合性文件,有力地指导了试点地区社区矫正工作的进行。2005年1月20日,最高人民法院、最高人民检察院、公安部和司法部又联合发布了《关于扩大社区矫正试点范围的通知》(司发〔2005〕3号),将河北、内蒙古、黑龙江、安徽、湖北、湖南、广东、广西、海南、四川、贵州、重庆共12个省(自治区、直辖市)作为第二批社区矫正试点地区,使我国的社区矫正试点工作在更广大的范围内开展。

4. 全国试行阶段

2009年9月2日,最高人民法院、最高人民检察院、公安部、司法部发布《关于在全国试行社区矫正工作的意见》(司发通〔2009〕169号),社区矫正工作开始在全国全面试行。

2009年10月21日,最高人民法院、最高人民检察院、公安部、司法部联合召开全国社区矫正工作会议,总结社区矫正试点经验,部署在全国试行社区矫正工作。由此开始,我国社区矫正进入全国试行阶段。

《关于在全国试行社区矫正工作的意见》对于我国社区矫正的一个重大贡献,就是将社区矫正的内容归纳为三个方面:(1)对社区服刑人员的教育矫正;(2)对社区服刑人员的监督管理;(3)对社区服刑人员的帮困扶助。

5. 法律确认阶段

2011年2月25日,第十一届全国人民代表大会常务委员会第十九次会议通过《刑法修正案(八)》,正式在法律中确定了社区矫正制度。这项立法的通过,标志着我国社区矫正进入法律确认阶段,社区矫正正式成为刑法规定的刑罚制度的组成部分。

(二)现状

我国社区矫正自2002年8月在北京、上海首先开展试点工作以来,经过十余年的探索,已经由刚开始的六个省、直辖市的试点,逐步扩大到在全国试行,再到在全国展开,已经形成初具规模的社区矫正工作体系和相对完善的社区矫正制度,主要表现在:①

第一,初步建立了自上而下的领导管理机构及工作体制,完善了司法所的体制、机制建设。

第二,加快了社区矫正的立法进程,使社区矫正进入我国法律体系,探索完善了非监禁刑罚执行制度,体现了宽严相济的刑事政策;同时,通过建章立制,使社区矫正工

---

① 参见连春亮主编:《社区矫正学教程》,群众出版社2013年版,第18—19页。

作进入规范运行的轨道。

第三,参与社区矫正的相关职能部门注重与强调密切配合,使社区矫正的各个工作环节能够有效地协作与衔接。

第四,加强了专业矫正工作队伍建设,广泛吸纳了社会团体、志愿者的全方位参与,更新了社区群众的观念,赢得了社会的理解、认同和支持,有效整合和利用了社会资源,推动了社区建设,催生了非政府机构如社团组织。

第五,以提高改造质量为中心,综合应用多学科的理论和方法,积极探索科学的矫正方法。

第六,推动了基层民主政治的发展,促进了我国人权的进步,有利于国际人权斗争,获得了良好的国际声誉。

第七,降低了刑罚执行成本,节约了刑罚资源。一名社区矫正对象的年矫正经费约为监狱服刑罪犯监管经费的1/10。

第三节 社区矫正的理论根基

贝卡里亚有一个经典的表述:"在刚刚摆脱野蛮状态的国家里,刑罚给予那些僵硬心灵的印象应该比较强烈和易感……但是,随着人的心灵在社会状态中柔化和感觉能力的增长,如果想保持客观与感受之间的稳定关系,就应该降低刑罚的强度。"[①]这段话阐明了一个基本的原则,即刑罚的强度不是一成不变的。随着社会文明程度的提高,刑罚的强度应当逐渐降低。社区矫正体现了刑罚的发展方向,是刑罚轻缓化的一个重要标志。但是,社区矫正的出现和发展也不是偶然的,而是有其坚固的理论根基。

一、刑罚人道精神与社区矫正

"人道主义"一词最初源于拉丁文"humanistas",其本意是指一种能够促使个人的才能得到最大限度发展的具有人道精神的教育制度。最初在这个意义上使用"人道主义"一词的是斯多亚学派代表人物之一西塞罗(Marcus Tullius Cicero)。"人道"是现代刑法的价值目标之一,以人为本,尊重人的存在价值、主体地位及其人格尊严。这反映在刑事法律中就是刑罚人道精神。一般而言,刑罚人道精神包括以下三重含义:[②]第一,尊重和保护犯罪人的人格,即犯罪人首先是人,然后才是犯罪的人,所以犯罪人作为一个公民所享有的基本权利理应得到保护。第二,禁止把人当作实现刑罚目的的工具,即犯罪人在刑事司法中是作为伦理道德上独立自主的人格主体而存在的,并非作为手段,如作为惩戒社会公众的先例。第三,禁止使用残酷而不人道的,即藐视人权的刑罚,对犯罪人处以刑罚制裁并非将其作为刑罚的客体,而是以积极的态度对其予

---

① 〔意〕贝卡里亚:《论犯罪与刑罚》,黄风译,中国大百科全书出版社1993年版,第44页。
② 参见贾宇:《社区矫正导论》,知识产权出版社2010年版,第76页。

以教育矫正,使其顺利复归社会。

刑罚人道精神发端于刑事古典学派。自此,刑法学者对刑罚制度的弊端不断进行反思,加以完善,以期保护犯罪人的权利,贯彻人道主义精神。随着人类社会逐步文明化,封建时代的野蛮刑罚早已成为历史,监禁刑逐渐成为刑罚制度的中心。因此,对刑罚制度弊端的反思主要体现在对监禁刑弊端的反思上。监禁刑的不人道性主要体现在剥夺人的行动自由、剥夺异性关系、剥夺人的自主性、使罪犯丧失安全感、使罪犯难以拥有最基本的物质生活条件等方面。[1]

社区矫正的非监禁性、开放性、社会参与性等特征使服刑人员能够不脱离其原来的生活,其基本的生活需求和正常的社会交往不会受到影响。这样,服刑人员的行动自由得到了保障,自然需求和社会需求都得到了满足,能够正常地生活,不会有安全感的丧失,因而充满了人文关怀,极大地保护了犯罪人的人权,贯彻了刑罚人道精神。可以说,刑罚人道精神呼唤并促使了社区矫正的产生,而社区矫正体现并贯彻了刑罚人道精神。[2]

二、行刑社会化思想与社区矫正

行刑社会化,是指在行刑过程中,增强监狱与社会的互动的现象。对行刑社会化的具体内容,学者们有不同的观点。综合这些观点,行刑社会化的主要内容是:为了避免和克服监禁刑存在的某些弊端,使刑事执行服务于罪犯再社会化的目标,而应慎用监禁刑,尽可能对犯罪人适用非监禁刑,使其在社会上得到教育改造;同时,对于罪行较重、有必要监禁的罪犯,应使其尽可能多地接触社会,并使社会最大限度地参与罪犯矫正事业,从而使刑事执行与社会发展保持同步,为罪犯顺利回归社会创造条件。[3]在理解行刑社会化的概念时,要注意以下几点:[4](1)行刑社会化是针对监禁刑的"交叉感染"、回归社会难等弊端而提出的,目的在于克服这些弊端,便于犯罪人顺利回归社会。(2)行刑社会化依据的是教育刑理念而非报应理念,即行刑的目的不在于报应已然的犯罪行为,而是教育矫正犯罪人,使其不再犯罪。因此,行刑社会化的终极目标在于使犯罪人顺利回归社会。(3)行刑社会化并不等于完全废止监禁刑,而是主张尽量慎用监禁刑。对于那些罪行较重、有必要监禁的罪犯,还要适用监禁刑,但是在执行中应使其尽可能多地接触社会,并使社会最大限度地参与罪犯矫正事业。

行刑社会化思想至少包括两个方面:一是监禁刑罚执行的开放性处遇,二是非监禁刑方式的扩大化。社区矫正是非监禁刑的一种,社区服刑人员不是被关押在封闭的监狱中,而是在其生活的社区中得以教育矫正,具有开放性。更为重要的是,社区矫正

---

[1] 参见吴宗宪、陈志海、叶旦生、马晓东:《非监禁刑研究》,中国人民公安大学出版社2003年版,第90—95页。
[2] 参见吴宗宪主编:《社区矫正导论》,中国人民大学出版社2011年版,第44—45页。
[3] 参见冯卫国:《行刑社会化研究——开放社会中的刑罚趋向》,北京大学出版社2003年版,第42页。
[4] 参见吴宗宪主编:《社区矫正导论》,中国人民大学出版社2011年版,第45页。

具有社会参与性,在执行过程中广泛吸收社会团体、社会志愿者、社区群众的参与,通过这些社会力量的参与保证教育矫正的效果。可以说,社会力量的广泛参与是社区矫正的本质特征。由此可见,社区矫正的开放性和社会参与性使其完全符合行刑社会化思想的内涵,因而行刑社会化思想推动、促进了社区矫正的产生和发展,而社区矫正又贯彻、体现了行刑社会化思想,成为行刑社会化思想的重要实现方式。[①]

三、行刑经济化观念与社区矫正

行刑经济化讲求以最小的投入获得有效的预防和控制犯罪的最大社会效益。这一观念与社区矫正有着密切的联系。尤其是经济学分析方法引入法学、社会科学领域后,经济分析法学成为当今法学理论的一个重要流派,行刑经济化观念正是这一法学理论在行刑过程中的充分体现。行刑经济化成为当今社区矫正理论与实践不得不考虑的因素。当然,行刑经济化不得背离罪刑法定和罪刑相一致的原则。社区矫正既保持了定罪量刑的严格标准,在客观上又减少了入狱人数,降低了监禁刑的负面作用,有利于使罪犯早日改造成功,顺利重返社会,这样既合法又"经济",充分体现了行刑效益。

四、再社会化理念与社区矫正

马克思主义哲学认为,人是自然属性和社会属性的统一,其中社会属性是人的根本属性,人归根结底是一种社会性的动物。"社会化"(socialization)是一个社会学上的概念,是指个体在与社会的互动过程中,逐渐养成独特的个性和人格,从生物人转变为社会人,并通过社会文化的内化和角色知识的学习,逐渐适应社会生活的过程。在此过程中,社会文化得以积累和延续,社会结构得以维持和发展,人的个性得以健全和完善。社会化是一个贯穿人生始终的长期过程。[②] 社会学将社会化区分为初始社会化、预期社会化、发展社会化、逆向社会化、再社会化等类型。再社会化(resocialization),是指用补偿教育或强制方式对个人实行与其原有的社会化过程不同的再教化过程。再社会化的基本类型有两种:一是主动再社会化,即根据环境条件的变化,自动接受新的生活方式和参与新的社会生活,一般出现在社会急剧变动或移民生活中;二是强制再社会化,即对背离当时社会规范的人,通过特别机构在强制的条件下进行社会化,是一种社会性的强迫教化。[③] 对罪犯的教育矫正即属于强制再社会化的过程。

社会学中的再社会化理念在刑法学中的重要体现就是刑罚适用中的再社会化理念,即通过适用刑罚对犯罪人进行教育矫正,使其顺利回归社会。由于社区矫正中服刑人员不是被关在封闭的监狱中,而是在其生活的社区中进行矫正,不影响其正常生活,因而服刑人员不会受到监狱亚文化的污染,其人格不会发生变异,避免了犯罪人之

[①] 参见吴宗宪主编:《社区矫正导论》,中国人民大学出版社2011年版,第47页。
[②] 参见郑杭生主编:《社会学概论新修》(第三版),中国人民大学出版社2003年版,第83页。
[③] 参见邓志伟主编:《社会学词典》,上海辞书出版社2009年版,第10—11页。

间的"交叉感染",因而"健全的家庭生活,稳定的就业机会,正常的休闲活动,加上适度的社会监督,可以较好地矫正罪犯的反社会人格,从而使罪犯顺利地融入社会,实现再社会化的目标"①。

第四节 社区矫正的对象

根据 2003 年 7 月 10 日最高人民法院、最高人民检察院、公安部、司法部联合印发的《关于开展社区矫正工作的通知》的规定,在试点阶段,我国社区矫正的对象主要包括五类,分别是被判处管制的、被宣告缓刑的、被暂予监外执行的、被裁定假释的以及被剥夺政治权利并在社会上服刑的。2012 年修正的《刑事诉讼法》第 258 条规定:"对被判处管制、宣告缓刑、假释或者暂予监外执行的罪犯,依法实行社区矫正,由社区矫正机构负责执行。"以下主要以这四类法定的适用对象为研究范围。

一、管制

管制,是由人民法院判决,对犯罪分子不予关押,但是限制其一定自由的刑罚方法。作为我国刑法体系中最轻的主刑,管制的主要特点可以概括为以下几点:(1) 对犯罪分子不实行关押,不剥夺其人身自由,只是限制其一定的人身自由;(2) 被管制的犯罪分子虽然有人身自由,但是其活动应受到司法机关的管束和监督,其人身自由受到一定的限制;(3) 管制由人民法院依法判处。同时,《刑法》第 39 条规定了被判处管制的犯罪分子在执行期间应遵守的规定:(1) 遵守法律、行政法规,服从监督;(2) 未经执行机关批准,不得行使言论、出版、集会、结社、游行、示威自由的权利;(3) 按照执行机关规定报告自己的活动情况;(4) 遵守执行机关关于会客的规定;(5) 离开所居住的市、县或者迁居,应当报经执行机关批准。

对于被判处管制的犯罪分子,其被管制的期限为三个月以上二年以下;数罪并罚时,不能超过三年。

管制刑是最适合社区矫正的一种刑罚。在目前的情况下,我国农村实行了家庭联产承包责任制,对被判处管制的犯罪分子,无法实施管制。在城市,由于市场经济体制的建立,管制刑的实现也存在很大的困难,在司法实践中已经出现了对管制犯的监督失控现象,使管制刑处于"不管不制"的状态。

吴宗宪等人在《非监禁刑研究》一书中认为,管制刑的实现具有以下价值:(1) 符合刑罚经济原则;(2) 符合罪刑相当原则和区别对待的刑事政策;(3) 符合我国行刑的目的;(4) 符合行刑社会化原则;(5) 符合刑罚的发展方向。

如果对管制的犯罪分子依法实施社区矫正,就在很大程度上克服了管制刑目前所处的尴尬处境,并使其日臻完善。为了解决这一问题,《刑法修正案(八)》第 2 条第 1、

---

① 姜祖桢主编:《社区矫正理论与实务》,法律出版社 2010 年版,第 82 页。

2款规定:"在刑法第三十八条中增加一款作为第二款:'判处管制,可以根据罪犯情况,同时禁止犯罪分子在执行期间从事特定活动,进入特定区域、场所,接触特定的人。'原第二款作为第三款,修改为:'对判处管制的犯罪分子,依法实行社区矫正。'"

2011年4月28日,最高人民法院、最高人民检察院、公安部、司法部联合发布《关于对判处管制、宣告缓刑的犯罪分子适用禁制令有关问题的规定(试行)》,对判处管制的罪犯的管制进行了规范。

二、缓刑

缓刑,是指对被判处一定刑罚的犯罪分子,在一定期限内附条件不执行原判刑罚或暂缓不宣告的刑事制度。① 缓刑是一种行之有效的刑罚制度,它有利于犯罪分子的改造。由于缓刑是附条件不执行原判刑罚的制度,且体现了刑罚教育化、个别化和社会化的细想,因而被视为"除刑罚和保安处分两个抗制犯罪支柱以外的第三根支柱"②。《刑法》第76条规定:"对宣告缓刑的犯罪分子,在缓刑考验期限内,依法实行社区矫正,如果没有本法第七十七条规定的情形,缓刑考验期满,原判的刑罚就不再执行,并公开予以宣告。"

缓刑被纳入社区矫正体系,是由其自身的条件所决定的。《刑法》第72条规定:"对于被判处拘役、三年以下有期徒刑的犯罪分子,同时符合下列条件的,可以宣告缓刑,对其中不满十八周岁的人、怀孕的妇女和已满七十五周岁的人,应当宣告缓刑:(一)犯罪情节轻微;(二)有悔罪表现;(三)没有再犯罪的危险;(四)宣告缓刑对所居住的社区没有重大不良影响。宣告缓刑,可以根据犯罪情况,同时禁止犯罪分子在缓刑考验期限内从事特定活动,进入特定区域、场所,接触特定的人。被宣告缓刑的犯罪分子,附加刑仍须执行。"

对缓刑犯适用社区矫正具有现实意义:(1)缓刑的考察机构具体化,由社区矫正机构对缓刑犯进行考察,确定缓刑犯是否具备撤销的条件。根据我国法律规定,被宣告缓刑的犯罪分子,在缓刑期间没有撤销缓刑条件的,缓刑期满,原判刑罚就不再执行;如果具备缓刑的撤销条件,其缓刑宣告就会被撤销,重新执行原判刑罚。缓刑的撤销条件包括以下几个方面:在缓刑考验期内再犯新罪;判决宣告前,还有其他罪没有判决;在缓刑考验期内,违反法律、行政法规和有关缓刑的监督管理制度,情节严重的。将缓刑纳入社区矫正机制,就使对缓刑的考察机构具体化,完全将其纳入考察和管理范围内。一旦缓刑犯具备了缓刑的撤销条件,就可以对已宣告的缓刑及时撤销,确保了刑罚的严肃性,同时也保障了在缓刑考验期内刑罚对于缓刑犯的威慑作用。(2)完善了对缓刑犯的实际执行程序,使刑罚惩罚得到了具体落实。将缓刑纳入社区矫正机制后,不仅在机构、人员上使对缓刑犯的执行得到了具体的落实,而且可以以立法的形式对缓刑犯的执行程序、考察措施、考察方式、文书制作,缓刑犯所在单位或基层组织

---

① 参见高铭暄主编:《刑法学原理》,中国人民公安大学出版社2005年版,第422页。
② 林山田:《刑法学》,台湾商务印书馆1992年版,第207页。

的职责,以及缓刑犯在考察期内的权利义务等作出具体规定。(3)符合刑罚经济原则。在对缓刑犯进行社区矫正中,可以以最少的投入,实现惩罚犯罪和改造罪犯的效益最大化,减少监狱行刑的许多环节和投入,节省大量的人力、物力和财力。对这些罪犯,既实现了教育改造的目的,也体现了刑罚的严肃性、规范性。(4)可以促进缓刑犯再社会化,避免其人格的"监狱化"。

三、假释

假释,是指被判处有期徒刑、无期徒刑的犯罪分子,在执行一定刑期之后确有悔改表现且不致再危害社会的,经人民法院裁决,可以提前释放的刑罚制度。

《刑法》第81条第1、2款对适用假释的条件作出了明确的规定:"被判处有期徒刑的犯罪分子,执行原判刑期二分之一以上,被判处无期徒刑的犯罪分子,实际执行十三年以上,如果认真遵守监规,接受教育改造,确有悔改表现,没有再犯罪的危险的,可以假释。如果有特殊情况,经最高人民法院核准,可以不受上述执行刑期的限制。对累犯以及因故意杀人、强奸、抢劫、绑架、放火、爆炸、投放危险物质或者有组织的暴力性犯罪被判处十年以上有期徒刑、无期徒刑的犯罪分子,不得假释。"

《刑法修正案(八)》第17条明确规定将假释犯纳入社区矫正体系。该条规定:"将刑法第八十五条修改为:'对假释的犯罪分子,在假释考验期限内,依法实行社区矫正,如果没有本法第八十六条规定的情形,假释考验期满,就认为原判刑罚已经执行完毕,并公开予以宣告。'"这样的规定具有重大的实践意义:(1)相对明确了对假释犯的监督考察机构。将对假释犯的监督考察职能赋予社区矫正机关行使,实现了专门机关的职能明晰化,使权利义务达到有机而和谐的统一,社区矫正机构就能充分利用自身的资源,全面地监督考察假释犯。(2)体现了刑事一体化,加大了监督考察力度。在未来的社区矫正立法中,我们期待能赋予社区矫正机构一定的行刑权。这样,罪犯获假释后,监狱机关就有了相应的联络部门,将假释犯直接交由当地的社区矫正机构进行监督考察,使监督考察的内容、形式、方法更加充实和丰富多彩,使监督考察的结果更具有可信度。(3)可以扩大刑事执行中假释适用的数量。社区矫正这一新生事物进入刑罚执行体系,克服了以往假释执行中的弊端,加快了行刑社会化的进程。监狱机关可以打消顾虑,放下包袱,大胆地适用假释制度,优化监狱资源,促进假释犯的社会化和社会适应能力,真正体现假释这一刑罚制度的优越性。

四、暂予监外执行

暂予监外执行,是指被判处有期徒刑或者拘役的罪犯,因出现法定事由而暂时采用不予关押的方式执行原判刑罚的变通方法。

根据《刑事诉讼法》第254条的规定,暂予监外执行的对象仅限于被判处有期徒刑或者拘役的罪犯。将可以暂予监外执行的对象限定为被判处有期徒刑或者拘役的罪犯,有利于稳定社会秩序、预防犯罪、惩罚犯罪以及对罪犯实行有效的监督改造。

根据《刑事诉讼法》第258条的规定,对暂予监外执行的罪犯依法实行社区矫正,由社区矫正机构负责执行。在司法实践中,调整暂予监外执行决定、适用、监督和终止的主要法律文件是最高人民法院、最高人民检察院、公安部、司法部联合制定的《社区矫正实施办法》。在使用本条时,除了要全面把握终止暂予监外执行的三种情况外,还应注意通知原执行罪犯刑罚的监狱、看守所暂予监外执行的机关是司法行政机关管理下的社区矫正机构,即基层司法所及其负责组建的矫正小组。

对暂予监外执行的罪犯实施社区矫正的意义有:(1)使审批机关与执行机关一体化。无论是人民法院决定暂予监外执行的罪犯,还是监狱或者其他刑罚执行机构决定暂予监外执行的罪犯,其交付有了明确的对象,有了固定的机构,克服了过去审批机关与执行机关关系不畅、互相扯皮、无专门机构管理的缺陷。(2)对暂予监外执行罪犯的管理工作具体化。由社区矫正机关按照法定的程序对暂予监外执行的罪犯进行监督、考察和转化,使执行工作有效化、具体化,克服了长期以来对暂予监外执行罪犯的管理处于失控状态。(3)对保外就医罪犯的取保人起到了限制作用,强化了担保职责。长期以来,不论是人民法院还是监狱或其他刑罚执行机关,对于保外就医罪犯的保证人,很少监督落实其是否尽到了担保职责。尤其是经由监狱决定保外就医的罪犯,有些监狱距离罪犯居住地上百甚至上千公里,对保证人是否尽到了担保责任无力进行考察。社区矫正机关均在罪犯居住地,具有地理优势,除了直接对保外就医人员进行监督考察外,还可以有效地督促保证人尽到担保职责;对于未尽到担保职责的保证人,可以依法给予制裁。(4)有效地对暂予监外执行的罪犯实施教育改造。基于暂予监外执行罪犯的特殊性,监狱或其他刑罚执行机关无法对其进行教育改造,而社区矫正机关有其自身的优势,可以采取灵活多样的方式,对该类罪犯进行矫治。这一方面体现了刑罚的人道主义原则,另一方面使罪犯得到了改造,使刑罚得到了贯彻执行。

第五节　社区矫正的基本管理体制

社区矫正管理体制,是指社区矫正的管理机构、执行机构等主体的设置、配备、编制以及与其他矫正机构之间的关系。目前,我国社区矫正管理体制具体到机构设置,在中央一级,社区矫正管理局负责管理全国的社区矫正工作;在地方一级,分别成立了社区矫正处、科等工作机构。总体而言,现阶段的社区矫正管理机关建设取得了重大成就,但是发展状况还是不均衡、不统一。对国(境)外社区矫正管理体制进行研究和介绍,有益于我国社区矫正的发展和完善。

一、境外社区矫正管理体制概况

社区矫正管理体制会因政治体制和国情的不同而略有差异。以下主要选取了境外较为典型的国家和我国台湾地区的社区矫正管理体制,希冀能在介绍的同时有所启示和借鉴。

(一)英国社区矫正管理体制概况①

英国的社区矫正内容比较复杂,包括免费工作、活动(如到社区戒毒中心报到、参加教育和技能培训等)、项目(群体或个人项目,如性犯罪、毒品及酒精滥用等项目)、禁令(如禁止出入公共场所、观看足球赛)、驱逐(一定期限内禁止出入特定区域)、居住(必须居住在特定居所)、精神健康治疗、戒毒、酒精治疗计划、监督(接受缓刑官的指导)、到社区矫正中心居住等。这些内容一般基于四种社区判决:社区更生令、社区惩罚令、社区结合令、毒品矫治处遇和测试令。上述社区矫正活动大多由缓刑局负责执行。缓刑局是国家犯罪人管理局(National Offender Management Services)的一个分支,隶属于英国内政部,是典型的法律执行机构。目前,缓刑局负责监督20万成年犯罪人在社区中服刑,其中90%是男性,9%是少数民族,大约有1.9万人在英格兰、威尔士的缓刑局服务。英国各地都设有缓刑局,其上级主管部门是全国缓刑委员会。全国缓刑委员会有16个编制,每人负责一个专业委员会。缓刑局的工作人员既不是公务员,也不是民间人士。缓刑局是一种介于政府组织与民间团体之间的非政府组织,其经费80%来自联邦,20%来自地方政府。缓刑局的主要职责包括:为地方法院提供综合治理少年犯罪的信息;执行法院判决的社区服务、缓刑、社区监管以及假释犯的监管;与社区进行协商,请求在社区内安置少年犯;预防犯罪,减少对受害人的侵害;与被害人进行联络;为无人监管的孩子寻找监护人;向法院提供青少年犯罪的调查报告。②

缓刑局的目标主要有五项:保护公众、降低再犯、适当的社区惩罚、确保罪犯了解犯罪对被害人以及社会的负面影响、促进犯罪人更生。除了向社区中服刑的罪犯提供服务外,缓刑局每年还要为治安法官、法官提供大约24600份审前报告和20000份保释报告;缓刑官每年要监督罪犯向当地社区提供87000份报告;有100所缓刑集体宿舍在缓刑局的指导下为被保释的人、社区中服刑的人提供保护。从以上数据中,我们可以看出缓刑局、缓刑官的具体工作职责,工作量非常大。

(二)美国社区矫正管理体制概况

美国的成人缓刑有不同的管理模式:30多个州由矫正局管理,6个州由州法院系统管理,6个州由当地市、县法院系统管理,4个州由市、县政府部门管理。青少年缓刑多数由法院系统管理。③假释由矫正机关负责。联邦监狱局下设分管假释的部门,各州矫正局主要负责监狱管理和社区矫正。一般在州内划分若干司法区,每个司法区设立若干缓刑、假释办公室,有的缓刑和假释分别单独设立办公室。④

以美国阿肯色州为例,该州1993年通过了《社区惩罚法令》,并基于该法建立了州社区矫正局。社区矫正局的任务是:管理全州的社区惩罚设施以及服务项目,执行州

---

① 参见王平主编:《社区矫正制度研究》,中国政法大学出版社2012年版,第221—223页。
② 参见王运生、严军兴:《英国刑事司法与替刑制度》,中国法制出版社1999年版,第77—88页。
③ 参见刘强编著:《美国刑事执法的理论与实践》,法律出版社2000年版,第207页。
④ 同上书,第217页。

法院的命令,并提供监督、治疗、更生和恢复,以将犯罪人在社区中改造为守法公民。社区矫正局主管社区惩罚设施、服务项目、监督方案,包括对缓刑犯、假释犯以及其他犯罪类型的罪犯释放后的监督。社区矫正局的目标是:对社区中的罪犯进行适当的、有效的监督;为在社区中服刑的处于待产状态,需要护理、管理、治疗的罪犯,或者被关押在社区矫正中心的罪犯,提供充分、安全的环境;发展和贯彻任何有利于实现目标的制裁、项目和服务;招募新的工作人员,并给予良好的培训。社区矫正局的服务机构或项目如下:①

(1) 常规监督。这针对的是缓刑犯、假释犯。根据对犯人风险性的评估,常规监督分为低度、中度、强度三个标准。

(2) 军事训练营。该训练营提供 90—120 天的军训项目,通过艰苦的身体训练,给予训练者纪律和品格的培养。军事训练营和"震惊式"监禁的目标相同,都是告诉犯人:社区认为其行为是严重问题。不过,阿肯色州的社区矫正局并没有提供该项服务,提供该项服务的是州矫正局。

(3) 社区矫正中心。该中心提供居住设施、监督管理、监视、毒品与酒精治疗、教育和职业计划、就业咨询、社会化和生活方式训练、社区生活过渡等治疗或处遇方案。

(4) 日报告中心。这是一种综合的、不提供居住设施的、提高公众安全的项目,它通过强化的监督和监视控制犯人,通过行为控制、发展职业技能、教育咨询等促进犯人更生。

(5) 毒品法庭。该法庭主要通过强化的监督、监视和一系列计划,处理涉及药物滥用的缓刑案件。如果该项目获得成功,则被告可以获得不起诉、减轻处罚、暂缓宣告等有利的结果。

(6) 法定释放项目。社区矫正局的基本职责之一,就是负责鉴别囚犯是否适合假释,确定假释听证会的日程安排,根据州假释委员会的决定释放囚犯。

(7) 药物滥用计划项目。社区矫正局雇用负责人,负责对门诊病人提供诸如咨询、健康计划、职业准备等服务。

(8) 技术性违法项目。这主要是指 60 天左右的居住限制,并加之以 12 个月的各种活动计划。

(9) 性犯罪人项目。该项目将性犯罪人作为特定的犯罪类型专门管理。为此,社区矫正局专门设置了缓刑官与假释官,其目的在于保护公众的安全和树立犯罪人的责任感。

(10) 志愿者项目。志愿者为社区矫正中心的服务提供者,为缓刑犯、假释犯无偿提供服务。

(三) 加拿大社区矫正管理体制概况②

加拿大是世界上社区矫正工作开展得较好的国家之一。成人矫正分别由联邦矫

---

① 参见 http://www.dcc.arkansas.gov/programs_and_services,2015 年 4 月 9 日访问。
② 参见社区矫正考察组:《加拿大社区矫正概况及评价》,载《法治论丛》2004 年第 3 期。

正局和省级矫正机关(10个省和3个地区)负责管理。内政部下设皇家骑警、安全局、矫正局以及国家假释委员会。矫正局负责对联邦矫正机构和假释的管理,以及对刑期在两年(含两年)以上的罪犯的关押和社区矫正。省和地区的矫正机关负责对刑期不满两年的犯人的监禁和社区矫正。在管理体制上,加拿大联邦矫正局负责对联邦矫正机构(加拿大已将监狱统称为"矫正机构")和联邦社区矫正的管理。省级矫正机关负责对省一级矫正机构和社区矫正的管理。联邦社区矫正局除在首都渥太华设有总部外,还在全国设有5个分部(按地区管辖)。就西部的太平洋地区而言,分部下又分为4个假释区,其下设22个中途住所,65个假释官,200个社区志愿者,共管理1100个联邦社区矫正对象,假释官与假释对象的比例为1∶17。垂直管理的好处是,有利于加强业务方面的领导,减少地方的干预,并有利于工作人员的专业化管理和素质的提高。同时,矫正机关也重视与当地警察、法院、预防犯罪和社会发展组织的合作,目的是合力维护加拿大的公共安全。与联邦矫正局平行的机构有国家假释委员会,其职权有:决定犯人在不同形式下有条件释放(尤其是假释)的时间和约束性条件;批准、否决和取消对犯人赦免的决议,包括对犯人宽赦的建议。此外,在部分省一级也设有假释委员会。

在垂直管理体制下,专业化分工明确是加拿大社区矫正工作的一大特色。例如,在联邦假释办公室,设有高级假释官、行政经理、项目管理者、普通假释官、特别任务主任、心理学工作者、牧师、电脑技师、个案管理工作者等。假释官又分为监狱假释官和社区假释官。监狱假释官帮助罪犯制订假释计划,获得假释。社区假释官负责对社区假释人员的管理。社区矫正工作者一般需要具有本科学历,还必须具有犯罪学、刑法学、心理学、社会学等专业的教育背景。目前,联邦社区矫正对象在社区服刑期间的重犯率低于2%,反映了加拿大的社区矫正工作是卓有成效的。

(四)日本社区矫正管理体制概况

日本的社区矫正管理体制也是比较成熟、统一的。在日本,社区矫正被称为"社会内处遇",主要内容包括紧急改造保护、假释、缓刑、恩赦、时效以及社会观察所。保护观察与社区矫正基本类似,主要有作为终局处分的保护观察、附随于缓刑的保护观察、对假释者的保护观察、对刑满者的保护观察。

日本保护观察的具体运行机制如下:①

掌管社会内处遇行政事务的中央机关是法务省保护局。保护局内设总务处、调查联络处、观察处、恩赦处,主要负责假释、保护观察、恩赦、犯罪预防以及精神保健观察等相关业务的设计、筹划等。与保护局有关但隶属于法务省的附属机关是更生保护审查会,由1名委员长(专职)和4名委员(两名专职)组成,负责"向法务大臣申请实施特

---

① 参见〔日〕大谷实:《刑事政策学》,黎宏译,法律出版社2000年版,第261—264页;苏明月:《日本保护观察制度研究》,中国政法大学2007年博士论文,第46—48页;王平主编:《社区矫正制度研究》,中国政法大学出版社2012年版,第228—229页。

赦,对特定犯罪人减轻刑罚、免除刑罚的执行和对特定人的复权",以及"对地方改造保护委员会所作出的决定,进行审查和裁决"。另外,还有作为法务省咨询机关的矫正保护审议会,由 40 名委员组成,对有关社区矫正及改造保护的重要事项进行审议。地方更生保护委员会在全国 8 个高等法院所在地设置,由 3 到 12 名委员组成,主要负责:(1)假释和假释出场(劳役场和假释出场)的许可及假释的取消;(2)不定期刑的终止;(3)从少年院的假释出院或出院的许可;(4)《犯罪者预防更生法》等法律所赋予的其他权限,如对假释人员的保护观察的停止、取消或解除的决定,对缓刑人员保护观察的解除、取消的决定,对从妇人辅导院假释出院的许可、取消等。地方更生保护委员会内设事务局,由具有专业知识的保护观察官负责罪犯假释前的准备、调查。

保护观察所在全国 50 个地方法院所在地设置,另外还有 3 个支部、27 个派出机关。它主要负责:实施保护观察;为预防犯罪,指导、启发一般舆论;改造社会环境,协助以预防罪犯为目的的民间活动;调查在押犯人的返归环境,实施紧急改造保护、教育保护、训练保护,申请恩赦等事务。

日本保护观察制度的运行,除上述官方的主管机构外,还需要与民间志愿者组织密切配合。日本参与保护观察的民间组织、民间志愿者包括:[①](1)保护司,是"具有社会奉献精神,在帮助犯罪人改造自新的同时,努力启发有关犯罪的舆论,从而净化地域社会,为个人及公共利益做贡献"的民间志愿者。法务大臣在听取保护司选考会的意见后,任命保护司。(2)改造保护法人,是由法务大臣许可从事改造保护的民间团体。它的事业包括持续性保护事业、一时性保护事业、联络促进事业三种。持续性保护事业以收容被保护人进行保护为主。一时性保护事业是不收容被保护者而只提供金钱、报酬等进行保护的事业。联络促进事业是以协助持续性保护、一时性保护为目的,以开发、联络、调整、帮助为内容的事业。(3)民间协助组织,包括:改造保护妇女会,这是从女性或母亲的立场出发,从事宣传犯罪预防、寄送援助金、协助保护司进行改造保护等活动的组织;BBS(Big Brother and Sister Movement),即所谓"大哥大姐运动",受保护观察所的委托,与受保护观察的少年交朋友,以帮助其进行社会内处遇;帮助雇佣业主会,这是在了解犯罪人或不良少年过去的经历后,为其提供就业场所,帮助其改造自新的组织。

(五)我国台湾地区社区矫正管理体制概况[②]

台湾作为我国的一个区域,其法源受到日本的影响,因而其社区矫正机制与大陆有较大的差异。我国台湾地区的社区矫正与所谓的"观护制度"在内涵和外延上大致可以吻合,发展到今天已经比较成熟。

在我国台湾地区,观护制度分为成年观护制度与少年观护制度。其中,成年观护制度由地方检察署负责执行,少年观护制度由少年法院或地方法院少年法庭负责执

---

① 参见〔日〕大谷实:《刑事政策学》,黎宏译,法律出版社 2000 年版,第 262—264 页。
② 参见王平主编:《社区矫正制度研究》,中国政法大学出版社 2012 年版,第 229—230 页。

行。少年观护制度的主要根据是"少年事件处理法"第 9 条的规定。根据该条,在法院设置了少年调查官与少年保护官。少年调查官的主要职责是做审前调查、急速辅导、出庭陈述、交付观察、协助转介处分等。少年保护官的职责是监督、辅导观护对象,最传统的工作就是负责保护管束的执行。少年观护制度的运行机制如下图所示:

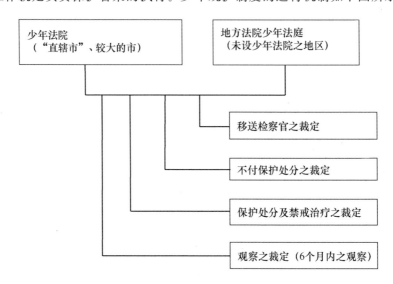

图 4-5 我国台湾地区少年观护制度的运行机制

少年观护制度的运行主要由少年调查官、少年保护官负责。少年调查官主要负责调查、收集关于少年保护事件的资料,并负责对于少年观护所少年的调查事项。少年保护官主要负责执行保护处分。少年调查官、少年保护官执行职务,应服从法官之监督。

成人观护制度由地方检察署的检察官指挥观护所的观护人执行,主要包括受缓刑之宣告者、假释出狱者、"刑法"第 86—90 条规定的保安处分以保护管束替代者,以及"刑事诉讼法"第 253-2 条规定的缓起诉制度中被告应遵循事项的监督等内容。成人观护制度的运行机制如图 4-6 所示。

(六)境外国家和地区社区矫正管理体制特征的评析与借鉴

通过以上介绍,我们不难发现,境外国家和地区的社区矫正管理体制具有如下特点:①

1. 有专门的社区矫正执行机构

上文介绍的国家和地区,不论是采取统一的社区矫正管理体制还是采取多元的社区矫正管理体制,也不论执行机构到底是法院还是行政部门,都设置了专门的社区矫正执行机构。任何事物的产生,都是因为社会现实的需要。专门的社区矫正执行机构

---

① 参见王平主编:《社区矫正制度研究》,中国政法大学出版社 2012 年版,第 230—232 页。

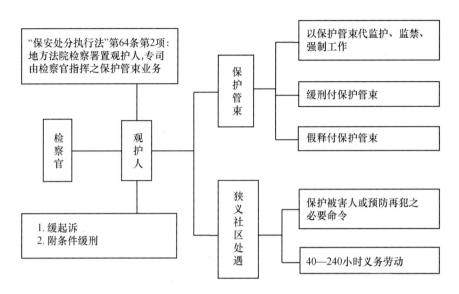

图 4-6 我国台湾地区成人观护制度的运行机制

的设置,是因为社区矫正在刑罚执行中占据非常重要的地位,意味着这些国家、地区的社区矫正已经比较成熟和完善。2007 年,美国全国大约有 730 万人处于缓刑、假释之中或者在监禁,其中大约 510 万人在社区中接受监督,包括 4293163 名缓刑犯、824365 名假释犯。[1] 两相比较,美国的社区矫正率大约为 69.8%。在日本,1978 年以后,有期徒刑的缓刑执行率在 70% 到 95% 之间波动。[2] 2003 年,日本刑满释放出狱者为 12386 人,而假释出狱者为 15784 人,足见日本的高假释率。[3] 在我国台湾地区,2006 年,检察机关办理的案件总数为 373398 件,缓起诉的总数为 27898 件,比率为 7.47%;不起诉的总数为 108068 件,比率为 32.61%。[4] 2006 年,我国台湾地区地方法院检察署执行的案件中宣告缓刑的为 20741 人;[5] 已执行自由刑人数为 99581,[6] 其中处以 2 年以下自由刑的总人数为 66590,[7] 其缓刑率达到 31%。同年,台湾刑满释放出狱者为 24983 人,假释出狱者为 10726 人,占出狱人数比例分别为 69.96% 和 30.04%。[8]

我国目前没有专门的社区矫正执行机构,并不是机构设置不合理,而是现实中缺乏这样的需要——缓刑率、假释率都非常低,设置专门的机构显然缺乏必要性。不过,如果将来我国社区矫正获得更大的发展,社区矫正率能够大大提高,则成立专门的社

---

[1] 参见王平主编:《社区矫正制度研究》,中国政法大学出版社 2012 年版,第 230 页。
[2] 参见〔日〕大谷实:《刑事政策学》,黎宏译,法律出版社 2000 年版,第 187 页。
[3] 参见苏明月:《日本保护观察制度研究》,中国政法大学 2007 年博士论文,第 88 页。
[4] 参见中国台湾地区"法务部"编:《2006 年犯罪状况及其分析》,2007 年,第 156 页。
[5] 同上书,第 176 页。
[6] 同上书,第 180 页。
[7] 同上书,第 181 页。
[8] 同上书,第 134 页。

区矫正机构势在必行。

2. 社区矫正机构一般由罪犯矫正部门管辖

社区矫正属于矫正的一种类型,应当属于矫正部门管辖。矫正部门在一些国家属于司法部或者法务部,在另一些国家则属于内政部,不管属于谁,矫正局本身并没有多大变化,都是行政机关。社区矫正的本质是刑罚执行,这是一项严肃的、专业性强的工作,其内涵不仅仅是监督,更重要的乃在于教育、矫正、保护。因此,由强制力色彩相对较弱的矫正部门管辖,比较符合社区矫正的本质。有些国家早期的社区矫正也归警察部门管辖,如二战前日本的警察监视制度。但是,警察给人的印象往往是打击、预防犯罪的人,强制力色彩非常明显,由警察负责社区矫正的执行,不利于犯罪人顺利回归社会。

3. 社区矫正执行机构与非政府组织配合

前文介绍的几个国家和地区的社区矫正机制还有一个明显的特征,即官方的社区矫正执行机构与非政府组织密切配合。比如,加拿大的"救世军"、约翰·霍华德协会、伊丽莎白·弗莱伊协会、圣·伦纳德协会、第七步骤协会等组织,日本的改造保护法人、改造保护妇女会、BBS协会、帮助雇佣业主会等组织,都是社区矫正的主力军。

一般来说,社区矫正执行机构负责监督、执法,非政府组织负责帮助、保护、教育、救治、训练等服务性项目。但是,这种界限正在被打破,社区矫正执行机构本身的人力资源有限,不足以单独实施社区矫正的全部内容,许多项目需要外包给非政府组织。非政府组织在提供服务、组织项目实施过程中,需要对矫正对象的项目完成情况进行监督,并有义务随时报告给矫正官员。

二、我国社区矫正管理体制

虽然自 2003 年开始,社区矫正才在我国较大范围内展开,但是社区刑罚本身并非 2003 年才出现,属于社区矫正的一些具体制度还是存在的,这些制度由不同的机关或组织具体负责执行。早在 1979 年《刑法》中,就规定了管制、剥夺政治权利、缓刑、假释等制度。《监狱法》中规定了监外执行制度。但是,由于缺乏系统、专门的社区矫正机构,上述制度在实践中几乎被虚置,有制度之名,而无监督之实。因此,我国社区矫正管理体制可分为如下两个阶段:

(一)社区矫正试点之前的体制

1979 年,公安部发布《关于管制、拘役、缓刑、假释、监外执行、监视居住的具体执行办法的通知》(以下简称《通知》)。《通知》第 1 条规定,管制的执行机关应是县(市)公安局、公安分局以及相当于县级的公安机关。在实际工作中,可以组织所属公安派出所、公安特派员或者有关单位的保卫组织,依靠治安保卫委员会具体执行。为了有利于贯彻群众路线,对于每一个被判处管制的犯罪分子,应组成三人或五人的群众监督改造小组,在治安保卫委员会的领导下,负责监督被管制的犯罪分子遵守管制规定,促使其认罪悔改,成为守法的公民。第 3 条规定:"对于被宣告缓刑、假释、监外执行的罪犯和被监视居住的被告人,依法交付公安机关执行的,分别由公安派出所、公安特派员或者有关单位的保卫组织,依靠治安保卫委员会具体执行监督考察。"

1989年,最高人民法院、最高人民检察院、公安部、司法部发布《关于依法加强对管制剥夺政治权利缓刑假释和暂予监外执行罪犯监督考察工作的通知》,重申了1979年《通知》的内容,管制、剥夺政治权利、缓刑、假释、监外执行的执行主体仍然是"县(市)公安局、城市公安局以及相当于这一级的公安机关",增加的内容主要是人民法院、人民检察院、公安局、监狱等部门之间关于上述刑罚或者刑罚执行制度的程序衔接问题。

此外,我国1996年颁布的《刑事诉讼法》和1997颁布的《刑法》对上述具体刑罚制度作了进一步的规范与完善,明确规定罪犯居住地的公安机关对被判处管制、被剥夺政治权利和暂予监外执行的罪犯执行刑罚,对被宣告缓刑、被假释的罪犯实行监督考察;罪犯居住地的基层政权组织、原所在单位及居住地的人民群众协助进行监督管理。例如,1996年《刑事诉讼法》第214条第5款规定:"对于暂予监外执行的罪犯,由居住地公安机关执行,执行机关应当对其严格管理监督,基层组织或者罪犯所在单位协助进行监督。"第217条规定:"对于被判处有期徒刑缓刑的罪犯,由公安机关交所在单位或者基层组织予以考察。对于被假释的罪犯,在假释考验期限内,由公安机关予以监督。"第218条规定:"对于被判处管制、剥夺政治权利的罪犯,由公安机关执行。……"客观地说,由公安机关作为对这几类罪犯监督、考察的管理机关和工作机关,与具有较少社会流动性的生产、生活方式相适应,是符合我国计划经济时代特征的社会管理模式。

(二) 社区矫正试点工作体制[①]

经中央批准,自2003年7月起,我国在北京、上海、天津、江苏、浙江和山东六省(市)先期开展社区矫正试点工作,2005年进一步扩大试点范围,2009年在全国全面试行社区矫正工作。在社区矫正工作中,根据非监禁刑罚执行工作的特点和要求,构建具有中国特色的社区矫正管理体系,是确保社区矫正工作依法、规范、健康、有序发展的重要条件。但是,由于我国社区矫正工作是司法体制和工作机制改革的重要组成部分,所采取的是"先试点后立法"的路径,因而在基本刑事法律未作修改的前提下,构建社区矫正管理体系缺乏强有力的法律支撑。按照中央的要求,社区矫正工作在实践中形成了党委、政府统一领导,司法行政部门牵头、组织,相关部门协调、配合,司法所具体实施,社会力量广泛参与的领导体制和工作机制。

1. 社区矫正工作领导小组

2003年,"两高两部"《关于开展社区矫正试点工作的通知》中明确要求,"试点工作要在各级党委政府的统一领导下进行"。2003年8月,经中央领导批准,在中央层面建立了最高人民法院、最高人民检察院、公安部、司法部参加的联席会议制度,负责

[①] 参见吴宗宪主编:《社区矫正导论》,中国人民大学出版社2011年版,第83—85页。

解决试点工作中的重大问题。2004年,中央司法体制改革领导小组进一步明确,社区矫正由司法部牵头,包括中央社会治安综合治理委员会办公室、全国人民代表大会法制工作委员会、最高人民法院、最高人民检察院、公安部、民政部、人事部、国务院法制办、中央机构编制委员会办公室、财政部、劳动和社会保障部等12个部门参与,共同推动社区矫正工作的改革发展。同年司法部发布的《司法行政机关社区矫正工作暂行办法》第8条明确规定:"省(自治区、直辖市)、市(地、州)和县(市、区)司法行政机关应当设立社区矫正工作领导小组办公室,作为同级社区矫正工作领导小组的办事机构,负责指导、监督有关法律、法规和规章的实施,协调相关部门解决社区矫正工作中的重大问题,检查、考核本地区社区矫正实施情况。"据此,各试点省(自治区、直辖市)都成立了由党政领导挂帅,法院、检察院、公安、司法、民政、财政、编制、劳动和社会保障等有关部门负责人参加的社区矫正试点工作领导小组,并在司法厅(局)设立了办公室。开展社区矫正工作的各地(市)、区(县)、乡镇(街道)也分别建立了相应的组织机构。

2. 社区矫正专门指导管理机关

社区矫正试点工作开展以来,原来由公安机关负责的对于被管制、缓刑、假释、暂予监外执行、剥夺政治权利的五种犯罪人的监管教育,基本转为主要依靠司法行政机关组织实施。司法行政机关为了保证做好社区矫正工作,勇于探索,不断创新,积极与相关部门协调,突破各种困难,成立了专门的社区矫正工作机构,确保有专人从事社区矫正工作,着力解决社区矫正工作机构的队伍建设问题。

2004年2月,司法部在基层工作指导司之下成立专门的社区矫正处,指导和管理全国社区矫正工作。2008年国务院办公厅发布的《关于印发司法部主要职责内设机构和人员编制规定的通知》(国办发[2008]64号文件)明确规定,司法部增加"指导管理社区矫正工作的职责"。2010年5月18日,司法部成立社区矫正工作办公室,其主要职责是:(1)监督、检查社区矫正法律、法规和政策的执行工作;(2)负责全国社区矫正工作的规划;(3)指导、监督全国社区服刑人员刑罚执行、管理教育;(4)与有关部门沟通、协调,研究解决社区矫正工作中的重大问题;(5)组织、指导社区矫正工作宣传、队伍培训和理论研究工作。同年11月8日,中央机构编制委员会办公室批复同意司法部基层工作指导司加挂社区矫正管理局的牌子,增加司局级领导职数一名。从中央层级来说,司法部成立社区矫正管理局,作为专门指导管理社区矫正工作的机构,是社区矫正工作深入、健康、持续发展的需要。随着宽严相济刑事政策的进一步贯彻落实以及社区矫正工作覆盖面的进一步扩大,法院依法判处适用社区矫正的罪犯数量还会继续增加,社区矫正管理局自身的机构队伍建设还需进一步加强。

就地方社区矫正管理机关建设而言,截止到2011年9月底,全国已有27个省(直辖市)司法厅(局)经所在省(直辖市)编制委员会办公室批准,设立了社区矫正工作机构,其中北京、上海、江苏、浙江、河北、黑龙江、湖北、湖南、重庆、吉林、辽宁、广东、江西、贵州、云南、青海、山西、安徽、新疆、天津、福建共20个省(自治区、直辖市)单独设立社区矫正工作机构;山东、内蒙古、海南、四川、广西5个省(自治区)司法厅(局)在基层处加挂社区矫正处的牌子;新疆生产建设兵团司法局经兵团编制委员会办公室批准,设立社区矫正管理局,并明确兵、师、垦区三级统一设立社区矫正机构。全国共有238个地(市)司法局、1739个县(市、区)司法局单独设立社区矫正工作机构。北京、上海在全市各区、县司法局均成立了社区矫正科。全国共有34112个司法所开展社区矫正工作,从事社区矫正的社会工作者有59315人,社会志愿者有387268人。

第六节 社区矫正工作者与服刑人员

一、社区矫正工作者

社区矫正工作者,是指依法参加社区矫正工作的所有人员。"社区矫正工作者"不仅是在学术研究中使用的概念,在有关立法中也得到了确认。[①] 另外,还使用了"社区矫正队伍"[②]"社区矫正人员"[③]"社区矫正工作人员"[④]等概念。

有学者总结,从我国的立法规定和有关实践看,社区矫正工作者具有以下特点:[⑤]

第一,种类的多样性。这是指社区矫正工作者包括多种不同类型人员的特性。"社区矫正工作者"这个名称实际上是对以不同身份从事社区矫正工作的人员的统称。根据有关规定和社区矫正工作的实践,目前我国的社区矫正工作者大体上包括社区矫正执法人员和社区矫正辅助人员。在社区矫正辅助人员中,又包括不同的种类,如社会工作者、社会志愿者等。这些不同种类的社区矫正工作者构成一支社区矫正队伍,共同对社区矫正对象——社区服刑人员开展社区矫正工作,完成社区矫正的任务。

第二,待遇的差异性。这是指社区矫正工作者在身份和其他待遇方面存在巨大差异的特性。在社区矫正工作者中,有些属于执法者,他们应当是国家公务员,是从事社区矫正执法工作的公职人员,享有其他类型的公务员所享有的一切待遇。一些社区矫正工作者属于合同制人员,他们根据合同约定享有权利和履行义务。例如,社会工作者就属于这种类型。还有一些社区矫正工作者主要出于自愿从事有关工作,他们在开展社区矫正工作过程中会获得荣誉和某些津贴。例如,社会志愿者就属于这种类型。

第三,素质的复杂性。这是指社区矫正工作者之间存在不同程度的素质差别的特性。社区矫正工作者是由不同种类的人员构成的,在不同种类的人员之间,甚至在同一种类的不同工作人员之间,往往存在着很大的素质差异。他们在文化程度、专业知识、工作技能、社会经验等方面,都有不同程度的个别差异。例如,一般而言,社区矫正执法人员的整体素质要好于社会志愿者群体;接受过系统教育和训练的社会工作者在

---

① 例如,《司法行政机关社区矫正工作暂行办法》第12条中,就使用了"社区矫正工作者"的概念。
② 齐雨晨、龚俊:《建立专职矫正工作队伍的思考》,载《中国司法》2006年第2期;荣容、肖君拥主编:《社区矫正的理论与制度》,中国民主法制出版社2007年版,第178—188页。
③ 刘强主编:《社区矫正制度研究》,法律出版社2007年版,第379页。
④ 吴宗宪:《论社区矫正工作人员的种类与名称》,载《中国司法》2005年第12期。
⑤ 参见吴宗宪主编:《社区矫正导论》,中国人民大学出版社2011年版,第101—102页。

社会工作专业技能方面,要优于其他社区矫正工作者。

第四,行动的主动性。这是指社区矫正工作者积极、主动地对社区服刑人员开展社区矫正工作的特性。与社区矫正的对象——社区服刑人员相比,社区矫正工作者是积极、主动地开展相关工作的一方,而社区服刑人员则是服从社区矫正工作者的指挥,根据社区矫正工作者的要求开展有关活动的被动一方。无论是哪种社区矫正工作者,都会根据立法和有关规定的要求,积极、主动地采取多种多样的行动,对社区服刑人员开展社区矫正工作。

第五,功能的建设性。这是指社区矫正工作者在社会中发挥积极的建设性作用的特性。社区矫正工作者是根据规定从事社区矫正工作,最大限度地发挥社区矫正优势的人员。他们的社区矫正工作对于国家、社会、司法机关、社区服刑人员及其相关人员和社区居民等,都能够产生有益的结果。

二、社区服刑人员

(一)概念和特点

社区服刑人员,是指在实施犯罪行为后依法被判处非监禁刑,并在社会上接受监管和矫正的罪犯。

有学者认为,社区服刑人员具有以下特点:[①]

1. 社区服刑人员是犯罪后被定罪判刑的自然人

社区服刑人员是实施了犯罪行为,依法被定罪判刑的自然人。实施犯罪行为是社区服刑人员身份形成的根本原因。罪刑法定是我国刑法规定的基本原则,如果一个人没有实施刑法所明文规定的犯罪行为,就不得对其定罪处罚,他自然也不能成为社区服刑人员。另外,虽然我国现行《刑法》确立了单位犯罪,但是对犯罪单位本身只能判处罚金,不存在矫正的问题,因此社区服刑人员只能是自然人。

2. 社区服刑人员的身份具有法定性和时限性

社区服刑人员这一法律身份必须由法定机构依照法定程序确定。即必须经过人民法院依法审理并作出生效判决后,有关人员才能被确定为社区服刑人员。社区服刑人员的身份具有时限性,是指社区服刑人员这一身份只限于社区矫正措施执行期间。一旦社区矫正措施执行完毕,社区服刑人员的身份即告终止,并恢复普通公民的身份。

3. 社区服刑人员目前指特定类型的罪犯

根据现有立法规定,目前我国的社区服刑人员包括五种类型的罪犯,即依法被判处管制、宣告缓刑、裁定假释、暂予监外执行以及剥夺政治权利并在社区内服刑的罪犯。

4. 社区服刑人员是在社区内服刑的罪犯

社会学界普遍认为,所谓社区,是进行一定社会活动,具有某种互动关系和共同文

---

① 参见吴宗宪主编:《社区矫正导论》,中国人民大学出版社2011年版,第127—129页。

化维系力的人类群体及其活动领域。从这个概念可以看出,社区是一个兼指人群和地域两大因素的概念。由于在社区内服刑,社区服刑人员不与社会隔离,可以正常生活、学习和工作,这不同于在监所服刑的在押罪犯。社区矫正机构在社区公众的配合下,在依法监督社区服刑人员的同时,还对其进行各种形式的教育矫正,以改变其具有的不良心理倾向和行为习性,协助其重新融入社会而成为守法公民。

5. 社区服刑人员在服刑中具有主体地位

现代刑事执行制度的一个重要特征,就是肯定了罪犯的主体地位。在刑事执行过程中,包括社区服刑人员在内的罪犯既承担一定的义务,也享有一定的权利。行刑机构在依法剥夺或限制社区服刑人员某些权利的同时,必须充分尊重和保护其未被剥夺和限制的那些公民权利。

(二)我国社区服刑人员的法律地位

所谓法律地位,是指公民、法人或其他组织在法律活动中由法律赋予的或受法律约束的地位。具体来讲,社区服刑人员的法律地位是指,社区服刑人员在服刑期间是否享有权利、承担义务,以及其权利和义务的范围和程度。吴宗宪教授指出:"社区服刑人员的法律地位问题,实质上是国家和社会如何对待社区服刑人员的问题。一个国家赋予社区服刑人员何种法律地位,对其权利保护的状况和程度,是衡量该国社会文明程度与法治发展水平的重要方面。"[1]有学者认为,我国社区服刑人员的法律地位可以从以下三个方面理解:[2]

1. 社区服刑人员仍然是服刑人员

社区服刑人员虽然是在社区中服刑,但是这并不能否定其作为服刑人员的身份。社区服刑人员作为服刑人员的一种类型,在其基本人权得到保障的前提下,部分权利是要被限制或剥夺的。我国《宪法》中明确规定,任何公民都享有宪法和法律规定的权利。这就决定了服刑人员的生命权、健康权等人身权利,婚姻、家庭权利,宗教信仰自由的权利,申诉、控告、检举的权利等,都必须得到保障。但是,作为服刑人员,社区矫正对象又要严格服从管理和矫正,这一点并不因为其在监狱外服刑而有所改变。这也是由社区矫正作为刑罚执行方式之一的特点所决定的。

2. 社区服刑人员也是社区的一员

社区矫正人员的服刑场所在社区,且社区应是矫正罪犯的主体之一,这就决定了我们不能仅仅把社区矫正视为服刑场所的简单变更,更应该看到这种变更所蕴含的刑罚观念的变更和对服刑人员以及社区公民带来的深远影响。如此,社区服刑人员应该以自身的表现征得社区成员的认同,要以实际行动表示其愿意成为社区的一员,与社区结为一体,尽自己所能关爱其他社区成员。可以说,社区服刑人员需要感化,社区成员也需要感化。此外,社区服刑人员还必须从内心把自己当作社区的一员,而不是逃

---

[1] 吴宗宪主编:《社区矫正导论》,中国人民大学出版社2011年版,第129页。
[2] 参见王平主编:《社区矫正制度研究》,中国政法大学出版社2012年版,第289—296页。

避、游离于社区之外,把社区仅仅当成迫不得已的寄身之所。只有社区服刑人员与社区成员之间相互认同,才能保证社区服刑人员得到矫正;也只有社区服刑人员得到了良好的矫正,才能使社区这个小社会和谐、健康地成长。

3. 平等法律地位与分类管理、个案矫正之间的辩证关系

社区服刑人员具有平等法律地位,这意味着其在基本权利义务方面的平等。但是,这种平等并不是绝对的,也不能对所有社区服刑人员使用完全相同的管理措施和教育矫治方案。平等法律地位要求我们对具有不同人身危险性、需要得到不同帮助的社区服刑人员给予分类管理、个案矫正。真正意义上的平等意味着"相同情况相同对待,不同情况区别对待"。"平等并不否定差异,不考虑差异的平等——绝对平等——是一种真正的不平等。因为平等与正义相连,正义意味着相同情况予以相同的对待,不同情况予以不同的对待。"①这样,不同类别的社区服刑人员在管理、教育、矫正、帮助等方面均有不同需求,如果不加区别地适用同一套方案,不仅违背了"不同情况区别对待"的平等原则,而且不能实现社区矫正的基本目标,甚至有碍社区服刑人员重新融入社会。

(三)社区服刑人员的权利

社区服刑人员的权利,是指法律对社区服刑人员能够做出或者不做出一定行为,以及要求他人相应做出或者不做出一定行为的许可与保障。社区服刑人员法律地位的核心就是权利问题。我国《宪法》第33条规定,中华人民共和国公民在法律面前一律平等;任何公民享有宪法和法律规定的权利,同时必须履行宪法和法律规定的义务。由此可知,社区服刑人员首先是一名公民,除了根据法律和生效的刑事判决服刑外,其权利的行使与普通公民并无区别。司法部印发的《司法行政机关社区矫正工作暂行办法》第21条第2款规定:"社区服刑人员在接受社区矫正期间,人格不受侮辱,人身安全和合法财产不受侵犯,享有辩护、申诉、控告、检举以及其他未被依法剥夺的权利。"

根据社区服刑人员的法律地位,我们可以把社区服刑人员享有的权利大致分为两类:首先,社区服刑人员作为公民,依法享有宪法及其他相关法律所规定的一系列公民权利,除了依法被剥夺或限制的权利外,法律平等地保护其合法权利的行使。其次,社区服刑人员作为罪犯,在服刑期间享有一些因行刑法律关系而产生的特殊权利。

1. 社区服刑人员的一般权利

这类权利是社区服刑人员作为公民应当享有的权利,主要包括:

(1)生命健康权。生命健康权是人之为人最基本的生存权,是最重要的人身权利。社区服刑人员的人身安全不受侵犯,对于侵犯社区服刑人员生命健康权的违法、犯罪行为,要依法追究相应的法律责任,甚至是刑事责任。联合国《东京规则》第3.8条规定:"非拘禁措施不应涉及对罪犯进行医疗、心理试验或给罪犯的身心带来不当伤害的危险。"

---

① 曲新久:《刑法的精神与范畴》,中国政法大学出版社2000年版,第491—492页。

(2) 人身自由权。人身自由权具体包括不受非法逮捕、拘禁,不被非法剥夺、限制自由,以及不受非法搜查身体等权利。我国《宪法》第 37 条规定:"中华人民共和国公民的人身自由不受侵犯。任何公民,非经人民检察院批准或者决定或者人民法院决定,并由公安机关执行,不受逮捕。禁止非法拘禁和以其他方法非法剥夺或者限制公民的人身自由,禁止非法搜查公民的身体。"据此规定,对社区服刑人员人身自由的剥夺或限制,必须经过正当程序,同时剥夺或限制的程序必须是在法律规定的范围内。

(3) 人格权。人格权,是指公民为维护主体的独立人格所必备的人格尊严、姓名、肖像、名誉、荣誉、隐私等方面的权利。人格权是人身权的重要组成部分。我国《宪法》第 38 条规定:"中华人民共和国公民的人格尊严不受侵犯。禁止用任何方法对公民进行侮辱、诽谤和诬告陷害。"作为公民的基本人权,社区服刑人员的人格权是不可剥夺的,社区矫正工作中必须予以充分重视和保护。

(4) 住宅权。首先,社区服刑人员有权获得基本的居住条件。尤其对于那些流离失所或者居无定所的社区服刑人员,有关部门应当提供帮助。如有些地方设立的"中途之家",就具有为社区服刑人员提供临时性居住场所的功能。其次,社区服刑人员同样享有《宪法》第 39 条规定的住宅不受侵犯的权利,禁止任何人非法搜查或者非法侵入社区服刑人员的住宅。

(5) 通信权。社区服刑人员在通信权行使的范围上与普通公民基本一致,与监狱服刑人员相比则有很大的不同。在监禁状态下,因维护监管秩序的需要,服刑人员来往信件一般要经过监狱管理人员的检查,其通信自由权受到很大程度的限制。至于通信秘密权,社区服刑人员实际上是不享有的。另外,社区服刑人员还享有诸如婚姻家庭权、财产和继承权、知识产权、政治权利、宗教信仰自由、受教育权、劳动权、文化活动权、批评和建议的权利、申诉权、控告和检举的权利、获得国家赔偿的权利、获得物质帮助的权利、诉讼上的相关权利等方面的基本权利。

2. 社区服刑人员的特殊权利

吴宗宪教授认为,社区服刑人员的特殊权利是指社区服刑人员在服刑过程中享有的特别权利。此类权利的内容包括:①

(1) 依法接受刑事处罚的权利。所谓依法接受刑事处罚的权利,是指对社区服刑人员剥夺或限制权利的措施,必须由法定机构依照正常程序作出,且有关执行机构在执行过程中,不得超出原裁决所确定的剥夺或限制权利的范围和程度。对此,联合国《东京规则》第 3.1 条规定:"对罪犯权利的限制不应超过原判决主管当局所确定的程度。"第 11.1 条规定:"非拘禁措施的期限不得超过主管当局根据法律确定的时间。"《欧洲社区制裁与措施规则》第 27 条则将此项权利表述为:"社区制裁与措施的执行,不应当使用加重其痛苦特征的方式。"在我国,虽然现行立法中没有直接规定此项权利,但是从罪刑法定原则、行刑法治原则的要求出发,社区服刑人员也应享有此项权利。

---

① 参见吴宗宪主编:《社区矫正导论》,中国人民大学出版社 2011 年版,第 139—140 页。

(2) 服刑过程中的知情权。知情权,是指社区服刑人员在服刑的过程中知悉、获取相关信息的权利。知情权是社区服刑人员的一项基本权利,与这一权利相对应的是社区矫正机构的告知义务。有关国际性刑事司法准则对此作了明确规定。例如,联合国《东京规则》第12.3条规定:"在开始实行非拘禁措施时,应以口头或书面方式向罪犯解释包括罪犯的义务和权利在内的关于适用该项措施的条件。"《欧洲社区制裁与措施规则》第33条规定:"不管是否发布关于判处社区制裁或者措施的决定的正式文书,在执行开始之前都应当用犯罪人理解的语言,清楚地告知犯罪人制裁或措施的性质与目的,必须遵守的条件或者义务;如有必要,应该用书面文字告知。"在我国,社区服刑人员也享有对服刑有关信息的知情权。社区服刑人员有权知道社区矫正机构等国家机关行政管理、刑事审判、刑罚执行方面的各项事务、职责、权力、程序及与此相关的各项政策规定;有权了解对自己参与教育改造、公益劳动等矫正项目各方面的情况;有权获取对自身或者他人奖惩、评估、处遇等问题的处理结果的原因信息等。在实践中,社区矫正机构在接受社区服刑人员之后,会向其发放"社区服刑人员须知",明确告知其与服刑有关的法律、政策及其他相关情况和信息。

(3) 依法获得减刑的权利。获得减刑的权利,是指在服刑期间有良好表现的社区服刑人员获得减轻其原判刑罚的权利。根据我国《刑法》第78条的规定,被判处管制、拘役、有期徒刑、无期徒刑的犯罪分子,在执行期间,如果认真遵守监规,接受教育改造,确有悔改表现的,或者有立功表现的,可以减刑;有重大立功表现的,应当减刑。据此,社区服刑人员在接受社区矫正期间,仍然有获得减刑的机会。当然,服刑人员能否实际得到减刑处罚,在一般情况下,除了要符合法定的减刑条件外,还取决于司法机关依据自身裁量权作出的裁决,即"可以减刑"。只有服刑人员有重大立功表现的,才属于应当减刑,即司法机关必须给予其减刑处遇。在此情形下,对于是否减刑的问题,司法人员不存在自由裁量的空间。

(四) 社区服刑人员的义务

社区服刑人员的义务,是指社区服刑人员依法应当遵守的事项或者应尽的责任,换言之,也就是法律对其设定的做出或不得做出一定行为的规则。此处的"义务",应理解为法律性质的义务,而不是单纯的伦理道德上的义务。从法律意义上看,权利和义务的根本区别在于:权利可以放弃,义务必须履行,如果法律主体放弃履行义务,要承担相应的法律后果。在我国,公民的权利和义务是统一的。社区服刑人员除了应当履行宪法和法律对所有公民规定的一般义务外,还应当履行因犯罪和服刑而产生的某些特定的义务。例如,公安部、总参谋部、总政治部2004年10月9日公布的《征兵政治审查工作规定》要求,曾被刑事处罚、劳动教养、收容教育、行政拘留的公民,不得征集服现役。另外,联合国《东京规则》第1.4条明确规定:"应力求在罪犯的个人权利与受害者的权利和社会对于公共安全和预防犯罪的关注之间达到妥善的平衡。"第12.1条规定:"主管当局在决定罪犯应当遵守的条件时,应考虑到社会的需要以及罪犯和受害者的需要和权利。"

第七节　社区矫正的工作流程

一、社区矫正对象的接收

(一) 社区矫正对象接收的概念

社区矫正对象的接收,是指符合社区矫正条件的罪犯在判决、裁定或决定确定之后的法定期限内到社区矫正机构报到,社区矫正机构在特定的期限内与人民法院、监狱管理机关或公安机关交接有关法律文书和相关材料,履行相关法律手续,将适用社区矫正的罪犯纳入社区矫正体系的活动。

社区矫正对象的接收是执行社区矫正的第一个工作环节。司法部2004年5月9日出台的《司法行政机关社区矫正工作暂行办法》(以下简称《办法》)第16条规定:"社区服刑人员,由其居住地司法所接收;户籍所在地与居住地不一致的,户籍所在地司法所应当协助、配合居住地司法所开展社区矫正工作。"第21条第1款规定:"社区服刑人员居住地的司法所应当及时接收社区服刑人员,予以登记,建立档案,对其进行谈话教育,告知社区服刑人员的权利、义务。"由此,可以明确社区矫正对象的接收工作应当包括以下几方面的具体工作程序和内容:

(1) 社区矫正对象相关法律文件及材料的接收;

(2) 社区矫正对象的接收,包括对象的确认、登记、填写相关表格、在接受社区矫正保证书上签字等具体工作内容;

(3) 告知社区矫正对象相关权利、义务以及社区矫正的相关规定;

(4) 开展初次见面谈话教育。

案例 4-1

2010年4月15日,广州市番禺区大石街在社区矫正办正式举办首批社区服刑人员接收宣告仪式,正式接收三名社区服刑人员。区司法局副局长、街道社区矫正工作领导小组的全体成员、大石派出所主管领导、司法所全体人员、派出所社区民警、相关村(居)委社区矫正工作小组组长、社区矫正志愿者代表等参加了仪式。大石派出所向社区矫正办移交服刑人员档案,向社区服刑人员宣告正式实施社区矫正。社区矫正专职工作者、社区矫正监督帮教人员、社区矫正工作志愿者与社区服刑人员签订了社区矫正保证书、监督帮教协议书和社区矫正帮教协议书等法律文书。仪式结束后,社区矫正办工作人员与社区服刑人员进行了简单谈话,要求其严格遵守有关监管程序,按时报到和递交思想汇报;同时,在遇到生活和工作上的困难时,也可以向社区矫正办反映,寻求帮助。①

(二)社区矫正对象接收的内容

1. 社区矫正对象的接收

《办法》第20条规定:"社区服刑人员应当在判决、裁定、决定发生效力之日起7日内或者离开监所之日起7日内到居住地司法所报到。"初次报到的主要工作有:第一,填写社区服刑人员登记表。当社区服刑人员到司法所报到时,司法所应当对社区服刑人员进行造册登记,了解社区服刑人员的基本情况,如犯罪情况、生活和工作情况、家庭情况、联系方式及今后的工作打算等。第二,建造社区服刑人员花名册,将社区服刑人员正式纳入矫正工作体系之中。第三,文件备案。对送达的材料,要登记、备案,纳入社区服刑人员档案管理范围。

2. 谈话教育

在接收过程中,司法所工作人员要对社区服刑人员进行谈话教育,告知其在接受社区矫正期间的权利和义务以及应当遵守的社区矫正规定,社区矫正志愿者、社区服刑人员亲属可以一并参加。《办法》第21条第2、3款规定:"社区服刑人员在接受社区矫正期间,人格不受侮辱,人身安全和合法财产不受侵犯,享有辩护、申诉、控告、检举以及其他未被依法剥夺的权利。社区服刑人员在接受社区矫正期间,应当遵守国家法律、法规、规章和社区矫正有关规定,服从管理,接受教育,按照规定参加公益劳动。"此外,公安派出所民警要对社区服刑人员进行训诫教育。

3. 正式宣告

接收社区服刑人员时,司法所工作人员要宣读社区矫正宣告书,社区服刑人员在社区矫正告知书上签字。参加宣告仪式的人员由司法所工作人员、公安民警、帮教小组成员、社区矫正志愿者、社区服刑人员及其亲属等组成,其目的在于营造严肃氛围,体现社区矫正的刑事制裁性。

(三)法律文书和相关材料的接收

《办法》第17条规定:"司法行政机关应当及时接收人民法院、公安机关和监狱发出的有关社区服刑人员的法律文书和有关材料。"不同类型的社区服刑人员所需要接收的法律文件和材料页不尽相同。以下主要介绍管制、缓刑、假释、暂予监外执行四类法定社区矫正对象需要接收的法律文书和相关材料。

1. 管制类社区服刑人员的材料接收

管制类社区服刑人员的接收涉及人民法院与司法所的衔接与配合。人民法院应在管制判决生效后7日内,向社区服刑人员长期固定居住地的司法所送达下列法律文书和材料:刑事判决书(复印件,两份);起诉书副本(两份);执行通知书(两份);结案登

---

① 参见《社区矫正案例:社区矫正对象的接收》,http://www.1000kaoshi.com/html/2014/flbk_0316/15655.html,2015年6月3日访问。

记表(一份);社区服刑人员接受社区矫正保证书(一份)等。司法所填写送达回证并加盖印章后,将刑事判决书、执行通知书各一份于收到上述法律文书和材料后的3个工作日内,送管制类社区服刑人员长期固定居住地派出所留存,公安派出所应当在送达回证上加盖印章。司法所应将加盖司法所与派出所印章的送达回证于接到人民法院送达上述法律文书和材料后的5个工作日内送达人民法院。

2. 缓刑类社区服刑人员的材料接收

缓刑类社区服刑人员的接收也涉及人民法院与司法所的衔接与配合。人民法院应在缓刑判决生效后7日内,向社区服刑人员长期固定居住地的司法所送达下列法律文书和材料:刑事判决书(复印件,两份);执行通知书(两份);结案登记表(一份);社区服刑人员接受社区矫正保证书(一份)等。司法所填写送达回证并加盖印章后,将刑事判决书、执行通知书各一份于收到上述法律文书和材料后的3个工作日内,送缓刑类社区服刑人员长期固定居住地派出所留存,公安派出所应当在送达回证上加盖印章。司法所应将加盖司法所与派出所印章的送达回证于接到人民法院送达上述法律文书和材料后的5个工作日内送达人民法院。

3. 假释类社区服刑人员的材料接收

假释类社区服刑人员的接收涉及监狱与司法所的衔接与配合。监狱应在假释裁定生效后7日内,向社区服刑人员长期固定居住地的司法所送达下列法律文书和材料:刑事判决书(复印件,两份);假释裁定书(两份);出监鉴定表(两份);社区服刑人员心理档案(一份);社区服刑人员接受社区矫正保证书(一份);矫正对象在监狱服刑期间接受教育改造的相关材料,包括接受个别教育、思想教育、文化教育、技术教育情况及奖惩情况。司法所填写送达回证并加盖印章后,将刑事判决书、假释裁定书、出监鉴定表各一份于收到上述法律文书和材料后的3个工作日内,送假释类社区服刑人员长期固定居住地派出所留存,公安派出所应当在送达回证上加盖印章。司法所应将加盖司法所与派出所印章的送达回证于接到人民法院送达上述法律文书和材料后的5个工作日内送交监狱。

4. 暂予监外执行类社区服刑人员的材料接收

作出罪犯暂予监外执行决定的可能是人民法院、监狱管理机关或公安机关,其接收程序中涉及的法律文书和相关材料也有所不同。

人民法院决定对罪犯暂予监外执行的,接收工作涉及人民法院与司法所的衔接与配合。人民法院对判处有期徒刑或拘役并同时决定暂予监外执行的罪犯,应在判决生效后7日内,向罪犯长期固定居住地的司法所送达下列法律文书和相关材料:刑事判决书(复印件,两份);起诉书副本(两份);罪犯暂予监外执行决定书(两份);结案登记表(一份);罪犯病残鉴定书(两份);社区服刑人员接受社区矫正保证书(一份)等。

监狱决定对罪犯暂予监外执行的,接收工作涉及监狱与司法所的衔接与配合。监狱对暂予监外执行的罪犯,应当自接到监狱管理机关的批复之日起7日内,向罪犯长期固定居住地的司法所送达下列法律文书和相关材料:刑事判决书(复印件,两份);罪犯暂予监外执行通知书(两份);罪犯暂予监外执行审批表(两份);罪犯病残鉴定书(两份);罪犯暂予监外执行具保书(一份);出监鉴定表(两份);矫正对象心理档案(一份);矫正对象在监狱服刑期间接受教育改造的相关材料,包括接受个别教育、思想教育、文化教育、技术教育情况及奖惩情况;社区服刑人员接受社区矫正保证书(一份)等。

公安机关决定对罪犯暂予监外执行保外就医的,接收工作涉及公安机关与司法所的衔接与配合。公安机关看守所作出暂予监外执行保外就医的罪犯,应在县级以上公安机关作出暂予监外执行决定后7日内,向罪犯长期固定居住地的司法所送达下列法律文书和材料:刑事判决书(复印件,两份);罪犯暂予监外执行通知书(两份);罪犯暂予监外执行审批表(两份);罪犯病残鉴定书(两份);出监鉴定表(两份);罪犯暂予监外执行具保书(一份);矫正对象在监狱服刑期间接受教育改造的相关材料,包括接受个别教育、思想教育、文化教育、技术教育情况及奖惩情况;社区服刑人员接受社区矫正保证书(一份)等。

司法所填写送达回证并加盖印章后,将刑事判决书、罪犯暂予监外执行决定书、罪犯暂予监外执行通知书、罪犯暂予监外执行审批表、罪犯病残鉴定书、出监鉴定表各一份于收到上述法律文书和材料后的3个工作日内,送罪犯长期固定居住地派出所留存,公安派出所应当在送达回证上加盖印章。司法所应将加盖司法所与派出所印章的送达回证于接到人民法院送达上述法律文书和材料后的5个工作日内送交法院、监狱、公安机关看守所。

二、社区矫正对象的矫正教育

社区矫正对象的矫正教育工作是社区矫正的重要组成部分,贯穿于社区矫正工作的始终。乡镇(街道)司法所负责社区矫正对象教育工作的具体组织和实施。矫正教育的主要任务和工作目标是,运用各种有效的教育手段,促使社区矫正对象认罪悔罪,增强法律意识和道德素质,改造成为守法公民。《办法》第23条规定:"司法所应当全面掌握社区服刑人员的犯罪原因、犯罪类型、危害程度、悔罪表现、家庭及社会关系等情况,进行综合分析,根据社区服刑人员被判处管制、宣告缓刑、暂予监外执行、裁定假释和剥夺政治权利等五种类别和不同特点,制定有针对性的教育改造计划和措施,并根据矫正效果和需要,适时作出调整。"本部分将重点对矫正教育的概念、性质、作用以及原则和方法等进行介绍。

(一)社区矫正教育概述

1. 社区矫正教育的概念

社区矫正教育,是指社区矫正机关对依法被判处社区矫正刑罚的罪犯,在严格管理的前提下,以教育矫正为目标,充分利用社区资源,通过社会化的教育引导和帮助,以灵活多样的形式,结合法律强制规定的教育内容,努力转变罪犯犯罪思想,矫正行为恶习的系统教育活动的总称。①

2. 社区矫正教育的性质

关于社区矫正教育的性质,有学者总结为以下几个方面:②

首先,社区矫正是一种强制性的教育活动。对社区矫正对象进行矫正教育,是国家法律赋予执行机关的一项职能。社区矫正教育具有强制性,社区服刑人员必须接受社区矫正教育,且不以其意志为转移。社区矫正教育的强制性是由社区矫正本身具有的刑罚执行性质所决定的。我国《刑法》第 38 条第 3 款规定:"对判处管制的犯罪分子,依法实行社区矫正。"第 67 条规定:"对宣告缓刑的犯罪分子,在缓刑考验期限内,依法实行社区矫正……"社区服刑人员是因犯罪而被判处一定刑罚,并在社区服刑的人,其犯罪行为不仅给社会和他人造成了损害,而且其本人具有一定的人身危险性,所以只有强制其接受教育改造,才能逐步消除其犯罪心理和行为恶习,保证其顺利回归社会。

其次,社区矫正教育具有广泛参与性。社区矫正教育是由社区力量广泛参与的矫正教育活动。与监禁矫正相比,社区矫正教育的最大优势就是社区组织、社区志愿者以及社区服刑人员亲属的广泛参与。在监禁条件下,服刑人员对监管人员的抵触情绪较大,其教育效果大打折扣。相比之下,在社区矫正条件下,服刑人员与社区组织、社区志愿者,尤其是与其亲属存在千丝万缕的联系,亲和力较强,抵触情绪较小,教育和感化效果较好。

最后,社区矫正是一种教育人、改造人、培养人的社会化综合实践活动。矫正教育对象是在社会化方面有问题和缺陷的人。从观念上讲,他们已经形成了反社会、违法、悖德的错误观念;从智力和能力的角度看,他们的社会化程度和水平低,集中表现为认识能力偏低、情感与意志结合有缺陷、个性及社会适应能力有缺陷等。所以,社区矫正教育是对社区矫正对象进行再社会化的过程。

3. 社区矫正教育的作用

矫正教育、监督管理、奖惩考核是社区矫正机关矫正罪犯的主要手段。矫正教育是其中最活跃的部分,对矫正对象犯罪思想和行为恶习的矫正,使其成为守法公民,起到主导作用。矫正教育的作用主要表现在以下几方面:

(1) 转化思想

《办法》中明确规定,社区矫正的任务之一是"采取多种形式,对社区服刑人员进行思想教育、法制教育和道德教育,矫正其不良心理和行为,促使其成为守法公民"。任何犯罪行为都是犯罪主体内在的思想意识在特定条件下的外在表现和具体化,消除犯罪人的犯罪思想及意识是一个长期而又十分艰苦的过程。因此,应针对社区矫正对象的差异性,有针对性地进行思想转化教育,根据不同的犯罪动机、犯罪性质、犯罪情况以及当前的工作、生活、家庭等情况,进行矫正教育。

---

① 参见胡配军主编:《社区矫正教育理论与实务》,法律出版社 2007 年版,第 13 页。
② 参见张建明主编:《社区矫正理论与实务》,中国人民公安大学出版社 2008 年版,第 278—280 页。

(2) 传授知识和技能

帮助社区矫正对象解决在工作、生活、就业、法律等方面遇到的困难和问题,体现刑罚的人道主义精神和社会的关怀,是社区矫正工作的任务之一。通过教育矫正,一方面,提高社区矫正对象辨别是非的能力,为开展思想政治教育和职业技能教育打好基础;另一方面,提高社区矫正对象的择业、就业能力,帮护其解决实际困难和问题。

(3) 维护社会稳定

对社区服刑人员进行矫正教育,一方面,可以使之安心改造,有利于服刑秩序的稳定;另一方面,有利于"充分体现我国社会主义制度的优越性和人类文明进步的要求,为建设社会主义政治文明、全面建设小康社会服务",可以"最大限度地化消极因素为积极因素,维护社会稳定"。

(二) 社区矫正教育的具体运行

具体而言,社区矫正教育主要包括以下几个方面的工作:

1. 入矫教育

入矫教育,是指在社区服刑人员办理登记手续后,为达到使之了解、适应社区矫正生活而进行的,以社区矫正常识、社区矫正相关法律法规和政策以及社区服刑人员在矫正期间享有的权利和应当遵守的义务等为内容的专项教育活动。① 入矫教育的内容主要是告知社区矫正对象在矫正期间的相关权利义务和应该遵守的相关制度规定。《办法》第 21 条第 3 款规定:"社区服刑人员在接受社区矫正期间,人格不受侮辱,人身安全和合法财产不受侵犯,享有辩护、申诉、控告、检举以及其他未被剥夺的权利。社区服刑人员在接受社区矫正期间,应当遵守国家法律、法规、规章和社区矫正有关规定,服从管理,接受教育,按照规定参加公益劳动。"在方式上,可以采用集体教育方式,也可以采用个别谈话教育方式。从实践看,个别谈话方式的效果较为明显。

2. 思想文化教育

《办法》第 28 条规定:"司法所应当采用培训、讲座、参观、参加社会活动等各种形式,对社区服刑人员进行形势政策教育、法制教育、公民道德教育以及其他方面的教育。"据此,思想文化教育的内容主要包括形势政策教育、法制及认罪服法教育、公民道德教育、劳动观教育、文化教育等方面。在教育方式上,主要有集中教育、分类教育、个别谈话教育以及社会教育等。需要指出的是,社会教育主要包括三类,即司法所组织的集体社会教育活动、志愿者帮教以及亲情帮教。

3. 心理矫正工作

《办法》第 30 条规定:"司法所应当聘请社会专业人员,定期为社区矫正服务人员提供心理咨询服务,开展心理健康教育。"据此,对社区矫正对象的心理矫正工作主要包括对社区矫正对象的心理健康教育、心理测试、心理咨询和心理疾病治疗等方面的工作制度和要求。同时,各级社区矫正组织还应当根据工作需要,有计划、有目的地培

---

① 参见高莹主编:《社区矫正工作手册》,法律出版社 2011 年版,第 51—52 页。

养心理矫正专业工作人员,逐步建立心理矫正工作室,如北京市建立的慧泽心理矫正室。(详见案例4-2)

案例 4-2

北京市东城区阳光社区矫正服务中心开通了针对服刑人员及其家属的免费矫正心理热线——"惠心热线"(010—84228058)。这个全国首部矫正心理热线在每周六的下午2点至5点,面向全国接受矫正咨询。

图 4-7

据统计,一名服刑人员的心理压力分值至少比正常人高出两成,他们出狱后可能接触和涉及的约为128人。这意味着如果出狱人员心态存在问题,他的家属、朋友、邻居都有可能受到影响,科学的心理矫正非常必要。

阳光社区矫正服务中心惠泽心理矫正室主任翟雁介绍,接热线的除了6名心理咨询师外,还有30名心理矫正志愿者,他们分别拥有心理学、法学、教育学和社会学等知识,有足够的能力解开困扰服刑人员的心理疑惑。

为了更全面地为一些服刑人员进行心理咨询,服务中心还会安排两名心理矫正师同时为其解答疑问。

第一个咨询者的电话打了进来,心理矫正师陶慧接听了电话。咨询者是一名53岁的女士,作为附近社区的居民,她知道这条热线开通的消息。这名女士的儿子刚刚出狱3个月。"我不知道该怎么做,不敢和儿子交流,生怕无意间伤害了他。"母亲的语气充满了焦虑,她说儿子现在不太跟自己说话。陶慧倾听着,偶尔作出简短的回应。5分钟后,母亲的声音平静了许多。

"真的很理解您的心情,您的儿子很孝顺,怕他的心情让您担心。"陶慧随后开始分析其子可能的心态,并给出了建议:"他平时有比较愿意聊天的人吗?让这个人来和他沟通吧。"那名母亲马上说,孩子的叔叔是合适的人选,以往两人就聊得很投机。得到了好办法后,母亲语气轻松了很多,两人足足聊了12分钟,才挂断了电话。[①]

4. 个案矫正工作

个案矫正是教育矫正主要的工作方法,也是行之有效的工作方法。《办法》第29条规定:"司法所应当采取个别谈话的方式,对社区服刑人员进行经常性的个别教育。司法所应当每月对社区服刑人员的思想动态进行分析,遇有重大事件,应当随时收集分析,并根据分析的情况,进行有针对性的教育。"个案矫正工作的途径主要有个别谈话、走访会见、规劝、个别补课等。其中,个别谈话是个案矫正的主要和基本途径,它对于转化服刑人员的思想卓有成效。通过走访会见,对社区服刑人员进行个别教育的关键是,需要事先做好服刑人员家属的工作,取得他们的支持和配合。规劝是动员包括服刑人员家属在内的社会力量,利用感情基础对个别思想不易转化的社区服刑人员进行说服、劝解的教育方法。个别补课不仅可以解决社区服刑人员在学习中的问题,还显示了我国社区矫正对每一名服刑人员都高度负责的精神,对其改造能够产生一定的感召作用。

5. 公益劳动

"组织社区服刑人员参加公益劳动体现了惩罚与改造相结合的矫正理念。"[②]组织社区矫正对象参加公益劳动,既是法律赋予社区矫正机关的法定职能,也是社区矫正对象作为一名罪犯必须履行的法定义务。《办法》第32条规定:"司法所应当按照符合社会公益、社区服刑人员力所能及、可操作性强、易于监督检查的原则,组织有劳动能力的社区服刑人员参加必要的公益劳动。"这是组织社区矫正对象参加公益劳动的原则。关于公益劳动的内容,应根据社区的需要,设定为无偿参加非营利性机构、社团的服务活动或社会(社区)公共服务,具体项目由社区服刑人员所在地司法所根据本地情况设置。社区服刑人员参加公益劳动的时间一般规定为每月不得少于12小时,有劳动能力的社区服刑人员都应当参加。关于公益劳动的方式,一般有集中进行和自行前往两种。基层司法所可以建立公益劳动基地,与之签订公益劳动协议,双方共同商定如何对社区服刑人员的劳动情况进行考评考核。

6. 帮困解难工作

帮助社区矫正对象解决工作、生活、学习以及就业等方面遇到的实际困难和问题,是社区矫正工作主要的任务之一,也是体现党和政府以及社会人文关怀的重要表现。在浙江省前期试点实践中,各试点地区主要通过三种途径和方式做好社区矫正对象的帮困解难工作:(1)建立就业安置基地,加强就业指导和培训,帮助社区矫正对象解决

[①] 参见钱卫华:《首部矫正心理热线开通》,http://news.sohu.com/20060526/n243416187.shtml,2015年6月8日访问。

[②] 张建明主编:《社区矫正理论与实务》,中国人民公安大学出版社2008年版,第285页。

就业问题;(2)加强与民政等部门的协调,帮助符合最低生活保障条件的社区矫正对象落实低保待遇;(3)结合社会开展的各类慈善活动,如杭州市的"春风行动"以及春节慰问等活动,对生活困难的社区矫正对象进行经济或物质方面的救济。

7. 解矫教育

解矫教育,是指司法所在社区矫正对象矫正期满、解除矫正前进行的相关教育活动。解矫教育的相关工作要求:[①](1)解矫教育一般应当在社区矫正对象矫正期满前一个月内进行,并可以结合办理社区矫正对象期满解矫相关手续或履行相关工作程序同步实施。(2)解矫教育可以采取司法所工作人员和公安派出所民警联合对社区矫正对象进行个别谈话教育的方式进行,也可以采取集中一个月内对即将矫正期满的社区矫正对象进行集体解矫教育的方式进行。(3)解矫教育在内容上应当包括形势、政策、前途、遵纪守法等方面的教育。对暂予监外执行期满,即将收监执行的社区矫正对象,要重点进行以认罪服法为主要内容的思想教育。

三、社区矫正的终止

(一)社区矫正终止的概念

社区矫正的终止,是指社区服刑人员继续接受社区矫正的法定条件或情形已经消失,社区矫正机关自然终止对社区服刑人员的矫正工作。[②] 社区矫正的终止是社区矫正的重要环节,在这一环节,应保障法律的尊严,维护社区服刑人员的人权。

(二)社区矫正终止的情形

根据法律法规及《办法》的规定,社区矫正终止的情形主要有:

1. 社区服刑人员服刑期满

《办法》第 35 条明确规定:"社区服刑人员被判处管制、单处或者并处剥夺政治权利的,其矫正期限为所处管制、剥夺政治权利的实际期限;被宣告缓刑、裁定假释的,其矫正期限为缓刑考验期或者假释考验期;暂予监外执行的,其矫正期为监外实际执行的期限。"可见,社区服刑人员刑期届满,社区矫正即告终止。具体而言,这包括五种情况:(1)被判处管制的。社区服刑人员矫正期限与管制期限相等,矫正期从判决执行之日起算;被判处管制附加剥夺政治权利的,剥夺政治权利的期限与管制的期限相等,同时执行。(2)被宣告缓刑的。社区服刑人员矫正期限与假释考验期限相等,矫正期从假释之日起算。(3)被裁定假释的。社区服刑人员矫正期限与假释考验期相等,矫正期从假释之日起算。(4)被裁定暂予监外执行的。社区服刑人员矫正期限与暂予监外执行期限相等,人民法院决定的,矫正期从暂予监外执行决定生效之日起算;公安机关、监狱管理机关决定的,矫正期从出监所之日起算。(5)单处剥夺政治权利的。社区服刑人员矫正期限与剥夺政治权利期限相等,矫正期从判决执行之日起算;附加

---

① 参见胡虎林主编:《社区矫正实务》,浙江大学出版社 2007 年版,第 98—99 页。
② 参见张学超主编:《社区矫正理论与实务教程》,对外经济贸易大学出版社 2012 年版,第 126 页。

剥夺政治权利的社区服刑人员,其矫正期限与剥夺政治权利的期限相等,矫正期从徒刑、拘役执行完毕之日或从假释之日起算。

以上情形因减刑而减缩矫正期限的,缩减后的矫正期届满,也必须终止对社区服刑人员实施社区矫正。

2. 社区服刑人员因某种情形而被收押

《办法》第 38 条规定:"社区服刑人员被收监执行或者因重新犯罪被羁押的,自羁押之日起,社区矫正终止。"也就是说,对于因矫正对象在矫正期间违反法律法规或相关规定,而被撤销缓刑执行原判决、被撤销假释收监执行、被撤销暂予监外执行而收监执行以及因重新犯罪而被羁押的,自收押之日起,终止对其实施社区矫正。

3. 社区服刑人员死亡

根据《办法》第 39 条的规定,社区服刑人员死亡的,自死亡之日起,社区矫正终止。

第八节　未成年犯的社区矫正

一、未成年犯的社区矫正概述

所谓未成犯的社区矫正,是指已满 14 周岁未满 18 周岁的未成年人,触犯刑事法律规定,符合社区矫正的条件,由专门的国家机关将其置于社区内,在相关社会团体和志愿者的参与下,矫正其犯罪心理和行为恶习,完成刑事法律判决的非监禁刑罚执行活动。

未成年人由于特殊的生理和心理特点,很难抵制纷繁复杂的社会中存在的种种诱惑,一旦触犯刑法而受到监禁刑罚,必将对其形成终生的阴影和烙印。因此,探寻一种合适的刑罚执行方式,争取最大限度地减少对误入歧途的未成年人因执行刑罚带来的影响,就显得尤为必要了。建立符合我国国情的未成年犯社区矫正制度的必要性主要体现在以下几个方面:[①]

首先,有利于未成年犯重新回归社会。对未成年犯刑罚执行的基本要求,不仅是要做到惩罚与改造相结合,揭发是改造的前提,改造是惩罚的目的,以改造未成年犯为目的,而且在改造方法上,对未成年犯的改造以教育、感化为主,劳动为辅,以实现挽救为目的。贯彻教育、感化、挽救方针,可以说重点在于挽救,根本目的也在于挽救失足的未成年犯。为了实现挽救的目的,就必须坚持教育为主、惩罚为辅的原则。对于犯罪的未成年人,应当将教育、矫正工作放在第一位,惩罚只是辅助性手段。因此,单纯地对未成年犯实行剥夺人身自由的强制监禁,以期实现对其犯罪行为进行惩罚的做法,有悖于我国的法规和政策,也无法达到挽救未成年犯的最终目的。反观社区矫正,它集合广泛的社会力量,对未成年犯的不良行为和习惯进行矫正,必将对挽救未成年犯起到良好的作用。同时,由于未成年犯最终仍将回归社会,社区矫正会使得未成年

---

① 参见连春亮主编:《社区矫正学教程》,群众出版社 2013 年版,第 326 页。

犯的矫正过程实际上并未脱离主流社会和现实社会,就可以大大消除他们因监禁所造成的与社会发展完全脱节的不良影响,为他们顺利回归社会并为社会所接纳奠定良好的基础,最终有效地防范未成年犯重新犯罪。

其次,符合未成人的生理和心理特点。在生理和心理发育上,未成年人明显处于未成熟阶段,其社会经验和认知能力远低于成年人,更容易受到周围环境的影响。倘若用高墙电网将那些罪行并不严重的罪犯长期与社会隔离,由于监禁场所狭小的生存和活动空间、单调乏味的日常教育以及朝夕相伴的不良群体等特定因素的影响,势必使未成年犯产生消极、颓废甚至抵制帮教的心理,也给挽救工作带来重重困难。反之,对未成年犯进行社区矫正,让他们从事一定的社区服务,由于社区相对于监禁场所有平等、有序、互助的氛围,对他们心理的影响必然是积极的,也更有利于促成他们产生积极向上的行为动机,减少和防止自暴自弃的倾向。

最后,适应了未成年犯的行刑发展趋势。应尽可能让未成年犯不在监禁环境中服刑,对必须在监禁环境中服刑的未成犯也应尽可能将其转移到非监禁环境中,这是世界上未成年犯行刑发展的基本趋势。国际社会对未成年犯处置的主流早已趋向非刑事化、非监禁化和轻刑化,而社区矫正正是这一趋势的集中体现。我国在未成年犯行刑上如果适用社区矫正措施,显然是符合未成年犯行刑发展趋势的。

二、未成年犯社区矫正的基本方针

2012年1月10日,最高人民法院、最高人民检察院、公安部、司法部联合发布了《社区矫正实施办法》,其第33条规定:"对未成年人实施社区矫正,应当遵循教育、感化、挽救的方针……"我国《未成年人保护法》(1991年颁布,2012年修订)和《预防未成年人犯罪法》(1999年颁布,2012年修订)也都规定了"教育、感化、挽救"的未成年人教育惩处方针。

对未成年犯的社区矫正,是一种特殊的矫正教育,在教育目的、教育内容、教育方式等方面都有自身的特殊性。在教育目的上,既矫正人,又造就人;在矫正内容上,重点在于矫正未成年犯的犯罪心理和行为恶习;在教育方式上,是在强制的条件下,以教育为主,以惩罚为辅。同时,要遵循未成年犯矫正教育的规律、原则和方法。所谓感化,是指社区矫正工作者有意识地用善意的劝导和有益的行动去影响、感染未成年矫正对象,促使其思想和行为按照期望的目标转化的矫正教育活动。感化注重的是以情感人,以情动人,赢得对方的信任,产生共情效果,进而接受社区矫正工作者的观点、信念,被社区矫正工作者同化。[①] 挽救的意思是通过充分的教育、感化工作,使未成年矫正对象得到救助。这是未成年犯社区矫正工作的着眼点和根本目的。

在这一方针中,教育、感化、挽救构成了一个有机的整体,三者相互联系、相互依存、相互渗透,不可分割。其中,教育是基础,居于社区矫正的首要地位,起主导作用,

---

① 参见连春亮主编:《社区矫正学教程》,群众出版社2013年版,第327页。

贯穿于未成年犯社区矫正工作的始终;感化是态度和方法,是社区矫正工作的重要方针和政策的体现;挽救是教育和感化的目的,是社区矫正工作的出发点和归宿,是这一方针总的精神实质。

三、未成年犯社区矫正的原则

(一)尊重和保障人权原则

对于人权,我国《宪法》和《刑事诉讼法》都作出了较为明确的规定,即"尊重和保障人权"。关于人权的概念,可以理解为"一个人,仅因他是人,而不因其社会身份和实际能力,就应该享有某些不可转让的权利"[①]。青少年犯罪人作为特殊的社会群体,其人权更是应该得到保障。在未成年人社区矫正的整个过程中,必须强调尊重和保障他们应有的权利。这些权利主要是上文提及的包括生命健康权、人身自由权、人格权、住宅权、通信权、婚姻家庭权、财产和继承权、知识产权、政治权利、宗教信仰自由权、受教育权、劳动权、文化活动权、批评和建议的权利、申诉权、控告和检举的权利、获得国家赔偿的权利、获得物质帮助的权利、诉讼上的相关权利等方面的基本权利。

(二)教育为主、惩罚为辅的原则

在我国现有的立法中,《未成年人保护法》和《预防未成年人犯罪法》都规定了对未成年人应坚持教育为主、惩罚为辅的原则。[②] 应该指出的是,这一原则是我国对未成年犯实施矫正工作所遵循的基本准则。处于14—18周岁这一阶段的未成年人,其生理和心理都没有发育成熟,正处在生长发育的关键时期,他们的社会经验不足,对是非的辨别能力不强,甚至自我控制和挫折承受能力也较差,很容易受到不良影响而误入歧途。所以,他们的主观恶性不大,社会危害性也较小。另外,导致未成年人走上违法犯罪道路的原因是多方面的,家庭、学校、社会都应该承担一部分相应的责任,应该给予未成年人改过自新的机会,宽容地对他们实施矫正教育。

(三)区别对待的原则

《社区矫正实施办法》第33条规定:"对未成年人实施社区矫正,应当遵循教育、感化、挽救的方针,按照下列规定执行:(一)对未成年人的社区矫正应当与成年人分开进行;(二)对未成年社区矫正人员给予身份保护,其矫正宣告不公开进行,其矫正档案应当保密;(三)未成年社区矫正人员的矫正小组应当有熟悉青少年成长特点的人员参加;(四)针对未成年人的年龄、心理特点和身心发育需要等特殊情况,采取有益于其身心健康发展的监督管理措施;(五)采用易为未成年人接受的方式,开展思想、法制、道德教育和心理辅导;(六)协调有关部门为未成年社区矫正人员就学、就业等

---

① 王立峰:《论社区矫正中未成年罪犯的人权保障》,载《科教文汇》2007年1月刊。
② 《未成年人保护法》第38条规定:"对违法犯罪的未成年人,实行教育、感化、挽救的方针,坚持教育为主、惩罚为辅的原则。"《预防未成年人犯罪法》第44条规定:"对犯罪的未成年人追究刑事责任,实行教育、感化、挽救方针,坚持教育为主、惩罚为辅的原则。"

提供帮助;(七)督促未成年社区矫正人员的监护人履行监护职责,承担抚养、管教等义务;(八)采取其他有利于未成年社区矫正人员改过自新、融入正常社会生活的必要措施。犯罪的时候不满十八周岁被判处五年有期徒刑以下刑罚的社区矫正人员,适用前款规定。"成年人适用社区矫正的法定条件是被判处三年有期徒刑以下刑罚的犯罪人。凡此种种,都体现着对未成年犯罪人区别对待的原则。

四、构建我国未成年犯社区矫正法律体系的思考

在监禁矫正中,监狱和未成年犯管教所是严格分开的,这样做的目的是避免未成年犯在成人监狱中受到负面影响。笔者认为,在社区矫正中也应该从制度设计层面充分考虑未成年犯特殊的生理和心理发育程度。通观我国现有立法,关于未成年犯社区矫正问题,仅有《社区矫正实施办法》第33条对这一问题作了一些规范性的规定。因此,有必要对这一问题作进一步的研究。

(一)制定完备的《社区矫正法》,设"未成年人社区矫正"专章

对未成年犯建立以社区矫正为中心的刑罚体系,需要通过一系列的制度安排,保障社区矫正的正常进行。首先,在适用决定机制上,未成年犯是否适合在社区服刑,社区的意见应该作为一种参考。这样,可以让社区把好社区矫正适用于未成年人的第一关,对社区安全的维护也是非常必要的。因此,法院在适用非监禁刑时,给社区一个发表意见的渠道,通过社区充分了解未成年犯的行为表现、人格特征,以此作为判断是否适用社区矫正的一个根据。其次,在矫正措施上,应该根据未成年犯法律特征的不同,制定不同类型的未成年犯矫正方案。在教育、监督、惩戒措施中,也要认真区别对待未成年人的权利义务,对未成年犯依法享有的各种权利要予以保护,监督其履行法律义务。有学者提出,要制定《社区矫正法》,其中设"未成年人社区矫正"专章。[①] 笔者认为,这是可行的。

(二)增设社区服务刑

社区服务制度是在社区服务刑基础上建立起来的一种制度,它具有公益服务性质。根据联合国刑事司法准则和我国行刑的基本原则,可以考虑在对未成年犯适用社区矫正时,以社区服务令的形式,令其到指定社区从事一定时数的无偿劳动,以弥补其违法行为对他人和社会造成的损害。执行时间以小时为计算单位,一般在40—240个小时之内。在作法律设定时,社区服务刑可以是主刑,也可以作为管制、缓刑、假释等刑罚的附加刑。

(三)管制制度的完善

在对未成年犯适用社区矫正的情况下,对管制刑的法律完善可以从以下两个方面入手:首先,以实施细则的形式,细化管制刑的内容。在管制刑的义务配置中,引入对

[①] 参见刘强主编:《社区矫正制度研究》,法律出版社2007年版,第433—434页。

受害人的赔礼道歉、赔偿、社区服务、缴纳一定数量的保证金等内容。这样，不仅使刑罚的力度加大，同时可以强化社会的正义感，赢得公众对管制刑的认同和支持。其次，建立管制刑易科拘役制度。① 对未成年犯宽容并不代表可以放纵，即在未成年犯在社区中不思悔改、恶意逃避法律制裁、拒不履行有关义务的情形下，可以调整原来的社区矫正判决，对未成年犯易科拘役，从而使管制等非监禁刑的执行过程保持必要的张力，督促未成年犯积极遵守和履行法定的规则与义务，保证行刑的效果。同时，在完善管制刑以后，对于未成年犯符合管制条件的，要提高管制的适用率。

（四）完善假释制度

1997年10月28日，最高人民法院审判委员会讨论通过《关于办理减刑、假释案件具体应用法律若干问题的决定》，其第9条规定："对犯罪时未成年的罪犯的减刑、假释，在掌握标准上可以比照成年罪犯依法适当放宽。……"另外，司法部在1999年12月18日发布的《未成年犯管教所管理规定》第57条第1款规定："对未成年犯的减刑、假释，可以比照成年犯依法适度放宽。"但是，这两个规定都没有对如何"适当""适度"作出明确、具体的规定。这导致在现实中，未成年犯的假释适用存在诸多问题。因此，有学者建议，可对未成年犯假释制度作出如下改革：②

（1）建立假释委员会。根据现行法律，假释决定权由人民法院行使，监狱只有提请报批的权利。假释权从本质上看并不属于审判权，因为假释并不改变原判决，而只是刑罚执行方式的变更。为此，我国可以借鉴外国的经验，建立一个相对独立的假释委员会，行使假释决定权。这种模式应是我国假释决定体制改革的方向。在假释委员会成员的组成方式上，除了给矫正官员分配一定的名额外，应吸收一定数量的心理学家、医学工作者等专家以及社区代表参加，以体现假释决定的开放性和专业性，强化假释决定权的社会色彩。

（2）放宽未成年犯假释的条件。监狱对那些主观恶性较小、人身危险性较低的未成年犯，在监禁一定时间后，根据其矫正效果，通过假释委员会的批准，转由社区对其进行矫正。这样，既有利于合理配置未成年犯行刑资源，又能将监禁刑给未成年犯带来的负面影响降到最低。具体而言，被判处有期徒刑的未成年犯在实际执行原判刑期的1/3左右时，根据矫正效果处理。

案例 4-3

因迷恋上网，在花光所有零花钱后，年仅17岁的彭某竟铤而走险，与他人共谋抢劫。2011年5月10日，重庆市沙坪坝区人民法院以抢劫罪判处彭某有期徒刑一年零三个月，宣告缓刑一年零六个月，并处罚金1000元。同时，法院还向彭某发出禁止令，禁止其在缓刑考验期一年内进入网吧上网、逗留。这是《刑法修正案（八）》生效后，该

---

① 参见冯卫国：《行刑社会化研究——开放社会中的刑罚趋向》，北京大学出版社2003年版，第184页。
② 参见连春亮主编：《社区矫正学教程》，群众出版社2013年版，第333—335页。

院首次适用禁止令。

2010年11月13日,彭某在与两兄弟商量后,在沙坪坝区上桥立交桥下伺机作案。18时许,一女子路过,彭某见其只身一人,遂上前抢夺其挎包后逃离现场。事后,彭某对被害人的2200元损失进行了赔偿。

受理案件后,该院法官通过庭前社会调查了解到,彭某父母文化程度较低,迫于生计,忙于养家糊口,对其关心、交流沟通不足,致使其在缺乏家长和学校有效监管的条件下,贪恋上网打游戏等消费活动。法官对彭某进行犯罪心理调查发现,其走上犯罪道路的心理原因主要在于家庭教养方式不当,对犯罪存在侥幸心理;人格存在缺陷,人际关系敏感,具有一些偏执性的思维特征。

法官在充分依托社会调查报告、心理干预报告、被告人供述及其法定代理人陈述的基础上,了解到彭某抢劫与获取经济来源和贪恋上网打游戏有很大关系。对于此次犯罪,彭某现已有悔罪心理,也认识到其严重后果,认罪认罚,表示以后将不再做违法犯罪的事情。因此,法官在对彭某上网行为作出适当禁止后,对其监护人发出监管建议,要求监护人积极履行监管职责,监督彭某在缓刑考验期间积极参加社区组织的无偿公益劳动,遵纪守法,不得有不良行为。①

案例4-4

杨某是《刑法修正案(八)》施行以来,江苏省首例被法院判决缓刑考验期禁止令的被告人。苏州市吴中区检察院的检察官小郑近日主动回访杨某1次,接受杨某"禁止令"履行情况汇报2次。

今年(2011年)15岁的杨某是外地人,上学的时候便经常出入黑网吧,初二辍学后随家人来到苏州打工,但仍然戒不掉网瘾。今年1月9日晚,杨某为筹集8元的上网费,对路人彭某实施抢劫,后被巡逻民警抓获。3月24日,公安机关将此案移送吴中区检察院审查起诉。该院审查发现,迷恋上网是杨某实施犯罪行为的重要诱因,其主观恶性不大、可塑性较强,建议法院对其从轻处理、家长加强管教。

4月8日,吴中区检察院将此案提起公诉。5月3日,该区法院开庭审理此案,依据《刑法修正案(八)》的有关规定,宣告缓刑,可以根据犯罪情况,同时禁止犯罪分子在缓刑考验期限内从事特定活动,进入特定区域、场所,接触特定的人。最后,法院当庭以抢劫罪判处杨某有期徒刑一年零三个月,缓刑二年,同时判决禁止杨某在缓刑考验期限内进入互联网上网服务营业场所。

鉴于杨某居住地是苏州农村地区的群租房,可能存在社区矫正机构监管不力的情况,在禁止令宣告之后,吴中区检察院以原有的社区矫正监督站为平台,建立与社区矫

---

① 参见谢晓曦、王洋、孙怀君:《沉迷网游抢劫 重庆一少年被判缓刑禁入网吧》,载《人民法院报》2011年5月10日。

正机构胥口镇司法所和杨某之间的联系,加强监督。①

第九节 老年犯的社区矫正

中国社会已经进入快速老龄化阶段,随着老年人口在总人口中的数量不断增加,老年人犯罪的数量也会增加。《刑法修正案(八)》作出了对老年犯罪人从轻或减轻处罚的规定,并且在符合条件的情况下,可以进行社区矫正。

一、概述

老年犯罪人简称"老年犯",是一个特殊群体,属于普通成年犯的范围,是指年龄进入老年期的犯罪人。② 对于进入老年期的年龄标准,目前国际上有不同的认定。一般而言,在人均寿命较短的发展中国家,通常把 60 周岁作为进入老年期的起点年龄;在人均寿命较长的发达国家,通常把 65 周岁作为进入老年期的起点年龄。③ 在我国,把 60 周岁作为老年期的起点年龄。《老年人权益保障法》第 2 条规定:"本法所称老年人是指六十周岁以上的公民。"这一规定为确定老年人的年龄界限提供了法律依据。

老年犯的社区矫正,是指已满 60 周岁的老年人触犯刑事法律规定,符合社区矫正的条件,由专门的国家机关将其置于社区内,在相关社会团体和志愿者的参与下,矫正其犯罪心理和行为恶习,完成刑事法律判决的非监禁刑罚执行活动。

目前,我国老年社区服刑人员主要有以下几个方面的特点:④

1. 老年社区服刑人员的数量有逐步增加的趋势

近年来,随着人均寿命的延长,犯罪人中老年人的比例不断增加,导致社区服刑人员中老年社区服刑人员的比例也不断增加。根据司法部的统计,截至 2007 年底,61 周岁以上的老年社区服刑人员有 2572 人,占社区服刑人员总数的 2.5%。截至 2011 年 3 月底,61 周岁以上的老年社区服刑人员有 9986 人,占社区服刑人员总数的 3.3%。⑤

《刑法修正案(八)》有三个条文涉及对已满 75 周岁的老年犯罪人从宽处罚的内容,其中与社区矫正有关的有两个条文:(1)第 1 条规定了对已满 75 周岁的老年人犯罪进行处理的一般原则:"已满七十五周岁的人故意犯罪的,可以从轻或者减轻处罚;过失犯罪的,应当从轻或者减轻处罚。"(2)第 11 条第 1 款专门规定了缓刑问题:"对

---

① 参见卢志坚、管伟东、黄芹:《苏州吴中:盯紧全省首例"禁止令"执行进展》,载《检察日报》2011 年 5 月 23 日。
② 参见张慧聪:《论我国老年犯的社区矫正》,载《周口师范学院学报》2013 年第 1 期。
③ 参见吴宗宪、曹健主编:《老年犯罪》,中国社会出版社 2010 年版,第 7 页。
④ 参见吴宗宪:《社区矫正导论》,中国人民大学出版社 2011 年版,第 264—265 页。
⑤ 以上数据均来自司法部社区矫正局的《社区矫正工作简报》,转引自吴宗宪:《社区矫正导论》,中国人民大学出版社 2011 年版,第 264 页。

于被判处拘役、三年以下有期徒刑的犯罪分子,同时符合下列条件的,可以宣告缓刑,对其中不满十八周岁的人、怀孕的妇女和已满七十五周岁的人,应当宣告缓刑:……"这些规定的适用,会使老年社区服刑人员的数量相对增加①。

2. 老年社区服刑人员的健康问题突出

老年社区服刑人员由于身体机能的老化,往往存在许多方面的健康问题。他们中大部分人的身心状况较差,很容易患多种身心疾病。这种情况给社会带来了很多保健、治疗方面的问题。同时,较差的身心状态也往往会对老年社区服刑人员的情绪状态产生负面影响,很容易使他们产生抑郁情绪,甚至有可能做出自残、自杀等自我毁灭类型的行为,还会带来监管安全方面的问题。

3. 老年社区服刑人员的性情一般较为固执

在进入老年期后,由于心理功能的衰退,老年社区服刑人员很容易出现"近事遗忘"现象,即很容易忘记刚刚发生的事情。同时,由于生理功能的衰退和社会地位的下降,老年社区服刑人员很容易产生敏感多疑和自卫倾向,总感到别人要侵害自己,因而总想保护自己的利益。以上两种现象都是导致老年社区服刑人员固执己见的重要因素。一些老年社区服刑人员性情固执,给社区中的管理和教育等工作带来新的问题,要求社区矫正工作者在工作中必须对他们更加细心、更有耐心。

二、对老年犯罪人实行社区矫正的重要意义

对老年犯罪人作出从轻、减轻处罚并实行社区矫正,具有重要的意义:

(一)有利于推动整个国家的文明进步

刑罚文明就是通过规定、适用和执行刑罚体现出来的社会文明。刑罚文明是社会文明的重要体现,促进国家的刑罚文明,可以推动国家的政治文明和其他文明的整体水平。刑罚文明首先体现在刑法规定中。从社会发展的基本趋势来看,人类社会发展的总体趋势是刑罚轻缓化。这种趋势不仅体现在废除肉刑、用非监禁刑取代监禁刑等一般发展趋势方面,更体现在对未成年犯罪人和老年犯罪人的轻缓处理方面。因此,在刑法中明确规定对老年人的犯罪行为从轻处理,对符合条件的老年犯罪人适用非监禁刑和实行社区矫正,体现了刑罚轻缓化的总体趋势,反映了刑法在更加人道、更加文明方面的进步。

(二)有利于延续中国的文化传统

中国历史上有对老年犯罪人从轻处罚的文化传统。在很多朝代,都有老年人犯罪从轻或者免除刑罚处罚的规定。例如,西周时期规定,70岁以上的老年人即使犯罪,

---

① 之所以说"相对增加",是因为达到这个年龄、可以进行社区矫正的老年犯罪人的总数是较少的。根据2007年国务院批转的《卫生事业发展"十一五"规划纲要》披露的数据,中国人口平均预期寿命到2010年达到72.5岁。另据资料显示,到2009年,中国居民人均期望寿命为73岁。在人均预期寿命不到73岁的情况下,年满75岁的人是有限的,其中实施犯罪行为的人也是很少的,老年犯罪人中适合进行社区矫正的人更少。

也可以免除处罚。春秋战国时期规定,60岁以上的老年人可以从宽处理。以后的很多朝代都有类似的规定。应该说,在法律中对老年犯罪人规定从轻或者减轻处罚,是一种优秀的文化传统。但是,1979年《刑法》中并没有作出这样的规定,中断了体恤老年犯罪人的文化传统。现在,在《刑法修正案》中作出这样的规定,有利于延续这一文化传统。

(三) 有利于建设和谐社会

如果在刑法立法中对老年犯罪人强调从重处罚,没有作出从轻或者减轻处罚的规定,在刑事司法实践中将既可以判处监禁刑也可以判处非监禁刑的老年犯罪人全部判处监禁刑,那么就会将大量的老年犯罪人判处监禁刑。这类刑法规定和司法实践会使老年犯罪人及其近亲属等相关人员感到刑罚的冷酷无情,感到刑罚有失公平。这类感受必然会使他们对刑事司法机关和整个国家产生对抗情绪,引起和加剧他们与国家和社会的对立。这样的心理状态显然不利于建设和谐社会。现在,在刑法中明确规定对老年犯罪人从轻或者减轻处罚,在刑事司法实践中对符合条件的老年犯罪人判处非监禁刑和实行社区矫正,有利于化解老年犯罪人与国家和社会之间的对立情绪,有利于促进和谐社会的建设。

(四) 有利于节省社会资源

首先,有利于节省刑事司法资源。如果将符合条件的老年犯罪人判处监禁刑,那么对于进入暮年而处疾病多发阶段的老年犯罪人,监狱机关要使用很多的资源去维持他们的健康与生活,包括负担大量的医疗保健费用、派大量人员照管他们的生活起居等。这些都会大大增加国家在刑事司法方面的投入,耗费大量的刑事司法资源。如果对老年犯罪人实行社区矫正,那么不仅社区环境有利于他们保持健康,而且国家也可以节省由于他们在监狱服刑而产生的花费。其次,有利于节省其他社会资源。对符合条件的老年犯罪人判处非监禁刑和实行社区矫正,可以节省他们的家人等在探视等方面的花费,有利于在这些方面节省社会资源。

三、对老年犯罪人实行社区矫正的前提

对老年犯罪人实行社区矫正的基本前提,就是对符合条件的老年犯罪人判处非监禁刑和适用非监禁措施。

(一) 对符合条件的老年犯罪人判处非监禁刑

如果法院机械地适用法律规定,沿着重刑主义的思路对老年犯罪人判处监禁刑,那么就不可能对大量老年犯罪人实行社区矫正。因此,法院应当准确领会《刑法修正案(八)》的立法精神,在刑罚适用中重视两方面的内容:(1)对老年犯罪人从轻或减轻处罚。在犯罪人年满75周岁的情况下,如果是故意犯罪,可以从轻或者减轻处罚;如果是过失犯罪,应当从轻或者减轻处罚。如果符合判处管制刑的条件,则应当尽可能判处管制刑,从而为实行社区矫正提供必要条件。(2)对老年犯罪人尽可能宣告缓

刑。在犯罪人年满75周岁的情况下,如果他们的犯罪应当判处拘役和3年以下有期徒刑,而根据他们的犯罪情节和悔罪表现,人民法院认为他们没有再犯罪危险的,应当宣告缓刑。事实上,从以往的刑事审判实践来看,既有恰当地对老年犯罪人判处缓刑的成功案例(参见案例4-5),也有对老年犯罪人判处短期监禁刑的不恰当案例(参见案例4-6)。案例4-5是一个成功的判处老年犯罪人缓刑的案例,其结果对于老年犯罪人、当地社会和整个国家都是有益的。案例4-6描述的是一个机械地适用法律的案例,对这位老年犯罪人判处2个月的拘役,几乎不能产生任何益处。

案例 4-5

2005年,72岁的浙江省三门县横渡镇快岙村高某于清明节在卖鼓柳山上坟烧纸时引起森林火灾,过火面积1396亩,烧毁森林1207亩。失火后,老人主动到镇政府投案自首。当年10月20日,三门县人民法院判处高某有期徒刑3年,缓刑3年。此外,法院还判高某在2005年冬天和2006年春天完成植树造林519亩,并在缓刑期的3年里每年投入一定时间用于林业生产和森林资源管护。[①]

案例 4-6

2008年,湖北省英山县一名60多岁的郑姓老人在上坟时不慎将坟边的茅草引燃,以致引发山火,因其年迈无力扑火,很快引发森林火灾。经当地群众奋力扑救,大火于次日上午11时才被扑灭。此次火灾造成森林过火面积295.2亩。案发后第二天上午,郑某主动到居委会投案。英山县人民法院以失火罪判处郑某拘役2个月。[②]

(二)对符合条件的老年犯罪人适用非监禁措施

对已经在监狱中执行监禁刑的老年犯罪人而言,如果他们认真遵守监规,接受教育改造,确有悔改表现,人民法院认为没有再犯罪的危险的,可以假释;如果老年犯罪人已满75周岁,应当尽可能裁定假释。虽然刑法没有特别明文规定对已满75周岁的老年犯罪人进行假释的内容,但是根据立法精神,已满75周岁的老年犯罪人应当是实行假释的重点人员之一。

同时,对符合法律规定条件的老年犯罪人,也可以允许他们以减刑、暂予监外执行等形式在家服刑。例如,自2009年以来,江西监狱系统依法适用宽严相济的刑事政策,先后使1396名老病残服刑人员提前回归社会,其中70岁以上者15人,年龄最长者83岁。这1396名老病残服刑人员中,包括老年人632名,重病患者604人,残疾人160人,他们分别以减刑、假释、保外就医等方式提前回归社会。又如,北京延庆张山

---

① 参见陈文龙:《七旬老人上坟失火烧林1396亩 法院判他种树519亩》,http://news.sohu.com/20051021/n227264815.shtml,2015年10月28日访问。
② 参见《老人祭坟引发山火 花甲之年被判拘役》,http://www.bilooba.com.cn/xwzx/shownews.asp?Newsid=40200,2015年10月28日访问。

营镇姚家营村的八旬老汉王贵臣认为儿子不孝便纵火自焚,结果害死了自己的老伴。逃出火场的王贵臣最终被延庆法院判处有期徒刑 10 年。然而,身体羸弱并患有心脏病的他显然禁不起牢狱之灾。平衡了法理和人情后,2009 年 4 月 21 日,延庆法院准许王贵臣在自己的家中度过 10 年刑期。①

四、老年犯罪人社区矫正的主要内容

从目前我国社区矫正工作的实践来看,对于老年犯罪人开展社区矫正的主要内容包括以下几方面:

(一) 对老年犯罪人的教育矫正

首先,开展法制教育是一项主要内容。应当针对老年犯罪人的犯罪行为,开展相关的法律知识教育,使其认识到自己的犯罪行为的性质、给社会造成的损害等,从而教育他们树立法律意识,避免再次发生犯罪行为。其次,注意教育矫正方式。老年犯罪人往往具有强烈的自尊心,特别是在比自己年轻的人面前,往往很注意保持尊严。因此,在具体矫正方式上,要重视个别教育和耐心细致教育。应当尽量避免将老年犯罪人与其他年轻社区服刑人员聚集到一起开展活动。在耐心细致方面,应该做到:讲话声音要大一些,速度要慢一些,层次要清晰,语句要简短;要十分注意讲道理,而不能简单地提要求、下命令。每讲完一方面的内容,要仔细询问他们是否听清楚、是否理解,在得到确认和肯定的回答之后,再进行下面的活动。布置重要的活动时,最好能够有书面文字,以免老年犯罪人忘记。最后,谨慎考虑公益劳动的问题。考虑到高龄老年犯罪人的身体状况,一般不宜组织他们开展公益劳动。社区矫正工作者应当认识到,组织高龄老年犯罪人进行公益劳动,并不会对社会带来多少益处。相反,在组织公益劳动的过程中,如果考虑不周密,管理不恰当,很有可能使身体普遍虚弱的高龄老年犯罪人发生难以预料的意外事件,造成不必要的身体伤害等问题。如果发生这样的问题,可能会产生难以预料的负面后果。

(二) 对老年犯罪人的监督管理

在对老年犯罪人进行社区矫正的过程中,在监督管理方面要注意:

1. 重视进行分类管理

老年犯罪人是一个在生理、心理等方面有巨大差异的人群,因此在社区矫正中要注意分类管理。例如,一些老年犯罪人虽然进入高龄阶段,但是身体硬朗,思维敏捷,有很强的行动能力。相反,有些老年犯罪人虽然刚刚迈入老年阶段,但是可能百病缠身,思维呆滞,缺乏起码的行动能力。又如,一些老年犯罪人有很强的道德感,对于自己的犯罪行为深感懊悔,经常产生不安和自责的心理。相反,另一些老年犯罪人可能缺乏道德感,为老不尊,寡廉鲜耻,对于自己的犯罪行为没有什么懊悔的感觉,反而感

---

① 参见《八旬重刑犯获准在家中服刑》,http://www.hezhici.com/sort/spcilal/laonian/jiatingshehui/2009/0623/151964.htm,2015 年 10 月 28 日访问。

到自己遭受了种种委屈等。因此,社区矫正机关应当在接收老年犯罪人后,重视对他们的心理状态、犯罪后的态度、身体情况、社会危险性等进行恰当评估,并且根据评估结果对他们进行适当分类,然后对不同类型的老年犯罪人采取不同的管理方法。

2. 重视发挥家庭的作用

在开展社区矫正工作的过程中,老年犯罪人是否再次违法犯罪,与他们的家庭关系有直接的联系。进入老年期之后,老年犯罪人从过去的家庭支柱变成了家庭中的受照顾者、被赡养扶助者。在发生这样的角色变化之后,他们的心理变得敏感、多疑起来,并且往往会产生消极、负面的联想。如果家庭成员对他们有不适当的言行,就有可能激起他们"破罐子破摔"的绝望情绪。在这种情绪状态下,他们很有可能进行激情性的违法犯罪行为。因此,社区矫正工作者要重视发挥家庭在社区矫正中的积极作用,说服、动员、鼓励老年犯罪人的家庭成员配合政府部门做好社区矫正工作,特别是要做好老年犯罪人的行为监督等工作,监督、促进老年犯罪人遵纪守法,顺利度过社区矫正期限。

3. 重视发挥邻里的作用

处在社区矫正状态下的老年犯罪人平时主要在社区中生活,因此重视发挥邻里作用,是对老年犯罪人进行有效监督管理的重要方面。对于老年犯罪人,特别是高龄老年犯罪人而言,由于社会地位的变化(从有业者变成退休者)、生理状况的变化(变得年老体衰)等因素的影响,他们的社会交往大大减少,行动范围往往局限于较为狭小的邻里,平时的大部分时间可能都是在家庭周围的邻里中度过的。因此,重视发挥邻里的作用,在邻里聘请矫正志愿者参与对老年犯罪人的监督管理等工作,可以大大增强对老年犯罪人的监督管理效果。

4. 预防老年犯罪人对未成年人的消极影响

随着年龄的增大,老年犯罪人的行动能力减弱,从事犯罪行为的可能性会不断降低。但是,他们言语和思维能力的衰退要迟于行动能力的衰退。在这种情况下,他们有可能对未成年人施加消极影响,唆使未成年人进行违法犯罪活动。因此,对老年犯罪人进行监督管理的重要内容是防止他们对周围的未成年人施加消极影响。如果社区矫正机关发现老年犯罪人有这方面的言行,应当立即进行有效的批评教育、训诫等活动,坚决制止老年犯罪人的这类行为。

(三) 对老年犯罪人的帮困扶助

对于进入人生暮年的老年犯罪人而言,他们对于社区矫正机关的帮困扶助工作可能有强烈的需要,社区矫正机关的重要工作可能就是帮助老年犯罪人解决他们在生活中遇到的多种问题。特别是对于很多高龄老年犯罪人而言,社区矫正机关开展社区矫正工作的主要内容可能就是帮困扶助,而不是教育矫正和监督管理。

一般而言,在社区矫正中,需要社区矫正机关帮助老年犯罪人解决的困难问题主要包括以下几方面:

1. 家庭关系

进入老年期后,由于自身能力的下降,老年犯罪人对于家庭的需求和依赖性增强。对于很多老年犯罪人而言,有无正常的家庭关系,往往是决定他们是否再次违法犯罪的关键性因素。如果有一个正常的家庭环境和家庭生活,他们就可能在家庭中过守法的生活,服从社区矫正机关的管理。相反,如果没有一个起码的家庭环境,没有正常的家庭生活,他们难以得到家庭的温暖,就有可能在绝望情绪下进行新的违法犯罪行为。因此,社区矫正工作者要把帮助老年犯罪人建立和维护适当的家庭关系作为社区矫正工作的重要方面。

特别是对于长期服刑之后假释的老年犯罪人而言,建立和维护适当的家庭关系,对于预防他们重新犯罪具有极其重要的意义。这些老年犯罪人从监狱假释之后,首先要有一个可以栖身的家庭。如果家庭成员不接纳被假释的老年犯罪人,或者对他们有歧视、虐待等现象,社区矫正工作者要通过多方面的工作有效地解决这类问题。因此,社区矫正工作者不仅要帮助没有家庭的老年假释犯重建家庭,还要帮助其重建家庭关系。

对于"无家可归、无亲可投、生活无着落"的"三无"型老年社区服刑人员,社区矫正机关要通过当地民政局等部门,将他们安置在敬老院、福利院中,使其住有所居、老有所养。社区矫正工作者要高度重视良好的家庭关系对于预防老年犯罪人重新犯罪的关键作用,调动积极性,做好这方面的工作。

2. 日常生活

解决好老年犯罪人的日常生活问题,是社区矫正工作的重要方面。进入老年期后,老年犯罪人丧失了自谋生路的能力,不管他们过去是否对社会做出了贡献,以及是否对家庭付出了辛劳,都要得到社会和家人的赡养扶助。因此,为了解决好老年犯罪人的日常生活问题,社区矫正工作者要做好两方面的工作:首先,要解决好他们的基本生活保障问题,积极协调民政、人力资源和社会保障等有关部门,将符合最低生活保障条件的老年社区服刑人员纳入最低生活保障范围,使他们有起码的生活来源。其次,要动员老年犯罪人的家人,让其照料好老年犯罪人的日常生活。

3. 医疗卫生

由于身心功能的衰退,老年期也是一个体弱多病的时期。因此,解决好老年犯罪人的医疗卫生问题,也成为社区矫正机关的重要工作。社区矫正工作者要尽力帮助老年犯罪人解决好医疗保障问题,使他们患病后能够得到必要治疗,避免由于无钱治病而发生重新犯罪等悲剧性事件。对于既无医疗保障也无其他经济来源的老年犯罪人,在患有严重疾病时,社区矫正机关应当通过与民政部门等的协商合作,帮助解决老年犯罪人的医疗费用问题;同时,还要督促老年犯罪人的子女等履行赡养责任,保证老年犯罪人的身心健康。

4. 心理关怀

老年期也是一个心理问题增多的时期。进入老年期后,由于社会地位下降,生理功能衰退,心理功能弱化,老年犯罪人的心理、性格等方面往往会发生不利的变化。例如,社会地位下降,会引起他们不同程度的自卑、抑郁心理;生理功能衰退,会引起他们的自我防卫、猜疑、被害妄想等心理,总担心自己受到别人的侵害;思维僵化、迟钝,难以接受新事物等心理变化,往往会使他们变得性格固执、以自我为中心、容易嫉妒别人、情绪容易激动、自我控制能力降低等。这些方面的变化和现象,很容易引发多方面的心理问题。在一些情况下,可能会使老年犯罪人产生攻击性的心理问题,导致他们通过不同形式的攻击行为解决心理问题。在另一些情况下,可能会使老年犯罪人产生退缩性的心理问题,导致他们产生自贬性的身心反应,包括发生抑郁性身心疾病、产生自杀念头和做出自杀行为等。因此,社区矫正工作者要关注老年犯罪人的这些心理问题,通过心理咨询等恰当方式对他们进行心理关怀,帮助他们预防和解决心理问题,避免由于心理问题的困扰而产生危害社会、损害自身的行为。

第十节 社区矫正的监督与效果评估

社区矫正工作的顺利进行,离不开社区矫正机关和相关组织机构的参与和努力。可以说,正是社区矫正工作者的责任感和敬业心,使未成年犯社区矫正事业有了巨大的成就。但是,不容忽视的一点是,仅仅依靠良好的愿望和自我管理,是难以做好这项重要工作的。因此,笔者认为,有必要引入他律机制,由其他人员或者机构对社区矫正工作进行监督。这不仅是基于自律和他律关系产生的合理需要,也是我国现行法律制度的重要内容和鲜明特色。此外,为了准确地了解现有制度、措施和做法等在转变社区服刑人员、保护社会利益等方面的效果,需要对已经建立的社区矫正制度、已经进行的社区矫正工作进行评估,从而完善制度和改善工作,提供必要的参考资料。

一、社区矫正的监督

(一)概述

孟德斯鸠曾精辟地指出:"一切有权力的人都容易滥用权力,这是万古不易的一条经验。"[1]贺卫方教授也曾指出:"任何公共权力的正当行使都离不开一定的监督机制,没有了监督,握有权柄者便必然会运用自己的权力牟取私利,从而导致腐败。"[2]我国正处在由政治国家一元结构向政治国家和市民社会二元结构过渡的社会转型期。正是由于市民社会不断成熟,才为社区矫正提供了土壤和条件。根据国家、社会二元结构理论以及监督主体所获得权力属性的不同,可将对权力的监督分为权力监督和社会监督两类。权力监督,是指在政治国家范畴内的国家机关作为监督主体依法获得监督

---

[1] 〔法〕孟德斯鸠:《论法的精神》(上册),张雁深译,商务印书馆1997年版,第154页。
[2] 贺卫方:《传媒与司法三题》,载《法学研究》1998年第6期。

权力而对另一种权力形成制约,又称为"体制内的监督"。社会监督,是指在国家、社会二元结构的前提下,非国家机关的社会组织、公民通过特定的民主原则和法定程序,配置社会权力资源,优化社会权力结构,开辟权力制约的社会渠道,制约国家权力行使主体,规范国家权力运行程序,提高国家权力运行效益,以防止和纠正权力运行的偏误和紊乱的活动,又称为"体制外的监督"或者"社会制约权力"。[①]

(二)法律监督

社区矫正法律监督,是指检察机关根据法律的授权,运用法律规定的手段,对社区矫正情况进行监察、督促并能产生法定效力的专门工作。具体而言,社区矫正法律监督就是指人民检察院根据法律赋予的职权,按照法律规定的程序,对公安、法院、司法行政机关以及法律授权的组织和人员,对社区矫正过程(教育矫正、监督管理、帮困扶助)中的执法、司法活动是否合法,进行监察、督促并能产生法定效力的专门工作,其目的在于保证依法、公正地实施社区矫正。

根据吴宗宪教授的观点,社区矫正法律监督具有下列特点:(1)监督性质的宪政性。监察机关是宪法规定的"国家的法律监督机关"。社区矫正法律监督是通过对各个矫正主体在实施社区矫正的各个环节,遵守、适用和执行法律的具体情况进行监督实施的。它运用法律监督权以追溯严重违法的行为,督促、纠正不公正的司法裁判,保障社区矫正依法、公正实施。这是在社区矫正法律的实现过程中最具现实性、最直接的监督,也是与党内监督、人大监督、政协民主监督、行政监督和社会监督的本质区别所在。(2)监督主体的唯一性。人民检察院独立行使检察权,检察权的本质是法律监督权。因此,社区矫正法律监督的主体只能是人民检察院,而不能是其他任何机关、团体和个人。(3)监督范围的广泛性。社区矫正的工作内容包括教育矫正、监督管理和帮困扶助。从社区服刑人员的再犯罪情况看,"三无人员"(无家可归、无亲可投、无业可就)是实施再犯罪的高发群体。因此,列入社区服刑人员个案矫正方案的帮困扶助措施,理应成为矫正主体履行的法定职责,也应列入检察监督的范围。(4)监督手段的专门性。纠正违法和检察建议是检察机关实施法律监督的重要法律手段。针对发生在社区矫正中的职务犯罪,应进行立案侦查,严惩司法腐败和失职、渎职犯罪,维护严格执法、公正司法。检察机关应对社区服刑人员再犯罪行使立案监督、侦查监督、批准逮捕、提起公诉和抗诉等职权。(5)监督职权的有限性。这主要是指社区矫正法律监督相对于社区矫正,具有间接性、程序性的特点,其监督权的实现在一定程度上受到被监督对象自我纠正程度的限制。[②]

检察机关在开展社区矫正法律监督时,应遵循以下原则:(1)依法监督与适度监督并举原则。这一原则要求,在社区矫正法律监督中,既要做到坚持原则、敢于监督,又要注意讲究方式、方法,在法律规定的职权范围内,按照法律规定的方式进行,不能

---

① 参见汪进元、张艳:《论社会制约权力》,载《法商研究》2004年第4期。
② 参见吴宗宪主编:《社区矫正导论》,中国人民大学出版社2011年版,第372—373页。

越权监督。(2)分工负责、互相支持原则。人民检察院加强社区矫正法律监督,目的是督促和支持有关机关严格依法行使职权,确保法律得到正确实施,维护法制的统一、尊严和权威。当发现违法行为和职务犯罪时,应主动加强与政法各部门的联系和沟通,建立协调、协作机制,共同解决社区矫正工作中遇到的问题。(3)公开公正接受监督原则。检察机关作为法律监督机关,只有做到自身正、自身硬、自身净,以公开促进公正,获得监督公信力,才能理直气壮地监督别人。因此,检察机关需要加强对自身执法办案活动的监督制约,并用比监督别人更严的要求监督自己。

(三)社会监督

社区矫正社会监督,是指国家机关之外的其他社会力量对社区矫正工作进行的监督。具体而言,即不具有国家权力性质的政治实体、社会团体、社会自治组织、社会舆论媒体、社会成员等运用法律、道德、政纪、舆论等多种手段,对社区矫正的权力主体、运行过程及结果进行监察,并督促、纠正权力行使中的违法或不当情形,以维护权利和救济权利的活动。[1] 社会监督具有监督范围广、监督方式灵活的特点,不但解决了谁来监督权力的问题,而且解决了谁来监督监督者的问题,是一种自治性的控权方式。

社区矫正社会监督制度具有如下法律特征:第一,社会监督是权利监督。权利对权力的监督中,监督者有权进行监督,也有权放弃监督。第二,社会监督是外部监督。社会监督与体制内监督的根本区别在于,它是来源于被监督对象或被监督系统外部的监督。第三,社会监督是法定监督。国家机关和国家工作人员接受社会监督是一项法定的义务。相对而言,社会组织与公民对国家机关和国家工作人员进行监督就是一项法定的权利。第四,社会监督是直接监督。社会监督提供了社会组织、公民对行政机关等进行直接监督的途径,它既是对人大直接监督机制的补充,又提高了监督的效率。第五,社会监督有问责效果。社会监督的制度效果包括引起权力系统内的监督,更进一步则是引致一定的法律后果,包括弥补、纠正、执行乃至追究法律责任等。[2]

二、社区矫正的效果评估

社区矫正的评估,是指有关人员运用科学的评估方法,对社区矫正工作的实际效果进行评估的活动。社区矫正的效果,就是社区矫正在促进公共安全和减少累犯等方面发挥的积极作用。[3] 社区矫正评估以实现社区矫正目的为目标,在社区矫正活动中进行,其过程如图4-8所示。

---

[1] 参见唐炳洪:《论检察权的社会监督制约机制》,载《浙江工商大学学报》2006年第4期。
[2] 参见吴宗宪主编:《社区矫正导论》,中国人民大学出版社2011年版,第385—386页。
[3] 参见吴宗宪:《社区矫正比较研究》(下),中国人民大学出版社2011年版,第737页。

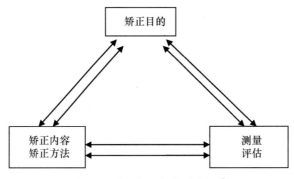

图 4-8　社区矫正评估过程图①

从逆时针方向观察上图,社区矫正工作者根据所确定的矫正目的分析社区矫正内容,选择社区矫正方法,组织社区矫正活动;通过测量与评估,可确定社区矫正目的的实现程度,检查社区矫正活动成功与否。从顺时针方向观察上图,社区矫正工作者经过对矫正对象的测量与评估,了解其心理水平、能力特征及缺陷所在,设定阶段目标,然后确定矫正的重点,选择合适的矫正方法,以有效地组织社区矫正活动,实现社区矫正目的。

社区矫正的效果评估主要包括两个方面:(1)社区矫正措施对社区服刑人员产生的效果,具体是指社区矫正工作者开展的教育矫正、监督管理以及帮困扶助措施,对社区服刑人员的心理和行为等方面是否起作用以及作用大小,从而衡量社区服刑人员是否达到成为守法公民的预期目的。(2)社区矫正工作产生的效果,具体是指司法行政机关开展的社区矫正工作,对预防和减少重新犯罪、节约国家司法资源、维护社会稳定是否起作用以及作用大小,从而衡量社区矫正工作是否达到刑罚执行的预期目的。

社区矫正效果评估人员主要来自两类机构,即社区矫正机构和专门评估机构。其中,社区矫正机构是社区矫正工作的实施者。社区矫正机构为了掌握社区矫正的进度,发现问题并及时处理,需要开展过程评估。同时,社区矫正机构为了了解矫正结果、总结经验以及进一步改进工作,需要进行结果评估。专门评估机构是具有从事评估工作的专业资质和专业人员的调查、研究和评估机构。这类机构与社区矫正工作没有利害关系,属于相对独立的第三方机构,由它们进行社区矫正效果评估,通常能够得出比较客观和科学的评估结论。

社区矫正评估人员在社区矫正过程中,应该坚持系统性原则、科学性原则、客观性原则、标准化原则和可操作性原则。具体而言,系统性原则要求评估人员具有整体观,把社区服刑人员、社区矫正工作看作一个系统,认识到这个系统内部各个要素之间的相互联系和相互作用。另外,还要树立联系观,即评估人员要看到社区服刑人员、社区矫正工作与外界的关系。在评估过程中,要把社区服刑人员看作更大的社会系统中的

---

① 此过程图及其解说详见连春亮主编:《社区矫正学教程》,群众出版社 2013 年版,第 344 页。

一个要素,把社区矫正工作看作刑罚执行系统中的一个要素,重视二者之间的联系和互动。科学性原则要求在评估过程中,根据评估的目的和不同的社区服刑人员,制订符合客观实际的评估方案,使用具有专业素质的评估人员,采取行之有效的评估方法,从而使评估结果具有科学性。客观性原则要求评估人员本着实事求是的态度,根据科学、合理的评估程序、方法与技术,对社区服刑人员的矫正效果以及社区矫正工作的效果作出符合实际的评价,尽量避免主观因素的影响,克服个人好恶等感情色彩。标准化原则包括评估体系的标准化、评估方法的标准化、评估结果解释的标准化。可操作性原则的内容包括以下几个方面:首先,评估指标的设置要清楚,指标的含义要明确,既不会造成理解困难,也不会引起歧义。其次,评估指标要尽可能数量化,以便在评估时用来衡量实际情况。最后,评估方法要简便易行,容易操作。

第十一节 我国社区矫正制度的完善

社区矫正这一非监禁性刑罚执行措施自2003年在我国试点以来,在罪犯人格和心理矫正等方面发挥了巨大的作用。但是,我国社区矫正制度仍不完善,存在诸多问题和弊端,下文择其要者叙之。

一、我国社区矫正法律体系存在的问题

(一)相关规定之间存在矛盾、不统一的弊端

社区矫正的不同规定之间存在着诸多矛盾,正是这些矛盾的存在导致难以形成社区矫正的法律体系。具体而言,这些矛盾主要体现在以下几方面:[①]

1.《刑法》与《刑事诉讼法》之间的矛盾

我国《刑法》原第38条第2款规定:"被判处管制的犯罪分子,由公安机关执行。"原第76条规定:"被宣告缓刑的犯罪分子,在缓刑考验期限内,由公安机关考察,所在单位或者基层组织予以配合……"原第85条规定:"被假释的犯罪分子,在假释考验期限内,由公安机关予以监督……"1996年修正的《刑事诉讼法》第217条规定:"对于被判处徒刑缓刑的罪犯,由公安机关交所在单位或基层组织予以考察。对于被假释的罪犯,在假释考验期限内,由公安机关予以监督。"第218条规定:"对于被判处管制的罪犯,由公安机关执行。……"可见,原来的《刑法》条文和《刑事诉讼法》条文除了在缓刑的执行上表述不够一致外,其余的都是一致的。《公安机关办理刑事案件程序》第280条第1款规定:"对于被宣告缓刑的罪犯,在缓刑考验期限内,由罪犯居住地派出所考察,所在单位或基层组织予以配合。"这与原来《刑法》的规定也是完全一致的。

《刑法修正案(八)》中对管制、缓刑、假释的执行作出了修改:将原来明确规定的管制、缓刑、假释由公安机关执行改为笼统地规定:"对判处管制的犯罪分子,依法实行社

[①] 参见吴宗宪主编:《社区矫正导论》,中国人民大学出版社2011年版,第70—74页。

区矫正。""对宣告缓刑的犯罪分子,在缓刑考验期内,依法实行社区矫正……"全国人大常委会法制工作委员会刑法室在《中华人民共和国刑法修正案(八)条文说明、立法理由及相关规定》中解释了作出这种修改的理由:这一修改主要是考虑到社区矫正试点工作的实际情况,并与正在起草之中的《社区矫正法》相衔接。目前正在试行的社区矫正工作中的矫正对象就包括被判处管制的犯罪分子、被适用缓刑的犯罪分子、被假释的犯罪分子。因此,进行这样的修改并不是简单地将管制的执行机关、缓刑的考察机关、假释的监督机关由一个部门更换为另一个部门。社区矫正是一项综合性很强的工作,需要各部门分工配合,并且充分动员社会各方面的力量,共同做好工作。同时,修改后并不意味着公安机关不再承担对被判处管制的犯罪分子、被适用缓刑的犯罪分子、被假释的犯罪分子的监督、管理职责。目前正在试行的社区矫正工作中,公安机关承担着重要的监督、管理职责;将来出台《社区矫正法》以后,公安机关作为主要的治安管理机构,仍然需要承担相应的职责,发挥重要的作用。

2. 《刑事诉讼法》与《监狱法》之间的矛盾

《刑事诉讼法》与《监狱法》有关社区矫正的矛盾之处就在于暂予监外执行的规定。

《刑事诉讼法》第254条第1款[①]规定,对被判处有期徒刑或者拘役的罪犯,有下列情形之一的,可以暂予监外执行:(1)有严重疾病需要保外就医的;(2)怀孕或者正在哺乳自己婴儿的妇女;(3)生活不能自理,适用暂予监外执行不致危害社会的。

《监狱法》第25条规定:"对于被判处无期徒刑、有期徒刑在监内服刑的罪犯,符合刑事诉讼法规定的监外执行条件的,可以暂予监外执行。"

可见,《刑事诉讼法》中暂予监外执行的适用对象是被判处有期徒刑或者拘役的罪犯,而《监狱法》中暂予监外执行的适用对象是被判处无期徒刑、有期徒刑在监内服刑的罪犯,两者之间存在矛盾且由来已久,一直没有得到统一。

(二)刑法关于社区矫正的规定太过粗疏

尽管《刑法修正案(八)》明确了"社区矫正"这一提法,使社区矫正有了正式的法律依据,同时在很大程度上完善了社区矫正的规定,但是目前刑法关于社区矫正的规定仍然非常粗疏,对许多重要的问题并没有细致、明确的规定。这主要体现在以下两方面:

1. 社区矫正执行主体的规定不明确

《刑罚修正案(八)》只是笼统地规定了对被判处缓刑的犯罪分子、被适用缓刑的犯罪分子以及被假释的犯罪分子依法实行社区矫正,而没有明确规定社区矫正的执行主体是司法行政机关。作为国家的基本法律之一的刑法,其法律效力应当远高于社区矫正试点工作文件,因而是社区矫正的基本法律依据,而刑法对执行主体的规定不能不说是一大遗憾。立法机关这样做可能是期待着《社区矫正法》的出台,为该法的相关规

---

① 该条款是自2013年1月1日起施行的新《刑事诉讼法》的规定,对应原《刑事诉讼法》第214条,两者在内容上并无变化。

定留下空间。在《社区矫正法》出台之前,执行主体在刑法中缺失的问题自不待言;即使在《社区矫正法》出台之后,刑法中对执行主体作出基本的规定也是必要的。

2. 社区矫正执行内容的规定太粗

目前,刑法关于社区矫正执行内容的规定除了原有的管制犯的义务、缓刑犯和假释犯应遵守的规定外,只有关于禁制令的简单规定。虽然前述司法解释对禁制令的有关内容作了较为细致的规定,但是仍遗漏了很多执行内容中的重要问题。虽然刑法无须对社区矫正的执行作出面面俱到的规定,但是基本的内容应该有所体现。就目前而言,最严重的遗漏就是关于强制性公益劳动的规定。既然社区矫正的实践以及相关试点文件都将强制性公益劳动作为执行的重要内容,那么刑法中也应该有所体现。此外,对于社区服刑人员合法权益的保护也应有所体现,以保证社区矫正的实践贯彻使犯罪人顺利回归社会的宗旨。

二、我国社区矫正法律体系的完善

针对上述社区矫正法律体系存在的问题,为进一步推进我国社区矫正工作,必须从多方面完善社区矫正的法律体系。从近期来看,应当完善社区矫正的法律形式和法律内容;从长远来看,应当建立合理的社区矫正法律体系。

(一) 关于法律形式的完善

目前,我国社区矫正的法律形式主要有新修正的《刑法》《刑事诉讼法》《监狱法》,也有大量的法律性质不明的试点文件。因此,有必要通过有效的立法加以完善,在形式上建立合理的社区矫正法律体系,而这需要从以下两方面努力:[①]

1. 进一步完善刑法中对社区矫正的规定

《刑法修正案(八)》虽然正式规定了社区矫正制度,但是现存的规定过于粗疏,多数规定显得原则性有余而操作性不足。这样虽然给制定《社区矫正法》留下了空间,但是作为刑事实体法的刑法仍需为社区矫正提供更加明确、有力的适用依据。因此,有必要进一步完善刑法规定。

2. 制定专门的《社区矫正法》

当前有关社区矫正的试点文件虽然对社区矫正作出了相对较为细致的规定,但是其法律性质不明、层次较低。因此,需要吸收试点文件中的经验,依据《刑法》《刑事诉讼法》《监狱法》的规定,制定专门的《社区矫正法》,细致地规定社区矫正的各方面内容,从而为社区矫正提供完备的法律依据。目前,学界已形成完备的专家建议稿,立法机关也已着手进行《社区矫正法》的立法工作。

(二) 关于法律内容的完善

针对前述社区矫正内容方面的矛盾,可以考虑从以下几个方面进行完善:

[①] 参见吴宗宪主编:《社区矫正导论》,中国人民大学出版社2011年版,第75页。

1. 明确社区矫正的适用范围

《刑法修正案（八）》中规定的社区矫正的适用对象为：被判处管制的犯罪分子、被适用缓刑的犯罪分子以及被假释的犯罪分子；而社区矫正的试点文件中规定的社区矫正的适用范围为五种人，即除了以上三种人外，还有被剥夺政治权利且在社会上服刑的人和暂予监外执行的人。① 为了消除这种矛盾，需要对社区矫正的适用范围进行统一。

由于暂予监外执行的人作为社区矫正的对象已经在新《刑事诉讼法》中进行了规定，因此目前争议的焦点主要集中于被剥夺政治权利的犯罪分子是否应该适用社区矫正这一问题上。不赞同的学者认为，不适用的理由主要有："第一，从权利的内容上讲，社区矫正是非监禁自由刑的执行方式，限制的是罪犯的人身自由。而剥夺政治权利中并不包含对人身自由的限制。我国《刑法》第54条第2项规定的'言论、出版、集会、结社、游行、示威自由'是政治性自由而非人身自由。第二，从权利性质上讲，为了对人身自由进行限制，可以采取必要的手段，比如定期报到，设定活动范围，禁止出入特定的场所等，因此限制人身自由的社区矫正存在真正意义上的执行。而剥夺政治权利，相当于国外的褫夺公权，权利丧失后，不再行使即可，国家机关无须再采取其他措施，如果罪犯违反此规定行使政治权利，一来无效，二来属于另一违法行为，有关机关对此应依照其他法律予以处罚，不存在真正意义上的执行。第三，社区矫正试行工作中，对被剥夺政治权利的罪犯实施社区矫正存在较大困难。"② 另外，"对于剥夺政治权利的罪犯，我们往往要花费多于其他矫正对象几倍的精力，可以说在社区矫正的具体执行过程中，工作难点就在于被剥夺政治权利罪犯的管理上"③。

赞同的学者认为，"从社区矫正的性质、社区矫正的内容、社区刑罚执行的目的以及管理的有效性来探究，'剥权'人员不应被排除在社区矫正对象之外"④。另外，不论是被暂予监外执行的犯罪分子，还是被剥夺政治权利并在社会上服刑的犯罪分子，他们毕竟都是在各自的社区中生活，这符合社区矫正的前提；同时，如果不对其适用社区矫正则缺少监督，刑罚执行效果反而不好，而适用社区矫正则可以利用社会力量使其在社区中得到教育矫正。⑤ 此外，在未来的刑事立法发展中，一些刑罚本身的内容需要修改，这也需要将他们纳入社区矫正的范围。例如，就剥夺政治权利刑罚而言，无论是这个刑罚的名称，还是其中的具体规定，都需要进一步修改和完善，在进行了这样的修改和完善后，会产生需要由合适机关执行的问题，而社区矫正机关就是这样的合适

---

① 需要说明的是，2012年修订、自2013年1月1日起施行的新《刑事诉讼法》规定的社区矫正对象有四类，即"对被判处管制、宣告缓刑、假释或者暂予监外执行的罪犯，依法实行社区矫正，由社区矫正机构负责执行"。
② 司绍寒：《社区矫正立法基本问题研究》，载《中国司法》2011年第4期。
③ 但未丽：《社区矫正：立论基础与制度构建》，中国人民公安大学出版社2008年版，第173—174页。
④ 有关这一观点的具体论述，详见刘强：《论"剥权"人员应纳入社区矫正的范围》，载《河北法学》2013年第8期。
⑤ 参见李吉斌、陈丽平：《社区矫正制度上升为法律规定——解读刑法修正案（八）》，载《法制日报》2011年4月27日。

机关。因此,将被剥夺政治权利并在社会上服刑的犯罪分子纳入社区矫正的范围是合适的。

2. 完善对社区矫正工作机构和人员的立法规定

在我国社区矫正试点工作中,已经建立了不同层次的社区矫正工作机构,包括司法部社区矫正管理局和地方各级社区矫正管理局等。在未来的立法中,对于社区矫正工作机关应当作出必要的规定。同时,在我国社区矫正试点工作中,已经形成了包括专职执法者(社区矫正官)、社会工作者、社区矫正志愿者等人员在内的社区矫正工作者队伍体系。[①] 在未来的立法中,应当对社区矫正工作者队伍的名称、法律地位、具体种类、不同种类人员的任职资格等作出必要的规定,以促进社区矫正工作的健康发展。

3. 建立完善的社区矫正经费保障体制

当前社区矫正经费保障体制的不完善在很大程度上已经制约了社区矫正的深入发展,在以后的立法中,应确立"以政府划拨资金为主、以社会捐助资金为辅"的社区矫正经费保障体制[②]:(1)以政府划拨资金为主。社区矫正工作毕竟是国家刑法执行活动,这样一种活动的主要资金或者绝大部分资金必须来源于政府划拨的财政资金。在政府财政资金保障体制方面,要确立"省(自治区、直辖市)和县(区)两级政府分担经费"的体制。(2)以社会捐助资金为辅。在开展社区矫正工作的过程中,应当鼓励有条件的社区矫正服务中心多方筹集社会资金,利用社会资源为社区矫正工作服务;要鼓励多渠道筹集社会资金的做法,通过积极扩大宣传、努力拓展渠道、争取优惠政策、慎重接受捐助、恰当利用捐助等,有效地吸纳社会捐助资金以开展社区矫正。

(三)关于法律体系的完善

社区矫正法律体系,是由社区矫正方面的所有立法按照一定结构和层次组织起来的有机统一的整体。根据《立法法》的规定,社区矫正法律体系应当包括下列层次:(1)法律。这是由国家立法机关制定的立法,其中包括由全国人民代表大会通过的基本法律和由全国人民代表大会常务委员会通过的专门法律。(2)行政法规。这是由国务院制定的规范文件。(3)部门规章。这是由国务院所属部门制定的规范性文件。(4)地方性法规和地方政府规章。其中,地方性法规是由地方立法机关制定的规范性文件,而地方政府规章是由地方政府制定的规范性文件。根据这个法律体系的框架,在未来社区矫正立法的发展中,首先,要优先制定作为专门法律的《社区矫正法》,在此基础上制定作为基本法律的《刑事执行法》。其次,要制定社区矫正方面的行政法规。例如,在《社区矫正法》颁布之后,制定配套的实施细则一类的行政法规。再次,要进一步修改已经发布的部门规章,并根据需要制定和发布新的部门规章。最后,要根据立法权限,制定地方性法规和地方政府规章。

[①] 参见吴宗宪:《社区矫正比较研究》(上),中国人民大学出版社 2011 年版,第 315—318 页。
[②] 参见吴宗宪:《利用社会资源开展社区矫正的模式探讨》,载《中国司法》2007 年第 1 期。

为了建立合理的社区矫正法律体系,应当努力改变目前社区矫正立法中性质不明的中央部门文件起主导作用,层次太低并且发文单位杂乱的地方部门文件大行其道的局面,促使社区矫正立法朝着法治化的方向发展。①

(本章作者:邵宗林)

---

① 参见吴宗宪主编:《社区矫正导论》,中国人民大学出版社2011年版,第80页。

第五章 亚犯罪人矫正制度

亚犯罪人,是指触犯刑法,实施了严重危害社会的行为,但因不具有刑事责任能力而不作为犯罪处理的行为人。对于亚犯罪人,刑法典中通常规定可以采取保安处分或者保护处分措施予以矫正。根据我国《刑法》第17条和第18条的规定以及《刑事诉讼法》第284—289条的规定,本书提出将《刑法》所规定的因为不满16周岁而不予刑事处罚的未成年人和精神病人作为亚犯罪人。在我国,对这两类人的矫正方式分别是收容教养和强制医疗。就收容教养而言,在2013年12月28日劳动教养制度正式废止之后,对于原来在劳动教养场所进行收容教养的未成年人如何处理成为一个难题。因此,有必要对收容教养执行场所进行改革,健全和完善收容教养制度的程序和实体内容,最终实现对未成年收容教养人员权益的最大化保护。就强制医疗而言,2012年《刑事诉讼法》增加了精神病人强制医疗特别程序,充分体现了法律对精神病人权益的有力保障。但是,相关程序仍存在诸多不完善之处,势必导致司法实践中法律适用的混乱,亟待通过相关司法解释和相应法律规定予以补充和完善,以增强其实践操作性。

第一节 亚犯罪人的界定及其分类

一、亚犯罪人的概念及其特点

(一)亚犯罪人的概念

关于亚犯罪人的称谓,目前无论在学术界还是在实务界,有关研究并不多见,"亚犯罪人"一词也属罕用。追根溯源,这在龙勃罗梭的犯罪人类型论中有所体现,他将犯罪人分为四类,即天生犯罪人、激情犯罪人、精神病犯罪人以及偶然犯罪人。其中,精神病犯罪人是由于精神病的影响而犯罪的人,其定义比较接近本书所认为的亚犯罪人定义。菲利将精神病犯罪人进一步分类。吴宗宪在其所著的《西方犯罪学》一书中指出,菲利所认为的精神病犯罪人是指"患有某种精神病的临床形态,甚至连我们的现行刑法也予以承认的人"。具体而言,菲利将精神病犯罪人划分为遗传性精神错乱者、临床精神病学上所认为的一般的精神病人、精神病边缘犯罪人或准精神病犯罪人以及无动机犯罪人。[1]

---

[1] 参见吴宗宪:《西方犯罪学》(第二版),法律出版社2006年版,第125—127页。

基于此,本书认为,亚犯罪人是介于守法公民和犯罪公民之间,虽然触犯了刑事法律,但是由于符合刑事法律的某些特殊规定而不予刑事处罚的人。具体而言,首先,亚犯罪人实施的行为具有严重的社会危害性。其次,亚犯罪人实施的行为同样具有刑事处罚性。需要说明的是,亚犯罪人因为不具有刑事责任能力或者部分的刑事责任能力而不符合成为一个纯正犯罪人的本质特征。也就是说,按照犯罪构成要件,亚犯罪人虽然符合犯罪的本质特征即法益侵害性,但是由于不符合形式特征(如年龄、精神状况)等原因而不予刑事处罚。

(二)亚犯罪人的特点

亚犯罪人的特点可以概括如下:

首先,亚犯罪人符合犯罪人的表征要件。亚犯罪人被称为"犯罪人",说明其在某些形式要件方面符合犯罪人的特征:第一,行为人所实施的行为具有刑事法律的当罚性,符合犯罪构成中客观方面的要件;第二,行为人所实施的行为侵犯了社会的法益,对社会造成了严重的危害后果,符合犯罪构成中客体方面的要件;第三,行为人主观上有犯罪的故意或者符合过失犯罪的条件。但是,由于年龄、精神状况等方面的原因,亚犯罪人不符合刑事法律的某些规定,因而不具备刑事有责性,免予刑事处罚。

其次,亚犯罪人的刑事责任能力欠缺。如前所述,行为人虽然实施了违反刑事法律的行为,但是通常不具有刑事责任能力或者限制刑事责任能力,对所实施的行为缺乏清晰的认知。就无刑事责任能力人而言,亚犯罪人不能辨认或者控制自己的行为,对行为的后果没有认识。就限制刑事责任能力人而言,亚犯罪人可能具有犯罪的故意,却不能清楚地认识到行为的后果。

最后,亚犯罪人的处遇措施具有特殊性。虽然当前尚未出现"亚犯罪人"这一称谓,但是各国对于符合亚犯罪人条件的行为,基于人道主义、刑事政策的原因,采取的是一种轻缓化的做法,即将亚犯罪人安置于特殊的机构之中进行教育矫正。

二、亚犯罪人的分类

按照我国《刑法》的规定,可以将亚犯罪人分为未成年犯罪人和精神病犯罪人。

(一)未成年犯罪人

根据《刑法》第17条的规定,对于未成年犯罪人,根据年龄的不同,可分为以下几种情况处理:(1)已满16周岁的人犯罪,应当负刑事责任。(2)已满14周岁不满16周岁的人,犯故意杀人、故意伤害致人重伤或者死亡、强奸、抢劫、贩卖毒品、放火、爆炸、投毒罪的,应当负刑事责任。(3)因不满16周岁不予刑事处罚的,责令他的家长或者监护人加以管教;在必要的时候,也可以由政府收容教养。上述第一种情况和第二种情况针对的是纯正的未成年犯罪人,而第三种情况针对的是亚犯罪人中的未成年犯罪人(在日本少年法中,称为"触法少年"),对其可以施行收容教养的矫正措施。

(二)精神病犯罪人

根据《刑法》第18条的规定,精神病人由于精神状况的不同,在认定犯罪行为时有以下两种情况：(1) 精神病人在不能辨认或者不能控制自己行为的时候造成危害结果，经法定程序鉴定确认的，不负刑事责任，但是应当责令他的家属或者监护人严加看管和医疗；在必要的时候，由政府强制医疗。(2) 间歇性的精神病人在精神正常的时候犯罪，应当负刑事责任。尚未完全丧失辨认或者控制自己行为能力的精神病人犯罪的，应当负刑事责任，但是可以从轻或者减轻处罚。第一种情况针对的是亚犯罪人中的精神病犯罪人，对其可以施行强制医疗的矫正措施。

第二节 收容教养制度

一、我国收容教养制度的历史沿革

收容教养制度是我国特有的一项针对未成年人的非刑罚矫正制度。纵观我国古代的刑罚制度，虽也有一些对于未成年人的特殊保护，如"悯幼"和"悯囚恤刑"等规定，但大多是残酷的、野蛮的，没有真正摆脱礼法宗教的桎梏。收容教养制度的雏形和发展，是在民国时期和新中国成立之后两个阶段。

（一）我国古代的恤幼思想

所谓"恤幼"，是指古人考虑到未成年人特殊的生理特点而采取的一种体恤未成年人罪犯的刑事政策。"恤幼"思想最早体现在有关刑事责任年龄的规定上。西周时期的《礼记》中就有"八十、九十曰耄，七年曰悼。悼与耄，虽有罪，不加刑焉"的记载。由这则有关刑事责任年龄的记载可知，在西周时期，已经对未成年人罪犯实行一种有别于成年人的刑罚政策。这种政策由于具有一定的合理性而为后世所传承。到春秋战国时期，随着人们认识能力的逐渐提高，有关未成年人刑事责任年龄的规定开始变得更具体了。李悝编纂的《法经》中规定："罪人年十五以下，罪高三减，罪卑一减。"秦代以身高确定刑事责任，并没有明确的年龄标准。汉改秦律，又将刑事责任的划分标准由身高改回到年龄，变得更加科学合理，之后一直延续。唐代时，有关刑事责任年龄的立法达到完备，"恤幼"思想在立法上得到集中体现。唐律把未成年人的刑事责任年龄划分为十五岁以上、十五岁以下十岁以上、十岁以下七岁以上、七岁以下四档，并科以不同的刑事责任。其"恤幼"思想延伸的原则是从未成年人的生理特点出发而规定的，在刑事责任的承担与定罪量刑上体现了当时统治者和社会对于未成年人的特别关怀，是人本主义思想的体现。唐代对于未成年人刑事责任年龄的规定如此完善，以至于后代无出其右者，基本上都是沿用当时的立法和适用当时的原则，并不断地予以完善和大量应用于审判实践中。[①]

同时，由于特定的条件限制，在"恤刑"方面，尽管法律对未成年人犯罪的处罚给予多方面的宽待，但是一旦危及皇权统治，这层温情脉脉的仁慈面纱将会荡然无存。以

[①] 参见夏天：《我国古代"恤幼"思想对未成年人犯罪刑事政策的启示》，载《理论导刊》2010 年第 8 期。

轻缓著称的唐律为例,其《名例律》第 30 条规定"九十以上、七岁以下,虽有死罪,不加刑",同时却又规定"缘坐应配没者不用此律"。该条"疏议"还曰:"缘坐应配没者,谓父祖反、逆,罪状已成,子孙七岁仍合配役。"可见,七岁以下的人因祖父反、逆连坐,不能免除处罚。这些规定在历朝历代都存在,可见对犯罪未成年人的"仁爱"是以不危及国家基本统治秩序为前提的。此外,依借宗法家族的未成年人犯罪刑事社会政策虽然在预防未成年人犯罪方面起到了积极作用,但是这是以对未成年人人身自由的禁锢和人性的扼杀为代价的。这些都是我们必须清醒认识到的。①

(二)民国时期的感化教育、保护管束制度

1. 对感化教育、保护管束相关概念的界定

(1)感化教育的界定

"所谓感化,乃是由感而化,由于受到特殊的关怀帮助,尊重和爱,受到了感动、感激而引起原有思想行为的深化或转化的过程。而感化教育,简言之,乃是以感化为手段进行的教育。完整地说,是教育者以动情为先导,使受教育者在情感上受到感动,从而深化或转化原有思想认识、情绪态度、行为品德以及知识结构的教育。它既是一种教育思想,也是一种教育过程和教育方法。其核心内容是以人为本,关心人、尊重人、爱护人、相信人、感动人,促发人的向上之心,开发人的巨大潜能。它与纯理性教育不同,吸收了非理性教育思想,强调情感、情绪的教育功能和领悟功能。它始于情而终于情,以情动情,以情育情,情通而理达。"②

"感化教育具有以下几个特点:第一,教育者要努力在自己和被教育者之间建立起一种相互理解和信任的真挚的心灵交流。教育者要像父母、医生或老师那样,带着将违法少年挽救成为社会上有用之才的诚意,去教育他们,才能使违法少年的心灵有所震动,从而自觉地接受各种正确的教育。第二,教育者要运用多种多样的方式进行感化教育,而不仅仅是生活上的关心。感化教育,不外乎从情感上和理智上对违法少年进行正面教育,以感情和道义的力量去引导违法少年的心理往正常的方向转化和发展。第三,教育者更重要的是要以自我表率为违法少年树立行为的榜样。教育者本身的行为最有教育效果。导之以行是体现教育者的诚意的具体之点,也是动之以情、晓之以理能否产生实际效果的条件。"③

(2)保护管束的界定

"保护管束,源自英美法系的观护制度。早期的保护管束,将缓刑监督、假释监督和观护监督混合行之,很难作出明确区分。近代由于预防主义和教育刑观念之提倡,保护管束的适用范围逐渐扩大,成为保安处分的重要组成。近代意义上的保护管束,在中国最早见于1910年清政府公布施行的《暂行新刑律》第 63 条,但其主要以受缓刑

---

① 参见张利兆:《"仁政"思想与我国古代未成年人犯罪刑事政策》,载《青少年犯罪问题》2005 年第 6 期。
② 汪幼芳:《感化教育简论》,载《天津市教科院学报》1996 年第 4 期。
③ 黄莹:《感化教育在不同气质的违法少年中的心理效应》,载《广西大学学报》(哲学社会科学版)1988 年第 3 期(增刊)。

宣告者加以'约束'为主旨,实为缓刑之监督。随后,在1928年国民党旧刑法中,增加了对假释犯施以保护管束的规定。我国大陆刑法中没有保护管束之规定,在目前的台湾法律中,保护管束制度已经形成一定体系,对于具有一定人身危险性之人起到了特殊预防的作用,在实际执行中也起到了一定效果。"①

"保护管束的任务从消极方面讲是对受管束者加以监督、管教,促使其按照规定遵守各种条件;从积极来讲,是对缓刑犯进行辅导和援助,改善其生活状况,调整其家庭环境,使之感觉到社会的温暖,促使其与社会尽快地融合。保护管束制度的主要内容包括调查和监护两部分。"②

2. 民国时期的感化教育、保护管束制度

(1) 民国时期的感化教育制度

① 在思想理念方面

1912年,时任司法部长许世英在其《司法计划书》中指出,对于幼年犯要注重教育感化,要设立幼年犯特别审判制度。国内要借鉴国外的相关做法:英国设置了授产院和矫正院两种感化院;荷兰将感化院设置为远离城市,有家园气息的类型;瑞士已经编制了相关法律并予以实行:凡不满16岁的幼年,不满19岁的少年,都应该由特别审判法庭审判。因此,他主张,对于国内的幼年和少年罪犯的审判,应该各有不同。例如,少年有罪的,审判部门要考察其性格及出身背景,依照教育原则,分别按照谴责、交付学校管理员惩罚以及适当地处以8日以下的拘留或者交由其父母教育等施行处分,以谴责替代罚金及禁锢,或者以罚金代替自由刑。同时,他认为,既然有了少年法庭,那么也应该学习国外的做法设置感化院作为辅助机构。③

② 在制度规范方面

民国时期,随着对未成年人教育感化理念的深入,收容教养的雏形在一系列的制度规范中都有所体现。例如,1911年《暂行新刑律》规定,对少年犯减免处罚,同时借鉴国外的做法,对少年犯实行感化教育处分。1922年《感化学校暂行章程》规定了感化学校的设立及相关教育内容。1925年《监犯未满十八岁者须施教育令》规定,对于未满18岁的在监的未成年犯,除了教诲之外,一律施以感化教育。在感化学校中,教育课本的设置主要由识字、修身、常识、体操以及唱歌五部分组成。

③ 在机构建置方面

根据上述相关制度规范,民国时期,各地成立了感化院、感化学校。其中,最为著名的是北京香山感化院(后与当时的司法部合作成立"北京感化学校")。1923年,熊希龄正式创办香山慈幼院。1930年,他将该院划分为六院,即六个分校。其中,四校职业部是为高小毕业生中年龄过大或学业不佳的学生设立的,学校有农工实习场。五校职工部最初是由张斗斋1918—1919年在宣武门外下斜街斗鸡坑办起的一座感化

---

① 付胥宇:《台湾保护管束制度介评》,载《广西政法管理干部学院学报》2004年第2期。
② 张彦华、傅翔:《保护管束制度与我国缓刑中的考察监督》,载《决策探索》2004年第10期。
③ 参见薛梅卿、杨殿升、陈浚刚、陈志海、杨英编:《清末民初改良监狱专辑》,中国监狱学会出版社1997年版,第63页。

院,招收十多名孤儿,使他们在劳动中改掉恶性、学习技术、自食其力。后张斗斋被害,感化院便由熊希龄承办。①

图 5-1　北京香山慈幼院 ②

(2) 民国时期的保护管束制度

"在 1935 年的《中华民国刑法》中还提及一种替代感化教育的处分方式——保护管束。保护管束,又称保护观察,意为对于少年犯为特别处分时,看其行为加以保护指导,以完成改善的目的。

'感化教育之处分按照其情形,得以用保护管束代之,期间为三年以下,其不能收效者,得随时撤销之,仍执行原处分。'(刑法 92 条)可见,保护管束有替代感化教育处分的作用,可替代的情形参酌主客观两方面。在主观方面,与少年犯的年龄、性格、精神状态、教养等关系密切。在客观方面,除家庭生活、社会环境等,还应审查当地有无感化教育的相关机构。

'保护管束,交由警察官署、自治团体、慈善团体、本人之最近亲属或其他适当之人行之。'(刑法第 94 条)英美等国专设保护管束司可以执行保护管束的事务,但由于民国初立不久,国情动荡,难以做到专门管理,因此多由家庭管束。"③

(三) 新中国成立后收容教养制度之发展

我国的未成年人收容教养制度是随着新中国的成立和社会主义法制建设的发展

---

①　参见李友唐:《北京香山慈幼院始末辑要》,载《北京社会科学》1994 年第 4 期。
②　图片来源:百度图片,2015 年 3 月 15 日访问。
③　转引自姚远:《民国时期青少年感化教育探究——从上海公共租界案例谈起》,载《青少年犯罪问题》2010 年第 2 期。

而逐渐形成和发展的一项未成年违法犯罪人员矫正制度。新中国成立初期,未成年违法犯罪人员的收容教养和矫正工作由民政部门的儿童教养所负责,当时的收容对象为年满13岁不满18岁的未成年人中犯罪程度尚不够刑事责任又无家可归者。1960年4月,最高人民法院、最高人民检察院、公安部发布《关于对少年儿童一般犯罪不予逮捕判刑的联合通知》,此时的收容教养已经具有现代意义上的收容教养的性质。各地少年犯管教所开始收容管教犯罪少年。"文革"十年动乱,各条战线的工作均遭到严重破坏,未成年收容教养制度也是如此。1979年《刑法》颁布以后,未成年人收容教养制度逐步进入法制化轨道。其第14条第4款对不满16岁的未成年人犯罪的处罚作了规定:"因不满十六岁不处罚的,责令他的家长或者监护人加以管教;在必要的时候,也可以由政府收容教养。"这是我国首次以国家刑事法典的形式确立少年收容教养制度或未成年人收容教养制度,是对不予刑事处罚的未成年违法犯罪人员执行收容教养、实施矫正的法律依据。1991年《未成年人保护法》从对未成年人进行司法保护的角度出发,对未成年违法犯罪人员收容教养作了规定。1999年出台的《预防未成年人犯罪法》第39条的规定是继1997年修订《刑法》相关规定之后,在依法治国,推进法治文明建设的新形势下,对完善未成年人收容教养制度再次作出的规定。同时,这标志着我国未成年人收容教养制度进一步被纳入法制化、规范化的轨道。①

二、我国收容教养制度的现状

(一)收容教养制度概况

1. 依据的法律法规

我国目前关于收容教养制度的规定主要分为两类:一类是国内法律法规,即刑事法律及其他法律的规定,行政法规及行政性规定、通知;另一类是国际性规定。

首先,刑事法律及其他法律的规定。关于收容教养制度的刑事法律的规定主要是指新修正的《刑法》的直接规定。其他法律是指《未成年人保护法》《预防未成年人犯罪法》《民法通则》《治安管理处罚法》间接涉及的相关规定。

其次,行政法规及行政性规定、通知。关于收容教养制度的行政法规的规定主要是指《治安管理处罚法》;行政性规定只有1995年的《公安机关办理未成年人违法犯罪案件的规定》;行政性通知有:1956年的《最高人民检察院、最高人民法院、内务部、司法部、公安部对少年犯收押界限、捕押手续和清理等问题的联合通知》、1960年的《最高人民法院、最高人民检察院、公安部关于对少年儿童一般犯罪不予逮捕判刑的联合通知》、1982年的《公安部关于少年犯管教所收押、收容范围的通知》、1993年的《公安部关于对不满十四岁的少年犯罪人员收容教养问题的通知》、1996年的《司法部关于将政府收容教养的犯罪少年移至劳动教养场所收容教养的通知》(已失效)、1997年的

---

① 参见贾洛川:《中国未成年违法犯罪人员矫正制度研究》,中国人民公安大学出版社2006年版,第196—200页。

《公安部关于对少年收容教养人员提前解除或减少收容教养期限的批准权限问题的批复》(已失效)、1999年的《司法部劳教局关于印发〈少年教养工作管理办法(试行)〉的通知》以及2006年的《公安部关于印发〈公安机关法制部门工作规范〉的通知》。

最后,国际性规定。关于收容教养制度的国际性规定是指我国批准加入或者签署的相关公约或者规则,主要有《联合国儿童权利公约》《联合国保护被剥夺自由少年规则》《联合国预防少年犯罪准则》(《利雅得准则》)以及《联合国少年司法最低限度标准规则》(《北京规则》)。

2. 适用对象及期限规定

目前,对于收容教养制度的适用对象并没有一个统一的规定。有的只规定了上限,如新修正的《刑法》《预防未成年人犯罪法》《公安机关办理未成年人违法犯罪案件的规定》《公安部关于少年犯管教所收押、收容范围的通知》《司法部劳教局关于印发〈少年教养工作管理办法(试行)〉的通知》都规定收容教养的对象为不满16周岁的未成年人。有的规定了上限和下限,如《最高人民检察院、最高人民法院、内务部、司法部、公安部对少年犯收押界限、捕押手续和清理等问题的联合通知》第1条规定,收容教养的对象是13周岁以上未满18周岁的少年犯。还有的结合犯罪性质及情节规定具体期限,如《最高人民法院、最高人民检察院、公办部关于对少年儿童一般犯罪不予逮捕判刑的联合通知》中指出,除犯罪情节严重的反革命犯、凶杀、放火犯和重大的惯窃犯以及有些年龄较大,犯有强奸幼女罪,情节严重,民愤很大的应予判刑外,对一般少年儿童违法犯罪的人,不予逮捕判刑,采取收容教养的办法进行改造。《公安部关于对不满十四岁的少年犯罪人员收容教养问题的通知》则规定:"'不满十六岁'的人既包括已满十四岁的犯罪,应负刑事责任,但不予刑事处罚的人,也包括未满十四岁犯罪,不负刑事责任的人。……对未满十四岁的人犯有杀人、重伤、抢劫、放火、惯窃罪或者其他严重破坏社会秩序罪的,应当按照《刑法》第十四条的规定办理,即在必要的时候,可以收容教养。"

对于未成年人收容教养的期限,上述规定比较统一,一般为1—3年。"如果收容教养人员在收容教养期间有新的犯罪行为,符合收容教养条件的,应当由公安机关对新的犯罪行为作出收容教养的决定,并与原收容教养的剩余期限合并执行,但实际执行期限不得超过四年。"①

3. 审批机关

公安机关是未成年人收容教养的审批机关,实行层级审批制度。"对确有必要由政府收容教养的犯罪少年,应当由地区行政公署公安处或省辖市公安局审批,遇有犯罪少年不满十四岁等特殊情况,须报请省、市、自治区公安厅、局审批。……办案单位对收容教养的犯罪少年,应填写收容教养犯罪少年呈批表(样式附后),详细写明犯罪事实并附罪证材料,提出教养期限。少年犯管教所凭上述公安机关收容教养犯罪少年

---

① 1997年12月3日公安部发布的《公安部关于对少年收容教养人员提前解除或减少收容教养期限的批准权限的批复》。

决定书和收容教养少年犯罪通知书(样式附后)收容教养。"①即公安部法制部门指导、监督收容教养案件的审批工作;省级公安机关法制部门指导、监督本辖区内的收容教养案件的审批工作;地级公安机关法制部门按照规定办理收容教养案件的审批工作;县级公安机关法制部门审核、呈报收容教养案件。

(二)收容教养人员的矫正特点

未成年收容教养人员既不同于未成年罪犯,与未成年劳动教养人员也有不同之处,他们年龄小,劣迹史长,绝大多数家庭不健全,文化程度低,具有其自身的某些矫正特点,主要表现为:(1)恶习较深,矫正难度大。有的未成年收容教养人员六七岁便开始四处流浪,有的被收容前进派出所达十多次,养成了不少坏习惯,如抽烟喝酒、游手好闲、偷窃欺骗、拉帮结派等,短期内要矫正他们原有的恶习有较大的难度。(2)厌恶学习,害怕劳动。未成年收容教养人员大部分文化程度低,自幼就养成了不爱学习、东游西逛的坏习惯,入所后对学习普遍缺乏信心和兴趣。由于养成了好逸恶劳的恶习,有相当一部分未成年收容教养人员害怕劳动,在不得已而为之的情况下,主动性较差,拈轻怕重,效率不高。(3)情绪不稳,反复无常。很多未成年收容教养人员的情绪极不稳定,遇到高兴的事兴奋得不得了,遇到不顺心的事又急于发泄出来,反复无常。说谎话是他们的一大特点,有的人在民警的批评教育面前发誓要改,过后依然故我,我行我素;有的人违反了纪律,竭力掩盖,谎话连篇。(4)与家庭较疏远或无家可归。不少未成年收容教养人员因为家庭有缺陷,或有父无母,或有母无父,或父母失和,长期与家庭疏远,很少有人来探望,长年收不到家中的邮包和信件。有的人没有家,过去在社会上整日流浪街头,现在入所,也谈不上有人来探望或采用别的方式与之联系。②

案例 5-1

犯罪嫌疑人徐某等人的行为已触犯《刑法》第 264 条,涉嫌盗窃罪,且数额巨大。鉴于付某、黄某作案参与盗窃数额较小,公安机关责令其监护人严加管教。徐某多次作案,屡教不改,且参与盗窃数额巨大,监护人对其无法管教。为达到教育其本人的目的,根据《刑法》第 17 条第 4 款之规定,决定对徐某实行收容教养 3 年。③

案例 5-2

14 岁少年刘某某实施抢劫,在其父明确表示家庭失去管教能力的情况下,阜阳市公安局决定依法对刘某某实施收容教养一年。在 2007 年 6 月 18 日公安局送达并执

---

① 1982 年 5 月 1 日公安部发布的《公安部关于少年犯管教所收押、收容范围的通知》第 2 条。
② 参见贾洛川:《中国未成年违法犯罪人员矫正制度研究》,中国人民公安大学出版社 2006 年版,第 203 页。
③ 参见陈泽宪主编:《刑事法前沿》(第一卷),中国人民公安大学出版社 2004 年版,第 36 页。

行决定书后,刘某某之父却以公安局程序违法为由,于7月16日向安徽省界首市人民法院提起行政诉讼,要求依法撤销阜阳市公安局作出的收容教养决定书。日前,界首市人民法院作出一审判决,维持了该教养决定书。①

三、我国收容教养场所的运作

我国对违法犯罪少年进行设施内教养主要有两种形式:一种是少年教养,另一种是工读学校。少年教养包括少年收容教养和少年劳动教养。1996年以前,根据公安部1982年发布的《关于少年犯罪管教所收押、收容范围的通知》和司法部1986年颁布的《少年管教所暂行管理办法(试行)》的规定,少年教养人员由少年管教所收容教养。《监狱法》颁布实行之后,为了正确执行该法,理顺少年管教所的内部管理关系,同时大力增强对少年教养人员进行管理教育的针对性和有效性,保证失足少年的健康成长,司法部于1996年1月22日发布了《司法部关于将政府收容教养的犯罪少年移至劳动教养场所的通知》。该通知规定:"根据《中华人民共和国监狱法》的有关规定精神,决定将按照《刑法》第十四条(现行《刑法》第十七条——笔者注)由政府收容教养的犯罪少年移至劳动教养场所收容教养。"由此可见,现在收容教养的执行机关是劳动教养场所。因此,我国的少年教养场所是隶属于劳教局的劳动教养场所,有的地方专门设立少年教养场所,有的地方则在劳动教养场所内设立专门的少年教养队。根据司法部劳教局《少年教养工作管理办法(试行)》的规定,各省、自治区、直辖市根据需要设置少年教养管理所或队。少年教养管理所由省、自治区、直辖市劳动教养管理局领导,文化、职业技术教育受当地教育和劳动行政部门的指导。少年教养管理所、队对少年教养人员进行严格的管理,并进行政治基础教育、分类教育、职业技术教育和文化教育等。

我国未成年人收容教养场所经历了从少年犯管教所到劳动教养所,再到少年教养管理所、队的演变过程。值得注意的是,随着2013年12月28日第十二届全国人大常委会第六次会议审议通过《关于废止有关劳动教养法律规定的决定》,劳动教养制度被正式废止。根据该决定,对正在被依法执行劳动教养的人员,解除劳动教养,剩余期限不再执行。对于原来在劳动教养场所进行收容教养的未成年人如何处理,却是一个难题。如何安置原本以劳动教养场所管理方式矫正的收容教养人员,是直接将其放入社会,还是专门设置一种机构进行过渡,抑或是改革当前的收容教养机构,直接影响着未成年收容教养人员。同时,这也涉及社会各方力量的参与,特别是公检法三部门的协调和配合。

---

① 参见张文华、牛雪仁:《少年抢劫被收容教养 父亲状告公安局要求撤销败诉》,http://old.chinacourt.org/html/article/200711/02/272959.shtml,2015年4月28日访问。

四、对我国收容教养制度的检视

(一)弊端之分析

1. 实体方面

(1)性质界定不清

关于收容教养制度的性质究竟是什么,目前理论界和实务界存在分歧,主要有如下几种学说:

第一,行政处罚说。这种学说占据主流,认为"收容教养是在查明未成年人犯罪事实的基础上,因其未满法定年龄不予刑事处罚而由公安机关采取的一种剥夺人身自由的行政处罚,是对行为人犯罪行为作出实体处理的结果"①。

第二,行政强制措施说。"将收容教养的性质界定为行政强制措施的一种,公安机关作出收容教养决定只有作为具体行政行为,被收容教养人员才可以获得有效的法律救济途径,向上一级公安机关或者作出收容教养决定的公安机关的本级人民政府申请行政复议和向人民法院提起行政诉讼。如果否认它是一种具体行政行为,而认为其是一种刑事司法行为,被收容教养人员就不能申请行政复议和提起行政诉讼,就会使其难以通过有效的法律救济途径保护自己的合法权益,这既不符合法治精神,也不利于维护被收容教养人员的合法权益。"②

第三,刑事处罚说。这种学说认为,从《公安部关于少年犯管教所收押、收容范围的通知》《少年管教所暂行管理办法(试行)》《未成年人保护法》等目前规范未成年人犯罪收容教养的基本法律规范看,显然将收容教养定位为一种行政处罚措施。然而,2000年全国人大通过的《立法法》规定:"限制公民人身自由的强制措施和处罚",只能制定法律。因此,收容教养从根本上说是与《立法法》要求存在冲突的,其法律根据不足,应将其纳入刑法的规范之中,将其定位为一种司法处罚方式。③

第四,治安行政措施说。"收容教养是指有关机关依法对实施了犯罪行为而不受刑事处罚的14至16周岁的少年进行强制性收容教育的治安行政措施。"④

第五,强制性教育改造措施说。这种学说认为,收容教养是一种强制性教育改造措施,由当地行政公署以上级别的公安机关审批。未成年人在被收容教养期间,执行机关应当保证其继续接受文化知识、法律知识或者职业技术教育;对没有完成义务教育的未成年人,执行机关应当保证其继续接受义务教育。解除收容教养的未成年人在复学、升学、就业等方面与其他未成年人享有同等权利,任何单位和个人不得歧视。未成年人因为触犯法律造成严重危害社会的行为被收容教养,这是从有利于教育、挽救

---

① 熊菁华:《几种限制人身自由强制措施的思考》,载《北京观察》2003年第11期。
② 薛畅宇、刘国祥:《论改革和完善收容教养制度》,载《中国人民公安大学学报》2004年第4期。
③ 参见高铭暄、张杰:《中国刑法中未成年人犯罪处罚措施的完善——基于国际人权法视角的考察》,载《法学论坛》2008年第1期。
④ 吴宗宪:《论未成年犯罪人矫正的主要模式》,载《预防青少年犯罪研究》2012年第1期。

该未成年人的目的出发所采取的必要措施,而不是为了惩罚未成年人,其目的是经过比较严格的教育和训练,使该未成年人抛弃错误观念,形成正确的人生观,养成良好的品行,并初步学会和掌握有用的知识,做一个有利于社会的人。①

笔者认为,可以将收容教养的性质界定为强制性教育矫正措施。首先,对未成年人犯罪之所以不予以刑事处罚,是因为其不符合犯罪构成要件中的主体要件,即未达到刑事责任年龄,所根据的法律是《刑法》,因而具有强制性。其次,对未成年人进行收容教养的目的是,教育和矫正未成年人的不法行为,避免其再次犯罪,实现对未成年人的再社会化,并不是出于惩罚的目的,因而具有教育矫正性。最后,根据相关法律法规的规定,具体执行收容教养的机关是公安机关,而公安机关属于行政机关的范畴,因此收容教养可以界定为行政机关的一种具体行政行为。

(2) 法律保障缺位

目前,我国关于收容教养的法律法规存在如下问题:

第一,规定分散,不具有统一性。关于收容教养,在基本法中有规定,在行政法规中有规定,在部门规章中也有规定,没有形成统一的规定。

第二,规定过于原则,不具有操作性。关于收容教养的直接规定是《刑法》和《预防未成年人犯罪法》两部法律,但是只有区区几条,过于原则,对实际运用起不到很好的效果。

第三,规定过时,不具有现实性。笔者赞同对于法律法规的规定不应朝令夕改,但是如果完全落后于现实的发展,这样的法律法规就不具有实际指导意义。

第四,位阶较低,不具有权威性。关于收容教养的法律规定只有《刑法》和《预防未成年人犯罪法》两部,其他基本是行政机关的通知、意见、规定等,法律效力低,并不能很好地保证其在施行中的权威性,体现收容教养强制性的特征。

(3) 对象范围不明

目前,我国相关法律法规对收容教养的对象范围并没有统一的规定,主要体现在:

第一,收容对象的年龄。大多数法律法规只规定了上限,如《刑法》和《预防未成年人犯罪法》规定,收容教养的对象是未满16周岁的未成年人。有的法律法规还规定了下限,如《最高人民检察院、最高人民法院、内务部、司法部、公安部对少年犯收押界限、捕押手续和清理等问题的联合通知》规定,收容教养的对象是年满13周岁未满18周岁的未成年人。有的法律法规规定了一个灵活区间,如《公安部关于对不满十四岁的少年犯罪人员收容教养问题的通知》规定,"不满十六岁"的人"既包括已满十四岁犯罪,应负刑事责任,但不予刑事处罚的人,也包括未满十四岁犯罪,不负刑事责任的人"。"对未满十四岁的人犯有杀人、重伤、抢劫、放火、惯窃罪或者其他严重破坏社会秩序罪的,应当依照《刑法》第十四条的规定办理,即在必要的时候,可以收容教养。"有的规定存在矛盾之处。比如,《治安管理处罚法》规定,不满14周岁的人违反治安管理

---

① 参见赵志宏:《未成年人违法犯罪处置措施研究》,群众出版社2011年版,第32—33页。

的,不予处罚。《公安部关于对不满十四岁的少年犯罪人员收容教养问题的通知》则规定,未满14周岁的人在必要的时候也可以收容教养。

第二,收容对象的条件。"我国目前法律规定对于这类未成年人都是先由父母或者其他监护人加以管教,必要的时候再由政府收容教养。但是如何由父母或者其他监护人加强管教以及哪种情况属于必要的时候则没有明确的规定。实践中在决定是否对未成年人收容教养时,主要取决于社会影响,如是否引起民愤。如果不满14周岁的人实施了严重危害社会的行为,造成了严重后果,或者已满14周岁不满16周岁的人实施刑法规定的八种犯罪以外的行为,造成了严重后果,产生了较恶劣的社会影响如激起了民愤。在此情况下,出于不采取措施不足以平民愤的考虑,公安机关就会对该未成年人决定收容教养。而实际上包括民愤在内的社会影响是一个比较模糊和感性的标准。所以收容教养这种明确的适用条件,就造成了适用的混乱。"①

2. 程序方面

(1) 审批与执行主体合一

《公安部关于少年犯管教所收押、收容范围的通知》规定:"对确有必要由政府收容教养的犯罪少年,应当由地区行政公署公安处或省辖市公安局审批,遇有犯罪少年不满十四岁等特殊情况,须报请省、市、自治区公安厅、局审批。"根据《公安部关于印发〈公安机关法制部门工作规范〉的通知》的规定,公安部法制部门指导、监督收容教养案件审批工作,省级公安机关法制部门指导、监督本辖区内的收容教养案件审批工作,地级公安机关法制部门按照规定办理收容教养案件审批工作,县级公安机关法制部门审核、呈报收容教养案件。在实践中,具体执行的机关也是公安机关,这就形成了公安机关既是审批主体又是执行主体的局面,导致执行机关的自由裁量权扩张,权力过于集中;同时,缺乏有效的监督力,极易产生司法的不公和腐败。

(2) 管理方式不合理

从少年犯管教所到劳动教养所、未成年犯管教所,我国未成年收容教养人员的执行场所进行了多次的改变,但是具体管理方式大同小异。更有甚者,尚存在混押混管的现象。有些地方虽然没有此种现象,但是其所使用的管理方式与劳动教养所、未成年犯管教所的方式并没有两样,单一封闭,重管轻教,对未成年收容教养人员缺乏个性化的矫治措施。这就造成了未成年收容教养人员得不到很好的矫正,达不到真正的"教育、感化、挽救"的效果。

(3) 监督机制缺失

我国对于未成年人适用收容教养的整个程序缺乏有效的监督机制。纵观收容教养的相关规定,只有1999年《司法部劳教局关于印发〈少年教养工作管理办法(试行)〉的通知》,其第7条规定:"少年教养管理所、队的执法活动受人民检察院的监督。"至于人民检察院具体如何进行监督,监督运行的机制是什么,并没有明确的规定。此外,

---

① 佟丽华主编:《未成年人法学·司法保护卷》,法律出版社2007年版,第235页。

《公安部关于印发〈公安机关法制部门工作规范〉的通知》第 29 条规定："发现本级或者下级公安机关办理的收容教养案件有错误的,应当依法提出撤销、变更或者责令限期纠正的处理意见,报本级公安机关负责人批准后执行。"但是,有可能存在审批机关本身就是执行机关的上级主管机关,其在自查的过程中发现自己的错误,考虑到本部门的利益,选择睁一只眼闭一只眼,敷衍了事的情况。

(4) 权利救济不到位

目前,关于未成年收容教养人员的权利如何得到保障尚存在空白,主要表现为:首先,由于公安机关"一家独大",未成年收容教养人员享受不到知情权、陈述权以及申辩权。其次,未成年收容教养人员从进入警方程序直至被处置,全程得不到律师的服务。再次,未成年收容教养人员在进入收容教养场所后,接受封闭式的管教,一些社会资源如图书馆、体育馆、公园等国家提供的资源受到限制。最后,如果未成年收容教养人员的权利受到损害,其是否能够享受法律援助、提起行政诉讼进行维权,都没有明确的法律法规规定。

(5) 后续保障缺位

对于未成年收容教养人员进行的矫正教育,毕竟是一种封闭式的管理模式,将未成年人在一定时期内阻隔于外界社会。这势必会导致未成年人在收容教养期限届满后重新回到社会的不适应。此外,有些未成年收容教养人员的父母无监管能力,或者明确表示不愿对其监管,对于他们解教之后,如何平稳地回到社会,如何为其安排容身之处,如何与社会相关组织有效地衔接以实现再社会化,均缺乏相应的后续保障机制。

(二) 改革之路径

1. 实体方面

(1) 收容教养制度存废之争

收容教养制度存废之争相对于劳动教养制度来说并没有那么激烈。但是,随着劳动教养制度的废止,尤其是与劳动教养相关联制度的废止,收容教养制度的存废问题仍是值得关注的。目前,学界的观点主要有:

一是存在论。有学者认为:"收容教养作为一种对未成年犯罪人的保护性措施,在没有其他相应措施可以替代的情况下,有其存在的必要性与合理性。"①也有学者认为:"少年收容教养是政府设置的专门机构内对符合法定条件的少年强制进行思想道德品质、文化科学知识、职业技术培训和其他社会化教育的特殊管教措施。根据我国《刑法》第 14 条(现为第 17 条——笔者注)第 4 款的规定,就少年收容教养对象所实施的行为而言是应受刑罚处罚的,只是由于实施者对该行为不具有责任能力,才可不受刑罚处罚。所以,无论如何其主观上有恶意,行为也已有一定的社会危害性。为了转变该少年的不法思想和恶习,预防他再次实施危害行为,保障社会安全,一定时间的收

---

① 王韶方:《浅论收容教养》,载《行政法学研究》1996 年第 4 期。

容教养是一种必不可少的积极的教育和防卫措施。对符合收容教养条件的少年及时予以收容教养,既可以使其避免丧失受教育权利和其他合法权益,减少社会对其精神上的压力与歧视,又可以在有关部门的严格管束下,达到塑造新人之目的。"①

二是废除论。"自20世纪50年代以来,收容教养一直作为一种对于触法少年的处置措施,现行《刑法》第17条第4款的规定,大体相当于我国历史上和目前台湾地区的感化教育。各国感化教育的形式大体上可以分为兵营式、学校式和家庭式,采用较多的是学校式。从各国(地区)感化教育机构的发展来看,都试图避免异化成少年监狱,避免标签效应。我国目前的收容教养制度虽然试图体现出学校式,但是仍然带有较强的兵营式色彩,与少年管教所(少年监狱)的差别并不明显。所以,通过废除现行收容教养制度,由工读教育替代。这是一种较为明智的祛除收容教育少年监狱化色彩的便捷且两全其美的改革措施。"②

(2) 本书观点

尽管随着劳动教养制度的废止,与收容教养相关联的部分制度有的废止,有的需要修改,但是就目前而言,紧接着废止收容教养制度还是有待商榷的。首先,收容教养制度虽然存在着一定的不足,但是毕竟在我国运行了较长的时间,有其优势所在。其次,在尚无新的替代措施产生之前,贸然废止是不合适的。再次,即使有新的针对未成年人的矫正措施,也需要一段适应期。最后,如果通过改革收容教养的相关制度,能够达到矫正教育未成年人的良好效果,成本又比新的矫正措施低,那么就没必要尝试新的矫正措施,毕竟其中存在着一定的风险。

(3) 具体改革措施

对于未成年人收容教养的改革,首先在于制度建设。在这方面,首要的是建立收容教养的立法架构,明确其法律性质、对象范围、适用期限、审批机关、执行场所以及监督机制等实体方面的内容。

关于立法架构,有学者提出:"制定一部专门的《未成年人收容教养法》。该法应对未成年人收容教养的性质、对未成年人收容教养的宗旨和目的、收容教养的基本原则、收容教养的对象范围、收容教养的条件和期限、收容教养的司法程序、收容教养的执行场所、收容教养的管理方式、未成年人收容教养人员的权利和义务、被收容教养人员的回归社会衔接配套机制等,作出具体的规定,从根本上解决收容教养的法律短缺困局。"③有学者建议:"由全国人大常委会对1997年《刑法》第17条第4款进行修改,对收容教养的具体适用对象、期限、年龄下限、决定机关、执行机关等重大问题作出明确的规定。或者由全国人大常委会对1997年《刑法》第17条第4款进行立法解释,采取此种形式,具体表述可以相对灵活,除了对收容教养的具体适用对象、期限、年龄下限、

---

① 徐建主编:《青少年法学新视野》(上),中国人民公安大学出版社2005年版,第328页。
② 姚建龙:《少年刑法与刑法变革》,中国人民公安大学出版社2005年版,第218页。
③ 张鸿巍、卢赛环:《未成年人收容教养的调查与思考——基于G省的实证分析》,载《山东警察学院学报》2012年第4期。

决定机关、决定程序、执行机关作出类似上述修改建议的规定外,还可以对收容教养的性质、适用条件等作出具体解释。"① 有学者认为,可以制定一部《违法行为教育矫治法》,明确收容教养实体方面的规定。例如,矫正对象主要是多次违反《治安管理处罚法》,屡教不改,或者实施了犯罪行为,不需要追究刑事责任,放回社会又具有现实危害性的人员。违法行为矫正的原则包括法定原则、适当原则、不得滥用原则、分权制衡原则以及充分救济原则。② 还有学者提出:"整合少年犯管教、少年收容教养和工读教育等资源,制定一部统一的《少年教养法》。主要适用对象是少年犯,同时对未成年人的非刑事处分也可以兼顾,即如日本或者德国司法未成年人司法模式中的'虞犯少年'也可以成为少年教养院的适用对象。"③

笔者认为,专门制定一部《未成年人收容教养法》的愿望是好的,但是就目前而言,其成本过高,实际操作可能具有一定的难度。在《刑法》中对相关条文进行修改或者以司法解释的形式出现,其效力相比立法还是稍逊一筹。为了充分保护未成年收容教养人员的权利,制定一部专门的法律是必不可少的。如果将搁置的《违法行为教育矫治法》恢复制定,其立法初衷并没有明确将未成年人与成年人作出区分,在对未成年收容教养人员适用时不免成人化。因此,制定一部《未成年人矫正法》,将目前工读教育、收容教养、劳动教养以及社区矫正方面的内容以专章形式进行规定是可行的,也能对未成年人的矫正教育起到直接作用。

2. 程序方面

(1) 启动和执行程序

程序的正义,才是真正的正义。目前,实践中,公安机关启动收容教养程序,并由其根据所收集到的证据,向上一级主管机关提出申请,由上级主管机关进行审查和批准,最终由公安机关执行。也就是说,整个启动和执行过程都在公安部门内部进行,对案件事实的审查过程缺乏必要的监督,带有浓重的主观色彩,难以在程序和结果上体现出应有的客观和公正。

因此,笔者建议,可以借鉴新修正的《刑事诉讼法》中关于未成年人刑事案件诉讼的特别程序,仍由公安机关负责立案调查,在办理期限届满前,作出是否应当予以收容教养的初步认定:如果认为不需要收容教养,自行审结。如果认为确有收容必要,详细填写收容教养申请表。考虑到未成年人的特殊性,在填写申请表的同时,应当附上一份对该未成年人的社会调查表(内容为未成年人的成长经历、犯罪原因、亲属的监护能力等)以及公安机关的意见和理由,同时报送同级人民检察院。人民检察院在接到公安机关的申请后,对案件的事实进行全面审查,并依法讯问未成年犯罪嫌疑人,听取辩

---

① 薛畅宇、刘国祥:《论改革和完善收容教养制度》,载《中国人民公安大学学报》2004年第4期。
② 参见李晓燕:《论劳动教养制度的存废及违法行为教育矫治法的制定》,载《法学杂志》2013年第3期。
③ 张建飞:《对构建我国未成年人刑事司法保护体制的几点思考》,载《浙江公安高等专科学校学报》2007年第6期。

护律师的意见。人民检察院如果认为公安机关的申请符合规定,应当依法作出批准决定;如果不批准申请,那么公安机关应该撤销该案件(如果公安机关对人民检察院的决定有异议,可以申请复议一次)。人民检察院在批准收容教养决定后,应当立即向人民法院提出收容教养检察建议。人民法院在收到人民检察院的建议后,应当在一定期限内进行开庭审理,成立专门的评估小组,综合评价该案件,并根据评估小组的最终结论,提出是否予以收容教养的决定以及具体期限,以决定的形式公开宣告。最后,由提出申请的公安机关对该未成年犯罪人实行收容教养。

(2) 执行方式和场所

在劳动教养制度废止前,我国对未成年人实行收容教养的场所是未成年劳动教养人员管理所、队或者少年教养管理所,采取的是一种封闭式的管理方式。随着劳动教养制度的废止,对未成年人实行收容教养的场所究竟在何方,是目前实践中存在的难题。笔者提出如下建议:

首先,可以继续保留未成年劳动教养人员管理所、队或者少年教养管理所,借鉴国外的少年教养院制度,对未成年劳动教养人员管理所、队或者少年教养管理所的设施进行改造,对机构设置进行精简,对矫正教育方式进行优化。

其次,可以将未成年收容教养人员安置在工读学校之中,对工读学校进行改革。"根据《预防未成年人犯罪法》的规定,目前工读教育的适用对象是有严重不良行为的少年。但是,从各地方性法规所规定的工读教育的具体适用对象来看,不论是年龄界限还是行为类型均有一定的差异。对于这些少年,适用拘禁式的处分显然过于严厉,也容易带来负面影响,不利于这些学生的健康成长。建议把工读教育改革为学校式感化教育性措施,其招生对象为不适宜用社区性保护处分的有严重不良行为或犯罪行为的少年。除了招生对象的改革外,工读教育的招生审批手续亦应进行改革。将审批权从教育行政部门转归少年法庭,由少年法庭按照保护处分程序决定适用。为了使保护处分能够得到切实的执行,必须组建少年保护官队伍和青少年社工队伍。少年保护官宜设置于少年法庭或设置于将来的少年法院。关于青少年社工,可以参考目前上海市的改革实践,建立政府青少年社工部门,组建青少年社工社团,建立职业化、专业化的青少年社工队伍。青少年社工与少年保护官相互配合,负责少年保护处分措施的执行。青少年社工还可以发动和组织热心青少年保护工作的人士,充任青少年义工,共同从事青少年教育、保护工作。"[①]

最后,可以建立专门的未成年人管束教育机构。"将该机构定位于特殊的教育机构,针对家长或者其他监护人无法管束的未成年人实施教育矫正措施。管束教育机构应当区分不良行为的未成年人、有行政违法行为的未成年人和实施犯罪行为但没有达到刑事责任年龄的未成年人,对其进行分类管束教育。此外,应由教育部门、司法行政

---

① 姚建龙:《少年刑法与刑法变革》,中国人民公安大学出版社 2005 年版,第 218—219 页。

机关、社会基层组织、公检法机关组织委员会共同决定是否对未成年人适用管束教育措施,并且通过听证程序充分听取家长、监护人和律师的意见,对委员会的决定可以提起行政诉讼。"①

(3) 权利保护和救济

"对于收容教养制度的运行,要充分发挥检察机关的监督职能,具体应当:一是在立法上进一步明确检察机关对这一措施的法律监督权和法律监督地位;二是在机构设置上成立专门的机构,明确监督的主体;三是在监督途径上,尝试向这一措施的执法机关、执行场所派驻检察室,实行现场同步监督;四是在监督的范围上,从矫治措施的立案、调查、处理、复议到执行实行全方位监督;五是在监督方式上,综合运用职务犯罪侦查权、职务犯罪预防权、调查权、检察建议权等多种监督手段,确保监督的效果。一方面解决行政限制人身自由矫正措施欠缺及时有效的外部监督的问题,另一方面促进其实施过程的规范化、法治化。"②

考虑到收容教养决定程序中未成年人缺少辩论机会,建议法律在设计收容教养决定程序时加入听证程序,即当公安机关对案件侦查终结,认为嫌疑人符合进行收容教养的条件,准备作出收容教养决定时,应首先通知嫌疑人及其家属,告知其案件情况,并告知其享有要求听证的权利。如果嫌疑人及其家属要求听证,则公安机关必须举行听证。在听证中,公安机关必须将其收集到的证明嫌疑人实施严重危害社会行为的证据提出(涉及国家秘密的除外),由嫌疑人及其亲属质证,未经质证的材料不得作为证明嫌疑人实施危害社会行为的依据。经过听证程序之后,公安机关才能根据经过质证的证据作出是否收容教养的决定,这样既给嫌疑人提供了辩论的机会,又提高了公安机关具体行政行为的公正性,使该程序更趋于合理。③

未成年收容教养人员虽然因为年龄的原因在犯罪之后免予刑事处罚,但是其在收容教养之后,仍然会在执行场所留下档案,不可避免地会产生"标签效应"。因此,可以借鉴《刑事诉讼法》的相关规定,根据罪行的严重程度,有条件地将未成年人的收容教养记录予以封存。收容教养记录被封存的,不得向任何单位和个人提供,但是司法机关为办案需要或者有关单位根据国家规定进行查询的除外。依法进行查询的单位应当对被封存的未成年人的收容教养记录的相关情况予以保密。

(4) 后续保障和措施

对未成年人进行收容教养的最终目的是教育、感化和挽救未成年人,但是就我国目前的实际情况而言,如何安置解教之后的未成年人,使其平稳地过渡到社会,实现再社会化,缺乏一个全面、明确、有效的后续保障机制和具体的措施。

---

① 陈京春:《"星二代"违法犯罪案件对未成年人刑事司法的考问》,载《青少年犯罪问题》2013年第5期。
② 孙春雨:《我国行政矫治措施之问题与出路》,载《政法论坛》2011年第3期。
③ 参见孙德岩:《我国收容教养行政诉讼中存在的问题及分析》,载《河南省政法管理干部学院学报》2001年第5期。

一方面,可以借鉴国外的做法。例如,美国有寄宿性矫治设施——重返社会训练所,"该所接收由监禁机构转来的青少年。其目的是:在限制自由的生活与完全自由的生活之间架起一座桥梁,使青少年罪错者能够顺利地重返社会。重返社会训练所由专门工作人员对青少年罪错者进行个别规劝、集体规劝,并鼓励青少年之间建立起亲密的人际关系,还鼓励家长来访,激发青少年的个人兴趣,培养他们集体生活的习惯,促进他们与社会的融合。重返社会训练所的青少年,通常进当地学校学习或从事一些正常的工作,有的还在重返社会训练所中设有培养和提高青少年工作能力和知识水平的设施,允许他们接受文化教育,获取工作经验,并取得一定的经济收入。与成年人重返社会机构不同的是,很多少年重返社会训练所试图建立一种家庭气氛,便利用保护人陪住的办法来进行,少年和这些保护人的确常常能建立起一种家庭的温馨气氛和紧密的联系"[①]。

另一方面,"要依靠群众的力量,依靠全社会各方面的力量,立足我国的现实国情,有计划、有步骤地与家庭、学校、社会团体、单位及社区等部门签订各种形式的帮助协议,落实帮教措施,引进社会力量协助和配合教养机构对违法犯罪少年的教育矫正工作,使教养机关的矫正和家庭、学校、社会教育融为一体,提高教育矫正的效果"[②]。

案例 5-3

2006 年 12 月 3 日,17 岁的文星(化名)和朋友小李等人与 15 岁的小廖,因为言语不和,双方争执起来,文星抽出随身携带的管制刀具将小廖刺伤。后经法医鉴定,小廖的伤情属轻伤。承办检察官认为文星系未成年人,又系初犯、偶犯,而且双方因琐事发生打斗,仅造成被害人轻伤。在公诉部门主持下,文星和小廖家长就民事赔偿签订了协议,小廖的父母关于刑事部分请求检察机关对文星从轻处罚。根据《最高人民检察院关于在检察工作中贯彻宽严相济刑事司法政策的若干意见》、2002 年《人民检察院办理未成年人刑事案件的规定》,四川省彭州市检察院检委会经研究作出决定,对文星作出不起诉处理。同时,为了帮助与教育文星,彭州市检察院的检察官们会同公安局、司法局、有关部门同志来到文星所在的村委会,落实社区帮教工作。检察官要求文星吸取教训,学习法律知识,积极参加社区劳动,定期向帮教单位汇报表现情况。丽春镇社区矫正办公室与文星签订了帮教协议,要求他定期汇报思想和工作情况,每月参加公益劳动时间不得少于 10 个小时。[③]

[①] 徐建主编:《青少年法学新视野》(下),中国人民公安大学出版社 2005 年版,第 820 页。
[②] 夏宗素主编:《劳动教养学》,群众出版社 2003 年版,第 331 页。
[③] 参见佟丽华主编:《未成年人法学·司法保护卷》,法律出版社 2007 年版,第 200—201 页。

第三节　强制医疗制度

一、强制医疗的概念、特点

(一) 强制医疗的概念

关于如何界定强制医疗,理论界和实务界基于各自知识背景的不同,莫衷一是。有人认为:"强制医疗是刑法理论上的一个概念,是指对实施了危害社会的行为但因患有精神疾病而成为无刑事责任能力的人,所适用的旨在消除其危险状态的社会安全强制隔离和治疗的刑事实体措施。"① 也有人认为:"强制医疗是针对精神障碍者犯罪时的一种处遇与措施,具体是指对于精神障碍状态下的人实施犯罪后由于其自身没有辨认与控制能力而采取的一种限制人身自由至一定场所的制度体系,它是一套综合系统的制度,有着实体与程序的双重内涵。"② 还有人认为:"强制医疗就是指为了公共安全、公众健康的目的,或者司法目的,对于拒绝接受诊疗措施的人所强制实施的相应的诊疗行为。"③

通过对《刑法》《刑事诉讼法》以及《精神卫生法》相关条文的探析,笔者比较赞成第一种观点。我们可以将强制医疗定义为:对实施暴力行为,危害公共安全或者严重危害公民人身安全,社会危害性已经达到犯罪程度,但是经过法定程序鉴定依法不负刑事责任的精神病人,进行的强制性医学治疗。它的目的不是解决犯罪嫌疑人和被告人的刑事责任问题,而是确定是否对精神疾病患者实行强制医疗措施。它是一种对公民人身自由进行限制,对公民采取强制医疗,消除其社会危害性的一种刑事实体措施。

(二) 强制医疗的特点

"从《刑法》第 18 条的规定来看,刑事强制医疗程序具有以下三个特征:

1. 该措施的适用对象必须是精神病人,而且必须符合两个条件:其一,行为人必须是在不能辨认或者不能控制自己行为的时候造成了危害社会的结果;其二,行为人必须是经法定程序鉴定为不负刑事责任的精神病人。只有同时符合这两个条件,才能对该行为人采取刑事强制医疗措施。

2. 该措施的适用条件只能是'在必要的时候'。所谓'在必要的时候',是指在该精神病人的家属或者监护人不对其严加看管或不给其医疗的时候,或者该精神病人没有家属或者监护人的情况。因为《刑法》第 18 条规定对这种精神病人首先'应当责令他的家属或者监护人严加看管和医疗'。政府一般不采取强制医疗措施,而是由他的

---

① 王公义主编:《刑事执行法学》,法律出版社 2013 年版,第 168 页。
② 张兵:《程序·法治·人权:试论我国的强制医疗制度及其完善》,载《江西公安专科学校学报》2010 年第 4 期。
③ 高鹏志、刘振东:《关于医疗机构强制医疗权的审视与定位——对"李丽云案"和"广州强行剖宫案"的思考》,载《中国卫生法制》2011 年第 3 期。

家属或者监护人严加看管和医疗。只有在确实必要的时候,才由政府采取强制医疗措施。

3. 该措施适用的主体是政府。实践中,强制医疗的适用是由公安机关来决定的。《人民警察法》第 14 条规定,公安机关的人民警察对严重危害公共安全或者他人身安全的精神病人,可以采取保护性约束措施。需要送往指定的单位、场所加以监护的,应当报请县级以上人民政府公安机关批准,并及时通知其监护人。"①

二、强制医疗的理论依据与原则

(一)理论依据

强制医疗不是刑罚,从目前通行的理论和实践来看,它是保安处分的一种。在保安处分比较成熟的国家,强制医疗一般都是由法院通过司法程序进行裁决,旨在补充刑罚适用的不足,使刑罚走向人道化、科学化和合理化。刑罚是犯罪的必然后果,犯罪是刑罚适用的前提。无刑事责任能力的精神病患者由于受病理作用影响,丧失了辨认或者控制自己行为的能力,无法认识其行为的性质和意义,如果对其实施的危害行为追究刑事责任,就是客观归罪,从根本上违背了我国刑法主客观相统一的定罪原则。因此,无刑事责任能力人实施危害行为不具备犯罪构成的主观方面要件,不构成犯罪,也就无须对其适用刑罚。在一定条件下对精神病患者进行强制医疗监护,不是对其行为的惩罚,而是为了维护社会治安秩序并充分保障患者的健康利益而采取的特殊的社会防卫措施。强制医疗不仅关系到精神病患者自身健康利益和人身自由,也关系到社会利益和社会安全的维护,是一项关乎自由与安全两大基本法律价值的社会防卫制度。精神病患者在病理作用下有较大的人身危险性,如果不对其采取一定的措施,极易对社会治安秩序和公众安全造成极大的威胁,而维护社会治安和保卫社会安全是国家对公民应尽的义务。所以,在一定条件下,国家必须对精神病患者进行强制医疗,以此维护社会治安秩序。②

(二)原则

无论《违法行为矫治法》还是《精神卫生法》中规定的强制医疗,都是以限制相对人人身自由为前提的保安处分措施,都应当遵循以下基本原则:

1. 处分法定原则

"强制医疗是以限制被处分者的人身自由为内容的,侵犯人权的可能性极大。因此,为了保护人权,协调保护人权与社会防卫目的,强制医疗必须要由法律明确规定,有关国际公约和国际文件,对于限制或者剥夺人身自由的法律处分,也都提出了法律明文规定的要求。如《公民权利和政治权利国际公约》第 9 条第 1 款规定:'人人享有人身自由和安全。任何人不得加以任意的逮捕和监禁。除非依照法律所确定的根据

---

① 李娜玲:《刑事强制医疗程序之解构分析》,载《法学杂志》2009 年第 3 期。
② 参见卢建平:《中国精神疾病患者强制医疗问题研究》,载《犯罪学论丛》2008 年第 00 期。

和程序,任何人不得被剥夺自由。'1928年在罗马召开的国际刑法统一会议所做出的关于保安处分的《统一立法案》首次提出了处分法定原则,该法案第1条规定:'对任何人,非依照刑法规定不得施以保安处分,保安处分的内容,悉依照法律的规定。'作为限制人身自由的法律处分,强制医疗制度应当明确规定其适用条件、标准、使用程序、治疗程序、治疗标准、治愈标准、治疗的评估等基本内容。"①

2. 适当性原则

强制医疗具有明显的强制性,是介于监禁与医疗之间的一种处遇手段。但是,就其本质而言,强制医疗仍然是医疗措施,不应带有任何惩罚色彩。所以,在对精神病患者采取强制措施的时候,应当立足于医疗,以治疗和改善精神病患者的精神状况为目的,不能采取过于严厉的强制措施,令患者承受不必要的痛苦。精神病患者接受强制医疗的时间长短应以其精神健康恢复的情况为衡量标准,一旦健康状况允许,就应当解除强制医疗措施,不能将强制医疗变成单纯的监禁。适当性原则是传统的罪刑相适应原则在强制医疗制度中的反映。根据罪刑相适应原则,刑罚的轻重应当与犯罪分子所犯罪行及所应承担的刑事责任相适应,因而"罪"和"刑"必须依法确定并且相适应。在强制医疗制度中,适当性原则主要体现在司法实践中,立法对司法的制约更多的不是体现在实体法的具体规定中,而是体现在对程序的规范上。适当性原则还意味着法官不仅在确定强制医疗的适用时拥有较大的裁量权,甚至在判决作出后的执行过程中还可以根据医生的建议调整执行方式和执行期限,使强制医疗的效能尽可能最大化。②

案例 5-4

2013年1月26日下午2点,林某因烦躁不安产生轻生念头,用剃须刀割腕自杀未遂。两个小时后,林某回房休息,见到沉迷于电脑游戏不去上幼儿园的儿子,更加烦躁不安,遂产生杀害其儿子,然后自杀的念头。为了壮胆,林某跑到楼上喝了半斤药酒后,到厨房拿菜刀冲进睡房,朝其儿子的颈部连砍两刀,致其儿子当场死亡。房内的动静惊醒了正在熟睡的妻子,林某将刀丢在地上,并要妻子报警。林某走出房后,向邻居讲述了自己杀死儿子的事实,邻居遂打电话报警。民警赶到现场后,迅速将林某控制。经湘雅二医院司法鉴定中心鉴定,林某患有抑郁症,实施危害行为时无刑事责任能力。

法院认为,林某实施故意杀人行为,严重危害公民人身安全,虽经司法鉴定为依法不负刑事责任的精神病人,但有继续危害社会的可能,故依据《刑事诉讼法》的有关规定,决定对其进行强制医疗。③

---

① 张桂荣:《精神病人强制医疗制度的立法完善》,载《法律适用》2009年第10期。
② 参见卢建平:《中国精神疾病患者强制医疗问题研究》,载《犯罪学论丛》2008年第00期。
③ 参见阮占江:《湖南法院系统审结首例强制医疗案:长沙——精神病人杀幼子被强制医疗》,http://www.legaldaily.com.cn/index/content/2013-03/25/content_4305329.htm?node=20908,2015年5月22日访问。

三、强制医疗制度的历史演进

(一) 境外视角

在西方,精神病患者的社会处境随着社会的发展而处于不断变化中。从早期的"疯人船"式的驱逐到中世纪猎杀女巫,再到大禁闭时期的疯人院、疯人塔,由于当时的精神病学尚不发达,基于精神病患者行为症状的种种无可解释的神秘,社会大众对精神病患者持有普遍的惧怕心理和排斥态度,国家对精神病患者的政策取向往往以简单的驱逐或禁闭为主。到 18 世纪,受启蒙思想影响,精神病患者被大量地解除枷锁,关入各种医疗机构和收容所。在这一阶段,受文艺复兴时期的浪漫氛围熏染,人们对精神病患者的康复普遍存有一种盲目乐观的心态,开始出现以治疗为目的的医学尝试。政府也开始基于社会安保考虑而将一些给社会安宁造成困扰的精神病患者送入医疗机构接受治疗。到 19 世纪末期,随着精神医学的发展,世界各地将精神病患者移入精神病医院施以治疗的做法开始盛极一时,大量的精神病患者被收治在各种类型的医疗机构中。集中治疗的后果导致了医院系统的恶化,医院人口无限膨胀,医疗效果不佳,很多患者根本无法得到较好的照顾。于是,集中治疗演变成了监禁精神病患者的方式。到 20 世纪,伴随着精神复健概念和心理学治疗模式的流行,同时经历过两次世界大战也使得人类的和谐共生成为共识,国家基于父权主义思想,在对精神病患者的监管中更加注重预防控制功能。至此,强制医疗经过不断调整,在西方各发达国家逐渐形成相对完善的法律制度。[①]

(二) 国内状况

在我国,对精神病人采取防护措施的规定始于清朝。《大清新刑律》第 12 条规定:"精神病人之行为,不为罪;但因其情节得施以监禁处分……"从清朝的立法中可知,立法者已经意识到,如对精神病人免除刑事责任,恢复其自由,将会导致他们实施危害行为的精神障碍并没有消除,把他们放归社会将有可能继续危害社会。因此,对精神病人采取严格防护措施是防止其再次危害社会的必要措施。

新中国成立后,为防止精神病人危害社会,采取了许多类似强制医疗的措施。1979 年《刑法》第 15 条规定:"精神病人在不能辨认或者不能控制自己行为的时候造成危害结果的,不负刑事责任;但是应当责令他的家属或者监管人严加看管和医疗。……"从这一规定可知,承担看管和医疗的责任主体是精神病人的家属或监护人,且医疗不是强制性的。在实践中,这类病人经家属或监护人看管和医疗(往往得不到医疗)后,重新实施危害社会行为的重大案件时有发生。在后来《刑法》修订过程中,考虑到某些精神病人的人身危险性很大,实践中使用这种法律规定很难有效防卫,而且大批精神病人因家属无力看管和医疗而流散于社会,造成人民群众恐慌不安,重大恶性事件频繁发生。因此,2011 年修改后的《刑法》第 18 条第 1 款规定:"精神病人在不

---

① 参见宁金强:《我国精神病患强制医疗制度的立法思考》,安徽师范大学 2011 年硕士论文。

能辨认或者不能控制自己行为的时候造成危害结果,经法定程序鉴定确认的,不负刑事责任,但是应当责令他的家属或者监护人严加看管和医疗;在必要的时候,由政府强制医疗。"

为加强对肇事肇祸精神病人的管理,一些省市制定了关于肇事肇祸精神病人治疗与管理的规定,比较典型的有:《广东省收容安置肇祸肇事精神病人暂行办法》《上海市监护治疗管理肇祸肇事精神病人条例》《吉林省危害社会精神病人强制医疗若干规定》《黑龙江省监护治疗管理危害社会治安精神病人条例》《沈阳市收治危害社会治安精神病人办法》等。①

四、强制医疗执行机构——安康医院的运作

(一) 安康医院简介

安康医院是我国对精神病人进行强制医疗或加以监护的专门机构,隶属于公安机关。其性质之一是,根据《刑法》的规定,由政府对造成危害结果但不负刑事责任的精神病人进行强制医疗的机构。其性质之二是,根据《人民警察法》的规定,对严重危害公共安全或者他人人身安全的精神病人进行监护的指定场所之一。

安康医院建立的依据包括:《刑法》第18条的规定:"精神病人在不能辨认或者不能控制自己行为的时候造成危害结果,经法定程序鉴定确认的,不负刑事责任,但是应当责令他的家属或者监护人严加看管和医疗;在必要的时候,由政府强制医疗。"《人民警察法》第14条的规定:"公安机关的人民警察对严重危害公共安全或者他人人身安全的精神病人,可以采取保护性约束措施。需要送往指定的单位、场所加以监护的,应当报请县级以上人民政府公安机关批准,并及时通知其监护人。"1988年1月29日公安部印发的《全国公安机关第一次精神病管治工作会议纪要》(公发〔1988〕5号)要求各地加快建立公安机关管理的精神病管治院,并将各地此类机构统一定名为"安康医院"。在2001年召开的全国第三次精神卫生工作会议上,卫生部也要求各地建立安康医院。2004年9月20日国务院转发的卫生部、教育部、公安部、民政部、司法部、财政部、中国残联《关于进一步加强精神卫生工作指导意见的通知》再次要求没有安康医院的省、自治区、直辖市尽快建立安康医院。截止到2010年3月,全国有24所安康医院,分布在20个省、自治区、直辖市及新疆生产建设兵团,床位总数为1万余张。在安康医院接受强制医疗的精神病人有2535名,自愿住院治疗的精神病人有3121名。②

(二) 安康医院的运作

安康医院兼具社会治安和医疗双重职能,通过医疗手段达到维护社会治安的目标。安康医院与其他精神病专科医院的最大区别在于收治对象不同。安康医院的收

---

① 参见王公义主编:《刑事执行法学》,法律出版社2013年版,第169—170页。
② 参见张向宁:《强制隔离戒毒所、安康医院、戒毒康复场所的现状及未来》,载《人民公安报》2010年3月18日。

治对象是发生触犯刑法行为并经公安机关依法审查决定予以强制医疗的精神病人,主要是有杀人、伤害、强奸、抢劫等暴力行为,严重危害社会治安的精神病人。对这类精神病人,如果公安机关不予收治,任其流散社会,必然会影响人民群众的安全感,对社会治安造成严重威胁。其他精神病专科医院是本人或者家属同意即可住院治疗。安康医院收治被强制医疗的精神病人,旨在保护公众的生命健康和财产不受侵犯,维护社会治安秩序,同时也是为了保护精神病人本身的合法权益,使其免受刑事处罚和其他任何形式的关押,并得到治疗、康复。

安康医院既是一种监管场所,又是精神病专科医疗机构,有的还被卫生行政部门评为甲等专科医院。在医疗工作方面,同其他医疗机构一样,安康医院接受卫生行政部门的医疗业务指导,医生、护士和医技人员都是医务专业人员,其治疗、护理、康复工作完全按照卫生行政部门制定的操作规程进行。①

图 5-2　福建省福州市公安局安康医院②

五、对强制医疗制度的检视

(一) 刑事医疗程序规定的缺陷

"2012 年《刑事诉讼法》增加了精神病人强制医疗特别程序,充分体现了法律对精神病人权益的有力保障,但相关程序仍存在诸多不完善之处,程序的不完善势必导致司法实践中法律适用的混乱,亟待通过相关司法解释和相应法律规定予以补充和完善,以增强其实践操作性。

---

① 参见《公安部监所管理局就安康医院工作答新华网记者问》,http://news.xinhuanet.com/legal/2010-05/28/c_12154943.htm,2015 年 6 月 9 日访问。
② 图片来源:百度图片,2015 年 5 月 13 日访问。

1. 适用对象范围狭窄

2012年《刑事诉讼法》中刑事强制医疗对象采取的是必要性原则,将行为条件限定为'实施暴力犯罪',个体条件限定为'具有严重危险性',医学条件限定为'经法定程序鉴定依法不负刑事责任的精神病人',而实施一般刑事犯罪行为的精神病人、限制刑事责任能力的精神病人、实施犯罪后在刑事诉讼过程中以及刑罚执行过程中罹患精神疾病的却不包括在内,这种限定范围太狭窄。实践中对肇事肇祸的精神病人如何进行有效管理与救治,已经成为社会管理整治的难点问题,因而如果不对实施一般刑事犯罪的精神病人采取强制医疗措施,而将其交给家属或者监护人看管,其家属或监护人往往因为无法支付较高的治疗费用或因缺乏监管能力等,终将导致被免于刑事处罚的精神病人被遗弃于家中或者社会,而有可能对社会造成新的危害。根据现行《刑法》规定,限制刑事责任能力的精神病人,属于尚未完全丧失辨认或者控制能力,应当承担刑事责任但可以从轻或者减轻处罚的情形,在司法实践中法院对这类精神病人在量刑幅度内给予从轻处罚后由各监狱集中管理,而服刑的精神病人往往由于对人际关系和监狱环境不适应导致拒食、病情加重等,已成为监管场所的安全隐患。对于在实施犯罪行为时精神正常而在刑事诉讼中因患精神病丧失受审能力的人,司法实践中往往采取诉讼中止的做法,然而《刑事诉讼法》及相关司法解释并未规定治疗犯罪嫌疑人、被告人的精神病的程序,最后这类精神病人只能由其家属或者监护人看管,成为社会安全潜在的威胁。如果不将上述几类精神病人纳入刑事强制医疗程序的实施对象,将会导致更多的精神病人最终处于政府、社会与家属三不管的游离状态,给社会带来极大安全隐患。"①

2. 《刑事诉讼法》与《人民警察法》之间程序选择的交叉问题

卫生部、民政部、公安部、中国残联联合发布的《中国精神卫生工作规划(2002—2010年)》指出:"公安部门要重点掌握辖区内可能肇事肇祸精神疾病患者的基本情况,落实日常监管和控制措施;依法做好严重肇事肇祸精神疾病患者的强制收治工作。"《人民警察法》第14条规定:"公安机关的人民警察对严重危害公共安全或者他人人身安全的精神病人,可以采取保护性约束措施。需要送往指定的单位、场所加以监护的,应当报请县级以上人民政府公安机关批准,并及时通知其监护人。"公安机关对严重危害公共安全或者他人人身安全的精神病人可以自行启动精神病鉴定程序,并报请县级以上公安机关批准,对其在形式上实施"监护",实质上执行的是强制医疗。这一程序性条件与《刑事诉讼法》第284条规定的限定性不同,在实质上存在调整范围的交叉。这种交叉不仅是精神病人是否强制医疗的核心问题,更为重要的是,这一问题是认识"实施暴力行为"危险性结果的依据,同时也是判断"有无继续危害社会可能"的主要依据。因为《刑事诉讼法》在修改草案中将原来规定的"致人死亡、重伤"的危害结果在正式颁布的修正案中予以删除。在一定意义上可以说,《刑事诉讼法》放宽了其

---

① 赵春玲:《刑事强制医疗程序分析——基于2012年〈刑事诉讼法〉的解读》,载《北京人民警察学院学报》2012年第6期。

结果的适用条件。这与《人民警察法》规定的强制医疗在条件上具有更多的交叉,使得借助于适用条件选择强制医疗程序更趋于复杂。在行政机关强制医疗程序中,由于没有当事人及其辩护人的参与,也没有法院与人民检察院的审理与监督,其程序缺乏透明度,由公安机关一家完全掌控,极易滋生"被精神病"现象。特别是行政程序与司法程序相比更为快捷,在两种程序均可选择的情况下,公安机关按照有利或者方便的办案程序作出选择亦属必然。这在一定程度上就会造成程序选择权被滥用,程序的保障功能转化为治理功能,出现程序功能的转向问题。①

图 5-3　四川省泸州首例强制医疗案开庭场景②

3. 检察机关强制医疗法律监督的窘境③

检察机关对强制医疗决定和执行的监督过程实际上是权力制约的过程。但是,这一权力制约的过程囿于法律规定的粗疏、司法解释的部门化等原因,使检察机关对强制医疗程序的监督存在着诸多难题。

(1) 监督对象的不确定性

这是指检察机关在对强制医疗执行活动进行监督时,由于强制医疗机构主体的不明确,导致检察机关法律监督的对象不确定。检察机关对强制医疗执行活动的监督,其本质是对强制医疗机构权力的制约。然而,新修订的《刑事诉讼法》第288条及相关司法解释并没有明确强制医疗机构的主体,造成其指代不明,致使检察机关对强制医疗执行活动的监督有名存实亡的危险。

(2) 监督效力的有限性

根据《人民检察院刑事诉讼规则(试行)》的规定,检察机关在强制医疗程序中的法

---

① 参见郭华:《程序转化与权利保障:刑事诉讼中精神病强制医疗程序的反思》,载《浙江工商大学学报》2013年第5期。
② 图片来源:百度图片,2015年5月13日访问。
③ 参见刘延祥、李兴涛:《检察机关强制医疗法律监督问题研究》,载《中国刑事法杂志》2013年第5期。

律监督手段有要求公安机关书面说明理由、通知、提出纠正意见、提出检察建议等。检察机关对公安机关应当启动强制医疗程序而不启动的,可以要求公安机关书面说明理由,并且在认为理由不成立时通知公安机关启动。但是,当公安机关拒绝启动强制医疗程序时,由于监督手段欠缺司法强制力,检察机关并不能在侦查阶段对公安机关产生影响,只能在案件进入审查起诉阶段后,由检察机关自己启动程序。

(二)完善强制医疗制度的构想

1. 给予强制医疗案件当事人救济权

第一,《刑事诉讼法》第287条规定了申请复议制度。也就是说,如果被强制医疗的人及其法定代理人、近亲属认为强制医疗决定不当的,有权向上一级法院申请复议。另外,如果被害人及其法定代理人、近亲属认为采取强制医疗的决定错误,应当追究被强制医疗的人刑事责任的,也有权申请上一级人民法院复议,以保持被强制医疗人和被害人权利救济的平衡。但是,申请复议以及人民法院对该申请进行处理都是书面形式的,不开庭审,透明度不高,公正性和准确性也难以确保。

第二,《刑事诉讼法》第288条规定,对于不需要继续强制医疗的,强制医疗机构可以提出解除意见,当事人及近亲属可以提出申请,由法院批准。精神病是可治愈的,随着精神病人精神状态改善,人身危险性随之减小或消除。如果精神病人已经恢复正常或者不具有社会危害性,就失去了强制医疗的必要性,就应当对其解除强制医疗措施,使其恢复人身自由,回归社会。但是,强制医疗机构仅能提出解除意见,被强制医疗的人及其近亲属只能申请解除治疗,是否解除还要由法院作决定。对于法院作出错误决定,《刑事诉讼法》却未规定任何救济措施。由此可见,《刑事诉讼法》对于权利救济方面的规定还不够完善。应该在原有救济措施的基础上规定再审制度,人民法院必须开庭审理;对于人民法院的错误决定,被强制医疗的人及其近亲属等可以要求国家赔偿。①

案例 5-5

邹宜均,30岁,原籍惠州,1岁迁至深圳。家中兄妹四人,排老幺。曾就读于华南师范大学经济管理系。毕业后,从事素食文化推广及佛学文化网站经营,热心公益。2006年离异,被禁锢广州、中山两地的精神病院长达三个多月,后在湖北削发剃度,法号果实法师。处理完诉讼事务后,将继续云游,从事佛学推广和公益事业。②

2. 完善交付执行阶段法律监督的衔接机制

交付执行阶段是强制医疗程序由司法裁决到具体执行的中间环节,对被强制医疗的人来说具有非同寻常的意义。在这一阶段,精神病人将从一个自由的个体变成一个

---

① 参见孙娜:《对刑事诉讼法中强制医疗程序的思考》,载《法制博览》2012年第8期。
② 参见 http://baike.baidu.com/view/2291470.htm?fr=aladdin#2_1,2015年5月22日访问。

不自由甚至没有自由的个体,其身份也将从一个未受过强制措施的人变成一个贴着"被强制医疗"标签的人。

检察机关对强制医疗交付执行的监督,一方面可以对交付执行机关未按时交付执行等违法情况予以制约,保障被强制医疗的人及时获得治疗和看护;另一方面可以使被强制医疗的人免受公安机关不当临时保护性约束措施的侵害。《刑事诉讼法》第285条第3款规定:"对实施暴力行为的精神病人,在人民法院决定强制医疗前,公安机关可以采取临时的保护性约束措施。"也就是说,从公安机关发现精神病人符合强制医疗条件开始到其被送到强制医疗机构之前,精神病人将一直处在公安机关临时的保护性约束措施的强制之下。如果该约束措施不当,就将会严重侵犯精神病人的权益。因此,检察机关对强制医疗交付执行的监督将有利于纠正公安机关对精神病人的不当侵害。强制医疗的交付执行阶段不仅涉及法院、交付执行机关、强制医疗机构、检察机关等不同主体,还涉及检察机关内部的不同部门。

在法院作出决定——交付执行机关送交执行——强制医疗机构接收治疗这一过程中,由检察机关所属的公诉部门和监所部门分别实施监督职权,而这就需要两个部门之间建立相互衔接的协作关系,部门与其他主体之间建立互相配合的监督与被监督关系。首先,应当在公诉部门和监所部门之间建立案件沟通机制。公诉部门在向法院提出强制医疗申请之前,事先向监所部门通报实施暴力行为的精神病人的相关情况以及采取的是何种临时保护性约束措施。监所部门在收到通报后应及时跟踪案件的进展情况。在法院作出强制医疗决定之后,公诉部门应当及时告知监所部门,由监所部门对公安机关的交付执行情况以及交付前对精神病人采取的临时保护性约束措施进行监督。其次,应当在交付执行机关与监所部门之间建立互相配合的监督与被监督关系。交付执行机关应当在收到法院强制医疗决定书和强制医疗执行通知书后,及时通知作出强制医疗申请的检察机关的监所部门,并将拟交付执行的情况向监所部门备案。监所部门收到交付执行机关的通知后,应当及时了解交付执行的进展情况,对未按时交付执行的依法提出纠正意见。最后,应当在提出强制医疗申请的检察机关监所部门与派驻强制医疗机构的检察部门之间建立案件通报机制。当派驻强制医疗机构的检察部门发现交付执行机关有未按时交付执行等违法情形时,应当及时将相关情况通报给提出强制医疗申请的检察机关监所部门,由其向交付执行机关提出纠正意见。①

案例5-6

2011年4月11日(农历三月初九),魏春雪(化名)在靖边县杨桥畔镇其母亲康妮(化名)家居住。当日,魏春雪与父母同睡在炕上。凌晨,魏春雪突然发病,用双手掐住其母亲的脖子,造成其母亲死亡。靖边县人民检察院于2013年2月28日提出对魏春

---

① 参见刘延祥、李兴涛:《检察机关强制医疗法律监督问题研究》,载《中国刑事法杂志》2013年第5期。

雪强制医疗的申请。靖边县人民法院依法组成合议庭,公开开庭审理了该案。①

案例 5-7

2013年4月1日,辽宁省沈阳市大东区人民法院发出了全省首份强制医疗决定书。经大东区法院审理查明,被申请人艾某在其租住房屋内,因病情发作,用手扼其儿子李某(卒年14周岁)颈部,致其昏迷倒地后,又用床单勒住其颈部,致其机械性窒息死亡。作案后,艾某用菜刀割伤自己的左腕部,后被及时救治。经辽宁省精神卫生中心法医司法鉴定所鉴定,被申请人艾某患有心境障碍,有精神病性症状的抑郁症,作案时无责任能力。根据以上事实,该院认为,被申请人艾某实施暴力行为,严重危害公民人身安全,系经法定程序鉴定依法不负刑事责任的精神病人,经复核,其目前状态仍患有精神分裂症(病期),有继续危害社会的可能,故决定对被申请人艾某予以强制医疗。②

3. 构建强制医疗执行的检察监督制度

为了有效地监督强制医疗的运行构成,就必须构建强制医疗执行的检察监督制度。具体如下:

(1) 健全强制医疗执行日常检察机制

健全强制医疗执行日常检察机制是实现强制医疗制度目的的重要保障,具体而言,一是要建立健全包括日常巡视检察、医疗事故检察、重大监管事件报告、检察信箱、受理被强制医疗的人投诉、对强制医疗执行中涉嫌违法犯罪行为调查和纠正等工作制度,为被强制医疗的人提供及时有效的救济手段,更好地维护其合法权益。二是要建立与公诉部门、安康医院的联席会议制度。联席会议一般每半年召开一次,必要时可以随时召开。通过召开联席会议,定期通报和研究有关情况,从而对重大病情案情有所研判,促进强制医疗机构不断提高对被强制医疗的人的医治水平,完善监管措施。三是要建立被强制医疗的人约见检察官制度和检察官与被强制医疗的人谈话制度。当前,需要进一步完善被强制医疗的人及其近亲属约见检察官制度,积极争取强制医疗机构的支持,联合下发有关规定,将检察官谈话和约见制度确定为一项管理和检察制度,既保障被强制医疗的人的合法权益,也进一步规范强制医疗机构的医疗和监管活动。

(2) 完善强制医疗执行权益保障机制

赋予检察机关对强制医疗决定和执行的监督权,是对被强制医疗的人的权利救济程序的完善,因此保障被强制医疗的人的合法权益是强制医疗执行监督的一项重要任

---

① 参见苏海生、徐洲:《女儿犯病掐死母亲 法院依法决定强制医疗》,http://www.chinacourt.org/article/detail/2013/03/id/931874.shtml,2015年4月28日访问。
② 参见《大东法院审结全省首例强制医疗特别程序案件》,http://www.chinacourt.org/article/detail/2013/04/id/937462.shtml,2015年4月28日访问。

务。与其他被监管人不同,被强制医疗的人本身属于精神病人,因而其合法权益的保障基本上要借助外界的力量,检察机关更应重视对其合法权益的保障。首先,在执行强制医疗决定的过程中,必须贯彻人道主义原则、治疗和监管相结合原则和不定期原则。其次,注意拓宽被强制医疗的人及其近亲属申诉的途径,畅通救济渠道,切实保障被强制医疗的人的合法权益。最后,在与被强制医疗的人及其近亲属谈话、约见及在日常检察工作中,注意发挥检察职能作用,保障被强制医疗的人获得及时解除强制医疗的权利。如果被强制医疗的精神病人已经恢复正常或者不具有社会危害性,就不应再对其采取强制医疗措施,而应通过人民法院决定对其解除强制医疗措施,使其恢复人身自由,重新回归社会。①

(本章作者:周洁)

---

① 参见李革、吴轩:《强制医疗执行的检察监督》,载《山西省政法管理干部学院学报》2013年第4期。

下 篇

违法矫正制度

第六章　违法矫正制度概述

　　违法矫正,是指特定的机构依照相关行政法律法规,在一定的时间和空间内,矫正符合条件的违法者的违法心理和行为恶性,以促进其顺利回归社会的活动。我国的犯罪概念与国外的犯罪概念存在较大的区别,即我国将危害社会的行为分为犯罪与违法两个层次;而国外的犯罪概念只定性不定量,不存在犯罪与违法的区分。这种概念分歧造成的结果是,国外对危害社会的行为采取的是刑事司法一元体系,即将一切实施危害行为的人统一于一个矫正体系内;而我国采取的则是刑事司法与行政处罚二元体系,因此存在犯罪矫正与违法矫正二元体系。这就是提出违法矫正的逻辑依据。值得注意的是,违法行为、犯罪行为和亚犯罪行为是三种既有联系又有区别的行为。

　　违法矫正对违法者的功能包括限制功能、惩罚功能、教育改造功能,而对社会的功能主要有威慑功能、教育鼓励功能。和刑罚一样,违法矫正的目的是一般预防和特殊预防。因此,在进行违法矫正活动时,应当注意遵循合法性原则、合理性原则、比例原则和程序正当原则。

　　违法矫正活动包含多种要素,如矫正机构、矫正者、矫正对象、矫正时间、矫正手段、矫正依据等。因此,按照不同的分类标准,可以将违法矫正措施分为不同的类别,主要有以下几种:社区性违法矫正措施与机构性违法矫正措施、对违法自然人的矫正措施与对违法单位的矫正措施、司法领域违法矫正措施与治安领域违法矫正措施、正式的违法矫正措施与非正式的违法矫正措施等。我国存在较多的非正式的违法矫正措施,它们共同的特点是缺乏足够的法律依据。但是,这些非正式的违法矫正措施也为我国的违法矫正改革提供了一些经验。在正式的违法矫正措施中,劳动教养曾是最主要的措施之一,但是因为其自身存在的诸多弊端,最终被废止了。劳动教养的废止带来了积极的和消极的影响,关于如何应对这些消极的影响,国内学者众说纷纭。

　　总体而言,我国违法矫正措施体系尚存在一些问题,亟须完善,主要有五个:一是结构的不合理,二是功能的缺陷,三是缺乏合法性,四是缺乏评估机制,五是缺乏必要的监督机制。因此,我国应当从结构上、功能上以及具体的监督和评估机制上加以完善,同时也应当遵循法治原则和谦抑原则。当然,最重要的应当是促进违法矫治措施的法典化——尽快制定《违法行为矫治法》。

　　制定《违法行为矫治法》应当按照大矫正观——矫正制度一体化的思路改革违法矫正制度。具体而言,应当注重以下几个方面的完善:首先,应当明确该法的属性。一部法的属性决定其法律地位,《违法行为矫治法》作为对违法行为进行调整的规范,应当是一部法律,而非法规或者部门规章。其次,该法应当注重程序的设计,除了决定程序司法化之外,还要注重引入庭审、抗辩或辩诉交易程序。再次,应当对拘留制度、收容教育、戒毒措施、工读教育等进行整体的改革,并将这些制度全部纳入《违法行为矫治法》,形成一体化的违法矫正制度。最后,也是最重要的一点,该法应当对执行机构加以规定,建立统一的违法矫治机构,交由具有中立性的司法行政部门管理;同时,应当更新矫正观念,以矫正教育违法者为目的,而不能以惩罚为目的。

第一节 违法矫正的基本问题

违法矫正中最基本的问题是违法矫正的提出和违法矫正的概念。违法矫正的概念界定以及违法矫正的具体含义关系到违法矫正的研究对象,因此有必要加以论述,并且与其他相关概念区分开来。

一、违法矫正的概念

我国是刑事司法与行政处罚二元化的国家,因此存在违法矫正和犯罪矫正的区分。违法矫正是基于大矫正观提出的,它是构建整个违法矫正体系的逻辑起点。

(一)违法矫正的提出

犯罪矫正制度的诞生与目的刑(教育刑)的产生有着密切的关系,违法矫正的产生亦受目的刑思想的影响。在矫正制度上,国外是不区分违法矫正和犯罪矫正的,而我国则将二者进行区分。这是由我国的犯罪概念与国外的犯罪概念存在的差异所导致的。

在我国,危害社会的行为分为违法与犯罪两个层次。我国《刑法》第13条规定:"一切危害国家主权、领土完整和安全,分裂国家、颠覆人民民主专政的政权和推翻社会主义制度,破坏社会秩序和经济秩序,侵犯国有财产或者劳动群众集体所有的财产,侵犯公民私人所有的财产,侵犯公民的人身权利、民主权利和其他权利,以及其他危害社会的行为,依照法律应当受刑罚处罚的,都是犯罪……"显然,我国判断犯罪的一个重要标准是"触犯刑法,应当受刑罚处罚"。危害社会但尚未触犯刑法的行为在我国不被视为犯罪,而是被视为违法行为,纳入行政处罚体系中。可见,我国将实质上危害社会的行为附加了"应当受刑罚处罚"的形式要件而形成犯罪之概念,并建构出违法与犯罪两个实质相同而形式不同的层次。正如著名刑法学家马克昌所言:"我国对于犯罪的定义不仅揭示了我国犯罪对社会主义国家和公民权利具有严重社会危害性的实质,同时也揭示了其法律特征——依照法律应受刑罚处罚,所以不能认为它只是一个实质性的定义。"[①]

---

① 马克昌主编:《犯罪通论》,武汉大学出版社1991年版,第12页。

国外大多数国家对于犯罪进行了广义上的定义。类似于我国的行政违法行为,在国外往往也被定义为犯罪行为。至于如何规制这些"犯罪行为",国外往往制定了单独的行政刑法或直接用刑法典加以规制。比如,1871年的《德国刑法典》还是按照传统的"三分法",将重罪、轻罪、违警罪规定在同一部刑法典中,并规定对违警罪处以自由刑、罚金及拘役等刑罚。① 又如,在日本,也有规制违法行为的行政刑法,但它是一种附属刑法(或称"特别刑法"),在诉讼程序上也适用刑事诉讼程序。

可见,中外关于犯罪的概念存在较大的分歧。这种概念分歧造成的结果是,国外对危害社会行为采取的是刑事司法一元体系,即将一切实施危害行为的人统一于一个矫正体系内;而我国采取的则是刑事司法与行政处罚二元体系,因此存在犯罪矫正与违法矫正二元体系。这也是本书提出违法矫正制度,并将其纳入大矫正制度的主要原因。

(二)违法矫正的概念

关于"违法"的概念,有广义说和狭义说。广义的违法,是指一切违反现行法的行为,主要包括民事违法行为、刑事违法行为与行政违法行为三种。狭义的违法行为是不包括刑事违法行为的。本书所称的"违法行为",是指狭义的违法行为,即违反《治安管理处罚法》等法律法规,但尚未触犯刑法,应受行政处罚的行为。值得注意的是,鉴于未成年人的特殊性,本书将未成年人的部分严重不良行为②也纳入违法矫正的范围。

因此,违法矫正,是指特定的机构依照相关行政法律法规,在一定的时间和空间内,对符合条件的违法者实施惩罚并矫正其违法心理和行为恶性,以促进其顺利回归社会的活动。具体而言,违法矫正具有以下几层含义:

1. 违法矫正是一种由一定的机关或机构进行的活动

违法矫正是一项专门化的活动,必须由专门的机关或机构有组织地进行。在矫正过程中,需要有违法矫正决定机关或机构,专门负责收集证据并对违法者作出予以拘留、收容教育等各种违法矫正措施的决定。同时,各种违法矫正措施需要由专门的机关或机构负责执行,比如行政拘留和司法拘留应当由拘留所负责执行。此外,有权力就必须有监督,对于违法矫正的决定权、执行权的行使,也需要专门的机关或机构负责监督,以防权力滥用、侵犯人权等现象的发生。最后,在违法矫正活动中,还需要有专门的救济机关或机构。违法者因违法而被决定矫正,矫正往往需要限制违法者的部分权利,因此必须赋予被矫正者必要的救济途径,设立相应的救济机构,尤其是涉及人身自由权的时候。

2. 违法矫正是一种由专业的矫正人员进行的活动

违法矫正也是一项专业化的活动,需要涉及法学、管理学、教育学、心理学、医学等多种专业知识的应用,因此它需要由专业的矫正人员进行。在矫正过程中,需要由具备法律知识的人进行法律法规的适用,决定对违法者适用何种矫正措施以及幅度大

---

① 参见李晓明:《行政刑法学》,群众出版社2005年版,第173页。
② 此处的"不良行为"不包括触犯刑法但因不满16周岁而不予刑事处罚的亚犯罪行为(即"触法行为")。

小。在具体的矫正执行过程中,需要由管理学、教育学、心理学、医学等多种专业的人员进行思想教育、心理辅导等活动。对于矫正人员专业化问题,理论界多次呼吁建设矫正官制度,建立矫正官队伍。

3. 违法矫正是一种在特定时间内进行的活动

如前文所述,矫正意为"矫治和改正",要实现对违法者的矫治和改正,仅有专门的机关或机构和专业的矫正人员是不够的。矫正的效果得以实现,还有赖于一定的矫正时间。以司法拘留和行政拘留为例,违法者需要在特定的时间内(行政拘留为15日以下)接受教育、矫治。若无一定的时间保证,再好的矫正技术也难以实现其效果。一定的时间和空间共同构成了违法矫正的时空要素。

4. 违法矫正是一种运用法学、心理学、教育学等的相对成熟的方法、技术进行矫治、改正的活动

违法矫正的专门化、专业化不仅体现为有专门的矫正机关或机构、专业的矫正人员,更需要专业的矫正技术作支撑。在具体的违法矫正活动中,往往需要进行心理测试、危险性评估、文化教育、职业教育等活动,这些活动的顺利进行有赖于一系列成熟的矫正方法和矫正技术的运用。以戒毒措施为例,如果不运用专业的戒毒方法、技术,尤其是缺乏医学技术的介入,吸毒者是很难戒除毒瘾的。

5. 违法矫正是一种严格按照法律法规进行的活动

违法矫正活动中的决定、执行、监督、救济都要按照一定的实体法和程序法进行。只有严格依据法律法规进行违法矫正活动,才能确保矫正活动的公平性和公正性。以行政拘留为例,其主要的法律依据是《治安管理处罚法》《行政复议法》等。在具体的执行过程中,还应当依据《拘留所条例》等法律法规有序进行。若没有严格按照法律法规进行,容易造成侵犯公民人身权利的违法行为。

6. 违法矫正是一种针对违法者进行的活动

确定违法矫正活动的对象是至关重要的,因为只有存在正确的适用对象,才谈得上是一项合法的活动。违法矫正活动的对象是违法者。此处的"违法者",是指尚未触犯刑法但已违反其他法律法规的人,主要是违反行政法律法规的人。当然,应当注意的是,在"违法者"中有一个特殊的群体,即有严重不良行为的未成年人。《预防未成年人犯罪法》中规定的"严重不良行为",是指下列严重危害社会,尚不够刑事处罚的违法行为:纠集他人结伙滋事,扰乱治安;携带管制刀具,屡教不改;多次拦截殴打他人或者强行索要他人财物;传播淫秽的读物或者音像制品等;进行淫乱或者色情、卖淫活动;多次偷窃;参与赌博,屡教不改;吸食、注射毒品;其他严重危害社会的行为。对有严重不良行为的未成年人,可以送往工读学校进行矫治和接受教育。

二、违法矫正相关概念辨析

违法矫正与相关概念既有联系又有区别,下面就三组概念进行比较分析,分别是违法行为与犯罪行为、违法行为与亚犯罪行为、矫正与惩罚。

（一）违法行为与犯罪行为的联系与区别

违法行为与犯罪行为是危害社会行为的两个不同层次，二者既存在联系，也有一定的区别。

1. 违法行为与犯罪行为的联系

首先，违法行为与犯罪行为都具有规范的违反性。所有的违法行为成立的前提都是违反相关的法律法规规定，而所有的犯罪行为都必须是违反刑法的行为，因此规范的违反性是二者的共同特征。

其次，违法行为与犯罪行为都具有一定的社会危害性。社会危害性是违法行为与犯罪行为应受处罚的原因之一，没有社会危害性，就不可能有危害后果，也就没有惩罚的必要。

再次，违法行为与犯罪行为产生的原因都是多元的，都是在各种内因和外因综合作用下形成的。

复次，违法行为与犯罪行为都具有可矫正性。对于犯罪行为，国家常常动用监狱、社区矫正机构等进行惩罚、教育和改造，不仅仅是为了惩罚犯罪，更是为了将犯罪人改造成一个遵纪守法的新人，从而达到预防犯罪的效果。对于违法行为，国家也是运用政治的、心理的、教育的、司法的等多种手段，多管齐下，力图矫治违法者的违法心理和行为，使其成为一个遵纪守法的新人。也正因为违法行为与犯罪行为都具有可矫正性，所以二者的矫正措施同属于大矫正体系。

最后，违法行为常常是犯罪行为的前奏。违法行为与犯罪行为在形式上的区别是违反的规范不同，实质上的区别是行为危害性程度的不同。然而，如果违法行为得不到制止，常常会演变成为犯罪行为。因此，有学者支持建立矫正措施的一体化，树立大矫正观。[①]

2. 违法行为与犯罪行为的区别

首先，所违反的规范不同。违法行为通常是指违反《治安管理处罚法》的行为，当然也包括违反刑法之外的其他法律、法规、规章的行为。但是，犯罪行为仅指违反刑法的行为。

其次，危害性不同。犯罪行为的危害性大于违法行为的危害性，这也是二者的实质性区别。违法行为之所以还未成为犯罪行为，是因为它的危害性还未达到刑法所规定的危害性的标准。

再次，法律后果不同。违法者违法后，将受到处罚，通常只有《行政处罚法》中规定的几种处罚：警告、罚款、没收违法所得、没收非法财物、责令停产停业、暂扣或者吊销许可证、暂扣或者吊销执照、行政拘留、法律和行政法规规定的其他行政处罚。刑法针对犯罪行为所设置的处罚措施分为主刑和附加刑。其中，主刑包括管制、拘役、有期徒刑、无期徒刑、死刑五种；附加刑包括罚金、剥夺政治权利、没收财产和驱逐出境四种。

---

① 参见姚建龙：《加拿大矫正制度的特色与借鉴》，载《法学杂志》2013年第2期。

针对违法行为设置的处罚措施中限制人身自由的处罚较少,而针对犯罪行为设置的刑罚则以限制人身自由的处罚为主。相比之下,违法行为的惩罚较轻,这也是与其危害性相适应的。

复次,主观要求不同。构成犯罪行为必须具备一定的主观罪过,主观罪过分为故意和过失,故意又分为直接故意和间接故意,过失又分为疏忽大意的过失和过于自信的过失。不同的犯罪行为对主观罪过的要求也不尽相同。比如,故意杀人罪要求行为人主观上必须是"故意",而过失致人重伤罪则要求行为人主观上必须是"过失"。然而,违法行为并不关注主观罪过,只要求违法者主观上具有过错即可,未将主观罪过状态进行严格的区分。

最后,适用的程序不同。一般违法行为适用的是《治安管理处罚法》和《行政处罚法》规定的程序,处罚的主体是公安机关或者其他行政机关。处理犯罪行为则要适用严格的刑事诉讼程序,依据的是《刑事诉讼法》及其相关司法解释。适用过程中,参与的主体包括公安机关、检察机关,最终作出决定的是作为审判机关的人民法院。处理犯罪行为的环节包括立案、侦查、起诉、审判和执行等。

此外,违法行为与犯罪行为还存在矫正方针不同、救济程序不同、认定标准不同等。

(二)违法行为与亚犯罪行为的联系与区别

如本书"亚犯罪人矫正制度"一章所述,亚犯罪人是指触犯刑法,实施了严重危害社会的行为,但因不具有刑事责任能力而不作为犯罪处理的行为人。对于亚犯罪人,国外刑法或者少年法通常规定可以采取保安处分或者保护处分措施予以矫正,而我国法律则规定了收容教养和强制医疗等措施。由此可知,亚犯罪行为是指触犯刑法,但不具备刑罚处罚性的危害社会的行为。结合违法行为的含义,我们可以发现,违法行为与亚犯罪行为既有联系又有区别。

1. 违法行为与亚犯罪行为的联系

违法行为与亚犯罪行为尽管在表述上存在较大区别,但是究其本质,也存在着联系。

首先,二者都具有行为的不法性,即二者都违反了相关规范。违法行为从字面含义即可知是对"法"的违反,而亚犯罪行为本身也违反了刑法的规定。

其次,二者都具有一定的社会危害性。具体而言,违法行为危害了行政法律法规所保护的利益,而亚犯罪行为也会危害刑法所保护的利益,这也是二者都被纳入矫正制度范围内的主要原因。

最后,二者都因为法定原因而不受刑罚惩罚,这也是二者与犯罪行为的区别所在。

2. 违法行为与亚犯罪行为的区别

但凡事物,有联系就有区别,违法行为与亚犯罪行为自然也不例外。具体而言,二者主要存在以下几个方面的区别:

首先,二者违反的规范不同。违法行为违反的是以《治安管理处罚法》为主的行政法律法规,而亚犯罪行为违反的是刑事法律。正是因为违反的规范不同,二者的性质也不同:违法行为是行政违法行为,而亚犯罪行为是刑事违法行为。

其次,二者的主体不同。如前文所述,违法行为的主体是违反行政法律法规的人(或单位),而亚犯罪行为的主体则是违反刑事法律的人。此外,违法行为的主体是一般主体;而亚犯罪行为的主体是特殊主体,主要有未成年犯罪人和精神病犯罪人。

最后,二者的矫正机构和矫正方式不同。矫正是一项针对人的活动,针对不同的主体有着不同的矫正机构和矫正方式。违法行为人的矫正机构主要有拘留所、戒毒所、工读学校等,而亚犯罪人的矫正机构主要有收容教养机构和强制医疗机构。针对亚犯罪人生理和心理的特殊性,其矫正方式也与违法矫正存在较大的区别。比如,对于未成年人注重感化,对于精神病人则注重医疗手段。

(三) 矫正与惩罚的联系与区别

矫正与惩罚是用以处理违法行为和犯罪行为的两种手段,二者既存在联系,也存在区别。

1. 矫正与惩罚的联系

首先,二者都是处置违法和预防违法的一种活动,其终极目标是一致的,即保护公民的人身财产安全和维护社会秩序。

其次,二者在功能上相辅相成。惩罚是改造违法者的重要手段,具有威慑的作用;而矫正是对惩罚的补充,具有教育、感化、挽救的作用。

再次,二者可同时适用于违法措施的处遇。

最后,广义上的矫正包含惩罚,惩罚也可以作为一种矫正的手段。

2. 矫正与惩罚的区别

首先,惩罚是以行为为中心的,而矫正是以行为人为中心的。具体而言,惩罚是以违法者存在错误行为为逻辑前提的,旨在让被惩罚者感受到痛苦而改正其违法行为;而矫正是以违法者存在不同于常人的"病态"为逻辑前提的,追求的是运用多种手段矫治、改正行为人的不法行为,使其成为一个正常人。

其次,惩罚主要是防止社会上的其他人进行违法行为,即着眼于一般预防;而矫正则更关注对违法者的预防,防止其再次违法,即着眼于特殊预防。

再次,二者主要运用的手段不同。惩罚主要运用以限制人身自由为主的一系列使被惩罚者感到痛苦的手段,而矫正则常常运用教育、治疗的手段。

最后,二者的成本不同。相比之下,惩罚的成本较低,往往是违法者受到某种损失,而国家的投入较少。矫正的成本相对较高,因为矫正需要运用大量专业的力量、设施,国家需要投入的资源较多。

第二节 违法矫正的基础理论

违法矫正的基础理论,是指违法矫正的一般理论、方法论和意识形态。本节着重论述违法矫正的功能和目的以及原则。

一、违法矫正的功能和目的

（一）违法矫正的功能

违法矫正的功能,是指适用违法矫正措施对社会可能产生的积极影响。国家创制、适用和执行违法矫正措施的活动,对不同的对象可能产生不同的功效与作用。对于违法矫正的功能,我们可以从两个方面进行理解,即对违法者的功能和对社会的功能。

违法矫正对违法者的功能包括限制功能、惩罚功能、教育矫正功能。限制功能,是指通过适用违法矫正措施,能够限制违法者的某种权利,进而为惩罚与矫正提供基础。此处的权利包括财产权、名誉权、人身自由权,其中限制人身自由权的违法矫正措施是最为严厉的。惩罚功能,是指通过适用违法矫正措施,能够体现国家对违法行为的谴责。换言之,违法矫正措施具有使违法者感到痛苦的作用。教育矫正功能,是指通过违法矫正措施对违法者进行限制与惩罚的同时,还对违法者进行教育,包括法制教育、职业教育、心理教育等,矫正其不良行为和不法行为,有利于违法者更好地复归社会。

违法矫正对社会的功能主要有威慑功能、教育鼓励功能。威慑功能,是指通过对违法者适用违法矫正措施,能够威慑到社会大众,使其感受到法律以及违法矫正措施的威严,提高法治的权威。这也是违法矫正措施实现对违法行为的一般预防的重要前提。教育鼓励功能,是指通过对既已违法的人适用违法矫正措施,提高社会大众积极揭发检举违法行为的信心。同时,违法矫正措施的使用过程也是对社会大众进行法制教育的过程,使其明白何种行为为法律所禁止,何种行为为法律所允许。

此外,违法矫正还具有恢复社会秩序、平复不良情绪的功能。在有受害者的违法案件中,违法矫正还具有安抚功能。

（二）违法矫正的目的

违法矫正的目的,是指通过适用违法矫正措施所欲达到的某种积极的社会效果。违法矫正所欲达到的社会效果即违法预防,可分为一般预防和特殊预防。

一般预防,是指通过适用违法矫正措施,威慑、儆戒潜在的违法者,防止他们走上违法甚至犯罪的道路。社会大众看到违法者因违法而受到惩罚,预见了违法的法律后果,势必会增加其进行违法行为的顾虑,使其打消进行违法行为的念头。

特殊预防,是指通过适用违法矫正措施,惩罚、矫正违法分子,预防他们重新违法。违法矫正措施的实施,使得违法者认识到"违法的代价"。基于人类趋利避害的本能,违法者再度实施违法行为的可能性会有所下降。同时,违法矫正措施的执行,除了对违法者进行惩罚外,还包括对违法者进行教育、感化,从主观方面矫治其违法的根源。

二、违法矫正的原则

违法矫正的原则是指导和规范违法矫正的立法、执法的基础性法则,贯穿于整个违法矫正活动。违法矫正的原则体现在具体的违法矫正规范之中,同时又高于具体的违法矫正规范。

(一)合法性原则

合法性原则是我国行政法的首要原则,也是违法矫正的首要原则。合法性原则包括立法机关、行政机关和司法机关在进行违法矫正活动的过程中,对现行法律的遵守和依照法律授权活动两个方面。具体而言,合法性原则体现在以下三方面:

首先,所依据的规范合法。这是违法矫正措施存在的基本条件。劳动教养被废除的一个重要原因就是其所依据的法规、部门规章因与上位法相抵触而不合法。

其次,决定和执行的主体合法。只有合法的主体作出的决定才有效力。在违法矫正活动中,谁有权决定、谁负责执行是至关重要的,也只有在主体上的合法才能说符合公平正义。

最后,矫正措施和程序合法。矫正措施多种多样,每种措施都必须符合法律规定。程序是公正的保障,无论在哪个环节,违法矫正措施都应当遵循程序合法原则。

(二)合理性原则

违法矫正的合理性原则是对合法性原则的补充,其具体要求包括以下三方面:

首先,违法矫正的活动应当符合违法矫正的目的。凡有悖于法律目的、违法矫正目的的行为都是不合理的行为。

其次,违法矫正的施行应当在正当考虑的基础上,要有正当的动机。违法矫正活动不得违背社会公平观念或法律精神,不得存在法律动机以外的目的或追求。违法矫正的相关机关在实施违法矫正活动时必须出于公心,平等地对待每一个违法者。

最后,违法矫正活动的内容应当合乎情理,即应当符合事情的常规或规律,不能超出一般人的可预测范围。合法性原则和合理性原则共同构成违法矫正法治原则。合法性原则主要解决违法矫正活动是否合法的问题,合理性原则主要解决违法矫正活动是否适当的问题。

(三)比例原则

比例原则是行政法的重要原则,是指行政主体实施行政行为应兼顾行政目标的实现和保护相对人的权益,如果行政目标的实现可能对相对人的权益造成不利影响,则这种不利影响应被限制在尽可能小的范围和限度之内,二者应有适当的比例。在违法矫正活动中,也应当遵循比例原则,具体包括以下三个子原则:

第一,适当性原则,即国家机关或者其他机关进行违法矫正活动时,所采取的必须是有助于达成矫正目的的措施,又称"合目的性原则"。

第二,必要性原则,即在违法矫正活动中,如果有多种措施均可达成目的,国家机关或者其他机关应采取对人民侵害最小者,又称"侵害最小原则"或"最小侵害原则"。这就要求违法矫正措施保持必要的谦抑,不可过度使用。

第三,狭义比例原则,即在违法矫正活动中,国家机关或者其他机关所采取的手段造成人民基本权利的侵害和所欲达成的目的之间应该有相当的平衡(不能显失均衡),不能为了达成很小的目的而使人民蒙受过大的损失,又称"衡量性原则"。换言之,合法的手段和合法的目的之间存在的损害比例必须相当。

(四)程序正当原则

国家机关在进行违法矫正活动的过程中,必须遵循正当法律程序,包括事先告知相对人,向相对人说明行为的根据、理由,听取相对人的陈述、申辩,事后为相对人提供相应的救济途径等。

正当程序的内容包括:

第一,任何人不应成为自己案件的法官,即应当对行政机关(或者其他机关)进行职能分离,以保证分权制衡。

第二,国家机关或者其他机关在作出有关违法矫正的决定时,必须向当事人说明理由。

第三,任何人在受到惩罚或其他不利处分前,应为之提供公正的听证或其他听取其意见的机会。

第三节 我国现行违法矫正措施体系

我国现行违法矫正措施体系,是指在我国正在施行的所有违法矫正措施组合而成的整体,即我国现行违法矫正措施的总和。

一、违法矫正措施的分类

违法矫正活动包含多种要素,比如矫正机构、矫正者、矫正对象、矫正时间、矫正手段、矫正依据等。按照不同的分类标准,可以将违法矫正措施分为不同的类别,主要有以下几种:

(一)社区性违法矫正措施与机构性(监禁性)违法矫正措施

根据矫正机构和方式的不同,可以将违法矫正措施分为社区性违法矫正措施与机构性(监禁性)违法矫正措施。

社区性违法矫正措施,是指在社区执行的违法矫正措施。社区性违法矫正措施中的"社区(community)"一词,是指与"监禁机构"相对应的开放性的执行场所。因此,社区性违法矫正措施最显著的特征就是非监禁性。它具有避免标签化的优点,还能节约司法资源,提高矫正效率。社区性违法矫正措施是国外重要的矫正措施,而在我国尚未得到充分的发展。搞好社区建设,整合社区资源,发挥社区优势,将有助于更好地维护社会秩序。

机构性违法矫正措施,又称"监禁性违法矫正措施",其执行场所是监禁机关,是以监禁(即限制违法者的人身自由)为基础,进行惩罚、矫正的措施。与社区性违法矫正措施相比,监禁性违法矫正措施具有更强的封闭性和惩罚性色彩,因此也更为严厉。比如,拘留、强制戒毒等。

(二)对自然人的违法矫正措施与对单位的违法矫正措施

根据所针对的对象的不同,可以将违法矫正措施分为对自然人的违法矫正措施与对单位的违法矫正措施。

对自然人的违法矫正措施,是指以自然人为矫正对象的违法矫正措施。实践中,大多数违法矫正措施都是对自然人的违法矫正措施,本书各章所论述的违法矫正措施也是对自然人的违法矫正措施。这种违法矫正措施重视对违法者的违法心理矫正,并常常以限制人身自由或罚款为手段。比如,拘留、收容教育、强制戒毒、工读教育、警告、罚款等。

对单位的违法矫正措施,是指以单位为矫正对象的违法矫正措施。这种违法矫正措施的特点是,将单位视为一个拟制的人,具有拟制人格,予以矫正。当然,由于单位与自然人存在较大的区别,因此在矫正手段上也有所区别。对单位的违法矫正一般是利用罚款等财产性的手段或者暂停、吊销营业执照等资格性的手段,也包括责令整改等手段。对单位的违法矫正也可能及于单位的主要负责人。因此,对单位的违法矫正措施有时是和对自然人的违法矫正措施并用的。

(三)司法领域的违法矫正措施与治安领域的违法矫正措施

根据违法行为发生的领域的不同,可以将违法矫正措施分为司法领域的违法矫正措施与治安领域的违法矫正措施。

司法领域的违法矫正措施,是指发生在诉讼活动中,针对违法者的矫正方法。(本节第二部分将详细论述。)

治安领域的违法矫正措施,是指发生在治安管理活动中,针对违法者的矫正方法。实践中,治安领域的违法矫正措施最为广泛。(本节第三部分将详细论述。)

(四)正式的违法矫正措施与非正式的违法矫正措施

根据是否有法律依据,可以将违法矫正措施分为正式的违法矫正措施与非正式的违法矫正措施。目前,我国同时存在正式的违法矫正措施和非正式的违法矫正措施,且其具体种类繁多。

正式的违法矫正措施体系,是指由我国法律、法规、规章明确规定的针对违法者的矫正方法。合法性是正式的违法矫正措施与非正式的违法矫正措施的本质区别。正式的违法矫正措施是我国当前维护社会治安的主要手段,具体包括拘留、工读教育、强制戒毒、收容教育等,本书将对上述几种正式的违法矫正措施进行专门论述。

非正式的违法矫正措施,是指目前尚未得到立法上的确认的矫正措施。这类违法矫正措施在我国不同程度地"实际"存在,有的是特殊的历史情况的产物,有的则是当前地方积极探索矫正制度的产物。比如,上访训诫中心、法制教育中心等。(本章第四节将详细论述。)

(五)其他分类

除了上述几种主要的分类外,违法矫正措施还有其他分类。比如,按照矫正活动中是否对违法者的财产进行处分,可将其分为财产性的违法矫正措施与非财产性的违法矫正措施;按照违法矫正实施的时间长短,可将其分为短期的违法矫正措施与长期的违法矫正措施;按照矫正对象的不同,可将其分为对成年人的违法矫正措施与对未成年人的违法矫正措施;按照所运用的矫正手段的多寡与不同,可将其分为医疗型的违法矫正措施、教育感化型的违法矫正措施、惩罚型的违法矫正措施、复合型的违法矫正措施等。

二、司法领域的违法矫正措施

司法领域的违法矫正措施主要依据的法律有《刑事诉讼法》《民事诉讼法》《行政诉讼法》及其相关的司法解释。司法领域的违法矫正措施主要有以下三种:

(一)对妨害民事诉讼的强制措施

对妨害民事诉讼的强制措施,是指人民法院在民事诉讼中,为了排除干扰和妨害,维护法院诉讼秩序,保障民事审判和执行活动的顺利进行,对有妨害民事诉讼秩序行为的人,依法采取的有制裁性的强制手段。民事诉讼是人民法院行使国家审判权,解决民事纠纷的活动,所以必然要求双方当事人及诉讼参与人听从审判人员的指挥,按照法定程序进行各项诉讼活动。对实施妨害民事诉讼行为的人,可以采取强制措施,以排除干扰,保障诉讼的顺利进行。强制措施主要包括以下几种:

1. 拘传

拘传,是指人民法院在开庭审理时,对必须到庭的被告,在其无正当理由的情况下拒不到庭时,依法采取的强制其到庭的一种强制措施。《民事诉讼法》第109条规定:"人民法院对必须到庭的被告,经两次传票传唤,无正当理由拒不到庭的,可以拘传。"

2. 训诫

训诫,是指人民法院对违反法庭规则的行为人,进行批评教育,并责令其改正,不得再犯。训诫是一种较轻的强制措施。人民法院通过训诫这种措施,指出此类行为人行为的违法性以及对诉讼的正常运作造成的危害后果,促使其提高法制观念,自觉遵守诉讼秩序。训诫的适用对象是违反法庭规则的人。法庭规则是法院开庭时所有诉讼参与人和其他人应当遵守的纪律和秩序,它是开庭审理顺利进行的保障。法庭规则由书记员在开庭审理时宣布。对违反法庭规则的人,审判员可以对其直接采用训诫的强制措施并记录在案,由被训诫人签字或盖章。

3. 责令退出法庭

责令退出法庭,是指在开庭审理中,对违反法庭规则的诉讼参与人和其他人所采取的强行命令其退出法庭的强制措施。责令退出法庭的适用对象与训诫是一样的。《民事诉讼法》第110条第1款规定:"诉讼参与人和其他人应当遵守法庭规则。"

虽然责令退出法庭的适用对象与训诫是一样的,也是违反法庭规则的诉讼参与人和其他人,但是二者的强度不同。训诫只是口头的批评、教育,还允许行为人留在法庭;而责令退出法庭则强令行为人退出法庭。显然,责令退出法庭是较为严厉的。

4. 罚款

罚款,是指人民法院对妨害民事诉讼行为人(公民、法人或其他组织)所采取的强令其在指定期间内缴纳一定数额金钱的措施。罚款是运用经济手段进行处罚,使行为人丧失一定的经济利益,从而制止妨害民事诉讼行为的一种法律手段。《民事诉讼法》第115条第1款规定:"对个人的罚款金额,为人民币十万元以下。对单位的罚款金额,为人民币五万元以上一百万元以下。"

5. 民事司法拘留

民事司法拘留,是指人民法院为了保证审判活动正常进行,对实施了严重妨害诉讼活动的人,采取限制其短期限的人身自由的一种强制措施。被决定民事司法拘留的行为人将在一定期限内被关押于拘留所,限制人身自由。(本书第七章将对此作详细论述。)

案例 6-1

近日,英山县人民法院对一名在文书送达过程中公然撕毁法律文书、哄闹法庭的当事人房某,依法处以司法拘留。

房某是一起离婚纠纷案件的当事人。房某于 2013 年 8 月认识程某。当年 10 月 31 日,两人登记结婚,婚后无共同子女。因房某迷恋赌博,不对家庭负责和打骂妻子程某,导致夫妻两人感情破裂。2014 年 12 月,程某到南河法庭起诉丈夫房某,要求离婚。后经做调解工作,双方和解。但是,和解后程某仅在家住了十多天,又因为房某赌博并殴打她,无奈之下,外出打工,与房某两地分居至今。夫妻关系名存实亡,夫妻感情已彻底破裂。

程某于 2015 年 8 月 24 日到英山县人民法院起诉房某,要求离婚。9 月 11 日,南河法庭法官到房某家中送达法律文书,当时他正在打牌,拒不签收,还大声吵嚷,当场公然撕毁法律文书,随即又到南河法庭与法官大吵大闹。

在法官耐心宣讲法律和批评教育之后,房某仍然态度恶劣,口出狂言。为维护法律权威和司法尊严,严厉惩治妨碍民事诉讼的违法行为,9 月 11 日,英山县人民法院依法作出对房某处以司法拘留七日的决定。①

(二) 对妨害行政诉讼的强制措施

对妨害行政诉讼的强制措施,是指人民法院在审理行政诉讼案件过程中,为了排除干扰和妨害,维护法院诉讼秩序,保障行政诉讼活动的顺利进行,对有妨害行政诉讼秩序行为的人,依法采取的有制裁性的强制手段。我国对妨害行政诉讼的强制措施主要有训诫、具结责令悔过、罚款、行政司法拘留四种。对妨害行政诉讼的强制措施中的训诫、行政司法拘留与对妨害民事诉讼的强制措施中的训诫大体上是一致的,不再赘述。

具结责令悔过是人民法院对妨害行政诉讼行为的情节较轻的行为人采取的一种强制措施。被责令具结悔过的人要在规定的期限内写出书面检讨,包括对错误性质和危害的认识、保证不再重犯以及采取的改正措施。书面检讨由悔过人签名或者盖章后,交给人民法院附卷备查。具结责令悔过在适用程序上与训诫相同,一般也可单独适用,无须经人民法院院长批准。

对妨害行政诉讼的强制措施中的罚款金额应在1000元以下。

(三) 对妨害刑事诉讼的强制措施

对妨害刑事诉讼的强制措施,是指人民法院在审理行政诉讼案件过程中,为了排除干扰和妨害,维护法院诉讼秩序,保障刑事诉讼活动的顺利进行,对有妨害刑事诉讼秩序行为的人,依法采取的有制裁性的强制手段。其具体种类与对妨害行政诉讼的强制措施大体一致。

三、治安领域的违法矫正措施

治安领域的违法矫正措施,是指发生在治安管理活动中,针对违法者的矫正方法。治安领域的违法矫正措施主要依据的法律有《治安管理处罚法》《行政处罚法》以及相关的法律、法规和部门规章。

我国《行政处罚法》中规定了七种治安领域的违法矫正措施,分别是:警告,罚款,没收违法所得、没收非法财物,责令停产停业,暂扣或者吊销许可证、暂扣或者吊销执照,行政拘留,法律、行政法规规定的其他行政处罚。此处的罚款与上述司法领域的违法矫正措施中的罚款大体一致,不再赘述。除此之外,我国还有收容教养、工读教育、戒毒措施等治安领域的违法矫正措施。

(一) 警告

警告,是国家对行政违法行为人的谴责和告诫,是国家对行为人违法行为所作的正式否定评价。从国家方面来说,警告是国家行政机关的正式意思表示,会对相对一方产生不利影响,应当纳入法律约束的范围。对被处罚人来说,警告的制裁作用主要

---

① 参见黄美泽、唐朝:《湖北英山一男子公然撕毁法律文书被拘留》,http://news.cnhubei.com/xw/hb/hg/201509/t3393475.shtml,2015年9月25日访问。

是对当事人形成心理压力、不利的社会舆论环境。适用警告处罚的重要目的是,使被处罚人认识其行为的违法性和对社会的危害,纠正违法行为并不再继续违法。

（二）没收违法所得

没收违法所得,是行政机关将行政违法行为人占有的通过违法途径和方法取得的财产收归国有的制裁方法。

（三）没收非法财物

没收非法财物,是行政机关将行政违法行为人非法占有的财产和物品收归国有的制裁方法。

（四）责令停产停业

责令停产停业,是行政机关强制命令行政违法行为人暂时或永久地停止生产经营和其他业务活动的制裁方法。

（五）暂扣或者吊销许可证

暂扣或者吊销许可证,是行政机关暂时或者永久地撤销行政违法行为人拥有的国家准许其享有某些权利或从事某些活动资格的文件,使其丧失权利和活动资格的制裁方法。

（六）行政拘留

行政拘留,是公安机关对违反治安管理的人在短期内剥夺其人身自由的一种强制性惩罚措施。由于行政拘留是行政处罚中最严厉的一种,因而法律对其适用作了严格的规定。（本书第七章对此有专门论述。）

（七）收容教养

收容教养,是根据刑法的规定,对那些因不满16周岁不予刑事处罚的未成年人采取的强制性教育改造措施,是一种行政处罚措施。收容教养由当地行政公署以上级别的公安机关审批,由少年管教所执行。收容教养期限一般为1—3年。

（八）工读教育

工读教育,是通过一边劳动工作、一边读书学习的方式,对有违法和轻微犯罪行为而不适于在一般学校受教育的青少年进行的一种特殊教育。其根本目的是,通过半工半读,使这类青少年认识错误,转变思想,成为正常的、积极的社会成员。

（九）强制性戒毒

强制性戒毒措施主要包括社区戒毒、强制隔离戒毒与社区康复。

关于社区戒毒,《禁毒法》有详细的规定。该法第33条规定:"对吸毒成瘾人员,公安机关可以责令其接受社区戒毒,同时通知吸毒人员户籍所在地或者现居住地的城市街道办事处、乡镇人民政府。社区戒毒的期限为三年。戒毒人员应当在户籍所在地接受社区戒毒;在户籍所在地以外的现居住地有固定住所的,可以在现居住地接受社区戒毒。"城市街道办事处、乡镇人民政府负责社区戒毒工作。

强制隔离戒毒也是《禁毒法》规定的戒毒措施之一。强制隔离戒毒决定由公安机关下达,属行政强制措施。强制隔离戒毒的执行目前分别由公安机关和司法行政机关负责。强制隔离戒毒制度统一并取代了此前由公安机关负责的强制戒毒和司法行政机关负责的劳动教养戒毒,它和自愿戒毒共同构成了现阶段我国戒毒措施的基本体系。《禁毒法》第38条第1款规定:"吸毒成瘾人员有下列情形之一的,由县级以上人民政府公安机关作出强制隔离戒毒的决定:(一)拒绝接受社区戒毒的;(二)在社区戒毒期间吸食、注射毒品的;(三)严重违反社区戒毒协议的;(四)经社区戒毒、强制隔离戒毒后再次吸食、注射毒品的。"

《禁毒法》第48条第1款规定:"对于被解除强制隔离戒毒的人员,强制隔离戒毒的决定机关可以责令其接受不超过三年的社区康复。"社区康复参照《禁毒法》关于社区戒毒的规定实施。

(十)收容教育

收容教育,是公安机关依法对卖淫嫖娼人员进行法律、道德教育,组织参加劳动生产,以及性病检查、治疗的行政强制教育措施。收容教育是我国目前治理卖淫嫖娼现象的主要措施,本质上是一种行政强制措施。

第四节　非正式违法矫正措施

非正式违法矫正措施是与正式违法矫正措施相对应的,它也是我国社会中一种常见的、处于发展之中的矫正措施。这些矫正措施的共同特点是没有法律依据,即并非我国法律所设定,而是由地方权力部门(如政府、政法委等)自行创设,多称为"法制教育""学习班"等。

一、非正式违法矫正措施概述

从概念、含义以及现状进行研究,有助于了解我国非正式违法矫正措施的概况。从个别措施的具体运行观察,可窥得当前我国非正式违法矫正措施所探索的科学经验和存在的问题。

(一)非正式违法矫正措施的含义

非正式违法矫正措施,是指特定的机关或机构在法律没有明文规定(授权)的情况下,对特殊的人群进行教育、矫治、改正的活动。由此可见,非正式违法矫正措施的本质是无法律依据的矫正活动。

(二)非正式违法矫正措施的现状

我国在地方省市中不同程度地存在着非正式违法矫正措施,主要针对的群体是有严重不良行为的未成年人和上访者。现存的非正式违法矫正措施主要有以下几个特点:

1. 形式多样

我国现存大量的非正式违法矫正机构,名称多种多样。有的叫作"保安公司",如北京安元鼎保安公司;有的叫作"法制教育中心",如海南省海口市未成年人法制教育中心;有的叫作"上访训诫中心",如河南省非正式上访训诫中心等。

2. 功能特定

非正式违法矫正措施由于没有明确的法律规定,没有严格的矫正范围,多属于地方政府"维稳"或者维持社会治安的"创举"。

3. 兼具官方性和民间性

大部分机构尽管在实质上是非正式违法矫正机构,但是仍有不少官方色彩。比如,部分法制教育中心就是由政府主导建立的,其运行也离不开政府的支持与指导。与此同时,非正式违法矫正机构还具有民间性的特点,主要在于其创立、运行过程中有民间力量的参与。比如,部分保安公司就是由民间力量参与管理的机构。

4. 缺乏合法性

合法性问题是所有非正式违法矫正措施的"硬伤"。非正式违法矫正措施基本上都与基本法存在着冲突,具备限制或者剥夺人身自由的功能,而无法律的明文授权。此外,无论在程序上还是矫正手段上,非正式违法矫正措施都存在着较大的不规范性。

案例 6-2

近日,有河南南阳市民发微博称,其近 70 岁的母亲赴外地上访后,被当地政府工作人员"拘禁"于"南阳市卧龙区非正常上访训诫教育中心"。在河南,南阳、驻马店、邓州、新乡等地均建有类似的"非正常上访训诫教育中心",职能多为对非正常上访人员"进行 24 小时不间断训诫、警告和劝导教育"。这条配有"南阳市卧龙区非正常上访训诫教育中心"图片的微博随即引发网友关注,不少网友质疑其为"新型劳教所"。

图 6-1

2013 年 11 月,中共十八大三中全会决定废除劳动教养制度。时间仅仅过去四个月,当时舆论的欢呼之声犹在耳畔,河南多地却挂起了"非正常上访训诫教育中心"的牌子。拆了"劳教所",建起"训诫教育中心",其实只是换汤不换药,本质还在于限制上访民众的人身自由。网友们直接称其为"新型劳教所"。其实,这种对宪法和法律完全置之不顾的限制公民人身自由的措施,称其为"黑监狱"也不为过。

训诫,作为一个法律术语,是一种较轻的强制措施。最高人民法院1964年1月18日在《关于训诫问题的批复》中指出:人民法院对于情节轻微的犯罪分子,认为不需要判处刑罚,而应予以裁判的,应当用口头的方式进行训诫。河南这些"训诫教育中心"对于信访人的"训诫"显然没有经过法律程序。

当然,国务院的《信访条例》有对"训诫"的相关规定。但是,首先,那是针对违反规定的信访人;其次,"经劝阻、批评和教育无效的,由公安机关予以警告、训诫或者制止",从行文和最高人民法院的批复不难得出结论,这只是在现场进行的一种口头训诫,完全不能扩大成对公民人身自由进行限制的理由。同时,国务院的《信访条例》只是一部行政法规,并无权对公民的人身自由进行限制。《宪法》第37条就明确规定:"中华人民共和国公民的人身自由不受侵犯。任何公民,非经人民检察院批准或者决定或者人民法院决定,并由公安机关执行,不受逮捕。禁止非法拘禁和以其他方法非法剥夺或者限制公民的人身自由,禁止非法搜查公民的身体。"《立法法》和《行政处罚法》对此亦有明确的规定。

国务院的行政法规都没有权力限制人身自由,一个县政府或部门下发的文件显而易见是没有权力限制人身自由的。然而,就是在法律针对限制公民人身自由作了如此严格规定的情况下,河南多地政府部门仅凭"土政策"就公然违法。这甚至在一些地方成了"先进经验":驻马店市政府网站2013年12月24日发布的一条"政务信息"显示,该市正阳县建立"训诫教育中心"是"积极探索依法集中处置非正常上访新路子"。

相比于已经被废除的"劳动教养","训诫"似乎显得更文明、非暴力,本质上却是"一丘之貉"。毫无疑问,没有任何法律依据建立起来的"非正常上访训诫教育中心"限制信访人的人身自由,干的就是"黑监狱"的勾当。对于这种公然违背宪法和法律的行为,更高一级的相关部门不能无视。①

二、个案考察:海南省海口市未成年人法制教育中心②

海南省海口市未成年人法制教育中心是典型的非正式违法矫正机构,以下将对该中心的基本情况进行详细介绍。

(一)中心概况

海口市未成年人法制教育中心是由海口市司法局主管的过渡性教育矫治机构,用于对海口市有违法犯罪不能刑事处罚、轻微违法以及有严重不良行为的未成年人进行

---

① 参见倪春:《河南"非正常上访训诫中心"实乃"黑监狱"》,http://news.ifeng.com/opinion/wangping/xunjiezhongxin/,2015年4月15日访问。

② 参见http://www.hkfzjy.com/,2015年5月1日访问。

教育矫治,预防和减少未成年人违法犯罪,保护未成年人健康成长,保障未成年人的合法权益,维护社会秩序,促进社会和谐发展。海口市未成年人法制教育中心于2009年3月10日正式启动,成为未成年人教育矫治的主要基地。

中心设主任1人,副主任3人,下设"一队四组":警戒护卫队主要负责中心的一线及二线警戒、安全保卫工作;教育矫治组负责对学员进行心理矫治以及文化、法制教育;培训辅导组负责对学员进行培训,包括:"一守则两规范"培训、队列、作风纪律及行为养成培训,技能培训;学员管理组负责办理进出中心学员手续,管理学员档案以及学员生活卫生;行政后勤组负责中心的行政事务及保障工作。中心现有工作人员38名,其中借用劳教所干警14名,聘用教官13名,其他勤杂人员11名。另有4个公安分局各派2名女民警或协警每天2人轮流参加值班。中心主要接收已经构成违法犯罪、多次触犯《治安管理处罚条例》,但是按照法律规定不进行刑事和治安处罚的12—17周岁的未成年人。

自建立以来,中心累计接收1375名学员(截至2014年3月24日),有1350人回归社会。同时,中心定期或不定期地对500名学员进行了家访和电话回访,坚持长期跟踪帮教学员150名。结业回校继续完成九年制义务教育的有126人,就读各类职业学校的有163人,就业的有114人,其他97人。在跟踪帮教的150名学员中,回校继续完成九年制义务教育的有52人,其中5人考上大学;就读各类职业学校的有41人;就业的有32人,其中中职毕业就业7人;其他30人。其中,强制生135名,自愿生15名。结业后重新违法犯罪的仅10.9%,低于全国同类机构。

(二)服务宗旨与理念

海口市未成年人法制教育中心的核心理念是"践行使命、求实创新、矫治育人、打造和谐、追求卓越"。中心的工作口号是"进来一个,变好一个,成功一个"。中心强调帮教态度,坚持做到"三个对待":对待学员要像父母对待子女,像医生对待病人,像老师对待学生;对学员教育做到"三心":爱心、细心、耐心。中心的教育目标是"坚持教育和矫治相结合,训练和辅导相结合,将学员转化为心理行为正常、法制观念增强、综合素质提高的有用之才"。中心以"没有教不好的学员,只有不称职的教官"作为自己的教育理念。

在品牌打造方面,中心以自身为依托,以教育矫治违法犯罪及轻微违法犯罪未成年人为目标,建立综治、工、青、妇、关工委、宣传、文化、教育、司法、公安、社区、村(居)委会等部门的大矫治机构,整合社会资源,构建中心、家庭、学校、社会四教互动的教育矫治模式,技能培训、九年制义务教育为一体的教育平台,实现帮教工作向中心外延伸,法制教育向社会延伸。

(三)管理规定

为了对学员实行依法管理、严格管理、文明管理、科学管理,促进学员矫正恶习、转变思想,提高教育改造质量,维护场所安全稳定,海口市未成年人法制教育中心制定了相关的管理规定。中心坚持"教育为主,习艺性劳动为辅"的原则,实行半日学习、半日习艺劳动的制度,实行准军事化管理。以下对具体的管理规定进行介绍:

1. 接收工作

中心依据有关规定,负责接收有违法犯罪、轻微违法以及有严重不良行为的学员。中心接受的对象主要有两种:(1)由公安及司法机关强制送来的符合下列条件的人员:不满14周岁的少年,严重违反治安管理,不予处罚的;已满14周岁不满16周岁的少年,因严重违反治安管理,不执行行政拘留的;已满16周岁不满18周岁的少年,因初次严重违反治安管理,不执行行政拘留的;有其他严重危害社会不良行为,不予治安处罚,不能进行少教、不够刑事处罚的12—17周岁的未成年人;判处非监禁刑罚、判处刑罚宣告缓刑、假释的未成年人;有违法行为的流浪未成年人。(2)符合家长、个人、学校自愿条件的12—17周岁未成年人。中心凭公安机关的法制教育决定书、法制教育情况登记表接收学员。对没有上述文书或与实际不符的,不予接收。

对于下列人员不予接收:16周岁以上的少年;精神病人;呆傻人;盲、聋、哑人;严重病患者;吸毒人员;丧失劳动能力者。

对于接收的学员,中心根据实际情况,按照下列要求分别编班管理:按性别分别编班;新接收人员和即将学习结束的学员,分别编班;团伙或同案学员,分别编入不同班组。

2. 学员的通信、会见权

按照规定,学员来往信件不受检查。但是,来往的信件须由中心统一登记、收发,发信地址应按中心的规定填写,信件内不得夹带违禁品。

学员可按规定给亲友(直系亲属)拨打亲情电话。其他时间,未经中心领导批准,学员不得与亲友通电话。经批准,学员还可以与国外、境外亲属通话,但是通话时应有民警在场,不得使用隐语或外国语。

此外,学员还有会见权。中心允许学员会见其直系亲属。但是,受到处罚的学员原则上不准会见亲属,特殊情况须经中心主任批准。会见应在会见室或指定地点进行,不被旁听,但应在民警视线之内。会见人不得随意送物品给学员。属特殊情况的,经中心主任批准,可给患病者送少量药品或营养品。

3. 生活卫生管理

按照规定,学员的生活水平应当以保证其身体健康发育为标准。在饮食方面,中心应当合理配膳,保证学员在学习教育期间吃饱、吃得卫生。对有特殊饮食习惯的少数民族学员,应当单独设灶配膳;对生病者,在伙食上给予照顾。

学员以班为单位住宿,一人一床,其生活必需用品由中心发放。中心保证学员每天的睡眠时间不少于八小时。学员在宿舍卫生方面要做到"五净"(地面净、床铺净、门窗净、四壁净、物品净),个人卫生要做到"三勤"(勤洗澡、勤洗手、勤洗晒衣被)、"三不"(不随地吐痰和便溺,不留长发、长指甲、蓄胡,不乱丢杂物)。同时,禁止吸烟、喝酒。

中心建立健全卫生防疫制度,积极开展卫生防疫工作。中心定期对学员进行体格检查,对因医疗条件限制不能处理的病(伤)者,及时转送有条件的医院进行医治。

4. 场所安全管理

场所安全管理工作主要是为了防止学员逃跑,防止学员在场所内重新作案,防止学员自杀、闹事、骚乱、暴动等重大事故,以及防止外界不法分子袭扰、破坏。中心定期召开安全工作会议,分析学员思想动态,研究制定监控力量的使用和管理、重点人员摸底、排查和夹控等制度。

在硬件上,中心定期进行安全检查。中心每月组织人员进行至少一次检查,检查重点是防护门窗、学员物品柜、保管房、洗漱间、习艺场地及消防设施等,并做好记录;同时,采取定时和突击检查相结合的方法,对学员身体、"三大现场"进行安全检查。

此外,中心组织巡逻队,定期或不定期开展安全检查,查找不安全因素,收缴各种违禁品。对习艺劳动使用的工具,中心指定人员妥善保管,严禁学员带回宿舍。

在中心大门的进出管理上,中心加强对外来人员和车辆的登记、检查和管理工作,任何外来人员和车辆未经许可不得进入大门。

中心还与当地人民政府、驻军、武警、企事业单位、民兵组织、公检法司部门建立联系,共同协商制订联防方案,并经常通报情况,确保场所安全。

5. 班级管理

将学员分成不同班级后,中心民警深入学员活动现场,实行面对面的管理,组织学员进行训练、学习、劳动、文体活动,掌握他们的思想动态和学习情况,处理学员之间发生的各种纠纷和突发事件。

此外,中心建立和管理学员档案,建立必要的簿册、表、卡,指定专人负责收集、整理、保管,做好簿册基础资料的积累、使用、归档工作。

6. 民警值班管理

中心每天(24小时)必须有民警值班,主要任务是掌握学员出入生活院区的情况,检查学员内务卫生和日常纪律,及时处理学员中出现的问题,防止学员逃跑事件的发生,维护正常的管教秩序。

值班民警必须着装整齐,佩带必要的通信设备,并亲自掌握学员宿舍门钥匙。未经中心领导批准,一律不准学员离开管理区域。学员进出生活院区的情况也应由民警进行记录。民警要督促学员按时作息和搞好内务卫生,组织学员出操,严禁私放私带学员外出。

民警应深入学员学习教育、生活、习艺劳动现场,做好对学员当天的学习、生活、习艺等方面的管理、考核工作,并做好记载。民警应认真履行职责,加强巡查,落实晚点名、查房查铺制度。此外,严禁民警值班时睡觉和脱岗。

7. 学习结业管理

中心对学习期满,考核合格的学员应及时办理结业手续。中心在学员学习期满前要进行遵纪守法和形势教育,每位学员要写好个人学习总结,表明自己对原违法错误的认识和结业后的打算等。中心要给出恰如其分的结论意见。

对即将学习结束的学员,中心教育矫治组应提前半个月作出鉴定,填写未成年人法制教育结业鉴定表并交由中心领导批准。中心管理组应及时填写法制教育学习结业通知书并通知原审批机关。与此同时,中心要及时联系和告知学员家属。经批准结业的学员,中心管理部门应按时颁发法制教育学习结业证明书,向其本人宣布并发给本人。对已宣布结业的学员,中心要适时登记,办理出班手续,发还由中心代管的票据、财物,结清账目;家庭确有困难的,可适当解决路费。

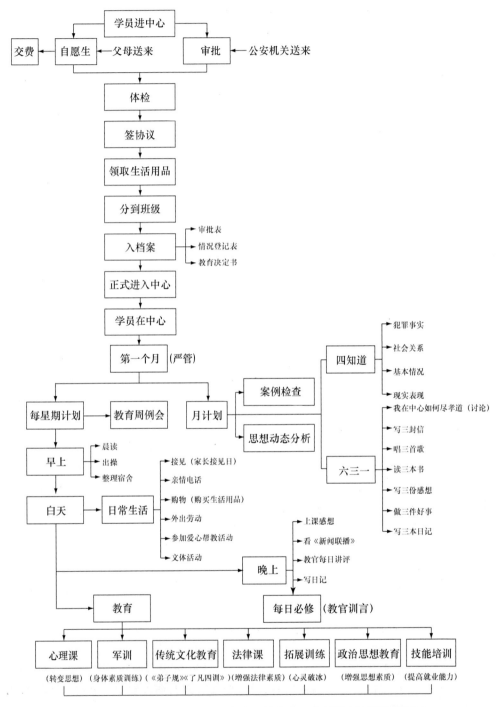

图 6-2 海南省海口市未成年人法制教育中心法制教育流程图(部分)

表6-1 海南省海口市未成年人法制教育中心2013年课程表①

时间内容\星期	早读 07:45 至 08:30	上午 09:00 至 11:30	中午 12:30 至 14:00	下午 14:30 至 16:30	习艺 16:30 至 17:45	讲评 19:30 至 20:00	晚上 20:00 至 21:30
星期一	早读	团体心理辅导	午休	军训 个体心理辅导	轮流安排室外活动	晚讲评	看《弟子规》影片
星期二	早读	周会 周思想动态分析 学员思想品德		军训			晚自习
星期三	早读	传统文化		传统文化			写感想
星期四	早读	音乐 教育考核 会见		军训 会见			看《弟子规》影片
星期五	早读	预防犯罪法		圣贤文化教育 个体心理辅导			晚自习
星期六	早读	观看教育影片		休息			看《弟子规》影片
星期日	早读	休息		内务卫生			休息

1. 起床:06:20;洗脸:06:20—06:30;内务卫生:06:30—06:50
2. 早餐:07:20—40;中餐:11:45;晚餐:17:45
3. 出操:06:50—07:20;16:30—17:45
4. 早读:07:45—08:30;上课:09:00
5. 午休:12:30—14:00
6. 每日习艺生产:16:30—17:45
7. 看电视:18:30—19:30
8. 晚讲评:19:30—20:00
9. 晚自习或看影片:20:00—21:30
10. 晚休憩:20:00准备铃;20:30熄灯

(四)矫正实践的理论视角

"法制教育"这样一种海口市政法委创设的"强制性教育措施"具有严厉惩罚和严密法网的特点,所体现的是对未成年人违法犯罪行为的零容忍政策。关于对这样一种

---

① 参见海南省海口市未成年人法制教育中心网,http://www.HKfzjy.com/,2014年5月1日访问。

专门针对未成年人的政策应当如何评价,西方犯罪学中的两种理论提供了理性分析的视角。

1."当头棒喝"理论

从形式上看,强制法制教育颇为符合英国少年法所谓的"短促而尖锐之震撼"措施(short-sharp-shock)理论的解释。这种理论认为,对于秉性顽劣的少年,警告或者指示没有功效,必须给予少年突然的冲击,使其猛然觉醒,促使其改过迁善,矫治恶性,才有功效。① 从这一理论的基本含义来看,更为恰当的中文表述似乎应是"当头棒喝"理论。

"当头棒喝"理论得到具体运用的一个例证是德国《少年法院法》所规定的少年禁闭措施。在该法中,少年禁闭(jugendarrest)属于惩戒处分的一种,也是最严厉的惩戒处分措施,分为业余时间禁闭(freizeitarrest)、短期禁闭(kurzarrest)和长期禁闭(dauerarrest)三个级别。② 什么样的措施属"短促而尖锐之震撼"? 德国《少年法院法》所规定的少年禁闭措施提供了一个参照的样本。根据该法的规定,少年禁闭的时间最长为四周,此可谓"短促"的边界;执行方式具有剥夺人身自由的特点,可谓"尖锐"。

对什么样的未成年人可以采取"当头棒喝"的措施? 按照该理论的解释,"秉性顽劣的少年"。那么,何为"秉性顽劣的少年"? 德国《少年法院法》的规定也具有参照的作用。根据该法的规定,少年禁闭所适用的对象是构成刑事犯罪的少年。该法所规定的少年禁闭措施是一种介于教育处分和刑事处分之间的中间措施,在某种程度上具有刑罚替代措施("以轻代重")的功能。就海口市对触法未成年人所适用的强制性法制教育而言,其适用对象为所有触犯了《刑法》《治安管理处罚法》,具有危害社会行为的未成年人。这样的适用对象范围要大大宽泛于德国《少年法院法》所界定的适用少年禁闭措施的范围,且具有"以重代轻"的特点。

就法制教育的时间而言,一般为三个月至六个月,如果因为违反中心管理规定等原因,时间还可能延长。即便是最短的三个月,也远远长于德国《少年法院法》所规定的少年禁闭措施中的长期禁闭时间。如果从期限长短比较,海口市法制教育似乎并不符合"短促"的特点。但是,相对于劳动教养、收容教养等以"年"为收教时间单位的强制教育措施,法制教育似乎又更接近"短促"的要求。就矫正措施的执行而言,海口市未成年人法制教育中心的做法是符合"当头棒喝"理论的。

2."破窗"理论

1982年3月,美国哈佛大学的两位学者威尔逊(James Q. Wilson)和凯林(George L. Kelling)在《大西洋月刊》上发表了一篇题为《"破窗"——警察与邻里安全》的文章,首次提出了"破窗"理论(Broken Windows Theory)。该文以"破窗"为喻,形象地说明了无序的环境与某些犯罪之间的关系。即如果一个公共建筑物的一扇窗户损坏了,并且没有得到及时修理,该建筑物的其他窗户很快也会被损坏,因为坏的窗

---

① 参见沈银和:《中德少年刑法比较研究》,台湾五南图书出版公司1988年版,第163页。
② 同上。

户表明没有人关心它,那么损坏其他更多的窗户也不会有什么不良的后果。作者据此指出,公共场所或邻里街区中的乱扔垃圾、乱涂乱画、打架斗殴、聚众酗酒、强行乞讨等较小的无序行为和破窗一样,如果得不到及时整治,就会导致社会控制力的削弱,从而引起更加严重的无序甚至犯罪;而如果警察和社区能够积极地干预这些可能诱发犯罪的无序行为,就可以有效地控制、预防和减少无序行为的累积和某些犯罪的发生。①

"破窗"理论与中国传统文化中的"防微杜渐"思想存在相似之处。根据"破窗"理论,一个合乎逻辑的推论是,对轻微违法行为予以重罚可产生防止更严重犯罪发生的效果。不过,必须注意的是,尽管"破窗"理论在犯罪控制中的实际运用会在形式上呈现这样的特征,但其实质是更强调通对环境"无序性"的整治以达到预防更严重犯罪的目的。

根据"破窗"理论,海口市对未成年人轻微违法犯罪的零容忍立场,对轻微违法犯罪未成年人采取三个月"短平快"式法制教育的"特别"警务方式,可以产生预防更严重犯罪、维护社会秩序的积极效应。据官方称,中心建立后,海口市犯罪率有所下降,这样的效应似乎并非虚构。

（五）矫正模式之特征

第一,走出了我国矫正有严重不良行为未成年人的第三条路。我国矫正有严重不良行为未成年人的路径主要有两条,第一条主要是靠教养②(主要包括收容教养),第二条是靠工读教育。海口市走出了除此之外的第三条路,即法制教育。这种新模式有以下几个特点:一是强制性与自愿性相结合。法制教育不完全是强制性的,还有自愿的,中心既有强制生也有自愿生。二是教育时间远低于教养和工读教育的时间。法制教育一般只有三个月,"二进宫"的为六个月,最长不超过一年。三是相对于教养和工读教育而言,法制教育的"标签效应"要低得多,也更有利于受过矫正的未成年人重新融入社会。

第二,避免了限制或剥夺人身自由的教育矫治措施较常出现的弊端,最典型的弊端就是:表面上讲教育、感化、挽救,实际上是以安全和生产为主,教育矫治往往被摆在末位。中心真正做到了以教育矫治为中心,最大限度地避免了法制教育的异化,为其他同类型教育矫治措施的完善提供了很好的借鉴作用。

第三,"对症下猛药"。中心在教育方式上真正贯彻了"教育为主、惩罚为辅"的原则,充分发挥了由司法行政部门管理的优势,保持了必要的"刚性"。这对于矫治有严重不良行为未成年人是十分必要的,解决了我国多年来对于有严重不良行为未成年人矫治的一个难以破解之题。

第四,"对症下良药"。具体来说,就是针对有严重不良行为未成年人所普遍存在的道德养成的缺失、行为规范的缺失、情感关怀的缺失这三个共性,有针对性和创造性

---

① 参见李本森:《破窗理论与美国的犯罪控制》,载《中国社会科学》2010年第5期。
② 劳动教养制度在废除前也是主要的矫正措施。

地运用了传统文化教育（尤其是讲授《弟子规》）、以拓展训练为代表的心理矫治,用家庭式的关怀、严父型的教育方式、军事化的管理模式进行矫治,收到了非常好的效果。它找准了有严重不良行为未成年人的症结,对症施教,"下良药"。

第五,重视对结业学员的延伸教育,即墙内外结合的社会化教育矫治帮教模式。这种延伸教育有三点特别值得肯定:一是"结业事不了",把"爱的教育"方式延伸到了大墙之外,仍然保持与结业学员的联系和回访,用学员在中心接受教育期间所培养出来的对教官、中心的感情、信任,再送孩子们一程。这一点非常重要,它符合有严重不良行为未成年人的行为矫治规律。二是非常注重亲职教育,即注重对家长进行如何成为一个合格称职的好家长的专门化教育。中心针对孩子问题都是父母问题的折射、孩子容易教而父母难教的症结,采取了许多难能可贵的措施。比如,孩子在中心接受法制教育的同时,中心把教育延伸到家长,有计划、有措施、有重点地提升父母的教子水平,每半个月对家长进行一次集中教育,采取有针对性的方式帮助这些父母提高亲子教育能力,改善父母的教育模式,修复孩子与父母之间的亲子关系。三是特别注重结业学员的就学就业问题,只有做好了结业后的就学就业工作,孩子才能真正稳定好、教育好。

（六）存在的问题与建议

海口市未成年人法制教育中心所探索的针对未成年人的矫正经验,总体上是值得借鉴的。但是,作为非正式违法矫正措施,中心也存在一些有待进一步完善的地方。

1. 合法性问题

作为非正式的违法矫正措施,法制教育和其他措施一样,缺乏足够的法律依据。因此,应该在法制教育的法律依据、合法性方面表述得更为完善,在法制教育的适用程序、法制教育对象的选择上加以完善。比如,进来的学员及其家长都要签一个自愿协议,不仅家长要签（如果没有家长,其他监护人也行,监护人不明的也要想办法,比如让学校、居委会、村委会等签）,学员自己也要签,不肯签的要做好劝说工作,因为有了这个协议也就有了很强的说服力和合法性。另外,对于流浪、流窜的有严重不良行为未成年人,可以借鉴上海的做法,在社会救助的名义下进行保护性、救助性的法制教育。

2. 规范化问题

中心在法制教育的程序、证据标准和收容标准方面应当加以规范。目前,有些个案在程序上稍微有点粗糙,在证据标准的适用上并不统一,程序也有不规范之处。部分公安机关甚至把法制教育当成变相刑事强制措施用——证据收集还不够、时间不够用的,先将其放在中心,隔三差五再提审,条件成熟时再将其转捕。为解决这些问题,中心应当在充分研究的基础上出台一份正式的规定。

3. 关于在校生的问题

目前,中心还没有开展义务教育。那么,在校生突然休学三个月接受法制教育,是否与《义务教育法》相冲突?是否耽误学习?还能不能继续读书?如何弥补?怎样弥补得更好一些?这些问题都值得思考,建议尽量减少中断未成年人社会化进程的做法,对在校生慎用法制教育。

4. 要注意避免惩罚过度并完善相关管理规定

完善可以从中心的形象入手,如果中心首先在外观上办得更像一个寄宿制学校,而不是劳教所、戒毒所,可能更为合适。此外,要完善相关管理规定,避免学员之间的欺凌现象,并严格规范教官的管教方式。对待女学生的特殊管教方式也应当完善。

案例 6-3

他们是一群十几岁懵懂不知事的未成年人,如春天之花蕊,含苞待放,却偷盗、抢劫、寻衅滋事,身上沾满"灰尘"。近一两个月,他们被陆续送到海口市未成年人法制教育中心,接受教育感化,感受关爱和温暖。

15周岁的吴文(化名),性格腼腆,话说到激动时,眼睛里常闪着泪光。2009年春节后,他多次重复着一串动作:翻窗入室、拿钱、手机、电脑,然后得手出户。在被警察抓到时,他和同伴已经一起作案10余次,作案金额达20余万元,足迹遍及海口多个住宅小区。警察在抓到这些未满16周岁但又涉嫌违法犯罪的问题少年时,往往犯难:一方面,不能给予其刑事处罚;另一方面,不管他们的话,他们会不知悔改,重犯错误,给社会造成危害。

为此,3月初,作为海口一项民心工程,海口市未成年人法制教育中心成立,用于对海口违法犯罪但未满16周岁及12—17周岁有轻微违法以及有严重不良行为的未成年人进行教育矫正,教育期为3个月。吴文、阿明等29名问题少年,陆续来到了海口市未成年人法制教育中心,接受教育。这29名未成年人里,抢夺的14人,盗窃的11人,寻衅滋事的2人,非法持有管制刀具的2人。

对于这些问题少年的教育矫正,海口市未成年人法制教育中心设计了一整套课程:开展队列训练、"一守则两规范"教育、道德教育课(传统文化《弟子规》《了凡四训》等)、法制教育课、扫盲课、心理咨询课、青少年心理卫生知识课、文体活动课。

中心5月12日的日程表显示,学员们早上6点半起床,7点40分早读,读《弟子规》,9点队列训练,11点30分吃午饭后午休,下午2点半至下午5点上课、习艺(编手链),晚上看电视,并进行个人一天总结。

"中心的教育注重利用社会资源,公开征集爱心人士来帮教,注重对学员进行心理矫治,注重社会课堂、家庭课堂与实践课堂,注重用爱心培育和人性化管理。"海口市未成年人法制教育中心政委李启雄介绍。

4月以来,20多名爱心志愿者陆续走进了中心,开展帮教。一名没有监护人的学员得到爱心人士的亲情认领和帮教。曾经是失足少年的成功人士朱先生,作为爱心人士主动到中心开展现身说教。省企业家协会派人到中心为学员免费提供就业培训。中心与海口经济学院心理学教授还共同研究制订了一套专门针对"问题少年"的心理矫治方案,并已经向省教育厅申报为省科研项目。同时,心理辅导专家每周对学员进行个体心理辅导,并开展拓展训练及社会活动等。

初到中心时,吴文曾试图逃跑。不过,来到中心 2 个月后,他准备认真上完还剩 1 个月的教育课,并申请当了纪律委员。"刚来的时候以为是坐牢,所以很怕。"吴文说,"在这里学了很多东西,真后悔以前做了那么多错事,出去后一定会好好做人。"

吴文认为自己变化挺多:刚来的时候觉得偷东西不是犯罪,现在学了法律课,懂得了很多法律知识;以前不觉得父母养育自己辛苦,现在每每唱中心教的《跪羊图》等时,就忍不住心酸,觉得对不住父母,在母亲节读给母亲的一封信时,情不自禁地哭了起来;以往厌学,如今觉得不读书就不能成才,所以以后会认真读书……[①]

第五节 被废除的违法矫正措施:劳动教养

劳动教养制度曾是我国重要的违法矫正措施,其存在与废除都饱受争议。本节将就劳动教养的一些基本问题进行详细论述,并深入分析废除劳动教养制度的原因。

一、劳动教养概述

劳动教养作为一种违法矫正措施,其产生有着特定的历史背景。界定劳动教养的概念是研究劳动教养制度的起点,回顾劳动教养的发展历程是研究该制度的重要途径。

(一)劳动教养的概念

劳教,即劳动教养措施,是一项以限制人身自由为主要手段的强制性的矫正措施。作为新中国成立以来颇具特色的矫正措施,劳动教养有着鲜明的历史烙印。学界认为,劳动教养源自于我国古代的"教养兼施"。作为源自于中国传统社会的救助办法,"教养兼施"原指救助贫民时兼顾生活救助和职业培训。但是,随着晚清时期的西潮冲击和社会变迁,"教养兼施"的强制、惩戒和改造含义日益浓厚。这对近代中国的慈善救助事业产生了实际影响,一系列"教养兼施"机构开始出现。新中国成立后实施的劳动教养制度,便是从"教养兼施"的理念和实践逐步演变而来的。[②] 从《劳动教养试行办法》中,我们可以直观地看到:"劳动教养,是对被劳动教养的人实行强制性教育改造的行政措施,是处理人民内部矛盾的一种方法。"

(二)我国劳动教养制度的历史发展

劳动教养制度之所以能成为长期以来我国一项重要的社会管理制度,担负违法领域重要的矫正功能,是其特殊的历史背景的。中共中央于 1955 年 8 月 25 日发布的

[①] 参见罗霞:《海口未成年人法制教育中心用爱温暖失落的心》,http://www.hinews.cn/news/system/2009/05/14/010477986.shtml,2015 年 4 月 20 日访问。

[②] 参见黄鸿山、王卫平:《从"教养兼施"到"劳动教养":中国劳动教养制度起源新探》,载《河北学刊》2010 年第 3 期。

《关于彻底肃清暗藏的反革命分子的指示》中明确指出:"对这次运动中清查出来的反革命分子和其他坏分子,除判处死刑和罪状较轻、坦白彻底或因立功而继续留用的以外,分两种办法处理。一种办法,是判刑后劳动改造。另一种办法,是不能判刑而政治上又不适用于继续留用,放到社会上去又会增加失业的,则进行劳动教养,就是虽不判刑,虽不完全失去自由,但亦应集中起来,替国家做工,由国家给予一定的工资。"该指示是劳动教养制度产生的文件依据,标志着劳动教养制度的产生。也正是由于党中央的高度重视,劳动教养制度在创制之初就充满了政策色彩。随后,党中央于1956年1月10日正式发布了《关于各省、市应立即筹办劳动教养机构的指示》,对劳动教养的性质、任务、指导原则、审批权限、领导和管理等问题作了原则性的规定。此后,劳动教养机构陆续在全国各地建立,劳动教养制度的实施全面展开。1957年8月3日,经全国人大常委会批准,国务院公布了《关于劳动教养问题的决定》,对该决定中规定的四类人实行劳动教养。这是我国第一部劳动教养法规。1979年12月5日,经全国人大常委会批准,国务院公布了《关于劳动教养问题的补充规定》,并重新公布了《劳动教养试行办法》,对劳动教养的具体实施作了详细规定。此后,全国人大常委会又根据社会治安领域出现的一些新问题,在1986年通过的《治安管理处罚条例》、1990年通过的《关于禁毒的决定》、1991年通过的《关于严禁卖淫嫖娼的决定》等法律中对劳动教养的对象作了扩大规定。此外,一些行政法规、司法解释及有关规范性文件也对劳动教养工作作了补充,如1989年国务院发布的《铁路运输安全保护条例》,最高人民法院、最高人民检察院、公安部、司法部联合发布的《关于处理反动会道门工作中有关问题的通知》等。之后,我国又相继颁布了一些与劳动教养相关的法律文件:《关于进一步做好刑满释放、解除劳教人员促进就业和社会保障工作的意见》(2004年2月6日颁布)、《关于在服刑人员中开展普法教育年活动的实施方案》(2004年3月13日颁布)。

2013年11月15日公布的《中共中央关于全面深化改革若干重大问题的决定》提出,废止劳动教养制度。同年12月28日,第十二届全国人民代表大会常务委员会第六次会议通过《全国人民代表大会常务委员会关于废止有关劳动教养法律规定的决定》,标志着劳动教养制度的彻底废止。

二、劳动教养的性质

在劳动教养制度建立之初,劳动教养既是对被劳动教养的人实行强制教育改造的一种措施,也是对他们进行安置就业的一种方法。其主要目的是,把游手好闲、违反法纪、不务正业的有劳动力的人,改造成为自食其力的新人,以维护公共秩序,有利于社会建设。① 到了20世纪80年代,劳动教养制度得到进一步发展,其性质也发生了变化。1982年1月由国务院转发、公安部发布的《劳动教养试行办法》规定:"劳动教养,是对被劳动教养的人实行强制性教育改造的行政措施,是处理人民内部矛盾的一种方

---

① 参见国务院1957年公布的《关于劳动教养问题的决定》。

法。"此时的劳动教养较之建立之初,主要有以下三个变化:第一,将劳动教养界定为一种行政措施;第二,不再将劳动教养作为对被劳动教养的人进行安置就业的一种方法;第三,明确提出劳动教养是处理人民内部矛盾的一种方法。1992年,司法部发布了《劳动教养管理工作执法细则》,规定劳动教养人员要按照"教育、感化、挽救"的方针,实行强制性的教育改造。1995年,国务院在《关于进一步加强监狱管理和劳动教养工作的通知》中又规定,"劳动教养所是国家治安行政处罚的执行机关"。这实际上既重申了劳动教养是一种教育改造措施,又首次确认了劳动教养也是一种治安行政处罚措施。①

关于劳动教养究竟是属于何种性质的强制措施,目前我国法学界仍然存在争论,主要有以下几种观点:②

第一种观点认为劳动教养是"强制性教育改造的治安行政处罚措施"。这种观点认为,劳动教养作为我国法律制裁的一种形式,本身是具有强制性的;在强制性的前提下,把被劳动教养的人改造成对社会有用之人,是劳动教养所追求的目的;这种强制性的教育改造,属于治安行政处罚或者治安行政处罚措施的范畴。

第二种观点认为劳动教养是"行政处分或处罚"。这种观点认为,1981年全国人大常委会《关于处理逃跑或者重新犯罪的劳改犯和劳动人员的决定》以及1990年和1991年全国人大委员会《关于禁毒的决定》和《关于严禁卖淫嫖娼的决定》规定劳动教养是一种行政处分;1991年国务院办公室发布的《中国的人权状况》白皮书明确提出劳动教养是行政处罚,从近年来我国劳动教养的实际情况来看,1957年国务院《关于劳动教养问题的决定》中规定的四种现象有的已不再需要劳动教养。现实中,被决定劳动教养的对象绝大多数是不够刑事处罚或不需要刑事处罚而治安处罚又失之过轻的违法犯罪人员。所以,劳动教养这一手段实际上已逐步从行政强制措施变成一种行政处罚,是打击犯罪分子的一种行之有效的刑事处罚的辅助手段。

第三种观点是"变相刑事处罚"说。这种观点认为,尽管立法上把劳动教养的性质规定为"强制性教育改造的行政措施",但它事实上已演变为一种"变相刑事处罚"。其理由是:从期限的长短来看,劳动教养的期限一般为1—3年,必要时延长,累计不得超过1年。作为刑罚主刑的拘役的期限为1个月以上6个月以下,数罪并罚最高不超过1年;管制的期限为3个月以上2年以下,数罪并罚最长不能超过3年;有期徒刑的最低期限是6个月。可见,劳动教养的期限比拘役、管制长,最低期限比有期徒刑长。从执行的方式来看,劳动教养与拘役和有期徒刑大同小异。从限制人身自由来看,它们之间没有多大区别。从法律规定和社会观念来看,劳动教养人员可以注销城市户口,强制留场就业;社会上,人们往往把劳改、劳教相提并论,称"两劳"人员,受过劳动教养处罚的人与受过劳动改造处罚的人一样,回到社会后可能受到歧视,在生活、学习、就业诸方面困难重重。因此,劳动教养同罪犯的劳动改造没有多大区别,是一种"变相刑

---

① 参见关保英主编:《行政处罚法新论》,中国政法大学出版社2007年版,第55页。
② 同上书,第55—56页。

事处罚"。

第四种观点是"强制性教育改造措施"和"行政处罚"说。这种观点认为,综观劳动教养的历史变革,对被劳动教养的人实行"强制性教育改造"是劳动教养的本质属性,始终占主导地位,对被劳动教养的人给予"行政处罚"是20世纪80年代以来表现的一种属性;对劳动教养的性质,可以采取"强制性教育改造措施"和"行政处罚"这种分层次表述的方法。

第五种观点是"保安处分"和"非刑罚性强制性教育改造处分"说。持这种观点的人从我国劳动教养的现实矛盾及其发展趋势着眼,借鉴国外保安处分的理论与实践,指出我国劳动教养制度除具有处罚和治安管理处罚的目的以外,其最根本的目的应该是进行防卫,因而劳动教养的性质应是"保安处分"或"非刑罚性强制性教育改造处分"。

劳动教养的性质究竟是什么?我们认为,不能一概而论。事实上,在不同的历史阶段,劳动教养扮演的角色有所区别。从政策性措施到法定措施,劳动教养的性质也发生了相应的变化。因此,劳动教养既不是纯粹的行政处罚措施,也不是纯粹的刑事处罚措施,而是一种兼具行政处罚和刑事处罚性质的具有中国特色的措施。然而,这仍然不能完全揭示劳动教养的本质。我们认为,在大矫正观的视角下,劳动教养应当属于大矫正制度框架下的一种矫正措施。此外,理解劳动教养的性质应当注意辨析以下三个问题:

首先,劳动教养不完全同于行政处罚,主要表现在以下几方面:(1)法律依据不同。劳动教养适用的是国务院《关于劳动教养问题的决定》《劳动教养试行办法》等法规,而行政处罚适用的是《行政处罚法》。(2)适用的对象不同。劳动教养适用的对象是严重违反治安管理,屡教不改,尚不够刑事处分的人,或者构成犯罪但不需要判处刑罚的人;而行政处罚适用的是违反《治安管理处罚法》的人。(3)有权决定的机关不同。劳动教养由劳动教养委员会决定,而行政处罚则直接由公安机关决定。(4)执行的方式不同。劳动教养的执行场所为司法部门管理下的劳动教养所;而行政处罚则根据不同的处罚种类有不同的执行方式,其中行政拘留是在公安机关管理下的拘留所执行。(5)主要内容不同。劳动教养以限制被劳动教养人的人身自由为主要内容,并进行劳动教育改造活动;而行政处罚不但有限制人身自由的行政拘留,还有罚款、警告、责令停产停业等措施。

其次,劳动教养不完全同于刑事处罚,主要表现在以下几方面:(1)法律依据不同。劳动教养适用的是国务院《关于劳动教养问题的决定》《劳动教养试行办法》等法规,而刑事处罚适用的是《刑法》。(2)适用的对象不同。劳动教养适用的对象是严重违反治安管理,屡教不改,尚不够刑事处分的人,或者构成犯罪但不需要判处刑罚的人;而刑事处罚适用的对象是实施了犯罪行为,依法被审判机关判处刑罚的人。(3)程序要求不同。劳动教养的程序性较弱,没有专门适用的程序法;而刑事处罚则应当依据《刑事诉讼法》,在立案、侦查、起诉、审判和执行阶段都有严格的程序要求。

(4)有权决定的机关不同。劳动教养由劳动教养委员会决定,而刑事处罚只经人民法院审判决定。(5)执行的方式不同。劳动教养的执行场所为司法部门管理下的劳动教养所;而刑事处罚一般由监狱负责执行,部分在看守所执行。

最后,不可否认的是,劳动教养虽然与行政处罚、刑事处罚有一定的区别,但是也有一定的相同之处。(1)劳动教养的惩罚性、严厉性与刑事处罚相似。1979年国务院发布的《关于劳动教养的补充规定》规定:"劳动教养的期限为一年至三年。必要时得延长一年。"由此可见,以限制人身自由为内容的劳动教养的严厉程度并不亚于刑事处罚。①(2)官方表示劳动教养属于行政处罚措施。1957年的《关于劳动教养问题的决定》、1982年的《劳动教养试行方法》以及2006年的《治安管理处罚法》都认为劳动教养是"强制性教育行政措施"。可见,劳动教养具有一定的和行政处罚相同的行政性。1991年国务院办公室发布的《中国的人权状况》白皮书更是明确提出,劳动教养是一种行政处罚。这表明,劳动教养与行政处罚是具有一定联系的。

综上所述,劳动教养既不是纯粹的行政处罚,也不是纯粹的刑事处罚,它是兼具行政处罚和刑事处罚双重特征的违法矫正措施。

三、劳动教养的适用与执行

劳动教养的适用与执行,主要指的是劳动教养在收容审批工作、收容后的具体执行工作以及劳动教养所的管理工作。

(一)劳动教养的收容审批

劳动教养的收容审批,是指劳动教养的接收和审查、决定工作。它是整个劳动教养工作的基础性阶段,关系到收容什么样的人、由谁审批以及具体的程序问题。

1. 劳动教养的收容条件

考虑到便利性,劳动教养一般只收容家居大中城市需要劳动教养的人。对家居农村而流窜到城市、铁路沿线和大型厂矿作案,符合劳动教养条件的人,也可以收容劳动教养。

按照《劳动教养试行办法》的规定,对下列几种人收容劳动教养:"(一)罪行轻微、不够刑事处分的反革命分子、反党反社会主义分子;(二)结伙杀人、抢劫、强奸、放火等犯罪团伙中,不够刑事处分的;(三)有流氓、卖淫、盗窃、诈骗等违法犯罪行为,屡教不改,不够刑事处分的;(四)聚众斗殴、寻衅滋事、煽动闹事等扰乱社会治安,不够刑事处分的;(五)有工作岗位,长期拒绝劳动、破坏劳动纪律,而又不断无理取闹,扰乱生产秩序、工作秩序、教学科研秩序和生活秩序,妨碍公务,不听劝告和制止的;(六)教唆他人违法犯罪,不够刑事处分的。"

此外,对精神病人,呆傻人员,盲、聋、哑人,严重病患者,怀孕或哺乳未满一年的妇

---

① 一般认为,《刑法》中三年以上的有期徒刑即为重刑,而劳动教养最长可达到四年。由此可见,劳动教养的严厉程度不亚于刑事处罚。

女,以及丧失劳动能力者,不应收容。

2. 劳动教养的审批

需要实行劳动教养的人,均由省、自治区、直辖市和大中城市的劳动教养管理委员会审查决定。同时,对于需要劳动教养的人,承办单位必须查清事实,征求本人所在单位或街道组织的意见,报请劳动教养管理委员会审查批准,作出劳动教养的决定,向本人和家属宣布劳动教养的根据和期限。被劳动教养的人在劳动教养通知书上签名。劳动教养管理所发现不够劳动教养条件或罪应逮捕判刑的,应提出建议,报请审批机关复核处理。

被决定劳动教养的人对主要事实不服的,由审批机关组织复查。经复查后,不够劳动教养条件的,应撤销劳动教养;经复查事实确凿,本人还不服的,则应坚持收容劳动教养。

(二) 劳动教养的执行

劳动教养的执行,是指对符合条件的人依法实施劳动教养矫正措施的活动。决定劳动教养的,应当在劳动教养管理所执行。劳动教养管理所分为县团级、区营级两种。我国相关法规对于劳动教养管理所的人员配备、管理方式等作出了具体的规定。

1. 劳动教养管理所的人员配备

县团级的,可下设大队或中队;区营级的,可下设中队或小队。中队 150 人左右,小队 50 人左右。劳动教养管理所设所长、政委或教导员各一人,副职一至二人,并设置相应的工作机构。劳动教养工作干部按劳动教养人员 15% 的比例配备(其中,教员占 1/3 左右)。中队的干部应占干部总数的 60% 以上。

劳动教养管理所的护卫武装由人民武装警察担任。护卫武装的负责人应参加劳动教养管理所的领导。劳动教养管理所对护卫武装实行业务指导。

2. 劳动教养的期限

关于劳动教养的期限,根据劳动教养人员的违法犯罪事实、性质、情节、动机和危害程度,确定为一至三年,必要时延长的,累计不超过一年。可见,劳动教养的最长时间不超过四年。劳动教养时间从通知收容之日起计算,通知收容以前先行收容审查或羁押的,一日折抵一日。

3. 对劳动教养人员的管理

对劳动教养人员,应当按照性别、年龄、案情性质等不同情况,分别编队,分别管教。对女劳动教养人员,派女干部管理。

劳动教养人员在劳动教养期间停止行使选举权和被选举权,但应当让他们过一定的民主生活。每个中队应当选定表现好的劳动教养人员组成宣传、文体、生活卫生小组。允许他们对管理、教育、生产、生活等提出改进意见;允许他们给国家机关和领导人写信反映情况,申诉自己的问题;允许他们控告他人的违法乱纪行为。劳动教养管理所对劳动教养人员的申诉、控告等信件不得拆检和扣压。劳动教养管理所不准使用劳动教养人员管钱、管账、管仓库、管档案卡片,充当采购员,或外出公干、代写文件材料。劳动教养人员的现金、票证和贵重物品,由劳动教养管理所代为保管,解除劳动教养时发还。

劳动教养的执行中,还严格规定了劳动教养人员应遵守的"十不准"守则:不准随便离开规定的活动范围;不准谈论案情、传习作案手段;不准留长发、胡须;不准阅读、传抄黄色书刊,散布淫乱思想;不准损坏公物;不准消极怠工、抗拒劳动;不准拉帮结伙、打架斗殴;不准酗酒、赌博、偷盗;不准敲诈勒索、相互馈赠;不准互相包庇、栽赃陷害。

劳动教养人员在节假日,原则上就地休息;劳动教养期执行半年以上,表现好的,或者有特殊情况的,经劳动教养管理所批准,可以准假或放假回家探望,路费自理。

4. 对劳动教养人员的教育改造

劳动教养管理所应当对劳动教养人员进行教育改造,包括思想政治教育、文化教育、劳动和生产技术教育。其中,文化教育,应当根据劳动教养人员的实际文化程度,分别编班,参照一般中小学的课本,进行语文、数理化等教育,并且定期测验,考察学习成绩。劳动教养管理所应当设置教室、图书馆、阅览室,运用电影、电视、广播等进行辅助教育。要经常组织劳动教养人员开展文体活动,编写墙报,自编自演有教育意义的文艺节目。

劳动教养管理所设立教育机构。大、中队设教育干事和若干专职教员,还可以选择劳动教养人员中文化技术较高、表现较好的进行讲课。每天进行教育的时间不少于三小时。

此外,劳动教养人员在劳动教养管理所内还要从事劳动生产,主要从事劳动密集型的、操作简便的农业、手工业和加工工业、建材工业,每天劳动不得超过六小时。

(三) 劳动教养人员的日常待遇

劳动教养人员的日常待遇主要包括工作待遇、生活待遇两个方面,我国的相关法规对此作出了详细的规定。

1. 工作待遇

劳动教养人员中原是职工的,在劳动教养期间,一般应保留公职,但不计工龄。劳动教养管理所应当根据劳动教养人员从事的生产类型、技术高低和生产的数量、质量,发给适当工资。劳动教养人员的工资由省、自治区、直辖市和大中城市的公安机关单独编造计划,报请同级人民政府审查批准后下达执行。劳动教养人员逃跑、旷工、抗工的日期,不计算劳动教养期限,并扣发工资。

2. 生活待遇

劳动教养人员的被服自理。对无家或确有困难的,可申请补助。劳动教养管理所应设立生活管理机构,各级都要有一名领导干部主管生活、卫生工作。在生活管理中,应当照顾少数民族的生活习惯。

劳动教养人员的宿舍,应光线明亮,空气流通。住房面积,每人不得少于三平方米。建立卫生制度,定期检查评比。劳动教养人员应当定期理发、洗澡、洗晒衣被,每天打扫卫生,定期大扫除。应注意劳逸结合,保证劳动教养人员每天睡眠八小时。

对患病人员的生活要适当照顾。病重的,经主管劳动教养机关批准,征得家属同意,通知当地公安派出所,可以所外就医。所有就医人员,除工伤外,医药费用由本人自理。要经常检查了解所外就医人员的治疗情况和表现,病愈后应当及时收回。劳动教养人员正常死亡的由医院作出死亡鉴定;非正常死亡的由法医作出鉴定,报告当地人民检察院检验后,通知其家属或原工作单位,共同研究处理,并报告原审批机关。家属或原单位不来的,由劳动教养管理所处理。其遗留财物,在半年内不领的上交国库。

（四）劳动教养人员的权利及其奖惩

劳动教养人员有一定的会见、通信权,会见家属时,不被旁听。家属当天不能返回的,应当安排食宿;有居住条件的,允许夫妇同居。劳动教养人员家属送来的衣物和食品,一般不应限制。

劳动教养人员在劳动教养期间有下列表现之一的,分别给予表扬、记功、物质奖、减期或提前解除劳动教养等奖励：一贯遵守纪律,努力学习,积极劳动,对所犯罪错确有悔改表现的;一贯努力改造,并帮助他人改造有显著成效的;揭发和制止他人的违法犯罪行为,经查明属实的;在抢救国家财产、消除灾害、事故中有贡献的;经常完成或超额完成生产任务的;厉行节约,爱护公物有显著成绩的;在生产技术上有革新或发明创造的;有其他有利于国家和人民的突出事迹的。提前解除劳动教养,一般不超过原劳动教养期限的1/2。

劳动教养人员有下列行为之一的,应根据不同情节给予警告、记过、延长劳动教养期限等惩罚：散布腐化堕落思想,妨碍他人改造的;不断抗拒教育改造,经查正确系无理取闹的;不断消极怠工,不服从指挥,抗拒劳动的;拉帮结伙,打架斗殴,经常扰乱管理秩序的;拉拢落后人员,打击积极改造人员的;传授犯罪伎俩或教唆他人违法,情节较轻的;逃跑、组织逃跑或逃跑作案情节较轻的;有流氓、盗窃、诈骗等行为,情节较轻的;造谣惑众、蓄意破坏或行凶报复,情节较轻的;有其他违法犯罪行为的。延长劳动教养期,累计不得超过一年。

表扬、记功、物质奖励、警告、记过,由劳动教养管理所批准;提前解除劳动教养、延长和减少劳动教养期限,由劳动教养管理委员会批准。劳动教养人员在劳动教养期间进行犯罪活动,触犯刑律的,由主管公安机关侦查,报请人民检察院审查批捕、审查起诉。

（五）对劳动教养人员的解教、安置

劳动教养管理所对劳动教养期满的人,应当按期解除劳动教养,发给解除劳动教养证明书和路费。原住地公安机关应当凭解除劳动教养证明书给予落户。解除劳动教养人员的档案,由省、自治区、直辖市和大中城市的劳动教养工作管理局、处统一保管。劳动教养鉴定材料可随人转出。

劳动教养人员解除劳动教养后,原来有工作的,介绍回原单位;原来没有工作的,回户口所在地的街道进行就业登记,生活确有困难的,由当地民政部门给予社会救济。

四、劳动教养制度被废除的原因

从诞生到被废除,劳动教养制度历时五十几年,完成了其历史使命。尽管从诞生之初就饱受争议,最终在争议中走向消亡,但不可否认的是,劳动教养制度在维护社会治安、稳定社会秩序、预防和减少犯罪、教育和挽救轻微违法犯罪人员等方面起到过积极作用。① 随着法治化进程的加快,实务界和理论界都认识到劳动教养制度在依法治国的大背景下存在诸多不足,亦是与依法行政不相兼容的制度。具体而言,劳动教养制度存在以下几个方面的弊端:

(一)制度设计缺乏法律依据

自1957年劳动教养制度确立,直至被废除,我国始终没有关于劳动教养的专门法律。无论是国务院1957年发布的《关于劳动教养问题的决定》、1979年发布的《关于劳动教养的补充规定》,还是1982年国务院批准、公安部发布的《劳动教养试行办法》,都不属于法律的范畴。有些规定虽经过全国人大常委会的批准,但也只能称为"法规"。《劳动教养试行办法》的本质是部门规章。

我国《立法法》第8条明确规定,对公民政治权利的剥夺、限制人身自由的强制措施和处罚只能由法律规定。但是,在上述作为行政法规和部门规章、劳动教养赖以为依据的规范中,竟然规定了限制人身自由、剥夺公民选举权的劳动教养制度。劳动教养限制公民人身自由的期限最长可以达到四年之久。显然,劳动教养制度所依据的几个法规、规章抵触了作为上位法的《立法法》。学界有人认为劳动教养属于行政处罚或者刑事处罚。但是,无论是1996年的《行政处罚法》、2005年的《治安管理处罚法》还是现行《刑法》,都没有将劳动教养纳入其处罚的种类范围。因此,劳动教养制度的存在于法无据,并且违反了《立法法》的规定。

(二)实施过程有悖于公正原则

劳动教养对象与劳动教养措施之间存在着根本性的矛盾。一方面,劳动教养对象属于违法、违纪,不构成犯罪或者犯罪情节轻微,不够刑事处分的人员;另一方面,劳动教养的处罚却比相当一部分违法犯罪适用的刑事处罚还严厉得多,这违背了法律的第一要则:公正原则。②

劳动教养适用的对象宽泛,相关规定模糊,并且呈现越来越宽泛的趋势。1957年的《关于劳动教养问题的决定》规定:"对于下列几种人应当加以收容实行劳动教养:(1)不务正业,有流氓行为或者有不追究刑事责任的盗窃、诈骗等行为,违反治安管理、屡教不改的;(2)罪行轻微,不追究刑事责任的反革命分子、反社会主义的反动分子,受到机关、团体、企业、学校等单位的开除处分,无生活出路的;(3)机关、团体、企业、学校等单位内,有劳动力,但长期拒绝劳动或者破坏纪律、妨害公共秩序,受到开除

---

① 参见刘仁文:《劳动教养制度及其改革》,载《行政法学研究》2001年第4期。
② 参见胡卫列:《劳动教养制度应予废除》,载《行政法学研究》2002年第1期。

处分,无生活出路的;(4)不服从工作的分配和就业转业的安置,或者不接受从事劳动生产的劝导,不断地无理取闹、妨害公务、屡教不改的。"1982年的《劳动教养试行办法》又将劳动教养适用的对象扩充了六种,这六种对象都是"不够刑事处分的"。可见,劳动教养适用的都是一般的违法行为。劳动教养的期限一般是1—3年,需要时延长的,累计不超过1年。然而,在《行政处罚法》和《治安管理处罚法》中,对于违法者适用限制人身自由的行政拘留最长不超过15日,合并执行的,最长不超过20日。相比之下,同样的违法行为,适用劳动教养和适用行政拘留是两种差别悬殊的结果。因此,毫无疑问,劳动教养违反了法的公平原则。

(三)劳动教养制度缺乏存在的必要性

劳动教养制度产生于特殊的年代,当时的法律制度极不健全。我国在1997年提出依法治国战略。2011年,时任全国人大常委会委员长吴邦国宣布:"中国特色社会主义法律体系已经如期建成。"确实,与新中国成立之初相比,法律体系发展取得了巨大的进步。《刑法》《治安管理处罚法》《行政处罚法》皆相对完善,足够应对违法、犯罪行为,劳动教养制度的功能逐渐式微。正如有的学者所言:"我国现行的行政处罚与刑事处罚已经构成一个完整的制裁体系,没有劳动教养的适用空间。"[1]

有的学者认为:"劳教制度弥补了刑法的结构性缺损,与刑法形成功能互补格局。"[2]但是,我国于1996年和2005年分别制定的《行政处罚法》和《治安管理处罚法》中设置了"警告,罚款,没收违法所得、没收非法财物,责令停产停业,暂扣或者吊销许可证、暂扣或者吊销执照,行政拘留,法律、行政法规规定的其他行政处罚"七种处罚手段,完全弥补了刑罚的功能缺陷。换言之,劳动教养制度已无用武之地。

(四)程序缺失导致屡屡侵犯人权

劳动教养制度缺乏必要的程序,导致实践中屡屡发生严重侵犯人权的问题。

1957年的《关于劳动教养问题的决定》规定,需要实行劳动教养的人,由民政、公安部门,所在机关、团体、企业、学校等单位,或者家长、监护人提出申请,经省、直辖市、自治区人民委员会或者它们委托的机关批准。1979年的《关于劳动教养的补充规定》改为:对于需要实行劳动教养的人,由省、直辖市和大中城市劳动教养管理委员会审查批准。劳动教养管理委员会由民政、公安、劳动部门的负责人组成。1982年的《劳动教养试行办法》重申了前述规定。1984年,公安部、司法部在《关于劳动教养和注销劳动教养人员城市户口问题的通知》中,对收容劳动教养具体审批工作作了补充规定:"劳动教养的审批机关设在公安机关,受劳动教养管理委员会的委托,审查批准需要劳动教养的人。"劳动教养制度从20世纪50年代设置,直至2013年被废除,其审批权一直由行政部门掌控,缺乏必要的司法程序,导致审判机关无法介入。在没有审判机关介入、没有司法程序的前提下,劳动教养制度却可以限制一个公民的人身自由长达四

---

[1] 胡卫列:《劳动教养制度应予废除》,载《行政法学研究》2002年第1期。
[2] 储槐植:《论教养处遇的合理性》,载《法制日报》1990年6月3日。

年之久,这显然是不符合现代法治精神的。

实践中,由于劳动教养制度程序设计上的缺陷,导致劳动教养的功能发生异化,成为某些公安机关的"打击工具",从湖南永州唐慧被劳教案、大学生村官任建宇被劳教案可见一斑。

此外,劳动教养制度还存在其他方面的诸多不足。比如,有的学者认为:"劳教机关日益成为国家经济的负担。劳教所需要大量的财政投入,像东部一些城市监狱中每个犯人每年需要国家3万元的投入(劳教人员也接近这样的水平),因此,减少对劳教人员的关押有利于减轻纳税人的负担。"[①]从总体上讲,劳动教养的废除是现代法治建设的需要,是我国保障人权的重要举措。

五、劳动教养制度被废除后的影响与应对

不可否认,劳动教养制度被废除后,我国的公民人权得到了相应的保障,但是也带来了其他影响。首先,缺少违法矫正措施。劳动教养制度被废除前,调整范围极广,而被废除后,部分违法行为将缺少对应的矫正措施,社会控制力必然减弱。其次,有可能推动其他类似的违法矫正措施进行改革。最后,将导致一大批劳动教养所工作人员的工作业务发生转变,且劳动教养人员被释放到社会,也会增加社会的不稳定因素。

(一)对劳动教养制度被废除的评价

国内对劳动教养制度被废除大多持赞同态度。比如,刘强认为,劳动教养制度被废除是贯彻党的十八大全面推进依法治国、严格执法、公正司法的重要举措,是从实体、程序和时效上充分体现维护社会公平正义,保障公民合法权益的重要突破口。[②]但是,也有学者持谨慎观察态度。刘仁文认为,应当看到的是,已经废止的劳动教养制度,其实针对的只是"小劳教",也就是1957年全国人大常委会批准、国务院公布的《关于劳动教养问题的决定》,1979年全国人大常委会批准、国务院公布的《关于劳动教养的补充规定》,以及1982年国务院转发、公安部发布的《劳动教养试行办法》所确定下来的劳动教养制度。在"小劳教"之外,还有一个"大劳教",也就是其他众多的剥夺人身自由的行政拘禁制度,有的期限过长,甚至比刑法上的某些犯罪处罚还严厉。[③] 对于劳动教养制度被废除,实务部门也发出了自己的声音。四川省司法厅的干部刘朝宽说,劳动教养制度完成历史使命以后,要落实中央这次顶层设计中的违法行为矫治体系制度建设问题;后劳动教养制度时代吸取劳动教养制度中的经验与教训,将为未来的社会治理提供借鉴。[④]

我们认为,上述几种评价都看到了劳动教养制度被废除的某些方面。总体上而

---

① 刘强:《劳教制度改革与社会公平正义》,载《文汇报》2013年1月9日。
② 同上。
③ 参见刘仁文:《废止劳教后的法治再出发》,载《财经》2014年第14期。
④ 参见邹艳平、刘芳池:《四川:法学界、实务部门共话违法行为矫治体系建设》,http://www.legaldaily.com.cn/locality/content/2013-12/10/content_5104363.htm? node=31030,2015年5月18日访问。

言,劳动教养制度被废除是法治的进步,有利于保障人权。但是,我们应当理性地看待。毕竟,劳动教养制度被废除也会带来一系列的负面影响。因此,在整个违法矫正措施体系尚未得到正确的调整之前,不容乐观。

（二）劳动教养制度被废除后的应对方法

如何应对劳动教养制度被废除后所带来的违法矫正措施的"空缺"问题？我国学界主要存在三种观点：

第一种观点认为,应当借鉴西方国家的保安处分制度,建立以行为人的人身危险性为处分标准、以社会防卫为目的的具有中国特色的保安处分制度。[1] 首先,保安处分能够弥补刑罚的不足。刑罚的根据是行为和行为的后果,侧重于惩罚;而保安处分的根据是行为人的人身危险性,侧重于矫正。对于刑罚不适应者、少年犯、常习犯,保安处分的调整能收到较好的效果,弥补刑罚的局限。其次,保安处分着眼于刑法的保护功能。通过规定犯罪构成和刑罚,防止公权力的侵犯,以保障人权,这是刑法的保障功能。保安处分则是通过对存在人身危险性的行为人施以矫治措施,以达到维护社会治安的目的,这是刑法保护功能的体现。由此,可实现刑法保障和保护功能的统一。[2]

第二种观点认为,应当用新的轻罪惩矫体系替代劳动教养制度。持该观点的学者认为,应当适应国际刑制趋势,构建中国特色的轻罪惩矫体系是我国废止劳动教养制度后的根本出路。该体系可对原有劳动教养对象中社会危险性较大的少数人处以监禁刑;对多数人可适用非监禁刑,放在社区中予以惩治和矫正;对无罪者不追究刑事责任。对于轻罪人员的犯罪记录,可酌情予以取消。轻罪体系不仅能适应国际刑罚制度发展的最新趋势,将对违法犯罪行为的治理纳入法治化的轨道,而且通过社区矫正平台的执行,可以最大限度地降低刑罚的成本。[3]

第三种观点认为,应当对被处分人采取一种既不是纯行政制裁也不是纯刑罚制裁的教育矫治措施。这种措施可以克服劳动教养制度的诸多弊端,具有人权司法保障的进步性。

我们认为,劳动教养制度被废除是保障人权的重要一步,是违法矫正措施走向法治化的关键一步,而不是违法矫正措施改革的终点。因此,应当对现存的所有正式、非正式的违法矫正措施进行统一改革,制定一部专门的《违法行为矫治法》。对此,本章第六节的第三部分将予以详细论述。

案例 6-4

2006 年 10 月,年仅 11 岁的永州女孩乐乐(化名)失踪。乐乐被朋友周军辉骗奸并被胁迫卖淫,三个月里接客一百多次。受害人母亲唐慧乔装打扮确定情报后,请两

---

[1] 参见高莹:《劳动教养制度的价值定位与改革方向》,法律出版社 2010 版,第 123 页。
[2] 参见苗有水:《保安处分与中国刑法发展》,中国方正出版社 2001 版,第 180—182 页。
[3] 参见张绍彦、刘强:《用新的轻罪惩矫体系替代劳教》,http://news.ifeng.com/opinion/sixiangpinglun/detail_2014_01/09/32860746_0.shtml,2015 年 4 月 10 日访问。

名亲戚扮成嫖客救出了女儿。此后，唐慧为女儿的遭遇奔走各处上访，上访中屡屡受到不公正对待，被抓被打。2008年4月，案件由永州市人民检察院向永州市中级人民法院提起公诉。但是，唐慧对判决结果不满，继续上访。

2012年8月，湖南省永州市公安局零陵分局以"扰乱社会秩序"为由，对唐慧处以"劳动教养1年6个月"。此决定在2012年8月8日经湖南省劳教委复议被依法撤销。唐慧因此提出国家赔偿。两个多月后，永州市劳教委决定对唐慧不予国家赔偿。唐慧不服，提起行政诉讼。2013年4月12日，唐慧诉永州市劳教委一案在永州市中级人民法院一审败诉。2013年7月15日上午9点15分，湖南省高级人民作出终审判决，唐慧胜诉。法院判决永州市劳教委赔偿唐慧侵犯人身自由赔偿金1941元，精神损害抚慰金1000元。对唐慧要求书面赔礼道歉的请求，法院没有支持。①

案例 6-5

据中国之声《央广夜新闻》报道，2013年11月15日，中共十八届三中全会作出的《中共中央关于全面深化改革若干重大问题的决定》发布，其中讲到"废止劳动教养制度，完善对违法犯罪行为的惩治和矫正法律，健全社区矫正制度"。在那之后，劳动教养制度被废止的新消息陆续出来。其实，在各地，关于劳动教养，我们听到更多的关键词，最近都是"废止""转型"。关于具体情况，各地的记者帮我们作了了解。比如，团河劳教所曾经是北京市最著名的劳教所，1955年建成并投入使用。2013年7月，我们留意到北京的《新京报》发出了报道，团河劳教所在7月改名换牌为"北京市监狱团河第二监区"。在北京，劳教制度被废止之后，劳教场所具体有哪些变化？我们连线中央台记者马喆。

主持人：想知道劳教制度被废止之后，北京原有的这些劳教场所，比如我们刚才说的团河劳教所等，具体有哪些变化？

记者：其实早在2009年的时候，作为四大体制改革的一个试点，当时的北京市劳教人员调遣处就已经变成了北京市第三看守所分所，它所管理的对象也由原来的劳教人员，转成了收押因为触犯法律而被判处拘役或者是有期徒刑的短刑犯人员。在第三看守所内部有标准的塑胶跑道、整齐划一的宿舍内室，很难让大家想到这是被诟病已久的劳教所。同时，为了能够让服刑人员释放之后尽快融入社会，在这个改造之后的看守所里也为收押人员建立了德育中心、职业技能培训中心、心理咨询中心，并且购买了相应的设备以帮助服刑人员习得一技之长。它在今年7月份的时候就已经摘掉了劳教所的牌子，挂上的是"北京市监狱团河第二监区"这样一个新的牌匾，也就是当作监狱使用。同样也是位于北京大兴区，还有一个天堂河劳教所，在它的大门上挂着两块牌子，一块仍然叫作"天堂河劳动教养所"，另外一块叫作"北京天堂河强制隔离戒毒

---

① 参见《近年劳教典型案件》，http://news.163.com/13/1229/05/9H86KDLI00014AED.html，2015年4月10日访问。

所"。也就是说,它的作用逐渐转化为开始为强制戒毒人员或者是戒毒康复人员提供戒毒方面的服务。

主持人:也就是说,实际上,不光牌子变了,里面的内容也已经变了。其实,大家还关心一个问题,原来在劳教机构里面工作的工作人员,他们之前是从事劳教的工作,今后怎么安排?

记者:北京市劳教局方面的回应是,暂时不便就此问题作出答复。此前也有媒体报道,北京市劳教局在下个月会摘牌。北京市劳教局的相关人员也表示,目前对此也没有更新的消息。从整体来看,由于我们的劳教制度已经存在了五十多年,与此相应的,比如说劳教场所或者工作人员的配制相对来说比较到位。全国范围内的劳教所,包括劳教管理审批机关,以及这些机关、机构的工作人员,已经在这些岗位上工作多年,如果一下子取消劳教制度,这些部门包括人员的安置肯定会存在一个大问题。一些在一线从事劳教工作时间比较长的民警也表示,大家都很想知道劳教制度被废除之后,他们会有一个怎样的安排。同时,也有不少民警表示,无论怎么变,维护社会稳定的目标不会变,培养出来的人才也不会是没有用的。①

第六节 我国违法矫正措施体系存在的问题及其对策

新中国成立六十多年来,尽管违法矫正措施为社会治安做出过不可估量的贡献,但是违法矫正措施体系仍然存在不少问题。为了更好地矫正违法者,维护社会治安,应当针对我国违法矫正措施体系存在的问题及时予以回应。

一、我国违法矫正措施体系存在的问题

我国违法矫正措施体系存在的问题主要有:

(一)结构的不合理

在我国现行违法矫正措施体系中,限制人身自由的矫正措施总体上较多,既有司法拘留、行政拘留、刑事拘留、逮捕等较为严厉的以限制人身自由为主要内容的措施,也有收容教养、工读教育、强制隔离戒毒等具有限制人身自由内容的措施。在治安领域的十个违法矫正措施中,有四个是以限制人身自由为主要内容的。此外,这些以限制人身自由为主要内容的矫正措施由于适用对象存在部分模糊性,其适用的范围较为广泛。

(二)功能的缺陷

现行违法矫正措施功能的缺陷,是指我国现行违法矫正措施仍然存在一些功能不

---

① 参见《北京多个劳教所被废止或转型 工作人员安置待定》,http://news.163.com/13/1120/23/9E5L98IR00014JB5.html,2015年9月10日访问。

足,可以概括为"惩罚有余,矫正不足"。现行的大多数违法矫正措施对于被害人只有有限的约束力,而无明显的矫正作用。以拘留为例,违法者一旦被决定拘留,将被投放于看守所或者拘留所。几十年来,看守所的管理方式并无根本性的转变,对于被拘留者而言,仍然只是关押他们、惩罚他们的地方,而非矫正教育的地方。甚至在刑事拘留中,看守所的功能异化,成了侦查机关收集证据的常用工具,淡化甚至磨灭了其作为违法矫正机构应有的教育矫正的功能。

(三)缺乏合法性

目前,我国仍然存在与劳动教养类似的缺乏法律依据的违法矫正措施,如收容教养、收容教育、强制隔离戒毒、工读学校等。这些违法矫正措施都具有限制违法者人身自由的功能,但是没有明确的法律依据。我国《立法法》第 8 条规定,对公民政治权利的剥夺、限制人身自由的强制措施和处罚只能由法律进行规定。上述多项限制人身自由的违法矫正措施所依据的是法规、部门规章,因此是缺乏合法性的。这样,就导致形式上的劳动教养制度被废除了,而诸多与劳动教养制度性质相当的违法矫正措施仍然存在,扮演着"小劳动教养"的角色,仍然是我国建设法治社会的障碍。

(四)缺乏评估机制

我国当前的大多数违法矫正措施还停留在约束、惩罚的阶段。尽管也存在围绕着矫正而展开的一些措施,但是这些措施基本都缺乏必要的评估机制。仍然以拘留为例,一个违法者从被决定拘留、进入拘留所或者看守所到拘留期满后走出看守所,管理机关并不会对其危险性等进行评估。因此,连管理机关自己都无法评估一个违法者在走出拘留所或者看守所之前,是否已经被成功矫正。当然,这与拘留的期限相对较短有关,而更多的则是由于观念上的不重视。

(五)缺乏监督机制

我国大部分违法矫正措施,尤其是治安领域的违法矫正措施,都是由公安机关自行决定、执行的。这其中缺乏作为监督机关的检察院的参与,公安机关"既做运动员又做裁判员"。此外,违法矫正的决定程序相对简陋,缺乏必要的程序法的依据。

二、我国违法矫正措施体系的完善

针对上述违法矫正措施体系存在的问题,我们认为,应当从结构上、功能上以及具体的监督和评估机制上加以完善,同时也应当遵循谦抑性原则和法治原则。

(一)遵循谦抑性原则和法治原则

谦抑性原则是刑法学中常常论及的原则之一。刑法的谦抑主义包括:刑法调整范围的不完整性,刑法统制手段的最后性,刑罚制裁方式发动的克制性。[①] 我们认为,违法矫正措施与犯罪矫正措施具有一定的共通性,都应当遵循谦抑性原则。因为违法矫

---

① 参见莫洪宪、王树茂:《刑法谦抑主义论纲》,载《中国刑事法杂志》2004 年第 1 期。

正措施具有手段的有限性,并且具有一定的不可回复性,因此应当慎重适用。即使在不得不适用的情况下,也应当考虑非羁押性的替代措施,能用较轻的手段调整,就尽量不用较严厉的手段调整。

遵循法治原则主要是要求实现违法矫正措施的司法化,这也是解决其正当性、合法性问题的途径之一。应当完善违法矫正措施决定程序的司法化,由审判机关作出是否适用违法矫正措施的决定或者进行司法审查,或者至少引入听证程序,增加抗辩色彩。

(二) 结构上的完善

违法矫正措施体系在结构安排上应当轻重合理,即应当逐步增加并扩大适用社区性违法矫正措施,减少机构性(监禁刑)违法矫正措施的适用,并且最终在立法上和适用上都以社区性违法矫正措施为主体。违法矫正措施之所以仅仅适用于违法行为、违法者,而不能适用于犯罪行为,是因为违法的危害程度不如犯罪行为高。因此,对于违法者、违法行为的矫正不应当以最为严厉的矫正措施为主,在结构的安排上,应当缩减限制人身自由的违法矫正措施。当然,也可以通过缩小限制人身自由的违法矫正措施的适用范围、严格其适用程序、缩短其期限等多种方法,限制该类措施在实践中的适用。我们认为,还应当通过增加其他的违法矫治措施,比如强制学习法律知识措施,扩大警告、罚款、训诫等严厉程度较低的违法矫正措施的适用范围,从根本上调整我国现行违法矫正措施的结构。

(三) 功能上的完善

解决我国目前的违法矫正措施、机构所面临的功能缺陷问题,应当从以下几个方面进行改革:首先,应当加大对矫正机构的投入,使其具备充足的、矫正所必需的人力和物力。之所以缺乏"矫正"元素,并不全是因为矫正机构不进行矫正,而是缺乏必要的矫正资源。其次,应当从观念上转变对矫正措施的认识。应当树立矫正观念,像对待病人一样对待违法者,致力于对违法者的"治疗"。最后,应当从顶层设计上进行完善,即在立法中明确各项违法矫正措施的功能,将"矫正"作为其最主要的功能写进法律。

(四) 评估机制的完善

应当效仿监狱机关,建立一套可以量化的评估机制,从违法者被拘留之时起,至其拘留期满,不定期地对其进行评估,并借此评估违法矫正工作的效果。只有知己(违法矫正措施)知彼(违法者),方能根据现实情况,对违法矫正措施进行调整。

(五) 监督机制的完善

解决我国现行违法矫正措施体系面临的缺乏监督机制的问题,可以从以下三个方面进行改革:首先,建立一个统一的、中立的违法矫正机构。将公安机关、法院等决定进行违法矫正的人以及需要在特定场所进行矫正的人,统一送到该机构,由决定主体之外的机关进行统一管理。此举意为:决定机关不能同时是执行机关。其次,应当强调检察权的介入。对于拘留、强制隔离戒毒等涉及违法者人身自由的措施,应当由检察权介入,进行监督。检察机关应当对与上述措施进行审查,认为不合法或者不合理的,应当要求决定机关予以改正。最后,应当制定相应的程序法,将程序法与实体法分离,以利于保证违法矫正活动的公平公正。

三、违法矫治措施的法典化:《违法行为矫治法》

上述多种不合法的限制人身自由的违法矫正措施是在特定历史背景下产生的,虽然也担负了维护社会治安的功能,但是在某种程度上已不适合时代的发展,应当尽早对其进行改革。改革的路径主要有三种:一是进行立法上的改革,制定相关的专门法律,赋予其合法地位;二是对上述违法矫正措施本身进行改革,去除其限制人身自由的内容;三是像对待劳动教养制度一样,废除不合法的违法矫正措施,并建立新的、合法的违法矫正体系。

我们认为,应当对现行违法矫正措施进行法典化,即制定《违法行为矫治法》。事实上,在劳动教养被废除之前,我国众多学者就频频呼吁尽快制定《违法行为矫治法》,作为对劳动教养制度进行改革的一项措施。此处的《违法行为矫治法》不应只是对劳动教养制度的改革结果,而应当将我国目前存在的违法矫正措施全部纳入该法,为这些违法矫正措施提供法律依据。

(一)《违法行为矫治法》制定的必要性

我们认为,制定《违法行为矫治法》至少有以下几点必要性:

第一,制定《违法行为矫治法》是解决劳动教养制度被废除后的"制度真空"的有效途径。劳动教养制度被废除后,不少学者担忧"制度真空"的出现。事实上,"制度真空"已经出现。那么,要用什么措施来调整之前劳动教养制度所调整的对象?我们必须吸取劳动教养制度的经验教训,不得以类似的行政性强制措施予以替代,更不能将位阶较低的(如法规、规章)作为一项具有限制人身自由功能的违法矫正措施之依据。因此,应当寻求顶层设计的完善——制定一部专门的法律,即《违法行为矫治法》,以全新的理念和法治化的制度"接管"劳动教养制度留下的"摊子",既能保障人权,又能保护社会。做好制度衔接是解决"制度真空"问题最好的方法。

第二,制定《违法行为矫治法》是深化司法改革、落实人权保障的要求。尽管饱受诟病的劳动教养制度已被废除,但是现实中仍存在各种各样的类似劳动教养制度的违法矫正措施,如收容教养、收容教育、工读教育等。这些措施与劳动教养制度一样,存在缺乏法律依据、惩罚过度和容易侵犯人权的弊端。因此,保障人权不能止于劳动教养制度的废除。制定《违法行为矫治法》不仅是对劳动教养制度被废除后的制度衔接,也是对其他违法矫正措施进行改革的需要,是实现法治的重要举措。

第三,制定《违法行为矫治法》有利于整合违法矫正资源,提高矫正效率。我国之所以存在名目繁多的、管理混乱的正式违法矫正措施与非正式违法矫正措施,甚至某些措施的职能发生重叠,是因为自始至终缺乏一部统一的、专门的法律——《违法行为矫治法》。这造成了违法矫正资源的浪费,影响了矫正效率。因此,应当尽快制定《违法行为矫治法》。

(二)《违法行为矫治法》的立法设想

学术界和实务部门对于《违法行为矫治法》的立法设想由来已久,包括该法的性质、适用对象、适用条件和适用程序。

1.《违法行为矫治法》的性质

研究《违法行为矫治法》的性质问题,是解决该法的位阶问题,更是直接解决违法矫正措施的合法性问题。由于《违法行为矫治法》必然涉及对人身自由的限制,因此它不能是效力上低于法律的规范,而应当是一部法律。目前,官方和多数学者均认为《违法行为矫治法》应当是性质上和《治安管理处罚法》类似的法律。

2.《违法行为矫治法》的适用对象、适用条件

关于《违法行为矫治法》的适用对象,曾参加过《违法行为矫治法》草案修改的司法部司法研究所所长王公义介绍说,违法行为矫治的对象是严重违法但没有构成犯罪、具有轻微犯罪行为但不需要限制人身自由的两种人,该法就是规范对这两种人进行强制矫治管理方式的法律。[1]

司法部社区矫正管理局局长姜爱东认为,《违法行为矫治法》主要适用于以下三类人员:一是严重或多次违反治安行政法规,屡教不改的违法人员;二是现行法律规定的需要由政府收容教养的未成年人;三是现行有关法律法规规定的其他应予以教育矫治的人员。[2] 邵名正认为:"违法行为矫治法调整对象的特点:一是违法行为严重危害社会;二是违法行为的多次性或常习性;三是具有毒品依赖、性传播疾病而需要进行心理和生理治疗;四是有严重危害社会行为但因未成年而不适于刑罚处罚,需要国家采取司法保护措施予以挽救。从后三个特点看,违法行为矫治措施适用的对象具有典型的保安处分特征。"[3] 王洪涛则认为,《违法行为矫治法》的具体适用对象主要有三类:一是法律规定的由政府收容教养的未成年人;二是受到两次治安拘留后,三年内又有应予治安拘留的新的违法行为;三是因卖淫嫖娼被公安机关治安处罚后又卖淫嫖娼的。[4]

关于适用条件,姜爱东认为,应当包含两个方面:首先,行为人具有违法行为。该违法行为属于严重违反治安管理的违法行为,且具有累发性和反复性。其次,行为人的违法行为与其人格特征有着密切关系,且从其以前的行为判定,行为人必须予以教育矫治,否则行为人具有再次实施严重危害社会行为的现实危险,即行为人具有人身

---

[1] 参见佚名:《违法行为矫治对象年内取代"二劳改"》,载《西安日报》2005年3月2日。
[2] 参见姜爱东主编:《违法行为教育矫治法立法研究》,群众出版社2010年版,第196页。
[3] 转引自鲁嘉微:《邵名正教授谈〈违法行为矫治法〉》,载《中国司法》2007年第5期。
[4] 参见王洪涛、冯帅:《建立中国特色违法行为教育矫治制度——劳教制度废止后的制度选择》,载《学术交流》2013年第12期。

危险性。①

3.《违法行为矫治法》的适用程序

王公义介绍说:"相比劳动教养,首先是《违法行为矫治法》规定的决定程序更为严格。《违法行为矫治法》增加了申辩权。被公安机关决定予以违法矫治的人员可以申辩,还可以到法院申诉。同时,该法规定当事人本人可以请律师来辩护,还可以申请听证。其次,期限缩短了。矫治时间为半年到1年半,最长不超过1年半。还有一个重大变化是管理方式,管理违法行为矫治的场所,是半开放和开放式的。半开放,是指在场所内部开放的,对外是不开放。矫治对象在场所内可以自由活动。开放式的就是,矫治对象周末可以回家,平时可以请假回家。根据你违法的严重程度,决定你白天在外面劳动、工作,晚上必须回来;或者是白天在矫治所劳动,晚上回家。此外,所有的违法行为矫治场所都将没有铁窗、铁门,实行人性化的管理。今后他们在违法行为矫治所里,会感觉像是在一所工读学校里。"②

姜爱东认为,《违法行为矫治法》的适用程序具体可分为立案调查、提请、审理和决定、复审等阶段。它在管辖上分为职能管辖、级别管辖和指定管辖,其基本程序和其他诉讼法的规定基本一致。违法矫治案件由公安机关立案并进行调查。公安机关立案调查结束后,将需要采取违法行为教育矫治措施的案件移送裁决,这个环节称为"提请"。与刑事诉讼不同,此处的提请权力和职责由公安机关享有并承担。③审判机关受理案件后,应当遵循公正、公开原则,按照程序开庭审理(特殊案件除外)。庭审过程应当进行质证、辩论,最终由审判机关作出相应裁决。此外,被告人对裁决不服的,可以申请复审。当事人在程序中遭受国家机关及其工作人员损害的,可以依法申请国家赔偿。整个活动受人民检察院、各级人民代表大会和人民群众的监督。

(三)《违法行为矫治法》的"难产"及其原因

《违法行为矫治法》的立法工作历时长且举步维艰。自2005年3月起,根据全国人大代表的提议,《违法行为矫治法》先后被第十届、第十一届全国人大列入立法计划。但是,此后的相关立法工作并未有实质性的进展。2010年,全国人大常委会法工委副主任李飞表态:"违法行为教育矫治法已列入今年立法计划,立法速度会加快。劳教制度改革也已列入正在进行的司法改革。"④全国人大常委会公布的2010年立法工作计划显示,在4月份举行的常委会第十四次会议上,委员长会议将提请审议《违法行为矫治法》。2011年11月,最高人民法院等十机构联合发布《违法行为教育矫治委员会试点工作方案》,决定在江苏、河南等省的4个城市进行改革试点。⑤ 2013年,劳动教养制度被废止后,被视为替代措施的违法行为矫治措施的相关立法工作再次停滞。

---

① 参见姜爱东主编:《违法行为教育矫治立法研究》,群众出版社2010年版,第204页。
② 转引自佚名:《违法行为矫治对象年内取代"二劳改"》,载《西安日报》2005年3月2日。
③ 参见姜爱东主编:《违法行为教育矫治立法研究》,群众出版社2010年版,第237页。
④ 转引自宋识径:《〈违法行为矫治法〉难产,被视为劳教制度终结者》,载《新京报》2012年8月16日。
⑤ 参见毛立新:《彻底废除劳教开启法治新阶段》,载《长江商报》2013年12月29日。

《违法行为矫治法》的立法工作一波三折,"难产"的主要原因有以下几点:首先,劳教问题的复杂性以及当前理论准备的不充足。劳动教养制度极其复杂,正如储槐植所言:"在我国全部的法律制度中大概还找不到一项法律制度像劳动教养那样产生诸多的理论困惑。"[①]同时,我国目前关于违法矫正制度的相关理论研究多集中于劳动教养制度,而专门的违法矫正研究较少,缺乏充分的论证。其次,《违法行为矫治法》的立法工作涉及诸多法外因素。比如,高层的理念、违法矫正的配套设施等。张绍彦认为,立法绝不只是条文的起草和法典的编纂,一部法典的诞生,不仅是法学家、立法官和劳教专家们辛勤操劳的果实,而更是时代发展的产物,更是形势变化的结果。[②] 最后,《违法行为矫治法》一直被视为劳动教养制度改革的替代品,但是劳动教养制度直接被废除而非被"改良",这对立法工作也有一定的影响。

四、对《违法行为矫治法》的建议

正如本书所倡导的"树立大矫正观",《违法行为矫治法》也应当按照大矫正观——矫正制度一体化的思路,改革违法矫正制度。基于此,我们认为,《违法行为矫治法》应注重以下几个方面的完善:

首先,明确《违法行为矫治法》的属性。一部法的属性决定其法律地位,《违法行为矫治法》作为对违法行为进行调整的规范,应当是一部法律,而非法规或者部门规章。

其次,《违法行为矫治法》应当注重程序的设计,除了决定程序司法化之外,还要注重引入庭审、抗辩或辩诉交易程序。

再次,应当对拘留、收容教育、戒毒措施、工读教育等进行整体的改革,并将这些制度全部纳入《违法行为矫治法》,形成一体化的违法矫正制度。

最后,也是最重要的一点,《违法行为矫治法》应当对执行机构加以规定,建立统一的违法矫治机构,交由具有中立性的司法行政部门管理。与此同时,应当更新矫正观念,以矫正、教育违法者为目的,而不能以惩罚为目的。

(本章作者:姚建龙、王江淮)

[①] 张绍彦:《劳动教养立法的理论探索》,载《犯罪与改造研究》2001年第5期。
[②] 参见张绍彦:《关于劳动教养立法基础理论问题的思考》,载《法学》2001年第3期。

第七章 拘留制度

拘留,是指国家机关依据法律对违法者适用的限制其人身自由的强制性制裁方法。我国《民事诉讼法》《刑事诉讼法》《行政诉讼法》《治安管理处罚法》等都规定了拘留制度。我国违法矫正领域的拘留主要有司法拘留和行政拘留两种,它们都与刑事拘留存在联系和区别。司法拘留在保障我国诉讼活动顺利进行中发挥了重要作用,而行政拘留则主要调整治安领域的违法行为。从概念而言,行政拘留,又称为"治安拘留",是指公安机关对违反行政管理秩序的公民,在一定时间内剥夺其人身自由的处罚方式。与其他种类的行政处罚相比,行政拘留是最严厉的行政处罚手段,也是只能由法律规定、由公安机关实施的行政处罚手段。行政拘留对违法者具有限制功能、惩罚功能,对被害人具有抚慰功能,对社会具有威慑功能、教育鼓励功能、恢复社会秩序功能。

在我国行政拘留的相关程序中,公安机关是"主角"。从立案、调查到拘留的决定和执行,都由公安机关主导。行政拘留和司法拘留都在公安机关下设的拘留所内执行。我国《拘留所条例》对拘留所的设置、收拘工作、管理制度、教育矫正等都作出了详细的规定。

拘留所不仅仅是关押违法者的场所,它还是对违法者进行矫正的机构。因此,在拘留所内,应当重视违法矫正技术的开发与应用。拘留所违法矫正技术应用的成败,关系到整个矫正工作的成败。具体而言,拘留所矫正技术包括所政管理、心理矫治、劳动矫正、教育矫正、社会帮教等。

我国拘留制度存在的问题可以概括为两个方面:一是司法拘留制度存在的问题,主要有司法拘留的概念存在模糊性、送拘难、司法拘留权的滥用、重视惩戒而忽视矫正等问题,应当从理论研究和制度设计上加以完善。二是在行政拘留制度方面,主要存在如下几个问题:适用程序过于简单、缺乏制约、适用范围过大等,因此应当树立矫正观,引入听证程序,将拘留决定司法化,重新设计行政拘留的期限。

一个良好的矫正机构可以为矫正活动提供有力的保障,反之,将会成为矫正活动的"绊脚石"。因此,拘留所的改革关系到违法矫正活动的成败。我国拘留所主要存在如下几个问题:首先,拘留所的"看守所化";其次,拘留所中"拘而不矫"现象严重;再次,部分拘留所的管理人员资质存在瑕疵;最后,也是最重要的一点,拘留所作为矫正机构缺乏中立性。因此,应当在将拘留所与看守所、戒毒所进行严格的物理分离的基础之上,更新违法矫正观念;引入科学的评估机制,不但要对违法者个人进行评估,也要对拘留所的矫正工作进行评估;建立统一的违法矫正官制度;对拘留所的改革也应按照矫正一体化的观念,将其交给统一的司法行政部门进行管理,做到拘留决定和执行的分开。

第一节 拘留概述

研究拘留制度之前,应当先将拘留的概念界定清楚,并明确拘留的基本特征。对于拘留的分类,应当从现有制度出发,加以区分。

一、拘留的概念

拘留,是指由国家机关依据法律对违法者适用的限制其人身自由的强制性制裁方法。我国《民事诉讼法》《刑事诉讼法》《行政诉讼法》《治安管理处罚法》等都规定了拘留制度。本书所称的"拘留"是基于大矫正观所提出的在矫正学视野下的拘留,它既具有传统意义上的拘留的本质,又增加了不少矫正色彩,比如更加注重拘留的矫治功能,更加注重对违法者的教育而非一味强调惩罚。

在我国,拘留具有以下几个特征:

第一,拘留是国家权力机关在法律中制定的强制方法。在我国,只有法律才有权规定限制人身自由的措施。无论是司法拘留还是行政拘留,都是由法律规定的,如《刑事诉讼法》《民事诉讼法》《行政诉讼法》《治安管理处罚法》等。其他法规、规章都无权规定限制人身自由的措施。因为拘留本身关涉人权中较为重要的人身自由权,所以其设定显得较为严格。

第二,拘留是用于矫正、惩罚或排除妨害的强制方法。不同的拘留方式,其目的有所不同。司法拘留是用于排除诉讼活动中妨害诉讼的行为的强制方法,它的适用不但能够维护诉讼秩序,还能够惩罚违法者。行政拘留是用于维护社会治安的强制方法,它的适用还能实现对违法者的惩罚,对其不法行为进行矫治。因此,无论何种拘留,都要在一定时间内运用矫正技术对被拘留人进行教育矫治。

第三,拘留是以限制行为人人身自由为主要内容的强制方法。无论是司法拘留还是行政拘留,其主要内容都是限制违法者的人身自由,在此基础上实现教育矫治的目的。各种拘留实现限制人身自由的方法是,将被拘留人置于某个由公安机关严格看管的场所内,并对其进行活动上的限制。

第四,拘留是由国家专门机关决定、执行的强制方法。行政拘留的适用只能由公安机关决定,司法拘留的适用只能由人民法院决定。只有法律授权的国家机关有权适用拘留措施,其他机关、团体、组织均无权决定适用。即使是作为行政行为的行政拘留,也不能授权其他组织决定适用。此外,拘留只能在法律规定的拘留所内执行。这是国家慎重对待公民人身自由权的表现。

第五,拘留是依据一定的程序决定、执行的强制方法。无论是司法拘留还是行政拘留,都必须依据一定的程序进行。比如,司法拘留的适用需要严格依照《刑事诉讼法》《民事诉讼法》《行政诉讼法》及其相关司法解释规定的程序进行。程序本身就意味着公平、正义,因此在限制人身自由时,更应当注意依据程序行事。

第六,拘留以限制人身自由为内容,是较为严厉的强制方法。在治安管理的处罚种类中,行政拘留是最为严厉的强制方法。在对妨害民事、刑事、行政诉讼行为的强制方法中,司法拘留也是最为严厉的。

综上所述,拘留是一种由法律设定并由国家专门机关决定、执行的,用于矫正、惩罚或排除妨害的,以限制人身自由为主要内容的较为严厉的强制方法。拘留、拘留权的创制与实施都离不开法律和国家机关。拘留权是国家统治权的一个重要部分,而在矫正学的视野下,拘留更是一种重要的违法矫正措施。

二、拘留的种类

我国的拘留主要有司法拘留、刑事拘留和行政拘留三种(本章所讨论的拘留特指行政拘留和司法拘留)。其中,司法拘留包括民事司法拘留、刑事司法拘留和行政司法拘留三种。

司法拘留,是指人民法院为了保证审判活动正常进行,对实施了严重妨害诉讼活动的人,采取限制其短期限的人身自由的一种强制措施。此处的诉讼活动包括民事诉讼活动、刑事诉讼活动、行政诉讼活动三种。在司法拘留制度中,人民法院拥有决定权。人民法院在适用司法拘留时,主要依据的是《民事诉讼法》《刑事诉讼法》《行政诉讼法》及其相关司法解释。其中,民事拘留,即民事司法拘留,是人民法院对于妨害民事诉讼情节严重但尚不构成犯罪的人依法采取的,在一定期限内限制其人身自由的措施,以防止其继续实施妨害民事诉讼顺利进行的行为,是民事诉讼强制措施中最为严厉的一种。

刑事拘留,是指公安机关、人民检察院在对直接受理案件的侦查中,遇有法定的紧急情况,暂时限制现行或重大嫌疑人的人身自由并予以羁押的一种强制方法。刑事拘留本质上是一种刑事侦查活动中暂时性的强制措施。侦查机关在适用刑事拘留时,主要依据的是《刑事诉讼法》及其相关司法解释。

行政拘留,又称为"治安拘留",是指公安机关对违反行政管理秩序的公民,在一定时间内剥夺其人身自由的处罚方式。行政拘留本质上是一种处罚措施,是国家维护社会治安的有力手段。公安机关在适用行政拘留时,主要依据的是《治安管理处罚法》。

三种拘留方式都是我国违法矫正措施体系的重要组成部分,共同构成了我国拘留制度体系。然而,有联系就有区别,三种拘留方式在性质、适用法律、期限、适用程序上都存在着较大的区别。(本章第三节将对此进行专门论述。)

第二节 司法拘留

一、司法拘留概述

作为诉讼活动中最为严厉的违法矫正措施，司法拘留的含义不同于行政拘留和刑事拘留，它具有自己明显的特征。

（一）司法拘留的含义

司法拘留，是指人民法院为了维护审判活动秩序，保证诉讼活动的顺利进行，对实施了严重妨害诉讼活动的人，依据《民事诉讼法》《刑事诉讼法》和《行政诉讼法》，采取限制其短期限的人身自由的一种强制措施。如前文所述，司法拘留包括民事司法拘留、刑事司法拘留和行政司法拘留。

司法拘留本质上是对妨害诉讼的强制措施，是诉讼的保障机制的重要内容之一。与司法拘留并列的对妨害诉讼的强制措施还有拘传、训诫、责令退出法庭、罚款。司法拘留无疑是这些措施中最为严厉、最具矫正色彩的措施。

（二）司法拘留的特征

第一，司法拘留是在诉讼过程中，由人民法院依照职权主动采取的强制手段。它适用于民事审判和民事执行的各个阶段，且不需要当事人申请，是人民法院维护正常诉讼程序之职责的集中体现。

第二，司法拘留只能针对已经存在的妨害诉讼的行为，其目的在于制止或者排除这些行为对诉讼的妨害。它只是排除妨害的手段，并不是对有关人员违法行为的法律制裁。因此，有关人员的妨害行为情节严重，构成犯罪，需要追究刑事责任时，其妨害诉讼被拘留的时间不应折抵刑期。

第三，司法拘留适用的对象具有广泛性。无论是当事人还是其他诉讼参与人，甚至是法庭内的旁听群众以及负有协助执行义务的人，只要实施了妨害民事诉讼的行为，达到一定严重的程度，都可能成为司法拘留适用的对象。

第四，司法拘留是以限制人身自由为内容的强制手段。经法院批准后，被拘留人应当交由公安机关执行。被拘留人将被投放于拘留所内，在特定的时间内，其人身自由受到限制。这也是民事拘留被称为最严厉的对妨害民事诉讼行为的强制措施的主要原因。

第五，司法拘留是由特定的机构执行的措施。所有被决定予以司法拘留的人都必须交由公安机关投放于拘留所内执行。除了拘留所之外，法律没有规定其他任何机构用于执行司法拘留措施。

二、司法拘留的适用

作为诉讼活动中最严厉的违法矫正措施，司法拘留的适用关系到诉讼活动的顺利进行，更关系到违法者的人身自由，因此应当严格依照法律程序适用。

（一）司法拘留适用的对象

1. 民事司法拘留适用的对象

适用民事拘留措施时,应当以符合妨害民事诉讼行为的构成要件为前提:首先,行为人必须已经实施了妨害民事诉讼的具体行为;其次,行为人的行为必须是基于故意的心理;最后,行为人的行为必须是在诉讼过程中实施的。

《民事诉讼法》第111条规定,对于下列行为,人民法院根据情节轻重可以予以罚款、拘留:(1) 伪造、毁灭重要证据,妨碍人民法院审理案件的;(2) 以暴力、威胁、贿买方法阻止证人作证或者指使、贿买、胁迫他人作伪证的;(3) 隐藏、转移、变卖、毁损已被查封、扣押的财产,或者已被清点并责令其保管的财产,转移已被冻结的财产的;(4) 对司法工作人员、诉讼参加人、证人、翻译人员、鉴定人、勘验人、协助执行的人,进行侮辱、诽谤、诬陷、殴打或者打击报复的;(5) 以暴力、威胁或者其他方法阻碍司法工作人员执行职务的;(6) 拒不履行人民法院已经发生法律效力的判决、裁定的。

《民事诉讼法》第110条规定:"……人民法院对违反法庭规则的人,可以予以训诫,责令退出法庭或者予以罚款、拘留。人民法院对哄闹、冲击法庭,侮辱、诽谤、威胁、殴打审判人员,严重扰乱法庭秩序的人,情节较轻的,予以罚款、拘留。"第112条规定:"当事人之间恶意串通,企图通过诉讼、调解等方式侵害他人合法权益的,人民法院应当驳回其请求,并根据情节轻重予以罚款、拘留;构成犯罪的,依法追究刑事责任。"第113条规定:"被执行人与他人恶意串通,通过诉讼、仲裁、调解等方式逃避履行法律文书确定的义务的,人民法院应当根据情节轻重予以罚款、拘留;构成犯罪的,依法追究刑事责任。"此外,为了加大执行力度,对于拒不履行协助义务的单位,人民法院可以对其主要负责人或者直接负责人予以罚款;对仍不履行协助义务的,可以予以拘留。

案例 7-1

2011年10月15日,正准备前往济南作为某选美大赛的特邀嘉宾,白衣黑裤、头戴礼帽的"影视大鳄"邓建国被法院的办案人员请下了飞机。在机场警务室,广州市中级人民法院的执行法官当即向其宣布:因为未按执行通知履行法律文书确定的义务、未向人民法院申报财产以及违反限制高消费令乘坐飞机等多项违反执行法律法规的事实,邓建国被司法拘留15天。

这是怎么回事?原来,邓建国几年前欠下300多万元债务,经仲裁后拒不履行生效仲裁文书,债权人向法院申请强制执行。法院立案后,先后对其财产进行查扣,并发出财产申报表、执行通知书。邓建国在法定期限内仍未履行,法院遂依法对其发出限制高消费令,并责令其与债权人达成还款计划。但是,邓建国不仅拒不申报财产,而且一再恶意躲避,还大张旗鼓地进行投资、办酒等高消费行为。针对邓建国的行为,法院对其作出了拘留决定。①

---

① 参见邓新建:《恶意躲避债务、屡次大张旗鼓高消费,邓建国被司法拘留15天》,载《法制日报》2011年10月17日。

2. 行政司法拘留适用的对象

《行政诉讼法》第59条规定:"诉讼参与人或者其他人有下列行为之一的,人民法院可以根据情节轻重,予以训诫、责令具结悔过或者处一万元以下的罚款、十五日以下的拘留;构成犯罪的,依法追究刑事责任:(一)有义务协助调查、执行的人,对人民法院的协助调查决定、协助执行通知书,无故推拖、拒绝或者妨碍调查、执行的;(二)伪造、隐藏、毁灭证据或者提供虚假证明材料,妨碍人民法院审理案件的;(三)指使、贿买、胁迫他人作伪证或者威胁、阻止证人作证的;(四)隐藏、转移、变卖、毁损已被查封、扣押、冻结的财产的;(五)以欺骗、胁迫等非法手段使原告撤诉的;(六)以暴力、威胁或者其他方法阻碍人民法院工作人员执行职务,或者以哄闹、冲击法庭等方法扰乱人民法院工作秩序的;(七)对人民法院审判人员或者其他工作人员、诉讼参与人、协助调查和执行的人员恐吓、侮辱、诽谤、诬陷、殴打、围攻或者打击报复的。……罚款、拘留须经人民法院院长批准。当事人不服的,可以向上一级人民法院申请复议一次。复议期间不停止执行。"

3. 刑事司法拘留的适用对象

《刑事诉讼法》第194条规定:"在法庭审判过程中,如果诉讼参与人或者旁听人员违反法庭秩序,……情节严重的,处以一千元以下的罚款或者十五日以下的拘留。罚款、拘留必须经院长批准。被处罚人对罚款、拘留的决定不服的,可以向上一级人民法院申请复议。复议期间不停止执行。对聚众哄闹、冲击法庭或者侮辱、诽谤、威胁、殴打司法工作人员或者诉讼参与人,严重扰乱法庭秩序,构成犯罪的,依法追究刑事责任。"

案例 7-2

2013年1月22日,靖江市人民检察院指控被告人朱亚年利用邪教组织破坏法律实施。4月3日上午,靖江市人民法院在该院第三审判庭公开开庭审理此案。北京市振邦律师事务所王全璋律师出庭为被告人朱亚年辩护。

据靖江市人民法院介绍,当日庭审中,辩护人王全璋多次打断合议庭成员以及公诉人的讯问,扰乱法庭正常的审判活动,经审判长多次警告制止并训诫。在法庭辩论中,辩护人王全璋用其手机拍摄,被审判长发现,审判长当即指令法警对王全璋的手机予以暂扣,待休庭后处置。法警当即通知该院网管员到场,发现该手机显示"云录音"状态,法警当即将此情况向审判长报告。审判长在庭审结束后要求辩护人王全璋留置谈话。谈话过程中,审判长要求辩护人王全璋提供手机开机密码,王全璋自始至终都未能提供有效密码,致手机无法打开。

该法院决定,鉴于王全璋上述行为违反法庭秩序,情节严重,依据《最高人民法院关于适用〈中华人民共和国刑事诉讼法〉的解释》第250条第3、4款的规定,对辩护人王全璋予以拘留。①

(二)司法拘留适用的程序与期限

司法拘留涉及对人身自由的限制,不但是最严厉的,也是最严格的违法矫正措施。因此,在适用司法拘留时,有严格的程序要求。以民事司法拘留为例,根据我国《民事诉讼法》的规定和最高人民法院的相关司法解释,人民法院需要对民事诉讼参与人和其他人采取民事拘留措施的,应当由合议庭或独任审判员提出意见,报本院院长批准,并制作拘留决定书,由司法警察将被拘留人送交当地公安机关看管。在执行拘留期间,执行人员应当向被拘留人当场宣读拘留决定书。被拘留人对决定书不服的,可以向上一级人民法院申请复议一次,复议期间不停止执行。上级人民法院应当在收到复议申请后5日内作出决定,并将复议结果通知下级人民法院和当事人。上级人民法院复议时认为强制措施不当的,应当制作决定书,撤销或者变更下级人民法院作出的拘留决定。情况紧急的,可以在口头通知后3日内发出决定书。因哄闹、冲击法庭,用暴力、威胁等方法抗拒执行公务等紧急情况,必须立即采取拘留措施的,可在拘留后,立即报告院长补办批准手续。院长认为拘留不当的,应当解除拘留。行政司法拘留和刑事司法拘留适用的程序与民事司法拘留适用的程序大同小异,在此不再赘述。

拘留的期限不得超过15日。被拘留人在拘留期间认错悔改的,可以责令其具结悔过,提前解除拘留。提前解除拘留,应报经院长批准,并作出提前解除拘留决定书,交负责看管的公安机关执行。

此外,适用司法拘留措施时应注意以下几个问题:

第一,禁止异地拘留。被拘留人不在本辖区的,作出拘留决定的人民法院应当派员到被拘留人所在地的人民法院,请该院协助执行,受托的人民法院应当及时派员协助执行。被拘留人交由当地公安机关看管。被拘留人申请复议或者在拘留期间承认并改正错误,需要提前解除拘留的,受委托人民法院应当向委托人民法院转达或者提出建议,由委托人民法院审查决定。

第二,禁止连续适用拘留措施。在司法实践中,对同一妨害民事诉讼的行为,罚款和拘留两种强制措施可以单独适用,也可以合并适用,但不得连续适用。例如,当事人拒不履行人民法院已发生法律效力的判决,人民法院对当事人予以拘留,拘留期满应当解除拘留。人民法院不能因当事人在拘留期间还没有执行判决就连续拘留。但是,对新发生的妨害民事诉讼的行为,人民法院可以重新予以罚款、拘留。比如,当事人在解除拘留后,人民法院向其发出执行通知,该当事人再一次拒不执行人民法院的生效判决,可以再次对其适用拘留。

第三,对人大代表和政协委员的拘留。拘留县级以上人大代表的,应经该级人大主席团或人大常委会许可;拘留乡、民族乡、镇的人民代表的,拘留后人民法院应立即

---

① 参见《王全璋律师被靖江法院提前释放 曾因扰乱法庭秩序被拘》,http://www.guancha.cn/society/2013_04_06_136590.shtml,2015年5月5日访问。

报告乡、民族乡、镇的人民代表大会。拘留政协委员的,拘留前应向该委员会所在的政协党组通报情况,情况紧急的,可同时或事后通知。

第三节 行政拘留

行政拘留是我国拘留制度中适用最广泛的一种,也是违法矫正体系中重要的措施之一。本节将详细介绍行政拘留的基本概念、功能以及我国行政拘留制度的嬗变,并从境外视角考察行政拘留制度。

一、行政拘留概述

研究行政拘留,必须清楚界定行政拘留的基本概念、特征,才能正确区分行政拘留与司法拘留、刑事拘留。行政拘留的功能关系到行政拘留的效果,因此同样值得关注。

(一)行政拘留的概念与特征

行政拘留,又称为"治安拘留",是指公安机关对违反行政管理秩序的公民,在一定时间内剥夺其人身自由的处罚方式。

行政拘留与警告、罚款、没收违法所得、没收非法财物、责令停产停业、暂扣或吊销许可证或执照等处罚方式并列,是我国《行政处罚法》规定的处罚种类。与其他种类的行政处罚相比,行政拘留具有如下几个特征:

第一,行政拘留是最为严厉的行政处罚形式。行政拘留以限制相对人的人身自由为主要内容。与其他几类行政处罚相比,行政拘留是最具惩罚性的措施。

第二,行政拘留只能由法律进行设定。正是因为行政拘留是对相对人人身自由的限制,其设定本身也受到严格的限制,所以只能由法律设定该种处罚,其他如行政法规、地方性法规、规章则无权设定。

第三,行政拘留的实施机关只能是公安机关。由于关涉人身自由,行政拘留权受到严格的限制,只能由公安机关实施,其他任何机关无权对相对人予以行政拘留。此外,行政拘留决定作出后,应当将相对人置于特定的拘留场所(拘留所)进行监管,而不能置于其他场所。

(二)行政拘留与刑事拘留、司法拘留的区别

行政拘留、刑事拘留、民事拘留都属于广义上的拘留,都是以限制人身自由为主要内容的强制措施。三种拘留都必须由特定机关依据法律法规并按照特定的程序决定、实施,并都由公安机关在特定的场所执行。但是,行政拘留与其他两种拘留存在着多方面的差异。

1. 行政拘留与刑事拘留的不同

(1)二者的性质不同。行政拘留是行政处罚的种类之一,其本质是行政制裁,属于治安管理的范畴;而刑事拘留是一种刑事强制措施,只存在于刑事诉讼中的侦查阶

段,是一种应急性的、临时性的刑事诉讼保障措施。

(2)二者的法律依据不同。行政拘留的适用应当依据《治安管理处罚法》和《行政处罚法》,而刑事拘留的适用则应当依据《刑事诉讼法》及相关司法解释。

(3)二者适用的主体不同。行政拘留只能由公安机关决定适用并实施,而刑事拘留由公安机关和检察院决定适用。

(4)二者适用的对象不同。行政拘留适用于违反《治安管理处罚法》等法律法规的违法者,而刑事拘留则适用于刑事案件中涉嫌犯罪的现行犯或者重大嫌疑分子。显然,刑事拘留适用的对象的社会危险性和人身危险性较高。

(5)二者的执行场所不同。公安机关决定对相对人予以行政拘留后,应当将其送往拘留所进行监管;而公安机关或者人民检察院应当将被适用刑事拘留的犯罪嫌疑人送往看守所进行监管。

(6)二者的羁押期限不同。我国《治安管理处罚法》第16条规定:"有两种以上违反治安管理行为的,分别决定,合并执行。行政拘留处罚合并执行的,最长不超过二十日。"可见,行政拘留的羁押期限最长不超过20日,而刑事拘留的羁押期限最长不超过37日。在这一点上,二者相差较大,这与二者的性质差异相关。

2. 行政拘留与司法拘留的不同

(1)二者的性质和依据不同。司法拘留是一种对妨害诉讼行为的强制措施,主要依据《民事诉讼法》《刑事诉讼法》《行政诉讼法》及其相关司法解释;而行政拘留是依据《治安管理处罚法》和《行政处罚法》等法律设定的一种行政处罚措施。

(2)二者适用的主体不同。虽然二者最终都要交由公安机关置于拘留所内执行,但是行政拘留只能由公安机关决定适用,而司法拘留只能由法院决定适用。

(3)二者适用的对象不同。行政拘留适用的对象是行政违法行为人,而司法拘留适用于民事诉讼中实施了妨害诉讼行为的当事人、其他诉讼参与人和案外人。

(4)二者的目的和结果不同。行政拘留的目的是对违法分子进行惩罚、教育,维护社会治安。行政拘留期满,就是教育处罚的结束。司法拘留的目的则在于制止和惩戒妨害诉讼的行为,保障诉讼的顺利进行。被拘留人承认并改正错误的,人民法院可以提前解除拘留。

(5)二者的羁押期限不同。行政拘留的羁押期限最长不超过20日(合并执行的情况下),而司法拘留的羁押期限最长不超过15日。同时,司法拘留还存在提前解除拘留的可能性。

二、行政拘留的功能

行政拘留的功能,是指公安机关正确适用相关法律法规,对行政相对人予以行政拘留,对社会可能产生的积极作用。国家创制、适用和执行行政拘留,对不同的对象可能产生不同的功效与作用。根据功效、作用和对象范围的不同,行政拘留的功能可从下面三个方面加以概括:

（一）对违法者的功能

行政拘留是公安机关在治安管理活动中，依法对违法者适用的处罚方法。违法者（或称"行政相对人"）是行政拘留的承担者，行政拘留首先对违法者发生作用。行政拘留对违法者的功能如下：

1. 限制功能

行政拘留的限制功能，是指通过适用行政拘留，限制违法者的人身自由，使其在特定时间内丧失再次违法的能力和条件。违法者进行违法行为，有赖于一定的人身自由。行政拘留的介入，就是要让违法者无法自由地实施其违法行为。虽然行政拘留的期限必须限制在 20 日以下，但是足以剥夺违法者赖以实施违法行为的条件。因此，行政拘留的直接作用就是在特定时间内限制违法者的人身自由。这种限制功能是行政拘留实现其维护社会秩序的目的的有力保障。我国《治安管理处罚法》第 55 条规定："煽动、策划非法集会、游行、示威，不听劝阻的，处十日以上十五日以下拘留。"对于上述违法行为，适用行政拘留措施，公安机关将违法者置于拘留所内进行监管，可以在 10—15 日内限制违法者的人身自由，使其在该段时间内无法再进行煽动、策划非法集会、游行、示威等违法活动。行政拘留的限制功能可以使得违法者暂时与社会隔离，丧失再犯能力，是行政拘留的首要功能。

2. 惩罚功能

行政拘留的惩罚功能，是指通过适用行政拘留，使违法者受到国家和社会的非难、谴责，并使其感受到肉体上和精神上的双重痛苦。违法者选择进行违法行为，本身就否定了法律、道德，而作为治安处罚种类之一的行政拘留，正是通过惩罚否定违法者的行为。如此而言，行政拘留是对违法者否定法律的行为的否定，是一种否定之否定。这对违法者而言意味着痛苦，是其违法的代价。边沁认为，人类的一切行为都受两种基本动力的驱使，即追求快乐和避免痛苦，这是一切道德行为的原因和动力，也是一切不道德行为包括不法行为的原因和动力。① 这种由行政拘留带来的痛苦可以称为违法的"成本"。当违法的"成本"大于违法可能带来的快乐时，行为人便不会轻易地选择实施违法行为。可见，惩罚功能是行政拘留固有的属性，也是行政拘留的基本功能，它对于抑制违法意念，实现违法预防和矫正具有重要的意义。

3. 矫正功能

行政拘留的矫正功能，是指通过适用行政拘留，将违法者置于拘留所内，进行教育，使其认识到自己的错误行为，并通过劳动、教育和管理等多种手段使其改正错误，最终顺利回归社会。以行政拘留为代表的一系列行政处罚措施并不仅仅是社会防卫手段，更是国家对违法者进行矫正的手段。违法者之所以违法，是因为其本身存在不正确的人生观、世界观和价值观。同时，对法律的漠视使违法者无视社会公共秩序，无视他人的合法权益。这种错误认识和漠视本身就反映了违法者与正常人之间的区别，

---

① 参见许章润主编：《犯罪学》（第三版），法律出版社 2007 年版，第 29 页。

这种区别也恰恰是违法者人格、知识等的缺陷。通过适用行政拘留,不但可以剥夺违法者的人身自由,使其感受到痛苦,还能对其进行教育、改造,矫正其错误的观念,弥补缺陷,以防再犯。此外,实践中,违法行为与犯罪行为密切相关,尤其是应受到行政拘留的严重的违法行为,如不及时进行矫正,很容易演变为犯罪行为。

矫正功能是行政拘留的重要功能,矫正与否也正是对行政拘留效果的重要评估标准之一。著名的国际法学家格劳秀斯曾经指出:"惩罚的目的就是要使一个罪犯变成一个好人。"[①]刑罚对待罪犯的态度如此,行政处罚对待违法者也应如此。行政拘留期限最高不超过 20 日,对于一个执意违法的人而言,并不算是特别高的"成本"。与监狱对犯罪分子的改造一样,公安机关在拘留所中对违法者的改造不能仅仅停留于惩罚,而要"攻心为上",重视行政拘留的矫正功能,将违法者由一个有缺陷的人矫正成一个遵纪守法的公民,才能有助于实现行政拘留的根本目的。

(二)对被侵害人的功能

理论界和实务界往往重视行政拘留对社会和违法者本人的功能,而忽视其对被侵害人的功能,这是不对的。行政拘留乃至行政处罚对被侵害人的功能是不可忽视的。行政拘留对被侵害人的功能,是指通过对违法者适用行政拘留,使被侵害人感受到法律的公平,安抚其情绪。当然,并非所有的违法行为都有直接的被侵害人,因此对被侵害人的功能只存在于有被侵害人的案件中。具体而言,行政拘留对被侵害人的功能主要体现在以下两个方面:

一是保护被侵害人的人身安全。公安机关之所以要对违法者处以行政拘留的处罚,是因为相应的违法行为具有一定的严重性。这种严重性往往涉及被侵害人的人身安全和财产安全。行政拘留决定一旦作出,违法者将被强制与被侵害人和社会隔离。这种物理隔离本身就能对被侵害人的人身和财产安全起到保护作用。比如,违法者实施了打架斗殴、盗窃等违法行为,公安机关对其进行控制,将其投放于拘留所内进行看管,就能避免其对被侵害人进一步的伤害。

二是安抚被侵害人。行政拘留对被侵害人的安抚功能虽不明显,但却尤为重要。安抚功能是从心理角度出发的。事实上,侵害行为的实施不仅侵害了被侵害人的人身、财产或名誉,而且往往会破坏被侵害人的心理平衡,使其感到无助、痛苦、恐惧、愤怒、仇恨等。国家对于违法者实施以剥夺人身自由为内容的行政拘留措施,使得违法者在某种程度上感受到痛苦,而这种痛苦正是被侵害人所要看到的惩罚。因此,这种惩罚在某种程度上可以安抚被侵害人。这种安抚能避免被侵害人产生极端的复仇情绪或者计划进行私力复仇。同时,这种安抚还能对其他遭受违法行为影响的社会成员产生心理平衡的作用。此外,国家机关对于违法者及时、正确的惩罚,正体现了公平正义,能使被侵害人感受到法的温暖。

---

① 转引自高铭暄、马克昌主编:《刑法学》(第四版),北京大学出版社、高等教育出版社 2010 年版,第 239 页。

（三）对社会的功能

行政拘留对违法者发生作用的同时，也会对社会产生一些积极的作用，我们称之为"对社会的功能"。行政拘留对社会的功能主要表现在以下几个方面：

1. 威慑功能

行政拘留的威慑功能，是指通过对行政拘留的适用，不但能够使已经违法的人感受到痛苦，也能够使潜在的违法者受到震慑、威吓而不敢以身试法。行政拘留的这种威慑功能与刑罚的威慑功能相似，既能够威慑"已然之违法"，亦能够威慑"未然之违法"。凡惩罚皆具有一定的威慑功能，前提是惩罚不仅仅停留在法律条文中，而且要在现实中得以实现。对违法者适用行政拘留的惩罚，就是法从字面到实践的过程。行政拘留使得违法者不得不在拘留所丧失人身自由并接受管制教育。这种最严厉的惩罚的实现，彰显了法的权威，也让社会大众尤其是意图实施违法行为的人因目击他人的受罚之苦而从中得到警戒和感悟。从这个意义上说，法的实践是最好的法制教育。充分发挥行政拘留的威慑功能，是打消潜在违法者的冒险侥幸心理，使其遵纪守法，最终实现对违法行为的预防的重要条件。

2. 教育鼓励功能

行政拘留的教育鼓励功能，是指通过对行政拘留的适用，能够使社会大众在看到违法者接受惩罚的同时，受到法制教育，并鼓励其积极地同违法行为作斗争。国家机关对违法者适用行政拘留，可以让公民知道哪些行为是法律禁止的，哪些行为是法律允许的，以及违法行为会受到何种惩罚；同时，也能够使公民意识到违法行为的危害性，激发公民对违法行为的斗争意识，共同维护正常的社会秩序。

3. 矫正功能

行政拘留作为我国违法矫正措施体系中最重要的手段，不仅对违法者本人有矫正的作用，对整个社会环境亦有矫正功能。行政拘留对社会的矫正功能，是指通过适用行政拘留，国家机关积极参与社会治理，能够在一定的范围内矫正已被破坏的社会秩序，恢复并维护社会秩序。行政拘留对社会的矫正功能可以通过"破窗"理论进行解释。

美国斯坦福大学的心理学家菲利普·津巴多（Philip Zimbardo）于1969年进行了一项实验，他找来两辆一模一样的汽车，把其中的一辆停在加州帕洛阿尔托的中产阶级社区，而把另一辆停在相对杂乱的纽约布朗克斯。他把停在布朗克斯的那辆车的车牌摘掉，把顶棚打开，结果当天就被偷走了。放在帕洛阿尔托的那辆车一个星期也无人理睬。后来，津巴多用锤子把那辆车的玻璃敲了个大洞。结果，仅仅过了几个小时，它就不见了。以这项实验为基础，政治学家威尔逊和犯罪学家凯琳提出了"破窗"理论：如果有人打坏了一幢建筑物的窗户玻璃，而这扇窗户又得不到及时的维修，别人就可能受到某些示范性的纵容去打烂更多的窗户。久而久之，这些破窗户就给人造成一种无序的感觉。结果，在这种公众麻木不仁的氛围中，犯罪就会滋生、猖獗。

如前文所述，违法行为常常是犯罪行为的前奏，对违法行为的矫正和预防也将直接对犯罪预防产生作用。此处的"矫正"不仅仅是针对违法者而言,而且包括对整个社会秩序的矫正。比如,对于街头小偷小摸行为的治理,不但能制止这些较轻微的违法行为,还能在某种程度上达到预防盗窃罪、抢夺罪、抢劫罪等相关犯罪的作用。通过行政拘留的适用,可以在短时间内使某部分已被破坏的社会秩序得到修复,而对某扇"破窗"的修复恰恰是为了防止其他"窗户"遭受损害。防微杜渐,正是行政拘留的价值所在。

三、我国行政拘留制度的嬗变

我国的行政拘留制度自清朝末年就已经存在,历经北洋政府时期、民国时期以及新中国成立以来的嬗变,总体上变化不是特别大。

(一)清末的《违警律》和北洋政府时期的《违警罚法》

光绪三十四年(1908年),清政府颁布了《违警律》。《违警律》第一章规定的违警处罚中规定了拘留,其期限为1日以上15日以下,遇有加重或者并科时,至多不超过30日;拘留处罚的决定主体为"警察官署"。[①] 北洋政府时期制定的《违警罚法》中关于拘留的规定基本上沿袭了《违警律》,所以在期限和决定主体上是一致的。

(二)民国时期的《违警罚法》

在1926年的《违警罚则》和1928年的《违警罚法》以后,国民党政府又于1943年颁布新的《违警罚法》。该法经数次修订,并长期在我国台湾地区适用,直到1991年才被废止。这部法律规定的违警罚的主罚中就包含了拘留,即"4小时以上7日以下,加重不超过14日的拘留"。[②]

(三)新中国成立以来有关行政拘留的相关法律法规

1957年《治安管理处罚条例》规定,治安处罚形式为警告、罚款、拘留、没收四种。其中,拘留的期限为"半日以上,十日以下;加重处罚不得超过十五日"。这部法律中还规定,行政拘留的主体是公安机关。1986年,我国制定并施行了新的《治安管理处罚条例》。该条例规定,"拘留期限为一日以上,十五日以下","分别裁决,合并执行"时,没有上限时间规定;拘留的决定主体为县级以上人民政府公安机关。自2006年3月1日起施行的《治安管理处罚法》规定,行政拘留的期限为1日以上15日以下,分别决定、合并执行时,最长不超过20日。

四、境外行政拘留制度考察

拘留作为不可缺少的一种限制人身自由的违法矫正措施,在世界范围内广泛存在。虽然存在于不同的国家和地区,但是其关于行政拘留的规定大体一致。

---

① 参见冯军:《行政处罚法新论》,中国检察出版社2003年版,第42—43页。
② 同上。

（一）奥地利的行政拘留

奥地利于 1926 年 1 月 1 日制定了世界上最早的一部具有现代意义的行政处罚法典，称为《行政罚法》，后来经过 1932 年和 1948 年两次修改，于 1950 年 5 月 23 日颁布生效至今。《行政罚法》中规定了行政处罚的种类，包括自由罚、罚锾、没入和警告。其中，自由罚包括拘留和住宅禁足。该法规定："自由罚不得少于 6 小时。被拘留人应自备衣服，并且自备膳食。其与外界口头交谈及书面通讯应受到官方的监视。"[1]

（二）前南斯拉夫的行政拘留

根据前南斯拉夫行政法的规定，行政处罚的种类有四种，即警告、罚款、拘留、强制措施。其中，拘留是一种人身罚，其期限为 1 日以上 30 日以下。强制手段范围较广，如没收、强制戒毒、强制戒酒、禁止违章行为等。[2]

（三）我国台湾地区的行政拘留

我国台湾地区的行政拘留属于秩序罚。1991 年起施行的"社会秩序维护法"第 19 条规定："拘留：一日以上，三日以下；遇有依法加重时，合计不得逾五日。"同时，警察并没有拘留决定权。第 53 条规定："拘留、留置，应分别在拘留所、留置室内执行之。违反本法嫌疑人被留置后，经执行拘留者，应按已留置时数折抵拘留之期间，经执行罚锾者，以一小时台币六十元折抵之。现行违反本法之行为人，经径行通知到场或强制到场者，警察机关留置期间之计算，应自其抵达警察机关时起算之。"第 54 条规定："拘留之执行，即时起算，并以二十四小时为一日。前项执行，期满释放。但于零时至八时间期满者，得经本人同意于当日八时释放之。"

五、行政拘留的适用

行政拘留的适用，是指行政拘留制度的适用范围、适用程序、时效等。由于行政拘留是治安管理领域中唯一具有限制人身自由功能的违法矫正措施，因此在适用程序上有较为严格的要求。

（一）行政拘留的适用范围

根据我国法律规定，只有公安机关和国家安全机关才有行政拘留处罚权（本书所论及的行政拘留一般仅指公安机关所适用的行政拘留）。行政拘留主要适用于四种情形：一是对违反治安管理的行为的处罚。例如，《治安管理处罚法》第 28 条规定："违反国家规定，故意干扰无线电业务正常进行的，或者对正常运行的无线电台（站）产生有害干扰，经有关主管部门指出后，拒不采取有效措施消除的，处五日以上十日以下拘留；情节严重的，处十日以上十五日以下拘留。"二是对妨害公安安全的行为的处罚。例如，《治安管理处罚法》第 30 条规定："违反国家规定，制造、买卖、储存、运输、邮寄、

---

[1] 转引自关保英主编：《行政处罚法新论》，中国政法大学出版社 2007 年版，第 45 页。
[2] 参见刘烈：《国外行政处罚立法状况》，载《行政法学研究》1994 年第 1 期。

携带、使用、提供、处置爆炸性、毒害性、放射性、腐蚀性物质或者传染病病原体等危险物质的,处十日以上十五日以下拘留;情节较轻的,处五日以上十日以下拘留。"三是对侵犯人身权利、财产权利的行为的处罚。例如,《治安管理处罚法》第44条规定:"猥亵他人的,或者在公共场所故意裸露身体,情节恶劣的,处五日以上十日以下拘留;猥亵智力残疾人、精神病人、不满十四周岁的人或者有其他严重情节的,处十日以上十五日以下拘留。"四是对妨害社会管理的行为的处罚。例如,《治安管理处罚法》第68条规定:"制作、运输、复制、出售、出租淫秽的书刊、图片、影片、音像制品等淫秽物品或者利用计算机信息网络、电话以及其他通讯工具传播淫秽信息的,处十日以上十五日以下拘留,可以并处三千元以下罚款;情节较轻的,处五日以下拘留或者五百元以下罚款。"

(二) 行政拘留的适用程序

1. 行政拘留的立案与调查

公安机关对报案、控告、举报或者违反治安管理行为人主动投案,以及其他行政主管部门、司法机关移送的违反治安管理案件,应当及时受理,进行登记,并立即进行调查。在依法进行证据收集后,认为确有依法应当给予行政拘留的违法行为的,根据情节轻重及具体情况,作出行政拘留处罚决定。

2. 行政拘留的决定

公安机关作出治安管理处罚决定的,应当制作治安管理处罚决定书。决定书应当载明下列内容:被处罚人的姓名、性别、年龄、身份证件的名称和号码、住址;违法事实和证据;处罚的种类和依据;处罚的执行方式和期限;对处罚决定不服,申请行政复议、提起行政诉讼的途径和期限;作出处罚决定的公安机关的名称和作出决定的日期。决定书应当由作出处罚决定的公安机关加盖印章。此外,公安机关应当向被处罚人宣告治安管理处罚决定书,并当场交付被处罚人;无法当场向被处罚人宣告的,应当在二日内送达被处罚人。决定给予行政拘留处罚的,应当及时通知被处罚人的家属。有被侵害人的,公安机关应当将决定书副本抄送被侵害人。

3. 行政拘留决定执行与暂缓执行

对被决定给予行政拘留处罚的人,由作出决定的公安机关送达拘留所执行。

根据《行政复议法》《行政诉讼法》的规定,当事人申请行政复议、提起行政诉讼期间,行政行为原则上不停止执行。对于罚款、扣押财物等行政决定不停止执行,如果当事人胜诉,可以通过返还财产、赔偿损失等方式弥补。然而,行政拘留是一种以剥夺和限制相对人的人身自由为内容的处罚,一旦发生执行错误,相对人的损失是不可逆的。因此,《治安管理处罚法》规定了暂缓执行行政拘留的制度。该法第107条规定:"被处罚人不服行政拘留处罚决定,申请行政复议、提起行政诉讼的,可以向公安机关提出暂缓执行行政拘留的申请。公安机关认为暂缓执行行政拘留不致发生社会危险的,由被处罚人或者其近亲属提出符合本法第一百零八条规定条件的担保人,或者按每日行政拘留二百元的标准交纳保证金,行政拘留的处罚决定暂缓执行。"

（三）行政拘留的期限与时效

行政拘留的期限最低为 1 日,最高为 15 日。有两种以上违反治安管理行为的,分别决定,合并执行。行政拘留处罚合并执行的,最长不超过 20 日。

行政拘留是一种比较严厉的、剥夺人身自由的处罚,在调查过程中,有的行为人因为被传唤,事实上已经在一定时间内被限制了人身自由。另外,由于违反治安管理行为与犯罪行为联系密切,有的违法行为人最初是作为犯罪嫌疑人被立案侦查的,期间可能被采取了限制人身自由的强制措施,随着案件的侦查,可能认为不构成犯罪的,转为普通的治安案件,或者可能由一般的治安案件转为刑事案件。在转换过程中,由于涉及对行为人人身自由的限制,羁押时间的折抵非常重要。《治安管理处罚法》第 92 条规定:"对决定给予行政拘留处罚的人,在处罚前已经采取强制措施限制人身自由的时间,应当折抵。限制人身自由一日,折抵行政拘留一日。"

《治安管理处罚法》第 22 条第 1 款规定:"违反治安管理行为在六个月内没有被公安机关发现的,不再处罚。"此处规定的期限,从违反治安管理行为发生之日起计算;违反治安管理行为有连续或者继续状态的,从行为终了之日起计算。

（四）行政拘留对特殊群体的适用

在行政拘留决定作出后,有可能存在《治安管理处罚法》规定的行政拘留不执行的情况。所谓的行政拘留不执行,是指对违反治安管理行为人依法应当给予行政拘留的处罚,由于行为人存在某种特殊原因,公安机关决定不予执行的一种制度。行政拘留对行为人人身自由的剥夺,在某种程度上能达到惩罚和矫正的功能。但是,对于未成年人、老人、怀孕或者哺乳自己不满一周岁婴儿的妇女等弱势群体,应当加强保护。尤其对于未成年人,应当坚持惩罚为辅、教育为主的方针。实践中,对于未成年人轻微违反《治安管理处罚法》的行为,一般不执行行政拘留。

《治安管理处罚法》第 21 条规定:"违反治安管理行为人有下列情形之一,依照本法应当给予行政拘留处罚的,不执行行政拘留处罚:(一)已满十四周岁不满十六周岁的;(二)已满十六周岁不满十八周岁,初次违反治安管理的;(三)七十周岁以上的;(四)怀孕或者哺乳自己不满一周岁婴儿的。"对于以上四类人的关怀,体现了行政拘留人性化的一面,也是我国全面实践人权保障的应有之举。

案例 7-3

2006 年 4 月 27 日,漳州市安全生产监督局副局长严建国带队在漳浦县检查工作。当晚,接受被检查单位宴请,酒后严建国在漳浦假日之星酒店侮辱并殴打一女子,致其受伤住院。此事经本报独家披露后,引起全国媒体的关注和转载。省安监局局长以及漳州市领导要求有关部门严肃查处。

据漳州市纪委陈荣木介绍,严建国殴打、侮辱素不相识女子录像曝光后,市有关部门对此事高度重视,表示一定要严肃处理。"5 月 1 日和 4 日,纪检部门两次到漳浦调查取证，接触了当事人、公安、接待单位等，也查看了酒店监控录像，可以确定的是，严建国的行为已经构成违纪。9日上午，纪检部门决定正式对严建国立案调查。同时，漳州安监局党组也对其作出停职检查的决定。"

据漳浦县公安局法制科科长林长盛介绍，根据审核情况，严建国殴打他人事实证据确凿。漳浦公安局绥安分局负责人许达祥昨晚告诉记者，昨日起，公安局对严建国行政拘留，时间是5天。另据警方透露，被打女子陈小凤的伤情鉴定为轻微伤。①

案例 7-4

2013年8月23日晚，著名天使投资人、微博实名认证的知名人士薛蛮子因涉嫌嫖娼被警方带走。据悉，2013年8月23日，根据群众举报，朝阳警方在安慧北里一小区将进行卖淫嫖娼的薛某（男，60岁）、张某（女，22岁，河南人）查获。经审查，二人对卖淫嫖娼事实供认不讳。目前，警方已依法对二人行政拘留。因嫖娼被抓的男子是微博名人薛蛮子。根据公开资料，薛蛮子原名薛必群，系知名投资人，其新浪微博认证为"天使投资人、微博打拐发起人之一"，粉丝数1212万，是微博知名"大V"。②

第四节 拘 留 所

拘留所是依据我国现行的法律、法规、条例和相关规定设置的羁押场所，由公安部门统一负责管理。具体而言，拘留所是依据全国人大常委会通过的《治安管理处罚条例》的规定设置的。设置拘留所的目的是惩戒和教育被拘留人。拘留所的工作主要参照《拘留所条例》和《拘留所条例实施办法》进行。

一、拘留所的设置

拘留所由县级以上地方人民政府根据需要按照政府机构序列设置。拘留所的设置或者撤销，由县级以上地方人民政府公安机关提出意见，经同级人民政府机构编制管理部门和财政部门审核，报同级人民政府批准，并逐级上报省级人民政府公安机关备案。地市级以上人民政府公安机关可以根据需要建议同级人民政府设置若干拘留所，集中收拘所辖区、县、市、旗的被拘留人。省级人民政府公安机关对所辖区域内不具备执法条件的拘留所可以责令其停止收拘被拘留人。

拘留所设所长1名，副所长2名以上，并按照有关规定设置政治委员或者教导员。拘留所应当根据工作需要设置相应的内设机构，配备相应数量的收拘、管教、监控、巡

---

① 参见《福建漳州安监局副局长调戏殴打女子被拘留5天》，http://news.qq.com/a/20070512/000816.htm，2015年4月20访问。
② 参见《网络名人薛蛮子涉嫌嫖娼被拘》，http://www.dfdaily.com/html/33/2013/8/26/1059757.shtml，2015年4月20日访问。

视、技术、财会等民警,建立岗位责任制度。公安机关可以聘用文职人员等参与、协助拘留所的综合文秘、教育培训、心理矫治、医疗卫生、监控技防、警务保障等非执法工作。公安机关应当聘用一定数量的工勤人员从事拘留所勤杂工作。

拘留所的建设应当符合国家有关建设标准(即符合由公安部负责编制的《拘留所建设标准》的规定),建设方案应当经省级人民政府公安机关审核批准。此外,拘留所应当依照有关规定配备武器、警械、交通、通信、信息、技术防范、教育、培训、文体活动、应急处置、心理矫治、生活卫生、医疗、消防等装备和设施。

长期以来,我国的拘留所都依附于看守所,多地将看守所、拘留所和戒毒所"三所合一"。2006年,公安部下令,在当年年底之前,全国除西藏外的所有拘留所将全部搬出看守所的警戒围墙,迁不出警戒围墙的,除拘留所不得达标外,所在看守所也不得评为二级或以上看守所。但是,至今仍有部分拘留所尚未搬出看守所。

标准的拘留所内一般分为男管区和女管区,在此基础上,划分为严管区、普管区、宽管区,并设有未成年人拘区、司法拘区等。

图 7-1　伊通满族自治县拘留所[①]

案例 7-5

杭州市拘留所是近年来探索拘留所管理教育新模式的典型代表之一。为适应公安监管工作的新形势,一些地方拘留所积极转变理念,探索出了适应行政执法要求、具有拘留所自身特色的管理教育新路子。

据介绍,1998年公安监所归口管理以来,全国拘留所在探索中走过了一条艰辛发展之路。在归口管理之初,拘留所基础工作薄弱,在与看守所合设的情况下,被拘留人与犯罪嫌疑人混关混押,管理模式简单粗放。面对这一局面,公安部监所管理局先后通过开展达标活动、规范化建设、等级化管理,带动拘留所基础设施的改善和管理水平的提升,管理教育理念也逐步实现了从重处罚、轻教育向管教并举的转变。

---

① 图片来源:http://www.yitong.gov.cn/content.jsp? nid=1777,2015年5月10日访问。

2007年以来,借"三基"工程建设的契机,各地拘留所条件进一步改善,绝大多数拘留所搬出了看守所的警戒围墙。以浙江杭州、河南安阳、山东威海等地拘留所为代表的一些公安监管单位意识到,拘留所作为行政执法场所,必须具备有别于看守所刑事执法特点的管理教育模式。于是,一批地方拘留所转变观念,进行管理教育模式的探索和创新,取得了良好的效果。

被拘留人可以在拘留室收听广播、收看电视、进行健身活动,可以到阅览室读书看报,可以拨打亲情电话、和亲属共进午餐。河南省安阳市拘留所多年来以文明管理和自我约束为主线,坚持"外封闭、内开放,大拘束、小自由,所集中、室民主"的方针,营造出了严格有序又宽松灵活的监管氛围。这种以人为本的模式缓解了被拘留人的精神压力,也促进了监所安全,拘留所实现了25年无事故、民警无违纪的目标。

针对被拘留人在所期限短、流动性大、文化层次参差不齐的特点,山东省威海市拘留所以被拘留人知错、认错、改错和行为养成教育为重点,不断创新多元化教育工作模式,坚持每周两次大课教育、两次电化教育,每天组织拘留人收看法制电视节目。他们还注意将教育工作向社会延伸,先后与劳动市场招工部门签订用人协议书,仅2009年以来就有20多人通过这一渠道找到了工作岗位。

按照新模式的要求,拘留所设置了拘押拟转其他处理人员和吸毒人员的严管区、拘押侵财违法人员的普管区、拘押赌博和交通违法等轻微违法人员的宽管区,实行分类拘押、分级管理。严管区侧重安全管理,实行通铺制,严格控制室外活动和家属会见;宽管区实行床位制,实行集体就餐、学习。[①]

二、拘留所的收拘工作

拘留所的收拘工作,是指拘留所对违法者进行接收的活动,是拘留所工作的开端。拘留所应当明确收拘对象,并且严格地按照收拘程序进行。

(一)收拘对象

根据《拘留所条例实施办法》的相关规定,可以将拘留所收拘对象分成以下四类:第一,被公安机关、国家安全机关依法给予行政拘留处罚的人;第二,被人民法院依法决定拘留的人;第三,被公安机关依法给予现场行政强制措施性质拘留的人;第四,被公安机关依法决定拘留审查的人,以及被依法决定、判处驱逐出境或者被依法决定遣送出境但不能立即执行的人。

但是,被拘留人有下列情形之一的,拘留所不予收拘,并出具不予收拘通知书,通知拘留决定机关:第一,不满16周岁或者已满70周岁的;第二,已满16周岁不满18周岁,初次违反治安管理的;第三,怀孕或者哺乳自己不满一周岁婴儿的;第四,被拘留审查的人患有严重疾病的;第五,不宜适用拘留审查的其他情形。收拘后发现被拘留

---

① 参见闵政:《拘留所设置:严管区、普管区、宽管区》,载《人民公安报》2009年11月13日。

人具有上述情形之一的,拘留所应当立即出具建议另行处理通知书,通知拘留决定机关。拘留决定机关应当立即处理并通知拘留所。

（二）收拘程序

拘留所应当凭拘留决定机关出具的行政处罚决定书、人民法院拘留决定书、拘留审查决定书、恢复执行拘留决定书、遣送出境决定书、驱逐出境决定书或者判决书等法律文书收拘被拘留人。

拘留所收拘被拘留人,应当对其人身和携带的物品进行检查,严禁将违禁品带入拘室。拘留所收拘被拘留人应当由 2 名以上民警进行。对女性被拘留人的人身检查,应当由女性民警进行。拘留所收拘被拘留人,应当由医生对其进行健康检查,并填写入所健康检查表。发现被拘留人身体有伤或者情况异常的,拘留决定机关应当出具相关情况说明,拘留所详细登记伤情或者异常情况,并由送拘人员和被拘留人签名确认。发现被拘留人可能被错误拘留的,拘留所应当出具可能错误拘留通知书,通知拘留决定机关,拘留决定机关应当在 24 小时以内作出处理决定并通知拘留所。收拘被拘留人后,拘留所应当向拘留决定机关出具收拘回执。

收拘被拘留人时,拘留所应当告知被拘留人在拘留期间依法享有的权利和应当遵守的规定,并且应当填写被拘留人登记表,采集被拘留人基本情况、照片等信息,录入拘留所管理信息系统。

三、拘留所的管理

任何一项管理活动都有赖于相关制度的建立,拘留所的管理也不例外。具体而言,拘留所在管理过程中建立的制度包括以下几种：

（一）拘留所管理人员

目前,我国拘留所的管理人员为公安民警。2010 年公安部下发的《推行拘留所管理教育指导意见》中规定："小型所警力配备应当不少于 9 人；中型、大型所民警按日均在拘人数的 10％比例配备,特大型所民警按日均在拘人数 9％比例配备,拘留所民警平均年龄应当低于 50 岁。"

（二）监控制度

拘留所应当安装并使用监控录像等技术防范设备对被拘留人进行实时全方位安全监控。监控录像资料至少保存 15 天。被拘留人在拘留期间死亡、身体受到伤害,可能提起国家赔偿要求的,拘留所应当将相关监控录像资料予以刻录留存。

（三）值班工作制度

首先,应当建立出入所登记制度。非本所工作人员进入拘留区需经所领导批准,并由本所民警带领。其次,应当建立所领导带班、2 名以上民警值班巡视制度。值班人员应当严守岗位,加强巡视监控,发现问题及时报告、妥善处理并做好值班记录,不得擅离职守。最后,应当建立交接班制度。交接班人员应当现场交清被拘留人数、拘室管理动态及需要注意的事项,并在值班记录上签名。

(四)分别拘押和管理制度

拘留所应当根据被拘留人的性别、是否成年以及其他管理的需要,对被拘留人分别拘押和管理。对被现场行政强制措施性质拘留、拘留审查、驱逐出境、遣送出境的人,应当与其他被拘留人分别拘押和管理。对女性被拘留人的直接管理应当由女性民警进行。此外,拘留所应当根据被拘留人拘留期间的具体情况,实行分级管理。

图 7-2　东营拘留所女管区①

(五)考核奖惩制度

拘留所应当建立被拘留人日常在所表现考核制度,考核结果作为对被拘留人奖励和惩罚的依据。被拘留人有下列行为之一的,拘留所应当予以表扬或者奖励:遵守拘留所的管理规定表现突出的;检举、揭发违法犯罪行为经查证属实的;制止违法犯罪行为的。被拘留人有下列行为之一的,拘留所应当根据不同情节依法分别予以训诫、责令具结悔过:起哄闹事,打架斗殴的;殴打、体罚、虐待、欺侮他人的;故意损毁拘留所财物或者侵犯他人财产权利的;预谋或者实施脱逃、行凶、自杀、自伤、自残、吞食异物以及隐藏违禁品的;传授违法犯罪方法或者教唆他人违法犯罪的;袭击民警及其他工作人员的;违反拘留所管理规定的其他行为。对被拘留人的训诫和责令具结悔过,由管教民警决定并执行,并记录在被拘留人管理档案。特殊情况下,拘留所可以依法对被

---

① 图片来源:http://www.dygafj.gov.cn/show.jsp? urltype=news.newscontenturl& wbnewsid,2015 年 5 月 14 日访问。

拘留人使用警械,比如:被拘留人因病出所治疗,可能脱逃、行凶、自杀、自残或者有其他危险行为的。被拘留人使用警械,由管教民警提出,填写使用警械审批表,由拘留所所长批准。

（六）安全制度

拘留所应当定期进行安全检查,及时发现和消除安全隐患。拘室安全检查每日不少于一次,由主管或者协管拘室的民警负责。安全大检查每周不少于一次,由拘留所领导组织拘留所民警实施。拘留所应当定期对被拘留人思想动态进行分析、研判,查找安全隐患,及时采取安全防范措施。

（七）档案制度

拘留所应当建立被拘留人管理档案,并由专人保管。被拘留人管理档案内容包括:入出所相关法律文书、被拘留人登记表、入所健康检查表、奖惩情况记录、财物保管记录等应当保存的资料。查阅被拘留人管理档案应当经拘留所所长批准。

四、拘留所的生活、卫生

合格的生活保障是现代文明监狱、看守所的重要标志,也是拘留所的文明体现。拘留所应当建立被拘留人财物管理制度,妥善保管被拘留人财物。为被拘留人代收、代管、代购物品应当做到明确登记、账目清楚。代购物品仅限于日常生活必需品和食品,物品价格不得高于当地市场价格。拘留所对被拘留人亲友传送或者邮寄的财物应当进行检查、登记。生活必需品转交被拘留人,现金由拘留所统一保管,非生活必需品不予接收或者由拘留所统一保管。在饮食方面,拘留所应当按照规定的标准为被拘留人提供饮食,并尊重其民族饮食习惯。此外,拘留所应当保证被拘留人每天不少于2小时的拘室外活动时间。

合格的卫生保障也是拘留所的文明标志。拘留所应当建立医疗卫生防疫制度,做好防病、防疫、巡诊、治疗工作。拘留所对患病的被拘留人应当及时治疗。对需要出所治疗的,应当经拘留所领导批准,并派民警监管。被拘留人毒瘾发作或者出现精神障碍可能发生自伤、自残或者其他危险行为的,拘留所应当及时予以治疗,并视情可以采取保护性约束措施。被拘留人病情严重的,拘留所应当立即采取急救措施,并报告主管公安机关,同时通知拘留决定机关和被拘留人的亲属。被拘留人在拘留期间死亡的,拘留所应当立即报告主管公安机关并通知拘留决定机关、死者近亲属。拘留所的主管公安机关应当立即通知同级人民检察院,并做好被拘留人死因鉴定及善后处理等事宜。

图 7-3　拘留所统一服装①

五、通信、会见、询问制度

　　拘留所保障被拘留人在拘留期间的通信、会见权利。被拘留人应当遵守拘留所的通信、会见管理规定。除被司法拘留的人外，其他被拘留人与他人的通信、通话、会见，应当经拘留决定机关批准。拘留决定机关应当在接到申请后12个小时以内予以回复。

　　被拘留人与他人的来往信件不受检查和扣押，由拘留所登记、收发。发现信件内有可能夹带违禁品的，拘留所民警可以责令被拘留人当面打开信件予以安全检查。被拘留人需要打电话的，应当向民警提出申请，经批准后，使用拘留所内固定电话进行通话，通话费用原则上自理。被拘留人打电话应当遵守拘留所的管理规定，一般不超过3次，每次不超过10分钟。

　　会见被拘留人应当持有效身份证件。被拘留人委托的律师会见被拘留人还应当持律师执业证书、律师事务所证明和委托书或者法律援助公函。拘留所民警应当查验会见人员的有关证件、凭证，填写会见被拘留人登记表，及时予以安排。会见被拘留人应当在拘留所规定的时间、区域进行，并遵守拘留所会见管理规定。被拘留人会见次数一般不超过2次，每次会见的人数不超过3人，会见时间不超过30分钟。有特殊情况要求在非会见日会见或者增加会见次数、人数和时间的，应当经拘留所领导批准。被拘留人委托的律师会见被拘留人不受次数和时间的限制，但应当在正常工作时间进行。会见结束后，拘留所应当对被拘留人进行人身检查后送回拘室。经被拘留人或者其亲友申请，有条件的拘留所可以安排被拘留人进行远程视频会见。

---

　　① 图片来源：http://china.nowec.com/product/detail/4551199.html，2015年5月14日访问。

图 7-4　拘留所内视频会见①

案例 7-6

2014 年,松江区拘留所开通了官方微信公众号,只要被拘留人或其家属提出申请,并经过身份核验,便可通过该微信号"视频会见"被拘押的亲属。此外,市民还可向该微信公众号咨询有关的法律法规。

春节期间,暂住松江九亭的来沪人员陈某因赌博被公安机关行政拘留,将在大墙内独自度过元宵节,之前允诺的陪儿子看灯会也成了泡影。陈某被拘留后,她的儿子经常缠着爸爸李先生问妈妈去哪儿了。

元宵节当天,李先生通过手机微信联系上松江区拘留所的民警,提出微信视频会见的申请。在上传了自己的照片和户籍信息后,李先生的申请很快获批。当天下午,李先生父子和陈某通过微信"见了面"。

据松江区拘留所介绍,该所承担着全区行政拘留、司法拘留人员的拘押任务。"现在智能手机和微信应用已非常普及,开通微信视频会见,可以免除被拘留人家属来所会见时的路途往返。"只要被拘留人家属用手机上传自拍的照片和户口簿页面,并提供手机号码,即可申请微信视频会见。②

---

① 图片来源:童丹:《11 个拘留所开通网上会见　申请有条件》,载《信息时报》2012 年 8 月 2 日。(郑启文摄)
② 参见杨洁:《松江拘留所推出微信视频会见》,http://epaper.dfdaily.com/dfzb/html/2014-02/20/content_865867.htm,2015 年 5 月 10 日访问。

六、请假出所制度

被拘留人遇有参加升学考试、子女出生或者近亲属病危、死亡等情形的,被拘留人或者其近亲属可以提出请假出所的申请,并提供相关证明材料。拘留所接到被拘留人请假出所申请后,应当立即提出审核意见,填写被拘留人请假出所审批表,报拘留决定机关审批。拘留决定机关应当在被拘留人或者其近亲属提出申请的12小时以内作出是否准予请假出所的决定。拘留决定机关批准请假出所的,拘留所发给被拘留人请假出所证明,安排被拘留人出所。准假出所的时间一般不超过7天。被拘留人请假出所的时间不计入拘留期限。

被拘留人或者其近亲属提出请假出所申请的,应当向拘留决定机关提出担保人,或者按剩余拘留期限每日200元的标准交纳保证金。担保人应当符合下列条件:第一,与被拘留人案件无牵连;第二,享有政治权利,人身自由未受到限制;第三,在当地有常住户口和固定住所;第四,有能力履行担保义务。担保人应当保证被担保人请假出所后按时返回拘留所。担保人不履行担保义务、致使被担保人请假出所不归或者不按时回所的,由公安机关对其处3000元以下罚款。被拘留人请假出所后按时返回的,拘留决定机关应当将收取的保证金及时退还交纳人;被拘留人请假出所不归或者不按时回所的,保证金予以没收并上缴国库。被拘留人请假出所期满的,拘留所应当填写被拘留人请假出所期满通知书及时通知拘留决定机关。对请假出所不归的,由拘留决定机关负责将其带回拘留所继续执行拘留。

七、拘留所内的教育

拘留所应当建立教育制度,对被拘留人进行法律、道德、文化、时事、政策、所规、行为养成、技能培训、心理健康等教育。对被拘留人的教育,可以采取集体教育、分类教育、个别教育、心理矫治、亲友规劝、社会帮教、现身说法等形式进行。

拘留所应当在被拘留人入所24小时以内进行第一次谈话教育,在解除拘留前进行一次谈话教育。此外,对被拘留人的集体教育每周不少于10个课时。拘留所应当每日组织被拘留人开展适当的文化、体育活动。

拘留所在确保安全和被拘留人自愿的前提下,可以组织被拘留人在所内开展适当的劳动教育或者职业技能培训。拘留所不得强迫或者变相强迫被拘留人从事生产劳动。

案例 7-7

日前,上海市民王某因在地铁拒绝接受安检,并殴打安检人员,被上海警方处以7日行政拘留。在收拘期间,王某从开始的大吵大闹、不肯配合,到最后主动承认错误,自愿接受处罚、服从管理,成为一名倡导地铁安检的"宣教者"。这一转变,得益于上海市拘留所推行的一系列管理教育新模式。

据介绍,公安部监管局《推行拘留所管理教育新模式指导意见》下发后,上海市各拘留所立足实际,突出重点,稳步推行管理教育新模式并初显成效。全市已有12个拘留所推行新收拘人员过渡管理教育制度。通过设置过渡拘室,对新入所被拘留人实行1至3天的过渡管理教育,并在此期间对其进行拘押风险评估,以落实后续普管或严管措施。为使过渡教育工作更具操作性,上海市拘留所制定了《被拘留人员过渡教育期评分细则》,从内务卫生、所规纪律、学习教育等方面对新入所被拘留人进行考量,并以此作为分类管理的依据。

全市各拘留所积极导入社会帮教资源。闵行区拘留所在2009年成立青少年"特别关护室"基础上,深化此项工作机制,派驻的专业社工由2名增加至5名,增派了禁毒社工。长宁区拘留所与区图书馆开展共建活动,在所内建立了"电子图书馆",创新"文化进拘区、培训入大墙"工作模式。为保障被拘留人通信、会见等权益,全市各拘留所均明确,每周固定1至2天安排被拘留人与其家属会见。浦东、黄浦、普陀、闵行、嘉定等区拘留所在拘留区内开通被拘留人"亲情电话"。

市公安局监所工作管理处还编制了拘留所执法管理工作"口袋书",并下发到各拘留所全体民警手中。手册内容涵盖拘留所管教、巡视监控等岗位执法行为的依据和流程,主要以表格图解、情形问答、典型案例等形式进行释义。此外,全市各拘留所在规范拘留所基础建设、完善教育功能用房建设、规范协警人员使用、加快拘留所管理信息系统建设等方面,均取得了初步成效。[①]

八、拘留的解除

被拘留人拘留期满,拘留决定机关决定对其停止执行拘留的,或者拘留决定机关决定对其暂缓执行行政拘留的,拘留所应当核实其身份,查验有关法律文书,发给解除拘留证明书,按时解除拘留。

被拘留人在解除拘留时有下列情形之一的,拘留所应当向办案单位移交被拘留人:第一,依法被决定驱逐出境、遣送出境或者执行驱逐出境、遣送出境的;第二,依法被决定执行刑事强制措施的;第三,依法被决定社区戒毒、强制隔离戒毒的;第四,依法被决定采取强制性教育矫治措施的。移交时,拘留所民警应当核实被拘留人身份,查验办案单位工作人员的证件以及有关法律文书或者公函。办案单位工作人员应当在被拘留人基本情况登记表上注明被拘留人出所时间、原因、去向并签名后,拘留所移交被拘留人。

异地收拘的被拘留人,拘留决定机关要求带回原地执行的,拘留所凭拘留决定机关的法律文书或者公函,按照上述规定向拘留决定机关移交被拘留人。

被拘留人解除拘留出所时,拘留所民警应当对其人身和随身携带的物品进行检查,并返还代为保管的财物。拘留所民警在被拘留人登记表上登记被拘留人出所原因、时间及去向并签名,并录入拘留所管理信息系统。

---

① 参见佚名:《上海12个拘留所推行过渡管理教育制度》,载《人民公安报》2010年5月14日。

案例 7-8

为构建和谐警民关系,赢得社会各界和人民群众对监管工作的理解和支持,加强执法监督,促进监管工作水平的提高,公安部监所管理局决定从 2010 年 7 月 1 日起全国三级以上(含)拘留所、收容教育所全部向社会开放。据了解,拘留所和收容教育所开放的对象包括:各级党委、人大、政府、政协、司法机关、学校、工会、共青团、妇联、律师协会等机关,社会团体、企事业单位负责组织的人员;新闻媒体记者;被监管人员家属。

此次开放的内容主要包括:拘留、收教工作的法律、法规和规章制度;被监管人员的拘室、收容室、活动室、教育室、阅览室、会见室、提询室、医务室、心理咨询室、职业技能培训场所和餐厅等基础设施和功能用房;被监管人员一日生活作息、学习、文体活动、伙食、医疗等情况。很多公众对这一举措表示认同,希望到时能去神秘的拘留所看看。同时,很多人也表示,他们对拘留所的分级制度并不了解,不知道拘留所共分为几级,什么样的拘留所又属于三级以上。下面我们给大家详细介绍一下我国拘留所的分级情况。

根据《拘留所等级评定办法》的规定,拘留所实行等级化管理,拘留所等级评定坚持实事求是、日常检查与考核评定相结合的原则,严格按照标准进行。拘留所等级分为标兵级、一级、二级、三级和不达标级。一级以下拘留所评定工作每年进行一次,标兵级拘留所评定工作不定期进行。公安部评定一级拘留所,并适时从连续被评定为一级的拘留所中择优评选若干个年度标兵拘留所。各省级公安机关评定二级、三级和不达标级拘留所。公安部负责对全国拘留所等级评定工作进行检查、监督和指导。公安部适时从连续不达标的拘留所中确定若干个全国后进拘留所进行挂牌治理。

拘留所等级依据必备条件和考核性标准评定。必备条件是拘留所达标晋级必须具备的条件,实行一票否决;考核性标准包括九个方面的单项工作,实行计分考核制,总分为 100 分。

具备三级拘留所必备条件且考核性标准得分在 60 分以上的,评定为三级拘留所;具备二级拘留所必备条件且考核性标准得分在 80 分以上的,评定为二级拘留所;具备一级拘留所必备条件且考核性标准得分在 90 分以上的,评定为一级拘留所。达不到三级拘留所标准,或者不按本办法规定申报的,为不达标拘留所。[①]

第五节　拘留所内矫正技术的应用

拘留所并不仅仅是关押违法者的场所,它还是对违法者进行矫正的机构。因此,在拘留所内,应当重视违法矫正技术的开发与应用。拘留所违法矫正技术应用的成

---

① 参见马恺:《构和谐警民关系,公安部向社会开放三级以上拘留所》,http://news.china.com.cn/law/2010-05/14/content_20040906.htm,2015 年 5 月 10 日访问。

败,关系到整个矫正工作的成败。本节主要介绍拘留所内矫正技术的基本概念、特征以及违法矫正技术的种类。

一、拘留所内矫正技术概述

拘留所内矫正技术有别于监狱、社区及其他矫正机构内的矫正技术,它具有独特性。把握拘留所内矫正技术的基本特征,有助于合理、科学地对拘留所内的违法者进行有效的矫正工作。

（一）拘留所内矫正技术概念

拘留所内矫正技术,是指拘留所对被拘留者所采取的,用于矫治、教育、改正被拘留者的科学的方法的统称。它具有以下几层含义：

第一,拘留所内矫正技术是多种方法的统称。拘留所的首要任务就是矫正罪犯,防止其再次实施违法行为,而所谓的矫正有赖于一定的成熟的矫正技术。因此,拘留所要对所内的被拘留者进行矫正,也需要运用一定的技术,这种技术具体而言就是矫正方法。当然,所谓的矫正技术并非由单一的矫正方法构成,而是由多种方法共同组合而成的。

第二,拘留所内矫正技术是多种科学的方法的统称。如上文所述,拘留所内的矫正有赖于一定的矫正方法,而这种方法必须是因地制宜、因时制宜的方法。所谓矫正方法必须是符合拘留所、被拘留者真实情况的方法,必须是经过论证的、专业的方法。因此,我们称之为"科学的方法"。

第三,拘留所内矫正技术是用于矫治、教育、改正被拘留者的方法的统称。这层含义说的正是拘留所内矫正技术的目的。任何一项活动、制度、方法都离不开它的目的的制约,拘留所内矫正技术亦是如此。换言之,拘留所内的所有矫正技术都必须是用于矫治、教育、改正的方法,而不能是没有任何意义的方法,更不能沦为报复、打击违法者的方法。

第四,拘留所内矫正技术是拘留所对被拘留者所采取的矫正方法的统称。这层含义讲的是拘留所内矫正技术的应用主体和适用对象。毫无疑问,拘留所内矫正技术只能由拘留所实施,具体包括拘留所内的矫正人员。该技术的适用对象也只能是被拘留者。

（二）拘留所内矫正技术与罪犯矫正技术的异同

作为对拘留所内违法者的矫正方法,拘留所内矫正技术与监狱内罪犯矫正技术既有共性又有区别。

二者的相同之处在于：首先,二者都属于大矫正观视野下的矫正方法的范畴,都是我国二元矫正措施体系中的重要方法。其次,二者所适用的对象本质上都是规范违反者。无论是违反《刑法》,还是违反《治安管理处罚法》,违法者(或犯罪者)都具有规范的违反性。最后,二者在目的和手段上都存在一定的共性。从本质上讲,二者的目的都是将违法者(或犯罪者)教育、矫治、改正成遵纪守法的公民,而其所采取的手段也都涵盖心理的、生理的等矫正方法。

二者的不同之处在于：首先，适用的对象不同。罪犯矫正技术适用的对象是犯罪人，即违反刑法的人，而拘留所内矫正技术适用的对象是违反《治安管理处罚法》等法律法规，但尚未触犯刑法的人。由此可知，二者所适用对象的危险性不一样。一般而言，犯罪人的危险性高于普通违法者。其次，二者适用的期限不同。罪犯矫正技术适用的期限最长的为"无期"，即适用无期徒刑的人，须接受终身矫正。然而，拘留所内矫正技术适用的期限一般不得超过 15 日。再次，二者的实施场所不同。拘留所内矫正技术的实施场所是拘留所，而罪犯矫正技术的实施场所一般是监狱、看守所等。最后，二者的适用难度不一样。对罪犯的矫正工作明显要难于对一般违法者的矫正工作，其主要原因在于二者适用对象的主观恶性的大小不同。

二、拘留所内矫正方法的种类

如前文所述，拘留所内矫正技术是多种方法的统称，下面将具体介绍其种类。

（一）所政管理

监狱中有狱政管理，拘留所内也有所政管理。拘留所的所政管理，是指拘留所对在拘留所内接受矫正的违法者实施矫正活动的各项具体的行政管理活动。概括地说，所政管理活动主要包括以下几个方面：收拘制度，警戒、戒具和武器的使用，通信、会见，生活、卫生，奖惩等（具体的制度规定已在本章的"拘留所"一节中详细论述，此处不再赘述）。正如贾洛川所言："狱政管理不仅仅是管理，良好的狱政管理手段本身对罪犯具有改造功能，而这种改造功能是其他改造手段所无法替代的。"[①]笔者认为，所政管理同样具有矫正功能。良好的管理制度是一切矫正活动的基础。规范而良好的所政管理是拘留所严格执行矫正措施的体现；科学的所政管理是矫正成功的重要保障；人道的所政管理是感化、教育被拘留者的重要手段。

（二）心理矫治

拘留所的心理矫治，是指由专业的心理矫治人员对违法者的心理进行诊断、治疗、辅导和教育的活动。"违法行为通常是在违法心理的驱使下所产生的，违法心理（illegal mind）是影响、支配行为人产生违法行为的一系列心理因素的总和……因此，引导行为人认识到行为的实质及行为所带来的后果，进行心理矫治就成为必然。"[②]违法心理矫治必须系统地运用心理学理论、技术和方法，改变违法者心理偏离常态的认知、情绪、性格、态度和行为，帮助其消除心理障碍，旨在调节违法者的不良情绪，改变错误认知，预防、改善和解决违法者的心理问题，促进其心理健康。

（三）劳动矫正

拘留所的劳动矫正，是指在拘留所内通过劳动的手段矫正教育违法者。人类社会

---

① 贾洛川主编：《监狱学基础理论》，广西师范大学出版社 2009 年版，第 251 页。
② 范辉清、李伟兰主编：《违法心理矫治》，暨南大学出版社 2011 年版，第 1 页。

中,最重要也是最基本的实践活动是劳动生产,而违法矫正本身就是一种社会实践活动。劳动矫正手段是对违法者进行道德改造的重要方式,能够帮助违法者确立正确的世界观、人生观和价值观,能够培养违法者的组织纪律性,开发和促进违法者的谋生能力。当然,劳动矫正的重要作用之一是增强违法者的体质。

案例 7-9

为了美化庭院,丰富被拘留人员的菜篮子,搞好拘留所的文化建设,构建和谐美丽的拘留所园区,2015 年"五一"节期间,招远市公安局拘留所组织民警与被拘留人员一起,先后整理菜园子种植时令蔬菜,在门外闲地播种花生。虽然忙碌,但是不亦乐乎:民警与被拘留人员积极"参战",各显神通,从刨地、打格子、种花生、蒙地膜,每个人充分发挥自己的主观能动性,被拘留人员的人格得到尊重,本事得以彰显。劳动中,民警与他们一边一起干活,一边与他们亲切交谈劳动的技巧和心得,适时地对他们加以教育。呼吸着外面的新鲜空气,让他们感觉到自由的宝贵,反思自己行为的过失。民警与他们亲切地谈话,让他们感受到关心和尊重。劳动创造着和谐,和谐缩短着人与人之间心的距离。

对大地而言,春播会有果实的收获;对人来讲,劳动收获着民警与被拘留人之间的情谊。真心的交流,真情的付出,春播不仅能收获果实,也能收获人心![1]

(四)教育矫正

拘留所的教育矫正,是指在拘留期间对违法者进行思想政治教育、文化教育和职业技术教育,以达到矫正的效果。拘留所内必须开设必要的文化课程,普及必要的知识,尤其是法制教育。现实中,存在大量的缺乏基本谋生技能的违法者或者不劳而获的社会寄生虫(如赌博成瘾者),对他们进行职业技术教育是有必要的。值得注意的是,在整个教育矫正过程中,文化教育是最基本的工作,一切教育应当建立在文化教育的基础之上。

(五)社会帮教

拘留所的社会帮教,是指由具有较高政治思想素质、强烈的社会责任感、志愿为社会治安综合治理做贡献并经组织挑选的社会各界人士组成的志愿者,对违法者进行帮助、教育的活动,力图促进矫正工作的进行。实践中,将违法者的家属纳入社会帮教力量也是一种较为有效的方法。具体的社会帮教工作可以包括亲情帮教、医疗援助、法律援助等。社会帮教能够有效地利用第三方力量(即社会力量),对违法者进行更为全面的矫正。

---

[1] 参见张国忠、冯其花:《招远民警与被拘留人员拘留所里忙春播》,http://www.qlfz365.cn/Article/ztbd/201405/20140504160857.html,2015 年 5 月 10 日访问。

案例 7-10

为更好地教育和感化被拘留人员,完善被拘留人员基础教育工作体系,提升管理、执法水平,梓潼县拘留所始终把教育矫治被拘留人员摆到工作的首要位置,把被拘留人员是否受到教育、是否知错悔改作为衡量工作的首要标准,多次召开全体民警会议,制订教育计划,研究、讨论、开展"知错、认错、改错"三错教育活动。

拘留所把知错作为被拘留人员入所教育上的第一节课,在入所24小时谈话教育中,了解其基本情况、违法性质以及家庭成员情况,告知被拘留人员享有的权利和应当遵守的规定,同时进行初步的思想教育工作,消除其恐惧心理和抵触情绪,使其能够正视自己所犯的错误。

在管理过程中,实行民警与被拘留人员面对面管理,达到被拘留人员主动认错的目的。第一,与被拘留人员互动、讨论,了解被拘留人员通过学习教育后的收获,对自己违法行为的认识,掌握其最新思想动态和真实想法,再进行耐心细致的教育。第二,营造良好氛围,开展以法律、道德、行为养成为主要内容的集体教育、文化教育、文体活动,丰富被拘留人员的精神文化生活,提高教育质量,潜移默化中让他们认识行为的违法性。第三,进行亲情感化、社会帮教等再教育,坚持"请进来,走出去",邀请亲人、社会各界人士、办案民警等参与,唤起被拘留人员对人生的珍惜,认错、悔过,提高认知。

拘留所加强对被拘留人员改错的监督,严格被拘留人员一日生活制度、行为规范,认真落实拘留所的规章制度,规范其行为、习惯的养成,帮助其树立正确的人生观、世界观和价值观,更好地回归社会、服务社会,减少违法行为的发生,促进社会和谐稳定。[1]

第六节 我国拘留制度的不足与完善

无论在实践中还是理论上,我国的司法拘留制度、行政拘留制度都存在着不少不足之处。本节将就这两种拘留制度的不足之处展开论述,并提出相应的完善对策。

一、我国司法拘留制度存在的问题及其对策

我国的三大诉讼法对于司法拘留的规定都较为简单,造成实践中和理论上存在多种争议。当然,司法拘留制度本身存在着不少问题,也困扰着实务界。下面主要就司法拘留的概念模糊、送拘难、司法拘留权的滥用和司法拘留功能问题进行分析。

(一)司法拘留的概念存在模糊性

关于我国违法矫正措施体系中的司法拘留究竟是指哪一种具体的拘留,目前仍然

---

[1] 参见刘有新、刘国建:《梓潼县拘留所开展"三错"矫治工作 提升完善基础教育水平》,http://www.legaldaily.com.cn/zt/content/2014-03/06/content_5337395.htm?node=32770,2015年5月10日访问。

存在争议。其主要原因就是学界和实务界对"民事拘留"和"司法拘留"两个概念的混淆。为了正确适用司法拘留制度,有必要厘清"民事拘留"和"司法拘留"这两个截然不同的概念。

大部分教科书认为,民事拘留即司法拘留。[①] 但是,也有学者提出异议,认为从我国的拘留立法和实践来看,"民事拘留"和"司法拘留"并非同一个概念。司法拘留,作为一种司法强制措施,从理论上看,其创制的目的是保障人民法院审判和执行等诉讼活动的顺利进行,维护国家法律与司法机关的权威和威严,教育公民自觉遵守法律和诉讼程序,从而提高法制观念。同时,在性质上,它是专门对妨害诉讼(包括审判阶段和执行阶段)秩序的行为人所采取的一种严厉的限制人身自由的强制措施,兼具惩戒性和保障性。在适用法律上,它适用的是程序法。在适用的时间上,它是在诉讼过程中适用的。民事拘留应当包含民事司法拘留和民事制裁拘留两种。[②] 笔者认为,不能将民事拘留等同于司法拘留。司法拘留是泛指人民法院依据有关诉讼法,对诉讼过程中妨害诉讼的行为实施的强制性措施,它应当包含民事诉讼、刑事诉讼和行政诉讼中的司法拘留。民事司法拘留可以简称为"民事拘留",作为司法拘留的一种形式。

理清司法拘留的概念,将有助于人民法院准确地适用拘留形式,正确界定拘留适用对象以及正确地适用法律;同时,执行机关也能根据不同性质的拘留更好地进行对违法者的惩戒与矫正。

(二)送拘难问题

近年来,送拘留难问题一直困扰着我国基层法院,也严重影响了诉讼程序(尤其是民事诉讼程序)的顺利进行,各方权益难以得到保障,更严重损害了司法权威。送拘难问题的出现源于以下几个原因:(1)《拘留所条例实施办法》对于不予收拘的情形的规定尚不够详细,部分条款缺乏操作性。该办法规定,被拘留人有以下情形之一的,拘留所不予收拘:不满16周岁或者已满70周岁的;已满16周岁不满18周岁,初次违反治安管理的;怀孕或者哺乳自己不满一周岁婴儿的;被拘留审查的人患有严重疾病的;不宜适用拘留审查的其他情形。其中,第四项的规定极其模糊,何为"患有严重疾病",在司法实践中是不明确的。这种模糊规定导致了司法实践中工作人员肆意地进行扩大解释,只要被拘留人患有高血压、糖尿病等常见疾病,一些拘留所就不予收拘。(2)被拘留人送拘前要求负责体检的主体不明确,体检项目多、耗时长。拘留所在收拘前要求法院负责体检,且要求的体检项目包括心电图、B超、血压、血液检测等,检查内容多,等待检查结果时间长。有的检查结果甚至不明确,需要进一步检查。法院常因工作烦琐和期间过长而无奈放人,甚至在可拘留的情况下,牺牲司法权威而放弃拘留决定。(3)拘留所因当前信访形势及当事人家属闹事等而怠于行使职权。对于被拘留人情绪不稳定且家属上访的,拘留所基本上都以"不宜收拘"为由拒绝收拘。(4)对拘

[①] 参见江伟主编:《民事诉讼法学》,北京大学出版社2012年版,第227页。
[②] 参见石经海:《论司法拘留与民事拘留》,载《西南政法大学学报》2002年第2期。

留所作出不予收拘的决定缺乏救济程序,使法院的拘留决定陷于尴尬境地。拘留所作出不予收拘的决定后,拘留决定机关如存在异议该如何处理,《拘留所条例》及《拘留所条例实施办法》均未作出规定,对拘留所行使职权缺乏有效监督和制约。①

笔者认为,解决送拘难问题可以采纳以下几种对策:一是细化《拘留所条例实施办法》规定的不予收拘的情形,增强其可操作性。比如,应该出台具体的标准,界定"患有严重疾病"。二是赋予法院一定的异议权,并完善相应程序。当拘留所拒绝收押法院送去的行为人时,法院可以按照一定的程序提出异议,要求拘留所说明理由;理由不合理的,法院可以向当地公安机关请求予以收拘。三是从长远来看,可以逐步试点在法院设立独立的司法拘留所,避免法院与公安管辖下的拘留所之间的推诿。法院参照拘留所建立专门的司法拘留所,由法院统一管理,便可避免送拘过程中各部门之间的推诿扯皮。

(三)司法拘留权的滥用

有权必有责,有权必有监督。实践中,不乏法院滥用民事司法拘留权力,插手经济案件,打击报复当事人及其律师的现象。1983年的《公安部、最高人民法院关于执行民事诉讼法(试行)第七十八条有关拘留的规定的联合通知》中便提出,法院要慎重适用民事拘留措施,只有对极少数有严重妨害民事诉讼的行为的人,经过多次耐心教育,仍坚持不改时,方可实行拘留,以保证诉讼活动的顺利进行。1992年的《最高人民法院关于在执行经济纠纷案件中严禁违法拘留人的通知》再次强调,在执行经济纠纷案件中,要慎重适用拘留。在适用时,要严格依照程序。1994年的《最高人民法院关于坚决纠正和制止以扣押人质方式解决经济纠纷的通知》和1996年的《最高人民法院关于必须严格控制对被执行人采取拘留措施的通知》中三令五申地强调,不得滥用民事拘留权,插手经济案件。可见,滥用民事拘留权的现象屡禁不止。近年来,我国关于民事拘留适用的法律并没有进行太大的改动,这一现象仍然存在。

笔者认为,为了解决该类问题,可以采用以下几个对策:一是明确司法拘留适用的条件,并将拘留作为最后手段。现行《民事诉讼法》及其相关司法解释虽然规定了民事拘留的具体适用类型,但是在这些适用情形后面跟着的大多是"罚款或拘留",这给了法官很大的裁量权,制造了权力滥用和寻租的空间。为此,应当将司法拘留作为最后手段,即只有在罚款之后仍不悔改的情形下才能适用司法拘留,缩小法官的自由裁量空间。二是严格拘留审批程序。实践中,人民法院需要对诉讼参与人和其他人适用司法拘留措施的,只需经院长批准,审批手续较为简单。因此,应当从严把握审批程序(包括批准程序、拘留决定书的制作、送拘程序),一旦违反程序,视为无效决定。三是强化司法监督。应当强化检察院对于法院的监督,尤其在涉及人身自由的强制措施上,并且给予被处罚人完善的救济途径。

---

① 参见胡冬明:《司法拘留送拘难存在的问题和对策》,http://www.chinapeace.org.cn/2014-03/12/content_10655037.htm,2015年4月1日访问。

(四)重视惩戒而忽视矫正

实践中,民事拘留措施的实施更多是为了惩戒违法者,对其进行威慑,使其不敢再犯。这种"压制式"的措施很难真正使违法者认识到错误,也会使得民事拘留的效果弱化,难以起到对违法者的矫正作用。此外,最长的民事拘留期限仅为15天,很难完成一系列的矫正方案,实践中也是以关押和劳动为主,只能说是一种限制,很难谈得上是一种全面的矫正。

为此,笔者认为,可以采取以下对策:一是增设和尽量适用非羁押性措施。民事拘留作为一种羁押性强制措施,是最为严厉的措施,有其局限性,应当与其他强制措施相辅相成。因此,应当增设一些非羁押性措施,从侧面辅助对违法者的矫正。二是拘留期限的梯级化。我国民事拘留期限的单一性(仅规定一种期限,即15日以下)导致了司法实践中适用的都是顶格的15天,没有将较为轻微的违法者和较为严重的违法者严格区分开来。因此,应当设置不同的层级、幅度,因人而异,确定不同情况下具体的适用期限。三是应当注重对违法者的教育、矫正,而不仅仅是惩罚。对于被民事拘留者而言,系统的矫正比纯粹的惩罚重要。因为即使是顶格的15日,对于违法者而言并非十分惨痛的惩戒,很难从中认识并纠正自己的错误行为。因此,应当注重对违法者进行法制教育,软硬兼施,不但使其畏法,更要使其敬法。

二、我国行政拘留制度存在的问题及其对策

(一)我国行政拘留制度存在的问题

1. 适用程序过于简单

人身自由权是宪法赋予公民的重要权利,而行政拘留作为最严厉的行政处罚手段,其所限制的正是公民的人身自由权。然而,与《刑事诉讼法》中对限制公民人身自由权所用措施的慎重不同,《行政处罚法》仅仅将行政拘留列为一项与警告、罚款等并列的措施,在适用上并未为行政拘留设计专门的程序,而是与其他一般措施适用同一套程序。公安机关只需进行调查取证,便可自行决定是否予以行政拘留。

之所以会出现该问题,主要有以下几点原因:首先,公安机关片面追求行政效率。烦琐而慎重的程序意味着公安机关需要投入更多的人力、物力,而我国目前普遍面临警力资源不足的困境,加之处于社会转型期,治安案件的数量居高不下。在这种情况下,追求行政效率成为公安机关的首选,而将行政拘留与其他处罚措施共用一套程序,则大大地缩减了时间,提高了效率。其次,对人身自由权等重要人权的忽视。对人权的漠视是行政拘留程序设计不完善的根源之一,导致限制人身自由和罚款1000元适用的竟是同一套程序。

2. 缺乏制约

在我国,立法将行政拘留权完全赋予了公安机关。从行政拘留的调查取证到决定,再到最后的执行,一切权力皆归公安机关。这显然是不符合现代法治精神的。公安机关在行政拘留的适用过程中,既当执法者又当司法者。在适用过程中,人民检察

院、人民法院完全没有介入,公安机关权力的行使完全没有合理的制约。这种缺乏监督的制度设计容易导致实践中公安机关滥用、错用行政拘留,侵犯公民的合法权益。

此外,在对公民适用行政拘留的时候,缺乏必要的听证程序。《行政处罚法》第42条规定:"行政机关作出责令停产停业、吊销许可证或者执照、较大数额罚款等行政处罚决定之前,应当告知当事人有要求举行听证的权利;当事人要求听证的,行政机关应当组织听证。当事人不承担行政机关组织听证的费用。……"对于责令停产停业、吊销许可证或者执照、较大数额罚款等行政处罚,当事人都有权要求举行听证;而对于关涉人身自由权利的行政拘留,法律却没有规定当事人的听证权。这仍然是缘于对人权保障的忽视。

3. 适用范围过于宽泛

《公安部关于规范违反治安管理行为名称的意见》将违反治安管理的行为分为151种,而其中能够依据《治安管理处罚法》予以行政拘留的达到90%以上。这显然不符合一般的立法设计原理。行政拘留作为最严厉的行政处罚手段,不应当成为适用最多的处罚手段;否则,将架空其他处罚措施,无法达到各种处罚措施相辅相成的效果。

造成这种现象的原因有以下两点:首先,我国仍然强调社会控制。显然,将行政拘留作为一种普遍使用的处罚措施,其潜在的观念是:公安机关要加强对社会的控制。其次,对行政拘留的功能不能全面认识。大面积地适用行政拘留是因为过分迷信行政拘留能够控制违法者,而忽视了行政拘留的负面效应。这一点可以用"标签理论"进行解释。违法者因为某些违法行为而面临行政拘留,被投放至拘留所进行监管。在中国传统社会观念的影响下,人们基本不区分违法和犯罪,认为被"关"过的人就有污点,就不是好人,这反而会对违法者产生消极的影响。

4. 在执行过程中重惩罚轻矫正

与我国刑事司法中的"重惩罚轻改造"观念一样,在行政拘留的过程中,仍然是以惩罚为主,对矫正的重视程度远远不够。公安机关仍然停留在以行为为中心的观念上,强调对违法者的限制、惩罚、威吓,而往往忽视了另一种观念——"以人为中心"。对于行政拘留这种短期的羁押而言,如果不能对违法者进行合理的、必要的矫正,将很难使违法者在拘留执行结束后成为一个遵纪守法的人。

此外,虽然我国相关法律法规规定在拘留所内应当对特殊人群(如未成年人)严格进行分管分押,但是在实践中,部分拘留所未能严格做到分管分押、分类管理。这在很大程度上导致了"交叉感染",以及部分未成年人的权益得不到保障。导致这种现象的原因是,公安机关在主观上不重视,客观上羁押场所较少、较小。当然,这也是公安机关缺乏矫正观的体现,即把行政拘留的目的当作惩罚,而忽视其矫正违法者的目的,自然就不会重视分类管理,进而导致混押混管的现象。

(二)解决问题的对策

1. 树立矫正观

解决上述问题的一个基本前提是,我国必须在立法、执法层面树立矫正观。国家创制行政拘留措施并不仅仅是出于社会防卫的目的,还包含矫正违法者的违法行为,将其改造成一个遵纪守法的公民。当然,这不仅仅是解决行政拘留存在的问题的相应对策,也是解决司法拘留、刑事拘留所面临的困境的有力对策之一。树立矫正观,首先,应当重视违法者的人身自由权;其次,应当在行政拘留的过程中注重对违法者的心理矫正;最后,在拘留执行结束后,应当及时对违法者进行评估。

2. 引入听证程序

建议在《行政处罚法》第42条规定的"行政机关作出责令停产停业、吊销许可证或者执照、较大数额罚款"后面增加"行政拘留"一项,将行政拘留纳入听证的范围。公安机关在对违法者作出行政拘留的决定之前,应当告知当事人有要求举行听证的权利;当事人要求听证的,行政机关应当组织听证。当事人不承担行政机关组织听证的费用。当然,遇有紧急情况的,可以先行拘留。引入听证程序,可以使当事人更好地陈述事实和理由,也能大大提高执法的透明度、公开性。此外,听证制度本身就有利于行政机关科学决策,从程序上避免错拘。

3. 行政拘留决定司法化

行政拘留决定司法化,就是以《行政处罚法》为实体依据,以违法嫌疑人为审判对象,由基层人民法院通过刑事诉讼中的简易程序对违法者予以审理的活动。它可以通过分权制衡,解决公安机关滥用、错用行政拘留的现象,避免公安机关权力过于集中的弊端。其具体方案是:由公安机关负责调查取证,人民法院根据公安机关所提供的证据和违法嫌疑人的抗辩进行审判,而人民检察院则扮演司法监督者的角色。为了提高行政效率,应当普遍适用简易程序。

4. 重新设计行政拘留的期限

首先,应当在立法上缩减行政拘留的适用期限,将一般行政拘留的上限设为10日,合并执行的上限设为15日。其次,应当适当增加行政拘留幅度的种类,可设置为2日以下、3日以下、4日以下……10日以下等多种幅度,根据情节的轻重以及违法者的主观状态裁量。最后,在适用上,应当增加警告、罚款等较为轻缓的处罚种类的适用,避免行政拘留的过度适用。

三、拘留所存在的问题与改革建议

一个良好的矫正机构可以为矫正活动提供有力的保障,反之,将会成为矫正活动的"绊脚石"。因此,拘留所的改革关系到违法矫正活动的成败。

(一)拘留所存在的问题

作为我国最重要的违法矫正机构之一,拘留所在硬件、软件以及管理体制上存在部分问题,具体有以下几个方面:

首先,拘留所的"看守所化"。进入21世纪前,我国大多数地方的戒毒所、看守所和拘留所是"合一"的,即同一个大门上挂不同的牌子。鉴于拘留所和看守所的职能、关押对象以及矫正方式不同,我国逐渐认识到将拘留所独立出来的必要性。进入21

世纪后,随着体制的改革,拘留所逐渐搬出看守所的围墙,大多数地方建立了单独的拘留所。然而,物理上的分离仍然难以保证拘留所的独立。部分拘留所虽然搬离看守所,但是内部管理人员、管理体制、矫正方法不变,造成拘留所的"看守所化",不能有针对性地对违法者予以矫正。

图 7-5　保定市拘留所和看守所①

其次,拘留所中"拘而不矫"现象严重。个别拘留所只收人,不注重教育管理,没有真正达到拘留的目的;拘留所制度不完善,也不落实。产生该问题的原因主要有:领导和管理人员在主观方面不重视,观念落后,信奉"安全第一"的信条,存在"重罚款轻拘留"和"拘而不管"等错误思想。在客观方面,部分拘留所硬件设施落后,缺乏必要的矫正设施。拘留所达标比例远远低于看守所,无谈话室、无拘室、无劳动场所的"三无所"大量存在。此外,拘留所人员数量少,不集中,工作人员缺编,经费困难,也是"拘而不矫"的原因。

再次,部分拘留所的管理人员资质存在瑕疵。由于人员的不足,拘留所往往聘用协警以协助所务管理。协警的资质较低,大多不具备专门的矫正知识。因此,在具体的矫正过程中,容易造成粗暴执法现象,难以有效地矫正违法者。

最后,也是最重要的一点,拘留所作为矫正机构缺乏中立性。拘留所作为最重要的违法矫正机构之一,属于公安机关下设机构。这就必然造成公安机关单方面决定拘留,并且单方面进行矫正措施执行活动,缺乏权力制衡的局面。这种局面也往往容易造成公安机关拘留决定的随意化、违法矫正的随意化。

---

① 图片来源:百度图片,2015 年 7 月 3 日访问。

此外,部分拘留所仍然存在混押混管现象,未能严格区分成年人和未成年人、治安拘留和司法拘留等不同类型的对象或措施。这种缺乏个别化的矫正工作很难取得成效。当然,造成这一现象的原因仍是场所和工作人员的不充足。

(二)拘留所改革建议

针对上述几个问题,基于矫正一体化的理念,笔者提出如下几点改革建议:

首先,在将拘留所与看守所、戒毒所进行严格的物理分离的基础之上,更新违法矫正观念。要认识到,拘留是一项针对违法者的活动。应当制订出符合违法者心理规律的矫正方案,而不能将看守所、戒毒所那一套简单地搬到拘留所中。

其次,引入科学的评估机制。具体而言,不但要对违法者个人进行评估,也要对拘留所的矫正工作进行评估,将是否具备各种必需的硬件设施、工作人员与矫正对象的比例、矫正对象的重犯率等量化为评估标准。

再次,应与整个违法矫正措施体系衔接,建立统一的违法矫正官制度。专业的人员是违法矫正工作取得成效的关键保证。建立统一的违法矫正官制度,可以借鉴我国当前监狱矫正人员队伍建制,以法学、心理学、教育学专业人才为主,吸收其他专业人才,建立专业化的矫正官队伍。

最后,对拘留所的改革也应按照矫正一体化的理念,将其交给统一的司法行政部门进行管理,做到拘留决定和执行的分开。我国目前的刑罚执行体制相对完善,由人民法院进行审判,并且大多数由监狱执行,而监狱由中立的司法行政机构管理。在拘留制度上,也应按照这种思路进行改革。确保执行机构的中立就是确保拘留的公正性,也是成功的违法矫正的重要保障。

此外,针对部分拘留所存在混管混押现象,应该从拘留所的建设标准上加以规定,强制拘留所设立男管区和女管区,并在此基础上划分为严管区、普管区、宽管区,设立未成年人拘区、司法拘区等。相应地,在矫正方式上,应做到个别化矫正,或者至少做到类别化矫正,这样才能提高矫正效率。

(本章作者:王江淮)

第八章 收容教育制度

　　收容教育来源于新中国成立初期政府打击卖淫嫖娼的成功政策和当时苏联、东欧社会主义国家的经验,是党和政府在改革开放过程中,严厉打击卖淫嫖娼这一社会丑恶现象的重要法律手段。我国政府一贯坚持对卖淫嫖娼的严厉打击方针,于1991年9月4日通过并发布施行了全国人民代表大会常务委员会《关于严禁卖淫嫖娼的决定》,正式确立了收容教育制度的法律地位。作为国家进行社会治理的手段之一,二十多年来,收容教育制度的存在确实对卖淫嫖娼起到了一定的遏制作用,教育、惩治了一大批卖淫嫖娼人员。但是,收容教育是一种长期剥夺人身自由的强制措施,从立法的比例性原则来看,对于社会危害性并不大的卖淫嫖娼人员,该规定显得过分严厉。尤其是作为一项法律制度,其法律依据的充分性、决定和执行程序的正当性等方面不断受到学界质疑。

第一节 关于卖淫嫖娼的争议与对策比较

一、关于卖淫嫖娼的争议

　　对卖淫嫖娼这个问题,社会上历来有分歧。尤其在改革开放力度不断加大,各种不同的道德观、价值观碰撞日益加剧的今天,对这一问题的看法各不相同。收容教育的存在对治理卖淫嫖娼活动是表面上的"堵"还是本质上的"疏",取决于收容教育制度在实施过程中是偏重惩罚被收教人员还是注重被收教人员的文化道德改造。但是,排除对收容教育制度本身的评价,对卖淫嫖娼活动的不同看法同样决定了收容教育制度存在的意义。

　　各界对卖淫嫖娼有以下三种主要的观点:

　　(一)卖淫嫖娼合法化

　　理由一:卖淫嫖娼合法化是在人类进入私有制社会,实行一夫一妻制度后,人的自然属性中多恋和变换性生活对象的倾向并未消失的体现。在社会主义社会中,尽管强大的异性吸引力以及子女、财产、义务把一对配偶用婚约"拴"在一起,但是自由婚姻制度并没有根除他们对婚姻外性生活的兴趣,更何况有些婚姻质量并不高。也就是说,只要仍然存在私有财产和一夫一妻的婚姻制度,卖淫就一定具有现实和必然的意义。卖淫嫖娼的消除,是一个非常漫长的历史过程。如果我们把"无娼"的理想应用于现实的社会,那么结果将适得其反。

理由二:从民法的角度来说,人身权,是指与自然人的人身不可分离的无直接财产内容的权利。我国民法虽未对性权利作出明确的界定,但性权利作为一种与自然人的人身不可分离的无直接财产内容的权利,符合人身权的构成要件。从刑法的角度考察,"妇女的性的不可侵犯的权利……是妇女所特有的一种重要的人身权利"[①]。性权利在我国刑法中也是作为人身权利加以保护的。单就卖淫行为本身来说,它并没有侵犯任何人法律意义上的人身权和财产权(故意传播性病者除外),不应受到法律的处罚。实际上,公民的性权利并未真的被当作一种人身权对待,而是被当成了一种实实在在的财产权。因为只有将性权利当作一种可与公民人身相分离的财产权时,这一逻辑才可能成立。从人们按照一夫一妻制的规则缔结婚约的那一刻起,性器官及其功能便以财产的形式为其配偶所占有了。这时,性作为一种财产,不仅为公民本人所拥有,而且还为其配偶所共有。这是一种民法上典型的共同共有。所以,只有将人作为物,将性权利作为财产权,而且是作为他人的财产权时,卖淫才可能是非法的。反之,只要社会真的承认性权利作为人身权的地位,承认宪法所确认的"人身自由"原则,承认民法通则所规定的"自愿"原则,以及承认不同法律间的效力差别,卖淫就应当是合法的。

理由三:马克思主义法学理论认为,一方面,法与统治阶级的道德在本质上是一致的,它们都是统治阶级意志的体现,共同服务于统治阶级的利益;另一方面,法与道德又是两种不同的社会现象,不能混为一谈。但是,在我国的立法和司法实践中,往往只注重前一方面的含义,对后一方面的含义相对忽视。特别是在涉及性的立法与司法中,我国普遍存在将道德任意提升为法律的现象。将卖淫定为非法,同样也是将道德直接提升为法律的表现。因为卖淫行为本身并未直接伤害到任何人的人身和财产,如果说的确伤害到了某一个人,那也只是伤害到了那个人的贞洁观、道德观和价值观——这是一件典型的需由道德进行约束的事情。在一个成熟的法制社会,道德与法律应有明显的分野。只要不危害到他人和社会,你既有权选择高尚,也有权选择卑贱。法律绝不会因你卑贱的情趣而施以惩罚,只会有道德或舆论的力量去否定和谴责卑贱。

理由四:卖淫嫖娼合法化还会带来以下好处:(1)使现有地下性产业公开化,为妇女增加一种合法而正当的职业,解决就业压力,制造出新的经济增长点,带动相关产业发展,增加政府财政收入;(2)卖淫嫖娼由地下转为地上,便于政府管理,利于控制性病的传播。卖淫嫖娼合法化在娼妓不可能被禁绝的情况下,作为权宜之计,是否能比"禁而不止"的禁娼更有效地控制性病的传播?另外,这样做还利于加强对性工作者人身权利的保护。鉴于目前卖淫行为非法的现实,很多性工作者在遭到嫖客或其他人的人身攻击、侮辱和强暴之后,因害怕遭到处罚而不敢报警。这使得强迫组织妇女卖淫的犯罪集团不易暴露,甚至还出现了一些专以性工作者为袭击目标的流氓团伙。卖淫

[①] 高铭暄主编:《中国刑法学》,中国人民大学出版社1989年版,第441页。

嫖娼合法化,无疑会抑制这类真正的犯罪,保护性工作者合法的人身权利。

理由五:卖淫嫖娼合法化能够减少强奸案的发生,对促进社会的稳定有利而无害。

(二) 卖淫嫖娼均非法

主张卖淫嫖娼均非法的学者认为,娼妓现象直接导致了一系列的社会问题。

理由一:卖淫嫖娼活动会导致危及人类公共安全的性病与艾滋病传播问题。21世纪以来,我国性病和艾滋病传播的形势日益严峻,这种公共疾病传播已经远远超出医学领域,而与社会学等诸多学科有关。艾滋病已成为当今世界面临的最严峻挑战之一,目前已经造成约2500万人丧生,约4000万人受感染。自1985年我国发现第一例艾滋病感染者以来,截止到2011年10月,确定的艾滋病感染者和病人共计43.4万例,2010年有37万例,2009年有30.8万例。①

理由二:卖淫嫖娼的危害还体现在社会治安和家庭秩序问题上,如针对性工作者的暴力现象相当常见、家庭婚变现象增多(如重婚、离婚、包养等)、性伦理失范和社会道德秩序的破坏等。对性工作者的暴力问题主要表现为抢劫、强奸、暴力胁迫、拐卖、性虐待等。例如,杀害性工作者的案件主要发生在发廊、小休闲店以及出租屋里。较小的发廊、休闲店,尤其是只有一名性工作者单独从业、独门独户的,比较容易被害。与普通的杀人案不同,这类案件往往没有明显的因果关系,加上与性工作者接触人群的不特定性和流动性,嫌疑目标很难锁定。抢劫、绑架性工作者的案件的侦破难度虽然稍低一些,但是这类案件的报案率低(不敢报案),"隐案"多,"犯罪黑数"高。因为性工作者的"工作"是边缘化、地下化的,这导致其权利也必然被边缘化。

理由三:娼妓现象还会导致地下色情市场的兴起和文化市场的混乱,对合法文化出版物形成不良冲击,同时对青少年和未成年人的身心健康造成不良影响,使少女怀孕、少女妈妈、青少年和未成年人性越轨现象明显增多。此外,少女容易受到网络色情的影响,如日本的援交文化,也会受到色情产所的影响和利用,对未成年人的健康成长和社会秩序造成了危害。

主张卖淫嫖娼均非法者也有不同观点,有的主张犯罪化,作为刑事犯罪;有的主张行政违法,予以行政处罚;有的主张惩罚为主;有的主张教育为主;等等。应把这些观点梳理清楚,以为评价收容教育制度作铺垫。

各界对治理卖淫嫖娼现象也有不同主张:

一是认为合法化才是解决这些社会问题的根本之策,政府无规律的打击和娼妓的"边缘化"是导致各种社会问题的关键。

二是主张严厉打击,增强惩罚力度和犯罪成本,同时加强对嫖客的惩罚力度,多管齐下,解决娼妓问题。

三是主张在维持现状的基础上,加强政府引导和干预,如加强对艾滋病和性病的教育宣传、加大对性工作者的安全宣传和管理的力度、设援助平台和救助热线等。

---

① 数据资料来源:99艾滋病公益网站,http://www.99aids.com/。

(三)卖淫合法,嫖娼非法

1999年,瑞典推出"买春犯罪"的概念,禁"买"而不禁"卖",其理念就是"卖淫合法而嫖娼非法"。这种做法不仅绕开了女权、女性安全等敏感话题,同时也能够解决卖淫嫖娼带来的疾病传染等传统问题。这种"在字面上合法化卖淫,但在操作层面禁止买春"的做法,实际上是禁止了性交易。但是,这只是禁止了表面上的"买春"交易,暗地里的性交易不断涌现,"关上了一扇门,却又开启了另一扇窗"。本地的性工作者在不断减少,外国性工作者偷渡问题也得到了解决。与之相反,性产业在荷兰相当发达,政府对此持一种开放的态度,既然双方各有所需,不妨使其正规化以便有序管理,政府又可从中得利。

二、境外治理卖淫嫖娼的政策

(一)美国

在美国50个州中,只有内华达州承认卖淫嫖娼是合法的。但是,该州的妓院在开设之前须向政府提出申请,并经过严格审查。例如,妓院必须设在远离乡镇、公共住宅、马路或商业建筑的地方;须交纳大宗执照费;所有从业人员都要在警察局登记,女性必须年满18岁;性工作者每周必须进行性病检查,如感染性病,必须停止提供服务;未满18岁者禁止嫖妓。其余49个州主张禁止娼妓现象的主要原因在于:一是美国人普遍认为卖淫是道德上的罪恶,对传统家庭具有毁灭性作用,通过禁娼保护传统道德;二是从人道主义角度保护性工作者,减少这一人群酗酒、吸毒、受虐和被剥削的现象;三是防止性工作者及其"同僚"对嫖客的抢劫等犯罪;四是防止诸如淫媒、老鸨、皮条客、嫖客以及流氓和黑社会等对社会安定的危害;五是防止青少年堕落和犯罪,并防止影响性工作者子女身心健康和各种问题发生;六是防治艾滋病和性病的传播,美国性工作者染有性病和艾滋病的比例高达60%—70%。美国禁娼的州对卖淫者以刑事制裁为主,民事制裁为辅。例如,纽约州的法令规定,凡是与金钱有关的性交易都属于触犯刑法的犯罪行为,执法者可依法对经营妓院的负责人和卖淫者实施逮捕和起诉。加州刑事条例规定,卖淫属于轻罪,最高可判处半年监禁和低于1000美元罚款,对有多次犯罪经历的则判为重罪,处以16个月—3年监禁或加以罚款;对皮条客和逼良为娼者定为重罪,一般处以3—6年监禁,逼迫16岁以下少女卖淫的最高可判8年监禁。美国每年涉及卖淫犯罪的约有30万人。美国通过不发护照等方式禁止外国性工作者入境,禁止性工作者靠近军队或军事设施,还有一些州不给性工作者颁发驾驶执照。美国对打击性犯罪是十分严厉的,有些州还将性犯罪者名单在网络上公布,以便家庭和社区组织保护少年儿童的合法利益。

(二)荷兰

荷兰在2000年10月解除妓院禁令,规定性工作者只能在特定的合法区域内活动。荷兰政府对色情业进行制度化、规范化的管理,使得全国性犯罪和性暴力的数量处于较低水平。同时，性经济也蓬勃发展，政府通过税收等合法手段从性产业中获益。当前，在荷兰各大城市都有比较成熟并具有一定规模的"红灯区"，为本国和外国游客提供性服务。其中，阿姆斯特丹的"红灯区"规模相对较大，在整个欧洲也比较有名气。荷兰性工作者可享有规定的医疗保障、退休金和失业保险，提供性服务完全成为一种职业化的活动。

（三）法国

法国政府不仅关闭色情服务场所，同时试图通过加大执法力度从源头上制止卖淫现象的发生。法国于2002年通过的相关法律规定，最高可对嫖客处以1年监禁和高达15000欧元的罚款，而对"被动进入色情行业"的性工作者的处罚只有半年监禁和3500欧元的罚款。

（四）日本

日本国会1956年通过《卖淫防止法》，1958年正式实施。该法中关于"卖淫"的定义是："有代价的或有接受代价之约的与不固定对象发生性交。"具体规定刑事处罚的条文中，以公众看得见的方式作为标准。换言之，只要公众看不见，就不可以认为是卖淫。[①] 另外，该法只处罚街娼和组织强迫他人卖淫的人员，对嫖客不予处罚。这些都为之后《风俗营业法》的修改，认定脱衣舞剧场、情人旅馆等公开的卖淫店铺的身份合法，提供了理由。在这样一个背景下，衍生出了一种新的卖淫模式——派遣型卖淫，其主要形式是通过电话"接单"，按嫖客的要求，派遣性工作者到其指定的场所、旅馆或公寓等地方进行交易，摆脱了以往在固定场所卖淫容易被发现的弊端，具有隐蔽性、流窜性的特点，而那些因为有羞耻心而不敢进入卖淫场所的人更愿意接受这样一种提供性服务的方式。所以，这种卖淫方式的受众面是相当广泛的，国家打击力度再大也很难涉及那么深层的私人领域。可以说，派遣型卖淫推进了性产业的组织化以及性交易的隐私化、集团化和社会化趋势。笔者认为，该法无论从卖淫合法还是非法的角度评价，都是一部比较失败的法律。虽然日本在1985年公布了新《风俗营业法》，规定了"风俗店"的营业时间、营业条件等，规范了"风俗店"的存在，但是地下性交易却无法消除。

三、理性对待卖淫嫖娼

尽管卖淫嫖娼合法化具有一系列的社会正向功能，但是其负面因素十分巨大，不利于和谐社会的构建。合法化的前提假设在我国尚不具备相应的条件。一些主张合法化的学者认为我国古代的娼妓合法化没有冲击和影响家庭，家庭反而十分稳固。但是，持有这种主张的学者没有看到我国古代家庭稳固的文化和时代条件，这种稳固是"男尊女卑"的男权社会的产物，是以牺牲女性人权和利益为代价的。婚姻关系中女性的从属地位使得女性不仅为丈夫提供性服务，而且在自己的丈夫出轨时仍然处于"性

[①] 参见毕庶琪、徐松：《从日本卖淫问题看我国打击卖淫嫖娼活动的策略》，载《北京人民警察学院学报》1994年第3期。

臣服"地位,解除婚姻的主动权在男性手里。

当今中国,两性文化发生了巨大变迁,两性职业的自主化和独立化直接导致女性地位的提高和权力的彰显,家庭中男性的婚外性交易必然会引起妻子的强烈反应,并通过解除婚姻等方式实现维权的目的,势必会引起更多的家庭破裂、再婚现象的产生和单亲子女的出现,这对于青少年的健康成长和社会秩序构成严重的冲击。卖淫嫖娼合法化同样会导致社会阶层不断分化和公务性交易行为的大量产生。卖淫嫖娼合法化会导致的直接结果是娼妓职业的合法化和规范化,娼妓和老板之间的关系会发生重大变化,即雇主和雇员的关系,剥削现象会由此加剧,并逐步形成职业等级和阶层分化,同时会导致公务性交易行为的大量出现,权力腐败也难以避免。这是社会转型期乃至多年来我国的政治制度所要深刻反思的。另外,合法化的娼妓制度可能会导致男女性交频率的增加,也会导致除了艾滋病和性病之外的健康问题。

第二节 收容教育的界定与历史沿革

一、收容教育的含义

所谓收容教育,是指公安机关依法对卖淫嫖娼人员进行法律教育、道德教育,组织参加劳动生产以及性病检查、治疗的行政强制教育措施。据此,收容教育具有如下特点:第一,实施收容教育的主体是公安机关,而不是其他行政组织。第二,收容教育以教育、挽救卖淫嫖娼人员,制止性病蔓延为目的。第三,收容教育的适用是基于《关于严禁卖淫嫖娼的决定》和《卖淫嫖娼人员收容教育办法》。与"收容教育"一字之差的收容教养,则以刑法为依据。第四,收容教育只针对卖淫嫖娼人员。第五,收容教育对卖淫嫖娼人员的矫正措施包括法律教育、道德教育、生产劳动以及强制治疗性病。第六,收容教育有配套的收容教育场所,称为"收容教育所"。根据收容教育的目的,收容教育所配有卫生所或医务室并建立卫生防疫制度。第七,收容教育是劳动教养关于整治卖淫嫖娼现象的补充措施。

根据《卖淫嫖娼人员收容教育办法》第7条,对卖淫嫖娼人员应该先按《治安管理处罚法》予以拘留或者罚款,如果情况严重,可以实行劳动教养;在够不上劳动教养,靠拘留、罚款无法达到效果的时候,才可以由公安机关决定收容教育。但是,2013年12月28日,全国人大常委会通过了《关于废止有关劳动教养法律规定的决定》,劳教制度被依法废除。此时的收容教育不再是对劳动教养的补充,而是除了拘留、罚款以外,唯一针对卖淫嫖娼现象的现存制度。

收容教育制度是针对卖淫嫖娼人员,实施教育、防治性病的一系列规则的总和,包括以下内容:收容教育的机关,收容教育的对象、条件、期限,收容教育的矫正措施、救济措施,提前解除收容教育的条件、期限,以及收容教育的费用等。

二、清朝时期类似收容教育的制度与机构

从严格意义上讲,清朝时期没有类似新中国成立后针对娼妓的收容教育机构,却有承担收容教育机构部分职责的民办或官办的针对娼妓的"慈善机构",这种机构都具有救济的性质。例如,官媒、善堂(女所、栖流所)、太平天国时期的无怨堂、冯桂芬建立的化良局、香港保良局、上海济良所、京师济良所、妇女救济院、救娼部等。

在清代的绝大部分时间内,娼妓均属非法存在的社会群体。清初,政府在革除历代官娼制度之余,对私娼也明文禁止。但是,在有清一代,娼妓从未禁绝,至清代中期以后又日渐"繁盛"。① 一般情况下,官方对娼妓的存在采取默认态度,平日少加过问,只有涉及讼案时,妓女才会得到官方处置。光绪年间,曾有人提及:"妓女犯案到官者,势不能发还为娼,皆听官交官媒,或择配或变卖,此定章也。"(《申报》1889年6月17日)即由官媒变卖涉案妓女或替之择配婚嫁,使其不复为娼。

沿至晚清,官媒制度的弊端已凸显无遗,"法久弊生,官媒乃因缘为奸,当其管押,即已勒令卖身,及至择配与变卖,则或私抬身价而不求良善之家,或仍付娼寮,令永堕烟花之窟,此等积习到处皆然",已不能发挥应有的作用。鉴于此,有人开始尝试加以改进,将涉案妓女不再发交官媒,而是转由善堂代为择配:"乃将此等妇女不交官媒、不事变卖,而发交善堂择良婚配。"(《申报》1889年6月17日)光绪十四年(1888年),上海栖流公所特地增建女所,"专为公廨寄养因案有病之妇女及择配者而设"(《民国上海县续志》卷二《建置上》)。这类妇女便包括妓女在内。将涉案妓女发往栖流所代为择配,后来还发展成晚清上海的"公堂规例"。"妓女一经投诉,即可发入栖流所,为之择良婚配,俾脱火坑。"(《申报》1904年12月30日)太平天国战争以后的苏州设有无怨堂,负责处置包括妓女在内的"因案起获之妇女","为之收养择配"。无怨堂附设于救助守节寡妇的清节堂下,又与清节堂分隔严密,"不令烟花下质溷杂于贞节之间"②。

在西方,救助妓女的慈善组织出现得也相对较晚,直到19世纪以后才开始陆续出现。1800年,美国费城设立"从良妓女协会",以"改善那些不幸被引诱而走上邪路,并且希望回归正路的妇女的悲惨境遇"。这是美国独立战争结束后成立的第一个慈善组织。③ 19世纪四五十年代,英国对妓女救助问题也投入较多关心,开始出现一些专门的慈善组织。1846年,英国著名作家狄更斯(Dickens)与友人库茨(Coutts)一起创办了"失足妇女感化院",以妓女作为主要救助对象。在感化院中,失足妇女除接受职业培训外,还应该"接受磨炼,以形成自己的美德",只有道德品质有了切实改善,才允许离开感化院,重新走上社会。其道德感化的主要办法是根据《新约全书》,向失足妇女进行宗教教育。④

---

① 参见王书奴:《中国娼妓史》,团结出版社2004年版,第257—275页。
② 章开沅等主编:《苏州商会档案丛编·第一辑》,华中师范大学出版社1991年版,第717—718页。
③ 参见李韬:《慈善基金会缘何兴盛于美国》,载《美国研究》2005年第3期。
④ 参见严幸智:《关注尊严:狄更斯与社会救助》,载《学海》2004年第6期。

鸦片战争以后,随着西学东渐的进程加快,西方的这类做法开始进入中国人的视野。太平天国战争期间,避居上海的冯桂芬在广泛阅读西学书籍的基础上指出,中国应设立收容、救助妓女的慈善机构,"别设化良局,专收妓女,择老妇诚朴者教之纺织",以三年为期,若能学艺有成,且尽去恶习,即可以保释出局。① 德国传教士花之安(Ernst Faber)也曾向中国人介绍西方救助妓女的办法,他指出:"夫耶稣道理最尚廉耻,虽西国亦有妓女,官吏亦难禁绝,然较之昔日,已觉其少矣。盖西国设有善会,如妓女有悔心,欲出籍从良,则善会为之帮助。"② 光绪四年(1878年),英国殖民者统治下的香港出现的保良局,便应是受西方直接影响的产物。但是,香港保良局并未对内地产生重大影响。直到上海济良所成立后,这类机构才开始在全国各地普遍推行。

"上海济良所发起于1896年,美国包慈贞女士来华传道,因见娼妓卖淫之可怜,即与同道西女五人集会祷告,共谋救济。是年耶稣诞日,女士游行虹口,见美国兵士多就草棚狎妓,于是创办济良所之志益决,与五人同志四出募捐。次年10月,赁西(熙)华德路圣公会老牧师吴虹玉先生住宅为会所,收养迷路落魄及不愿为娼之女子,衣食教诲,颇具成效。华人闻之,多捐款相助。"③

上海济良所的正式创建是在光绪二十七年(1901年)。次年,上海济良所发布的启事中言:"爰于西历十九周之末日为除旧布新之期,公举值理一班创办此事。浼潘慎文夫人为会正;戴登夫人为书记,司往来函牍;伊文思夫人为管库,司出入款项。事经草创,筹度维艰,曾有西友慨助银六百作开办经费。是以于去年西九月一号起延定西女教士一位经理开办,赁屋于沪北西华德路中虹桥东师善里公弄内,业已半载,以冀愈见成效,再遂渐推广。"(《申报》1902年5月2日)光绪三十四年(1908年),美国驻上海总领事致两江总督端方的信函内亦称:"据上海济良所董事呈称,本所创于一千九百零一年,即光绪二十七年。"由此可见,上海济良所创建的准确时间应是1901年9月1日;在创办之初,其经费主要来自西人捐助,管理工作亦由西人负责。

光绪三十年(1904年),为扩大影响和劝募资金,上海济良所在《申报》上公布章程。章程中指出:"济良所在泰西亦善举中之一,今上海所设其用意正复相同,惟中西风俗各殊,一切章程不得不略为变通。"章程的主要内容如下:(1)济良所以有志从良的妓女为救助对象,被人霸阻而不能从良的妓女可亲赴捕房申诉,或请人代报济良所,由济良所设法拯救。(2)为使收容妇女"皆能改而质性纯良,去其旧染之污",以便日后重返社会,济良所将传授各种知识和技能,每日上午教授浅近文字,下午教习女红及各种家务技能,所得赢利供所中日常开支。济良所特别重视对年幼者的职业培训,"凡年纪幼小未及嫁期者必教以学习一艺,以冀有以成立"。(3)济良所的收容期限至少为一年,如果收容妇女能尽除旧习,则准人迎娶为妻,但不准作妾。(4)济良所的经费

---

① 参见冯桂芬:《校邠庐抗议》,中州古籍出版社1998年版,第154—156页。
② 〔德〕花之安:《自西徂东》,上海书店出版社2002年版,第80—81页。
③ 邵雍:《中国近代妓女史》,上海人民出版社2005年版。

多由西商捐助,中国绅商虽有慷慨解囊者,但为数无多,希望各界量力捐助。①

这份章程非常简略,大概是有意忽略的缘故,其中并未提到济良所的另外两个重要特征:(1)济良所的基督教色彩非常浓厚。在济良所实施的教育办法中,宗教宣传占有非常重要的位置,收容妇女每天都要接受一小时的宗教教育,每周均有牧师讲道,有的收容对象还被送往圣经班或教会学校学习。②位于宝山县江湾镇的济良分所中"兼设学堂,用宗教仪式以冶性情,习一切女红,俾娴家政,学成后为之择配,但限于教会中人,且不得充妾媵"③。由此视之,上海济良所的设立,亦可视为传教士的传教策略之一。(2)济良所对收容对象的人身自由有着严格限制,带有浓厚的强制性和惩戒性。在成立之初,济良所的多数收容对象是"被巡捕抓来的"④。她们未必自愿遵守济良所的各项制度,以致常常发生逃跑的情况。光绪三十二年(1906年)八月,曾有两名收容妇女试图出逃。⑤十二月,又发生四名留养妇女串通,企图纵火乘乱逃跑的事件。⑥

上海济良所创办数年后,中国绅商开始参与其事。光绪三十年(1904年)十月,鉴于济良所"地稍僻远,耳目难周,受虐妇女无从赴愬",担任济良所"西董"的美国副领事白保罗、中西书院掌教潘慎文与担任"女董"的各国领事夫人筹商,在妓院集中的英租界四马路一带添设分所。因经费不敷,遂邀请中国绅商严筱舫、朱葆三等至济良所参观,严、朱等"见所中章程甚为完备,遂允代募经费银一千二百两,藉充分所所需"⑦。十一月,济良所分所在四马路设立。⑧后来,济良所又在上海陆续增设数处分所。⑨设立专门的妓女救助机构的做法为清末的中国官员和绅商所仿效,上海济良所出现后的短短数年间,全国许多大中城市纷纷设立了类似机构,而这些机构的设立均与上海济良所存在密切联系。

值得一提的是,清朝时期,北京所建立的济良所与上海相比有明显的不同,最为突出的一点就是创办的主体不同。北京的济良所延续到北洋政府时期,更名为"救娼部",由社会局管理其工作。这一机构更具有政府职能部门的性质,而不再单纯是一种民办救济机构。北京作为清朝国都,其娼妓业的发展在清朝中前期相对来说控制比较严格。据史料记载,在道光以前,京师"绝少妓寮",至咸丰之时才"妓风大炽"。⑩除了

---

① 参见《申报》1903年4月10日。
② 参见〔法〕安克强:《上海妓女——19—20世纪中国的卖淫与性》,袁燮铭、夏俊霞译,上海古籍出版社2004年版,第380—381页。
③ 《民国宝山县续志》卷十一《救恤志》。
④ 同上书,第378页。
⑤ 参见《申报》1906年10月13日。
⑥ 参见《申报》1907年1月22日。
⑦ 《申报》1904年11月22日。
⑧ 参见《申报》1904年12月30日。
⑨ 参见〔法〕安克强:《上海妓女——19—20世纪中国的卖淫与性》,袁燮铭、夏俊霞译,上海古籍出版社2004年版,第374—375页。
⑩ 参见(清)徐珂:《清稗类钞·娼妓类》,海南国际新闻出版中心、诚成文化出版公司1996年版,第1818页。

清廷日益腐败、管理废弛以外,更重要的原因在于同治年间修订并颁布了《大清律例》。此次修订一方面保留了嘉庆朝禁止买良为娼和禁止文武百官宿娼或者娶娼的律例,另一方面删除了关于"京师内外拿获窝娼至开设软棚日月经久之犯"照例治罪的内容,实际上等于默认了妓院存在的合法性。① 1905 年,清廷设立巡警部,为广开财源,进一步放宽了对娼妓业的政策。胡思敬《国闻备乘》记载:"北京罢巡城御史,设工巡局,那桐主之。局用不敷,议推广税务,遂及戏馆、娼寮。"1905 年 12 月,内、外城巡警总厅取代工巡局后,仍抽收妓捐,按月缴捐者为官妓,否则为私妓。至此,京师官妓已为法律所默许。康熙、嘉庆年间,处置开设妓寮及治游娼寮的重典已不适用了。

妓捐的征收使娼妓业开始走向合法化。公娼制度的推行,一定程度上推进了娼妓业的发展,同时也意味着自古以来处在不明不白地位的娼妓业被纳入官方日常管理的范围。在清末的北京,娼妓业的管理是由刚刚设立的警察机构负责的。征收妓捐后,有社会人士在报纸上呼吁设立妓女救济机构。以征收妓捐为契机,设立专门的救助妓女的慈善机构遂被提上了议事日程。

与上海济良所浓厚的基督教色彩不同,京师济良所是由"外城巡警总厅申明前巡警部督同绅士创办"②,其设立实际是由一个在当时影响很大的事件引起的。北京有一个恶霸,人称"张傻子",开办玉莲清吟小班,逼良为娼,虐待妓女。著名报人彭翼仲在 1906 年 3 月 7 日的《京话日报》上登出《张傻子恶贯满盈》一文,揭发张傻子的罪行,引起了社会的公愤。后由巡警部协巡营帮统杨钦三讯究结果,制裁了张傻子,将其游街示众,并判定永远监禁。鉴于各小班"虐待妓女,暗无天日,其情可悯",杨钦三商同彭翼仲等士绅,仿照上海成例,在北京创办济良所。1906 年 4 月 3 日,在外城巡警总厅和地方绅士的共同努力下,京师济良所正式设立。③

京师济良所的初创人员认识到了这一点,所以京师济良所最开始的房产在八大胡同之一的柏兴胡同附近,④以便"不愿为娼之妓女就近投入,意至善也"。济良所正式开办后不久,便迁移到前门外大栅栏地区西南的五道庙(现五道街)。五道庙与八大胡同近在咫尺,创办济良所的绅董之一彭翼仲的《京话日报》社址也在此处。济良所1915 年从五道庙迁至东四牌楼十一条胡同,1916 年又迁至西城石牌胡同。这两次迁移的地址离妓院集中区较远,不便妓女投所。1921 年,时任京师警察厅总监的殷寿鸿为改变这种状况,在南新华街附近寻觅房间,准备将济良所迁移至距前门外妓院区较近的地点。经过协调,京师警察厅于 1922 年将济良所迁至前门外梁家园。⑤

1928 年 6 月后,北京改称"北平",成立社会局,专门负责救济事业。京师济良所于当年 8 月 21 日由北平市公安局(原京师警察厅)移交社会局管理。社会局经过考

---

① 参见王书奴:《中国娼妓史》,上海三联书店 1988 年版,第 285—286 页。
② 田涛、郭成伟整理:《清末北京城市管理法规》,北京燕山出版社 1996 年版,第 451 页。
③ 参见《济良所已经开办》,载《京话日报》1906 年 4 月 3 日。
④ 参见《济良所的房屋有了着落》,载《京话日报》1906 年 3 月 20 日。
⑤ 参见管欧编:《北平特别市社会局救济事业小史》,北平市社会局 1929 年版,第 13 页。

察,将济良所与另一妇女救助机构——妇女习工厂进行合并,改组为妇女救济院和妇女习艺工厂。前者位于石牌胡同,主要收容不能工作的女性,下设临时收容部、残老部、工作部、儿童部、济良部,其中济良部专事收容曾为娼妓的妇女,教养择配,迁善自立,与之前的济良所性质相同;后者位于梁家园,主要收容可以工作的女性。后因娼妓请求救济者增多,社会局将济良部改名为"救娼部",[1]"济良"的名称自此在北京不再使用。

三、民国时期类似收容教育的制度与机构

南京国民政府时期,上海警察局局长宣铁吾对如何恢复上海社会秩序发表了多次谈话。他认为:"本市既已光复,整理娼妓端肃民风实为当务之急。"[2]其目的非常明确,就是"整理娼妓"。这更多地体现在对娼妓的管理上,目标是实行公娼制度。1945年10月16日,上海警察局制定了《整理上海市娼妓计划及管理暂行办法》,提出了"化私为公,化繁为简,化零为整"的禁娼步骤。妓院和妓女都要领取执照,严令禁止无照卖淫者。"化私为公"就是只要通过注册登记的妓院就许可存在;"化繁为简"就是简化管理,将那些营业内容并无二致的娱乐场所归入同类进行管理;"化零为整"就是将所有妓院集中在远离城区的一个地方。1946年12月11日,上海警察局又公布了《管理娼妓实施办法》和《整理娼妓实施办法》,要求凡在上海开设妓院的都应得到营业许可证;要求全市娼妓在年底前登记(实际上,到1947年12月,注册登记的妓女还不到3000人,后来警察逮捕了不少人;到1948年6月,注册登记的妓女猛增到10000人),化私娼为公娼。

笔者认为,这一规定的名称反映了当局的意图。他们最想要的是"办法",而不是一整套严格意义上的管理"规则""规章"或"条例",说明他们的目的是"管理"娼妓。从上海当局制定的一系列办法来看,其目的一是在加强对妓院和妓女管理的同时,从中获得大笔收益。当局在禁娼的名义下,勒令娼妓登记缴纳花捐,把申请登记注册费和收取的花捐作为重要财源之一。那时,当局认为由于战后的经济状况,还需要妓女和妓院的继续存在。1945年底,当局规定执照申请,每个妓院是5000元,每一名妓女是500元,这在当时已是很贵(尽管通货膨胀很快就使它无足轻重了)。实行登记注册也使警方有了推行工资制的手段。二是管理妓院和妓女并不是想最终予以取缔,而是希望对其进行规范化管理,以达到"端肃民风"的效果。实际上,当局认为取缔妓院只是一个理想的目标。所谓"化零为整",最终目的是希望通过自然灭亡的办法,达到既能铲除妓院又不至于造成新的地下妓院的目的。

四、新中国收容教育制度的创立与发展

收容教育制度出现的前提之一,就是官方要禁止卖淫嫖娼行为,之后才可能出现

---

[1] 参见管欧编:《北平特别市社会局救济事业小史》,北平市社会局1929年版,第19页。
[2] 邵雍:《中国近代妓女史》,上海人民出版社2005年版,第374页。

针对娼妓的收容教育问题。清朝中后期至民国时期,虽然有针对娼妓、失足妇女的救济慈善机构,但是这些机构并非具有强制意义的收容教育制度的体现。新中国成立后,针对娼妓的收容教育制度才逐步出现、发展,最终有了相应的法律地位。我国收容教育制度的出现和确立基本上有以下几个标志性事件:1951年,上海市建立妇女劳动教养所;1984年,上海建立卖淫妇女收容教养所;1987年,上海、北京、武汉、大连、西安等城市尝试开办卖淫嫖娼人员收容教育所;1993年9月4日,国务院发布施行《卖淫嫖娼人员收容教育办法》,基本上从法律的层面确立了收容教育制度。

收容教育制度是我国改造嫖客、暗娼,制止卖淫嫖娼活动的一项有效的行政措施。通过收容教育,采取边教育、边劳动、边治疗性病的做法,既有利于嫖客、暗娼的思想改造,使之弃旧图新,又有利于遏制卖淫嫖娼活动和性病的传播蔓延。卖淫妇女收容教育所是1984年10月上海市公安局为适应禁娼工作的需要率先创办的。收容教育所并不是凭空建立的,它是借鉴新中国成立初期收容教养院的成功经验创办的。新中国成立初期建立的收容教养院成功地改造了大批妓女,摸索出一套成功的改造模式,并积累了大量的宝贵经验。新时期的收容教育制度是收容教养院的延续和发展,并随着时代的发展而不断革新。

(一)新中国成立初期,劳动教养所的建立(1949—1956年)

新中国成立后,废除了私有制,建立了公有制经济制度。党和政府为了根除旧社会遗留下来的卖淫嫖娼现象,采取了封闭妓院等措施。北京、长沙、上海、天津等城市陆续建立民主政权,并根据自己的特点,相应地开展了禁娼工作,遵循"政治思想教育和劳动生产相结合,改造和安置工作相结合"的方针,封闭妓院,有计划地对妓女进行教育改造、医治性病、组织生产和安置工作。新中国禁娼改造的成功经验值得借鉴,一方面,政府有决心,社会形成共识,各部门综合治理;另一方面,有一套行之有效的改造模式,其中以上海的改造模式最具典型意义。旧中国的上海是当时世界上娼妓和妓院数字最庞大的城市。1951年11月,上海妇女劳动教养所正式成立,对妓女进行系统的教育、治疗、技能学习和社会安置的改造工程。其成功经验可以归纳为以下三个方面:首先,选择适当的时机开展大规模的收教工作。其次,建立了一套强有力的管理机制。上海妓女改造实行的是一套系统工程,通过严把入所关,即被收容的对象只能是以卖淫为业的妓女,开展生动活泼的教育,包括政策教育、劳动教育、文化教育、社会教育等系统完整的内容,使被改造的妓女逐步树立起自尊、自新、自立意识,为其重新步入社会创造前提条件。同时,上海妇女劳动教养所严把出所关,规定了出所的四个条件:第一,改掉好逸恶劳的游惰习气,确已提高了思想觉悟;第二,学会了一定的劳动生产技能;第三,医治好性病和其他传染性疾病;第四,有家属保释,出所后有生活来源或生产就业条件。对妓女的改造时间,也依不同情况作出相应规定:出身贫穷、为生活所迫而沦为娼妓的,收教1—2年;自甘堕落的私娼、阿飞,教养的时间相对长些,基本在2年以上。最后,落实出所人员的安置就业。通过地方政府的直接领导,民政、公安、卫生、妇联各部门的共同配合,经过收容教育的妓女得到了很好的帮教和社会安置。

除极少数屡教不改分子外,她们改造成了自食其力的新人。到20世纪50年代中期,在我国延续了二千多年的娼妓制度被彻底禁绝。1964年,我国政府宣布已基本消灭性病。新中国成立初期的上海收教模式是目前世界公认的改造妓女的成功范例,它不仅提供了改造娼妓的成功经验,更重要的是,探索出改造娼妓必须实施系统工程的一般规律,这对于今天的收容教育制度不能不说是一种启示。

(二)20世纪80年代,收容教育制度的逐步确立(1981—1991年)

到了20世纪70年代末80年代初,绝迹多年的卖淫活动又在一些大中城市蔓延开来。为此,1981年6月10日,公安部发出了《关于坚决制止卖淫活动的通知》。1982年,上海市妇联党组向上海市委写出调查报告,提出建立收容教育所的建议。1984年9月,经上海市政府批准,正式成立了上海市妇女教养所,具体管理业务由市公安局治安处负责。1985年,中央又转发了最高人民法院等7个部门联合写给中共中央书记处、国务院的《关于坚决打击取缔卖淫活动和防止性病蔓延的报告》,除强调要严厉取缔卖淫嫖娼活动外,还推广了上海市举办妇女教养所,专门收容教养卖淫和进行流氓淫乱活动妇女的经验。1986年9月,国务院发布了《关于坚决取缔卖淫活动和制止性病蔓延的通知》,其主要内容是就查获的卖淫妇女和嫖客,对符合劳动教养条件的予以劳动教养,不够劳动教养的按《治安处罚条例》进行处罚,同时对卖淫妇女和嫖客进行性病检查,强制治疗。1987年,上海、北京、武汉、大连、西安等城市尝试开办卖淫嫖娼人员收容教育所,把原来只对卖淫妇女进行收容教育的做法改为将卖淫妇女和嫖客共同收容教育的制度,在一定期限内实行边教育、边劳动、边治疗性病的办法,这对制止卖淫嫖娼活动起到了一定的积极作用。1988年5月,公安部在武汉召开有关会议,转发了《进一步打击取缔卖淫嫖娼活动和做好收容教育工作座谈会纪要》,肯定了北京、上海等地开办收容教育所的经验并加以推广。此后,全国各地普遍建立了收容教育所,对抓获的卖淫嫖娼人员实行收容教育。1991年9月全国人大常委会制定的《关于严禁卖淫嫖娼的决定》规定:"对卖淫、嫖娼的,可以由公安机关会同有关部门强制集中进行法律、道德教育和生产劳动,使之改掉恶习。期限为六个月至二年。具体办法由国务院规定。"至此,收容教育有了一个初步的法律依据和制度建设的法制基础。

(三)20世纪90年代以来,收容教育制度的法制化、规范化建设(1991年至今)

1991年《关于严禁卖淫嫖娼的决定》的出台,从法律上确定了收容教育的地位,把收容教育工作正式列为法律赋予公安机关的一项工作任务,奠定了收容教育制度的法律基础。截止到1992年6月,全国建立了11个卖淫嫖娼人员收容教育所,收容2万多人。据部分省、市收容教育所追踪调查,解除收教人员的改好率平均为75%左右。①1993年9月4日,国务院发布《卖淫嫖娼人员收容教育办法》。它是依据全国人大常

---

① 参见詹伟、李楠:《新时期我国收容教育制度改革创新研究》,载《中国人民公安大学学报》(社会科学版)2005年第3期。

委会《关于严禁卖淫嫖娼的决定》制定的,明确了收容教育是对卖淫嫖娼人员集中进行法律教育和道德教育,组织生产劳动以及性病检查、治疗的行政强制教育措施。收容教育的对象主要是尚不够实行劳动教养的卖淫嫖娼人员,收容期为6个月至2年。至此,收容教育制度的确立终于有了较完整的法律依据。截止到1999年,全国的收容教育所已经发展到183个,比1992年增加了72个,容量也从1992年的2万人增加到4万人。收容教育从数量到质量、从硬件到软件都发生了巨大的变化。

进入21世纪以来,公安部对于收容教育所的管理更加规范,建立了一系列法规和具体管理办法。2000年4月,公安部出台了《收容教育所管理办法》。该办法是依据《关于严禁卖淫嫖娼的决定》和《卖淫嫖娼人员收容教育办法》,在总结收容教育所多年管理教育工作经验的基础上制定的部门规章。它的发布和实施,进一步完善了严禁卖淫嫖娼的法律法规体系,对控制卖淫嫖娼,预防、控制性病、艾滋病的蔓延,教育、感化、挽救、医治卖淫嫖娼人员,维护社会治安秩序起到了重要作用。为了加强规范管理,2000年11月27日,公安部发布了《收容教育所等级评定办法》,将收容教育所的等级分为一级、二级、三级和未达标级,提高了收容教育所的法制化、规范化、科学化管理水平。为了加强对收容教育工作的指导力度,1998年11月,公安部决定将收容教育所统一归口公安机关监管部门管理,收容教育工作的管理权由治安局划归监管局。2001年2月,公安部监所管理局分别印发了《关于收容教育所事故、重大事件分类和报告制度的规定》和《被收容教育人员行为规范》,制定了《收容教育所建设规范》。目前,全国共有收容教育所200多个,其中一级所10个。收容教育工作已全部纳入法制化、规范化、科学化建设的轨道。

第三节 收容教育的基本问题

一、收容教育的性质

从性质上说,收容教育属于一种行政强制性措施而不是行政处罚,不是治安处罚的继续,而是为了挽救这些人员所采取的一种强制性措施。收容教育所实质上是被收容教育人员接受教育及学习的特殊场所,是对被收容教育人员进行教育的特殊学校。收容教育的目的是通过收容教育,为被收容教育人员提供一个学习、生活和治疗的环境,增强其自主择业、正当生存的能力,减少社会的负担及其对社会的危害。

《卖淫嫖娼人员收容教育办法》第2条规定:"本办法所称收容教育,是指对卖淫、嫖娼人员集中进行法律教育和道德教育、组织参加生产劳动以及进行性病检查、治疗的行政强制教育措施",将收容教育定性为行政强制措施。然而,收容教育作为一种限制人身自由的措施,在现行的管理模式中表现出来的严厉程度完全超过了行政强制措施,并且在现实中收容教育的性质逐渐被消减,过分强调限制人身自由的管理模式。关于收容教育的性质,学术界主要有三种看法:

(一)收容教育是行政强制措施

行政强制措施是指依照法律法规规定享有行政强制权的国家行政机关及其工作人员或法律法规授权的组织,在进行行政管理的过程中,为了保障公共安全,维护和促进公共利益,保护相对人自身的人身安全或财产权益,排除相对人具有社会危害性或自我危害性的行为,依法对特定公民、法人或其他组织采取的暂时性限制其人身、财产或其他权益的强制性具体行政行为。① 根据目的的不同,行政强制措施又可分为预防性强制措施和制止性强制措施。制止性强制措施是指行政机关对正在实施危害行政管理秩序的行为采取的强制措施,其目的是制止违法行为或危害社会的状态继续和发展。2000年4月22日公安部颁布的《收容教育所管理办法》第2条规定:"收容教育所是公安机关依法对卖淫、嫖娼人员进行法律和道德教育、组织参加生产以及进行性病检查、治疗的行政强制教育场所。"所以,赞成收容教育是行政强制措施的理由是:②

第一,从行为的目的来看,收容教育旨在教育而不是惩罚。行政处罚是一种法律制裁,它是通过一定的方式惩处违法者,使之接受教训,不敢重犯。但是,收容教育并不是直接以惩罚为目的,而是以"教育、感化、挽救"为方针,侧重于对违法者进行法律和道德教育,使他们能够转变思想、痛改前非,其目的是维护公共安全,促进公共利益,制止性病的蔓延。

第二,从行为的效果来看,收容教育实际上是对违法者的人身提供保护和帮助。行政处罚作为一种法律制裁,无非是通过一定的方式对违法者的人身、声誉或财产造成一定的损害,从而警戒违法者不得重犯,否则会遭到更严厉的惩处。但是,从收容教育的效果来看,它一方面对违法者进行强制性的性病检查,强制治疗,其结果无疑是对违法者的人身健康提供安全保护;另一方面,在收容期间,除进行政治教育外,还组织违法者参加生产劳动,学习生产技能,这也是对违法者日后生活提供的一种帮助,与行政处罚的制裁相去甚远。

第三,从形式上看,行政处罚有多种形式,限制人身自由的治安拘留处罚与收容教育相比较,在限制自由的程度方面也有所不同。治安拘留是在治安拘留所进行,对人身自由实行比较严格的限制,拘留期间不得外出;而收容教育却是在收容教育所进行,允许家属探访,而且"被收容教育人员在收容教育期间,遇有子女出生、家属患严重疾病、死亡以及其他正当理由需要离所的",通过一定的手续就可在短期内离所返家。

第四,从收容教育的适用来看,它是行政处罚之外的一种辅助性强制教育措施。根据《卖淫嫖娼人员收容教育办法》的规定,对卖淫嫖娼人员,除依照《治安管理处罚法》的规定处罚外,对够不上实行劳动教养的,可以收容教育。在实践中,行政机关往往是双管齐下,既对他们实行行政处罚性质的罚款,同时又实行收容教育,使之改掉恶习。

---

① 参见杨君佐、湛中乐:《行政强制措施制度研究》,载《甘肃政法成人教育学院学报》2000年第2期。
② 参见柯梅森:《谈谈收容教育的几个问题》,载《政法学刊》1994年第1期。

第五，从立法上看，《卖淫嫖娼人员收容教育办法》第 2 条规定："本办法所称收容教育，是指对卖淫、嫖娼人员集中进行法律教育和道德教育、组织参加生产劳动以及进行性病检查、治疗的行政强制教育措施。"这是把收容教育确定为行政强制措施的法律依据。

我国《宪法》第 37 条规定："中华人民共和国公民的人身自由不受侵犯。任何公民，非经人民检察院批准或者人民法院决定，并由公安机关执行，不受逮捕。禁止非法拘禁和以其他方法非法剥夺或者限制公民的人身自由，禁止非法搜查公民的身体。"宪法只对剥夺或限制公民人身自由规定了逮捕这种刑事强制措施。因此，其他强制措施要依法剥夺或限制公民人身自由不能超出逮捕的力度，而收容教育作为一种行政强制措施，其力度与实质内容都已远远超出了宪法规定的标准。可见，除了收容教育有违宪的嫌疑之外，收容教育是行政强制措施的说法也站不住脚。

(二) 收容教育是刑事处罚

尽管现行立法上把收容教育的性质规定为"行政强制措施"，但是从收容教育的期限长短和执行方式来看，它俨然是一副刑事处罚的姿态。具体来看，收容教育的期限一般是 6 个月到 2 年；刑罚主刑拘役的期限为 15 日以上 6 个月以下，数罪并罚最高不超过 1 年；管制的期限为 3 个月以上 2 年以下，数罪并罚最高不超过 3 年，有期徒刑的最低期限是 6 个月。可见，收容教育的期限比拘役高，最低期限高于管制的最低期限，而与有期徒刑的最低期限相同。收容教育的执行方式更是典型的监禁刑，与管制、拘役、有期徒刑倾向于严格限制人身自由的方式毫无差别。《卖淫嫖娼人员收容教育办法》第 14 条规定："被收容教育人员在收容教育期间的生活费用一般由本人或者家属负担。"由于这一条的存在，执行收容教育的行政机关可以向被执行收容教育的相对人收取所谓的生活费用。姑且不谈这其中有多少的"猫腻"，单从收容教育这一项措施来看，就包含着限制人身自由和谋取相对人金钱这两项刑罚处罚措施，在刑法中分别对应管制、拘役、有期徒刑、无期徒刑和罚金、没收财产。可以说，收容教育在某种程度上超越了刑事处罚。

(三) 收容教育是行政处罚

《卖淫嫖娼人员收容教育办法》第 9 条规定，收容教育的期限为 6 个月至 2 年。根据该规定，不管卖淫嫖娼人员是第一次还是多次卖淫嫖娼，也不考虑其悔改表现和其他情节，最少也得收容教育 6 个月以上。在这里，6 个月的底线首先告诉人们，只要卖淫嫖娼，就会被剥夺 6 个月以上的人身自由，不管是需要接受教育还是不需要接受教育；即使只需要接受 6 个月以下教育，就可以转变思想、提高觉悟，也必须在收容教育所被强制接受教育 6 个月以上。这就说明，收容教育的目的不仅仅是促使这些人转变思想、提高觉悟，还包括对这些人惩戒。另外，《卖淫嫖娼人员收容教育办法》第 17 条规定，被收容教育人员在收容教育期间确有悔改表现或者立功表现的，可以提前解除收容教育。但是，提前解除收容教育的，实际执行的收容教育期限不得少于原决定收容教育期限的 1/2。也就是说，在收容教育期间，不管有怎样的悔改表现或立功表现，也要执行完规定的收容教育的最低期限。这一条参照了刑法中有关减刑和假释的规定,刑法的这种期限规定是具有惩戒性质的。同样,《卖淫嫖娼人员收容教育办法》关于提前解除收容教育的这种期限规定也明显带有惩戒的性质,属于行政处罚的范畴。

收容教育的最长期限为 2 年。根据该规定,收容教育人员在规定的收容教育期间,即使不服管理,拒绝接受教育,没有转变思想,没有认识和反省自己的错误,到了期限,也必须解除收容教养。这样规定不符合《卖淫嫖娼人员收容教育办法》第 1 条规定的教育、挽救卖淫嫖娼人员的目的。依照收容教育的目的要求,如果没有教育好这些卖淫嫖娼人员,即没有达到挽救的目的,就不应该放他们出去;否则,他们会继续从事以前的违法行为,收容教育工作等于是前功尽弃,徒劳无益。如此看来,《卖淫嫖娼人员收容教育办法》关于收容教育期限的规定与国务院制定该办法的目的相违背。如果单方面从教育和挽救卖淫嫖娼人员的目的来看,或者仅从把收容教育作为一种行政教育措施来讲,这种期限的规定是不合理的。但是,如果把收容教育作为一种处罚措施,则这种期限的规定是合理的。它与刑罚以及其他限制和剥夺人身自由的行政处罚一样,到了期限,即使没达到改造和教育的目的,若达到了惩罚的目的,就必须恢复受处罚者的自由,这是各种处罚措施的基本要求。再说,行政强制措施只能是暂时性的,而《卖淫嫖娼人员收容教育办法》规定的收容教育期限最长为 2 年,这显然与暂时性不符。因此,从收容教育的期限来分析,即使收容教育如立法者和大多数理论界人士所说,是一种行政强制措施,也不能掩饰其惩戒的成分,抹杀其行政处罚的本质属性。

作为行政处罚的劳动教养在规定的内容上与收容教育基本相同。在适用对象方面,劳动教养的对象有一部分是卖淫嫖娼人员,收容教育的对象是卖淫嫖娼人员。劳动教养和收容教育的具体内容都是限制(确切地说是剥夺)对象的人身自由,要求对象参加劳动和学习活动,接受教育,学习生产技能。在期限规定上,劳动教养的期限是 1 至 3 年,最长不超过 4 年,收容教育的期限是 6 个月至 2 年;限制人身自由的期限有相同的情况。提前解除劳动教养和收容教育,都要执行原决定期限的 1/2 以上。劳动教养工作的方针是教育、挽救、改造,教育感化第一,生产劳动第二;收容教育工作的方针是教育、感化、挽救。从以上比较中可以看出,一个人因卖淫嫖娼被劳动教养 2 年与被收容教育 2 年,其所受到的不利影响是一样的,即同样被限制人身自由 2 年,被强制劳动,接受教育,此前都被罚款 5000 元。因此,如果劳动教养是一种惩戒性的行政处罚措施,那么收容教育也是一种惩戒性的行政处罚措施。即使收容教育具有一种预防性行政强制措施的特点,也不能否认其行政处罚的本质属性。与劳动教养相比较而言,收容教育可以称作"收容教养",也可以改称"劳动教养"。

笔者认为,收容教育作为一种限制人身自由的具体行政行为,按有关规定,是一种行政强制措施。但是,从本质来说,它又具有行政处罚的性质,其地位在行政法理论上难以明确。首先,从有关收容教育的规范性文件的规定来看,它被明确规定为行政强制措施。但是,它作为行政强制措施仅是行政机关为有效查明情况或者控制危害状态所采取的对特定人行使某项权利,进行暂时性限制的措施。其适用前提是行政相对人不履行法律直接规定的或由行政行为确立的义务。其目的是保证实现义务的履行,而不是以惩罚为目的。但是,事实上,收容教育是对卖淫嫖娼人员所采取的措施,限制期是6个月至2年。在如此长的期限内限制一个被认为有违法行为的公民的人身自由,如果说这仅仅是一种"暂时性"的且不具有惩戒目的的行政强制措施,在理论上是说不通的。其次,收容教育的性质和后果决定了它明显具有惩戒性质。因为它适用的对象是违法行为人,所采取的手段是在一定期限内限制一个公民的人身自由,这更符合行政处罚是对违法对象进行行政制裁的特征,而且是行政处罚中最为严厉的措施之一,其惩戒性十分明显。但是,有关规范性文件又明确规定收容教育仅仅是一种行政强制措施,不是行政处罚。尤其是我国《行政处罚法》,根本未将收容教育纳入行政处罚的范畴。

二、收容教育的作用

收容教育作为一种行政处罚,是治安处罚的辅助手段,它和劳动教养、社会帮教共同构成对卖淫嫖娼人员的教育改造系统。在禁娼工作中,收容教育是巩固查禁取缔工作成果的重要环节,在禁娼系统中具有承上启下的作用,在社会控制中起着特殊的预防作用。

收容教育制度自诞生之日起,为打击卖淫嫖娼活动,维护社会秩序的稳定,做出了突出的贡献。收容教育作为我国同违法犯罪做斗争的手段之一,在实现社会治安综合治理方面成就显著,从源头上避免了违法行为人走上犯罪的道路。收容教育的对象主要是那些长期有卖淫嫖娼恶习的人,同时也是刑法无法追究刑事责任的人。通过收容教育这种手段惩罚这些人,是维护社会治安的一种有效形式。

收容教育曾经一度是劳动教养的补充手段。在劳教制度被废止之前,对卖淫嫖娼人员不足以实施劳动教养的情况下,可以实施收容教育。这不仅减轻了劳动教养的压力,同时也突出了对卖淫嫖娼人员特殊的惩罚措施,有针对性地对这类人实施特殊的教育方式,并对性病的防治工作起到了突出作用。

三、收容教育的对象

《关于严禁卖淫嫖娼的决定》和《卖淫嫖娼人员收容教育办法》均明确规定,收容教育的对象为卖淫嫖娼人员。但是,并不是所有卖淫嫖娼人员均适用收容教育措施。收容教育的对象,是指那些参与卖淫嫖娼活动,有卖淫嫖娼行为,但是由于情节轻微尚不够劳动教养和追究刑事责任的行为人的个体。卖淫、嫖娼人员有下列四种情形之一的,可以不予收容教育:(1)年龄不满14周岁的;(2)患有性病以外其他急性传染病的;(3)怀孕或者哺乳本人所生1周岁以内婴儿的;(4)被拐骗、强迫卖淫的。

四、收容教育的程序

依据《卖淫嫖娼人员收容教育办法》的规定,除依照《治安管理处罚条例》第30条的规定处罚外,对尚不够实行劳动教养的,可以由公安机关决定收容教育。《治安管理处罚法》第 66 条第 1 款规定:"卖淫、嫖娼的,处 10 日以上 15 日以下拘留,可以并处 5000 元以下罚款;情节较轻的,处 5 日以下拘留或者 500 元以下罚款。"即治安处罚是作为收容教育的前置程序出现的。

对卖淫嫖娼人员决定采取收容教育措施的部门是县级公安机关,并由有关县级公安机关填写收容教育决定书。收容教育决定书副本应当交给被收容教育人员本人,并自决定之日起 15 日内通知其家属、所在单位和户口所在地的公安派出所。收容教育自执行之日起计算。

收容教育的具体程序规定在 2006 年 8 月 24 日发布施行的《公安机关办理行政案件程序规定》中。该规定作为公安部的部门规章,第一次将作为强制措施的收容教育纳入公安机关对《行政处罚法》的程序适用中来。根据该规定,公安机关办理行政案件应当遵循合法、公正、公开、及时的原则,尊重和保障人权,保护公民的人格尊严。该规定反映出一定的正当程序的观念,如公正、公开、回避、告知、听证等。该规定涉及卖淫嫖娼案件的条文只有三条,内容包括不适用违法行为人居住地公安机关管辖、不适用当场处罚和由医生进行性病检查。由于收容教育也只是在《卖淫嫖娼人员收容教育办法》中以一种后续于治安处罚的形式出现,该规定并没有将收容教育的有关程序单独列出,公安机关对强制措施的受案、调查取证、询问、勘验、检查、决定等程序也采用与治安管理处罚相同的程序。该规定在性质上属于部门规章,其法律位阶较低,而且对收容教育案件的程序要求并不完善,如当事人没有要求听证等权利。

在基层公安机关处理卖淫嫖娼案件的实践中,收容教育措施的决定具有很大的随意性,对抓获的卖淫嫖娼人员是否提请上级公安机关采取收容教育措施,除去可以不予收容教育的四种情形,基本上完全取决于办案民警的主观判断。其审批过程大致是:公安机关办案机关对涉嫌卖淫嫖娼人员进行审讯,将认为符合收容教育条件人员的材料报所属公安机关的法制部门审查。法制部门经审查后,认为符合收容教育条件的,报主管局长批准执行。

收容教育的执行单位是收容教育所。《卖淫嫖娼人员收容教育办法》规定,收容教育工作由公安部主管。收容教育所的设立,由省、自治区、直辖市或者自治州、设区的市的公安机关根据收容教育工作的需要提出方案,报同级人民政府批准设立。

《卖淫嫖娼人员收容教育办法》第 20 条赋予了被收容教育人员申请复议和提起诉讼的权利。同时,《收容教育所管理办法》规定,收容教育所接收被收容教育人员,应当告知其依法享有的合法权益和必须遵守的所规,并在入所后的 24 小时内进行第一次谈话。在收容教育所的工作实践中,民警一般被要求告诉被收容教育人员依法享有申辩、复议、诉讼、申诉以及选举与被选举等公民享有的合法权利。但是,实际上,由于被收容教育人员大多文化程度不高,法律意识淡薄,再加上卖淫嫖娼有违社会道德标准,绝大多数人碍于脸面而不愿让人知晓,因此申请复议或提起诉讼的情况极少。

五、收容教育的期限

我国的收容教育制度是根据 1991 年全国人民代表大会常务委员会《关于严禁卖

淫嫖娼的决定》以及相关法律法规建立的。如前所述,对需要收容教育的人,由县级公安机关决定。决定实行收容教育的,有关县级公安机关应当填写收容教育决定书。收容教育决定书副本应当交给被收容教育人员本人,并自决定之日起15日内通知其家属、所在单位和户口所在地的公安派出所。被决定收容教育的期限为6个月至2年。被收容教育人员对收容教育决定不服的,可以依法申请行政复议。如果对行政复议决定仍不服,可以依照《行政诉讼法》的规定向人民法院提起诉讼。

根据2011年修订后的《卖淫嫖娼人员收容教育办法》第17条的规定,对于有悔改或立功表现以及其他特殊情况的,可以给予表扬或提前解除收容教育。但是,提前解除收容教育的,实际执行的收容教育期限不得少于原决定收容教育期限的1/2。所谓的"悔改表现",是一贯遵纪守法,努力学习文化技术,积极参加生产劳动,对其违法行为有悔改表现。立功表现包括:(1)揭发和制止他人违法犯罪,经查证属实的;(2)在抢救国家财产、消除灾害事故中做出贡献的;(3)经常完成或超额完成生产任务的;(4)在生产技术上有革新或发明创造的;(5)厉行节约,爱护公物有显著成绩的;(6)有其他有利于国家和人民的突出事迹的。凡是有以上情形之一的,由管教民警提出书面建议,经所务会研究确定提前解除收容教育的,填写提前解除或延长收容教育审批表,由所长填写审核意见并加盖公章后,连同收容教育决定书,报原决定收容教育的公安机关批准,同时报主管收容教育所的公安机关备案。最后,报原决定对被收容教养人员实行收容教育的公安机关批准,方可提前解除收容教育。

根据《卖淫嫖娼人员收容教育办法》第18条的规定,对拒绝接受教育的或不服管理体制的被收容教育人员,可以警告或延长收容教育期限。延长收容教育期限最长不得超过2年。其具体程序与提前解除收容教育相同,只是在原决定收容教育的公安机关批准后,需将延长收容教育决定书副本交给被收容教育人员本人,并通知其家属。被收容教育人员对延长收容教育决定不服,依法申请行政复议或者向人民法院提起行政诉讼的,收容教育所应当及时将材料转交有关部门。

六、收容教育的矫治方式

收容教育工作坚持教育、感化、挽救的方针,收容教育所为被收容教育人员制订了行为规范和一日生活制度,实行严格的规范化管理。根据《收容教育所管理办法》和《收容教育所执法细则》的规定,对被收容教育人员的矫治的基本内容包括:

(一)法制教育

被收容教育人员在进入收容教育所后,除了要学习收容教育所规则之外,还应当学习关于严禁卖淫嫖娼的法律法规,要使他们了解到违法犯罪的含义及法律责任;认识到自己所触犯的违法行为给社会带来的危害,进一步树立改过自新的决心;认识到法律不仅仅是打击违法犯罪的"利剑",更是保护守法公民的"盾牌",从而使他们真正认识到法律的重要性,自觉树立法律观念。

(二) 思想品德教育

收容教育所要对被收容教育人员大力开展思想品德教育,把爱国主义教育作为被收容教育人员教育的重要内容,加强被收容教育人员的社会公德、职业道德和家庭美德教育,宣传人类应该普遍遵守的价值取向,提倡文明礼貌、助人为乐、诚实守信、尊老爱幼、艰苦奋斗的社会主义风尚。

(三) 劳动教育

收容教育所对被收容教育人员的劳动教育应当坚持立足思想转变、着眼解教就业、因人因地制宜的原则,针对社会需求和劳教人员的自身需要,合理选择培训项目,突出培训的实用性,提高职业技能教育的层次和水平,尽可能使被收容教育人员培训后经考核取得劳动部门颁发的职业资格和技术等级证书,为再就业创造条件。应把正确的劳动观念的培养融于职业技能教育中,通过理论学习和实践操作,培养被收容教育人员良好的劳动习惯和团结协作的劳动精神,树立良好的职业道德和劳动光荣的观念。

(四) 性病、艾滋病防治

收容教育所应对刚入所的被收容教育人员进行预防性病、艾滋病专题教育,对其他被收容教育人员强制进行性病、艾滋病检查工作。性病是一种传播快、后果严重的传染性疾病,它的蔓延直接危害人民群众的健康,祸及子孙后代,损害中华民族素质。卖淫嫖娼人员是性病传播的高危人群,对这些人强制进行性病检查、治疗,是控制性病蔓延、保障人民群众健康、维护社会治安秩序的一项重要措施。因此,强制检查、治疗性病不仅是一般的医疗工作,而且是一项重要的政治工作。收容教育所要充分认识到对卖淫嫖娼人员强制进行性病检查、治疗工作的重要性和必要性,采取切实措施,并做到持之以恒、常抓不懈。

(五) 跟踪回访

被收容教育人员回归社会之后,为了巩固其在收教期间的成果,使其彻底摆脱卖淫嫖娼的恶习,应建立跟踪回访制度。这是为了使收容教育所的教育与社会帮教相结合,更好地实现挽救卖淫嫖娼人员的目的。因此,收容教育所除对被收容教育人员定期回访之外,还应该配合社会各部门做好帮教工作,真正落实教育、感化、挽救的方针,切实体现出收容教育的价值。

案例 8-1

昨日下午,在今年春节前已经解除收容教育的4名女青年,重回柳州市收容教育所探望管教民警。她们说的最多的,还是收容教育期间的生活和学习给她们带来的巨大变化。

技能培训添信心

交谈中,管教民警询问了4名毕业女学员的就业情况。21岁的阿梅已在亲戚的关照下,进了一家公司打下手,月工资 2000 多元。同龄的小韦虽然还没找到工作,但她对在收容教育期间学会的丝网花制作很有兴趣,已经和南宁的丝网花制作老师取得联系,希望在这方面有所发展。阿乐已向朋友借到本钱,想开一家女装店。另一名女青年小石和朋友一起干起了网游代练代打装备的营生。

阿梅说,在收容教育期间学会的劳动技能对她们找工作有很大帮助。在接受收容教育时,阿梅就被安排去从事保洁的工作。由此,原先不怎么做家务的她现在已能将办公室打理得井井有条。

从去年 12 月开始,收容教育所在原有厨艺、保洁、编织毛衣、饲养等劳动技能培训的基础上,请来职校老师,为学员们开设宾馆酒店礼仪培训和丝网花制作教学。小韦说,看着一朵朵栩栩如生的花朵在自己手上诞生,她觉得只要用心学,还是能掌握一门手艺的,因此对生活又充满了信心。

互相传递正能量

阿乐是 4 名女青年中最有阅历的,柳州市公安局收容教育所副所长任红对她的管理能力是有信心的,但还是要提醒她做生意的风险。

阿乐在收容教育期间,是学员自主管理委员会的委员。自主管理委员会是收教学员们对环境卫生、作息制度等内务进行自我管理的机构,委员由学员们选举产生。任红说,管教干警加强指导,让学员进行自我管理,既体现了对学员们的人格尊重,又为他们提供了充分交流和锻炼的机会,有助于他们重新融入社会的人际交往中。

有了比较宽松的人际交往空间,小韦、阿梅、阿乐、小石才能在收容教育期间结为好友,互相鼓励,共同面对挫折。4 名女青年说,在收容教育期间,她们有 10 多个姐妹比较投缘,大家在一起讨论的比较多的是,结束收教后怎样能找到一份正当的工作谋生。现在,回归社会的她们仍然经常联络,互通就业信息,互帮互助。

收容教育所的管教干警乐见这样的正能量在学员中传递。任红说,他们准备提供固定的场所,希望毕业学员们能常常回所探访,交流信息,互帮互助。①

第四节　收容教育所

一、收容教育所的设置与管理体制

（一）收容教育所的设置

1992 年 6 月,我国建立健全了 111 个卖淫嫖娼人员收容教育所,收容 2 万多人。②

---

① 参见钟华:《女学员"回访"收容所》,载《南国今报》2013 年 3 月 8 日。
② 参见黎昀:《从收容教育到矫治》,中国政法大学 2008 年硕士论文。

1999年,收容教育所已经发展到183个,收容量达到4万人。① 收容教育所从数量到质量、从硬件到软件都发生了巨大的变化。收容教育工作的管理权也由公安部治安局划归监管局,统一接受监管局的指导。2000年4月,公安部出台《收容教育所管理办法》,对收容教育所的硬件和软件设施都具体地加以规范。2000年11月27日,公安部发布《收容教育所等级评定办法》,将收容教育所等级化,具体划分为一、二、三级和不达标级,进一步提高了收容教育所的法制规范水平。根据《收容教育所管理办法》的规定,收容教育所的设立,由省、自治区、直辖市或者自治州、设区的市的公安机关根据收容教育工作的需要提出方案,报同级人民政府批准。

收容教育所的管理由设立收容教育所的公安机关负责。以上海市为例,总共有两所收容教育所,名称分别是"上海市第一收容教育所"和"上海市第二收容教育所",其管理由上海市公安局负责。

(二) 收容教育所管理体制

1. 收容教育所等级化管理

根据《收容教育所等级评定办法》的规定,为使收容教育所工作法制化、规范化、科学化,提高收容教育所整体工作水平,收容教育所实行等级化管理。收容教育所的等级分为一、二、三级和未达标级。除一级收容教育所由公安部评定外,其余由各省、自治区、直辖市公安厅、局评定,每两年评定一次。评定的依据主要是收容教育所队伍状况、安全工作、管理教育、执行法律、法规、规章制度、所容所貌、设施装备建设的水平和实绩等。这种等级化管理在一定程度上主要是为了提高收容教育所的工作水平而设立的,但是容易演变成各个所之间为了评等级而在"面子工程"上作无谓的努力。收容教育所的管理体制应该着眼于对被收容教育人员的矫治效果,评判其体制的好坏,而目前这个体制没有能够很好地根植于矫治效果。目前,收容教育所的生存环境越来越恶劣,每年的收容量都在减少。每年地方上都有收容教育所因收不到人员而面临关闭或是合并,收容教育所的数量由当初的急剧增加发展到现在的逐渐萎缩。这说明,收容教育的市场效应不大,收容教育所的市场供应量已明显过剩,出现了供大于求的局面。这样的局面无疑是对现存管理体制的挑战。

2. 收容教育所的内设机构

收容教育所一般设置所长1人,政治委员1人,副所长1至3人。另外,可以根据实际需要,设置必要的工作机构,一般会设置政秘科、管理科和法制科。

3. 收容教育所的队伍

由于收容教育所是按照等级划分的,所以民警、医务人员、财务人员的配置要求也不相同。人员数量的配置是统一规格:小型所②民警在12名以上;中型所民警按月均

---

① 参见詹伟、李楠:《新时期我国收容教育制度改革创新研究》,载《中国人民公安大学学报》2005年第3期。
② 收容教育所按评定年限内的月均在所收容教育人数,分为小、中、大、特大型所。不足200人的为小型所;200人以上不足500人的为中型所;500人以上不足800人的为大型所;800人以上的为特大型所。

收容教育人数8%的比例配备;大型所民警按月均收容教育人数7%的比例配备,且不低于40名;特大型所民警按月均收容教育人数6%的比例配备,且不低于56名。专职医务人员的配备,小型所不得少于1名,中型所不得少于2名,大型所不得少于3名,特大型所不得少于5名。区别是:三级所全所民警要熟悉有关的法律、法规、政策,监管业务考核合格;二级所全所民警80%以上监管业务考核成绩要在良好以上;一级所全所民警80%以上监管业务考核成绩要达到优秀。一级所和二级所从事医务工作的民警必须具有中专以上学历,从事辅导工作的民警60%以上要具有大专学历。

随着社会的发展,被收容教育人员的年龄特征、文化特征、性别结构、思想行为特征都发生了显著的变化。面对这些变化,收容教育所的民警若不加强政策法规的学习,仅凭借原有的知识和经验办事是不能适应的。因此,每一位民警在这些新的变化面前,要加强学习,把握当今社会人的特征,才能适应新时期的矫治方式。尤其是在劳动教养制度被废除之后,收容教养制度的问题不断被社会关注,废除之声不断涌现。对收容教育制度的抨击主要集中在《立法法》第8条关于限制人身自由的规定上,鲜有从收容教育制度的矫治效果上求证的,而收容教育制度的精髓全在矫治效果上,矫治效果离不开收容教育所民警的努力。收容教育制度从长远来看会被废除,但是在被废除前,可以在适用上有所改变。高素质的人民警察队伍在改良收容教育制度方面将起到尤为重要的作用。

二、收容教育所的基本运作

收容教育所的运行机制主要包括以下几个部分:

(一)入所

根据《卖淫嫖娼人员收容教育办法》第2条的规定,收容教育的对象是卖淫嫖娼人员。凭县级以上公安机关签发的收容教育决定书,即可将上述两类人员送入收容教育所。但是,《卖淫嫖娼人员收容教育办法》第7条第1款规定:"对卖淫、嫖娼人员,除依照《中华人民共和国治安管理处罚法》第六十六条的规定处罚外,对尚不够实行劳动教养的,可以由公安机关决定收容教育。"可以理解为,基本对象是卖淫嫖娼人员,但是排除已经受到过罚款、拘留处罚的。劳动教养制度被废除之后,关于该如何继续适用收容教育制度,留下了很大的问题。撇开劳动教养不谈,2012年修改后的《治安管理处罚法》已经排除了收容教育制度的适用,在某种意义上也使收容教育制度成了无源之水。然而,作为一项长期运行的制度,它仍有存在的惯性。

《卖淫嫖娼人员收容教育办法》第7条第2款规定,对四种卖淫嫖娼人员可以不予收容教育:(1)年龄不满14周岁的;(2)患有性病以外其他急性传染病的;(3)怀孕或者哺乳本人所生1周岁以内婴儿的;(4)被拐骗、强迫卖淫的。对接收后发现不应收容教育的,如对吸食、注射毒品成瘾的,或可能患有精神病的,应当先行强制戒毒或由办案单位负责鉴定。

被收容教育人员入所以后,应当对其人身和携带的物品进行检查,严防将违禁物品带入所内;同时,应当接受健康检查和性病检查。对女性被收容教育人员,应进行妊娠检查。对吸食、注射毒品成瘾的,应当提请办案单位先行社区戒毒或者强制隔离戒毒;对可能患有精神病的,由办案单位负责鉴定。

(二) 管理

对被收容教育人员,按不同情况实行分别管理和分级管理。分别管理主要是以性别、有无性病和是否成年为划分标准,以防止疾病的传染和实施对未成年人的特殊保护。女性被收容教育人员应当由女性工作人员进行管理。分级管理是按被收容教育人员的过错程度、安全风险评估和悔改表现,实行严格管理、普通管理、宽松管理,并进行考核,适时升降等级。被收容教育人员确有悔改或者立功表现的,可以给予表扬、升级或者提前解除收容教育。对拒绝接受教育、不服从管理或者有危害收容教育所安全行为的被收容教育人员,可以予以警告、降级或者延长收容教育。

被收容教育人员享有通信、会见的权利,但是都必须经过批准,这与一般看守所的通信、会见制度大致相同。除此以外,在收容教育期间,如果遇有子女出生、直系亲属患严重疾病、死亡以及其他正当理由需要离所的,由家属或者其所在单位担保并交纳保证金后,经所长批准并报主管收容教育所的公安机关备案后,才可以离所,期限一般不超过7日。

被收容教育人员有严重疾病或者传染病的,可以所外就医,但是必须让其家属或所在单位做担保。此外,被收容教育人员还需与所在地或暂住地的公安派出所签订联合帮教协议。

收容教育所日常的管理模式比照监狱,并没有突出收容教育制度作为一项行政行为应有的特征,而是带有浓厚的刑事化色彩。对被收容教育人员的人身自由进行严格限制,这与被判处有期徒刑没有实质的区别。同时,开了所外就医的口子,也为权力寻租找到了一条方便的途径。

(三) 日常生活

被收容教育人员的日常生活主要包括:在教育上,进行法律、道德、文化、卫生教育;在生产劳动上,组织参加劳动生产,学习劳动技能,同时也鼓励其自学,可以组织参加各类自学考试,也可以组织参加职业技术培训。另外,对于文盲、半文盲的被收容教育人员,收容教育所可以开展扫除文盲教育。

(四) 出所

被收容教育人员在服完收容教育期限或者提前解除收容教育时,才可以真正出所。

收容教育期限自执行之日起计算。

被收容教育人员被刑事拘留的行为与被决定收容教育的行为系同一行为,其被刑事拘留一日折抵收容教育一日。被收容教育人员因同一行为被公安机关治安拘留后,并被决定收容教育的,治安拘留期限不应当折抵收容教育期限。

被收容教育人员请假离所和所外就医的期限应当计算在收容教育期限内。违反有关规定的,离所时间不计算在收容教育期限内。

对解除收容教育的人员,收容教育所应当定期回访,并积极配合有关部门做好帮教工作。

收容教育在本质上与行政处罚没有任何差别,但是其 6 个月到 2 年的收容期限又超出了一般刑事处罚的期限,逾越了行政处罚与刑事处罚的红线。刑事拘留一日能折抵收容教育一日,这说明刑事拘留限制人身自由的严厉程度大于或等于收容教育。那么,行政拘留期限不折抵收容教育期限的规定,是否就意味着行政拘留的严厉程度小于收容教育?显然,这样的对比得出的刑事拘留的严厉程度要大于收容教育,收容教育的严厉程度要大于行政拘留的论断是不科学的。因为不是同一领域的法律,自然没有可比性。刑事拘留能折抵收容教育,貌似对被收容教育人员有利,但是收容教育的性质被弄模糊了。同时,被收容教育人员在被行政拘留后,又怎么会被实施收容教育?这也明显违反了行政法上的"一事不再罚"原则。这样的折抵方式让人不禁在心里打个问号。

另外,《卖淫嫖娼人员收容教育法》第 2 条指出,所谓的收容教育,是指对卖淫嫖娼人员集中进行法律教育和道德教育、组织参加生产劳动以及进行性病检查、治疗的行政强制教育措施。收容教育工作实行教育、感化、挽救的方针。既然如此,在 6 个月到 2 年的期限未满时,被收容教育人员已被改造好,是否还需要关押?如果继续关押,还能有效达到挽救的目的吗?法条明确说明收容教育是教育措施,在 6 个月到 2 年的时间里,如何断定被收容教育人员被教育好了?如果 2 年的期限已满,是否就一定有效果?这一切问题的答案还要看收容教育的矫正活动是否科学有效。

三、收容教育所的矫正活动

收容教育所对被收容教育人员开展教育工作是收容教育工作的重心,教育工作的任务是矫治被收容教育人员的不良思想和行为习惯,使其顺利回归社会。对被收容教育人员进行内容合理、形式丰富的教育,可以更好地完成收容教育的任务,实现收容教育应有的功能。收容教育的矫正活动主要有:

(一)入所教育

被收容教育人员在进入收容教育所后的 24 小时内,民警必须对其进行第一次谈话,询问内容包括身体健康情况、个人家庭情况、有无特殊困难等基本情况;同时,结合违法事实、收容教育期限、个人认错程度,对被收容教育人员进行第一次评估,如果被收容教育人员被认为是情绪不稳定的人员,会被列为重点控制对象。

在接下来的 15 天内,必须对被收容教育人员进行以下教育:

(1)被收容教育人员依法享有的合法权益和应当遵守的所规、行为规范、一日生活制度;

(2)关于严禁卖淫嫖娼的法律法规知识;

（3）被收容教育人员队列、内务等培训；

（4）卫生及性病、艾滋病防治知识；

（5）心理健康知识等。

（二）日常教育

根据被收容教育人员教育的内容、形式和教育对象的不用，具体的方法也不同。

1. 个别教育

个别教育是对被收容教育人员个体施加积极影响的教育形式。开展个别教育工作，是被收容教育人员教育的重要手段和基本经验。管教民警会对分管的被收容教育人员，每人每月个别谈话教育不少于一次。个别教育的主要内容有：

（1）了解被收容教育人员入所以来在思想、学习、劳动、生活、身体等方面的情况，重点掌握其思想转变情况，有针对性地进行法制、道德和世界观、人生观、价值观教育；

（2）了解被收容教育人员同室其他人员的情况等。

2. 集体教育

集体教育是对被收容教育人员集体进行的，以解决被收容教育人员中带有普遍性的问题为目的，参加人数较多，因此主要采用课堂教学的方法。课堂教育一般由收容教育所民警授课，也可邀请社会团体组织、院校的有关人士及志愿者授课。其他方式有电化教育、参观图片展览、发放宣传资料等。集体教育的主要内容包括：国家政策、法律法规、伦理道德、所规、文化、卫生等知识。

3. 重点教育

重点教育是对那些有特殊情况的被收容教育人员实施的。遇有下列情形之一的被收容教育人员，管教民警要及时予以重点教育，及时进行谈话教育，并跟踪了解思想变化情况：

（1）违反所规屡教不改或者情节严重的；

（2）有自杀、自残、脱逃、行凶等倾向的；

（3）经办案单位询问的；

（4）需要或者已经申请行政复议、提起行政诉讼的；

（5）因患病出所就医或者住院治疗回所的；

（6）家庭出现变故的；

（7）其他需要及时进行谈话教育的。

以上人员在进入收容教育所以后，显现出内发的或者外发的情绪变化，如果不及时进行谈话，进行心理疏导，一来会使其对接下来的教育反感；二来会把负面情绪传染给其他被收教人员，影响矫治效果。

4. 分类教育

分类教育是根据被收容教育人员的性别、成年与未成年、患性病与未患性病等不同情况划分类别，采用不同的教育方法，可以有效提高教育的质量。

5. 社会帮教

收容教育所与卫生、妇联、共青团、关心下一代工作委员会等有关部门和组织密切联系,邀请社会各界人士来所进行帮教。社会力量的介入有几点好处:一是可以引入不同的教育理念,弥补民警在某些专业上的不足,提高矫治质量;二是可以缓解收容教育所内紧张严肃的气氛,更有利于被收容教育人员的教育;三是对被收容教育人员回归社会后,各界力量对其提供社会支持起到了铺垫的作用,使其更顺利地回归社会,也可以提高收容教育的效果。

6. 心理矫治

(1) 心理健康知识普及教育

对被收容教育人员开展心理健康知识普及教育,讲解法律政策,讲授心理调适方法,可以消除其焦虑、恐慌、对立等负面情绪,帮助其树立健康的生活理念。通常,普及教育每月进行一次。适时组织被收容教育人员开展主题活动和团队实训,可以加深对理论知识的理解运用,促进心理健康和人际关系和谐。

(2) 个体心理咨询和疏导

被收容教育人员入所一个月后,应对其开展问卷调查和量表测试,结合其现实行为表现,研究确定需要重点实施心理疏导的被收容教育人员。对已实施心理疏导的被收容教育人员,可以每月进行一次回访,通过再次进行量表测试等方式,评估心理疏导工作成效,有针对性地调整疏导方案,力争达到预期效果。

(三) 劳动技能培训

生产劳动是收容教育所以实现教育改造为目的,组织收容教育人员参加社会性生产实践活动,通过劳动的方式进行社会实践教育。生产劳动的过程就是被收容教育人员转变观念,培养新的道德品质、行为方式和生活习惯的过程,是造就全面发展的社会新人的过程。除了日常的劳动之外,还鼓励被收容教育人员参加职业技术培训,着眼于了解教后就业,为以后顺利回归社会做准备工作。

(四) 出所教育

在被收容教育人员被解除收容教育前,至少进行一次谈话教育,了解其在所期间的收获和体会,教育其走上社会后如何重塑新的人生,并征求其对收容教育所工作的意见和建议,这就是出所教育。出所教育的时间不能少于15天,教育的内容有:

(1) 遵守法律法规;

(2) 树立勤俭节约风尚,抵制高消费诱惑;

(3) 提高识别能力,防止不良分子拉拢、腐蚀;

(4) 正确对待社会舆论,自强、自立,不要自暴自弃;

(5) 正确对待恋爱、婚姻与家庭;

(6) 如何择业,如何正确对待就业道路上的挫折;

(7) 心理辅导与矫治等。

（五）跟踪回访

收容教育所要视情况对被解除收容教育人员开展跟踪回访，民警要与其进行谈话，了解其生活情况，看其是否能做到如出所教育时教育的内容一样。但是，实践中很难做到。尤其是对卖淫女来说，一般都是在非户口所在地卖淫，然后进入当地的收容教育所，收容教育期限结束后，一旦回到户口所在地，那么对于收容教育所民警而言，进行跟踪回访的难度是很大的。

（六）性病、艾滋病防治

由于收容教育的对象特殊，所以要对新入所的被收容教育人员进行至少一次预防性病、艾滋病的专题教育。其目的是让被收容教育人员深刻认识到性病和艾滋病的危害性和严重性，认识到卖淫嫖娼是滋生性病和艾滋病的"温床"，在出所之后不再进行卖淫嫖娼活动。

另外，对已患有性病和感染艾滋病毒的被收容教育人员，应当实行隔离；而对确诊为艾滋病病人，收容教育所无条件隔离治疗的，可办理所外就医。对这类人员，更应该着重教育，加强心理治疗。因为有些患有性病或感染艾滋病毒的被收容教育人员容易自暴自弃，更容易在出所后继续从事卖淫嫖娼活动。对这类人员，应尽量根治疾病，以心理治疗为辅助，使其重新回归社会；如果患有无法根治的艾滋病，则更应对其进行心理治疗，使其燃起对生活的希望，并将其作为需要定期回访人员的一种。

第五节　收容教育制度的缺陷及完善建议

一、收容教育性质的现实定位问题

收容教育制度最大的缺陷莫过于其性质的定位模糊。对一项制度来说，如果其性质模糊不清，那么其内容一定存在巨大的争议，这是毋庸置疑的。因为一项制度的性质如何，是通过其具体内容表现出来的。当前，收容教育制度性质的定位十分模糊，主要还是因为缺乏法律基础。

1991年，全国人大常委会通过了《关于严禁卖淫嫖娼的决定》，其第4条第2款规定："对卖淫、嫖娼的，可以由公安机关会同有关部门强制集中进行法律、道德教育和生产劳动，使之改掉恶习。期限为六个月至二年。具体办法由国务院规定。"1993年国务院依据该决定，出台了《卖淫嫖娼人员收容教育办法》，其第2条第1款规定："本办法所称收容教育，是指对卖淫、嫖娼人员集中进行法律教育和道德教育、组织参加生产劳动以及进行性病检查、治疗的行政强制教育措施。"

《关于严禁卖淫嫖娼的决定》确实符合2000年《立法法》第8条第5项所规定的条件，即任何剥夺个人人身自由的权力必须以全国人大或者全国人大常委会通过的法律为基础。但是，《立法法》第9条规定："本法第八条规定的事项尚未制定法律的，全国人民代表大会及其常务委员会有权作出决定，授权国务院可以根据实际需要，对其中的部分事项先制定行政法规,但是有关犯罪和刑罚、对公民政治权利的剥夺和限制人身自由的强制措施和处罚、司法制度等事项除外。"根据这一规定,对于国务院制定的授权期限外的包括"收容教育"这一措施名称等的具体执行办法,它的法律依据显然是不够充分的。

另外,2009年修正后重新颁布的《行政处罚法》第9条规定,限制人身自由的行政处罚只能由法律设定。对于卖淫嫖娼的行政处罚,《治安管理处罚法》第66条明确规定:"卖淫、嫖娼的,处十日以上十五日以下拘留,可以并处五千元以下罚款;情节较轻的,处五日以下拘留或者五百元以下罚款。"这里根本没有提到收容教育的适用。《行政强制法》第10条规定,行政强制措施由法律设定。尚未制定法律,且属于国务院行政管理职权事项的,行政法规可以设定除限制公民人身自由以外的其他行政强制措施。也就是说,行政法规不得作限制人身自由的设定。因此,无论把收容教育定性为行政处罚还是行政强制措施,都是没有法律依据的。

这里,还应该注意一点,《立法法》第11条规定:"授权立法事项,经过实践检验,制定法律的条件成熟时,由全国人民代表大会及其常务委员会及时制定法律。法律制定后,相应立法事项的授权终止。"《关于严禁卖淫嫖娼的决定》对国务院的授权已经根据《立法法》的规定而自动终止,《卖淫嫖娼人员收容教育办法》也随之无效。

二、收容教育程序存在的问题

作为国家进行社会治理的手段之一,收容教育的存在确实对卖淫嫖娼这一社会丑恶现象起到了一定的遏制作用。但是,作为一项法律制度,其法律依据的充分性、程序的正当性等不断受到学界质疑。

(一)适用对象没有严格界定

《卖淫嫖娼人员收容教育办法》第7条规定:"对卖淫、嫖娼人员,除依照《中华人民共和国治安管理处罚法》第六十六条的规定处罚外,对尚不够实行劳动教养的,可以由公安机关决定收容教育。对有下列情形之一的卖淫、嫖娼人员,可以不予收容教育:(一)年龄不满十四岁的;(二)患有性病以外其他急性传染病的;(三)怀孕或者哺乳本人所生1周以内婴儿的;(四)被拐骗、强迫卖淫的。"

上述法律法规只是对收容教育对象的否定性列举,没有对收容教育对象进行严格的界定。对收容教育的适用对象和条件的规定都是不明确、不具体的"盖然性"规范。如果认定收容教育是行政处罚措施,那么似乎违背了行政法定原则。当然,在行政法的条文中是可以出现否定性列举的情况的。例如,《行政诉讼法》第12条针对人民法院对行政诉讼的受案范围作出了四项否定性列举,而该法第11条则作出了八项肯定性概括。可见,这里的否定性列举对肯定性概括起到补充的作用。但是,纵观《卖淫嫖娼人员收容教育办法》第7条上下,并没有出现这样(肯定性概括+否定性列举)的立法模式。

《关于严禁卖淫嫖娼的决定》第4条规定:"卖淫、嫖娼的,依照治安管理处罚条例

第三十条的规定处罚。对卖淫、嫖娼的，可以由公安机关会同有关部门强制集中进行法律、道德教育和生产劳动，使之改掉恶习。期限为六个月至二年。具体办法由国务院规定。因卖淫、嫖娼被公安机关处理后又卖淫、嫖娼的，实行劳动教养，并由公安机关处五千元以下罚款。对卖淫、嫖娼的，一律强制进行性病检查。对患有性病的，进行强制治疗。"可以发现，公安机关可以会同有关部门强制集中进行法律、道德教育和生产劳动，以及强制治疗患有性病的嫖娼者或卖淫者，这实际上就是收容教育的一部分内容，即对收容教育对象的肯定性概括是卖淫者和嫖娼者。

在两部法律法规中才把一个收容教育的收容对象规定下来，这本身就不妥，更何况都不是以卖淫嫖娼行为为对象，而是以行为人为对象。至于卖淫嫖娼人员到底在实施了何种卖淫嫖娼行为或造成了什么后果的情况下才可以适用收容教育，法律法规上并无明文规定。在实际执行过程中，以何种标准确认对象的身份是嫖娼者还是卖淫者或两者都不是，法条没有明确规定。另外，以罚款代替收容教育，也极大地影响了对卖淫嫖娼行为的打击效果。

（二）处罚期限的自由裁量范围过宽

法律法规对收容教育仅规定了6个月至2年的处罚幅度，没有明确规定从轻、从重处罚的事由及依据，适用期限没有具体的操作依据和标准。行政适当原则是现代行政法治的基本原则，它是在行政自由裁量权日益扩大的背景下产生的，并仅适用于行使自由裁量权的领域。具体而言，它是指在行政机关运用自由裁量权的过程中，应当把握一定尺度，做到与客观情况相一致，符合法律精神的要求。它要求强制措施对个人自由的限制程度和期限应与其所应承担的责任相适应。其基本的要求就是：社会危害性越大，处罚越重；社会危害性越小，处罚越轻，罚当其时。

《行政处罚法》第4条第2款规定："设定和实施行政处罚必须以事实为依据，与违法行为的事实、性质、情节以及社会危害程度相当。"很显然，收容教育期限的不确定违背了行政适当原则。同样的卖淫嫖娼行为，既有可能受到罚款处理，也有可能受到治安拘留、收容教育处罚；既有可能受到期限较短的收容教育处罚，也有可能受到期限较长的收容教育处罚。严重程度不同的卖淫嫖娼行为也可能受到同样期限的收容教育处罚。这种过大的自由裁量权，不仅容易造成收容教育裁决的混乱无序，也可能给执法腐败提供了"温床"。

（三）收容教育的审批决定过于行政化

如果将《宪法》第37条和《公民权利和政治权利国际条约》解释为，要求逮捕和根据劳动教养拘留某人的决定应当由除公安机关之外的其他机关作出，那么同样的主张必定也可以适用于2年以下收容期限的收容教育。对于卖淫者和嫖娼者的抓获，收容教育的提起、决定和实施，以及收容教育所的管理，完全由公安机关负责，其程序未免过于行政化。对于限制、剥夺人身自由的一项强制措施，仍采用行政机关"一家作业"的方式并不合适。

从表面上看，收容教育有调查取证、裁决两道程序，分属不同的公安部门负责，存在着调查者与裁决者之间的职能分工。由于收容教育的决定机关、执行机关和复议机关都是公安机关,整条"流水线作业"均在公安部门自家的院墙内操作,难免有暗箱操作的嫌疑。作为收容教育裁决机构的公安法制部门要服务于公安机关的基本职业利益,在作出收容教育决定时,要在申请者与被收容教育人员之间保持中立性、利益无涉性,的确是个挑战。这正如有的学者指出的:"由于申请者和裁决者公安机关属于上下级公安机关,它们在职业利益上有着千丝万缕的密切联系,并有着共同的惩治违法犯罪行为、维护社会秩序等方面的职业目标。"①

显然,作为程序正义的一项最基本的要求,裁判者的中立性在收容教育程序中是不存在的。不难看出,这种审批程序剥夺了被收容教育人员参与收容教育决定的作出过程的机会。作为与这种法律决定有着直接利害关系的人,被收容教育人员既不能对收容教育的适用、期限等提出挑战和反驳,也无法对负责审批的办案人员施加压力。虽然法律上也规定了行政复议,为收容教育相对人提供必要的行政、法律救济手段,但是由于一旦收容教育决定产生法律后果,被收容教育人员就失去了人身自由,本来就是弱势群体的行政相对人更加不可能对抗强大的公安行政机关。即使通过行政诉讼能对公安机关的错误决定进行补救,但是在行政诉讼被提起之前,收容教育决定已经发生法律效力,行政诉讼的提起并不影响收容教育决定的执行。这显示出行政诉讼具有"事后司法审查"和"事后司法救济"的性质。这种在司法审查和司法救济方面的滞后性,决定了行政诉讼对于被劳动教养者在救济方面的滞后性和不充分性。即使经过法院的行政诉讼活动,某一收容教育决定被判定为不合法,也已经剥夺了公民一段时间的人身自由。

可见,收容教育目前完全被纳入行政法律体系,由行政法律和行政机关调整和控制。这种制度下,作为主管机关的公安机关集决定、执行、监督、仲裁四种职能于一身,相当于既充当运动员又充当裁判员,甚至还要充当仲裁委员会,不可避免地产生执法随意性,这显然是违背正当程序理念的。唯一有第三方介入的情况是,被收容教育人员也有向法院提起诉讼的权利。但是,当他们行使这项权利的时候,往往已经在收容教育所内接受教育了,而且现实中因为各种原因,提起诉讼的案例非常少,可以用"罕见"来形容,且不说胜诉的几率有多大。所以,一般情况是,只要不是太冤枉,就没人提起诉讼。至于申请复议的情况,虽比提起诉讼的情况要多一些,但当事人得到的大多是维持原收容教育决定的结果。尤其是被公安机关抓获的卖淫女普遍文化层次低、法律意识和权利意识淡薄,再加上法律本身规定的不合理,在这些现实情况下,法治社会对违法者个人权利的保护和程序上要求的公平、公正根本无从谈起。因此,从收容教育的审批决定程序看,过于行政化,不仅不能满足最起码的"自己不做自己的法官"这一基本的正当程序要求,而且有很大的弊端。

---

① 储槐植、陈兴良、张绍彦主编:《理性与秩序——中国劳动教养制度研究》,法律出版社2002年版,第19页。

(四)收容教育的司法救济有局限性

根据《行政复议法》第 21 条和《行政诉讼法》第 44 条的规定,并结合行政强制执行制度,目前我国实行的是以不停止执行为原则,以停止执行为例外的制度。这一制度在保障行政权行使、提高行政效率方面起到了一定作用,但在执法实践中凸显出来的问题也愈益明显。

《行政复议法》第 21 条规定:"行政复议期间具体行政行为不停止执行;但是,有下列情形之一的,可以停止执行:(一)被申请人认为需要停止执行的;(二)行政复议机关认为需要停止执行的;(三)申请人申请停止执行,行政复议机关认为其要求合理,决定停止执行的;(四)法律规定停止执行的。"

《行政处罚法》第 45 条规定:"当事人对行政处罚决定不服申请行政复议或者提起行政诉讼的,行政处罚不停止执行,法律另有规定的除外。"

收容教育本身不属于治安处罚,而《公安机关办理行政案件程序规定》并无类似规定,只有第 173 条规定:"被处理人对行政处理决定不服申请行政复议或者提起行政诉讼的,行政处理不停止执行,但法律另有规定的除外。"因此,现行法律的规定存在缺失。

《治安管理处罚法》中规定了暂缓拘留制度,其第 107 条规定:"被处罚人不服行政拘留处罚决定,申请行政复议、提起行政诉讼的,可以向公安机关提出暂缓执行行政拘留的申请。公安机关认为暂缓执行行政拘留不致发生社会危险的,由被处罚人或者其近亲属提出符合本法第一百零八条规定条件的担保人,或者按每日行政拘留二百元的标准交纳保证金,行政拘留的处罚决定暂缓执行。"在实际案件中,被处以行政拘留的处罚人申请复议或诉讼时很少提出这样的要求,因为有时被处罚人即使向公安机关提出暂缓拘留的要求,也未必能被批准。但是,有这样的规定,说明立法者考虑到当事人有被错误拘留的可能,也是一种慎重的考虑,体现了对公民人身权利的保护。

收容教育没有类似申请暂缓执行的规定,只能在《行政复议法》和《行政诉讼法》中找到适用规定。笔者建议,立法机关在收容教育相关立法中补充完善类似的制度,明确相关规定,从而赋予被收容教育人员同等或类似的权利。

(五)忽视被收容教育人员在被执行收容教育期间的权利

法律对收容教育没有所外执行的规定。《公安机关办理劳动教养案件规定》第 54 条规定:"对符合本规定第十一条第二款规定的条件(对盲、聋、哑人,严重病患者,怀孕或者哺乳自己不满一周岁婴儿的妇女,以及年满六十周岁又有疾病等丧失劳动能力者——笔者注)之一,或者具有下列情形之一的违法犯罪嫌疑人,可以决定劳动教养所外执行:(一)有特殊业务技术专长,确为本单位生产、科研所必需,其单位提出申请的;(二)家庭成员患有严重疾病、生活不能自理或者没有生活来源,确需本人照顾或者扶养的。被劳动教养人员或者其家庭成员患有严重疾病的,应当提供省级人民政府指定的医院开具的证明文件。"与劳动教养不同,收容教育只有可以请假的规定,被收容教育人员根据《卖淫嫖娼人员收容教育办法》第 16 条的规定,遇有子女出生、家属患严重疾病、死亡以及其他正当理由需要离所的,由其家属或者其所在单位担保并交纳保证金后,经所长批准,可以离所。离所期限一般不超过 7 日。比较严格的《刑事诉讼法》中有监视居住与取保候审制度的规定,可以保证在监人员的权利,而收容教育制度却显得更为苛刻。

(六)难以保障已满 14 周岁不满 18 周岁未成年人的权利

按《卖淫嫖娼人员收容教育办法》的规定,对不满 14 周岁的卖淫嫖娼人员可以不予收容教育。这导致现实中 14—18 周岁的未成年人和成年人一样,按规定被执行收容教育。这也许是为了及时挽救违法的未成年人,但不论从制度制定还是执法的总体和长远效果看,都不符合《未成年人保护法》和《预防未成年人犯罪法》中规定的对他们的保护方针。纵观我国法律对于违法少年人群的处遇,除了工读教育和收容教育外,其他措施均为成年人设计,在对少年适用时并未考虑到少年主体的特殊性而在管理方式上区别于成年人。[①]

首先,对 14—18 周岁的未成年人尚不能实施拘留,但收容教育限制人身自由有时长达 2 年,收容教育所采用准军事化管理,其本身体现出一定的惩罚色彩,对未成年人显得过为严厉。其次,14—18 周岁的未成年人正处在学习知识、确立世界观和人生观等的关键年龄段,虽然按《收容教育所管理办法》第四章的规定,坚持"集体教育与个别教育相结合,所内教育与社会教育相结合",目标是"实现教育的课堂化、制度化、规范化和系统化",要进行法律、道德、文化、卫生等方面的教育,设立课堂,由民警每周授课,每年还要定期邀请人大、妇联、关工委来所进行集体教育和辅导,但是就现有收容教育所民警的水平、精力等而言,要求其达到按照义务制学校进行系统教育的水平还是很不现实的。《收容教育所管理办法》第 19 条规定,应当对被收容教育人员按照其是否成年进行分别管理。但是,实际情况是,有些地方的收容教育所在某段时间内总的收容教育人数少,而未成年人更少,如果采取分别管理的方式,反而不便于民警日常管理,而且在至少 6 个月的收容教育期间内不可能不让他们和各个年龄段的成年人接触。这样,有可能造成他们互相交流违法"经验",反而会造成不好的影响,无益于未成年人在特殊年龄阶段的健康成长。

三、收容教育制度的完善建议

(一)进一步完善收容教育制度的法律体系建设

第一,完善收容教育制度的法律定位,明确具体的法律标准。要加快出台《违法行为矫治法》,使收容教育制度找到更充分的立法上的支持。对于卖淫嫖娼人员,应当根据具体情况区别对待。对以往颁布的法律法规,需要进一步修改,使其能够得到全面、准确、有效的贯彻实施,并确定具体的处罚标准,加强司法实践中有效的法律强制手段。从目前收容教育适用的规定来看,迫切需要在收容教育的适用对象、适用期限、适

[①] 参见刘娥:《我国违法少年的处遇方式及其反思》,载《辽宁公安司法管理干部学院学报》2006 年第 4 期。

用条件、执行方式等方面进一步加以规范,以做到区别对待。

第二,注重收容教育人员解除收教后的社会保障问题。对卖淫嫖娼行为的教育矫治,关键之一是解决学员解除收教后的生存问题。从目前社会总体的就业形势来看,解除收教的学员尚缺乏就业技能和就业空间。建议从立法角度,要求社会为解除收教人员提供就业技能培训和必要的就业空间。

第三,进一步明确收容教育的对象。《卖淫嫖娼人员收容教育办法》规定,对患有性病,尚不够刑事处罚、不够劳教的,可以收容教育。新中国成立初期,上海妓女改造的成功经验之一是严格控制收教对象,对入所者严格遵循一条标准,即必须是以卖淫为生、以卖淫为业的妓女。按照当时的道德观,作风不正派的人、乱搞男女关系的人、未婚同居者、歌女、舞女等与卖淫混为一谈。但是,由于上海严格控制收教对象,这些人一律被排除在收教对象之外,使收教更具针对性,有的放矢。与之相比,我们现在的收教对象过于庞杂,不利于教育。因此,我们现在的收教对象可以仅限于"患有性病的卖淫嫖娼人员",对于其他被查获的有卖淫嫖娼劣迹的人员,则按照治安管理法规进行罚款或拘留等治安处罚。

(二) 进一步强化教育与治疗功能

《卖淫嫖娼人员收容教育办法》规定,被拐骗、强迫卖淫的,不列入收容的对象,这也就意味着收容教育带有一定的惩罚性。应淡化收容教育的惩罚色彩,强调治疗性和社会救助性。同时,对收容教育对象的教育不应是封闭式的,而应是半开放式的,建立与社会环境一致的教养环境。要充分保障他们与外界联络、与亲友会见的权利。在所教育要与社会教育相结合,要让他们经常参加社会活动,在活动中增强公民意识,增强自尊、自爱、自强、自立的决心与信心。对各种性病,要彻底治疗直至痊愈,真正遵循"教育、感化、挽救"的方针。防治性病、艾滋病关乎全民族的身体健康,通过卖淫嫖娼传播性病和其他危险性传染病的辐射性很强,而且色情与毒品具有密切的联系,这就增加了疾病传播的危险性。收容教育所是社会预防和控制性病、艾滋病的重要环节,需要加大对所内部分医疗基础设施的人力、物力投入。国家应投入部分检查、治疗等医疗费用,因为这关系到整个社会的公共卫生健康水平。建议建立一个艾滋病预防和治疗控制中心,统一收治因卖淫嫖娼、吸毒等被收容教育、强制戒毒和劳动教养的艾滋病学员。

(三) 完善权力监管机制,保障警察强制权力的规范运行

虽然通过立法改革解决现实问题,立足比较长远,也能较彻底地解决收容教育面临的种种问题,但是立法需要充分的论证、规划、酝酿,需要很长的周期、充分的条件,不是一蹴而就的事情,不能期待它尽快解决制度本身面临的现实问题。在现有法律框架难以有大的调整和变革的情况下,比较务实的做法是完善和加强对收容教育的法律监管,解决监督真空问题。从社会实践来看,收容教育由公安机关一家决定,并不需要经过司法审查,整个审批程序也不受其他机关的监督,相对人的知情权、陈述权、申辩权等程序性权利得不到有效保障,其公正合理性值得怀疑。因此,一个全方位的权力

监督制约系统是收容教育规范运行的重要保障。应强化检察院的法律监督职能,建立司法审查机制,完善党、政、群、社会舆论对收容教育的监督制约,落实责任追究机制,以此实现收容教育适用条件、决定程序、实施过程的规范化、正当化和法治化。

(四)收容教育工作必须被纳入社会综合治理体系

当前,综合治理工作还未引起全社会的足够重视。尤其是对女性性违法行为的教育矫治,关键是解决生存问题。社会安置也是挽救的一种措施和手段,这正是收容教育难以解决的问题。学员安置的好坏直接关系到改造的效果。只有将他们的生计问题解决好了,才能有效地防止他们重蹈覆辙。收容教育所多数只靠公安部门一家管理,但是卖淫嫖娼作为一个社会问题,对卖淫嫖娼者的改造应该让全社会共同参与。第一,各单位必须加强对全体员工的法制教育,特别是对有性违法行为的人员,要关心、帮助其改邪归正。第二,各单位对卖淫嫖娼人员在收容教育期间和期满后,一般不要采取开除或解除合同等做法,以巩固收教成果。第三,各地区要关心解教人员的就业和生活,对生活困难的无业人员更要采取措施,不使其因生计问题而重操旧业。

总之,收容教育虽然存在着许多不完善的地方,但是它在打击卖淫嫖娼活动中的地位是不可取代的,其存在不仅有理论基础,而且有坚实的现实基础。我们只有根据形势的发展和需要,对之进行必要的改革和完善,才是符合国家实际情况的明智之举。收容教育制度要更人性化、规范化、科学化,作为治理整顿卖淫嫖娼活动的一个重要环节,才能继续发挥它应有的功能和作用。但是,劳动教养制度被废除后,废除收容教育制度的呼声也越来越高。诚然,收容教育制度与劳动教养制度有着诸多相似之处,而目前我国打击卖淫嫖娼活动的主要手段除了严厉打击之外,收容教育措施起着一定的作用,基于制度存在的惯性等原因,估计收容教育制度在一定时期内仍然会继续存在。

(本章作者:陆诚晨)

第九章 工读教育制度

　　现代工读教育制度的背后是绵延不绝的中国传统法律文化力量,只有在理解工读教育制度的滥觞,梳理工读教育制度的嬗变的前提下,才能理解现有的工读教育制度,真正开启新一轮改革的历史进程。古代的恤幼观念、近代的五四工读主义和少年感化教育思想无不默默地影响着新生制度的滥觞和嬗变。辉煌与没落,工读教育近六十年的道路从未真正平坦过。经历了初创、发展和改革三个阶段,我国与青少年相关的工读教育制度仍然显得落后和封闭。

　　在整个少年司法的矫正体系中,作为预防青少年犯罪的重要措施之一,工读教育常被人们视为预防少年犯罪的"最后一道防线"。预防青少年犯罪、对"特殊"孩子进行行为矫正是工读教育的目标。人们通常的设想是,无论是强制还是自愿,把有严重不良行为、轻微违法犯罪的未成年人送入特定的学校,经过严格管理、耐心教导、爱心感化,最终矫正为能够适应社会发展、自食其力的青少年。经历了多年的发展,如今现实的状况却是缺乏法律支撑、招生陷入困境、优质师资匮乏、矫正效果不佳……

　　不良行为青少年的矫正问题是个国际问题,对其展开的特殊教育也一直是各国青少年犯罪预防的重要手段。"他山之石,可以攻玉",考察境外与我国"工读教育"类似的机构,能为我国工读教育的改革重构带来新的启示。我国台湾地区设计的少年矫正体系规划中,少年矫正学校将全面取代原有的少年监狱、少年辅育院,这无疑给传统矫正观带来强烈的震撼;日本的儿童自立支援设施及其背后完备的保护体系,让我们强烈感受到少年司法、少年福利两个体系"互补"的重要性;美国替代学校的五花八门和形式多样,则让我们明白多样性的重要。

　　除了国际视角的审视之外,我们还需要以发展的眼光关注改革实践的经验总结。一直以来,工读教育在以招生困难为最的各种困境之中挣扎,关于工读教育改革的呼声此起彼伏。现实的工读教育中也开展了一系列改革创新实践。例如,上海的工读学校增加了诸如家庭教养服务、托管生教育、职业技术教育等业务,提出了工读学校标准化建设工程任务,以期改善工读学校的条件,提高师资的复合水平。除了工读学校外,国家和其他部门也作出了自己的努力,如专门招收流浪儿童的新疆工读学校试点,社区矫正的配套设计给接下来的制度重构工作提供了借鉴。目前,我国有些地区已经突破"自愿入学"的限制,一定条件下强制入学,统一立法迫在眉睫。据悉,中央综治办预防(青少年违法犯罪)专项组正在积极推动出台加强(对严重不良行为未成年人进行)专门教育的政策文件,明确对于有严重不良行为的未成年人,特别是涉案不捕不诉和判处非监禁行为未成年人强制送专门学校矫治,将成为其中重要的内容。

随着劳动教养制度的废止,收容教养制度亟待改革,工读教育制度改革也到了关键时期。考察以"工读教育"为关键词的各种改革方案,最后都绕不开存在价值、改革目标、入学强制与否三个基本问题。工读教育的改革,说到底应该尊重我国的历史,建立包括强制、自愿两种模式,培育、鼓励建立公办、民营多种层次的工读教育模式。

第一节 工读教育的滥觞与嬗变

我国《预防未成年人犯罪法》规定,对未成年人送工读学校进行矫治和接受教育,应当由其父母或者其他监护人,或者原所在学校提出申请,经教育行政部门批准。工读教育,是指对有严重不良行为的未成年人,通过"工""读"并举的方式,进行矫治的一种特殊教育方式。包括有严重不良行为的未成年人在内的所有适龄儿童、少年都受到《义务教育法》的保护。该法第20条规定:"县级以上地方人民政府根据需要,为具有预防未成年人犯罪法规定的严重不良行为的适龄少年设置专门的学校实施义务教育。"此外,《预防未成年人犯罪法》第35条和第36条对工读教育作了进一步规定,对有严重不良行为的未成年人,父母可以将其送往工读学校。除了要特别加强法制教育、心理教育,受到比普通学校学生更为严格的管理外,就读工读学校的学生在升学、就业等方面享受同等权利。

近年来,在工读教育"萎缩"与青少年犯罪预防工作压力增大的矛盾之下,改革工读教育的呼声不断见诸报端。随着2013年劳动教养制度的废止,工读教育的合法性受到考问,改革已经到了关键时期。对于工读教育制度的滥觞与嬗变的探寻无疑是改革深入进行的前提和基础。

关于我国现代工读教育制度的滥觞,普遍的说法是:以1955年我国的第一所工读学校——北京市工读学校的成立为标志。工读学校是新中国成立后,参照苏联教育家马卡连柯创办的"少年违法者工学团""高尔基工学团""捷尔任斯基公社"的教育经验和理论,根据社会主义建设的实际需要建立起来的。苏联的工学团主要收养二战结束之后的流浪儿和违法少年。[1] 从现有文献来看,对于工读教育制度起源的历史追溯往往在1955年戛然而止。新中国成立后,废除了国民党政权时期的所有法律,从当时百废待兴的时代背景来看,参考苏联模式的确是一种可行做法,苏联工读教育也的确是我国建立工读教育制度的直接参照源。

然而,工读教育制度起源的背后是社会发展事实和浓厚的传统文化思想根基。如

---

[1] 参见江晨清、杨安定等:《中国工读教育》,上海教育出版社1992年版,第3页。

同舒国滢所说,"法学传统的力量总是默默地起作用,绵延不绝"。历史的积累、文化的传承并不会因为政局的变更而彻底中断。这种说法虽然被广泛认同,但是却不无值得商榷之处。考察工读教育制度的滥觞,不可避免地需要往前延伸我们的视域。

一、近代工读教育考析

从字面意思上理解,"工"即为"工作""劳动","读"则为"读书""学习",工读教育则为兼采工、读手段之教育。翻阅近代史资料,最早出现"工读"二字的报道是1906年在《通问报》上的一则启示——《拟设上海孤儿院募捐启(旧名育孤工读学堂)》[1]。从目的上看,这一时期的工读学校大多以"造就民众生活技能并普及识字教育为宗旨"。与现代工读教育相比,近代工读教育应该说更为契合"工读"的字面含义。为了更好地理解工读教育,需要对以下几个与近代工读教育相关的概念进行阐析:

(一)工读主义思潮

工读主义亦称"工读互助主义",这股思潮最早起源于留法勤工俭学运动,主张把工读互助团办成"人人工作,人人读书,各尽其能,各取所需"的新组织。研究当时的报刊可以发现,从1919年到1921年,刊登"工读"文章的大多是《新青年》《北京大学日刊》等进步刊物,主要集中在对于工读互助团的相关报道。那段时间,全国各地先后涌现了大量工读互助团性质的团体,形成了一场颇具规模的工读互助主义运动。

五四运动前,工读主义的内容还是囿于"以工助读"的谋生手段。五四运动后,开始将改造社会的伟大抱负与工读主义联系起来,赋予工读主义崭新的内容,成为与五四时期的政治形势相结合的产物,是中国的空想社会主义。工读主义在近代中国影响极为广泛,在其影响下发生的留法勤工俭学运动和国内的工读互助团、平民教育运动虽然很快归于失败,但由此产生的马克思主义在中国的深入传播和与中国工人运动的结合,为中国共产党的创建作了重要的思想和组织准备。[2]

工读主义思潮不仅体现了政治上的新诉求,也反映了中国近代这一特殊历史时期对人的教育及发展的要求,体现出对传统教育方式和内容的批判。从工读运动的发展过程来看,尽管有不同的名称,如"勤工俭学主义""工读主义""工学主义""工读互助"等,但它们有一个共同点,那就是主张"工学并立",以推动教育的改革和社会的改造。[3] 尽管当时的"工读"与我们今天所说的"劳动和教育",无论在内涵还是外延上都有所区别,但工读主义思潮对于工读结合的探索至今仍然意义深远。

(二)民国工读教育

从近代历史来看,"工读主义"是当时涉及"工读"二字频率最高的一个词语。工读主义破产后,"工读"教育并未从此消失。之后的报刊上仍然可以觅到"工读"的身影,

---

[1] 《拟设上海孤儿院募捐启(旧名育孤工读学堂)》,载《通问报:耶稣家庭新闻》1906年第227期。
[2] 参见蒋建农:《工读主义的兴衰与中国共产党的创建》,载《史学集刊》1995年第1期。
[3] 参见许化宁:《试论工读运动的教育实践意义》,载《松辽学刊》2001年第6期。

如"民生工读学校""贫儿工读团""女子工读学校""难童工读院"等。① 这里的"工读"与之前的"工读主义"在含义上有了明显的不同。《中华民国宪法》规定,国民皆有受教育的义务和权利。"在《教育杂志》《中国青年》《妇女月刊》及《贵阳日报》上,曾一再公开讨论过工读制在我国教育上的重要性。"②工读制被认为是保障国民受教育权的试验。

概括这一阶段的工读教育,实为"在无可奈何的议计之下,倡立了教育上的半工半读制,鼓励一般青年出售劳力,由劳价所得,以供求学之资,救济失学良策"③。可以看到,此时与前期相同的是仍然坚持"工""读"兼采的教育形式,对于工读教育制度的看法也更趋于理性;不同的是淡化了政治色彩,主要是以救济失学者、普及教育、救济弱势群体——妇女、儿童、难民等形式出现。另外,此时的工读教育开始显露出职业教育的特色,主要以教授学生求生技艺为主,以应对战时的生计艰苦。例如,惠安县府设立了渔业工读学校,柳州市制定了职业学校学生工读办法等。④

(三) 少年感化教育

少年感化教育旨在教育不良少年、犯罪少年,以遏制犯罪。我国近代少年感化院的创设源于西方国家的感化院模式,"感化院系感化教育之组织,应仿效学校组织,不可类似于惩罚组织之监狱"⑤。感化学校旨在对不良少年导以初等教育,授以职业技能,为其铺垫成年后自新自立之路。少年感化机构由社会慈善事业演变而来,主要收容贫困、流浪、无家可归或受虐待儿童及犯罪青少年,属于由专门人员代替父母,由国家进行保护、抚养和教育感化的社会福利机构。⑥

民国十一年(1922年),北洋政府司法部颁布了《感化学校暂行章程》。同年秋,香山感化院成立。民国十二年(1923年),司法部筹设感化教育机关,乃商诸香山感化院,合组为北京感化学校,这是我国国立感化教育机关之创始也。根据该暂行章程的规定,感化学校设立之目的在于"预防幼年犯罪或再犯"。⑦ 未满16岁之幼年犯而被认为可施感化教育者,以及未满12岁不守家规,经其父母请求入校者(此类学生应由其父母缴纳补助费),经司法部核准皆得收入感化学校。⑧ 依《感化学校暂行章程》订立的《北京感化学校章程》第3、4条规定,北京感化学校主要招收三类16岁以下儿童:由香山慈幼院降送来校之犯过儿童;由司法部及各省法庭拘送来校之幼年罪犯;由京

---

① 此类的工读学校非常多,可参见《要闻:国内之部:太原县贫儿工读团一周纪念》,载《新教育》1922年第4卷第5期,第230页;《各地政教现况摘要:行将出现之女子工读团》,载《来复》1924年第325期,第7页;《会闻:香港难童工读院概况》,载《真光杂志》1940年第39卷第10期。
② 苏醒之:《再论工读制》,载《时兆月报》1946年第41卷第6期。
③ 椿森:《工读制之存废的讨论》,载《时代青年》1931年第31期,第9—10页。
④ 参见《水产学校函答惠安县府询设渔业工读学校》,载《集美周刊》1936年第19卷第12—13期;《广西省立柳州高级农业职业学校学生工读办法》,载《广西省政府公报》1941年第1098期。
⑤ 赵琛:《少年犯罪之刑事政策》,商务印书馆1939年版,第198页。
⑥ 参见罗大华主编:《法制心理学词典》,群众出版社1989年版,第41页。
⑦ 参见孙雄编著:《监狱学》,商务印书馆1936年版,第154页。
⑧ 参见张东平:《近代中国监狱的感化教育研究》,华东政法大学2007年博士论文。

师警察总厅及各省警察厅遣送来校之合于《违警罚法》第 3 条者。此外,在 15 岁以上,不守家规,经其家族请求入校者,惟此项儿童应作为附学学生论,每年须照章缴纳学、膳、宿费,其规则另定之。①《中华民国刑法》第 86 条规定:"因未满十四岁而不罚者,得令入感化教育处所,施以感化教育,因未满十八岁而减轻其刑者,得于刑之执行完毕或赦免后,令入感化教育所,施以感化教育。但宣告三年以下有期徒刑,拘役或罚金者,得于执行前为之。感化教育期间为三年以下。第二项但书情形,依感化教育之执行,认为无执行之必要者,得免其刑之执行。"②

考察民国时期的少年感化机构,可以发现它与现代的工读学校无论是教育理念、教育目的还是教育手段都颇为相似,仅在教育对象上有所区别。相较而言,感化学校的范围更广,既包括经父母请求入校的不良少年,也包括已经进入司法程序的少年犯。

二、工读教育思想的滥觞

现代工读教育制度建立于 1949 年之后,原有的法律制度被彻底废弃,而制度背后的思想脉络却不会被斩断。工读教育思想不可能诞生在朝夕之间,更不可能从国外直接引进来。工读教育思想对于少年犯罪原因的关注,以及对于预防少年犯罪的思考,都可以从中国传统思想中找到源头。

(一) 古代恤幼思想

在古代,在"三纲五常"的儒家文化影响下,少年(未成年人)从未成为真正意义上的法律主体。不过,正是由于受到儒家文化的影响,统治阶级强调"仁政",提倡"明德慎罚"。从西周时期起,刑律中就已经出现了"三赦"等宽宥政策,对老、幼、妇、残等社会弱势群体给予特殊照顾。在这个意义上,"幼"——未成年人作为弱势群体之一,与"老、妇、残"等一起成为法律"恤"的对象。在古代刑律中,恤幼规定主要集中在犯罪年龄、刑事责任、刑讯的程序等方面的保护性规定上。

法律中恤幼的规定蕴含了丰富的人本主义思想,是人本主义在法律上的体现。人本主义是中华法系的特点之一,张晋藩认为:"中国古代的人本主义是一种比较早熟的,具有相当理性的思维方式,它在一定程度上支配着中国古代的政治、哲学、文化的许多方面。就法律而言,也都表现出浓厚的人本主义色彩。"③ 同时,恤幼思想作为儒家法律文化的重要内容,伴随着"以礼入法"的进程,最终成为古代历史上各个朝代所遵从的重要刑法原则之一。作为中国法律传统中重要的思想,恤幼思想有延续性与继承性的独特精神,不仅对封建法制产生了重要的影响,对现代法制建设同样具有非常重要的借鉴价值。

(二) 教育感化思想

犯罪预防中的教育感化思想,在我国同样源远流长。清末司法改革中的《考察司

---

① 参见《熊希龄先生遗稿 5》,上海书店出版社 1998 年版,第 5035—5036 页。
② 转引自中国法规刊行社编审委员会编:《六法全书》,上海书店出版社 1948 年版,第 209 页。
③ 张晋藩:《人本主义——中华法系的特点之一》,载《河北法学》2005 年第 9 期。

法制度报告书》指出:"感化院之制,所以预防犯罪,与其惩治于事后,不如防范于事先,盖教育以正其本,刑罚仅齐其末。""谨按成年犯罪者之矫正难,幼年犯罪者之感化易。""幼年之应受感化教育者,大别为三种,一、弃儿及迹近遗弃者。二、有不良行为者。如游荡懈惰及家庭学校不能矫正其恶习者之类。三、有犯罪行为者。即有违犯刑法之行为,因未达责任年龄,不为罪者。"①

民国监狱学家孙雄在其著作《监狱学》中对感化教育进行了考察。他指出:"我国在鼎革以前,于犯罪或不良少年之教育问题,绝无人注意及之。民国成立,《暂行新刑律》第三十条,虽有未满十三岁人之行为不罚,十三岁以上未满十六岁之行为,得减轻本刑二分之一,均得因其情节施行感化教育之规定。但全国无论公私方面,并无感化机关之设立,此项刑法,等于具文。朝野上下,亦无人视为缺陷起而提议之者。迄民国十一年(1922年)二月司法部始有《感化学校暂行章程》之颁布。民国十二年(1923年)司法部筹设感化教育机关,乃商诸香山感化院,合组为北京感化学校。此我国国立感化教育机关之创始也。"②感化教育思想最终得以落实。

民国感化学校建校的基础在于幼年犯可以被矫正的坚定信念,以及对于教育手段的信赖,这同样可以适用于现代的工读学校。因此,晚清、民国时期对于有不良行为少年、幼年犯的感化教育思想可以视为工读教育的传统思想基础。

三、现代工读教育的嬗变

从起源到发展,再到面临困境,现代工读教育制度的历史流变不仅折射了我国工读教育制度的发展和传统的形成,更为我们分析少年司法制度的发展提供了丰富的背景材料。无论是明晰工读教育困境,还是重构工读教育制度,都必须先了解其发展历史。关于我国工读教育发展历程的划分,由于学者们采用的标准不同,各个阶段的划分最终有所不同。标准的选择、划分的结果无所谓优劣,不过隐藏在标准选择之后的一些理念和梳理的脉络却值得我们细细体会。

(一)几种观点

二阶段说,以对工读教育的定性为界限,分为为政治服务阶段和义务教育的补充阶段。为政治服务阶段的主要任务是,根据当时的政治要求,对新中国成立初期一大批违法或有轻微犯罪行为的青少年,通过半工半读的方式进行改造,实现转变;义务教育的补充阶段则主要是应对厌学、行为偏常的"问题学生",工读学校的学生被作为学生看待,而不是罪犯。工读教育通常被认为是特殊教育的一种。③

三阶段说,先主张以"文革"为界限,分为初创期、复办期,后又以1983年"严打"为线,将"严打"后至今定为改革发展期。④

---

① 汪庆祺编,李启成点校:《各省审判厅判牍》,北京大学出版社2007年版,第469—470页。
② 孙雄编著:《监狱学》,商务印书馆2011年版,第156—157页。
③ 参见熊伟:《我国工读教育面临的问题与对策》,载《青少年犯罪问题》2011年第5期,第41页。
④ 参见江晨清、杨安定等:《中国工读教育》,上海教育出版社1992年版,第5—26页。

四阶段说,有好几种分法:第一种,将1955—1966年定义为"创办时期","文革"之后的1978—1987年称为"复办时期",1987—1995年称为"改革与发展转型期",最后把1995—2005年称为"与时俱进期"。① 第二种以"文革"为界,20世纪80年代中到90年代初为发展期,90年代以来为改革创新期。② 第三种以1966年、1982年、1992年为界,将工读教育发展分为四个阶段:初创、破坏与复办、调整与改革、深化改革与发展阶段。③

（二）本书观点

制度建设往往受制于法律政策的影响,工读教育制度也不例外,相关法律政策对工读教育的发展至关重要。因此,笔者主张以法律政策的规定为界限划分,具体以1979年《关于提请全党重视解决青少年违法犯罪问题的报告》和1999年《预防未成年人犯罪法》的公布为界限,将这段历史分为三个阶段:

1. 初创阶段(1955—1979年)

该阶段以1955年北京市工读学校作为新中国第一所工读学校于1955年成立为起点,以1979年八部委联合颁布第一个与工读教育相关的详细规定为终点。

北京市工读学校成立后,北京随后创办了海淀工读学校、朝阳工读学校等首批工读学校。上海作为工读教育的发达地区,其早期的大部分工读学校创建于1959年到1962年这一时期。总体上看,在初创阶段,工读学校呈现的特点是:学校数量少、规模小、经验不足、缺乏法律规范的指导。新中国成立初期,工读学校"最根本目标是把具有违法或轻微犯罪行为而进入工读学校的青少年,通过半工半读的方式转变成为自食其力的劳动者"。④

由于缺乏全国统一的指导性规定,工读学校没有明确的、具体的、统一的指导,有限的指导主要来源于各种形式的政策性讲话或者上级通知,缺乏法律规范的支持,属于初创摸索阶段。此后,"文革"中,工读教育遭遇停办。

笔者在翻阅了上海市档案馆的相关资料后发现,1967年前存在许多以"工读"命名的厂办学校、机构。这些半工半读的工读学校或者工读训练班实际是以职业教育的形式出现的,并没有体现或强调矫正不良行为,因此可以认为这些并非现代意义上特殊的"不良行为矫正"学校,不是真正的"工读学校"。例如,中华人民共和国第七机械工业部、上海对外贸易局、上海内河运输公司等,都建有本行业内的工读学校。⑤ 这个

---

① 参见鞠青主编:《中国工读教育研究报告》,中国人民公安大学出版社2007年版,"目录"。另外一篇文章也采用了此种划分阶段的方法。参见石军:《中国工读教育政策法规的历史演变与当代意义》,载《预防青少年犯罪研究》2014年第1期,第65—67页。
② 参见杨安定、江晨清主编:《世纪之交的工读教育》,上海教育出版社1996年版,第20—24页。
③ 参见夏秀蓉、兰宏生主编:《工读教育史》,海南出版社2000年版,"目录"第1—4页。
④ 熊伟:《我国工读教育面临的问题与对策》,载《青少年犯罪问题》2011年5期,第41页。
⑤ 参见《上海市人民委员会、教育局关于推行半工(农)半读、技校、职工工读班教育制度的通知及上海市开办13所工读班及其待遇等的报告(附职校改变学制改工读学校请示)》,档案号:B170-2-1658;《中华人民共和国第七机械工业部关于新华厂工读学校更改校名问题的批复》,档案号:B243-1-4-3-46;《上海市第二机电工业局关于新华厂工读学校订名的请示》,档案号:B243-1-4-3-48;《上海市内河运输公司工读学校等备小组关于南通和南京两个河运学校的办学情况的汇报以及公司等办工读学校的意见》,档案号:B283-2-298-10。以上文件均见于上海市档案馆。

时期,"工读"学校在名称使用上比较混乱,现实中以"工读"命名的学校并不都是现代意义上的"工读学校"。

2. 发展阶段(1979—1999年)

1979年6月,中共中央转发中央宣传部、教育部、公安部、共青团中央等八个单位联合发布的《关于提请全党重视解决青少年违法犯罪问题的报告》。该报告指出:"工读学校是一种教育挽救违法犯罪学生的学校,要认真办好。……各地应在党委领导下,以教育部门为主,共青团、公安部门积极配合,有关方面大力支持,举办一批这样的学校。"①"文革"结束后,除了原有的工读学校恢复建校外,还新办了一大批工读学校。现实的客观存在提出了新的要求,与工读教育相关的法律规定的制定被提上议事日程,两个重要的文件和一部法律随后颁发,即1981年《关于办好工读学校的试行方案的通知》、1987年《关于办好工读学校的几点意见》和1992年《未成年人保护法》。

《关于办好工读学校的试行方案的通知》和《关于办好工读学校几点意见的通知》都是由教育部、公安部、共青团中央联合发布的。此时,工读教育的摸索经验被进一步总结提炼。尤其是《关于办好工读学校的几点意见》,规定了工读学校的性质、任务、办学指导思想、招生对象等,对工读学校作了系统的规定,为我国工读教育的发展指明了方向。对比这两个文件,可以发现一些明显的变化。比如,1987年的文件在第1条中就明确规定,工读教育是普通教育中的一种特殊形式,也是实施九年义务教育的一种不可缺少的教育形式。要逐步创造条件,把这类学校办成职业技术教育性质的学校。1981年的文件对此则没有明确规定。另外,招生对象在年龄上有了变化,1981年的文件规定的是"十三周岁到十八周岁有违法或轻微犯罪行为",1987年的文件规定的则是"十二周岁至十七周岁有违法或轻微犯罪行为"。

1992年《未成年人保护法》第18条规定:"按照国家有关规定送工读学校接受义务教育的未成年人,工读学校应当对其进行思想教育、文化教育、劳动技术教育和职业教育。工读学校的教职员应当关心、爱护、尊重学生,不得歧视、厌弃。"从中可以看出,关于工读教育的规定主要是对1987年《关于办好工读学校的几点意见》相关内容的进一步肯定,在实质内容上并没有新的突破。虽然《未成年人保护法》是未成年人保护中最重要的一部法律,但却不是有关工读教育的重要法律,所以笔者并没有将其颁布作为工读教育阶段划分的标志。②

这一时期属于工读教育的辉煌时期,教育内容的形式由原来"思想教育为主,劳动教育为辅"向"以思想教育为首位,文化教育和职业技术教育为主体"的方向转变。尤其是上海的工读学校在办学模式和功能拓展方面都有了很大的发展,可简单概括为"前伸后延",即对普通学校中一些有严重不良行为倾向的学生实施校外早期预防,对

---

① 转引自江晨清、杨安定等:《中国工读教育》,上海教育出版社1992年版,第5页。
② 《未成年人保护法》此后有过两次修订,分别是2007年和2013年。在第一次修订中,对原第18条进行了完善,最终在第25条中以"专门学校"代替"工读学校",分别对就读对象、学校管理、教育内容、教师理念进行了更为详细的规定。

经过工读学校教育离校的学生实施跟踪教育。①

这个阶段的工读教育理论更加丰富,一方面,在感化教育过程中,引入了心理学、教育学、社会学、行为科学、青少年犯罪学等科学理论,使感化教育逐步走向科学化;另一方面,在教育转化过程中,形成了新颖的办学模式,即工读教育与职业技术教育相结合,让学员掌握缝纫、烹饪、木工、电焊、园艺等一技之长,为其今后走向社会打下良好的基础。② 从20世纪90年代起,工读学校继续朝着预防和矫治违法青少年的中心方向发展。上海市多年试行一校五部制。北京市由原来的单一制发展为四位一体。深圳市把工读学校办成一个集军训、劳动、法制教育和开展假期活动于一体的多功能、综合性的学校德育基地。辽宁丹东试验"社区综合性中学模式",尝试以普通中心为依托,建立包括工读班、委托管理班、初级职业班、中学生行为规范班的多层级办学的综合性中学。③

3. 改革阶段(1999年至今)

在1999年颁布的《预防未成年人犯罪法》中,关于工读教育的对象和招生方式与此前的规定相比有了很大的改变。最重要的变化有两点:其一,体现在招生对象上,由原来"有违法或轻微犯罪行为,不适宜留在原校学习,但又不够劳动教养、少年收容教养或刑罚处罚条件的中学生"变为"有严重不良行为的未成年人"。其二,集中在工读学校的入学标准上,由原来"强制性入学"变为"三愿意"原则(个人、家长、学校均愿意)。这通常也被视为工读学校遭遇生源困境的症结。从20世纪90年代末开始,工读学校招生开始大量萎缩,大量工读学校关闭,最直接地映射出工读教育面临困境的严重性。很多学校为了生存,不得不转变招生范围,淡化工读性质。这个阶段的工读教育呈现几个特点:

第一,工读学校的数量呈现"先下降,后上升"的特点。从数据上看,2007年,全国有工读学校67所(不包括港、澳、台地区),其中9个省、自治区没有工读学校。④ 然而,据笔者不完全统计,从2007年起,我国工读学校呈现数量增加的趋势。2014年,全国工读学校的数量大致为85所左右,较之前有所增加,但情况也更加复杂。究其原因,一方面,1999年,教育部为贯彻落实《预防未成年人犯罪法》,曾明确提出"逐步做到每个大中城市至少要建立一所工读学校"的要求。另一方面,工读学校的衰退困境和青少年犯罪现象增多的矛盾引起了政府和学者的关注,各种改革、重建工读学校的建议不时被作为议案提出。不过,从现存工读学校的实际情况来看,状况并未得到根本好转,大多数学校办学仍然困难重重、勉强维持。如今的工读教育正面临着生存危机,难以再发挥原有的作用。

第二,工读学校在办学模式和功能拓展上都有了较大发展。生源不足迫使整个工

---

① 参见张民生主编:《上海工读教育四十年》,上海教育出版社2001年版,第4页。
② 参见夏秀蓉、兰宏生主编:《工读教育史》,海南出版社2000年版,第23页。
③ 参见杨安定、江晨清主编:《世纪之交的工读教育》,上海教育出版社1996年版,第160—163页。
④ 参见鞠青主编:《中国工读教育研究报告》,中国人民公安大学出版社2007年版,第23—24页。

读教育系统陷入了生存的困境,各地的工读学校不得不创新求变。"北京海淀工读学校成立了中小学服务的心理咨询中心;上海育华学校形成综合立体的办学集团;成都五十二中学提出了优质教育理论;深圳市育新学校拓展了工读教育的办学功能;广州市新穗学校积极探索德育发展新模式。"①这些积极的探索得到了教育界的肯定,也使身处困境的工读教育获得了新的启发。

第三,民间办学力量兴起。与工读学校招生困难、日渐萎缩相反,近年来,社会上出现了不少"择差"学校。以广东省为例,专门招收"问题孩子"的学校大致分为两类:一类是公办的工读学校,只有两所,分别是广州市新穗学校和深圳市育新学校,各自面向广州、深圳招生,且学位有限。另外一类是民办学校,据不完全统计,不超过10所,其中多数有教育部门颁发的办学许可证,有部分只是训练营之类的培训班。总体来说,这些学校所提供的学位有限,不超过1000个,而且每年招生有限。② 相比较而言,此类民办学校多采用市场化运作,学费往往是普通工读学校的几倍,主要采取简单的军事化管理模式进行训练,存在师资不专业、流动性大等缺点。虽然同样有着各种担忧,但是更多的家长们宁愿多花几倍的钱,把孩子送到民办学校,也不愿意把孩子送到工读学校。这不免值得我们深思。

第四,强制性入学模式悄然恢复。由于欠缺法律上的统一规定,各地工读学校在改革中状况不一。在各界重建、新建工读学校的呼声下,不少地方政府开始在工读教育上有所作为,最明显的体现是工读学校的数目明显上升。随之而来的问题是,"甚至有的地方公然违反《预防未成年人犯罪法》关于工读学校招生范围和招生程序的规定,以保证工读学校的招生规模"③。例如,贵阳市教育局于2013年起草了《贵阳市工读教育管理办法(征求意见稿)》,规定:各级公安部门发现有严重不良行为或轻微违法犯罪的未成年人,应当引导护送到工读学校进行矫治教育和救助。提出送工读学校的申请由公安部门办案机构提出意见,分别报分、县(市)局或市局确定。经过确定应当进入工读学校学习而拒不报到的,或报到后中途擅自逃离的,公安机关要积极帮助学校查找其下落并敦促其入学。对于这一做法的解读,既可以认为是下位法的一种不合理的突破,也可以看作工读教育长期以来依赖通知文件等政策性文件指导工作,处于立法空白状态的产物。

近年来,严格限制下的强制性入学模式也得到了法学界的大力支持。皮艺军教授认为,对家长已丧失"监护"能力的严重不良行为青少年,公安部门应该强制送入工读学校。这种带有"强迫"性质的"强制"行为本身,不仅不违反人权,还体现了对未成年人的"保护"原则。姚建龙教授认为,工读学校现在的问题是,在如何将"问题学生"送入工读学校的问题上出现断层,衔接不上。他建议建立由法庭裁定的制度,把该送入

---

① 石军:《中国工读教育政策法规的历史演变》,http://blog.sina.com.cn/s/blog_c14818b20101alpv.html,2015年2月7日访问。
② 参见宋金绪:《我们不禁要问:问题孩子这么多,往哪里送?》,载《南方都市报》2009年4月14日。
③ 本刊编辑部:《保持对工读教育的合理期待》,载《青少年犯罪问题》2011年第6期。

工读学校的学生送进去,边管制边教学。①

2013年11月,十二届全国人大常委会通过决定,废止劳动教养制度。随着劳动教养制度的废止,少年矫正体系中的工读教育与收容教养等都将面临新的质疑,危险与机遇并存,困境之中的工读教育正面临着重构的契机。目前,此种主张似乎已经得到了相关立法部门的认可。"中央综治办预防(青少年违法犯罪)专项组正在积极推动出台加强(对严重不良行为未成年人进行)专门教育的政策文件,文件将进一步明确每个省会城市和有条件有需要的大中城市要新建或改建一所满足当地需要的专门学校。"2013年8月,在出席广东省综治委预防青少年违法犯罪专项组第二次全体会议时,共青团中央权益部部长刘涛表示:"对于解决(工读学校)招生难这一核心问题,中央综治办也将协商有关单位在现有法律框架内提出具体的实施意见,明确对于严重不良行为未成年人,特别是涉案不捕不诉和判处非监禁行为未成年人强制送专门学校矫治。"②

工读教育从昔日的辉煌走入了而今的低谷,在青少年严重不良行为依旧严峻的现实面前,不得不让人进行更多的反思。"穷则变,变则通,通则久",对于工读教育而言,"变"是人心所向,如何"变"却是困惑和纠结。任何制度改革的进程既需要面对客观现实问题、利益冲突和价值选择,同时改革的步履又受到政治、经济、社会、文化和历史背景的影响。了解工读教育制度的滥觞与嬗变,无疑为我们的判断和选择增加了理性的考量。

第二节 工读教育的现状考察

一、发展现状

工读教育在我国属于义务教育阶段的"特殊"教育,如果从出资来看,工读学校属于人们通常所说的"公办"性质。至于工读学校所属部门,尚无明确规定,在现实中操作方式也比较多。目前,大多数工读学校由当地教育局分管,其中有些同时由公安局协管,还有些由司法局主管。

在现有的关于工读教育的著作中,对工读学校的状况调查比较详细的,当属鞠青编著的《中国工读教育研究报告》。目前,工读教育无论是在学校数量还是教学模式上,都发生了巨大的变化,有必要重新进行梳理。笔者根据文献资料法,不完全统计得出我国工读学校的基本现状,介绍如下:

(一) 分布情况

截至2014年5月,据不完全统计,全国(不包括港、澳、台地区)共有工读学校74

---

① 参见张倩:《问题孩子能不能强制工读》,载《青年周末》2010年12月19日。
② 陈惠婷:《中央综治办正研究出台文件强制问题青少年入读专门学校》,http://gb.cri.cn/42071/2013/08/07/6931s4210197.htm,2015年2月25日访问。

所,主要分布在22个省、自治区、直辖市。从整体上看,工读学校的地区分布不均匀,主要分布在北京、上海、辽宁、重庆,分别为6所、13所、10所、5所,共计34所,这一点与《中国工读教育研究报告》中2005年10月的调查结果相比没有变化,但是占全部工读学校的比例稍有下降,为46.6%;有2—4所的是江苏、四川、湖南、安徽、广东、广西、贵州、河南、湖北、吉林、天津、新疆、江西13个省、自治区、直辖市,共计31所,占全部工读学校的42.5%;有1所的是云南、陕西、黑龙江、内蒙古、浙江、青海、山东、河北、海南9个省、自治区,共计9所,占全部工读学校的10.9%。目前,西藏、甘肃仍然没有工读学校。此外,宁夏、福建、山东正在筹备建立新的工读学校。

表9-1　2005年10月与2014年5月工读学校分布情况对比

	2005年10月	占全部工读学校比例	2014年5月	占全部工读学校比例
有4所工读学校以上的地区	北京、上海、辽宁、重庆	50.7%（4省、自治区、直辖市）	北京、上海、辽宁、重庆	46.6%（4省、自治区、直辖市）
有2—4所工读学校的地区	安徽、广东、广西、贵州、河南、湖北、吉林、江苏、天津、浙江	37.3%（10省、自治区、直辖市）	江苏、四川、湖南、安徽、广东、广西、贵州、河南、湖北、吉林、天津、新疆、江西	42.5%（13省、自治区、直辖市）
有1所工读学校的地区	福建、黑龙江、湖南、内蒙古、山西、陕西、四川、云南	11.9%（8省、自治区）	云南、陕西、黑龙江、内蒙古、浙江、青海、山东、河北、海南	10.9%（9省、自治区）
没有工读学校的地区	河北、江西、山东、海南、西藏、甘肃、青海、宁夏、新疆	（9省、自治区）	西藏、甘肃	（2省、自治区）

从表中可以发现,工读学校本来就发展得比较好的地区没有太大的变化,拥有2—4所工读学校的省、自治区、直辖市比例呈明显上升趋势,没有工读学校的则明显减少。可见,近年来,各地对工读教育的重视在逐渐提高,这也是符合工读学校发展规律的。

(二)物质条件

根据2005年的全国普查数据,从总体上看,大部分工读学校配有必要的教育、教学和生活设施,拥有宿舍、食堂、操场等基本生活和活动设施的均达到90%以上;拥有电脑室、实验室、图书馆、活动室的为60%—80%;拥有互联网、心理咨询或测验室等设施的学校不足60%。[①]从现有的物质条件来看,各地工读学校的条件差异比较大,主要由各地经济发展情况所决定。从总体上看,由于工读学校由国家投入经费建立,硬件方面都能满足基本教学需要。从地理位置来看,工读学校主要位于城市郊区。这主

---

① 参见鞠青主编:《中国工读教育研究报告》,中国人民公安大学出版社2007年版,第25页。

要与工读学校的性质相关,远离热闹和喧嚣,有利于青少年的矫正和教育。

工读学校陷入的困境,虽然不仅仅是财政投入的问题,但是各种问题的解决离不开财政投入,经费保障是制约其发展的关键因素。无疑,国家应当进一步重视工读教育,加大对工读教育的财政投入和扶持力度。

（三）学生情况

工读学校招收的为特定学生,主要是轻微违反法律或者有犯罪行为的未成年人。工读学校学生的问题,不仅仅是未成年学生、教育、家庭的问题,而是综合的原因所致,其中家庭问题应该是最重要的问题。未成年学生存在的问题大多包括不良行为、心理问题、学习障碍等。

这些未成年学生由于各种原因,在原有的普通学校无法正常就读,基本上处于失业、失学、失管的"三失"状态,表现为"有犯罪行为""有严重不良行为""有一般不良行为""没有不良行为,只有学习成绩差和残障"等。

由于招生政策等各种原因,除了个别大城市的工读学校招生情况较好外,如广州市新穗学校,目前大多数工读学校的招生呈萎缩态势。

（四）师资情况

工读学校的师资难、优质师资缺乏问题长期存在,教师队伍的现状可以概括为:教师年龄严重老化,学科配置不全,表现为学校富有经验的专业教师数量严重不足,缺乏学术上和学科中的中坚分子和领军人物。

特定的学生对象,使得工读学校教师的工作强度非常大。学生行为大多有障碍,学习能力和自控能力较差。工读学校多数实行寄宿制,教师需要值班,无论是工作时间还是需要付出的耐心都较普遍学校教师多。加上工资待遇差、社会认可度不高、发展前景差等原因,工读学校很难招聘到优质的师资。此外,自身培养出来的优秀教师往往也很难留住,人才流失严重。

工读学校由于其教育的特色性,对于从事心理咨询和社会工作的专职教师有特定的需求,但是这类教师的现状与客观需求仍有较大差距。"北京市朝阳工读学校在对5000多名普通中学的学生和工读学校的学生进行心理测试,对比研究后得出的结论是:工读学校的学生大部分具有一定程度的心理障碍,易扰性突出,情绪起伏大和心理稳定性差是最突出的问题。而全国多所工读学校中,大部分学校的心理健康咨询是一片空白。"①

（五）教学情况

工读学校属于义务教育的范围,由于学生文化程度、年龄跨度参差不齐,给教学和管理都带来一定的难度。为了更有利于对学生的矫正,在管理上,大多数工读学校都采用军事化管理模式,学生平时住宿,周末回家。在教学方面,课堂上主要是义务教育

---

① 熊伟:《我国工读教育面临的问题和对策》,载《青少年犯罪问题》2011年第5期。

的内容,在实践中更侧重行为和心理矫正,同时更侧重法制教育和道德教育。工读学校的教学模式较普通学校更为灵活,往往实践课程较多,能够更加激发学生们的学习兴趣。

在遭遇招生困境之后,工读学校的教学管理模式也有了很大的变化,大多可以概括为两个延伸:向前延伸,工读预备班和普通学校的法制教育;向后延伸,工读生毕业后的跟踪教育和各种社会培训。这在一定程度上充分利用了工读学校的资源,也更好地实现了预防犯罪、矫正教育的宗旨。目前,大多数工读学校都采用一校五部制的形式。以上海市卢湾区为例:

表 9-2　一校五部制(上海市卢湾区)[①]

	工读部	家教部	职能部	校外部	咨询部(心理咨询室、少年军校)
	违法、轻微犯罪的中小学生	品德行为偏常的学生、家庭教育困难的中小学生	品德行为偏常的学生、家庭教育困难的大龄中小学生	有过失行为、不道德行为的中小学生	品德行为偏常、家庭教育困难的学生
主要任务	罪错矫治、九年义务教育、劳动技术教育	矫正品行,完成九年义务教育,实行违法犯罪早期预防	矫正品行,普教与职教的双重任务,实行违法犯罪预防控制	法制教育、道德教育、家长教育,实行违法犯罪的超前预防	心理健康教育,行为规范训练,违法犯罪矫治与预防并重
招生形式	强制,经过公安局、教育局批准	自愿、合同制	自愿、合同制	半强制,由中小学与工读学校确定,报教育局备案	自愿
相互关系	教育转化后,大年龄者可入职教部,小年龄者可入家教部或回中小学学习	工读教育的向前延伸,教育转化后,可回原校去职教部或留家教部学习,违法者送工读部	工读教育的向后延伸,教育转化后,进入社会,违法者送工读部学习	工读教育的向前延伸,经教育后,留原校学习或进家教部、职教部,违法的送工读部	为四部及中小学服务,依据学生的具体情况,推荐学生的学习环境
教育转化后目标	发给合格中学生证书,允许参加市区统一的毕业升学考试	经市、区毕业升学考试后发给初中毕业结业证书	经国家统一考试后获得初中毕业结业证书、职业等级证书	取消工读预备生称号	军校合格证书,行为规范合格证书
联办单位	区公安局	家长、家长单位	职业培训中心、区劳动局	中小学、街道、派出所	大学心理系、武警部队

[①] 参见朱震寰、夏振国:《一校五部制的新型寄宿制学校》,载张民生主编:《上海工读教育四十年》,上海教育出版社 2001 年版,第 9—10 页。

二、现状分析

(一) 学校绝对数量增加

对比 2005 年 10 月与 2014 年 5 月工读学校分布情况(见表 9-1)可知,工读学校的总体数目明显增多,究其原因:一方面,从立法上看,1999 年教育部为贯彻落实《预防未成年人犯罪法》,曾明确提出"逐步做到每个大中城市至少要建立一所工读学校"的要求。另一方面,由于工读学校的衰退现状和青少年犯罪现象引起各方人士的关注,各种增加工读学校的建议不时被作为议案提出,各地政府也更为重视。

(二) 私立"择差学校"的兴衰

我国的"择差"教育以"行走学校"为代表,主要兴起于 20 世纪 90 年代,以 1996 年江苏"徐向洋教育训练工作室"的开办为代表。此后十年间,江西、湖南、河北、重庆等地都开办了类似的"行走学校"。此类学校以"择差教育"为口号,利用普通教育中的空白地带,专门招收普通学校不欢迎的差生。在教育管理方法上,此类学校大多采用军训、劳动等强制监管手段对差生进行转化教育。一时间,择差教育引起了社会上正反两方的广泛关注。正方认为,从"行走学校""择差学校"的招收对象上看,起到了对常规学校补充的作用,填补了教育空缺,挽救了一大批孩子和家庭。反方则认为,归根结底,这类学校以营利为目的,采用的是粗暴、非常规的教育手段,存在严重的打骂、体罚等损害学生身心健康的行为。与此同时,教育部门也没有出台配套的法律法规进行指导监督,存在一定的法律空白和管理空缺。

由于学校管理模式、教育内容和形式、政府部门监管制度缺失等综合原因,"择差"教育在发展过程中逐步暴露出巨大的弊端,直接导致了"择差"等"特殊"教育的发展停顿。在重庆"大东方行走学校"等负面新闻陆续曝光后,2007 年 9 月 25 日,教育部新闻发言人王旭明确认重庆"大东方行走学校"存在严重的打骂、体罚等损害学生身心健康的行为,将被依法吊销其办学许可证。他强调,将进一步研究教育培训机构的审批和管理工作,在新的政策出台前,各地应暂停审批新的专门针对未成年学生开设的教学机构。①

暂停政策出台之后,情况并没有好转。由于不良行为青少年这一"巨大市场"的存在,此类机构为了获得巨额的赢利,仍然不惜转换场地招收学生。不少父母在无可奈何之下,仍然只能选择把孩子送进此类矫正和转化机构。2009 年 8 月 23 日的《楚天都市报》报道,湖北省宜昌市 14 岁学生姚健被父母送进当地的"海天培训基地"进行拓展训练,被虐待致死。诸如此类的事件依旧在同类学校中持续上演。"择差"教育存在诸多问题,仍远未达到民办矫正学校的应有水平,办学不规范、师资缺乏、法治观念淡薄、恶性竞争、虚假宣传、低层次重复,再加上整个行业还处于"灰色地带",不良行为少

---

① 参见王友文、余冠仕、赵秀红:《教育部要求暂停审批针对未成年学生的教学机构》,载《中国教育报》2007 年 9 月 26 日。

年矫正教育领域的多元化办学之路远未铺就,政府角色的担当任重道远。

(三) 工读教育模式改革继续

工读教育近年的发展特征,可概括体现为20世纪90年代末工读教育改革浪潮的继续。这其中有立法机关、管理机构进行改革的整体性布局,也有每一所工读学校自身的努力探索。

为了应对"标签效应"的负面影响,工读学校不断淡化"工读"的色彩。自1990年开始,全国的工读学校开始陆续改名。在2007年重新修订的《未成年人保护法》中,明确用"专门学校"替代了"工读学校"。

专门的工读学校也开始出现。比如,2009年6月成立的新疆工读学校是我国成立的第一家专门收治流浪儿童的工读学校,"其主要对象便是流浪儿童,这些或被拐骗或被父母丢弃的流浪儿童95%以上都是在'黑老大'的毒打利诱下被迫从事盗窃活动的"[①]。1998年以来,上海市嘉定区工读学校开始试点接纳流浪儿童,已经初步形成关于流浪儿童保护、教育的管理模式,达到了无逃跑、无自伤、无死亡的"三无"目标。

此外,随着社区矫正在我国的全面开展,工读学校与社区青少年帮教工作、治安防范网络建设工作联系起来。例如,上海市浦东新区利用社区矫正的优势,建立了全区6个学区的帮教防范网络,落实网络的实际运作机制。[②] 如何与社区矫正工作对接仍将是未来工作的重点。

工读学校中改革创新比较突出的有广州市新穗学校、成都第五十二中学、上海育华学校,它们近年的改革发展同时代表了我国工读教育的发展历程。广州市新穗学校创办于1997年,是一所只收男生的公办工读学校。至2012年5月,共有1600多名学生顺利毕业。经一年的跟踪,新穗学校的教育成功率达到98.38%,超过了全国85%的平均水平。新穗学校定位为以发展艺术教育为特色的学校,从初中起开设基础美术教育,在高中开设工艺美术教育课程,以美育育人,以职业技术教育为学生提供发展的空间。上海育华学校创办于1979年9月,经过改革重组,走上了集团化发展道路。目前,它是一所拥有工读学校、育英学校(初中、高中)、职校、青少年德育基地、现代职业培训中心、法制教育中心、心理辅导中心等多层次的综合型学校,是上海市浦东新区社会发展局直属单位,前身系上海市川沙县工读学校。成都第五十二中学是成都市教育局直属学校,创办于1962年,校名为"成都市工读学校"("文革"期间停办,1981年恢复),1998年更名为"成都市第五十二中学"。2001年,该校率先提出"工读教育也是优质教育"的办学思想,引领了全国工读教育发展的方向。

从总体上看,工读学校的教育朝着优质、专业的方向发展,同时更多地走出校门,与社会资源共享,更具开放性。

---

① 潘琴:《新疆维吾尔自治区工读学校挂牌成立》,http://news.iyaxin.com/content/2009-08/08/content_1159433.htm,2015年6月1日访问。

② 参见管良君:《构建社区帮教网络,切实抓好问题青少年的教育转化工作》,载张民生主编:《上海工读教育四十年》,上海教育出版社2001年版,第14—15页。

三、困境考察

提到工读学校招生困难,人们往往把它与1999年《预防未成年人犯罪法》中的入学"三愿意"原则(个人、家长、学校均愿意)联系起来。事实上,在1999年之前,工读学校就已经出现了招生困难。

应该说,在工读学校成立之初,招生困难就如影相随。巴瑞岑老师在其回忆中说:"1979年工读学校恢复建校时,由于社会上长期以来对工读学校一直留下很多误解和偏见,招生工作带来的困难比招聘教师还要大。顶着风雪跑招生。"① 1982年天津市人民政府发布的《同意市教育局、公安局〈关于改进工读学校招生工作的报告〉》中指出:"目前招收学生存在一定困难,主要原因是在招生中片面强调'三通'(即学校领导、家长、学生的思想通),致使一些应入工读学校学习的失足青少年没有进入工读学校。"

由"三通"到"三愿意"原则,以及工读学校招生困难,是一个渐进的过程,并不能简单地认为1999年《预防未成人犯罪法》规定自愿入学的方式就是导致招生困难的唯一根源。

工读教育困境除了招生困难外,还包括不受重视、资金短缺、地区差异、社会偏见、师资缺乏、教育效果不佳等一系列问题。这些都是工读教育困境的外在表现,为人们所直接了解、密切关注。工读教育的实质问题或者说困境更多地隐藏在现象背后,下文将就此展开具体分析。

(一)缺乏法律依据

工读教育遭遇的困境,在很大程度上根源于法律的滞后。除了国务院的几个通知②外,我国目前没有专门的法律对工读教育作出规定。地方性法规也很少,除了上海出台的《上海市工读教育暂行规程》之外,其他地区并不多见。

从长远来看,工读学校要生存、要发展,走法制化的道路,依法教育、挽救失足青少年才是根本出路。我国现行的有关工读学校的法律法规相对而言是薄弱的,特别是工读教育制度的立法依据不够充分。因此,出台一部专门的法律以规范工读教育制度,或者在专门的法规中对工读教育制度作出详细规定显得尤其重要。

长期以来,我国政府并没有给予工读学校一个准确的法律定位,以至于全社会对工读学校存在认识上的模糊和混乱,甚至在工读教育系统内部也产生了分歧。在工读学校的发展中,招收学生的范围几次变化,从最开始的"工读生"即"违法或轻微犯罪的中学生",到后来淡化为"品德行为偏常及有违法行为的学生",《预防未成年人犯罪法》又进一步淡化而将其称为"有严重不良行为的未成年人",在《关于进一步加强未成年人思想道德建设的若干意见》中则称为"有不良行为的未成年人"。另外,招生程序也有很大的变动,从一开始公安机关介入并协助,到后来由教育部门批准,对公安机关只

---

① 暴春英:《北京市工读学校半世纪重塑数千学生成才》,载《法制晚报》2008年10月4日。
② 例如,《关于办好工读学校的试行方案的通知》和《关于办好工读学校的几点意见》。

字不提。这些规范文件上的模棱两可随之带来了操作上的混乱,结果是多数工读学校没有特殊的财政扶持政策,也没有特殊的招生程序,更没有优质的师资保障。①

关于工读教育的法律缺位,首先,这并不是因为法律制定者的失误。对于任何一种发展了六十多年的制度而言,如果必须有法律规定才能成立,是不可能空白了这么多年的。其次,不可否认,法律规定的缺失是工读教育发展的瓶颈,同时社会、教育者、法律界对于工读教育认识的模糊和混乱也是法律规定难以适从的重要原因。因此,在关于工读教育的相关法律规定就位的同时,也需要加强对工读教育的研究;同时,需要在时机成熟时,在少年矫正体系范围内,就工读教育的相关法律规定进行整体规划设计。

(二)"标签效应"的负面影响

"标签效应"是社会学、教育心理学和政治学上的名词,是一个自然人、一个组织、一个地区给某个人贴上标签之后所产生的效应,包括强化、自我认同、刻板印象。正是因为"标签效应"的存在,才使得家长担心孩子受到工读学校环境的影响,不愿意把孩子送到工读学校。

事实上,工读教育界一直也在为减少"标签化"的负面影响而努力。在这种努力下,许多去"标签化"的规定得以实施。例如,学生在工读学校就读时,原学校应保留其学籍;工读学校的学生修业期满,由原学校根据其学业、品德考核结果,发给毕业证书、结业证书或肄业证书。从20世纪90年代开始,许多工读学校改换名字,学校的名字并不会出现在学生的毕业证书等上面,如南京的"建宁中学"、深圳的"育新学校"、成都的"第五十二中学"。《上海市工读教育暂行规程》规定:"开展工读教育的学校,其校名可以不冠以'工读学校'。"目前,上海各个区、县,以及全国各地的工读学校都完成了改名。这些努力为工读学校的学生减轻了一些被"标签化"的包袱,但是工读教育的招生困境并未因此而改变,家长们的担心也并没有因此而减少。

对于工读教育给学生带来的"标签效应",首先,应当正确认识这对于学生的负面影响;其次,需要努力为减少这种负面影响而努力;最后,应当合理看待"去标签化"的努力,只要环境没有改变,"标签效应"便无法彻底根除。工读教育制度本身决定了其对象的特定化,同时也注定了"标签效应"的不可避免,家长们的担心是不无道理的。如何尽最大可能减少"标签效应"对学生的影响,这是工读教育最大的命题。

(三)缺乏合理评价机制

长期以来,关于工读教育的评价机制建设几乎为空白。六十多年来,对于工读教育矫正效果的评价,依旧停留在"在挽救一部分失足青少年中已取得了显著的成效""学生积极的自我评价达到将近90%,家长对孩子变化的满意度达到90%以上""工读学生矫正率高达97%"等描述上。工读教育长期缺乏相应的合理评价机制,带来一系

---

① 参见叶超、赵华:《面临困境中发展 工读教育亟待正本清源》,http://news.xinhuanet.com/edu/2006-11/01/content_5277168.htm,2015年3月10日访问。

列负面影响。

首先,公众不能正确看待工读教育。例如,有学者经调查研究发现,长期以来,公众认为工读学校并不是真正的学校,里面都是些问题少年。一些人甚至认为工读教育是违法的,是对人权的侵犯。① 由于缺乏有效的评价机制,虽然工读教育进行了很多有效的改革,但是人们对于工读教育的印象还停留在"历史"阶段。没有科学系统的评价标准,哪来的让人信服的优劣评价结果?家长们无从认识到工读学校作为特殊教育的优势,没有对教育效果的认同,怎会放心把孩子交给工读学校?

其次,也正是由于缺乏让人信服的评价体系,对于工读学校的教育措施便无从展开评价,教育者无从知道各种教育策略或者改革措施的效果,影响了工读教育的发展;同时,法律决策者无从确定工读教育在青少年犯罪预防工作中的成效。

经费不足、教师待遇低和教学设施简陋,是我国工读学校面临的普遍问题,而这些问题实质上都是国家对工读教育缺乏重视的最直接的表现。在社会资源有限的背景下,国家财政投入的多少直接反映了政府的重视程度。近些年来,工读学校的地区发展不平衡,正是反映了各地政府的重视程度和资金投入程度不同。如果能建立起科学的评价体系,指导工读教育的改革和发展,并对其贡献作出客观评价,相信能够为其赢得更多的社会资源支持。

四、背景分析

与工读教育发展初期的环境相比,今天的社会环境、法治环境等均发生了巨大的变化。无论是对困境的审视,还是对制度的重构,都需要我们对新背景进行重新解读。

(一)国际环境:尊重人权的要求提高

联合国预防犯罪和罪犯待遇大会关于少年司法制度专门制定了三个文件:1985年通过的《联合国少年司法最低限度标准规则》(又称《北京规则》)、1991年通过的《联合国预防少年犯罪准则》(又称《利雅得准则》)和《联合国保护被剥夺自由少年规则》(又称《东京规则》)。

这三个文件从少年犯罪的预防、处罚和监禁待遇三方面对少年司法进行了规定,《利雅得准则》着重于如何预防和减少少年犯罪,《北京规则》主要规定少年犯罪后如何进行处置,《东京规则》则是对被实行监禁处置的犯罪少年权利的保护,从而形成了一个比较完整的少年司法制度体系。

在目前的少年司法制度建设中,我国努力遵守国际规则。从我国工读教育的发展历史来看,由封闭式到开放性,正是顺应了国际趋势。

(二)国内环境:法治化的要求提高

从社会环境来看,我国正从计划经济向市场经济转变,从传统社会向现代社会转变。犯罪预防应当从社会防卫和人权保障的双重角度考虑。我国法治化的进一步发

---

① 参见鞠青主编:《中国工读教育研究报告》,中国人民公安大学出版社2007年版,第77页。

展要求对包括工读学校在内的保安处分规定进行改革。

2013年,劳动教养制度正式退出了历史舞台,这只是矫正体系改革的开始。未成年人矫正体系处于其中,工读教育、收容教养这类保安处分措施也无法回避相同或相似的问题,需要经受宪法中权利保障条款的考验。以此改革为契机,进行制度设计重构成为紧迫的命题。

从少年司法环境来看,虽然独立的少年司法体系建设仍然举步维艰,但是在我国整体法治化的进程中,少年司法制度建设近年来仍然取得了不小的成绩。但是,相比审判、检察系统,未成年人犯罪预防、罪犯矫正系统的改革则显得滞后。例如,自2011年5月1日起施行的《刑法修正案(八)》增设了多种针对未成年人的宽大制度。遗憾的是,虽然我国对未成年人减轻了刑罚,但是对符合刑事责任年龄的未成年人仍然基本适用刑罚,并未在实体法中规定专门针对未成年人的非刑罚处分措施。

(三)犯罪预防等相关理论逐渐完善

我国正处于社会转型时期,青少年犯罪的绝对数量增加,重特大恶性案件时有发生。据有关部门统计,20世纪90年代中期以来,我国青少年占全部涉案人员的比重始终在70%以上,约为10年前的3倍。不少犯罪的青少年案发前染有吸烟、酗酒、赌博、打架斗殴等恶习,属于具有不良行为和严重不良行为的"问题少年",因为无人管束,他们随心所欲,胡作非为,浪迹社会,游走在违法犯罪的边缘。[①]

随着犯罪预防理论的不断发展,人们认识到单纯的惩罚已经无法达到矫正的目的,只有在预防与惩治结合的理念指导下,才能实现社会与个人的双重发展路径。对未成年人实行机构矫正所带来的负面效应已经越来越引起人们关注,一些国家开始检讨自己的少年司法和刑事政策。

工读教育一直以来被视为青少年犯罪预防的"最后一道防线",发挥着重要作用。理论上,犯罪预防理论的新发展必将进一步发挥工读教育的预防作用,而现实中却出现了巨大的反差。巨大的预防犯罪教育需求和工读学校招生难现状,让我们不得不从工读教育面临的困境转换到对工读教育本身的反思。

(四)社会、人文、教育等环境变化

六十多年来,我国的社会环境发生了巨大的变化,对工读学校的生存环境产生了很大的影响。

从招生对象来看,由于从20世纪80年代开始实施独生子女政策,使得我国的家庭结构开始改变,父母对子女更为宠爱,加上无法根除的"标签效应",原有计划经济下的束缚力逐渐减弱,家长们将孩子送往工读学校时更为慎重。

从教育选择来看,虽然还十分有限,但是民间力量已经开始被引入,青少年矫正学校的创建开始呈多渠道化。我国在处理青少年犯罪问题上的方针是:以教育为主,以

---

① 参见木子:《工读学校招生难问题透析》,http://www.shqgy.com.cn/kygl/dzxb/xb200404/gxjs/14133.shtml,2015年4月10日访问。

惩罚为辅。这样的规定在限制司法管辖范围的同时,无疑也大大增加了学校和社会对青少年矫正的责任空间。长期以来,我国对青少年违法的矫正除了主要采取司法手段外,社会矫正没有被重视。正是在上述背景下,"行走学校""魔鬼集中营"之类民办的青少年行为矫正机构于近年开始在我国出现。①

从教育手段和内容来看,原有的工读教育手段遭遇新挑战。早先建立工读学校时的"工读"——半工半读的方式,早已经不再存在。教育内容不仅包含义务教育,也包括更为实用的职业教育。工读职业技术教育的创立,一段时间内曾给工读教育的发展注入了新的活力。但是,由于就读时间短、学习基础差等多方面的限制,职业教育也陷入了低水平的重复泥潭,在新时代并没有改革出更多的新意。与此同时,工读学校自身的教学、管理体制也呈现出僵化态势,不能回应社会现实的需要。比如,上海本来是工读学校教育最发达的城市之一,但是如今学校管理过分严格、僵化,教学内容没有体现出工读特征,没有专门的心理矫治课程与教师,除了管理严格以外,其教学内容乏善可陈。②

工读教育已经步入第六十个年头,"对于社会弱势团体的保护,不是修改父权式的法律就可以完全奏效的,还必须为社会弱势团体提供进一步的配套措施"③,完善相关立法,建立包含福利色彩、强制入学与自愿入学并存的多层次工读教育模式,引入并规范民营办学,对工读教育的内容、形式进行全面改革,将是未来的工读教育改革之路。

纵观工读教育改革,如何从短期的摆脱困境变成长期的良性运转,从而建立一套能够适应社会发展需求的未成年人犯罪预防机制,将是我们努力的方向。

第三节 工读教育的境外借鉴

青少年犯罪问题一直是各国面对的共同难题,教育也一直是各国青少年犯罪预防的重要手段。"他山之石,可以攻玉",考察境外类似的机构,能为我国工读教育的改革和重构带来新的启示。具有相同传统文化基础的我国台湾地区、与我国法律渊源颇深的日本以及作为少年司法发源地的美国,其相类似的制度是我们所要考察的对象。

一、我国台湾地区:从少年辅育院到少年矫正学校

我国台湾地区类似于工读学校的机构最早称作"少年感化院",后改称为"少年辅育院",主要是针对少年犯或是虞犯的感化教育处所。其目的"在于矫正少年不良习性,使其悔过自新,授予生活智能,使其能够谋生计。按其实际需要,实施补习教育,得

---

① 参见何云峰、赵振洲:《我国青少年行为社会矫正体制的历史演变》,载《上海师范大学学报》(基础教育版)2007年第4期。
② 参见徐芝茹:《工读学校学生管理的问题与对策研究——以上海市J区D中学为主要个案》,华东师范大学2006年硕士论文。
③ 林端:《台湾的法律与社会》,载《清华法治论衡》2005年第1期。

有继续求学机会"①。根据台湾地区"少年事件处理法"第 42 条的规定,保护处分有"训诫,并得予以假日生活辅导""交付保护管束并得名为劳动服务""交付安置于适当之福利或教养机构辅导"和"令入感化教育处所施以感化教育"四种。其中,感化教育在性质上属于一种收容处分,是对少年人身自由限制最强的一类。通常的程序是,经法院裁定后,将少年交由"法务部"所属的辅育院或矫正学校进行为期三年以下的隔离矫治教育。

由于现实中少年监狱、少年辅育院等少年矫正机构施行效果不佳,1997 年,台湾地区对少年矫正机构进行了重大改革。1997 年 5 月 6 日通过的"少年矫正学校设置及教育实施通则"第 83 条规定,于实施后六年内,"法务部"计划分阶段将少年监狱与少年辅育院改制成矫正学校。届时改制完成后,"少年辅育院条例"自动失效。1999 年 7 月 1 日,"法务部"将原新竹少年监狱改为成年监狱,并正式成立了新竹诚正、高雄明阳两所少年矫正学校。由于经费等各种原因,目前的改制工作仍然拖延。现阶段台湾地区的少年矫正体系是少年矫正学校与少年辅育院双轨并行。②

少年矫正学校依据新的少年司法与矫治制度设立,实际上是以学校方式运作,在课程设计方面并没有统一的要求,而是十分具有弹性,以适应矫正教育各种类型少年犯的需求。在工作重心上,与以往的少年监狱、少年辅育院不同,少年矫正学校摒弃了廉价的军事训练、职业训练或学科教育,而是运用心理学的考量,采取以人际关系的修复与自信心的重建为重心的处遇。这种处遇生效的前提是小班编制、高师生比、课程多样性、心理专业要求高等。这种处遇方式直接造成的副作用随之而来,那就是高昂的人事经费负担。③

正如我国台湾地区学者李茂生所评价:"尽管各种问题依旧难以避免,但是经过十多年的努力,矫正学校已经开始起步,现阶段仍旧无法判断其是否能脱离整体犯罪预防系统的统一目的倾向的牵引,而成为一个独立的自我再制系统,不过至少我们已经努力将以往被排除于外的福利规范纳入系统内,于新的系统之中充满了矛盾与冲突,而且也有解决的机制,所等待的只是新的系统元素的产出以及其后的回馈与迭代而已。假若我们期待矫正学校将会取代如今已经式微的外役监,而成为二十一世纪矫治系统的模范,则上述的努力应该是值得继续的。"④从教育对象的性质上看,我国大陆地区的工读学校有别于台湾地区的少年矫正学校,但是在总体设计的学校形式、学校教育的内容与期望达到的目的上具有很大的相似性。台湾地区少年辅育院的改革走向以及少年矫正学校的后续发展值得我们进一步关注和借鉴。

---

① 转引自熊先觉:《司法制度与司法改革》,中国法制出版社 2003 年版。
② 参见陈慈幸、蔡孟凌:《少年事件处理法学理与实务》,台湾元照出版有限公司 2009 年版。
③ 参见李茂生:《台湾地区新少年司法与矫治制度实施十年的经验与展望》,载《青少年犯罪问题》2010 年第 2 期。
④ 李茂生:《少年犯罪的预防与矫治制度的批判——一个系统论的考察》,载《台大法学论丛》2000 年第 29 卷第 2 期。

二、日本:儿童自立支援设施

日本特别重视对"非行"少年的法律保护,主要由《少年法》以及属于社会福祉性质的《儿童福祉法》等法律予以规制。日本在《少年法》中对虞犯少年、触刑少年规定了保护处分,这是家庭法院所作出的最后决定中的主要形式。保护处分的种类有移送保护观察所、移送儿童自立支援设施或养护设施、移送少年院三种。保护观察所和少年院属日本法务省管辖范围;而儿童自立支援机构或养护设施则归日本厚生劳动省管辖,其福利性色彩较之前者更浓。在司法实践中,移送保护观察所和少年院是对"非行"少年所判处的主要保护处分,而移送儿童自立支援设施或养护设施的情况则不多。

儿童自立支援设施或养护设施是根据《儿童福利法》的规定设置的,在进行收容的基础上,实行教养或抚育,原则上属于开放性收容处分。其中,儿童自立支援设施收容有不良行为或者有不良行为之虞的儿童,在机构内由专业的教师和工作人员教养这些"特殊"儿童,以使其改善性格不良的倾向,能够身心健康地成长,最后达到能够较好地适应社会的目的。儿童养护设施则收容没有保护人的儿童、被虐待的儿童等,意在提供一个安全的环境给需要抚育帮助的儿童(除婴乳儿外),并提供养护的设施,福利色彩浓重。①

如上文所述,日本针对不良少年的矫正教育而设置的各类设施名目众多,其中与我国工读学校最为类似的是儿童自立支援设施,它最早被称作"少年感化院",后来称为"救护院",1998 年以后改名为"儿童自立支援设施",主要依据日本《儿童福利法》的规定设立。

2005 年,儿童自立支援设施在日本全国共有 58 所,在籍儿童 1836 名。它在日常运作中,同样存在入校"改正率"不高的问题。日本学者平井光治说:"由于孩子们在这里接受教育的周期较短(一个孩子在该设施中平均待一年两个月),加上来到'新家'的孩子并非全都自愿,又都是处于青春叛逆期的所谓'坏娃娃',能够真正改变人生轨道的,仅仅是其中的较大部分。"②

儿童自立支援设施的入学程序有两种:第一,家庭法院根据《少年法》,在经过审判后,作为保护处分的一种,将少年移送到儿童自立支援设施。从少年的年龄段可以看出,日本儿童自立支援设施中的教育并未局限于九年义务教育,其最高负责人可以根据儿童的具体情况设置相应的课程并发放毕业证书。第二,都道府县根据儿童咨询所所长的报告,对保护人进行咨询,警察进行通告,家庭法院移送儿童,在取得亲权人或监护人的同意,并听取都道府县儿童福利审议会的意见后,认为有必要采取儿童自立支援设施收容。③

---

① 参见刘建利:《日本少年司法制度及其对我国的启示》,载《青少年犯罪问题》2013 年第 2 期。
② 转引自傅艳:《探秘日本少年罪犯:竟认为人死后还能复活》,载《成都晚报》2005 年 8 月 2 日。
③ 参见苏晨钊:《国际视野下我国工读学校相关法规比较》,载《四川教育学院学报》2011 年第 8 期。

三、美国：替代学校

在美国,替代学校目前已经成为公立学校体系的重要补充,为干预学生的问题行为、预防辍学和提升学业成就做出了积极贡献。替代学校(alternative school,又译作"自选学校"),是美国教育领域出现的不同于传统学校的各类学校的总称。它所替代的是传统学校系统,最早出现在19世纪六七十年代,是美国社会为孩子们开设的具有广泛选择性的学校。美国现有各种各样的替代学校五千多所,虽然名称各异,有的叫"冒险家乐园",有的叫"快乐之家"等,但是都有一些不同于普通学校的共同特征。替代学校主要为一些不适应传统教育模式的孩子提供更多的选择,其组织和管理方式也更为灵活,往往比传统学校具有更全面的教育和发展目标。替代学校着力于提高学生的自尊,促进个性发展,提高社交能力。① 目前,全美50个州和哥伦比亚特区中,已有48个州颁布了不同形式的替代学校的相关法律法规,对入学标准、教师资格、课程评价等方面进行了界定,从制度层面保障了替代学校的健康和可持续发展。

随着不同教育需求的出现,美国替代学校也逐渐发展出了不同类型。玛丽·安·雷威德(Mary Anne Raywid)提供了流行的替代学校的另一个详细的列表。她描述了三种类型的替代学校,分别是:选择性学校,如磁石学校等,为学生提供不同的专业学习机会;最后机会学校,旨在为捣乱的学生继续接受教育提供可选方案;补习学校。此外,海夫纳-帕克(Hefner-Packer)研究了成功的替代学校模型,并描述了五款替代(另类)学校:另类教室、校中之校、独立另类学校、补习学校和磁铁学校。②

19世纪80年代和90年代,在严厉打击犯罪立法之后,法律倾向于将实施了重罪的学生强制安排到替代环境里,进行特殊教育。此项法律把从少年安置机构来的学生安置在替代学校,作为把他们重新整合进公立学校之前的过渡阶段,并逐渐成为一种普遍做法。近年来,各州更是开始把替代学校更加频繁地用作处理"问题青少年"的过渡处所。社会公众对于不良少年影响普通学生表示担心,他们强烈建议,为保护普通学生,应该把行为不良的学生安置在替代学校,从而与普通学生进行隔离。目前,这一态势正在扩散,替代学校正在成为所有"问题学生"的"倾倒"场所,而不论他们的犯罪行为是怎样的。③ 2002年1月,小布什总统签署《不让一个儿童掉队法案》(NCLB),替代学校的教育成效随之受到广泛关注。针对替代学校教育成效的研究显示,替代学校不失为一种有效的教育模式,有不良行为的学生在替代学校中能增强自尊,塑造积极的人际关系,减少问题行为和旷课现象,并能提高学习成绩。

我国台湾地区的少年矫正学校、日本的儿童自立支援设施、美国的替代学校,都是从为少年福祉出发而设计的特殊教育模式,同时又各具鲜明的特性。比如,我国台湾

---

① 参见于忠海:《美国的"替代学校"》,载《外国中小学教育》1999年第3期。
② See National Dropout Prevention Center/Network, http://www.dropoutprevention.org/effective-strategies/alternative-schooling, last visited on April 10, 2015.
③ 参见王志亮编译:《美国不良少年的替代学校》,载《青少年犯罪问题》2010年第3期。

地区的少年矫正学校为感化教育的封闭式机构,由原少年监狱和少年辅育院统一改造而成,主要采用学校形式的教育矫正模式。这一模式在内容上更多与大陆地区以前的强制入学的工读教育较为类似。日本的儿童自立支援设施更具福利性色彩,包括由家庭法院作为保护处分方式强制入学和取得亲权同意后自愿入学两种模式。这与我国改革后的工读学校类似。当然,日本的儿童自立支援设施在程序上更为规范。美国的替代学校则以其发达的教育水平为基础,在机构矫正之外为特殊少年设立了各种特殊学校,呈现出多样化的特点,提供给不同类型的特殊学生多种选择,较好地解决了"标签效应"的影响问题,受到家长和学生们更多的欢迎。

工读学校以减少司法干预、保护"问题少年"、预防违法犯罪作为其宗旨,在我国历史上曾经发挥重要作用。任何改革都需要尊重历史,更需要扩宽眼界。我国台湾地区设计的少年矫正体系规划中,少年矫正学校将全面取代原有的少年监狱、少年辅育院,无疑带给传统矫正观强烈的震撼;日本的儿童自立支援设施及其背后完备的保护体系,让我们强烈感受到少年司法、少年福利两个体系"互补"的重要性;美国替代学校的五花八门和形式多样,则让我们认识到多样性的重要。当前,如何在既有制度的基础上,以发展的眼光和国际的视角,对工读教育进行改革重构,俨然成为迫切的命题。

第四节 工读教育的制度重构

"法学争议往往不只是知识层面的争议,而是贯穿着价值判断的分歧。法学争议是一种复杂的话语形态,既有政治、经济、社会和历史背景,又交织着错综复杂的现实问题、利益冲突和价值选择。"①工读教育的改革争议也是如此。

近年来,学界对于工读教育的改革设计展开了一系列的讨论,分析之后便会发现,无论持何种立场、何种观点,均回避不了以下三个最基本的问题:

一、需不需要工读学校?

工读学校招生的困境和尴尬常常与人们提及的不良少年矫正的"巨大市场需求"形成巨大反差,难免让人萌生困惑,甚至怀疑其存在的必要性。我们还需不需要工读学校?这成为每个研究工读教育的人需要回答的第一个问题。对于这个封闭式问题的回答,有两种观点:

一是肯定说。该说认为,我国青少年犯罪形势严峻,作为青少年犯罪预防的"最后一道防线",工读教育有着巨大的社会需求。家长、普通学校在某种程度上对于这部分青少年的教育已经无能为力,国家却不能放任不管。从国家亲权角度来说,废除工读学校既是对这部分青少年的"失职",又是对维护社会治安工作的"渎职"。

工读教育虽正遭遇各种困难,但这并不能否认它继续存在的价值。我们需要的是

---

① 丁国强:《在法治时空里冥思》,载《检察日报》2012年9月7日。

在原有基础上缓和性的改革措施,而非彻底激进式的废除方案。特别是2013年劳动教养制度被废止后,收容教养面临改革,工读教育应该把握机遇,在改革中完善并逐步恢复其昔日的辉煌。

二是否定说。该说认为,现有的工读学校已经无法适应我国的现实需要,甚至发出了"工读学校为什么还不关门"的疑问。[①] 如今的工读学校早已不再是原来意义上的"工读"学校,原有的半工半读形式早已消亡。为了去除"标签效应"的负面影响,大部分学校甚至已经改名,从名字上"抹掉"了工读教育的痕迹。工读学校已经彻底不适应我国社会的发展,最初意义上的"工读学校"事实上早已经淡出人们的视线。取消工读学校,并不等于对对有严重不良行为的青少年放任不管。我们需要的是另一种更合适的方式,以另一种更适合的学校或是机构予以替代。

笔者认为,这两种看似相反的回答,如果提供一个前提,却又是可以协调的,那就是对于工读学校的界定。第一种观点中的工读学校,指的是经过改革后,能够矫正有严重不良行为未成人的理想学校。第二种观点中的工读学校,则是无力应对社会发展,只能接受淘汰命运的旧式工读学校。因此,在对工读学校进行界定后,两种观点都是有其合理性的。

关键问题在于,我们是选择对工读学校进行改造,还是彻底将之废除?与大多数人一样,笔者赞成改革派的观点。工读教育存在的问题主要是缺乏合法性基础、教育方法落后、招生困难、经费欠缺、师资力量薄弱等,这些都可以通过改革进行修正。工读教育对象——有严重不良行为的青少年和工读教育目标——矫正有严重不良行为的青少年并没有发生变化。因此,从根本上看,工读学校的存在还是有其合理性的。工读教育在我国已经发展了半个多世纪,在教育实践中培养了一支专业的教师队伍,积累了丰富的特殊教育经验。如前文所述,工读学校以减少司法干预、保护"问题少年"、预防违法犯罪作为其宗旨,在我国历史上曾经发挥重要作用。任何改革都需要尊重历史,如何在原有的基础上对工读教育进行改革重构,成为当前迫切的命题。

二、需要怎样的工读学校?

需不需要工读学校只是简单的前提性问题,随之而来的更大难题是:我们需要怎样的工读学校?目前,在我国的未成年人矫正体系中,对有一般不良行为的未成年人的矫正,家庭、学校和社区是他们的法定矫正主体;对有严重不良行为的未成年人的矫正,工读学校和收容教养机关是他们的法定矫正主体;对有极端不良行为(犯罪行为)的未成年人的矫正,社区矫正机构和未成年犯管教所是他们的法定矫正主体。[②] 工读教育的改革不是为了"工读教育"而改革,改革的考量必须置于未成年人矫正体系之中。结合目前工读学校遇到的困难,我们需要的"理想学校"应该是:(1)定位准确、内

[①] 参见彭慧琴:《工读学校为什么还不关门》,http://www.hi.chinanews.com/hnnew/2006-05-25/41457.html,2015年2月24日访问。

[②] 参见李凤奎:《未成年人不良行为矫正体系研究》,载《预防青少年犯罪研究》2013年第2期。

容清晰、规范统一;(2)"标签效应"的负面影响降至最低;(3)不良行为的矫正效果优良。

三、工读学校招生该强制还是自愿?

工读学校招生该强制还是自愿,也是工读教育改革所遭遇的核心问题之一。

一种主张倾向于恢复强制入学的规定。由于担心有严重不良行为的学生不能得到相应的教育,既影响青少年个人发展,又危害社会安全,该主张希望通过入学政策的转变和工读教育内容的调整进行改革。工读教育人士大多持有这种观点,他们往往把工读教育生源的困难视为最大的困难,又将原因主要归结为自愿入学政策的实施。

另一种主张倾向于维持采用自愿方式,认为自愿方式才是符合尊重人权的国际发展趋势的,考虑到工读学校的现有矫正效果、"标签效应"等负面效果,主张对于工读学校的功能与作用应当始终保持理性的期待,而不宜片面化甚至夸大;主张工读教育的困境应该通过工读教育本身进行改革,而不是通过入学政策的调整以在短期内摆脱招生困境。① 曾粤兴教授认为,不仅限制入学方式,而且限制入校学生人身自由的半工半读的管教方式,其存在的弊端是明显的。在一个人权观念已经深入人心,法制观念已经有所普及的时代,这种模式走向衰败是一种必然的趋势,因循旧路的任何努力都不大可能"力挽狂澜",以改革促创新是加强工读学校建设应当考虑的选择。② 笔者认为,回答好这个问题需要明确两点:第一,"三愿意"入学并不是招生困难的唯一原因;第二,强制入学并不能与侵犯人权画等号。

基于以上两点共识,就能更好地讨论这个问题。正如我们不能期望罪犯自己走进监狱,虽然工读学校标榜教育而非惩罚,但是同其他矫正机构一样,由于对学生行为有一定的限制,所以必定难以对"问题学生"产生很大的吸引力。因此,除非采取强制招生政策,招生困难问题是难以完全解决的。但是,简单采取强制招生政策又必将带来违宪、侵犯人权的诟病,为现代法治社会所不容。因此,工读教育面临的是在强制还是自愿之间的两难选择,确切地说,是如何通过工读教育自身的改革,在强制与自愿之间找到一个平衡点,找到适合其生存的社会空间。

总体上,笔者更倾向于第一种主张。独生子女政策的影响、监护人的失职、对于工读学校效果的担心等,使得一部分有严重不良行为的未成年人难以自愿进入工读学校,而"三不管"状态又使得他们成为"高危犯罪人群"。另一方面,我国少年儿童福利事业的滞后现状,使得政府在这一时刻常常"无为"。

诚然,我们不能过高估计工读教育的矫正效果,更不能忽视"标签效应"带来的负面效果。然而,我们也不应该矫枉过正,完全禁止工读学校或是其他名称的未成年人不良行为矫正机构适用强制入学方式,只是应该设置更为严格的强制性标准,如只限定于涉案不捕不诉和被判处非监禁刑罚未成年人。选择关乎权利,没有选择的制度是

---

① 参见本刊编辑部:《保持对工读学校的理性期待》,载《青少年犯罪问题》2011年第6期。
② 参见张倩:《问题孩子能不能强制工读》,载《青年周末》2010年12月19日。

残酷的，真正文明的社会总在法治的框架内，给予公众更多自由的选择。从教育选择来看，我们应采取强制与自愿结合的入学方式，建立多层次的工读学校。民间力量已经开始被引入未成年人矫正领域，各类青少年矫正学校开始创建，我们需要进一步拓展工读教育的渠道，鼓励民营力量投入，并对其进行规范。

四、重构的原则界定

（一）保障选择的权利

较之境外类似的工读学校，面对未成年人的严重不良行为，我国的相关制度中所能提供的选择权太少。

事实上，严重不良行为的种类有很多，还包括严重的情绪或行为障碍、学习障碍等。从我国未成年人矫正体系来看，有严重不良行为未成年人的矫正机构只有工读学校和收容教养机关。目前，在劳动教养被废止、收容教养面临质疑、工读教育萎缩的背景下，矫正机构亟待重新构建。

就学校形式的矫正机构而言，我国设立的只有一类——工读学校。根据不良行为的种类，结合对象的需求，对学校进行区分是必要的。提供多样的选择，使教育矫正方式多元化，一方面可以使学校的矫正工作更有针对性，另一方面也可以摆脱以往工读学校的"标签效应"。比如，新疆维吾尔自治区工读学校于1999年成立，其对象99%都是流浪儿童，仍然叫作"工读学校"。

笔者建议，工读学校只保留最早的"工读生"部分，而其他有严重不良行为学生的矫正则采取自由选择的方式进行。比如，一方面，让他们回归普通学校，采用类似美国的"校中校"形式，依赖普通学校教师和社工进行指导。另一方面，可以吸取美国替代学校的经验，对于有不同问题的未成年人采用细化分类的、具有针对性的特定方式处理，或者参加短期项目，如训练营、夏令营等，或者参加相应的补习班以消除情绪障碍或行为障碍。

（二）拓展多元化路径

近年来，一些新型的学校名称开始进入我们的视野，如"网瘾学校""行走学校""暴走学校"等。这些学校主要是针对有不良行为的少年进行矫正的私营性质的学校。目前，我国的这类学校大多以营利为目的，收费昂贵。在矫正手段上，它们大都采取简单的军事化管理模式，具有师资不专业、流动性大等缺点，往往停留在低层次办学的阶段。客观地说，在市场化的运作下，这些学校的生存在一定程度上印证了有不良行为少年矫正的需求，也从另外一个角度彰显了现有工读学校的不足。起步于20世纪90年代星星点点式的私营办学，经过了兴——一哄而上的办学、衰——教育部对违规学校进行处理，并宣布暂停相关办学。此后，民办学校依旧处于亟待规范和发展的阶段。新兴"特殊"学校的出现虽然丰富了我国"择差"学校的类型，但是也暴露出许多问题。许多学校不仅不能够对"问题孩子"进行特殊教育，其所依赖的暴力手段反而造成孩子们新的心理创伤。教育部门对此尚没有给予足够的重视，此类学校总体上缺乏有效的引导、监管、指导。在萌发阶段，上层对于有严重不良行为少年矫正教育的整体布局设计和法律的监管都是不可或缺的。

考察境外类似的学校可以发现，除了营利性质的私人学校外，还有不少非营利性质的慈善机构诸如基金会、宗教教会等办学力量。多样化的办学力量、管理方式和教育理念形成了多元化矫治的路径，使得不同类型的不良少年拥有更多的选择，矫治方式更加彰显活力，矫正教育也更具成效。与境外的类似教育相比，我国在加强现有学校立法、规范、监管、指导的同时，还需要开拓办学的来源和渠道，丰富办学的模式，鼓励"特殊"学校多样化、多元化。

（三）析解工读教育职能

在深化工读教育改革的探索中，一些工读学校突破原有的传统办学模式，瞄准社会需求，拓展工读学校的社会功能。例如，北京朝阳工读学校从1985年开始实施"工读预备生""工读生"两层次办学；上海市卢湾区工读学校确立了多层次办学、一校五部的综合改革框架；武汉市武昌工读学校按照与普教衔接、体现工读特色的指导思想，建立了一校四部的办学格局。从总体上看，这些改革在一定程度上扩大了工读教育的职能，短期内使学校提高了办学效益。但是，从长期来看，这并没有缓解工读学校的招生困难，也没能根本解决工读学校的问题。

笔者认为，未来的改革应该逐步分解现有工读教育的职能。如今，社区矫正在我国已经发展了十余年，在这些配套资源的支援下，原有的工读预备生教育义务应该回归普通学校。首先，这可以使这部分学生减少受到"工读"标签的影响。其次，借鉴我国香港地区特殊教育"共融"的思想，配合社区资源，或是发挥各类民间机构的力量，更加有利于学生的成长。美国替代学校中的"校中校"也是同样的思路和做法。最后，工读学校的资源有限，老师负担本身就过重，职能的分离有利于工读学校的优势资源集中。

笔者建议，由工读教育保留的职能，主要应为原来核心的工读教育部分；取消收容教养，取消后其部分职能由工读教育吸收；建立新的工读学校入学标准和程序，对实施了犯罪行为，由于不到法定年龄而不负责刑事责任的，尽量说服监护人同意入学，实在不同意的仍然要求强制入学。另外，可以考虑以后在法律修订的过程中将此作为未成年人的非监禁刑补充进去，并且完善工读学校强制入学的认定程序，由少年法庭决定是否需要进入工读学校就读。

（四）填补法律空缺

对于工读学校的一大诟病是缺乏立法依据。缺乏法律的规定，即没有存在的根基，也丧失了发展的动力。在劳动教养制度被废止后，对于工读教育，人们也会提出相同或相似的质疑，也需要经受宪法中权利保障条款的考验。正视"特殊教育"的弊端，在可能的情况下，我们应当尽可能地将越轨未成年人置于普通学校中进行教育。同时，工读学校的存在空间毋庸置疑。我们不能对一部分有严重不良行为的学生，尤其是实施了犯罪行为，只是由于不到法定最低年龄而不负刑事责任的那部分未成年人置若罔闻。

目前,由于欠缺法律的统一规定,各地工读学校的实际运作状况不一,有些省份至今还没有一所工读学校,有些省份的工读学校举步维艰。近年来,不少城市相继复建、新建了工读学校,或者加大了对已有工读学校的经费投入。但是,招生问题仍然没有得到改善。在面对"饭碗"问题时,各地招数不一,有的扩大招生对象,有的走出校门,还有的甚至公然违反《预防未成年人犯罪法》关于工读学校招生范围和招生程序的规定,以保证工读学校的招生规模。①

在我国《未成年人保护法》《预防未成年人犯罪法》中,都有关于工读教育的规定,但是其实际操作性存在不少问题,没有明确的执行主体,既不是实体法,也不是程序法。因此,长期以来,尽管对于工读学校的相关规定尚有争议,但是尽快制定一部工读教育法,并制定相配套的地方行政法规却是所有人的共识。

综上,预防未成年人违法犯罪是一项系统工程,工读教育是其中至关重要的一个环节。不良行为青少年的存在形成的巨大教育市场与工读教育、民办矫正教育衰弱的现实矛盾,使得工读教育的制度重构迫在眉睫。科学研究工读教育,把握其中规律,制定并完善相关立法,对工读学校的性质、地位、宗旨、入学制度、管理体制、课程设置、教学模式等进行系统的规定,是重中之重。

(本章作者:周颖)

---

① 参见本刊编辑部:《保持对工读教育的合理期待》,载《青少年犯罪问题》2011年第6期,第1页。

第十章 戒毒制度

"6·26"国际禁毒日前夕,据新华网记者2015年6月25日报道,我国登记在册的吸毒人员总数是295.5万,通过科学估算得出的实际吸毒人数则是1400万。① 毒祸猛于虎。最新统计显示,我国吸毒人员每年消耗毒品在1000吨以上,因吸毒造成的直接经济损失达5000亿元。吸毒者既是违法者,又是受害者和病人,如何消解横亘在有吸毒史者和社会之间的壁垒,帮助他们早日回归,是摆在社会面前的一道难题。要解开这道难题,需要政府、社会和吸毒人员三方共同努力。

2007年12月公布的《禁毒法》重构了我国戒毒体系,2011年6月国务院正式公布的《戒毒条例》进一步对戒毒体系予以明确和规范。《禁毒法》与《戒毒条例》将强制戒毒和劳教戒毒整合为强制隔离戒毒,同时赋予实践中探索的社区戒毒、社区康复、戒毒药物维持治疗等戒毒措施法律地位,由此形成了"以自愿戒毒、社区戒毒、强制隔离戒毒三大戒毒措施为主,社区康复为辅,戒毒药物维持治疗、戒毒康复为补充"的戒毒体系。② 随着戒毒工作的有效推进,一大批戒毒工作新模式在全国各地涌现,有效提升了执行率、管控率和戒断巩固率。截至2014年底,全国共建立戒毒康复人员就业安置基地836个,就业安置率达到47.8%,保持三年未复吸的吸毒人员达88.1万名。③

第一节 自愿戒毒制度

一、自愿戒毒制度概述

自愿戒毒制度是国家设立戒毒医疗机构、戒毒康复场所,由吸毒人员自愿选择而设立的戒毒机制。

我国《禁毒法》第36条第1款规定:"吸毒人员可以自行到具有戒毒治疗资质的医疗机构接受戒毒治疗。"第38条第3款规定:"吸毒成瘾人员自愿接受强制隔离戒毒的,经公安机关同意,可以进入强制隔离戒毒场所戒毒。"这是自愿与强制相结合的一种戒毒模式,即给予吸毒人员一定的自主权,允许其选择。但是,一旦选择强制隔离戒

---

① 参见《全民禁毒,中国在路上》,http://news.xinhuanet.com/live/2015-06/26/c_127953269.htm,2015年9月24日访问。
② 参见姚建龙:《禁毒法与戒毒制度改革研究》,法律出版社2015年版,第75页。
③ 参见《全民禁毒,中国在路上》,http://news.xinhuanet.com/live/2015-06/26/c_127953269.htm,2015年9月24日访问。

毒,应当与被公安机关责令强制隔离戒毒的吸毒人员遵守同样的强制规则。此外,《禁毒法》第 49 条第 2 款规定,戒毒人员可以自愿在戒毒康复场所生活、劳动。戒毒康复场所具备生活服务、康复治疗、教育培训、生产劳动等基本功能,能够为吸毒人员进行戒毒提供一个全新的社会环境,使他们在社区规范下自觉实现自身戒毒。

自愿戒毒制度具有如下几个特征:一是具有自主选择性。吸毒人员可以自主选择不同的戒毒医疗机构、戒毒康复场所戒除毒瘾。二是自愿戒毒对象具有双重属性。我国法律对吸毒人员的态度是:不仅把他们看作违法者,进行惩处,还把他们看作病人,为他们设立戒毒医疗机构,允许他们进行自愿戒毒。三是具有主动性。自愿戒毒制度鼓励吸毒人员在未被公安机关发现的时候,主动放弃吸毒行为。

二、自愿戒毒制度的运作模式

(一)自愿戒毒机构

自愿戒毒机构有三种:第一种是符合法定条件的戒毒医疗机构或者从事戒毒治疗业务的医疗机构;第二种是强制隔离戒毒场所;第三种是戒毒康复场所。

戒毒医疗机构是主要的自愿戒毒机构。设置戒毒医疗机构或者医疗机构从事戒毒治疗业务的,应当符合国务院卫生行政部门规定的条件,报所在地的省、自治区、直辖市人民政府卫生行政部门批准,并报同级公安机关备案。戒毒治疗应当遵守国务院卫生行政部门制定的戒毒治疗规范,接受卫生行政部门的监督检查。

戒毒医疗机构应当符合一定的条件。鉴于戒毒医疗工作属于精神卫生工作领域,戒毒医疗工作原则上应在各地精神病院内设立戒毒治疗部。戒毒医疗机构不得承包给个人,个体和民办医疗机构不得从事戒毒治疗工作。开办戒毒医疗机构应向所在省、自治区、直辖市卫生厅(局)提交书面申请,经审批后应当在公安机关备案。戒毒医疗机构在选址、人员、功能条件、管理制度方面均应符合相应的规定。

(二)自愿戒毒的运作规则

自愿是前提,规则是保证。允许吸毒人员自愿戒毒是对其进行挽救和感化的重要手段,但是并不意味着可以自由来去。由于吸毒行为除了对个人的身心造成伤害外,更具有社会危害性,因而自愿戒毒也应该遵守规则和受到限制。

如前文所述,吸毒人员自愿戒毒可以选择三种机构:

第一种,戒毒医疗机构。在戒毒医疗机构,管理是影响戒毒医疗效果的主要因素。戒毒人员一方面想戒除毒瘾,另一方面又无法忍受强烈渴求毒品的精神煎熬,于是有些人想方设法夹带毒品,或叫人送毒品入病房。因此,戒毒医疗机构应当制定一系列的规章制度,约束病人的行为,切断其与外界"毒友"的联系,以保证脱毒治疗的顺利进行。[①] 此外,对在治疗期间有人身危险的戒毒人员,工作人员可以对其采取必要的临

---

① 参见姚建龙:《〈戒毒条例〉与新戒毒体系之运作》,载《中国人民公安大学学报》(社会科学版)2012 年第 5 期,第 75 页。

时保护性约束措施。

第二种，强制隔离戒毒场所。强制隔离戒毒场所可以接收自愿戒毒人员，但必须与强制戒毒人员分开管理，并建立相应的管理制度。吸毒人员自行来到强制隔离戒毒场所的内心起因不尽相同，戒除毒品、重新做人并不是所有吸毒人员的真正目的。有的人在外时吸毒量已很高，继续吸毒怕危及生命，所以到戒毒所来戒毒的目的是减量；有的人是因为没钱吸毒才来戒毒的；有的人是在亲友的规劝下来戒毒的；有的人是因为相关部门打击力度大，怕自己被抓，为逃避打击而来自愿戒毒的；还有一些贩毒人员为发展下线而来自愿戒毒；等等。因此，在入所把关环节，要认真检查戒毒人员人身及随身物品，对自愿戒毒期间出所又返回的，仍要严格检查；在处理医患关系以及讨药问题时，要坚持先观察后处理的原则，分清不同情形，认真总结，明确规定；在患者主动要求出所问题上，要有预见性地开展日常思想宣传教育和戒毒知识普及，使其明白设置戒毒期限的必要性。如果患者要求出所看病，应当由医护人员进行检查，在确认不是戒毒并发症后，允许其出所看病。

第三种，戒毒康复场所。戒毒康复场所接纳自愿戒毒者，首先要有严格的资格审查，对符合条件者方可接纳。在资格和条件的设定上，应当考虑身体状况、精神状况、违法犯罪前科情况、人身危险性等因素，对身体残疾、患有严重疾病或传染病、生活不能自理的；精神病患者，或未经鉴定但精神不正常的；有杀人等严重暴力犯罪前科的，拒绝接纳，防止其危害戒毒康复场所其他戒毒人员，可以要求对其负有监护责任的人带回，进行戒毒看护。同时，戒毒康复场所工作人员应当给予戒毒人员医疗等方面的服务和指导。

（三）自愿戒毒的费用

自愿戒毒者需要缴纳治疗所需必要的医药费用。国家鼓励开展禁毒科学技术研究，推广先进的戒毒方法。医疗研究的费用由医疗机构所属级别的禁毒专项财政负担。各戒毒机构开展戒毒治疗不得以营利为目的。戒毒治疗的药品、医疗器械和治疗方法不得做广告。戒毒治疗收取费用的，应当按照省、自治区、直辖市人民政府价格主管部门会同卫生行政部门制定的收费标准执行。

自愿戒毒既有优势也有局限。吸毒人员进行自愿戒毒治疗，表明自己有戒断毒瘾的决心和愿望。自愿戒毒所的管理大部分以医院化的规范医疗为主，有较强的医疗和科研力量，有良好的医疗设备条件。作为专业戒毒医疗机构，采用国内外先进的戒毒方式和全封闭的病房管理模式，对戒毒者在医疗方面有较高的保障，戒毒者在这种场所自愿戒毒可以收到很好的戒毒效果。各地均有自愿戒毒所，能够对戒毒者予以及时救治。该模式在一定程度上缓解了强制戒毒压力，减少了国家的一些开支。但是，由于自愿戒毒机构为医疗机构，没有强制手段，对那些操守不良、带有恶习的吸毒者无法严格管理，造成一些病房管理秩序不良，更有甚者，使得自愿戒毒所成了传毒的场所。此外，绝大多数自愿戒毒所只提供7—15天的脱毒治疗，后续康复措施一般较为乏力。

第二节 社区戒毒制度

自2008年6月1日起施行的《禁毒法》是我国第一部全面规范禁毒工作的法律,提出了社区戒毒这一全新的戒毒模式,充分表明了我国政府一以贯之的禁毒决心,对于进一步解决吸食毒品问题必将起到积极的推动作用。社区戒毒集戒断、教育、帮助与挽救于一体,是多年来对我国戒毒工作经验的全面总结,充分体现了以人为本的理念。

《禁毒法》第33条规定:"对吸毒成瘾人员,公安机关可以责令其接受社区戒毒,同时通知吸毒人员户籍所在地或者现居住地的城市街道办事处、乡镇人民政府。社区戒毒的期限为三年。戒毒人员应当在户籍所在地接受社区戒毒;在户籍所在地以外的现居住地有固定住所的,可以在现居住地接受社区戒毒。"可见,《禁毒法》确立的社区戒毒模式在禁毒理念、工作主体等方面有了很大的突破,在毒品犯罪日益严峻的今天,对于预防和惩治毒品犯罪具有重要意义。

一、社区戒毒的概念、特征和意义

(一)社区戒毒的概念

学术界对社区戒毒的定义有几种不同说法。有学者认为,社区戒毒是在各级司法机关的指导下,以优化配置社区戒毒机构为目标,针对吸毒者而建立起来的矫治系统。也有学者认为,社区戒毒就是以社区为单位,与被公安机关初次查获的吸毒人员签订戒毒协议,帮助吸毒人员戒毒的戒毒模式。

笔者认为,社区戒毒,是指公安机关依法将符合社区戒毒条件的毒品成瘾者置于社区内,由城市街道办事处、乡镇人民政府负责,相关行政机关提供指导与协助,以社会团体和社会志愿者参与为主,以使毒品成瘾者戒除毒瘾为目标的一种强制性教育矫治措施。社区是维护社会治安的重要场所,也是发现吸毒人员的重要地点。如果能有效调动社区内各项资源,加强对戒毒人员的心理疏导,创造温馨、舒适的美好环境,提供能实现吸毒人员价值的就业岗位,将有助于降低复吸率,巩固戒断效果。云南的"雨露社区"、贵州的"阳光工程"、广东的"创新帮扶"……随着戒毒工作的有效推进,一大批戒毒工作新模式在全国各地涌现,有效提升了执行率、管控率和戒断巩固率。

(二)社区戒毒模式的特征

首先,社区戒毒能充分利用社区资源对吸毒成瘾者进行矫治,体现了戒毒手段的人性化。社区戒毒不同于过去的戒毒模式之处在于,克服了监禁的弊端,便于吸毒者成功戒毒,回归社会。过去,通过强制戒毒的方式,往往会使戒毒人员结交新的"毒友",加之社会歧视等原因,容易走上复吸道路。社区戒毒可以最大限度地调动各种社会资源,将戒毒工作真正纳入社区工作中,让吸毒人员在亲友等的帮助下,在社区这个熟悉的生活环境中进行戒毒。这不仅有利于降低复吸率，落实各类帮教措施，而且有利于社会的稳定，使戒毒人员树立正确的人生观，摆脱毒品的危害。

其次，社区戒毒使得戒毒的各个阶段有效衔接起来。国际上，完整的戒毒过程一般包括生理戒毒、心理脱毒和回归社会三个阶段。过去的戒毒模式往往忽视后两个阶段。然而，毒品的特性和戒毒的艰难程度告诉我们，生理脱毒仅仅是戒毒之路的开始，要想从根源上摆脱毒品，心理脱毒和回归社会至关重要。以往收效甚微的戒断率和高复吸率让传统戒毒模式的作用大打折扣。在总结国际先进戒毒经验的基础上，社区戒毒这一全新戒毒模式有利于恢复吸毒者原有的社会功能，更好地适应各种社会环境。

最后，社区戒毒还具有救助性质。《禁毒法》规定，对缺乏就业能力的吸毒者，应当由相关政府部门提供必要的职业技能培训、就业指导和就业援助。

（三）社区戒毒的意义

首先，社区戒毒可以增强戒毒人员的心理认同感，消除对抗和抵触情绪，有利于提高戒断质量。据调查，彻底摆脱毒品是吸毒者本身的迫切要求，80%左右的戒毒者在戒毒后都希望过上正常人的生活，融入社会。社区戒毒很好地克服了封闭式戒毒带来的各种不良后果。吸毒者所独有的病人、违法者、受害者的特点，决定了对其更应采取教育的手段，而非单纯的惩罚。过去的戒毒模式束缚了戒毒人员的人身自由，而社区戒毒让毒品成瘾者在开放的环境中，在与家庭和社会保持紧密联系的前提下，完成再社会化，防止其与其他吸毒者之间的"交叉感染"。

其次，社区戒毒有利于帮助吸毒人员实现再就业。由于吸毒成瘾的顽固性和复杂性，吸毒人员往往屡戒屡吸，最终倾家荡产，成为社会的弱势群体，在回归社会的过程中经常会遇到许多难以克服的困难。由于现实生活中人们的歧视、不理解，使得他们逐渐被边缘化，成了流落社会、终日游手好闲、无所事事的人，加之因吸毒引发的犯罪现象屡见不鲜，这部分人群成为潜在的社会不安定因素。开展社区戒毒，可以最大限度地调动社区内的各种资源，为吸毒人员提供一个宽松的戒毒环境，提高再就业的各项技能，增强重新融入社会的信心；同时，可以减少社会矛盾，体现人道主义的立法精神，提高吸毒者的社会归属感，使其切实体会到和谐社会下党和国家的温暖和关怀。

案例 9-1

在甘肃省金昌市，王强的汽车维修服务中心中，工作人员正在火热地忙碌中。10多年前，王强也曾是一名吸毒人员。2008年，接受强制戒毒后的王强痛下决心，一定要戒掉毒瘾。因此，他主动接受社会帮教机构的监督，不仅定时接受禁毒教育，同时还积极寻找各种自食其力的机会。在得知王强学考了驾照后，当地政府帮他协调运营线路，成立了出租车公司。随后，王强开始吸收吸毒康复人员就业，并将社会帮扶措施引入公司。2015年初，金昌市相关部门经过调研，为王强的公司划拨了15亩土地，扩建汽车维修服务中心。目前，王强的出租车公司拥有员工40人，其中曾吸毒人员23人，多年来未出现复吸人员。截至目前，通过类似方式，金昌市已安置吸毒人员1000余名,就业安置率达到 80.46%。①

再次,社区戒毒有效地区别了不同类型的吸毒人员,有助于开展富有针对性的戒毒工作。吸毒人员的戒毒情况差异很大。第一种情况是:吸毒人员主观上具有强烈的戒毒愿望,毒品依赖不深,可采取自愿戒毒的方式。第二种情况是:要有一定的外界手段介入,才能使戒毒者摆脱毒瘾。第三种情况:吸毒人员根本无法控制,必须通过强制隔离手段才能戒除毒瘾。过去的戒毒模式对后两种情况不加区分,在实践中产生了许多问题。《禁毒法》确立的社区戒毒模式将第二种情况独立区分出来,对那些不需要、不适合强制隔离戒毒的吸毒者予以有针对性的人性化矫治。同时,在社区戒毒模式下,涉毒人员可以得到法律援助等多方面的帮助。

最后,社区戒毒有利于调动社会力量,共同致力于戒毒工作,解决强制戒毒投入大而效益低的难题。以往的强制戒毒中,政府尤其是公安机关投入大量的人力、物力和财力;而社区戒毒以其人文关怀和实施方便、成本低廉等优点,解决了投入与效益失衡的问题。

二、我国社区戒毒的现状

我国社区戒毒在试点过程中不断总结经验,并借鉴他国在社区矫正中使用的毒品检测和治疗措施,是对以往封闭式戒毒模式的改进。

自《禁毒法》颁布以来,我国共执行社区戒毒、社区康复十余万人。社区戒毒鲜明体现了科学发展观与以人为本的立法理念。当前,社区戒毒方兴未艾,需要在实践中逐步探索、完善。

一些省市在社区戒毒工作中作出了卓有成效的探索。例如,1998年9月28日,云南成立了戴托普治疗社区,这是我国首家以治疗集体(TC)模式对毒品滥用者进行治疗的专业机构。十多年来,该模式在对国外的成功戒毒模式进行本土化的同时,形成了一系列符合我国国情的治疗程序,并且取得了较好的效果。在一般人群中,药物滥用者通常被当作违法者而遭受歧视。治疗集体模式认为滥用药物导致人的各种功能完全紊乱,吸毒者只是这种功能紊乱的一个表现,而且吸毒更加剧了原已存在的紊乱问题。在治疗集体的温馨氛围下,吸毒成瘾者会因成为居住者而获得知识和动力,通过自身的努力摆脱吸毒者的亚文化群体,重新回到社会,实现康复。

上海市从2003年开始成立禁毒非营利组织,通过培训大量禁毒社工,在全国率先实践了富有创新意义的禁毒理念。这类组织通过关心吸毒人员的日常生活,开展就业指导等各种服务,在预防犯罪、提高戒断成功率方面取得了优异成绩。武汉市进行社区戒毒试点工作以来,实现了社区戒毒和强制隔离戒毒的有效衔接,严格落实"五个一"的帮教措施,每半年开展一次评估,对连续三年评估合格的戒毒人员,帮助其顺利重

---

① 参见《全民禁毒,中国在路上》,http://news.xinhuanet.com/live/2015-06/26/c_127953269.htm,2015年9月24日访问。

图 9-1　云南戴托普治疗社区[①]

返社会。杭州市的清波街道是浙江省最早的一批开展社区戒毒的街道之一,通过戒断吸毒人员的心瘾、爱心感化、人性化帮教等方法,使社区戒毒人员逐步摆脱毒品阴影,回归正常生活。

长期以来,吸毒人员被当作社会的边缘人,他们在就业、生活等方面遭受歧视,这加剧了他们的自卑和敏感心理。无论是政府还是广大群众,普遍将吸毒人员视为"犯罪分子",采用强制手段迫使其戒除毒瘾。然而,这种重打击、轻预防的手段,往往导致复吸率非常高。《禁毒法》将吸毒人员定位为"病人、违法者、受害者",把社区戒毒列为首要的戒毒模式。各地在进行社区戒毒的试点工作过程中,要全面认识社区戒毒的重要意义,本着以人为本的工作理念,探索符合我国国情的社区戒毒模式。

三、社区戒毒的运作模式

社区戒毒是以城市街道办事处、乡镇人民政府为实施主体,充分调动社区内的资源,发挥戒毒人员的积极性而依法开展的戒毒工作。它只能针对吸毒成瘾人员,未达到成瘾程度的可予以治安管理处罚,不进行戒毒治疗。同时,它只能由公安机关决定。社区戒毒模式更具人性化,吸毒人员在亲人的关心下,在自己生活的社区中能够坚定戒毒的决心和意志。

(一)建立社区戒毒的专门机构,保证该项工作顺利开展

《禁毒法》第 34 条明确规定:"城市街道办事处、乡镇人民政府负责社区戒毒工作。

[①] 图片来源:百度图片,2015 年 6 月 9 日访问。

城市街道办事处、乡镇人民政府可以指定有关基层组织,根据戒毒人员本人和家庭的情况,与戒毒人员签订社区戒毒协议,落实有针对性的社区戒毒措施。……"社区戒毒机构的合理设置,对顺利进行社区戒毒至关重要。

(二)对毒品成瘾者资料的收集和分析

社区戒毒以帮助毒品成瘾者重拾生活信心、戒除毒瘾、融入社会大家庭为目标。因此,在社区戒毒前,戒毒工作者应对吸毒者的资料进行全面的收集、分析,为后续的戒毒工作打下坚实的基础。

需要收集的资料主要包括:吸毒者的家庭状况、受教育程度、社会交往情况、生活状况以及违法犯罪情况。资料的收集方法有问卷法、文献法和访谈法等。戒毒工作者通过对收集来的资料进行全面分析,有助于准确抓住吸毒者所存在问题的实质,以便对症下药,制订科学有效的矫治方案,为下一步工作的顺利开展作好铺垫。

(三)建立有效的社区戒毒关系

社区戒毒建立在双方互相信任、互相配合的基础上。在矫治过程中,如果双方互相信任,吸毒者主动自愿地接受管理和服务,敞开心扉,与戒毒工作者沟通、谈心,诉说内心的痛苦,有利于戒毒工作者更好地帮助吸毒者树立戒毒的坚定信念,采取各种有针对性的矫治措施,让吸毒者感受到社会的关爱。吸毒者由于长期吸食毒品,其心理较为敏感和脆弱,一般很难接受他人的帮助。他们一方面忍受毒品戒断的巨大痛苦,另一方面因为遭到社会的歧视,产生了被遗弃感和反社会心理,社交能力大大减弱,不愿接受戒毒工作者的帮助。戒毒工作者只有通过真诚和亲和的态度,不厌其烦地上门耐心做吸毒者的思想工作,才有助于取得他们的信任,提高社区戒毒的效果。

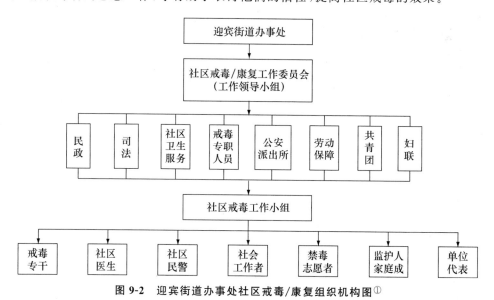

图 9-2 迎宾街道办事处社区戒毒/康复组织机构图①

---

① 图片来源:百度图片,2015 年 9 月 24 日访问。

总结过去的经验,戒毒工作者与戒毒者一旦建立了良好的信任关系,就能加速推进社区戒毒工作的顺利开展,反之,就难以发挥社区戒毒的特殊作用。可见,要完成专业化社区戒毒关系的确立,需要戒毒工作者付出大量努力,用关怀和真诚建立与吸毒者的信赖关系,使吸毒者减少对社会的疏远感,维护他们的人格尊严。在这一过程中,戒毒工作者应该恰当运用积极主动、感同身受等技巧,促使双方尽快建立互信关系。为了让一个对戒毒工作者避而远之的吸毒者转化,引导其成为对戒毒工作者产生深厚感情、给予尊重和信赖的人,需要时间、情感和爱心的投入。

(四)制订社区戒毒计划,签订社区戒毒协议

社区戒毒计划并不是随意制订的,戒毒工作者要考虑到戒毒人员的实际情况,根据社区戒毒机构为其提供的帮助制订。社区戒毒计划的制订离不开戒毒人员与戒毒工作者的积极配合,是双方为一个共同的目标合作的过程。社区戒毒协议是城市街道办事处和乡镇人民政府指定基层组织与戒毒人员签订的协议,它规定了戒毒人员的义务,对双方都有约束作用。对戒毒工作者而言,社区戒毒协议是吸毒人员参与社区戒毒的保证;对戒毒人员而言,凭此可以了解戒毒工作者提供的服务内容。

(五)社区戒毒计划的实施

这一阶段是社区戒毒工作最关键的阶段。在社区戒毒计划的实施过程中,要解决以下几个问题:首先,要充分利用与整合社区资源,解决吸毒人员回归社会后的多种实际问题。社区戒毒人员大部分吸毒时间较长,有多次戒毒失败的经历,普遍存在着人格扭曲的情况,帮助他们树立正确的人生观,改变他们脆弱多疑的心理状态,是有效降低复吸率、巩固社区戒毒效果的重要手段。社区戒毒人员往往在与外界、邻里、家庭沟通方面存在较大障碍,这进一步加剧了社区戒毒的工作难度。其次,在社区戒毒工作中,戒毒工作者不能一味强调为吸毒人员提供服务,否则会影响社区戒毒工作的严肃性。戒毒工作者要运用各种方法,增强感召力,调动吸毒人员配合工作的积极性和主动性,取得吸毒人员的支持与信赖,避免简单粗暴的工作方法。最后,社区戒毒工作者要把对毒品成瘾者的尿样检测工作落到实处,应当定期对吸毒人员进行尿样检测。对于吸食多种类型毒品的戒毒人员,要采用多种模板检测。在社区戒毒过程中,尿检一般是三年12次,第一年每两个月一次,第二年每季度一次,第三年每半年一次。对那些"屡叫不来""延期尿检"的吸毒人员,要通过公安机关对其进行强制检测。同时,戒毒工作者要注意确认尿检前毒品成瘾者是否服用过感冒药,因为感冒药有可能使尿检呈阳性,以确保该项工作的准确性。

(六)社区戒毒的评估与跟进

社区戒毒评估是在社区戒毒计划执行后,由社区戒毒机构运用科学的工具对吸毒者进行全面的测评。戒毒效果的评估主要包括:毒品依赖程度的评估、戒毒期间戒毒效果的评估以及复吸倾向性方面的预测评估。开展科学的社区戒毒评估工作,对于提高戒毒工作者的水平、探索适合的戒毒工作流程有重要的参考意义。

第三节 强制隔离戒毒

一、强制隔离戒毒概述

（一）强制隔离戒毒的概念

强制隔离戒毒不是行政处罚，而是强制性教育医疗措施，是国家行政机关运用国家公权力，按照法定程序对吸毒成瘾人员的人身自由进行限制，并对其依法管理和治疗，帮助其戒除毒瘾的过程。

（二）强制隔离戒毒的特征

强制隔离戒毒具有以下五个特征：

一是适用对象的特定性。根据《禁毒法》第 38 条的规定，强制隔离戒毒的适用对象是吸毒成瘾人员。吸毒成瘾的孕妇或者正在哺乳自己不满一周岁婴儿的妇女，吸毒成瘾的未成年人，健康状况不适宜继续接受强制隔离戒毒的人员，不适用强制隔离戒毒。

二是适用主体的法定性。根据《禁毒法》的有关规定，如果吸毒成瘾人员违反了法律规定的戒毒义务，公安机关有权作出强制隔离戒毒的决定。因此，强制隔离戒毒的适用主体是公安机关。

三是适用对象的强制性。根据相关法律的规定，除了法律以外，其他行政法规、规章都不能规定对人身自由的限制和惩处。国家对社会的管理主要是通过运用公权力实现的，不需要相对人做出任何行为。所以，强制隔离戒毒作为限制人身自由的一种，必须由国家行政机关行使，具有强制性。同时，根据《禁毒法》的有关规定，对戒毒人员进入戒毒场所进行检查，或者采取保护性措施保护可能发生自伤、自残等情形的戒毒人员，都体现了强制性的特点。

四是适用行为的矫治性。这是强制隔离戒毒最突出的特点，主要表现在对戒毒人员的康复治疗模式上。在强制隔离戒毒制度中，贯彻以人为本的思想，把吸毒人员当作病人、违法者、受害者。所以，在戒毒过程中，使用科学戒毒的方法，进行心理咨询、心理暗示，加强体育锻炼，予以人性化的救助，使戒毒人员生理上脱毒，心理上恢复正常，从而彻底戒断毒品，避免再次陷入复吸的状态中。矫治性主要运用了一个人的心理和性格因素，是影响一个人是否吸毒的一个重要因素。所以，要对吸毒人员进行心理治疗，并配备其他措施予以戒毒。在进行心理治疗的过程中，可以通过心理宣泄室、情感疏导室等，了解戒毒人员的心理状况及戒毒情况。最后，依据戒毒人员的心理治疗情况、生理脱毒情况，制订专门的戒毒方案。

五是行为结果的教育性。《禁毒法》对吸毒人员的性质进行了重新定位，即病人、违法者、受害者。所以，在戒毒过程中，更多地加入人性化的教育和救治，代替了以往对吸毒人员的惩罚性。同时，依据《禁毒法》的有关规定，戒毒工作人员在戒毒治疗期间对戒毒人员进行专业技能的培训,组织戒毒人员参加必要的生产劳动,让戒毒人员有自己的专项特长,使戒毒人员回归社会后能顺利适应社会。这其实也是教育和挽救吸毒人员的一种方式。

(三)强制隔离戒毒的法律定位

在《禁毒法》颁布后,国家禁毒委员会曾经对强制隔离戒毒与劳教戒毒的区别作了如下解释:"《禁毒法》从整合戒毒资源、提高戒毒效果考虑,将强制戒毒和劳动教养戒毒统一规定为强制隔离戒毒。这不仅仅是名称和期限的改变,更主要的是赋予强制隔离戒毒新的内涵,强制隔离戒毒不是行政处罚措施,而是以戒毒人员为对象的强制性教育医疗措施。从《禁毒法》的立法本意看,戒毒制度的本质属性不是惩罚,而是立足于彻底挽救吸毒人员。如《禁毒法》规定,强制隔离戒毒所应对戒毒人员进行生理、心理治疗和身体康复训练,还应对戒毒人员进行职业技能培训等。较之以前的强制性戒毒制度,这些规定更充分地体现了戒毒理念和社会文明的进步。"按照这一解释,在性质上,强制隔离戒毒并不被认为是行政处罚措施,而是"强制性教育医疗措施",本质属性"不是惩罚"。[①] 但是,就强制隔离戒毒的实际属性来说,它仍然具有行政处罚的色彩,是一种严厉性并不亚于刑罚的行政处罚措施。

二、强制隔离戒毒的法律依据

(一)强制隔离戒毒的适用条件

根据《禁毒法》第38条的规定,吸毒成瘾人员有下列情形之一的,由县级以上人民政府公安机关作出强制隔离戒毒的决定:(1)拒绝接受社区戒毒的;(2)在社区戒毒期间吸食、注射毒品的;(3)严重违反社区戒毒协议的;(4)经社区戒毒、强制隔离戒毒后再次吸食、注射毒品的。对于吸毒成瘾严重,通过社区戒毒难以戒除毒瘾的人员,公安机关可以直接作出强制隔离戒毒的决定。

这样的规定对吸毒成瘾人员具有最强的约束效力。《禁毒法》对四种情形的吸毒成瘾人员规定了强制隔离戒毒,并与社区戒毒进行了关联,比社区戒毒的约束性更强。

(二)强制隔离戒毒对象的限定

严格来说,强制隔离戒毒对象只限于吸毒成瘾的人。偶尔吸毒或者吸毒尚未成瘾的人,不应在强制隔离戒毒的范围之内。

对吸毒尚未成瘾的人,应当按照《治安处罚法》第72条的规定,"处十日以上十五日以下拘留,可以并处二千元以下罚款;情节较轻的,处五日以下拘留或者五百元以下罚款"。

(三)强制隔离戒毒的期限

按照《禁毒法》第47条的规定,强制隔离戒毒的期限为二年。执行强制隔离戒毒

[①] 参见姚建龙:《禁毒法与戒毒制度改革研究》,法律出版社2015年版,第123页。

一年后,经诊断评估,对于戒毒情况良好的戒毒人员,强制隔离戒毒场所可以提出提前解除强制隔离戒毒的意见,报强制隔离戒毒的决定机关批准。强制隔离戒毒期满前,经诊断评估,对于需要延长戒毒期限的戒毒人员,由强制隔离戒毒场所提出延长戒毒期限的意见,报强制隔离戒毒的决定机关批准。强制隔离戒毒的期限最长可以延长一年。

（四）戒毒医疗

《禁毒法》第44条第2款规定,强制隔离戒毒所对有严重残疾或者疾病的戒毒人员,应当给予必要的看护和治疗;对患有传染病的戒毒人员,应当依法采取必要的隔离、治疗措施。第45条规定,强制隔离戒毒场所应当根据戒毒治疗的需要配备执业医师。卫生行政部门应当加强对强制隔离戒毒场所执业医师的业务指导和监督管理。

（五）所内管理

一是入所检查。《禁毒法》第42条规定,戒毒人员进入强制隔离戒毒场所戒毒时,应当接受对其身体和所携带物品的检查。

二是分别管理。《禁毒法》第44条第1款规定,强制隔离戒毒场所应当根据戒毒人员的性别、年龄、患病等情况,对戒毒人员实行分别管理。

三是适当约束。《禁毒法》第44条第2款规定,对可能发生自伤、自残等情形的戒毒人员,可以采取相应的保护性约束措施。

四是人性化管理。《禁毒法》第44条第3款规定,强制隔离戒毒所管理人员不得体罚、虐待或者侮辱戒毒人员。第46条第1款规定,戒毒人员的亲属和所在单位或者就读学校的工作人员,可以按照有关规定探访戒毒人员。戒毒人员经强制隔离戒毒场所批准,可以外出探视配偶、直系亲属。

五是检查监督。《禁毒法》第46条第2款规定,强制隔离戒毒场所管理人员应当对强制隔离戒毒场所以外的人员交给戒毒人员的物品和邮件进行检查,防止夹带毒品。

三、强制隔离戒毒的运作

我国《禁毒法》《戒毒条例》及相关配套法律法规对强制隔离戒毒制度作了一系列的规定,这些规定在强制隔离戒毒的具体实施过程中具有规范作用。

（一）强制隔离戒毒的决定主体

《禁毒法》第38条明确规定,强制隔离戒毒的决定主体为县级以上人民政府公安机关。

（二）强制隔离戒毒的适用对象

《禁毒法》以列举的方式明确规定,吸毒成瘾人员有下列情形之一的,县级以上人民政府公安机关可以作出强制隔离戒毒的决定:第一,吸毒人员已经被执行社区戒毒,但是在戒毒期间又接触毒品的。第二,在对吸毒人员发出社区戒毒的通知时,吸毒人员拒绝接受社区戒毒的。吸毒人员应当自收到责令社区戒毒决定书之日起15日内到社区戒毒的执行地人民政府或是城市街道办事处报到,无正当理由逾期不报到的,视为拒绝接受社区戒毒。第三,吸毒人员在经过强制隔离戒毒或者社区戒毒成功解除毒瘾后,再次吸食、注射毒品的。第四,戒毒人员严重违反所签订的社区戒毒协议。严重违反社区戒毒协议具体表现为:吸毒人员在接受社区戒毒期间,逃避或者拒绝接受检测三次或者更多等。

吸毒人员被公安机关认定为吸毒成瘾严重,并且确定只有对吸毒人员进行强制隔离戒毒才能使其彻底戒断毒瘾的,公安机关可以直接对其作出强制隔离戒毒的决定。同时,法律也明确规定了不得适用强制隔离戒毒而适用社区戒毒的对象:孕妇、16周岁以下的未成年人和正在哺期内的妇女。

由上可见,前四种被强制隔离戒毒人员都与社区戒毒相关,原因主要有两点:一是戒毒人员在社区戒毒期间违反协议;二是戒毒人员不想进行社区戒毒。

(三)强制隔离戒毒的期限

强制隔离戒毒的期限分为三种,分别是一年、两年和三年。执行强制隔离戒毒一年后,应对戒毒人员的生理和心理健康进行诊断评估。在戒毒人员生理和心理都恢复良好的情况下,可以向强制隔离戒毒决定机关提出提前解除强制隔离戒毒决定的意见书,并申请批准。同样,强制隔离戒毒所在两年期满前,应对戒毒人员的生理和心理健康进行评估,根据评估结论决定是否提出延长戒毒期限的决定。强制隔离戒毒的期限最长可以延长一年。

同时,法律也明确规定了戒毒人员在强制隔离戒毒期间不得提前解除强制隔离戒毒的情形:一是戒毒人员逃脱后又被公安机关追回的;二是戒毒人员在戒毒期间再次吸食、私藏、注射毒品的,这也可以作为延长戒毒人员强制隔离戒毒期限的依据之一,有犯罪事实的,还应当追究其刑事责任。

(四)强制隔离戒毒的决定程序

公安机关对吸毒成瘾人员所作出的强制隔离戒毒决定,是对吸毒成瘾人员进行强制隔离戒毒的基础性行为。强制隔离戒毒的决定程序如下:第一,对吸毒成瘾人员发出以书面形式作出的强制隔离戒毒决定书。对以口头形式作出的强制隔离戒毒决定,吸毒人员可以不用执行。第二,关于送达时间。《禁毒法》明确规定,应当在执行强制隔离前将强制隔离戒毒决定书送达吸毒成瘾人员,并通知被决定人的家属、户籍所在地的公安机关以及所在单位,时间是在送达强制隔离戒毒决定书后24小时内。对于无法查清戒毒人员身份的,公安机关应当自查清其身份后通知。

(五)强制隔离戒毒的执行程序

所谓强制隔离戒毒的执行行为,主要是行政机关对吸毒成瘾人员发出强制隔离戒毒决定书后,戒毒人员在法律规定的专业的强制隔离戒毒场所,对戒毒人员的人身自由进行限制,并综合运用心理、医疗等方法,使吸毒成瘾人员最终恢复心理、生理健康,彻底戒除毒瘾。我国相关法规明确规定了对戒毒人员进行强制隔离戒毒的执行场所,主要有三部:

首先是国务院于 2011 年 6 月 22 日颁布的《戒毒条例》。它对强制隔离戒毒的执行机构有了新的规定,改变了原来只设立一种强制隔离戒毒场所的状况,把强制隔离戒毒的执行机构分为公安机关成立的强制隔离戒毒执行机构和司法行政机关成立的强制隔离戒毒执行机构。

图 9-3　广西桂林强制隔离戒毒所挂牌成立[①]

强制隔离戒毒的执行分两步走:第一,被强制隔离戒毒人员先在公安机关设立的强制隔离戒毒执行机构进行为期 3 到 6 个月的戒毒;第二,剩下的期限在司法行政机关成立的强制隔离戒毒执行机构完成。执行机构的更变不但说明强制隔离戒毒执行机构分为两种,而且说明在两个机构相互转移时,戒毒人员也要转移,进行两次独立的戒毒康复治疗。

其次是 2011 年 9 月 19 日公安部颁布的《公安机关强制隔离戒毒所管理办法》。从内容来看,它和以前的强制戒毒条文相比,更加人性化,把戒毒人员应当参加劳动的条文删除了,增加了戒毒人员的治疗方案和用药规定。被强制隔离戒毒的人员在治疗过程中为了缓解戒断症状,彻底戒断毒瘾,需要使用大量的麻醉药品和精神药品,这就对强制隔离戒毒执行机构中的工作人员有了更严格的要求。同时,只有职业医生才能开具麻醉药品和精神药品。

最后是 2013 年 3 月 22 日司法部发布的《司法行政机关强制隔离戒毒工作规定》。从具体的条文来看,它增加了对女性戒毒人员应当进行妊娠检测和禁止药物试验等

[①] 图片来源:http://epaper.guilinlife.com/glrb/html/2009-03/10/content_67220.htm,2015 年 6 月 9 日访问。

内容。

综上,三部法规以国务院统一领导和立法授权为前提,修改了原有的强制隔离戒毒体系,把强制隔离戒毒执行机构分为公安机关强制隔离戒毒的和司法行政机关强制隔离戒毒的两种,表面上又回到了传统的强制戒毒格局,即公安机关和司法行政机关分别建立的两种制度。这与《禁毒法》建立强制隔离戒毒制度的立法初衷相违背,也浪费了有限的戒毒资源,一直饱受学界批评。当然,公安机关和司法行政机关相继颁布的关于强制隔离戒毒的法规,是按照《禁毒法》的要求对戒毒场所的设置标准和管理内容进行改善,并不是单纯意义的重复过去的规定。

(六)强制隔离戒毒的救济

根据《禁毒法》的规定,公安机关作出强制隔离戒毒的决定时,被决定人员如果对该决定不服,可以按照法定程序向有关机关提起行政诉讼或者申请复议。这说明,作出强制隔离戒毒决定的行为属于行政诉讼或者行政复议的范围。

第四节 其他戒毒措施

一、社区康复

社区康复是《禁毒法》吸收实践中的经验,正式确立的新的戒毒措施。社区康复措施与社区戒毒措施除在适用对象和适用时间上不同外,在执行主体、执行目的以及执行方法上基本上是相同的。

(一)社区康复的决定机关

根据《禁毒法》第48条的规定,对于被解除强制隔离戒毒的人员,强制隔离戒毒的决定机关可以责令其接受不超过三年的社区康复。因此,强制隔离的决定机关也是社区康复的决定机关。强制隔离戒毒的决定机关是对戒毒人员决定执行强制隔离戒毒的县级以上人民政府公安机关。需要指出的是,戒毒康复场所接收的是被解除强制隔离戒毒的人员。因此,对于被解除强制隔离戒毒的戒毒人员自愿到戒毒康复场所生活、劳动的,强制隔离戒毒的决定机关一般不需要责令其接受社区康复。

(二)戒毒康复场所

根据《禁毒法》第49条的规定,戒毒康复场所可以由县级以上地方各级人民政府根据戒毒工作的需要开办,也可以由社会力量开办,根据自愿原则,接收被依法解除强制隔离戒毒措施的戒毒人员,在场所内生产、劳动,并接受戒毒康复治疗。

对社会力量开办的公益性戒毒康复场所,县级以上地方各级人民政府应当给予扶持,提供必要的便利和帮助,包括在开办手续、场地选择和经营过程中提供便利,帮助解决在开办过程中遇到的各种困难等。

图 9-4　北京市天堂河戒毒康复中心①

（三）社区康复的执行

根据《戒毒法》第 33 条的规定，戒毒人员一般在户籍所在地接受社区康复；在户籍所在地以外的现居住地有固定住所的，也可以在现居住地接受社区康复。社区康复工作由城市街道办事处、乡镇人民政府负责。城市街道办事处、乡镇人民政府可以指定有关基层组织，根据戒毒人员本人和家庭情况，与戒毒人员签订社区康复协议，落实有针对性的社区康复措施。

图 9-5　社区康复工作执行中②

公安机关和司法行政、卫生行政、民政等部门应当对社区康复工作提供指导和协助。城市街道办事处、乡镇人民政府以及县级人民政府劳动行政部门对无职业且缺乏就业能力的戒毒人员，应当提供必要的职业技能培训、就业指导和就业援助。

---

① 图片来源：http://www.bjjdzx.org/149/2011-03-30/43811.htm，2015 年 6 月 9 日访问。
② 图片来源：百度图片，2015 年 9 月 24 日访问。

（四）社区康复对象

社区康复对象是被解除强制隔离戒毒的人员。接受社区康复的戒毒人员应当遵守法律法规，自觉履行社区康复协议，并根据公安机关的要求，定期接受检测。

对违反社区康复协议的戒毒人员，参与社区康复的工作人员应当进行批评、教育；对严重违反社区康复协议或者在社区康复期间又吸食、注射毒品的，应当及时向公安机关报告。

（五）生产劳动

戒毒人员在戒毒康复场所参加生产劳动，既可以将参加生产劳动作为戒毒康复的一个有效手段，也可以通过参加劳动领取劳动报酬以获得治疗和生活的费用。参加生产劳动还可以帮助戒毒人员提高劳动技能，树立成功戒毒和回归社会的信心，从而为其最终离开戒毒康复场所，回到社区中生活作充分的准备。因此，戒毒康复场所要为戒毒人员提供生活和劳动条件。

如果戒毒人员是自愿到戒毒康复场所劳动的，他与戒毒场所之间的劳动关系主要是合同性质的，戒毒康复场所应当根据其劳动的数量和质量，参照国家劳动用工制度的规定支付劳动报酬。

二、药物维持治疗

《禁毒法》第51条规定："省、自治区、直辖市人民政府卫生行政部门会同公安机关、药品监督管理部门依照国家有关规定，根据巩固戒毒成果的需要和本行政区域艾滋病流行情况，可以组织开展戒毒药物维持治疗工作。"

目前，药物维持治疗主要是指美沙酮维持治疗。美沙酮是一种合成的麻醉性镇痛药，从属性上讲，其本身就是毒品，属于国家管制的麻醉药品。美沙酮的化学结构与吗啡相差很远，但是其药理作用却与吗啡相似。美沙酮的盐酸盐为无色或白色结晶粉末，无臭，味苦，溶于水，常见形式为片剂，临床上用作镇痛麻醉剂，成瘾性较吗啡小。用美沙酮维持治疗，实际上只是一种"两害相权取其轻"的做法。实践表明，美沙酮具有对戒断症状控制显著、脱毒治疗成功率高、服用方便、一次用药能维持24小时的临床效应等优点，是控制海洛因成瘾者滥用毒品和艾滋病传播的有效干预措施之一。

近年来，艾滋病、乙肝、丙肝等传染病在吸毒人群中迅速传播的情况比较突出。为了尽快控制艾滋病等传染病在吸毒人群中的传播，减轻吸毒者对海洛因的依赖和减少与毒品有关的违法犯罪，我国在部分地区开展了美沙酮维持治疗试点门诊，通过较长时间服用美沙酮，处理海洛因成瘾，并配合心理治疗、行为干预等综合措施，以最终达到减少毒品危害和需求的目的。

据卫生行政部门和一些参加治疗的戒毒人员反映，美沙酮维持治疗可以使人免受戒断症状的困扰，降低复吸率，尤其是能够减少因注射毒品感染艾滋病的几率。药物替代治疗的费用与购买海洛因的费用相差巨大，有助于控制吸毒人员为获取毒资而引发其他违法犯罪活动。实践表明，美沙酮维持治疗是控制海洛因成瘾者滥用毒品和艾滋病经吸毒传播最有效的干预措施之一。

我国目前开展戒毒药物维持治疗工作，由省、自治区、直辖市人民政府卫生行政部门会同公安机关、药品监督管理部门进行，其他部门或者单位无权开展这项工作。开展戒毒药物维持治疗工作必须依照《禁毒法》和《艾滋病防治条例》等法律法规，根据巩固戒毒成果的需要和本行政区域艾滋病流行的原因、范围、严重程度等实际情况组织进行。

若要申请药物维持治疗，可以参照下图①：

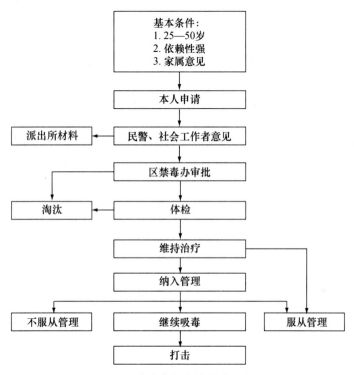

图9-6 申请药物维持治疗程序图

(本章作者：戴超)

---

① 参见杨璐钰：《药物滥用人员的美沙酮药物维持治疗管理中的问题与对策——以上海市×区为例》，华东理工大学2011年硕士论文。

后　　记

　　本书是我在华东政法大学所开设的"矫正理论与实务"课程授课内容的基础上组织撰写的。尽管我已经从华东政法大学调往上海政法学院任教,但治安学教研室主任夏菲副教授仍然"命"我继续担任这门课程的主讲教师。当然,受命的另一个主要原因是,这门课程是因为我的建议而设置的。

　　近些年来,矫正部门对政法类院校毕业生的需求其实已经超过了公检法部门。从人才培养的角度看,学生有学习、了解矫正理论与实务知识的需求。然而,在政法院校的法学教育中,监狱学、矫正学类课程的教学已经无法与 20 世纪八九十年代相比。由于我国矫正制度的复杂性,要想开设多门矫正学课程是不可能的,而单独的监狱学课程又无法讲清楚我国矫正制度的基本内容。有鉴于此,开设一门综合性、导论性的矫正学课程是一种折中和现实的做法。基于这样的考虑,我在华东政法大学刑事司法学院任教之时,经过极力建议和主张,首先在该学院治安学专业中探索设置了"矫正理论与实务"课程。我在讲授这门课程时,在课程内容设计上打破了传统监狱学的界限,将矫正制度的内容均纳入了教学的范围。在监狱学教学与研究式微的背景下,这种具有矫正学导论性质的课程可能更适合于政法类院校,也符合完善法科学生知识体系的需求。

　　我的第一份职业是劳教戒毒所管教民警,目前还兼任中国监狱协会理事、上海市监狱学会常务理事、上海市监狱局矫治师评审委员会委员、上海市南汇监狱执法监督员、上海市周浦监狱科研理论工作顾问等,因而有机会对我国矫正制度的实际状况进行切实的体会。在讲授这门课程的过程中,我也对我国矫正制度的理论与实务中所存在的问题,甚至是严重问题有了更深刻的体会。一个日益清晰的想法是:针对我国目前矫正制度与矫正观念的不足,有必要以大矫正观为指导,重构矫正制度,改变多头管理、分割、交叉、混乱的状况;矫正制度的变革需要理论的先导,在大矫正观的指导下,急需克服传统监狱学的不足,探索建立统一的矫正学,将监狱学、社区矫正学以及其他矫正制度的构成部分均纳入矫正学的研究范畴。

　　正是基于上述考虑,我组织撰写了本书。我对于本书曾经有过独著的想法,因为这样可能更有利于将自己多年来对矫正学的思考呈现出来。然而,我的精力确实有限,于是采取了合著的方法。这样的方式大大提高了本书完成的可能性。本书能够顺利出版,我必须感谢所有的合著者。需要说明的是,尽管本书体系框架和主要观点是我提出的,但各章内容均由执笔者独立完成。

监狱学是上海政法学院的品牌学科,我自调入该校任教后也得以以更多的精力关注监狱学研究。由于担任刑事司法学院院长的缘故,我时常考虑监狱学未来的发展前景与方向,而本书也是一种探索性思考的结果吧。

姚建龙

2016 年 2 月 3 日凌晨

于苏州河畔·滴水阁